中国证券市场审计质量报告（2023）

Annual Auditing Quality Report of Chinese Security Market

广州大学管理学院

粤港智慧金财税联合创新中心

厦门大学会计发展研究中心

上海财经大学会计与财务研究院

中山大学现代会计与财务研究中心

广州大学数字化管理创新研究院

合 作 单 位

重庆大学经济与工商管理学院

西安交通大学管理学院

湖南大学工商管理学院

中央财经大学会计学院

对外经济贸易大学国际商学院

中南财经政法大学会计学院

武汉大学经济与管理学院

南京大学商学院

暨南大学管理学院

华南理工大学工商管理学院

广东外语外贸大学会计学院

岭南大学商学院

（排名不分先后）

中国证券市场审计质量报告
（2023）

胡志勇 等 主编

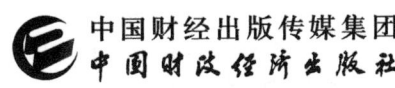

中国财经出版传媒集团
中国财政经济出版社
·北京·

图书在版编目（CIP）数据

中国证券市场审计质量报告. 2023 / 胡志勇等主编. 北京：中国财政经济出版社，2024.10. -- ISBN 978-7-5223-3411-0

I. F832.51

中国国家版本馆CIP数据核字第20243D7J05号

责任编辑：彭　波　　　　　　责任校对：胡永立
封面设计：卜建辰　　　　　　责任印制：史大鹏

中国证券市场审计质量报告（2023）
ZHONGGUO ZHENGQUAN SHICHANG SHENJI ZHILIANG BAOGAO（2023）

中国财政经济出版社 出版

URL：http://www.cfeph.cn

E-mail：cfeph@cfeph.cn

（版权所有　翻印必究）

社址：北京市海淀区阜成路甲28号　邮政编码：100142

营销中心电话：010-88191522

天猫网店：中国财政经济出版社旗舰店

网址：https://zgczjjcbs.tmall.com

北京虎彩文化传播有限公司印刷　各地新华书店经销

成品尺寸：185mm×260mm　16开　30.5印张　674 000字

2024年10月第1版　2024年10月北京第1次印刷

定价：198.00元

ISBN 978-7-5223-3411-0

（图书出现印装问题，本社负责调换，电话：010-88190548）

本社图书质量投诉电话：010-88190744

打击盗版举报热线：010-88191661　QQ：2242791300

编委会

顾　问　　刘　峰　靳庆鲁　谭劲松　胡玉明　陈　敏
主　编　　胡志勇　李　旎　薛小龙
副主编　　牛秀丽　胡立昂　张延平
编　委　　（排名不分先后）

马　慧	张荣武	蔡　宁	黎文飞	张金若
田高良	曹　越	林　树	王彦超	钱爱民
王雄元	唐建新	万良勇	余鹏翼	林振聘
黎文靖	卢　锐	柳建华	刘少鹏	徐建挺
余思明	陈焕桂	姚俊生	岳勇坚	杨鸿海
黄春忠	王晨鉴	邱弘毅	牛伊宁	黄嘉悦
潘　俊	陈嘉卓	陆胡熹	林卓斌	李妍奇
梁昭辉	苏　茵	黎子畅	林　楠	杜晓帅
方钰恺	李静茹	李媛婷	金　盛	肖　轩
李怡凡	陈茂蓉	李明蔚	刘舒婕	黄添淇
阴雨函	周海珠	郭梦颖	李欣凝	杨　婷
王允彦	袁珂沁	蔡浩鑫	吴文就	池洪杰
蔡建平	吴文俊	林俊伟		

本报告为国家社科基金（23BGL098）的阶段性研究成果

丛书序一

1978年，徐迟的报告文学"哥德巴赫猜想"风靡全国。面对哥德巴赫猜想这一复杂、深奥的数学问题，徐迟借用清华大学沈元老师的比喻"自然科学的皇后是数学。数学的皇冠是数论。哥德巴赫猜想，则是皇冠上的明珠"，将陈景润定义成"摘取数学皇冠上明珠的人"，这一通俗、形象的比喻，让普通读者都知道陈景润做了一件了不起的大事。

如果将会计比喻成权杖，那么，会计信息质量无疑是权杖上那颗耀眼的宝石。会计在人类社会产生和发展中的作用，学术界存有争议，社会公众或许已经熟视无睹，并没有多少人一定认为会计对人类社会发展具有不可替代的作用。但是，会计广泛存在于所有人类社会的组织之中，是一个不争的事实。2023年，教育部核准本科专业771个，会计是其中唯一一个，毕业生手持毕业证，就可以尝试叩开任何一个单位的大门去求职的专业。

为什么人类社会所有人造组织都需要设置会计岗位？对这个问题的回答，需要学术界和实务界共同进行。但是，任何一个单位的会计岗位，无论规模大小、人员多寡，最后所交付的、让单位负责人"悲欣交集"的，就是财务报告数字，或者，用本套丛书的术语：会计信息。会计信息既是会计人员利用会计系统输出的结果，也直接决定或影响了与企业相关所有人的利益，进而可以影响到一个社会所有人的利益。既然每个人都意识到他/她的利益与一组抽象的数字相关，他/她自然会设法去影响、干预这组数字，以期实现自我利益最大化。相应地，会计信息质量就不单纯是会计人员执行会计准则的结果，而是社会各方利益综合博弈的产物。也因为如此，研究会计信息质量以及影响、决定会计信息质量的机制和因素，成为会计研究领域的"明珠"或"宝石"。自1968年实证方法引入会计领域以来，这一研究就没有间断，但对会计信息质量的评价，仍然是分歧、争论大于一致、统一。

广州大学胡志勇教授也卷入这一场看似无解的"游戏"之中。为了更有效地形成对会计信息质量的量化评价，胡志勇教授联合多方力量，于2018年11月成立"粤港智慧金财税联合创新中心"。他吸纳各方优秀青年才俊，借助现代化手段，先后申请并获三项与会计信息质量相关的专利授权，同时，动员一批青年教师研究会计信息质量决定的理论机制、量化表现等，发表论文多篇。在理论准备充足、方法手段齐备的基础上，推出《中国证券市场会计信息质量报告》系列丛书，包括分行业分析、高质量企业等；为了更好地展示会计信息质量特征，分别出版了主板市场、科创板市场和创业板市场信息质量特征；鉴于会计信息质量与审计的高度关联性，在研究过程中，还"顺带"完成了对审计质量的研究与量化，形成《中国证券市场审计质量报告》。

这套丛书是胡志勇教授团队长期致力于会计信息质量量化研究的"结晶"，它将会计信息质量研究，带向新的起点。我相信，这套书不仅对学术界有价值，实务界、政策制定部门也将会从中"开卷有益"。作为整个项目的见证人，我期待这套书的尽快出版、面世，让高质量的成果能够被更多的人认识、理解和应用。

厦门曾厝垵天泉富邑半桶斋2023年6月

丛书序二

随着经济的发展，社会对高质量会计信息的需求日益增长。作为通用商业语言，会计信息是组织决策和利益相关者评估的基础。财务报表不仅反映了会计人员依据会计准则所进行的工作成果，而且深刻影响着组织内外各方的利益。当每个人都意识到自己的利益与会计报表呈现的数据相连时，出于自身利益最大化的目的，会通过会计选择、会计估计等多种手段对会计报表呈现的数据进行调整，因此企业的会计信息质量并非仅仅是会计人员和会计准则的产物，而是社会各方利益博弈的结果。研究会计信息的质量及其背后的影响机制和因素，已成为会计学术研究中的一个关键领域。自从20世纪60年代实证研究方法被引入会计学以来，这一领域的研究从未中断，但对会计信息质量的评价依然充满了争议和分歧，远未达到普遍的共识，该领域研究仍在吸引着学术界的各位同仁持续投身其中。

广州大学胡志勇教授于2018年11月发起并成立了"粤港智慧金财税联合创新中心"。在此基础上，会计审计质量团队积极汇聚各方精英力量，借助先进的科技手段，构建一个更加精准和系统的会计信息质量量化评价体系并带领团队推出了《中国证券市场会计信息质量报告》系列丛书。该系列报告包含对不同行业的深入分析，针对高质量企业进行了专门研究。这些报告不仅有助于投资者更清晰地了解不同市场的会计信息质量状况，还为市场监管机构提供了重要的参考依据。鉴于会计信息质量与审计工作的紧密关系，团队在研究过程中还深入探讨了审计质量的问题，并成功完成了《中国证券市场审计质量报告》的编写。这一报告不仅为审计行业的质量提升提供了有益借鉴，也为整个金融市场的健康发展贡献了力量。同时，该套丛书还对我国企业会计审计准则的发展历程做了清晰梳理，为读者提供了难得的资料参考。

这部系列丛书是团队多年深耕会计信息质量量化研究的成果，不仅将为学术界带来宝贵的财富，同时也将为实务界、政策制定部门等各方提供极具价值的参考。作为这个重要项目的见证者，我热切期待这套丛书的早日发布，让更多人能够接触到这些高质量的研究成果，推动会计信息质量研究与我国会计学科的不断发展。

2024年6月26日于上海

丛书序三

在证券市场上，会计信息引导着社会资源的配置。会计信息是社会财富转移或利益分配的基础，会计信息背后隐藏着经济利益或政治利益，甚至两者兼而有之。因此，会计信息质量是证券市场健康发展的基石。

会计信息质量是会计信息需求者（使用者）与供给者（提供者）"两大阵营"博弈或权衡的结果。会计信息需求者（使用者）与供给者（提供者）"两大阵营"博弈或权衡的过程就是利益争端与平衡的过程。

可以设想：如果所有会计信息的需求者（使用者）都需要高质量的会计信息，还会有低质量的会计信息吗？反之，如果所有会计信息的供给者（提供者）都提供了高质量的会计信息，也不可能有低质量的会计信息。如今，社会上存在低质量的会计信息，说明有（些）人需要低质量的会计信息或提供了低质量的会计信息。由此，会计信息质量取决于各方博弈过程中哪（些）方占上风。

从理论上说，会计信息生成过程决定了会计信息质量。这就涉及会计信息提供者的责任问题。一般认为，企业及其经营者是会计信息的提供者。其实，对企业披露会计信息载体的财务报表进行独立鉴证的会计事务所及其注册会计师也是会计信息的提供者，对会计信息质量同样要承担必要的责任。如果企业及其经营者提供的会计信息存在质量问题，会计事务所及其注册会计师能够恪守其应有的独立审计准则，那么，会计信息质量还是可以得到保证。与此相反，如果企业提供的会计信息存在质量问题，而会计师事务所及其注册会计师没有恪守其应有的独立审计准则，低质量的会计信息由此产生，而且遍布整个社会。因此，企业及其经营者是保证会计信息质量的"第一道防线"，而会计师事务所及其注册会计师是保证会计信息质量的"第二道防线"。如果会计师事务所及其注册会计师能够守住保证会计信息质量的"第二道防线",会计信息质量就可以得到保证。因此,从内部视角看,会计信息的提供者就是企业及其经营者,而从外部视角看,会计信息的提供者就是会计师事务所及其注册会计师。

令人敬佩的是,广州大学胡志勇教授及其团队长期致力于会计信息质量与审计质量的研究,将保证会计信息质量的"两道防线"整合在一起,连续推出《中国证券市场会计信息质量报告》系列丛书,显著推进了会计信息质量的研究高度、深度和广度,为会计学界与会计业界奉献了一道高品位的精神食量。

关注会计信息质量的社会各界人士,不妨"悦读"这套丛书!

2024 年 12 月 16 日

目录 Contents

第一章
证券市场与注册会计师审计 / 1

第一节 证券市场注册会计师审计概况 / 1
一、会计师事务所和注册会计师队伍 / 1
二、注册会计师审计市场 / 3
三、证券市场中注册会计师关键审计事项 / 4
四、证券市场中注册会计师审计意见 / 5

第二节 注册会计师审计准则体系 / 5
一、注册会计师审计准则发展历程 / 5
二、现行注册会计师审计准则体系 / 7

第三节 注册会计师审计监管与发展 / 13
一、注册会计师审计监管体系 / 13
二、注册会计师审计监管新发展 / 16

第二章
审计质量：基于结果导向的测定 / 20

第一节 审计质量研究及其回顾 / 21
一、事务所规模与审计质量 / 22
二、审计师行业专长与审计质量 / 22
三、审计收费与审计质量 / 23
四、审计延迟与审计质量 / 23
五、盈余质量与审计质量 / 23
六、审计意见与审计质量 / 24
七、财务重述与审计质量 / 24
八、审计调整与审计质量 / 24

第二节 审计质量测定指标：构建逻辑 / 25
　　一、审计质量的内涵 / 25
　　二、审计质量测定指标的构建逻辑 / 26
第三节 审计质量测定指标：构建与验证 / 28
　　一、测定方法 / 29
　　二、审计质量测定指标：验证 / 30

第三章
证券市场关键审计事项 / 38

第一节 证券市场与审计质量 / 38
　　一、证券市场发展概况 / 38
　　二、审计质量 / 40

第二节 关键审计事项 / 41
　　一、证券市场关键审计事项 / 41
　　二、主板市场关键审计事项 / 46
　　三、创业板市场关键审计事项 / 50
　　四、科创板市场关键审计事项 / 54

第三节 证券市场行业关键审计事项 / 58
　　一、农林牧渔业（A）/ 59
　　二、采矿业（B）/ 62
　　三、食品饮料制造业（C13—C15）/ 65
　　四、纺织服装制造业（C17—C19）/ 69
　　五、木材家具制造业（C20—C21）/ 73
　　六、印刷与文教用品制造业（C22—C24）/ 76
　　七、石油化工制造业（C25—C26）/ 80
　　八、医药制造业（C27）/ 83
　　九、化纤橡塑制造业（C28—C29）/ 87
　　十、金属矿物制造业（C30—C33）/ 90
　　十一、设备制造业（C34—C37）/ 94
　　十二、机械仪器制造业（C38—C40）/ 97
　　十三、其他制造业（C41—C42）/ 100
　　十四、电力、热力、燃气及水生产和供应业（D）/ 104
　　十五、建筑业（E）/ 108
　　十六、批发和零售业（F）/ 111

十七、交通运输、仓储和邮政业（G）/ 114

十八、住宿餐饮服务业（HL）/ 118

十九、信息传输、软件和信息技术服务业（I）/ 122

二十、金融业（J）/ 125

二十一、房地产业（K）/ 129

二十二、科学研究和技术服务业（M）/ 132

二十三、水利、环境和公共设施管理业（N）/ 136

二十四、教育卫生文化业（PQR）/ 139

二十五、综合（S）/ 143

第四章
证券市场审计质量 / 147

第一节 证券市场审计质量 / 148
一、审计工作质量 / 148

二、审计专业判断水平 / 149

三、审计工作努力程度 / 149

第二节 主板市场审计质量 / 149
一、审计工作质量 / 150

二、审计专业判断水平 / 150

三、审计工作努力程度 / 151

第三节 创业板市场审计质量 / 151
一、审计工作质量 / 151

二、审计专业判断水平 / 152

三、审计工作努力程度 / 152

第四节 科创板市场审计质量 / 152
一、审计工作质量 / 153

二、审计专业判断水平 / 153

三、审计工作努力程度 / 154

第五节 分市场、分行业审计质量 / 154
一、农林牧渔业（A）/ 154

二、采矿业（B）/ 157

三、食品饮料制造业（C13–C15）/ 160

四、纺织服装制造业（C17–C19）/ 163

五、木材家具制造业（C20–C21）/ 166

六、印刷与文教用品制造业（C22–C24）/ 169

七、石油化工制造业（C25–C26）/ 172

八、医药制造业（C27）/ 176

九、化纤橡塑制造业（C28–C29）/ 180

十、金属矿物制造业（C30–C33）/ 184

十一、设备制造业（C34–C37）/ 188

十二、机械仪器制造业（C38–C40）/ 192

十三、其他制造业（C41–C42）/ 196

十四、电力、热力、燃气及水生产和供应业（D）/ 200

十五、建筑业（E）/ 202

十六、批发和零售业（F）/ 205

十七、交通运输、仓储和邮政业（G）/ 208

十八、住宿餐饮服务业（HL）/ 210

十九、信息传输、软件和信息技术服务业（I）/ 213

二十、金融业（J）/ 217

二十一、房地产业（K）/ 219

二十二、科学研究和技术服务业（M）/ 221

二十三、水利、环境和公共设施管理业（N）/ 225

二十四、教育卫生文化业（PQR）/ 228

二十五、综合（S）/ 231

第五章
注册会计师审计高质量团队 / 233

第一节　注册会计师审计高质量团队的选择标准 / 233

第二节　注册会计师审计高质量团队 / 233

附　录
中国证券市场财务报表 / 281

附表1　证券市场资产负债表（不含金融行业）/ 281

附表2　证券市场利润表（不含金融行业）/ 283

附表3　证券市场现金流量表（不含金融行业）/ 285

附表4　证券市场农林牧渔业（A）资产负债表 / 288

附表5　证券市场农林牧渔业（A）利润表 / 290

附表6　证券市场农林牧渔业（A）现金流量表 / 292

附表7　证券市场采矿业（B）资产负债表 / 294

附表8 证券市场采矿业（B）利润表 / 297
附表9 证券市场采矿业（B）现金流量表 / 299
附表10 证券市场食品饮料制造业（C13–C15）资产负债表 / 301
附表11 证券市场食品饮料制造业（C13–C15）利润表 / 304
附表12 证券市场食品饮料制造业（C13–C15）现金流量表 / 306
附表13 证券市场纺织服装制造业（C17–C19）资产负债表 / 308
附表14 证券市场纺织服装制造业（C17–C19）利润表 / 311
附表15 证券市场纺织服装制造业（C17–C19）现金流量表 / 313
附表16 证券市场木材家具制造业（C20–C21）资产负债表 / 315
附表17 证券市场木材家具制造业（C20–C21）利润表 / 318
附表18 证券市场木材家具制造业（C20–C21）现金流量表 / 319
附表19 证券市场印刷与文教用品制造业（C22–C24）资产负债表 / 322
附表20 证券市场印刷与文教用品制造业（C22–C24）利润表 / 324
附表21 证券市场印刷与文教用品制造业（C22–C24）现金流量表 / 326
附表22 证券市场石油化工制造业（C25–C26）资产负债表 / 328
附表23 证券市场石油化工制造业（C25–C26）利润表 / 331
附表24 证券市场石油化工制造业（C25–C26）现金流量表 / 333
附表25 证券市场医药制造业（C27）资产负债表 / 335
附表26 证券市场医药制造业（C27）利润表 / 338
附表27 证券市场医药制造业（C27）现金流量表 / 340
附表28 证券市场化纤橡塑制造业（C28–C29）资产负债表 / 342
附表29 证券市场化纤橡塑制造业（C28–C29）利润表 / 345
附表30 证券市场化纤橡塑制造业（C28–C29）现金流量表 / 347
附表31 证券市场金属矿物制造业（C30–C33）资产负债表 / 349
附表32 证券市场金属矿物制造业（C30–C33）利润表 / 352
附表33 证券市场金属矿物制造业（C30–C33）现金流量表 / 353
附表34 证券市场设备制造业（C34–C37）资产负债表 / 356
附表35 证券市场设备制造业（C34–C37）利润表 / 358
附表36 证券市场设备制造业（C34–C37）现金流量表 / 360
附表37 证券市场机械仪器制造业（C38–C40）资产负债表 / 362
附表38 证券市场机械仪器制造业（C38–C40）利润表 / 365
附表39 证券市场机械仪器制造业（C38–C40）现金流量表 / 367
附表40 证券市场其他制造业（C41–C42）资产负债表 / 369
附表41 证券市场其他制造业（C41–C42）利润表 / 372
附表42 证券市场其他制造业（C41–C42）现金流量表 / 374
附表43 证券市场电力、热力、燃气及水生产和供应业（D）资产负债表 / 376

附表44　证券市场电力、热力、燃气及水生产和供应业（D）利润表 / 379
附表45　证券市场电力、热力、燃气及水生产和供应业（D）现金流量表 / 381
附表46　证券市场建筑业（E）资产负债表 / 383
附表47　证券市场建筑业（E）利润表 / 386
附表48　证券市场建筑业（E）现金流量表 / 387
附表49　证券市场批发和零售业（F）资产负债表 / 390
附表50　证券市场批发和零售业（F）利润表 / 392
附表51　证券市场批发和零售业（F）现金流量表 / 394
附表52　证券市场交通运输、仓储和邮政业（G）资产负债表 / 397
附表53　证券市场交通运输、仓储和邮政业（G）利润表 / 399
附表54　证券市场交通运输、仓储和邮政业（G）现金流量表 / 401
附表55　证券市场住宿餐饮服务业（HL）资产负债表 / 403
附表56　证券市场住宿餐饮服务业（HL）利润表 / 406
附表57　证券市场住宿餐饮服务业（HL）现金流量表 / 408
附表58　证券市场信息传输、软件和信息技术服务业（I）资产负债表 / 410
附表59　证券市场信息传输、软件和信息技术服务业（I）利润表 / 413
附表60　证券市场信息传输、软件和信息技术服务业（I）现金流量表 / 415
附表61　证券市场金融业（J）资产负债表 / 417
附表62　证券市场金融业（J）利润表 / 420
附表63　证券市场金融业（J）现金流量表 / 422
附表64　证券市场房地产业（K）资产负债表 / 424
附表65　证券市场房地产业（K）利润表 / 427
附表66　证券市场房地产业（K）现金流量表 / 428
附表67　证券市场科学研究和技术服务业（M）资产负债表 / 431
附表68　证券市场科学研究和技术服务业（M）利润表 / 433
附表69　证券市场科学研究和技术服务业（M）现金流量表 / 435
附表70　证券市场水利、环境和公共设施管理业（N）资产负债表 / 438
附表71　证券市场水利、环境和公共设施管理业（N）利润表 / 440
附表72　证券市场水利、环境和公共设施管理业（N）现金流量表 / 442
附表73　证券市场教育卫生文化业（PQR）资产负债表 / 444
附表74　证券市场教育卫生文化业（PQR）利润表 / 447
附表75　证券市场教育卫生文化业（PQR）现金流量表 / 449
附表76　证券市场综合（S）资产负债表 / 451
附表77　证券市场综合（S）利润表 / 454
附表78　证券市场综合（S）现金流量表 / 456

参考文献 / 459

第一章

证券市场与注册会计师审计

在上市公司数量日益增加的背景下，上市公司通过会计报表向投资者传递其财务状况与经营成果的重要性也在不断提升。鉴于会计报表的高度专业性，为保证会计报表信息质量与保护投资者利益，注册会计师作为独立的第三方专业人士对上市公司会计报表质量进行鉴证。注册会计师对报表的审计责任独立于公司管理层的会计责任，是保护投资者利益与维护资本市场秩序的重要机制。

第一节 证券市场注册会计师审计概况

一、会计师事务所和注册会计师队伍

伴随着我国资本市场的持续发展壮大，我国从事证券业务会计师事务所的数量与注册会计师队伍的人数显著增长。截至2023年4月15日，共有115家会计师事务所具备从事证券业务资格，上述事务所需要在财政部与证监会备案。自我国建立资本市场以来，我国会计师事务所从事证券审计业务，先后经历了资质试点、行政许可审批、双重审计、补充审计与备案制的发展历程。

2020年7月，为了配合新《证券法》的实施，财政部、证监会联合发布《会计师事务所从事证券服务业务备案管理办法》，明确自2020年8月24日起取消资格限制，对会计师事务所从事证券服务业务施行备案管理。该办法的实施是证监会与财政部规范会计师事务所从事证券服务业务，推动证券市场审计行业形成市场化筛选及科学管理格局的重要举措。图1.1表明，具备证券期货资格的会计师事务所数量近年来呈现持续增加的趋势。2000年，该类事务所数量达到106家。之后，由于会计师事务所合并、新申请证券期货从业资格并获批、主动放弃资格、因处罚而退出与特殊普通合伙改制等原因，具备证券业务资格事务所数量减少到40家。2020年后，伴随着IPO注册制改革与证券业务资格备案制的实施，具备证券业务资格的事务所数量逐年稳步增加。

图1.1揭示了我国证券市场具有证券从业资格的会计师事务所的发展状况；表1.1反映了2019~2023年4月我国证券市场具有证券从业资格的会计师事务所（以下简称"证券所"）、证券所合伙人及证券所注册会计师队伍的发展状况。随着备案制的实施，从事证券业务事务所与注册会计师数量均在持续增长。值得注意的是，2020~2021年"证券所注册会计师数量"骤降。其原因可能在于，2021年7月30日起全国开展的注册会计师挂名执业专项整治行动。各地注协依据《关于注册会计师挂名执业行为整治清理的通知》，加快了清理整治的步伐。

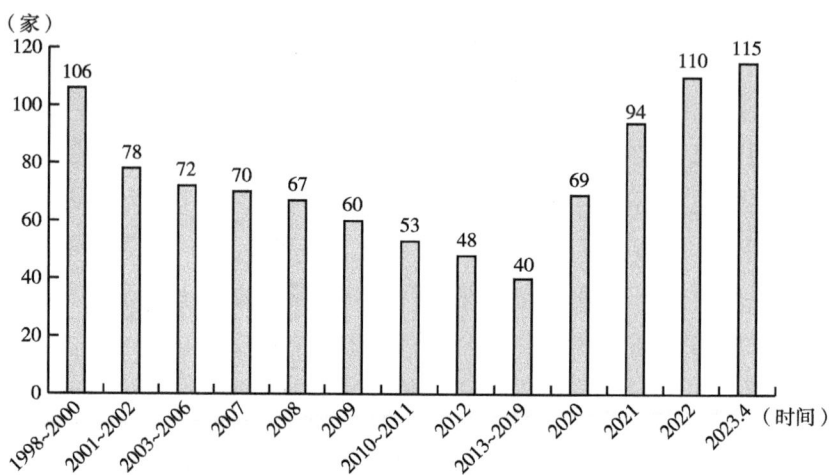

图1.1 从事证券业务的会计师事务所数量

数据来源：《中国会计年鉴》《中国证券业年鉴》以及中华人民共和国财政部官网。

表1.1　　　　　　　　我国证券市场中会计师事务所和注册会计师队伍

时间	2019	2020	2021	2022	2023/6
证券所数量	40	69	94	110	115
增长幅度	0	72.50%	36.23%	17.02%	4.55%
占会计师事务所总数比重	0.48%	0.80%	1.05%	1.21%	1.24%
证券所合伙人数量	4010	4539	5152	5370	5702
增长幅度	4.95%	13.19%	13.51%	4.23%	6.18%
证券所注册会计师数量	32006	34020	30616	32480	35551
增长幅度	6.85%	6.29%	-10.01%	6.09%	3.0%
占执业注册会计师总人数比重	29.73%	30.85%	31.38%	33.11%	36.2%
证券所收入（亿元）	515.24	570.29	640.94	675.7	—
证券所的证券业务收入占行业总收入比重	58.78%	59.56%	49.96%	52.08%	—

数据来源：中华人民共和国财政部、中国证监会与中国注册会计师协会官网。截至2024年6月，2023年年末数据尚未发布。

二、注册会计师审计市场

审计业务收入是反映注册会计师审计市场规模的重要指标。表1.2列示了2002年以来我国会计师事务所全行业总收入、国际四大所业务收入占比与前十大所业务收入占比状况。随着我国市场经济的发展与资本市场体系建设的持续深入，会计师事务所全行业总收入在过去二十年持续稳定增长。注册制改革实施后，我国证券市场中上市公司数量快速增长，会计师事务所全行业总收入也呈快速增长态势。在备案制助推证券业务事务所数量增加的背景下，国际四大所与前十大所的市场份额在前期稳定增长后，2018年以来呈小幅下滑态势，并在2022年有所回升。

表1.2　　　　2002~2022年会计师事务所行业收入状况

年份	会计师事务所全行业收入（亿元）	四大所 业务收入（亿元）	四大所 占比	十大所 业务收入（亿元）	十大所 占比
2002	110.00	16.20	14.70%	20.50	18.60%
2003	128.00	20.20	15.80%	24.90	19.50%
2004	154.00	32.20	20.90%	38.50	25.00%
2005	182.30	45.80	25.10%	54.50	29.90%
2006	221.10	62.30	28.20%	73.40	33.20%
2007	276.00	89.90	32.60%	107.00	38.80%
2008	310.00	103.70	33.50%	129.50	41.80%
2009	317.80	91.20	28.70%	127.00	40.00%
2010	375.00	95.10	25.40%	138.90	37.00%
2011	440.00	100.60	22.90%	162.90	37.00%
2012	510.30	109.20	21.40%	193.20	37.90%
2013	563.20	115.00	20.40%	210.40	37.40%
2014	589.00	127.30	21.60%	231.60	39.30%
2015	656.00	149.60	22.80%	270.20	41.20%
2016	700.00	—	—	—	—
2017	711.50	161.90	22.80%	288.40	40.50%
2018	792.50	171.80	21.70%	308.10	38.90%
2019	876.60	174.70	19.90%	316.70	36.10%
2020	957.50	182.50	19.10%	343.90	35.90%
2021	1282.90	205.50	16.00%	395.50	30.80%
2022	1302.57	214.04	16.43%	462.44	35.50%

数据来源：注册会计师协会网站、财政部网站。其中，会计师事务所业务收入＝该事务所本身业务收入＋与该事务所统一经营的其他执业机构业务收入×5%；会计师事务所本身业务收入是指事务所及其境内分支机构在中国大陆取得的业务收入，不包括境外分支机构、自创国际品牌境外成员所。《2016年度会计师事务所综合评价百强排行榜》依据2015年会计师事务所经营情况统计，而《2017年度会计师事务所综合评价百强排行榜》则依据2017年会计师事务所经营情况统计。截至2024年6月底，2023年数据尚未发布。

三、证券市场中注册会计师关键审计事项

上市公司年度财务报告审计前，由注册会计师确定的、年度财务报告的审计重点或最重要审计事项，即为关键审计事项。关键审计事项的选择直接影响上市公司审计质量。

2016年12月23日，中国注册会计师协会发布12项审计准则，最为核心的1项是新制订的《中国注册会计师审计准则第1504号——在审计报告中沟通关键审计事项》，并于2018年1月1日起全面实施。该准则要求在上市公司的审计报告中增设关键审计事项部分，披露审计工作中的重点难点等审计项目的个性化信息。其中，要求注册会计师说明某事项被认定为关键审计事项的原因、针对该事项是如何实施审计工作的。该准则仅适用于上市实体的审计业务。为了指导注册会计师正确理解和运用上述准则，中国注册会计师协会拟订了《〈中国注册会计师审计准则第1504号——在审计报告中沟通关键审计事项〉应用指南》等16项应用指南，与对应的审计准则同步施行。但关键审计事项准则在执行过程中，仍存在事项偏少、描述笼统与个性化程度较低等问题。

中国证监会会计部《2016年度证券审计市场分析报告》指出，在披露的按照新审计报告准则出具的审计报告中，存在关键审计事项未恰当索引至财务报表的相关披露、部分关键审计事项描述尤其是审计程序的描述没有与被审计单位的具体情况相结合、未按规定注明项目合伙人、个别单独披露了"与持续经营相关的重大不确定性"部分的审计报告未在关键审计事项部分提及该事项等问题。

2018年3月发布的《1504号审计准则实施若干问题及应对措施探讨》中提到，中国注册会计师协会在《工作简报》中总结了新审计报告准则实施存在的问题，主要是部分审计报告中披露关键审计事项的数量和针对性还有改进空间。例如，有些审计报告披露的关键审计事项偏少，有些审计报告对关键审计事项的描述过于笼统，个性化方面还有待进一步提高。

2018年12月27日中国注册会计师协会发布的《中国注册会计师协会关于做好上市公司2018年年报审计工作的通知》指出，要通过关键审计事项体现审计项目的个性化特点和注册会计师有针对性的审计应对，防止千篇一律、模板化；要避免将关键审计事项与持续经营相关的重大不确定性、强调事项和其他事项相混淆。在审计报告中沟通关键审计事项不能代替注册会计师按照有关审计准则要求发表非无保留意见。

2022年1月，为了贯彻落实《国务院办公厅关于进一步规范财务审计秩序 促进注册会计师行业健康发展的意见》（国办发〔2021〕30号）中"持续提升审计质量"和"完善审计准则体系"的要求，保持准则体系的内在一致性，中国注册会计师协会对包括《中国注册会计师审计准则第1504号——在审计报告中沟通关键审计事项》的11项准则进行了一致性修订。本次修订对其他相关准则涉及会计师事务所质量管理准则、特殊目的审计准则以及中国注册会计师职业道德守则的相应条款作出文字调整，不涉及实质性修订。

四、证券市场中注册会计师审计意见

证券市场中,注册会计师审计意见类型是对上市公司财务信息质量的专业判断。按现行注册会计师审计准则,审计意见类型分为:标准无保留意见、带解释字段说明的无保留意见、保留意见、否定意见和无法表示意见等五种类型。

表1.3统计了2019~2023年上市公司审计意见类型。2019~2023年,"标准无保留意见占比"总体上升趋势明显,而"非标准审计意见合计占比"呈下降趋势。其中,"保留意见占比""带解释字段说明的无保留意见"和"无法表示意见占比"总体上都呈下降趋势。2022年,降幅最大的是"无法表示意见占比",从2021年的41家下降到2022年的14家,降幅为65.85%;否定意见类型在五年里偶有发生,并无规律性。

表1.3　　　　2019~2023年证券市场上市公司审计意见类型

年度		标准无保留意见	带解释说明段无保留意见	保留意见	保留意见加事项段	无法表示意见	否定意见	非标准审计意见合计	总计
2019	家数	3526	100	73	51	46	1	271	3797
	占比	92.86%	2.63%	1.92%	1.34%	1.21%	0.03%	7.14%	100.0%
2020	家数	3993	112	78	31	36	0	257	4250
	占比	93.95%	2.64%	1.84%	0.73%	0.85%	0	6.05%	100.0%
2021	家数	4416	107	73	28	47	1	256	4672
	占比	94.52%	2.29%	1.56%	0.6%	1.01%	0.02%	5.48%	100.0%
2022	家数	4716	100	64	28	36	0	228	4944
	占比	95.39%	2.02%	1.29%	0.57%	0.73%	0	4.61%	100.0%
2023	家数	5151	95	87	0	29	0	211	5362
	占比	96.06%	1.77%	1.62%	0	0.54%	0	3.94%	100.0%

数据来源:CSMAR数据。

第二节　注册会计师审计准则体系

一、注册会计师审计准则发展历程

我国注册会计师审计准则发展从20世纪80年代开始起步。

- 1988年12月

中国注册会计师协会在成立之初即制定了《注册会计师检查验证会计报表规则(试行)》,并在后续数年间发布了一系列专业标准文件。

- 1995年12月

财政部发布《中国注册会计师独立审计准则》,并在随后十年前后发布1个独立审计基本准则、28个独立审计具体准则、10个独立审计实务公告和5个中国注册会计师执业规范指南，形成了系统的注册会计师审计准则体系。

- 2006年2月

财政部正式发布中国注册会计师执业准则体系（以下简称"审计准则体系"）。该审计准则体系包括鉴证业务准则、相关服务准则和质量控制准则三大部分，具有全面渗透风险审计理念、充分体现与国际准则的全面趋同等特点。在全面渗透风险审计理念方面，准则体系中包括《计划审计工作》等五项重点讨论审计风险的准则，并陆续发布准则指南、底稿编制指引与问题解答等操作指导文件。在全面与国际审计准则趋同的工作方面，2006年颁布的注册会计师审计准则体系在准则框架体系与准则内容等方面朝国际准则全面趋同，充分采纳了国际审计准则所有的基本原则和重要程序。

- 2016年12月

财政部印发《中国注册会计师审计准则第1504号——在审计报告中沟通关键审计事项》等12项审计准则。在财政部新发布的12项审计准则中，重点强调了《第1504号准则——在审计报告中沟通关键审计事项》。该准则要求在上市公司的审计报告中增设关键审计事项部分，披露审计工作中的重点难点等审计项目的个性化信息，要求注册会计师说明某事项被认定为关键审计事项的原因，以及针对该事项是如何实施审计工作的。

- 2019年4月

财政部发布《关于印发〈中国注册会计师审计准则第1101号——注册会计师的总体目标和审计工作的基本要求〉等18项准则的通知》，中国注册会计师协会针对上述修订的审计准则发布24项应用指南。该批准则和应用指南于2019年7月起施行。修订的18项审计准则和24项应用指南涉及利用内部审计人员的工作、应对违反法律法规行为和财务报表披露审计等3个方面。

- 2020年11月

财政部印发了会计师事务所质量管理相关准则（财会〔2020〕17号），修订的质量管理相关准则分别是：《会计师事务所质量管理准则第5101号——业务质量管理》《会计师事务所质量管理准则第5102号——项目质量复核》以及《中国注册会计师审计准则第1121号——对财务报表审计实施的质量管理》。中国注册会计师协会修订（制定）的应用指南包括三项，分别是《〈会计师事务所质量管理准则第5101号——业务质量管理〉应用指南》（修订）、《〈会计师事务所质量管理准则第5102号——项目质量复核〉应用指南》（制定）以及《〈中国注册会计师审计准则第1121号——对财务报表审计实施的质量管理〉应用指南》（修订）。

- 2021年12月

财政部发布修订后的《中国注册会计师审计准则第1601号——审计特殊目的财务报表的特殊考虑》《中国注册会计师审计准则第1603号——审计单一财务报表和财务报表特定要素的特殊考虑》《中国注册会计师审计准则第1604号——对简要财务报表出具报告的

业务》等3项审计准则;12月17日,中注协针对上述3项审计准则发布修订后的配套应用指南。该批准则和应用指南将于2022年1月1日起施行。

- 2022年1月

财政部修订发布《中国注册会计师鉴证业务基本准则》等11项准则,中注协相应修订发布了《〈中国注册会计师鉴证业务基本准则〉应用指南》等15项应用指南,均于发布之日起施行。本次修订为一致性修订,对相关准则及应用指南作出文字调整,不涉及实质性修订。

- 2022年12月

财政部修订了《中国注册会计师审计准则第1211号——重大错报风险的识别和评估》《中国注册会计师审计准则第1321号——会计估计和相关披露的审计》等两项审计准则,对《中国注册会计师审计准则第1101号——注册会计师的总体目标和审计工作的基本要求》等23项准则进行了一致性修订,并将于2023年7月开始施行。本次修订旨在指导注册会计师在商业模式愈发复杂背景下,更好地识别和评估重大错报风险,全面提高审计质量。修订后的准则涵盖国际准则的所有要求和内容,符合准则国际趋同的要求。

二、现行注册会计师审计准则体系

我国现行注册会计师审计准则体系由1项基本准则、45项审计准则、1项审阅准则、2项其他鉴证业务准则、2项相关服务准则、2项质量控制准则构成。除上述准则外,中国注册会计师协会还发布了53项准则应用指南(见图1.2)。

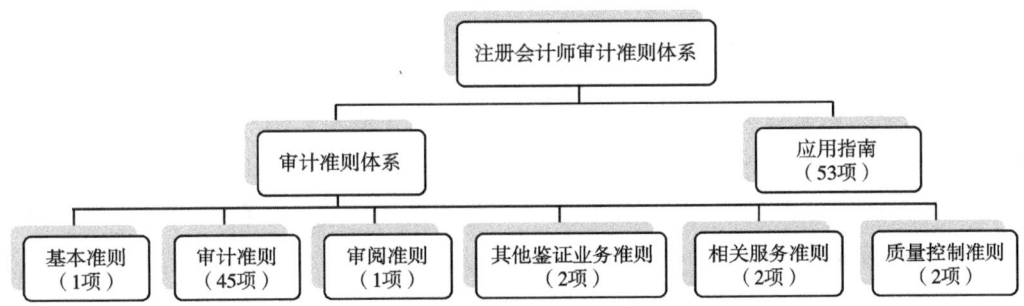

图1.2 注册会计师审计准则体系结构

◆ **基本准则**

中国注册会计师鉴证业务基本准则(财会〔2006〕4号发布,财会〔2022〕1号修订,2022年1月实施)。

◆ **具体审计准则**

经多次修订,现行具体审计准则有45项。具体包括:(1)中国注册会计师审计准则第1101号——注册会计师的总体目标和审计工作的基本要求(财会〔2006〕4号发布;财会〔2022〕36号修订,2023年7月实施);(2)中国注册会计师审计准则第1111号——就审计业务约定条款达成一致意见(财会〔2006〕4号发布;财会〔2022〕1号修订,2022年

1月实施);(3)中国注册会计师审计准则第1121号——对财务报表审计实施的质量控制(财会〔2006〕4号发布;财会〔2020〕17号修订,2023年1月实施);(4)中国注册会计师审计准则第1131号——审计工作底稿(财会〔2006〕4号发布;财会〔2022〕36号修订,2023年7月实施);(5)中国注册会计师审计准则第1141号——财务报表审计中与舞弊相关的责任(财会〔2006〕4号发布;财会〔2022〕36号修订,2023年7月实施);(6)中国注册会计师审计准则第1142号——财务报表审计中对法律法规的考虑(财会〔2006〕4号发布;财会〔2022〕36号修订,2023年7月实施);(7)中国注册会计师审计准则第1151号——与治理层的沟通(财会〔2006〕4号发布;财会〔2022〕36号修订,2023年7月实施);(8)中国注册会计师审计准则第1152号——向治理层和管理层通报内部控制缺陷(财会〔2006〕4号发布;财会〔2022〕36号修订,2023年7月实施);(9)中国注册会计师审计准则第1153号——前任注册会计师和后任注册会计师的沟通(财会〔2010〕21号发布,2012年1月实施);(10)中国注册会计师审计准则第1201号——计划审计工作(财会〔2006〕4号发布;财会〔2022〕36号修订,2023年7月实施);(11)中国注册会计师审计准则第1211号——重大错报风险的识别和评估(财会〔2006〕4号发布;财会〔2022〕36号修订,2023年7月实施);(12)中国注册会计师审计准则第1221号——计划和执行审计工作时的重要性(财会〔2006〕4号发布;财会〔2019〕5号修订,2019年7月实施);(13)中国注册会计师审计准则第1231号——针对评估的重大错报风险采取的应对措施(财会〔2006〕4号发布;财会〔2022〕36号修订,2023年7月实施);(14)中国注册会计师审计准则第1241号——对被审计单位使用服务机构的考虑(财会〔2010〕21号发布;财会〔2022〕36号修订,2023年7月实施);(15)中国注册会计师审计准则第1251号——评价审计过程中识别出的错报(财会〔2010〕21号发布;财会〔2022〕36号修订,2023年7月实施);(16)中国注册会计师审计准则第1301号——审计证据(财会〔2006〕4号发布;财会〔2022〕36号修订,2023年7月实施);(17)中国注册会计师审计准则第1311号——对存货、诉讼和索赔、分部信息等特定项目获取审计证据的具体考虑(财会〔2006〕4号发布;财会〔2019〕5号修订,2019年7月实施);(18)中国注册会计师审计准则第1312号——函证(财会〔2006〕4号发布;财会〔2010〕21号修订,2012年1月实施);(19)中国注册会计师审计准则第1313号——分析程序(财会〔2006〕4号发布;财会〔2022〕36号修订,2023年7月实施);(20)中国注册会计师审计准则第1314号——审计抽样(财会〔2006〕4号发布;财会〔2010〕21号修订,2012年1月实施);(21)中国注册会计师审计准则第1321号——会计估计和相关披露的审计(财会〔2006〕4号发布;财会〔2022〕36号修订,2023年7月实施);(22)中国注册会计师审计准则第1323号——关联方(财会〔2006〕4号发布;财会〔2022〕36号修订,2023年7月实施);(23)中国注册会计师审计准则第1324号——持续经营(财会〔2006〕4号发布;财会〔2022〕36号修订,2023年7月实施);(24)中国注册会计师审计准则第1331号——首次审计业务涉及的期初余额(财会〔2006〕4号发布;财会〔2022〕36号修订,2023年7

月实施）；（25）中国注册会计师审计准则第1332号——期后事项（财会〔2006〕4号发布；财会〔2016〕24号修订，2018年1月实施）；（26）中国注册会计师审计准则第1341号——书面声明（财会〔2006〕4号发布；财会〔2022〕36号修订，2023年7月实施）；（27）中国注册会计师审计准则第1401号——对集团财务报表审计的特殊考虑（财会〔2006〕4号发布；财会〔2022〕36号修订，2023年7月实施）；（28）中国注册会计师审计准则第1411号——利用内部审计人员的工作（财会〔2006〕4号发布；财会〔2022〕36号修订，2023年7月实施）；（29）中国注册会计师审计准则第1421号——利用专家的工作（财会〔2006〕4号发布；财会〔2022〕1号修订，2022年1月实施）；（30）中国注册会计师审计准则第1501号——对财务报表形成审计意见和出具审计报告（财会〔2006〕4号发布；财会〔2022〕36号修订，2023年7月实施）；（31）中国注册会计师审计准则第1502号——在审计报告中发表非无保留意见（财会〔2006〕4号发布；财会〔2019〕5号修订，2019年7月实施）；（32）中国注册会计师审计准则第1503号——在审计报告中增加强调事项段和其他事项段（财会〔2010〕21号发布；财会〔2022〕1号修订，2022年1月实施）；（33）中国注册会计师审计准则第1504号——在审计报告中沟通关键审计事项（财会〔2016〕24号发布；财会〔2022〕36号修订，2023年7月实施）；（34）中国注册会计师审计准则第1511号——比较信息：对应数据和比较财务报表（财会〔2006〕4号发布；财会〔2019〕5号修订，2019年7月实施）；（35）中国注册会计师审计准则第1521号——注册会计师对其他信息的责任（财会〔2006〕4号发布；财会〔2016〕24号修订，2018年1月实施）；（36）中国注册会计师审计准则第1601号——审计特殊目的财务报表的特殊考虑（财会〔2006〕4号发布；财会〔2022〕36号修订，2023年7月实施）；（37）中国注册会计师审计准则第1602号——验资（财会〔2006〕4号发布，2007年1月实施）；（38）中国注册会计师审计准则第1603号——对单一财务报表和财务报表特定要素审计的特殊考虑（财会〔2010〕21号发布；财会〔2021〕31号，2022年1月实施）；（39）中国注册会计师审计准则第1604号——对简要财务报表出具报告的业务（财会〔2010〕21号发布；财会〔2021〕31号，2022年1月实施）；（40）中国注册会计师审计准则第1611号——商业银行财务报表审计（财会〔2006〕4号发布，2007年1月实施）；（41）中国注册会计师审计准则第1612号——银行间函证程序（财会〔2006〕4号发布，2007年1月实施）；（42）中国注册会计师审计准则第1613号——与银行监管机构的关系（财会〔2006〕4号发布，2007年1月实施）；（43）中国注册会计师审计准则第1631号——财务报表审计中对环境事项的考虑（财会〔2006〕4号发布；财会〔2022〕36号修订，2023年7月实施）；（44）中国注册会计师审计准则第1632号——衍生金融工具的审计（财会〔2006〕4号发布，2007年1月实施）；（45）中国注册会计师审计准则第1633号——电子商务对财务报表审计的影响（财会〔2006〕4号发布，财会〔2022〕36号修订，2023年7月实施）。

◆ **审阅准则**

中国注册会计师审阅准则第2101号——财务报表审阅（财会〔2006〕4号发布，2007

年1月实施）。

◆**其他鉴证业务准则**

其他鉴证业务准则有两项，具体包括：（1）中国注册会计师其他鉴证业务准则第3101号——历史财务信息审计或审阅以外的鉴证业务（财会〔2006〕4号发布，2007年1月实施）；（2）中国注册会计师其他鉴证业务准则第3111号——预测性财务信息的审核（财会〔2006〕4号发布，2007年1月实施）。

◆**相关服务准则**

相关服务准则有两项，具体包括：（1）中国注册会计师相关服务准则第4101号——对财务信息执行商定程序（财会〔2006〕4号发布，2007年1月实施）；（2）中国注册会计师相关服务准则第4111号——代编财务信息（财会〔2006〕4号发布，2007年1月实施）。

◆**质量控制准则**

现行质量控制准则为质量控制准则第5101号——会计师事务所对执行财务报表审计和审阅、其他鉴证和相关服务业务实施的质量控制（财会〔2010〕21号发布；财会〔2019〕5号修订，2019年7月实施）。该项质量控制准则在2023年被两项质量控制准则替代，具体为：（1）会计师事务所质量管理准则第5101号——业务质量管理（财会〔2010〕21号发布；财会〔2020〕17号修订，2023年1月实施）；（2）会计师事务所质量管理准则第5102号——项目质量复核（财会〔2020〕17号发布，2023年1月实施）。

◆**具体审计准则应用指南**

经多次修订，现行审计准则应用指南有53项。具体包括：（1）《中国注册会计师鉴证业务基本准则》应用指南（会协〔2006〕72号发布；会协〔2022〕1号修订，2022年1月施行）；（2）《中国注册会计师审计准则第1101号——注册会计师的总体目标和审计工作的基本要求》应用指南（会协〔2006〕72号发布；会协〔2022〕1号修订，2023年7月施行）；（3）《中国注册会计师审计准则第1111号——就审计业务约定条款达成一致意见》应用指南（会协〔2006〕72号发布；会协〔2022〕1号修订，2023年7月施行）；（4）《中国注册会计师审计准则第1121号——对财务报表审计实施的质量控制》应用指南（会协〔2006〕72号发布；会协〔2021〕16号修订，2023年1月施行）；（5）《中国注册会计师审计准则第1131号——审计工作底稿》应用指南（会协〔2006〕72号发布；会协〔2022〕1号修订，2022年1月施行）；（6）《中国注册会计师审计准则第1141号——财务报表审计中与舞弊相关的责任》应用指南（会协〔2006〕72号发布；会协〔2019〕13号修订，2019年7月施行）；（7）《中国注册会计师审计准则第1142号——财务报表审计中对法律法规的考虑》应用指南（会协〔2006〕72号发布；会协〔2022〕1号修订，2022年1月施行）；（8）《中国注册会计师审计准则第1151号——与治理层的沟通》应用指南（会协〔2006〕72号发布；会协〔2022〕1号修订，2022年1月施行）；（9）《中国注册会计师审计准则第1152号——向治理层和管理层通报内部控制缺陷》应用指南（会协〔2006〕72号发布；会协〔2010〕94号修订，2012年1月施行）；（10）《中国注册会计师审计准则第1153号——

前任注册会计师和后任注册会计师的沟通》应用指南（会协〔2019〕13号发布，2019年7月施行）；（11）《中国注册会计师审计准则第1201号——计划审计工作》应用指南（会协〔2006〕72号发布；会协〔2022〕1号修订，2022年1月施行）；（12）《中国注册会计师审计准则第1211号——通过了解被审计单位及其环境识别和评估重大错报风险》应用指南（会协〔2006〕72号发布；会协〔2022〕36号修订，2023年7月施行）；（13）《中国注册会计师审计准则第1221号——计划和执行审计工作时的重要性》应用指南（会协〔2006〕72号发布；会协〔2019〕13号修订，2019年7月施行）；（14）《中国注册会计师审计准则第1231号——针对评估的重大错报风险采取的应对措施》应用指南（会协〔2006〕72号发布；会协〔2019〕13号修订，2019年7月施行）；（15）《中国注册会计师审计准则第1241号——对被审计单位使用服务机构的考虑》应用指南（会协〔2010〕94号发布，2012年1月施行）；（16）《中国注册会计师审计准则第1251号——评价审计过程中识别出的错报》应用指南（会协〔2019〕13号发布，2019年7月施行）；（17）《中国注册会计师审计准则第1301号——审计证据》应用指南（会协〔2006〕72号发布；会协〔2022〕1号修订，2022年1月施行）；（18）《中国注册会计师审计准则第1311号——对存货、诉讼和索赔、分部信息等特定项目获取审计证据的具体考虑》应用指南（会协〔2006〕72号发布；会协〔2019〕13号修订，2019年7月施行）；（19）《中国注册会计师审计准则第1312号——函证》应用指南（会协〔2006〕72号发布；会协〔2010〕94号修订，2012年1月施行）；（20）《中国注册会计师审计准则第1313号——分析程序》应用指南（会协〔2006〕72号发布；会协〔2010〕94号修订，2012年1月施行）；（21）《中国注册会计师审计准则第1314号——审计抽样》应用指南（会协〔2006〕72号发布；会协〔2010〕94号修订，2012年1月施行）；（22）《中国注册会计师审计准则第1321号——审计会计估计（包括公允价值会计估计）和相关披露》应用指南（会协〔2006〕72号发布；会协〔2022〕36号修订，2023年7月施行）；（23）《中国注册会计师审计准则第1323号——关联方》应用指南（会协〔2006〕72号发布；会协〔2019〕13号修订，2019年7月施行）；（24）《中国注册会计师审计准则第1324号——持续经营》应用指南（会协〔2006〕72号发布；会协〔2017〕11号修订，2018年1月施行）；（25）《中国注册会计师审计准则第1331号——首次审计业务涉及的期初余额》应用指南（会协〔2006〕72号发布；会协〔2017〕11号修订，2018年1月施行）；（26）《中国注册会计师审计准则第1332号——期后事项》应用指南（会协〔2006〕72号发布；会协〔2017〕11号修订，2018年1月施行）；（27）《中国注册会计师审计准则第1341号——书面声明》应用指南（会协〔2010〕94号发布；会协〔2019〕13号修订，2019年7月施行）；（28）《中国注册会计师审计准则第1401号——对集团财务报表审计的特殊考虑》应用指南（会协〔2006〕72号发布；会协〔2019〕13号修订，2019年7月施行）；（29）《中国注册会计师审计准则第1411号——利用内部审计人员的工作》应用指南（会协〔2006〕72号发布；会协〔2022〕1号修订，2022年1月施行）；（30）《中国注册会计师审计准则第1421号——利用专家的工作》应用指南（会协〔2006〕72号发布;会协〔2022〕1号修订,2022年1月施行);(31)《中国注册会计师审计准则第1501号——对财务报表形成审计意见和出具审计报告》应用指南(会协〔2006〕72号发布;会协〔2022〕1号修订,2022年1月施行);(32)《中国注册会计师审计准则第1502号——在审计报告中发表非无保留意见》应用指南(会协〔2006〕72号发布;会协〔2019〕13号修订,2019年7月施行);(33)《中国注册会计师审计准则第1503号——在审计报告中增加强调事项段和其他事项段》应用指南(会协〔2017〕11号发布;会协〔2019〕13号修订,2019年7月施行);(34)《中国注册会计师审计准则第1504号——在审计报告中沟通关键审计事项》应用指南(会协〔2017〕11号发布;会协〔2022〕1号修订,2022年1月施行);(35)《中国注册会计师审计准则第1511号——比较信息:对应数据和比较财务报表》应用指南(会协〔2006〕72号发布;会协〔2017〕11号修订,2018年1月施行);(36)《中国注册会计师审计准则第1521号——注册会计师对其他信息的责任》应用指南(会协〔2006〕72号发布;会协〔2022〕1号修订,2022年1月施行);(37)《中国注册会计师审计准则第1601号——审计特殊目的财务报表的特殊考虑》应用指南(会协〔2006〕72号发布;会协〔2010〕94号修订,2012年1月施行);(38)《中国注册会计师审计准则第1602号——验资》应用指南(会协〔2006〕72号发布,2007年1月施行);(39)《中国注册会计师审计准则第1603号——审计单一财务报表和财务报表特定要素的特殊考虑》应用指南(会协〔2010〕94号发布,2012年1月施行);(40)《中国注册会计师审计准则第1604号——对简要财务报表出具报告的业务》应用指南(会协〔2010〕94号发布,2012年1月施行);(41)《中国注册会计师审计准则第1611号——商业银行财务报表审计》应用指南(会协〔2006〕72号发布,2007年1月施行);(42)《中国注册会计师审计准则第1612号——银行间函证程序》应用指南(会协〔2006〕72号发布,2007年1月施行);(43)《中国注册会计师审计准则第1613号——与银行监管机构的关系》应用指南(会协〔2006〕72号发布,2007年1月施行);(44)《中国注册会计师审计准则第1631号——财务报表审计中对环境事项的考虑》应用指南(会协〔2006〕72号发布,2007年1月施行);(45)《中国注册会计师审计准则第1632号——衍生金融工具的审计》应用指南(会协〔2006〕72号发布,2007年1月施行);(46)《中国注册会计师审计准则第1633号——电子商务对财务报表审计的影响》应用指南(会协〔2006〕72号发布,2007年1月施行);(47)《中国注册会计师审阅准则第2101号——财务报表审阅》应用指南(会协〔2006〕72号发布,2007年1月施行);(48)《中国注册会计师其他鉴证业务准则第3101号——历史财务信息审计或审阅以外的鉴证业务》应用指南(会协〔2006〕72号发布,2007年1月施行);(49)《中国注册会计师其他鉴证业务准则第3111号——预测性财务信息的审核》应用指南(会协〔2006〕72号发布,2007年1月施行);(50)《中国注册会计师相关服务准则第4101号——对财务信息执行商定程序》应用指南(会协〔2006〕72号发布,2007年1月施行);(51)《中国注册会计师相关服务准则第4111号——代编财务信息》应用指南(会协〔2006〕72号发布,2007年1月施行);(52)《第会计师事务所质量管理准则第

5101号——业务质量管理》（会协〔2006〕72号发布；会协〔2021〕16号修订，2023年1月施行）；（53）《会计师事务所质量管理准则第5102号——项目质量复核》应用指南（会协〔2021〕16号发布，2023年1月施行）。

第三节 注册会计师审计监管与发展

注册会计师审计监管是对从事证券市场审计工作的机构、人员（会计师事务所和注册会计师）及其工作的监管。

一、注册会计师审计监管体系

在现行监管体系下，我国证券市场审计业务监管部门主要包括财政部、证监会、交易所与中国注册会计师协会，监管依据的主要法律法规包括《中华人民共和国注册会计师法》《中华人民共和国会计法》《中华人民共和国证券法》以及相关法规条例。

（一）财政部

中华人民共和国财政部负责管理全国会计工作，监督和规范会计行为，制定并组织实施国家统一的会计制度，指导、组织实施国家统一的会计制度。近年来，财政部（厅、监管局）加强了注册会计师行业监管，探索分级分类管理措施，指导督促会计师事务所加强内部治理、风险管理、质量控制建设，有效发挥注册会计师行业协会的服务、监督、管理、协调功能，促进会计师事务所提高审计质量。

由于部分国有企业、上市公司选聘会计师事务所相关工作尚存在制度不完善、流程不规范等问题，制约审计质量的提高。为解决上述需求问题，2023年5月，财政部发布《国有企业、上市公司选聘会计师事务所管理办法》。该选聘办法旨在保护会计师事务所和利益相关方的合法权益，规范国有企业、上市公司选聘会计师事务所行为，促进公平竞争，推动提升审计质量。从具体内容看主要包括四部分内容：遏制恶性竞争，突出质量导向、完善轮换规定，强化独立性要求、促进公平竞争、压实审计委员会责任。

2024年2月，财政部发布《关于加强会计师事务所基础性标准体系建设的指导意见》。该意见的发布旨在指导和推动会计师事务所加强基础性标准体系建设，提高内部管理和服务的标准化水平，持续提升执业质量和服务能力，促进注册会计师行业高质量发展。该意见的首要总体目标设定为标准化水平大幅提升，实现业务与标准化深度融合，补齐行业标准化短板。其中，2025年6月底前，备案从事证券服务业务的会计师事务所普遍建成较完善的基础性标准体系，并在全所范围内统一实施。为实现上述目标，该意见发布的主要任务包括：构建会计师事务所基础性标准体系指导性框架、建立健全会计师事务所基础性标准体系、推动基础性标准体系落地见效、持续完善基础性标准体系。

多年来，财政部持续开展会计师事务所执业质量检查。2023年6月，依照《中华人民共和国注册会计师法》和《中华人民共和国资产评估法》等规定，根据年度会计和评估监督检查计划，财政部确定41家会计师事务所和15家资产评估机构执业质量检查名单。

（二）证监会

中国证监会主要负责统一监督管理全国证券期货市场，维护证券期货市场秩序，保障其合法运行。鉴于会计信息质量对维护资本市场秩序的重要性，证监会综合采取每年随机抽查证券资格事务所工作、审计热点问题专项检查与发布年度证券审计市场分析报告等举措对证券市场审计工作进行监管。在确定证券资格事务所执业质量检查名单和检查工作重点时，证监局将充分利用年报审计监管工作成果。对年报审计监管过程中发现的未严格遵循执业准则的事务所和注册会计师，证监局将在执业质量检查中予以重点关注。

中国证监会已持续多年开展每年随机抽查证券资格事务所工作。根据2023年度发布的《关于注册制下提高中介机构债券业务执业质量的指导意见》和《公开发行证券的公司信息披露内容与格式准则第24号——公开发行公司债券申请文件》，证监会明确提高会计师事务所执业质量监管要求，进一步压实了中介机构"看门人"责任。

近年来，证监会根据2022年修订的《上市公司现场检查规则》，加强了对上市公司的现场检查力度。其中，包括会计师事务所在内的中介机构尽职履职情况是此类检查的重点关注内容之一。根据人民网发布的证监会工作通报，2022年，证监会共完成对28家首发申请企业的检查及处理工作，涉及主板企业15家、科创板企业3家以及创业板企业10家。现场检查发现，中介机构存在核查程序不到位与工作底稿不规范等问题。针对上述问题，监管部门已将问题通报发行人及中介机构，并视情况发出监管工作函，督促其整改规范。

此外，为便于证券市场各方了解证券审计市场情况，引导会计师事务所规范执业，中国证监会近年来每年发布证券审计市场分析报告。报告内容主要包括从事证券服务业务会计师事务所基本情况、年度证券审计市场情况、审计机构变更、审计意见、关键审计事项以及证券审计执业问题等。2022年度证券审计分析报告显示，证券所数量持续增加，首单证券业务以挂牌公司年报审计为主。截至2023年6月底，有115家会计师事务所备案从事证券服务业务，平均每家证券所约50位合伙人。2022年度，证券所收入总额为675.7亿元，其中，证券服务业务收入为220.6亿元，较2021年增长7.6%，占收入总额的32.6%。从整体看，证券服务业务持续增长，头部所市场集中效应明显。证券审计市场方面，截至2023年6月底，5172家上市公司、6310家挂牌公司披露了审计报告。关于证券市场审计执业问题，经监管发现，部分证券所疏于质量管理，部分注册会计师未能保持独立性和职业怀疑态度、专业胜任能力欠缺，未能有效识别和应对财务舞弊等重大错报风险，审计意见不严谨。

（三）注册会计师协会

中国注册会计师协会是在财政部党组领导下开展行业管理和服务的法定组织，依据

《注册会计师法》和《社会团体登记管理条例》的有关规定设立，承担着《注册会计师法》赋予的职能和协会章程规定的职能。中国注册会计师协会对会计师事务所执行的上市公司年报审计业务实施全程监控，相关主要制度包括《会计师事务所执业质量检查制度》《上市公司年报审计监管工作规程》和《加强从事证券服务业务会计师事务所事中事后自律监管意见》等。这些制度贯彻风险导向理念，以跟踪和监控上市公司年报审计工作质量为核心，逐日跟踪分析与定期披露相结合，将年报审计监管结果与执业质量检查工作相结合。2021年，中国注册会计师协会对《上市公司年报审计监管工作规程》进行了修订，丰富监管约谈方式，增加质询程序，以更好地发挥行业自律监管抓早抓小、防微杜渐的作用，进一步完善了对证券市场审计业务的监管。完成执业质量检查工作后，中国注册会计师协会在官网上定期发布《会计师事务所执业质量检查通告》，促进行业健康发展。

在每年上市公司年报集中披露期间，中国注册会计师协会都会发布《上市公司年报审计情况快报》和《会计师事务所执业质量检查通告》。报告内容主要包括：会计师事务所出具上市公司年报审计报告总体情况、出具非无保留意见的财务报表审计报告情况与上市公司审计机构变更总体情况。在2024年5月发布的《中注协发布上市公司2023年年报审计情况快报（第八期）》提到，截至2024年4月30日，58家事务所共为5354家上市公司出具了财务报表审计报告（详见附表2），其中，沪市主板1696家，深市主板1499家，创业板1340家，科创板571家，北交所248家。从审计报告意见类型看，5240家上市公司被出具了无保留意见审计报告（其中50家被出具带强调事项段的无保留意见，45家被出具带持续经营事项段的无保留意见），85家被出具了保留意见审计报告，29家被出具了无法表示意见审计报告。

在2023年7月发布的《中国注册会计师协会会计师事务所执业质量检查通告（第二十二号）》中提到，2022年，中国注册会计师协会与各省、自治区、直辖市注册会计师协会共计对1864家会计师事务所开展执业质量检查。中注协和省级注协对存在违规问题的259家事务所和336名注册会计师实施了行业惩戒及自律监管措施。其中，对27家事务所和54名注册会计师公开谴责；对32家事务所和74名注册会计师通报批评；对37家事务所和135名注册会计师训诫，对其他163家事务所和73名注册会计师采取约谈等监管措施。

（四）证券交易所

上海证券交易所和深圳证券交易所履行市场监管和市场服务等职责。为切实做好监管和服务工作，上海证券交易所和深圳证券交易所完善了与会计师事务所的日常联络机制，专门负责与会计师事务所的日常沟通联络，加强双向沟通交流，切实做好监管服务，包括会计审计方面的咨询解答、业务培训等。同时，总结整理审计执业以及资本市场会计监管相关的共性问题，通过发布上海证券交易所和深圳证券交易所的会计监管动态，及时传达监管动向并积极提供技术支持。

为了提高会计师事务所证券服务的执业质量，深圳证券交易所制定了一批业务指引，主要包括：《深圳证券交易所股票发行上市审核业务指引第4号——保荐业务现场督导》《深圳证券交易所公司债券存续期监管业务指引第2号——临时报告》《深圳证券交易所公司债券发行上市审核业务指引第1号——申请文件及其编制要求》《深圳证券交易所公司债券存续期监管业务指引第3号——信用风险管理》等。

从具体措施来看，上海证券交易所和深圳证券交易所构建了"事前风险提示、事中进展跟踪、事后审阅检查"的全流程年报审计监管体系，通过发出审计风险提示函、约谈提醒、问询沟通等措施，及时跟进审计机构年报审计进展情况，强化事前事中审计监管。《上海证券交易所会计监管动态2023年第4期》中提到，2022年年报审阅发现的常见会计问题，主要涉及收入确认、金融工具和合并财务报表等准则。

在事前风险提示方面，交易所主要通过约谈公司及审计机构，发出审计风险提示函的方式进行。在2023年7月发布的《深圳证券交易所会计监管动态（2023年第1期）》中提到，上交所开展了重点审计项目摸排和监管约谈发函等工作，从2022年年底至2023年7月，已经联合约谈审计机构和相关公司70余家次，同时向20余家会计师事务所发出审计风险提示函70余份。风险提示的重点内容主要有6个方面，分别是：退市风险及规避退市情形、舞弊风险和以及受行业周期等因素的经营风险、资金占用和违规担保等违规行为、重要会计处理的合规性、上期非标审计意见涉及事项的持续影响、异常换所情形。

事中进展跟踪则关注审阅风险公司年报审计计划，聚焦审计风险事项。在2023年4月发布的《上海证券交易所会计监管动态（2023年第2期）》中提到，在采取了审计风险提示函、约谈提醒等事前风险提示行为后，上交所将根据问询回复情况采取进一步措施，对于发现的不当执业行为，将及时采取自律监管措施，提升监管效能。

事后年报审阅集中关注公司重点问题，及时与注册会计师审计机构沟通并传递监管要求，以期以点带面地帮助审计机构做好其他在审项目的核查工作，共同提高上市公司财务信息质量。上海证券交易所和深圳证券交易所通过《证券交易所会计监管动态》向公众发布交易所对证券市场审计的相关监管情况，同时提出应被重点关注上市公司财报问题多发领域。据2023年发布的六期《上海证券交易所会计监管动态》统计，上海证券交易所对沪市公司年审机构及相关会计师予以通报批评7家次，书面警示8家次，口头警示19家次，对10家次审计机构及相关当事人发出监管警示函。《深圳证券交易所会计监管工作通讯（2024年第1期）》中提到，事务所应重点关注上市公司财报问题多发领域，关注收入、资产减值、并购等重大非常规交易、成本费用、境外经营业务、公司治理与内部控制等重点领域的审计应对，同步考虑房地产、医药等行业的审计风险。

二、注册会计师审计监管新发展

十八届三中全会在《中共中央关于全面深化改革若干重大问题的决定》中部署股票发行注册制改革后，国内外经济形势和证券市场发生诸多变化，对我国证券市场发展产生了重要影响。在我国坚持改革开放的大背景下，与证券市场密切相关的改革开放政策和举措持续提出：2019年，《中华人民共和国证券法》第二次修订，加大了对证券市场违法行为的处罚；同年6月，科创板市场上市公司注册制改革试点启动；2020年6月，创业板市场上市公司注册制改革试点启动。2020年12月26日，全国人大常委会第二十四次会议通过《中华人民共和国刑法修正案（十一）》，强化对证券市场犯罪行为的打击。2023年2月，注册制及其持续监管和交易规则在我国所有板块证券市场开始施行。在全面实施注册制与资本市场法治建设不断完善的背景下，审计监管工作也在持续变革完善。

（一）注册会计师审计准则发展新动向

2022年12月，财政部发布修订后的《中国注册会计师审计准则第1211号——重大错报风险的识别和评估》《中国注册会计师审计准则第1321号——会计估计和相关披露的审计》等两项审计准则，并对《中国注册会计师审计准则第1101号——注册会计师的总体目标和审计工作的基本要求》等23项准则进行一致性修订。该批准则将于2023年7月1日起施行。本次修订是贯彻落实《国务院办公厅关于进一步规范财务审计秩序促进注册会计师行业健康发展的意见》（国办发〔2021〕30号）中"持续提升审计质量"和"完善审计准则体系"的重要举措。主要修订内容如下：

《中国注册会计师审计准则第1211号——重大错报风险的识别和评估》的修订主要针对风险评估的程序、流程和方法作出规范。本次修订的具体内容包括：完善了解被审计单位的有关要求，补充信息技术相关指引，明确评估固有风险和控制风险的要求，要求在风险评估流程的最终阶段进行总体评价，围绕在识别和评估重大错报风险的过程中如何保持职业怀疑提供指引等。

《中国注册会计师审计准则第1321号——会计估计和相关披露的审计》的修订主要规范在审计中识别、评估、应对与会计估计相关的重大错报风险，具体修订内容包括：完善评估与会计估计和相关披露有关风险的程序，明确控制测试有关要求，针对如何应对相关重大错报风险提供更详细指引，增加实施审计程序之后的总体评价有关要求，新增了与治理层、管理层或者其他相关人员沟通的要求等。

由于审计准则体系中各项准则之间联系紧密，为了保持准则体系的一致性，中注协对《中国注册会计师审计准则第1101号——注册会计师的总体目标和审计工作的基本要求》等23项准则进行了一致性修订。

（二）注册会计师审计监管新发展

在依法治国思想引领与注册制改革全面落地的背景下，近年来审计监管力度持续加大，助力资本市场高质量发展。2019年，《中华人民共和国证券法》第二次修订，加大了对证券市场违法行为的处罚，其中第一百六十条规定"在招股说明书、认股书、公司、企业债券募集办法等发行文件中隐瞒重要事实或者编造重大虚假内容，发行股票或者公司、企业债券、存托凭证或者国务院依法认定的其他证券，数额巨大、后果严重或者有其严重情节的，处五年以下有期徒刑或者拘役，并处或者单处罚金；数额特别巨大、后果特别严重或者有其他特别严重情节的，处五年以上有期徒刑，并处罚金。"上述规定显著提升了证券市场财务舞弊行为的法律责任，为加强会计审计监管提供了重要基础。

2021年8月，国务院办公厅发布《关于进一步规范财务审计秩序促进注册会计师行业健康发展的意见》（国办发〔2021〕30号），在从严监管基调下强调了对大数据等先进技术的应用。具体地，该意见要求强化对注册会计师审计质量进行监管，并要求完善相关部门对从事证券业务的会计师事务所监管的协作机制，加强统筹协调，形成监管合力，对会计师事务所和上市公司从严监管；加强财会监督大数据分析，对财务造假进行精准打击，等等。

2023年2月，中共中央办公厅、国务院办公厅联合印发《关于进一步加强财会监督工作的意见》。该意见指出，财会监督是党和国家监督体系的重要组成部分，在推进全面从严治党、规范财经秩序与促进经济社会健康发展等方面发挥重要作用。与此同时，我国财会监督工作仍存在体系尚待完善、机制有待理顺、法治建设亟待健全、监督能力有待提升、一些领域财经纪律亟待整治等各类问题。其中，严厉打击财务会计违法违规行为是加大财会监督力度的重点领域工作。此类工作须坚持"强穿透、堵漏洞、用重典、正风气"，从严从重查处影响恶劣的财务舞弊、会计造假案件，强化对相关责任人的追责问责。加强对上市公司的财务会计行为的监督，严肃查处财务数据造假、内部监督失效等突出问题。加强对会计师事务所等中介机构执业质量监督，聚焦行业突出问题，加大对无证经营、挂名执业、违规提供报告、超出胜任能力执业等违法违规行为的整治力度。

为贯彻落实中共中央办公厅、国务院办公厅联合印发的《关于进一步加强财会监督工作的意见》，财政部与证监会等监管机构于2023年陆续发布涉及会计师事务所选聘与推进内部控制建设等工作的意见。

2023年5月，财政部、国务院国资委、证监会联合印发《国有企业、上市公司选聘会计师事务所管理办法》。该办法指出，境内上市的国有企业应加快完善选聘会计师事务所相关制度，规范选聘会计师事务所行为。应当采用竞争性谈判、公开招标、邀请招标以及其他能够充分了解会计师事务所胜任能力的选聘方式，保障选聘工作公平、公正进行。同时，选聘办法对会计师事务所轮换、信息披露、审计委员会职责等重点事项作出规范，明确财政部门可以采取的管理措施。

2023年12月，财政部、证监会印发《关于强化上市公司及拟上市企业内部控制建设推进内部控制评价和审计的通知》，督促上市公司及拟上市企业完善内部治理聘请会计师事务所对财务报告内部控制进行审计。其主要举措包括：上市公司每年在披露公司年度报告的同时，披露经董事会批准的公司内部控制评价报告以及会计师事务所出具的财务报告内部控制审计报告；拟上市企业应自提交以2024年12月31日为审计截止日的申报材料开始，提供会计师事务所出具的无保留意见的财务报告内部控制审计报告。已经在审的拟上市企业，应于更新2024年年报材料时提供上述材料。通知还相应规范了注册会计师对上市公司及拟上市企业财务报告内部控制实施审计的相关工作要求。

2024年1月，针对商誉减值这一重要会计估计的审计，中注协制定了《中国注册会计师审计准则问题解答第17号——商誉减值的审计》（以下简称《问题解答》）。商誉减值相关会计处理和披露涉及较多的判断和估计，错报风险高。如何识别、评估和应对商誉减值相关的重大错报风险，是注册会计师审计的难点。《问题解答》的发布是配合财政部2022年年底发布的两项会计估计相关审计准则，即《中国注册会计师审计准则第1211号——重大错报风险的识别和评估》《中国注册会计师审计准则第1321号——会计估计和相关披露的审计》等两项审计准则。上述准则就注册会计师做好重大错报风险的识别和评估与应对，提出了全面具体的要求。《问题解答》的发布则有助于指导注册会计师将新的风险评估以及会计估计和相关披露的审计思路应用于商誉减值审计。

第二章

审计质量：基于结果导向的测定[①]

近年来，上市公司财务报告舞弊行为的频频曝光导致市场对独立审计抱有极大质疑。2023年2月，中共中央办公厅、国务院办公厅颁发了《关于进一步加强财会监督工作的意见》，该文件指出要严厉打击财务会计违规违法行为，从源头对财务舞弊案件进行追责处理。提升会计师事务所审计质量，防范化解重大舞弊风险能够推进资本市场健康发展。2022年证监会披露对国内首家审计上市公司业务的中小会计师事务所——堂堂会计师事务所在审计*ST新亿过程中受到的行政处罚。审计过程中被审单位购买审计意见，审计机构丧失独立性，存在虚假记载现象。研究发现，高质量审计可降低信息不对称、缓解代理成本（Jensen et al., 1976），提高财务会计信息的可信度（Defond et al., 2014），维护公司声誉并提高企业价值（Becker et al., 1998）。审计质量的重要性已成为多方利益相关者的共识。

审计质量固然重要，但关于审计质量的衡量是审计研究面临的一大难题。国际审计和鉴证委员会（IAASB）在2014年的《审计质量框架》中将输入、过程与输出作为审计质量核心要素，上述界定体现了审计质量衡量的系统性。但审计投入和审计过程外界无法直接观察，加上审计产出即审计报告的标准化，审计质量难以直接测度（刘峰等，2007）。因此，现有研究多是设计替代指标，据以对审计质量进行间接衡量。较为通用的替代指标包括事务所规模（DeAngelo, 1981; Chang et al., 2009; Chen et al., 2011）、审计费用（Simunic, 1980; Dao et al., 2012; Fung et al., 2012）、盈余质量（Gul et al., 2009; Krishnan et al., 2011; Lennox et al., 2012）等。这些替代指标存在一定的道理，但局限性也较为明显（Knechel et al., 2013）。一方面，替代指标可能存在误差或噪声（如使用审计员投入来衡量审计质量，输入可能不会完全转化为输出），而且不同类别的变量反映了审计质量的不同维度，造成同一指标的研究结果并不一致（Defond et al., 2014）；另一方面，选择的外部替代变量多与被审单位的特征相关，或混合其他因素的影响，这些影响无法剔除，导致替代指标也不一定与审计质量有相关关系。因此，审计质量的研究要紧紧围绕审计本身的属性，挖掘直接反映审计质量的因素（谭楚月等，2014），并在理论的基础上进

[①] 该部分发表于《当代会计评论》2023年第16卷第3辑总第43辑。

行指标有效性的检验（张宏亮等，2016）。

我国审计准则认为，注册会计师总体目标是对财务报表整体不存在由于舞弊或错误导致的重大错报获取合理保证，使得注册会计师能够对财务报表是否在所有重大方面按照适用的财务报告编制发表审计意见。因此，从审计工作的现实开展来看，注册会计师对公司披露的年度会计信息有决定性影响，如注册会计师与公司在经济事项上有不同判断，公司一般会按注册会计师的意见进行调整，否则注册会计师会根据不同意见的影响出具非标准无保留审计意见，或上市公司更换其注册会计师。在这一逻辑下，公司披露的经注册会计师审计，且出具非标准无保留审计意见的财务信息，在很大程度上可视为注册会计师自身确认或认可的财务信息，而未经审计的财务信息则体现为公司管理层对其年度经济活动的会计处理。本研究正是基于以上逻辑，从经审计会计信息是审计师工作成果的角度出发，基于结果导向提出与构建更直接衡量审计质量的指标体系，以期弥补现有研究中设计审计质量替代指标的不足。

本研究可能的贡献如下：第一，提出一种测算审计质量的新思路。相对于目前衡量方式不一致的替代指标，本研究依托公开数据构建的审计质量指标回归到会计与审计主体本身的特征，既考虑到当前会计准则所提出的各项要求，又通过对财务报表信息的萃取，更全面地揭示了审计质量的实质属性，为审计质量研究提供全新视角和工具。第二，本研究构建的指标依托准则概念框架的相关论述，并结合已申请的会计、审计信息质量测定算法的发明专利授权，使用资本市场公开披露信息，综合运用人工智能技术与大数据分析方法，直接测定我国证券市场上市公司的审计质量，此种衡量方式具有较强的现实性。第三，本研究构建的审计质量是上市公司年层面指标，未来可以以此指标为基础，使用审计师团队与会计师事务所参与审计公司的三个指标的加权计算，将本指标拓展到审计师团队层面以及会计师事务所层面，并且可以根据不同公司审计质量的差异度计算风险控制指数，为相关指标的研究提供了宝贵的参考和指导。

第一节 审计质量研究及其回顾

审计质量由于无法直接观察和测度，国内外学者大多采用替代指标对其间接衡量。目前相关研究主要从审计过程中可观察到的投入与产出两个层面来选取审计质量替代指标（Defond et al.，2014），主要的代理变量如表2.1所示。

表2.1　　　　　　　　　　主要审计质量替代指标

指标类别	公司/事务所特征	替代指标
投入指标	审计师层面	事务所规模、行业专业化
	审计师—客户的合同特征	审计收费

续表

指标类别	公司/事务所特征	替代指标
产出指标	重大错报	财务重述
	审计师与管理层沟通	审计意见
	财务报告质量	盈余管理
	审计师审核	审计调整

一、事务所规模与审计质量

基于准租理论，DeAngelo（1981）认为会计师事务所规模与审计质量相关。"深口袋"理论认为规模越大的事务所审计失败面临的索赔金额会越高，因此会保持较高的审计质量水平（Lennox，1999）。由于美国的审计市场高度集中，对事务所规模与审计质量关系的实证讨论便转化为"四大"与非"四大"在审计质量上的显著差异问题（刘峰等，2007），借助于其他审计产出或经济后果变量，国外众多学者如 Beatty（1989）、Francis 等（2009）、Choi 等（2010）均检验发现"四大"代表了更高的审计质量。但 Francis 等（2008）指出国际"四大"的审计质量水平会随着公司所在地区的投资者保护环境不同而表现出差异。

在中国审计市场上，"四大"是否意味着高质量审计并未形成一致的结论，有部分学者使用会计稳健性、盈余持续性等作为审计质量的替代变量，发现国际"四大"与非国际"四大"的审计质量不存在差异。而且大规模事务所比小所具有更强的政治敏感性，在政策变更时期呈现出不同的审计质量水平，不能统一概述为大所一定会带来较高审计质量（路军伟等，2017）。由此可见将事务所规模大小作为审计质量的替代变量还需慎重思考。

二、审计师行业专长与审计质量

DeAngelo（1981）认为审计质量是审计人员发现财务报表存在重大错报并进行报告的联合概率，其中前者取决于审计师的专业胜任能力。Dunn 等（2004）指出审计师的行业专长能够提高审计师的专业能力，进而影响审计质量。行业专长是指事务所或审计师个人熟练掌握某一行业的专业知识，是审计师重要的技术特征（DeAngelo，1981）。由于审计师需要投入大量的时间与资金才能形成行业专长，专业的审计师被期望有更大的能力和更强的声誉激励。审计失败会导致事务所面临巨额损失，出于风险规避，行业专长的审计师会提供较高的审计质量。而且具有行业专长审计师的事务所占据较高市场份额，有利于审计知识的交流与传递，能够提高工作效率和审计质量（Balsam et al.，2003）。但是审计师行业专业化的衡量还没有形成共识，存在较大的测量误差（Neal et al.，2004），以此作为审计质量的替代指标会导致错误的累加。

三、审计收费与审计质量

O'Sullivan（2000）使用审计收费作为审计质量的代理变量，该项研究指出较高的审计质量需要投入大量的人力与时间，此时事务所要求更高的审计收费是合理的。Francis（1984）、Palmrose（1986）和Craswell等（1995）结合事务所规模进行联合检验，发现大规模事务所会花费更多的审计时间，并收取更高的审计费用，意味着更高质量的审计。Simunic（1980）首次指出审计费用不仅包括审计投入成本，还包含风险补偿。前者可能会提高审计质量水平，但审计师要求的风险补偿与审计质量没有直接关系。Firth（1985）认为审计收费在更大程度上取决于公司规模和被审单位业务的复杂程度，并不是审计质量的体现。Choi等（2010）发现，异常高的审计费用会对审计师独立性产生影响，进而降低审计质量水平。而且较高的审计费用，可能是被审单位为迎合市场或政府，以期审计师出具虚假的标准审计意见，反而损害审计质量。从微观层面来看，我们尚无法分清高额审计费用是源于更高的审计质量、垄断定价，还是风险溢价（李青原等，2020）。综上所述，审计收费是否能够作为审计质量的合理替代需要进一步检验。

四、审计延迟与审计质量

借鉴Mao等（2015）的计算方法，审计延迟是会计期末至次年审计结束中间的日期差，与审计收费代表审计产出的价格相比，具有更小的噪声。因此有部分文献使用审计延迟作为审计质量的代理变量，运用审计工时数据，发现审计时间与审计质量呈正相关。当事务所需大规模实施审计程序来获取证据时，即使审计师具有较高的知识储备和专业素养，如果没有足够时间投入，也不可能带来高水平的审计质量。但结合中国特殊的背景制度，我国上市公司年报采取预约披露制度，呈现出的审计报告时间并不能有效衡量实际的审计工作时间，因此使用审计延迟来衡量审计质量并不是很合理。

五、盈余质量与审计质量

审计质量提高，盈余质量也会提高，这一研究结论已得到广泛验证（Teoh et al.，1993；Nelson et al.，2002）。盈余管理行为会增加审计师的工作难度，导致审计失败概率的上升。由于企业最终呈现的财务报表信息是管理层与审计师共同决定的，希望提高审计质量水平的审计师会仔细审查公司的经济活动，此时客户会减少盈余管理行为，因此使用被审单位的盈余管理程度来衡量审计质量是成立的（Lamoreaux，2016）。而且应计的变化是连续的，在样本数量较少时具有优势，即使是小样本，其也能很好地捕捉审计质量的变化（DeFond et al.，2014）。但是Lennox等（2014）指出用操控性应计指标衡量不合理。使用年报数据度量的操纵性应计仅是审计后的水平，未能与审计前进行比较，审计客户盈余管理程度低可能在于其本身没有进行盈余管理，因此与审计质量无关。而且目前关于盈余质量度量的方法众多，指标的准确性存在争议，以不确定的盈余指标代替难以衡量的审计质量，有可能是误差的不断累积（谭楚月等，2014）。

六、审计意见与审计质量

当公司的财务报表存在合法性或公允性问题并拒绝接受审计师调整时，审计师会出具非标审计意见。被出具非标审计意见的公司被市场消极对待（Chen et al.，2000），因此公司在被出具不利意见的情况下，有强烈动机购买审计意见。在购买审计意见的方式中，更换会计师事务所需要花费昂贵的搜寻费用、谈判成本等（Kanodia et al.，1994）。2021年度证券审计报告总结更换审计单位的结果发现，换所后审计意见没有明显改善，此时被审单位支付更多报酬收买审计师似乎是个很好选择。审计师会在出具标准审计意见带来的风险与高昂报酬的收益之间进行合理权衡。如果审计师依然出具非标审计意见，说明审计师的独立性高，执业态度严谨，此时审计质量就会越高。审计师在面对风险时会减少发表标准无保留意见的概率（Carson et al.，2013；Chy et al.，2021）。

虽然非标审计意见可能是审计质量较好的体现，但非标意见的比例较小，对审计质量的衡量效果不精确（张金若等，2019）。2021年度证券审计市场分析报告中提到，截至2022年4月底，在4805份审计报告中，非标意见所占比例为5.2%，标准审计意见与非标意见的占比不均衡并不能很好地体现审计质量的差异。

七、财务重述与审计质量

审计作为公司外部治理机制，能够发现客户财务报表存在重大错报并对此进行披露（Watts et al.，1983）。财务重述的发生表明公司前期的经济业务处理与信息披露不合规，审计师对存在错报行为的报表出具了无保留意见（DeFond et al.，2014），公司存在财务重述行为表明审计失败（Kinney et al.，2004），是公司审计质量较低的有效证明（Gleason et al.，2008）。因此有部分研究将重述作为审计质量替代指标（Schmidt，2012；Francis et al.，2013）。

但是不存在财务重述的公司不一定表明审计质量较高（DeFond et al.，2014）。二元变量隐含地认为同组内的审计质量水平相同，不能体现审计质量的细微变化（Clarkson et al.，1994），而且财务重述发生的概率比较小，当样本量较少时，不具有统计学意义。DeFond等（2014）指出审计师只是对财务报表数据是否存在重大错误提供合理保证，并不能有效挖掘出企业精心策划的欺诈行为。因此财务重述是否能有效衡量审计质量存在质疑。

八、审计调整与审计质量

审计调整是审计师遵循审计准则，获得直接充分的审计证据，规正未审财务报表中的盈余操纵行为，是影响审计质量最重要的环节（孙岩等，2008）。Lennox等（2014）指出审计师要求客户进行审计调整时需要满足两个条件：（1）公司披露的未经审计财务报表存在错误；（2）审计师经过实施审计程序发现相关错报并要求公司进行调整。审计调整行为的发生说明客户提供的财务报表存在问题并且审计人员及时发现会计错报，表明审计师具有较强的专业知识储备，经调整后报表的盈余质量更高（Lennox et al.，2016），体现了高水平的审计质量。审计调整反映了未经审计前的企业收益与审计后的财务报表中收益的差异，有效剔除了干扰因素对收益的影响（Lennox et al.，2018）。并且审计调整能够有效规避公司财务报告系统产生的影响，被认为优于可操纵应计、财务重述等代理变量（Lennox et al.，2014），诸多研究将审计调整作为衡量审计质量的直接指标（Lennox et al.，2020；吴溪等，2020；王俊等，2021）。

综合国内外有关审计质量研究文献，可以发现：第一，由于样本的非同质性问题，用不同替代变量验证同一公司的审计质量时可能得出不一致的结论，特别是在实证研究中，这一问题对替代效果的干扰尤为明显；第二，对审计质量的测度应直接关注审计投入、过程与结果，但由于审计投入与审计过程不可直接观察，导致选择的外部替代变量多与被审计单位的特征相关，或混合其他因素的影响，反而会脱离审计主体自身特征；第三，在使用审计质量替代指标时，多立足于以往研究文献，没有进行审计质量指标有效性的验证，更缺乏对中国这一特殊审计市场应用场景的检验（张宏亮等，2016）。

第二节　审计质量测定指标：构建逻辑

一、审计质量的内涵

现有研究对审计质量的定义与计算尚未形成统一共识，但实务界与学术界均认可审计质量衡量的系统性与复杂性。DeAngelo（1981）认为审计质量是审计人员发现财务报表存在重大错误并报告这些错误的联合概率；Defond等（2014）认为审计质量是财务报表忠实反映公司基本活动的程度；审计实务界通常认为审计质量是一个动态概念，一般从投入、过程、产出三个部分建立审计质量框架。2013年，美国审计总署（GAO）将审计质量定义为遵守公认审计准则，对被审计财务报告是否按照公认会计准则编制、是否不存在重大错报提供合理保证。2014年国际审计和鉴证委员会（IAASB）在《审计质量框架》中以输入、过程与输出为核心要素，论证了利益相关者之间互动与交流的重要性以及不同环境因素的重要性。

不论是立足于基本内涵还是外延，这些定义在某种程度上都反映了经审计财务报表作为审计工作的最终结果，体现了审计工作的质量。财务信息是审计质量的重要产出，审计质量将直接关系到财务信息质量，因此基于经审计的财务信息特征，可以挖掘出体现审计质量的多项驱动因素。

图2.1中，借鉴陈汉文等（2019）研究，本研究基于"是什么、如何衡量、衡量效果"这一逻辑对审计质量进行测定。首先，理解审计质量的内涵是构建该指标的逻辑基础；其次，考虑到审计准则提出的要求，又结合最终审计工作的产出—财务报表的信息质量，本

研究从审计工作质量、审计专业判断、审计努力程度三个维度构成审计质量指标体系；最后，对所构建的审计指标进行验证。

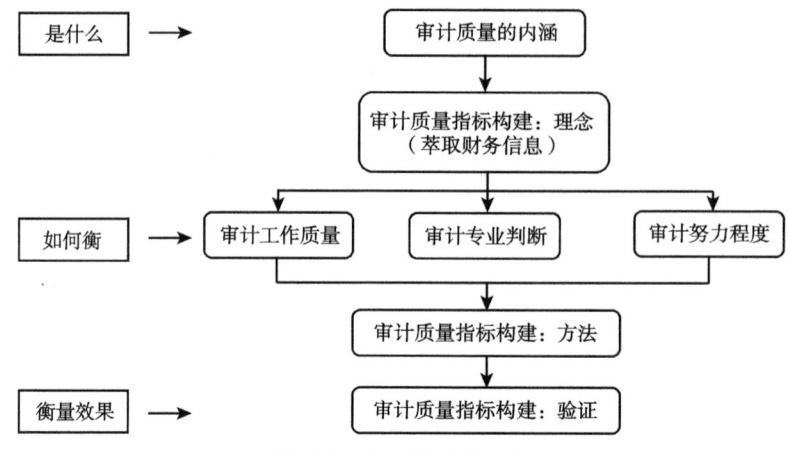

图2.1　审计质量指标构建的逻辑思路

二、审计质量测定指标的构建逻辑

现有文献与实务界均认可审计质量的复杂性与系统性，且国际审计和鉴证委员会认为审计质量的衡量包括输入、过程与输出三大核心要素。但审计输入与过程均无法直接从公开数据进行衡量。Sutton等（1991）将审计质量分为程序和结果两部分，其中程序部分主要强调审计师是否遵守审计准则，结果部分则根据最终的审计结果衡量审计质量的高低，实务界与理论界的现行做法大多以事务所规模或审计收费等指标进行间接衡量，影响了现有审计质量研究结论的一致性。因此，本研究依托审计准则对注册会计师工作的讨论，从经审计会计信息是审计工作结果的角度出发，运用公开数据萃取公司财务信息多维度特征，构建直接衡量审计质量的指标体系。从上述结果导向思路出发，本研究对审计质量指标的构建，主要依托对《中国注册会计师审计准则第1101号——注册会计师的总体目标和审计工作的基本要求》（以下简称"1101号准则"）的解读。

首先，1101号准则指出，在执行财务报表审计工作时，注册会计师的总体目标是对财务报表整体是否不存在由于舞弊或错误导致的重大错报获取合理保证，这是一种高水平保证，注册会计师需要获取充分适当的审计证据方可将审计风险降至可接受的水平。为了获取上述合理保证，注册会计师在整个审计过程中须运用职业判断。从以上表述中可知，经审计会计信息质量是审计工作质量的重要体现，专业判断与努力程度则均为注册会计师提高审计工作质量的重要支撑。因此，本研究从工作质量、专业判断与努力程度三个维度对审计质量进行衡量最终审计工作的产出——会计信息的信息质量属性，从审计工作质量、审计专业判断与审计努力程度三个维度进行衡量。

综上所述，本研究从审计工作质量、审计专业判断、审计努力程度三个维度来综合衡量审计质量的高低。具体的构建理念如图2.2所示。

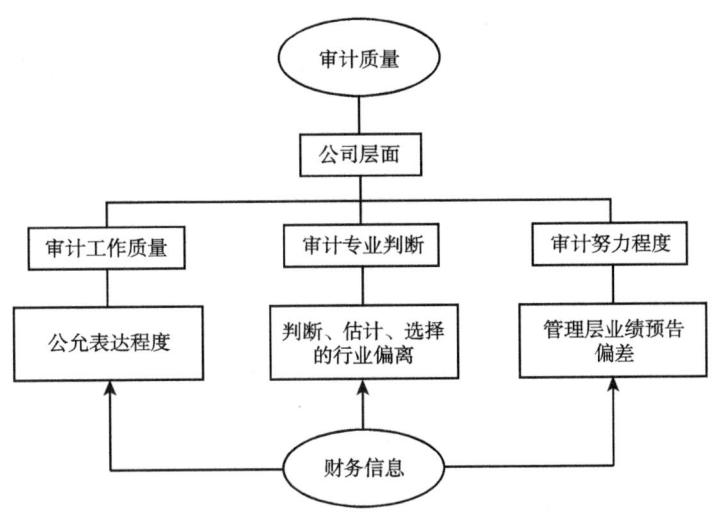

图2.2　审计质量指标构建理念

（一）财务报表的公允表达程度与审计工作质量

1101号准则指出，注册会计师的总体目标之一是对财务报表整体是否不存在由于**舞弊**或错误导致的重大错报获取合理保证。同时，会计准则要求企业应当以实际发生的交易或者事项为依据进行会计确认、计量和报告，如实反映符合确认和计量要求的各项会计要素及其他相关信息，保证会计信息真实可靠、内容完整。考虑到经审计会计信息是注册会计师审计工作成果的体现，本研究借鉴会计准则对会计信息可靠性的界定，即如实反映符合确认和计量要求的各项会计要素及其他相关信息，以团队已获得国家专利授权[①]的可靠性指标测度审计工作质量。

具体地，本研究认为，财务报表信息主要由历史成本信息和前瞻性信息组成。其中，历史成本信息是由过去真实发生的交易事项所形成的金额，金额和交易形式已经确定；前瞻性信息可能包含有关利益者的现金流量期望，并受时间风险和信用风险等因素的影响。我们对报表会计科目根据上述原则进行了分类，分别将35个资产类报表项目、12个负债类报表项目、9个权益类报表项目与17个收入成本类项目划分为历史成本类项目，其余项目则为涉及估计判断的前瞻性项目。在审计工作中，注册会计师需核实财务报表历史成本信息的真实性，并提高前瞻性信息的可验证性，保证财务报告的公允表达。因此，历史成本信息和前瞻性信息的公允表达程度反映了注册会计师的审计工作质量。

（二）估计、判断、选择的行业偏离度与审计专业判断

1101号准则指出，在计划和实施审计工作时，注册会计师应当运用职业判断。结合审计现实工作中，注册会计师对公司会计估计等职业判断的影响，本研究以公司会计估计与同行的偏离度衡量审计专业判断质量。会计环境复杂多变，不确定性经济事项日益增多，

---

① 专利号：ZL202011042980.3。

加上公允价值计量属性的运用，财务报表前瞻性信息已涉及多种估计、判断与选择。会计事项确认和计量的不确定性要求审计人员做出职业判断，尤其是折旧摊销或减值损失等重要会计估计或判断事项。考虑到同行业公司在商业模式或战略选择方面的相似性，当某个公司会计估计或判断金额严重偏离同行业公司时，很可能反映出注册会计师审计专业判断水平较低。因此，涉及估计、判断、选择等的财务信息的行业偏离度可以衡量注册会计师的审计专业判断水平。

（三）管理层业绩预告偏差与审计努力程度

此外，1101号准则指出，注册会计师应当对财务报表整体是否不存在由于舞弊或错误导致的重大错报获取合理保证，合理保证是一种高水平保证，需要注册会计师获取充分适当的审计证据。其中，《中国注册会计师审计准则第1521号——注册会计师对其他信息的责任》中指出，注册会计师需要着重考虑其他信息与财务报表之间是否存在重大不一致。由此可见，审计工作的开展具有复杂性系统性，需要审计师付出较高的努力程度。结合上述准则的思路与数据可得性考虑，本研究以未经审计的业绩预告信息与经审计后的财务业绩之间的差异，衡量注册会计师对公司财务业绩信息披露精确性的影响，即审计努力程度。

在现行信息披露制度下，未经审计的业绩预告信息是管理层对公司经济活动的处理，体现出管理层方面的决策，而经审计后的财务报告则往往是注册会计师与管理层协调后的产物，是注册会计师努力后的结果。这是因为如果注册会计师与公司管理层在经济事项上有不同判断，公司一般会按照注册会计师的意见进行调整。因此，审计前后财务信息的变化可以较好地衡量注册会计师在审计过程中投入的精力，审计前后管理层业绩预告的差异可以反映注册会计师的审计努力程度。

第三节　审计质量测定指标：构建与验证

本研究以A股所有上市公司为样本，基于产出角度构建结果的审计质量。数据来源于上市公司财务报表、业绩预告和业绩快报，以及报表附注信息。首先，依据会计计量属性，将上市公司财务报表中资产负债表项目以及利润表项目划分为两类：不涉及估计、判断和选择的项目（以下简称历史成本类项目），如货币资金、短期借款等；对计量和确认过程中涉及估计、判断和选择的项目划分为待验证类项目，如交易性金融资产、商誉净额等。其次，基于历史成本类项目和待验证类项目数据，计算审计工作质量和审计专业判断。最后，基于管理层首次发布的业绩预告数据，计算审计努力程度。

一、测定方法

(一)审计工作质量

本研究以财务报表历史成本类项目占比和待验证类项目合理部分占比之和衡量审计工作质量。该指标取值越大,表明审计工作质量越高。具体计算方法如下:

$$AQ = \frac{\sum |H\_BV_{i,t,n}| + \sum |D\_BV_{i,t,n}| \times |MD\_BV_{k,t,n}|}{\sum |H\_OV_{i,t,n}| + \sum |D\_BV_{i,t,n}|} \quad (2.1)$$

其中,分母为所有会计核算项目的初始价值,$H\_OV_{i,t,n}$表示第i个公司第t年第n个历史成本类项目的账面原值,$D\_BV_{i,t,n}$表示待验证类项目的账面价值。$H\_BV_{i,t,n}$表示历史成本类项目的账面价值,其与分母的比值是以历史成本为原则不需要估计的项目所占的比重。$MD\_BV_{k,t,n}$表示第k个行业第t年第n个待验证类项目的账面价值占比行业中位数。由于待验证项目涉及管理层的估计判断,且不同公司判断存在差异,因此本研究按年度和行业计算各个待验证项目行业占比的中位数,并以此为权重计算待验证项目与分母的比值,即以行业认知为标准萃取出待验证项目的合理部分。

(二)审计专业判断

本研究以涉及估计、判断的科目与同行业公司相同科目的偏离度衡量审计专业判断。该指标借鉴本团队自主研发的会计信息可靠性,可靠性借助公司待验证项目与行业中位数计算欧式距离的结果,反映公司管理层专业水平与行业共识的差异。审计专业判断则是和同行业各个公司分别做欧式距离,然后取所有两点间欧式距离的均值,此种方法能够更精细地反映审计专业判断水平。该指标取值越小,表明审计师判断偏误越小,审计专业判断水平越高。其中行业划分是按照中国证监会2012年颁布的"上市公司行业分类指引"将样本划分为81个行业。具体计算方法为:

首先,根据公式(2.2)计算第i个公司第t年第n个待验证类项目占比K($D_{i,t,n}$):

$$K(D_{i,t,n}) = \frac{D\_BV_{i,t,n}}{\sum |H\_OV_{i,t,n}| + \sum |D\_BV_{i,t,n}|} \quad (2.2)$$

其次,将公司待验证类项目占比K($D_{i,t,n}$)作为n维欧氏空间的一个点集,它的每个点K可以表示为(x[1] x[2] ⋯ x[n]),其中x(i=1, 2, ⋯, n)称为K的第i个坐标,假设其中两个点K_1=(a[1] a[2] ⋯ a[n]),K_2=(b[1] b[2] ⋯ b[n]),根据公式(2.3)计算同行业公司内所有两点间的欧氏距离:

$$d = \sqrt{\sum (a-b)^2} \quad (2.3)$$

最后,根据公式(2.4)计算同行业公司内所有两点间的欧式距离的均值,AJ即表示审计专业判断:

$$AJ = \frac{\sum_1^n d_n}{n} \quad (2.4)$$

（三）审计努力程度

根据公式（2.5），本研究以管理层业绩预告的偏差程度衡量审计努力程度AE，在审计监管工作中，中国注册会计师协会将该指标定义为审计师的贡献度。该指标取值越大，表明审计努力程度越高。

$$AE = \frac{|FP_{i,t} - AP_{i,t}|}{|AP_{i,t}|} \quad (2.5)$$

其中，$FP_{i,t}$表示第i家公司第t年首次发布的管理层业绩预告中归属于母公司的净利润，$AP_{i,t}$表示第i家公司第t年实际归属于母公司的净利润。由于管理层业绩预告实行非强制信息披露机制，故对缺失值使用业绩快报或公司当年第三季度归属于母公司净利润预测数据进行填补。

二、审计质量测定指标：验证

（一）现实验证

为了验证本指标的合理性，本研究按照企业规模、产权性质、内部控制水平和被分析师关注度对不同年份的审计质量指数进行分析。考虑到审计准则与实际审计工作中提出的各项要求，且主观赋权重会由于判断主体、时间、情形的不同而产生极大差异，出于客观性考虑，本研究使用简单平均法来计算审计质量指标。审计质量指数（Sjzl）取审计工作质量（AQ）、审计专业判断（AJ）和审计努力程度（AE）三者的均值。

第一，如表2.2所示，大规模企业被查出违规，会受到极大关注，事务所基于声誉的考虑，会更加谨慎审查，因此规模越大的企业，审计质量水平越高。

第二，国有企业承担着维护产业安全、保障国民经济运行等特定职能，受到更严厉的政府监管，因此会拥有较高水平的审计质量。结果如表2.3所示。

第三，内部控制作为公司的治理机制，能够有效提升企业把控风险的能力，填补企业管理漏洞。Ashbaugh等（2008）的研究指出，企业高质量的内部控制能够有效减少管理层错报的概率，保证财务报表的公允性，进而事务所会提供较高水平的审计质量。因此与内部控制较差的企业相比，内部控制水平较高的企业拥有高质量的审计水平。结果如表2.4所示。

第四，分析师通过收集、对比、整理后发布的分析和预测报告能向投资者提供公司的私有信息。被分析师关注较多的公司同时也会有较高的市场关注度，此时提供的审计质量具有放大效应，高水平审计质量能够帮助公司提高声誉，带来溢价。反之，审计失败面临的风险也会被加剧。因此被分析关注较多的企业会拥有较高的审计质量。表2.5的结果与现实相符。

表2.2　　2016~2020年不同规模上市公司的审计质量水平

规模\年份	2016	2017	2018	2019	2020	2021
大企业	0.568	0.611	0.609	0.575	0.581	0.628
小企业	0.556	0.604	0.599	0.553	0.567	0.598

表2.3　　　　　2016~2020年不同产权性质上市公司的审计质量水平

产权性质＼年份	2016	2017	2018	2019	2020	2021
国企	0.572	0.611	0.608	0.578	0.591	0.632
非国企	0.557	0.605	0.602	0.557	0.566	0.604

表2.4　　　　　2016~2020年不同内部控制水平上市公司的审计质量水平

内部控制＼年份	2016	2017	2018	2019	2020	2021
较好	0.562	0.611	0.609	0.569	0.576	0.616
较差	0.562	0.604	0.598	0.559	0.572	0.609

表2.5　　　　　2016~2020年不同分析师关注度上市公司的审计质量水平

分析师关注＼年份	2016	2017	2018	2019	2020	2021
被关注	0.566	0.611	0.607	0.570	0.571	0.610
没被关注	0.552	0.598	0.597	0.552	0.568	0.600

（二）构建指标与现有替代指标相关性分析

首先，对本研究提出的审计质量指标与当前主要的替代性指标进行相关性分析。表2.6的结果显示，审计质量（Sjzl）与修正琼斯模型计算的可操控应计利润（Da）呈负相关，即表明可操控应计利润水平越低，审计质量越高，与现有文献结论保持一致；与支付的审计费用（AuditFee）呈显著正相关；与企业的审计师拥有行业专长（MSA）呈显著正相关。

表2.6　　　　　　　　　　　相关性分析

变量	Sjzl	AuditFee	Da	MSA
Sjzl	1.000			
AuditFee	0.065***	1.000		
Da	−0.013*	−0.054***	1.000	
MSA	0.020***	0.066***	−0.029***	1.000

注：***、*分别表示在1%、10%的水平上显著。

其次，本研究将审计质量按照审计意见、是否发生重述与"四大"进行分组均值差异检验。由表2.7可知，在标准无保留审计意见中审计质量更高。被出具标准无保留意见的公司可能本身的财务系统较好，未审计前的财务信息比较可靠，审计公司的保证能力更强。以是否发生重述作为审计质量的替代指标虽存在明显差异，但发生财务重述的审计质量较高。正如Defond等（2014）指出，未发生财务重述不一定代表具有较高的审计质量，可能是审计师未发现存在的重大错报。经"四大"和非"四大"审计的公司审计质量不存在明显差异，印证了部分学者提出的规模不能成为审计质量的代名词。

表2.7　　　　　　　　　　　　均值t检验

	审计质量	T值
非标审计意见	0.578	−2.596***
标准无保留审计意见	0.590	
发生财务重述	0.586	−5.245***
未发生财务重述	0.579	
"四大"	0.584	−1.435
非"四大"	0.589	

注：***表示在1%的水平上显著。

（三）描述性统计

本研究接着对不同维度、不同年份的审计质量指标进行了描述性统计。由表2.8可知，审计工作质量的平均值为0.7723，标准差为0.1033，审计专业判断的均值为0.7228，审计努力程度的平均值为0.2653。由图2.3可知，审计专业判断基本维持不变，这很可能是因为我国会计准则与国际准则趋同，公允价值是大势所趋，对审计人员的专业判断能力提出了更高要求。审计努力程度在2019年达到最低点，之后上升趋势明显，表明事务所响应国家加大对审计监管的力度，通过增加审计努力程度以减少可能面对的法律风险。

表2.8　　　　　　　　审计质量指标描述性统计

指标	平均值	中位数	标准差	最小值	最大值
审计工作质量	0.7723	0.7917	0.1033	0.4387	0.9461
审计专业判断	0.7228	0.7497	0.0998	0.3354	0.8824
审计努力程度	0.2653	0.1485	0.2956	0.0002	1

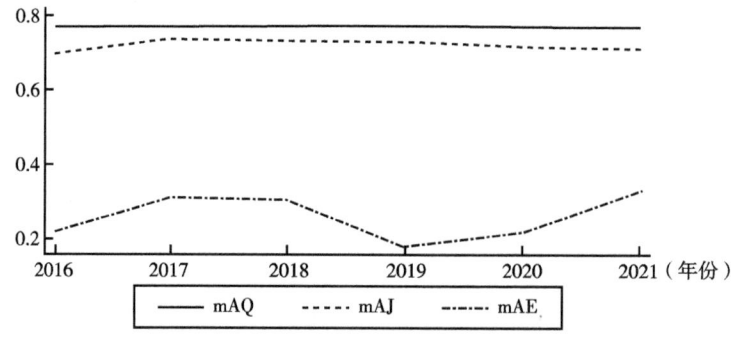

图2.3　审计质量指标分年度描述性统计

（四）审计质量测定指标：实证检验

本研究借鉴Chen等（2017），使用审计质量指数替换当前衡量方式不一致的指标，确认审计质量带来的经济后果。如果我们的指标能合理衡量审计质量水平，则结果依然会成立。

1. 融资约束

资金作为企业的命脉，充足的现金流支撑企业的生存与发展。会计师事务所作为独立第三方，通过实施复杂的审计程序发挥外部监督作用，增强企业的信息透明度，进而缓解融资困境。本研究借鉴Whited等（2006），使用WW指数来衡量融资约束，其计算公式为WW = −0.091×经营活动产生的现金流量净额/总资产−0.062×现金股利支付哑变量 + 0.021×长期负债/总资产−0.044×总资产的自然对数+0.102×行业平均销售增长率−0.035×销售收入增长率。同时控制了总资产周转率（ATO）、公司规模（Size）、净营运资本增加量（NWC）、资本支出（EXP）和总资产净利润率（ROA）。具体变量定义如表2.9所示。基准回归结果如表2.10的列（1）所示，审计质量与融资约束的回归系数为−0.180，且在1%的水平上显著。这说明高质量的审计能减弱融资约束，也证实了本指标的合理性。表2.10的列（2）是检验审计质量指数的构成与融资约束的关系，回归结果显示审计工作质量发挥着较大作用。基于控制反向因果可能造成内生性的考虑，本研究将审计质量滞后一期，与融资约束水平进行实证检验。具体的回归结果如表2.10的列（3）和列（4）所示，回归结果的显著性和基准回归保持一致。审计质量水平不同的企业可能在财务水平、治理结构等方面存在差异，这些因素会影响融资约束水平。为了减轻公司层面特征的影响，本研究使用倾向评分匹配法，将控制变量作为匹配变量，使用匹配半径为0.05的1∶1近邻且无放回的方法进行匹配，匹配后的回归结果如表2.10的列（5）所示，主要变量依然显著。

表2.9　　　　　　　　　　　变量定义

变量名	变量名称	定义
AQ	审计工作质量	上市公司财务报表的忠实表达程度，具体看文中定义
AJ	审计专业判断	审计师的专业判断水平，具体看文中定义
AE	审计努力程度	业绩预告误差，具体看文中定义
ATO	总资产周转率	营业收入/平均资产总额
Size	公司规模	总资产的自然对数
NWC	净营运资本增加量	（流动资产−流动负债−货币资金）/总资产
EXP	资本支出	"购买固定资产、无形资产和其他长期资产支付的现金"/总资产
ROA	净资产收益率	净利润/期末总资产
Growth	成长性	长期公司价值与账面价值的差异
Top1	治理结构	第一大股东持股比例
Lev	资产负债率	总负债/总资产

续表

变量名	变量名称	定义
Age	企业年龄	企业上市年限的自然对数
OCF	现金流量	经营性现金流量净额/总资产
Fraud	财务舞弊	若公司当年发生财务舞弊,则取1,否则取0
DSRI	应收账款指数	本期应收账款占营业收入比例/上期应收账款占营业收入比例
GMI	毛利率指数	上期毛利率/本期毛利率
AQI	资产质量指数	本期的非实物资产比例/上期的非实物资产比例
SGI	营业收入指数	本期营业收入/上期营业收入
DEPI	折旧率指数	上期折旧率/本期折旧率,(折旧率=折旧费用/固定资产原值)
SGAI	销售管理费用指数	本期销售管理费用占营业收入的比例/上期销售管理费用占营业收入的比例
LVGI	财务杠杆指数	本期资产负债率/上期资产负债率
TATA	应计项/总资产	[(Δ流动资产−Δ货币资金)−(Δ流动负债−Δ一年内到期长期负债−Δ应交税费)−折旧费用]/总资产

表2.10　　　　　　　　　　　　审计质量与融资约束

	被解释变量:WW				
	基准回归		解释变量滞后一期		PSM检验
	(1)	(2)	(3)	(4)	(5)
Sjzl	−0.180*** (−6.222)		−0.222*** (−5.689)		−0.197*** (−5.168)
AQ		−0.341*** (−6.513)		−0.344*** (−5.723)	
AJ		−0.062 (−1.240)		−0.042 (−0.689)	
AE		−0.012 (−1.241)		−0.021 (−1.582)	
ATO	0.025** (2.449)	0.050*** (4.554)	0.028** (2.270)	0.050*** (3.861)	0.025** (2.142)
Size	−0.139*** (−46.283)	−0.135*** (−44.342)	−0.150*** (−42.290)	−0.146*** (−40.342)	−0.138*** (−37.540)
NWC	0.254*** (12.732)	0.225*** (11.019)	0.294*** (12.266)	0.274*** (11.325)	0.244*** (10.065)
EXP	−0.763*** (−10.522)	−0.716*** (−9.859)	−0.860*** (−10.134)	−0.829*** (−9.789)	−0.869*** (−9.563)
ROA	0.187*** (4.613)	0.221*** (5.415)	0.193*** (4.395)	0.201*** (4.553)	0.208*** (4.051)
_cons	2.128*** (23.969)	2.231*** (24.847)	2.748*** (25.091)	2.811*** (25.485)	2.170*** (18.814)
Ind/Year	Yes	Yes	Yes	Yes	Yes

续表

	被解释变量：WW				
	基准回归		解释变量滞后一期		PSM检验
	（1）	（2）	（3）	（4）	（5）
N	22910	22910	18174	18174	12129
R^2	0.351	0.355	0.338	0.340	0.343

注：***、**、*分别代表在1%、5%、10%的水平上显著。括号中为企业层面聚类稳健标准误的t统计量。

2. 资本市场定价偏差

高质量审计能保证企业财务信息的真实性，缓解决策者面临的信息不对称。而且信号传递观认为，企业审计质量较高能向资产市场释放积极的信号，缓解逆向选择问题，从而有效减少股票价格波动。本研究借鉴Rhodes-Krof等（2005）研究，使用权益的账面市值比来衡量股票错误定价（Misprice）。若Misprice>0，说明股价被高估，反之则是被低估。本研究对Misprice取绝对值，其值越大，表示资本市场定价偏差越大，同时控制了企业成长性（Growth）、治理结构（Top1）、资产负债率（Lev）、企业规模（Size）、现金流量（OCF）和企业年龄（Age）。基准回归结果如表2.11的列（1）所示，审计质量与错误定价的回归系数为-0.123，且在1%的水平上显著。这说明较高的审计质量能有效减弱错误定价，从而增强市场配置效率。表2.11的列（2）是检验审计质量指标的组成部分与资本市场定价偏差的关系，回归结果发现审计工作质量与审计专业判断都有较大影响。基于控制反向因果可能造成内生性的考虑，本研究将审计质量滞后一期，与资本市场定价偏差进行实证检验。具体的回归结果如表2.11的列（3）和列（4）所示，回归结果的显著性和基准回归保持一致。审计质量水平不同的企业可能在财务水平、治理结构等方面存在差异，这些因素会影响资本市场定价。为了减轻公司层面特征的影响，本研究使用倾向评分匹配法，将控制变量作为匹配变量，使用匹配半径为0.05的1∶1近邻且无放回的方法进行匹配，平衡性检验结果显示，所有协变量在匹配后的偏差都小于10%，证明该研究方案的匹配效果好。匹配后的结果如表2.11的列（5）所示，主要变量依然显著。

表2.11　　　　　　　审计质量与资本市场定价偏差

	被解释变量：|Misprice|				
	基准回归		解释变量滞后一期		PSM检验
	（1）	（2）	（3）	（4）	（5）
Sjzl	-0.123*** （-4.439）		-0.188*** （-5.064）		-0.091** （-2.540）
AQ		-0.139*** （-2.817）		-0.144** （-2.472）	
AJ		-0.239*** （-5.121）		-0.213*** （-3.732）	

续表

	被解释变量：|Misprice|			
	基准回归		解释变量滞后一期		PSM检验
	（1）	（2）	（3）	（4）	（5）
AE		−0.001 （−0.138）		−0.025** （−2.101）	
Growth	0.076*** （4.897）	0.077*** （5.021）	0.093*** （4.790）	0.094*** （4.844）	0.059*** （2.969）
Top1	−0.085*** （−3.513）	−0.071*** （−2.977）	−0.095*** （−3.349）	−0.086*** （−3.058）	−0.088*** （−3.119）
Lev	0.109*** （4.072）	0.151*** （5.279）	0.123*** （3.564）	0.159*** （4.310）	0.094*** （2.776）
Size	0.044*** （6.747）	0.046*** （7.078）	0.050*** （6.301）	0.051*** （6.444）	0.037*** （4.660）
OCF	0.073 （1.631）	0.107** （2.351）	0.103* （1.833）	0.133** （2.324）	0.057 （0.997）
Age	0.001** （2.328）	0.001 （1.416）	0.001 （1.560）	0.001 （1.106）	0.001** （2.027）
_cons	−0.687*** （−4.304）	−0.555*** （−3.400）	−0.727*** （−3.675）	−0.614*** （−3.041）	−0.572*** （−2.930）
Ind/Year	Yes	Yes	Yes	Yes	Yes
N	17152	17152	12232	12232	8726
R^2	0.077	0.083	0.071	0.075	0.082

注：***、**、*分别代表在1%、5%、10%的水平上显著。括号中为企业层面聚类稳健标准误的t统计量。

（五）审计质量测定指标有效性检验：财务舞弊预测

现有对财务舞弊预测模型的研究中，被广泛采用的是完全利用财务数据建立的Mscore财务舞弊预测模型（Beneish，1999）。Mscore模型利用阈值能够快速判断上市公司财务舞弊的可能性，并在安然事件爆发之前成功预测了安然公司的财务造假行为。为检验审计质量指标的有效性，本研究以中国A股非金融类上市公司2016~2019年的数据作为训练集，以2020~2021年的数据作为预测集，首先估计Mscore模型的系数及阈值，检验其预测财务舞弊的能力。其次，在Mscore模型的基础上增加审计工作质量、审计专业判断与审计努力程度三个指标，检验新增的审计指标是否能对Mscore模型起到信息补充作用。最后，用审计工作质量、审计专业判断和审计努力程度构建新的财务舞弊预测模型，通过阈值再次预测上市公司发生财务舞弊的概率。Mscore模型、加入审计指标的Mscore模型和新的财务舞弊预测模型分别如式（2.6）、式（2.7）和式（2.8）所示，模型中涉及的相关变量如表2.9所示。

$$\text{Mscore}_{it} = -4.84 + 0.92\text{DSRI}_{it} + 0.528\text{GMI}_{it} + 0.404\text{AQI}_{it} + 0.892\text{SGI}_{it}$$
$$+ 0.115\text{DEPI}_{it} - 0.172\text{SGAI}_{it} - 0.327\text{LVGI}_{it} + 4.679\text{TATA}_{it} \quad (2.6)$$

$$\text{Fraud}_{it} = 1/\{1+\exp(\beta_0+\beta_1\text{DSRI}_{it}+\beta_2\text{GMI}_{it}+\beta_3\text{AQI}_{it}+\beta_4\text{SGI}_{it}+\beta_5\text{DEPI}_{it}$$
$$+\beta_6\text{SGAI}_{it}+\beta_7\text{LVGI}_{it}+\beta_8\text{TATA}_{it}+\beta_9\text{AQ}_{it}+\beta_{10}\text{AJ}_{it}+\beta_{11}\text{AE}_{it})\} \quad (2.7)$$

$$\text{Fraud}_{it} = 1/\{1+\exp(\beta_0+\beta_1\text{AQ}_{it}+\beta_2\text{AJ}_{it}+\beta_3\text{AE}_{it})\} \quad (2.8)$$

表2.12列示了各模型财务舞弊预测效果。Beneish（1999）指出第一类错误发生的成本是第二类错误成本的20~40倍，第二类错误产生的成本可以通过投资其他股票来弥补，因此本研究着重考虑各个模型预测第一类错误的概率。由表2.12可以看出，Mscore模型犯第一类错误（将财务舞弊公司预测为正常公司）的概率为79%，高于在Mscore指标的基础上增加审计工作质量、审计专业判断和审计努力程度所构建的财务舞弊预测模型（2.7）以及仅基于审计工作质量、审计专业判断和审计努力程度所构建的财务舞弊预测模型（2.8）犯第一类错误的概率（分别为47%和45%）。这表明，本研究构建的审计质量指标具有信息含量，能为Mscore财务舞弊预测模型起到补充作用。

表2.12　　　　　　　　　　　财务舞弊预测效果

模型	财务舞弊犯第一类错误的概率	
	训练集	预测集
Mscore模型（2.6）	0.7457	0.7921
Mscore+审计工作质量+审计专业判断+审计努力程度（2.7）	0.5585	0.4688
审计工作质量+审计专业判断+审计努力程度（2.8）	0.5686	0.4456

（六）小结

审计质量是社会各界关注的重点问题，现有替代指标的测度方法一直存在较大争议，如何选择更恰当的衡量方法，是值得探索和改进的。本研究在充分论证审计质量指标构建逻辑的基础上，从审计产出角度多维度构建了我国上市公司审计质量指标体系，并基于财务舞弊预测模型进行了有效性验证。具体而言，基于财务会计准则和上市公司的财务报表是审计工作的重要产出这一逻辑，本研究从审计工作质量、审计专业判断、审计努力程度三个方面衡量审计质量。其中，审计工作质量和审计专业判断通过萃取经审计的年度财务报告信息进行测度，审计努力程度则借助于审计前后公司披露的财务信息的变化进行衡量。为验证指标设计的合理性，本报告首先使用审计质量指数替换之前的替代变量，证明审计质量能有效缓解企业的融资约束和提高定价效率。接着利用阈值发现新的审计质量指标对财务舞弊预测模型能起到信息增量作用，证明了审计质量指标具有有效性。

本报告审计质量指标的构建理念和方法决定了其能够更适用于现实需要，相对于单一审计质量替代指标，报告中构建的审计质量指标回归到审计主体本身的特征，通过对财务报表信息的萃取，更全面地揭示了审计质量的实质属性。相比现有的财务舞弊预测模型，能够有效减少将舞弊公司预测为正常公司的概率，提高预测准确性。此外，本报告所构建的审计质量指标属于公司层面，未来可以进一步将本指标拓展到审计师团队层面以及会计师事务所层面，以全方位对审计质量进行衡量。

第三章

证券市场关键审计事项

证券市场中,关键审计事项是注册会计师基于公司和行业状况的全面分析基础上作出的专业判断。关注关键审计事项,有助于了解在上市公司审计中注册会计师重点关注的经济事项及其采用的审计程序。在一定意义上,关键审计事项是审计工作的核心内容,进而是影响审计质量的基本因素。

第一节 证券市场与审计质量

一、证券市场发展概况

随着我国证券市场的发展,上市公司数量逐年增加。2019~2023年,我国证券市场中上市公司发展状况见表3.1至表3.4。

表3.1　　　　　　　　　中国证券市场发展状况　　　　　　　　　单位:个

年份	2023	2022	2021	2020	2019
数量	5087	4861	4560	4121	3746

表3.2　　　　　　　　　　　主板市场　　　　　　　　　　　单位:个

年份	2023	2022	2021	2020	2019
数量	3188	3139	3101	3015	2890

表3.3　　　　　　　　　　　创业板市场　　　　　　　　　　单位:个

年份	2023	2022	2021	2020	2019
数量	1333	1223	1082	891	786

表3.4　　　　　　　　　　　科创板市场　　　　　　　　　　　单位：个

年份	2023	2022	2021	2020	2019
数量	565	498	376	214	70

注：公开披露定期报告的上市公司。

证券市场上市公司是我国国民经济的重要成分，其发展状况与我国国民经济发展状况息息相关。尽管各上市公司主营业务都有一定差异，按证监会行业分类（2012），证券上市公司涵盖了几乎所有81个类别。考虑到上市公司在各行业等分布有明显差异，为便于分析，本报告按证监会行业分类（2012），将相近行业进行组合。具体而言，将81个行业中相近行业重新组合为25个行业组。

（1）农林牧渔业（代码：A）；

（2）采矿业（代码：B）；

（3）食品饮料制造业（代码：C13+C14+C15），证监会行业分类：农副食品加工业（代码：C13），食品制造业（代码：C14），酒、饮料和精制茶制造业（代码：C15）；

（4）纺织服装制造业（代码：C17+C18+C19），证监会行业分类：纺织业（代码：C17），纺织服装、服饰业（代码：C18），皮革、毛皮、羽毛及其制品和制鞋业（代码：C19）；

（5）木材家具制造业（代码：C20+C21），证监会行业分类：木材加工和木、竹、藤、棕、草制品业（代码：C20），家具制造业（代码：C21）；

（6）印刷与文教用品制造业（代码：C22+C23+C24），证监会行业分类：造纸和纸制品业（代码：C22），印刷和记录媒介复制业（代码：C23），文教、工美、体育和娱乐用品制造业（代码：C24）；

（7）石油化工制造业（代码：C25+C26），证监会行业分类：石油加工、炼焦和核燃料加工业（代码：C25），化学原料和化学制品制造业（代码：C26）；

（8）医药制造业（代码：C27）；

（9）化纤橡塑制造业（代码：C28+C29），证监会行业分类：化学纤维制造业（代码：C28），橡胶和塑料制品业（代码：C29）；

（10）金属矿物制造业（代码：C30+C31+C32+C33），证监会行业分类：非金属矿物制品业（代码：C30），黑色金属冶炼和压延加工业（代码：C31），有色金属冶炼和压延加工业（代码：C32），金属制品业（代码：C33）；

（11）设备制造业（代码：C34+C35+C36+C37），证监会行业分类：通用设备制造业（代码：C34），专用设备制造业（代码：C35），汽车制造业（代码：C36），铁路、船舶、航空航天和其他运输设备制造业（代码：C37）；

（12）机械仪器制造业（代码：C38+C39+C40），证监会行业分类：电气机械和器材制造业（代码：C38），计算机、通信和其他电子设备制造业（代码：C39），仪器仪表制造业（代码：C40）；

（13）其他制造业（代码：C41+C42），证监会行业分类：其他制造业（代码：C41），废弃资源综合利用业（代码：C42）；

（14）电力、热力、燃气及水生产和供应业（代码：D）；

（15）建筑业（代码：E）；

（16）批发和零售业（代码：F）；

（17）交通运输、仓储和邮政业（代码：G）；

（18）住宿餐饮服务业（代码：H+L），证监会行业分类：住宿和餐饮业（代码：H），租赁和商务服务业（代码：L）；

（19）信息传输、软件和信息技术服务业（代码：I）；

（20）金融业（代码：J）；

（21）房地产业（代码：K）；

（22）科学研究和技术服务业（代码：M）；

（23）水利、环境和公共设施管理业（代码：N）；

（24）教育卫生文化业（代码：P+Q+R），证监会行业分类：教育（代码：P），卫生和社会工作（代码：Q），文化、体育和娱乐业（代码：R）；

（25）综合（代码：S）。

二、审计质量

审计质量涉及注册会计师所确定关键审计事项的合理性（事前质量）和经审计财务信息体现的产出质量。后者可以基于经审计确定的公司财务信息，以审计工作质量、审计专业判断水平和审计工作努力程度等指标进行反映。

上市公司年度财务报告审计前，由注册会计师确定的、年度财务报告的审计重点或最重要审计事项，即关键审计事项。注册会计师对关键审计事项的选择直接影响着审计工作程序和上市公司财务信息的审计意见类型，进而影响审计产出的质量，即公司财务信息的审计质量。

公司财务信息的审计质量不同于公司财务信息质量，严格意义上两者有一定的差别，但在现行法律法规下，公司财务信息质量与公司财务信息审计质量又在一定程度上存在交叉。一般而言，公司披露的经注册会计师审计，且出具非标准无保留审计意见的财务信息可以视为体现注册会计师的所有判断，仅未经审计的财务信息披露方体现出公司管理层对其年度经济活动的会计处理。为此，注册会计师审计工作质量、其审计专业判断均可以通过经审计的年度财务报告进行体现，其审计努力程度在现行信息披露安排下，也可以借助于审计前后公司披露财务信息的变化进行测度。本报告正是基于这一逻辑，对审计质量的不同维度进行测定。上市公司财务报表是审计工作的重要产出，其信息质量反映了审计师的各项能力及其运用，成为审计质量的重要呈物。因此，对审计质量的度量，可以从上市公司财务报表即产出层面出发，立足于会计信息的计量属性，将审计质量视为一个具有多个相互关联的维度的结构,从而构建出审计质量的综合测定框架。

审计质量是注册会计师行业的一个永恒话题,审计质量的不可观测性使得各界对审计质量的界定各不相同。注册会计师的独立审计是信息披露中的重要一环,直接影响到会计信息质量,进而影响利益相关者的投资决策。本报告借鉴《一种会计信息可靠性测定的方法及其系统(2020年9月28日获国家发明专利授权)》,设计了一整套源自公司公开财务信息和行业大数据的公司财务信息审计质量指标体系。就公司财务信息的审计质量而言,其测定方法见第二章中的审计工作质量、专业判断水平和工作努力程度。

第二节 关键审计事项

上市公司年度财务报告审计前,由注册会计师确定的、年度财务报告的审计重点或最重要审计事项,即关键审计事项。关键审计事项的选择直接影响上市公司审计质量。

一、证券市场关键审计事项

关键审计事项是注册会计师基于公司和行业状况的全面分析基础上作出的专业判断。我国上市公司披露的财务信息关键审计事项主要涉及资产负债表、利润表和其他,未有涉及现金流量表的情形。本报告以我国证券市场所有上市公司财务信息的关键审计事项为依据,将财务信息关键审计事项涉及财务报表类别分为:资产负债表类、利润表类和其他类。一般而言,大部分财务信息关键审计事项既涉及资产负债表项目,又涉及利润表项目,如"应收账款坏账准备的提取",既涉及资产负债表中"应收账款"项目,又涉及利润表中"信用减值损失"项目,本报告在进行个数和类别统计时,将此类关键审计事项同时归入两个类别,并将其个数分别定为0.5;如关键审计事项仅涉及一类报表项目,其个数就定为1。

(一)证券市场关键审计事项类别

一般而言,绝大多数上市公司财务信息的关键审计事项为1~3个。2019~2023年,上市公司财务信息关键审计事项类别的总体状况见表3.5。

表3.5　　　　　　　　　　证券市场关键审计事项类别　　　　　　　　　单位:个

年份	2023			2022	2021	2020	2019
	中位数	最大值	最小值	中位数	中位数	中位数	中位数
资产负债表	0.5	3.0	0.0	0.5	0.5	0.5	0.5
利润表	1.5	3.5	0.0	1.5	1.5	1.5	1.5
其他类	0.0	2.0	0.0	0.0	0.0	0.0	0.0

注:证券市场所有上市公司关键审计事项所属报表类别的个数。

2023年，我国所有上市公司财务信息关键审计事项中，资产负债表类为2810.0个，利润表类为7005.5个，其他类为217.0个。其中，就上市公司个体而言，具体关键审计事项涉及资产负债表类项目个数最多的为3.0个，资产负债表类项目个数最少的为0个；涉及利润表类项目个数最多的为3.5个，利润表类项目个数最少的为0个；涉及其他类类项目个数最多的为2.0个，其他类类项目个数最少的为0个。就行业而言，涉及资产负债表类项目个数最多的前三个行业为：电力、热力、燃气及水生产和供应业（D）（33.83%），金融业（J）（31.02%），交通运输、仓储和邮政业（G）（30.34%）；涉及资产负债表类项目个数最少的三个行业为：金属矿物制造业（C30-C33）（25.84%），木材家具制造业（C20-C21）（23.73%），综合（S）（20.0%）。涉及利润表类项目个数最多的前三个行业为：科学研究和技术服务业（M）（73.31%），其他制造业（C41-C42）（73.27%），木材家具制造业（C20-C21）（72.49%）；涉及利润表类项目个数最少的三个行业为：电力、热力、燃气及水生产和供应业（D）（62.76%），交通运输、仓储和邮政业（G）（61.74%），金融业（J）（33.91%）。涉及其他类类项目个数最多的前三个行业为：金融业（J）（35.07%），综合（S）（12.0%），采矿业（B）（9.65%）；涉及其他类类项目个数最少的三个行业为：印刷与文教用品制造业（C22-C24）（0.9%），其他制造业（C41-C42）（0），科学研究和技术服务业（M）（0）。

2019~2023年，我国上市公司财务信息的关键审计事项涉及不同报表项目类别。就中位数而言，涉及资产负债表类项目个数总体上基本不变，2023年为0.5个；涉及利润表类项目个数总体上基本不变，2023年为1.5个；涉及其他表类项目个数总体上保持不变，2023年为0个。

（二）证券市场关键审计事项具体项目

我国证券市场中，同一年度不同上市公司之间关键审计事项不同，同一上市公司不同年度的关键审计事项也存在一定差异。这些差异不仅表现在注册会计师所确定关键审计事项的个数、涉及报表项目的类别和具体报表项目上，更表现在关键审计事项的具体内容和审计程序上。按照涉及财务报表类别，关键审计事项分为：资产负债表类、利润表类和其他类。由于企业会计准则的新要求和注册会计师对同一经济业务的不同理解，同一关键审计事项的描述存在一定差异。据2019~2023年上市公司年报披露信息，本报告对所有关键审计事项的类别和具体项目进行了甄别。

资产负债表类关键审计事项涉及的报表项目有：货币资金、应收款项、其他应收款、预付款项、投资性房地产、衍生金融资产、存货、合同资产、金融资产、其他流动资产、长期股权投资、长期应收款、固定资产、在建工程、油气资产、生物资产、使用权资产、开发支出、商誉、无形资产、长期待摊费用、递延所得税资产、非流动资产、应付账款、预收款项、应付票据、短期借款、应付职工薪酬、应交税费、应付债券、预计负债、递延收益、递延所得税负债等33项。

利润表类关键审计事项涉及的报表项目有：营业收入、税金及附加、营业成本、管理费用、财务费用、销售费用、研发费用、其他业务收入、投资收益、其他收益、资产减值损失、信用减值损失、公允价值变动损益、资产处置损益、汇兑损益、套期保值、补贴收入、营业外收入、营业外支出、所得税费用等20项。

其他类关键审计事项涉及的报表项目有：持续经营、筹资能力、股权激励、关联交易、合并范围、会计差错、会计政策与估计、会计准则、内部控制、期初余额、期后事项、融资能力、审计范围、审计意见、违规担保、业绩承诺、债务重组、资金占用、业绩补偿、其他等20项。

一般而言，大部分财务信息关键审计事项既涉及资产负债表项目，又涉及利润表项目。例如，"应收账款坏账准备的提取"，既涉及资产负债表中"应收账款"项目，又涉及利润表中"信用减值损失"项目，本报告将此类关键审计事项同时归入两个项目，但将其具体个数分别定为0.5；如关键审计事项仅涉及一个报表项目，其个数就定为1。2019~2023年，上市公司财务信息关键审计事项中，不同类别具体项目占比的总体状况见表3.6。

表3.6　　　　　　　　　证券市场关键审计事项状况　　　　　　　　　单位：%

年份	2023	2022	2021	2020	2019
资产负债表					
货币资金	0.5	0.58	0.44	0.42	0.35
应收款项	9.73	9.59	9.44	9.26	8.96
其他应收款	0.05	0.06	0.1	0.12	0.11
预付款项	0.04	0.04	0.04	0.12	0.06
投资性房地产	0.23	0.22	0.24	0.29	0.3
衍生金融资产	0.04	0.05	0.04	0.04	0.04
存货	6.02	5.91	5.53	5.39	5.53
合同资产	0.09	0.09	0.13	0.09	0.03
金融资产	1.41	1.32	1.58	1.68	1.77
其他流动资产	0.07	0.09	0.03	0.03	0.04
长期股权投资	0.72	0.72	1.01	1.42	1.58
长期应收款	0.0	0.03	0.05	0.05	0.03
固定资产	1.76	1.66	1.6	1.63	1.72
在建工程	0.4	0.43	0.5	0.42	0.42
油气资产	0.04	0.03	0.04	0.03	0.04
生物资产	0.13	0.12	0.12	0.09	0.09
使用权资产	0.1	0.06	0.17	0.02	0.04
开发支出	0.57	0.6	0.55	0.69	0.63

续表

年份	2023	2022	2021	2020	2019
资产负债表					
商誉	4.03	4.42	4.73	5.52	6.59
无形资产	0.4	0.39	0.45	0.44	0.51
长期待摊费用	0.04	0.02	0.02	0.06	0.01
递延所得税资产	0.24	0.31	0.22	0.29	0.48
非流动资产	0.4	0.34	0.45	0.53	0.53
应付账款	0.01	0.0	0.0	0.01	0.0
预收款项	0.0	0.0	0.0	0.0	0.01
应付票据	0.0	0.0	0.0	0.01	0.01
短期借款	0.01	0.0	0.0	0.01	0.0
应付职工薪酬	0.04	0.05	0.06	0.06	0.08
应交税费	0.0	0.0	0.0	0.0	0.0
应付债券	0.0	0.0	0.0	0.01	0.01
预计负债	0.56	0.71	0.92	1.18	1.16
递延收益	0.05	0.05	0.15	0.22	0.35
递延所得税负债	0.0	0.0	0.0	0.0	0.01
利润表					
营业收入	45.1	44.62	42.5	39.8	36.25
税金及附加	0.13	0.16	0.2	0.26	0.3
营业成本	0.59	0.61	0.62	0.66	0.73
管理费用	0.01	0.01	0.01	0.01	0.0
财务费用	0.0	0.0	0.0	0.01	0.01
销售费用	0.37	0.4	0.42	0.42	0.39
研发费用	0.34	0.36	0.24	0.24	0.2
其他业务收入	0.02	0.03	0.03	0.03	0.04
投资收益	0.39	0.42	0.57	0.84	0.92
其他收益	0.0	0.0	0.0	0.01	0.0
资产减值损失	10.87	11.03	11.21	11.77	13.27
信用减值损失	10.24	10.12	10.08	9.93	9.62
公允价值变动损益	0.92	0.89	0.96	1.02	1.01
资产处置损益	0.04	0.05	0.1	0.16	0.2
汇兑损益	0.01	0.0	0.0	0.01	0.01
套期保值	0.01	0.02	0.03	0.02	0.03
补贴收入	0.0	0.0	0.0	0.0	0.0
营业外收入	0.04	0.0	0.01	0.07	0.09

续表

年份	2023	2022	2021	2020	2019
利润表					
营业外支出	0.0	0.0	0.02	0.05	0.03
所得税费用	0.0	0.0	0.0	0.0	0.0
其他类					
持续经营	0.04	0.05	0.11	0.05	0.04
筹资能力	0.0	0.0	0.01	0.01	0.02
股权激励	0.02	0.05	0.07	0.05	0.06
关联交易	0.37	0.41	0.53	0.6	0.72
合并范围	0.47	0.47	0.52	0.62	0.67
会计差错	0.0	0.0	0.0	0.01	0.01
会计政策与估计	0.0	0.0	0.0	0.0	0.0
会计准则	0.02	0.0	0.06	0.0	0.07
内部控制	0.03	0.04	0.05	0.05	0.08
期初余额	0.0	0.01	0.01	0.0	0.01
期后事项	0.0	0.0	0.0	0.0	0.0
融资能力	0.02	0.02	0.02	0.01	0.01
审计范围	0.0	0.0	0.0	0.0	0.0
审计意见	0.0	0.0	0.0	0.01	0.0
违规担保	0.0	0.0	0.0	0.0	0.01
业绩承诺	0.0	0.01	0.03	0.05	0.04
债务重组	0.09	0.08	0.08	0.08	0.09
资金占用	0.0	0.01	0.01	0.02	0.01
业绩补偿	0.0	0.0	0.0	0.0	0.0
其他	2.15	2.24	2.89	3.01	3.54

注：证券市场上市公司关键审计事项涉及的具体报表项目百分比统计。

1. 资产负债表类项目

我国上市公司财务信息关键审计事项中，2023年资产负债表类项目占比最高的项目分别为：应收款项（9.73%）、存货（6.02%）、商誉（4.03%）、固定资产（1.76%）、金融资产（1.41%）。

2019~2023年，应收款项占比总体上呈明显上升趋势，从2019年的8.96%增长到2023年的9.73%；存货占比总体上呈明显上升趋势，从2019年的5.53%增长到2023年的6.02%；商誉占比总体上呈大幅下降趋势，从2019年的6.59%下降到2023年的4.03%；固定资产占比总体上基本稳定，2023年达到1.76%；金融资产占比总体上呈明显下降趋势，从2019年的1.77%下降到2023年的1.41%。

2.利润表类项目

我国上市公司财务信息关键审计事项中,2023年利润表类项目占比最高的项目分别为:营业收入(45.1%)、资产减值损失(10.87%)、信用减值损失(10.24%)。

2019~2023年,营业收入占比总体上呈明显上升趋势,从2019年的36.25%增长到2023年的45.1%;资产减值损失占比总体上呈明显下降趋势,从2019年的13.27%下降到2023年的10.87%;信用减值损失占比总体上呈明显上升趋势,从2019年的9.62%增长到2023年的10.24%。

3.其他类项目

我国上市公司财务信息关键审计事项中,2023年其他类类项目占比最高的项目分别为:其他(2.15%)、合并范围(0.47%)、关联交易(0.37%)。

2019~2023年,其他占比总体上呈大幅下降趋势,从2019年的3.54%下降到2023年的2.15%;合并范围占比总体上呈明显下降趋势,从2019年的0.67%下降到2023年的0.47%;关联交易占比总体上呈大幅下降趋势,从2019年的0.72%下降到2023年的0.37%。

二、主板市场关键审计事项

本部分重点对主板市场上市公司关键审计事项类别和具体项目进行分析。

(一)主板市场关键审计事项类别

2019~2023年,主板上市公司财务信息关键审计事项类别的总体状况见表3.7。

表3.7 主板市场关键审计事项类别 单位:个

年份	2023			2022	2021	2020	2019
	中位数	最大值	最小值	中位数	中位数	中位数	中位数
资产负债表	0.5	2.5	0.0	0.5	0.5	0.5	0.5
利润表	1.5	3.5	0.0	1.5	1.5	1.5	1.5
其他类	0.0	2.0	0.0	0.0	0.0	0.0	0.0

注:主板市场所有上市公司关键审计事项所属报表类别的个数。

2023年,主板市场上市公司财务信息关键审计事项中,资产负债表类为1790.5个,利润表类为4298.5个,其他类为202.0个。其中,就上市公司个体而言,具体关键审计事项涉及资产负债表类项目个数最多的为2.5个,资产负债表类项目个数最少的为0个;涉及利润表类项目个数最多的为3.5个,利润表类项目个数最少的为0个;涉及其他类类项目个数最多的为2.0个,其他类类项目个数最少的为0个。就行业而言,涉及资产负债表类项目个数最多的前三个行业为:电力、热力、燃气及水生产和供应业(D)(33.99%),金融业(J)(30.93%),交通运输、仓储和邮政业(G)(30.74%);涉及资产负债表类项目个数最少的三个行业为:木材家具制造业(C20-C21)(24.27%),其他制造业(C41-C42)(24.13%),综合(S)(20.0%)。涉及利润表类项目个数最多的前三个行业为:其他制造业（C41-C42）（75.86%），科学研究和技术服务业（M）（72.5%），木材家具制造业（C20-C21）（71.32%）；涉及利润表类项目个数最少的三个行业为：电力、热力、燃气及水生产和供应业（D）（62.47%），交通运输、仓储和邮政业（G）（61.19%），金融业（J）（33.29%）。涉及其他类类项目个数最多的前三个行业为：金融业（J）（35.78%），综合（S）（12.0%），采矿业（B）（10.29%）；涉及其他类类项目个数最少的三个行业为：食品饮料制造业（C13-C15）（1.03%），其他制造业（C41-C42）（0%），科学研究和技术服务业（M）（0%）。

2019~2023年，主板市场上市公司财务信息关键审计事项中，资产负债表类项目个数总体上基本稳定，2022~2023年处于正常水平；利润表类项目个数总体上基本稳定，2022~2023年处于正常水平；其他表类项目个数总体上基本稳定，2022~2023年处于正常水平。

（二）主板市场关键审计事项具体项目

2019~2023年，主板市场上市公司财务信息关键审计事项中，不同类别具体项目占比的总体状况见表3.8。

表3.8 主板市场关键审计事项状况 单位：%

年份	2023	2022	2021	2020	2019
资产负债表					
货币资金	0.42	0.57	0.42	0.43	0.33
应收款项	8.57	8.37	8.32	8.35	8.15
其他应收款	0.05	0.07	0.12	0.12	0.12
预付款项	0.05	0.05	0.05	0.15	0.08
投资性房地产	0.32	0.32	0.3	0.34	0.37
衍生金融资产	0.05	0.06	0.05	0.05	0.06
存货	5.8	5.81	5.54	5.53	5.86
合同资产	0.1	0.09	0.14	0.07	0.01
金融资产	2.04	1.87	2.12	2.16	2.19
其他流动资产	0.08	0.13	0.05	0.04	0.05
长期股权投资	0.94	0.95	1.17	1.74	1.75
长期应收款	0.0	0.05	0.07	0.06	0.04
固定资产	2.04	2.0	1.97	1.92	2.03
在建工程	0.44	0.47	0.5	0.4	0.44
油气资产	0.05	0.03	0.03	0.02	0.03
生物资产	0.18	0.17	0.16	0.12	0.1
使用权资产	0.1	0.06	0.21	0.03	0.05
开发支出	0.5	0.57	0.47	0.61	0.59

续表

年份	2023	2022	2021	2020	2019
资产负债表					
商誉	4.27	4.61	4.7	5.19	5.89
无形资产	0.46	0.43	0.51	0.5	0.59
长期待摊费用	0.03	0.02	0.02	0.06	0.02
递延所得税资产	0.25	0.38	0.28	0.33	0.55
非流动资产	0.5	0.44	0.59	0.7	0.65
应付账款	0.02	0.0	0.0	0.02	0.0
预收款项	0.0	0.0	0.0	0.0	0.0
应付票据	0.0	0.0	0.0	0.02	0.02
短期借款	0.0	0.0	0.0	0.0	0.02
应付职工薪酬	0.03	0.05	0.06	0.06	0.08
应交税费	0.0	0.0	0.0	0.0	0.0
应付债券	0.0	0.0	0.0	0.02	0.02
预计负债	0.69	0.92	1.15	1.42	1.32
递延收益	0.05	0.06	0.18	0.25	0.37
递延所得税负债	0.0	0.0	0.0	0.0	0.02
利润表					
营业收入	43.12	42.7	40.56	38.21	35.38
税金及附加	0.2	0.24	0.28	0.35	0.4
营业成本	0.61	0.66	0.61	0.65	0.69
管理费用	0.0	0.0	0.0	0.02	0.0
财务费用	0.0	0.0	0.0	0.02	0.02
销售费用	0.34	0.4	0.4	0.4	0.4
研发费用	0.05	0.06	0.06	0.08	0.12
其他业务收入	0.03	0.05	0.05	0.05	0.05
投资收益	0.55	0.59	0.69	1.05	1.04
其他收益	0.0	0.0	0.0	0.02	0.0
资产减值损失	11.43	11.52	11.66	11.94	13.17
信用减值损失	9.39	9.12	9.21	9.2	8.96
公允价值变动损益	1.32	1.26	1.3	1.31	1.28
资产处置损益	0.06	0.07	0.14	0.21	0.24
汇兑损益	0.02	0.0	0.0	0.0	0.0
套期保值	0.02	0.02	0.04	0.02	0.04
补贴收入	0.0	0.0	0.0	0.0	0.0
营业外收入	0.06	0.0	0.02	0.09	0.07

续表

年份	2023	2022	2021	2020	2019
利润表					
营业外支出	0.0	0.0	0.03	0.06	0.03
所得税费用	0.0	0.0	0.0	0.0	0.0
其他类					
持续经营	0.05	0.06	0.14	0.06	0.05
筹资能力	0.01	0.0	0.01	0.01	0.02
股权激励	0.02	0.02	0.02	0.02	0.03
关联交易	0.55	0.6	0.71	0.74	0.86
合并范围	0.71	0.7	0.75	0.8	0.83
会计差错	0.0	0.0	0.0	0.02	0.01
会计政策与估计	0.0	0.0	0.0	0.0	0.0
会计准则	0.02	0.0	0.06	0.0	0.08
内部控制	0.05	0.06	0.08	0.07	0.1
期初余额	0.0	0.01	0.01	0.0	0.01
期后事项	0.0	0.0	0.01	0.0	0.0
融资能力	0.03	0.02	0.02	0.01	0.02
审计范围	0.0	0.0	0.0	0.01	0.01
审计意见	0.0	0.0	0.0	0.01	0.0
违规担保	0.0	0.0	0.0	0.0	0.01
业绩承诺	0.01	0.01	0.04	0.04	0.04
债务重组	0.13	0.11	0.12	0.1	0.1
资金占用	0.01	0.01	0.01	0.03	0.01
业绩补偿	0.0	0.0	0.0	0.0	0.0
其他	3.15	3.18	3.81	3.72	4.18

注：主板市场上市公司关键审计事项涉及的具体报表项目百分比统计。

1. 资产负债表类项目

主板市场上市公司财务信息关键审计事项中，2023年资产负债表类项目占比最高的项目分别为：应收款项（8.57%）、存货（5.8%）、商誉（4.27%）、金融资产（2.04%）、固定资产（2.04%）。

2019~2023年，应收款项占比总体上呈明显上升趋势，从2019年的8.15%增长到2023年的8.57%，2022~2023年应收款项占比处于高水平；存货占比总体上基本稳定，2023年达到5.8%，2022~2023年存货占比处于高水平；商誉占比总体上呈明显下降趋势，从2019年的5.89%下降到2023年的4.27%，2022~2023年商誉占比处于高水平；金融资产占比总体上呈明显下降趋势，从2019年的2.19%下降到2023年的2.04%，2022~2023年金融资产占比处于高水平；固定资产占比总体上基本稳定，2023年达到2.04%，2022~2023年固定资产占比处于高水平。

2.利润表类项目

主板市场上市公司财务信息关键审计事项中，2023年利润表类项目占比最高的项目分别为：营业收入（43.12%）、资产减值损失（11.43%）、信用减值损失（9.39%）。

2019~2023年，营业收入占比总体上呈明显上升趋势，从2019年的35.38%增长到2023年的43.12%，2022~2023年营业收入占比处于高水平；资产减值损失占比总体上呈明显下降趋势，从2019年的13.17%下降到2023年的11.43%，2022~2023年资产减值损失占比处于高水平；信用减值损失占比总体上基本稳定，2023年达到9.39%，2022~2023年信用减值损失占比处于高水平。

3.其他类项目

主板市场上市公司财务信息关键审计事项中，2023年其他类项目占比最高的项目分别为：其他（3.15%）、合并范围（0.71%）、关联交易（0.55%）。

2019~2023年，其他占比总体上呈明显下降趋势，从2019年的4.18%下降到2023年的3.15%，2022~2023年其他占比处于高水平；合并范围占比总体上呈明显下降趋势，从2019年的0.83%下降到2023年的0.71%，2022~2023年合并范围占比处于较高水平；关联交易占比总体上呈大幅下降趋势，从2019年的0.86%下降到2023年的0.55%，2022~2023年关联交易占比处于一般水平。

三、创业板市场关键审计事项

本部分重点对创业板市场上市公司关键审计事项类别和具体项目进行分析。

（一）创业板市场关键审计事项类别

2019~2023年，创业板上市公司财务信息关键审计事项类别的总体状况见表3.9。

表3.9　　　　　　　　创业板市场关键审计事项类别　　　　　　　　单位：个

年份	2023			2022	2021	2020	2019
	中位数	最大值	最小值	中位数	中位数	中位数	中位数
资产负债表	0.5	3.0	0.0	0.5	0.5	0.5	0.5
利润表	1.5	2.5	0.0	1.5	1.5	1.5	1.5
其他类	0.0	1.0	0.0	0.0	0.0	0.0	0.0

注：创业板市场所有上市公司关键审计事项所属报表类别的个数。

2023年，创业板市场上市公司财务信息关键审计事项中，资产负债表类为728.5个，利润表类为1896.5个，其他类为8.5个。其中，就上市公司个体而言，具体关键审计事项涉及资产负债表类项目个数最多的为3.0个，资产负债表类项目个数最少的为0个；涉及利润表类项目个数最多的为2.5个，利润表类项目个数最少的为0个；涉及其他类类项目个数最多的为1.0个,其他类类项目个数最少的为0个。就行业而言,涉及资产负债表类项目个数最多的前三个行业为:采矿业(B)(35.0%),水利、环境和公共设施管理业(N)(33.34%),其他制造业(C41-C42)(31.25%);涉及资产负债表类项目个数最少的三个行业为:教育卫生文化业(PQR)(25.0%),印刷与文教用品制造业(C22-C24)(24.14%),木材家具制造业(C20-C21)(20.83%)。涉及利润表类项目个数最多的前三个行业为:木材家具制造业(C20-C21)(79.16%),印刷与文教用品制造业(C22-C24)(75.86%),金属矿物制造业(C30-C33)(74.0%);涉及利润表类项目个数最少的三个行业为:食品饮料制造业(C13-C15)(67.06%),水利、环境和公共设施管理业(N)(66.68%),采矿业(B)(65.0%)。涉及其他类类项目个数最多的前三个行业为:食品饮料制造业(C13-C15)(6.83%),教育卫生文化业(PQR)(6.0%),住宿餐饮服务业(HL)(2.74%);涉及其他类类项目个数最少的三个行业为:批发和零售业(F)(0),科学研究和技术服务业(M)(0),水利、环境和公共设施管理业(N)(0)。

2019~2023年,创业板市场上市公司财务信息关键审计事项中,资产负债表类项目个数总体上基本稳定,2022~2023年处于正常水平;利润表类项目个数总体上基本稳定,2022~2023年处于正常水平;其他表类项目个数总体上基本稳定,2022~2023年处于正常水平。

(二)创业板市场关键审计事项具体项目

2019~2023年,创业板市场上市公司财务信息关键审计事项中,不同类别具体项目占比的总体状况见表3.10。

表3.10　　　　　　　　创业板市场关键审计事项状况　　　　　　　　单位:%

年份	2023	2022	2021	2020	2019
资产负债表					
货币资金	0.49	0.49	0.53	0.47	0.42
应收款项	12.05	12.28	11.75	11.45	11.45
其他应收款	0.06	0.06	0.04	0.16	0.09
预付款项	0.0	0.02	0.02	0.05	0.0
投资性房地产	0.09	0.08	0.13	0.18	0.09
衍生金融资产	0.04	0.06	0.02	0.03	0.0
存货	5.72	5.48	5.15	4.85	4.37
合同资产	0.08	0.1	0.11	0.16	0.12
金融资产	0.44	0.45	0.56	0.52	0.42
其他流动资产	0.06	0.02	0.0	0.0	0.0
长期股权投资	0.42	0.31	0.84	0.7	1.14
长期应收款	0.0	0.0	0.02	0.0	0.0
固定资产	1.29	0.91	0.89	0.78	0.63

续表

年份	2023	2022	2021	2020	2019
资产负债表					
在建工程	0.38	0.41	0.53	0.44	0.36
油气资产	0.06	0.02	0.07	0.1	0.06
生物资产	0.08	0.06	0.04	0.03	0.06
使用权资产	0.13	0.06	0.11	0.0	0.0
开发支出	0.4	0.37	0.51	0.63	0.66
商誉	4.47	5.11	5.82	7.67	9.82
无形资产	0.4	0.37	0.42	0.31	0.27
长期待摊费用	0.08	0.04	0.04	0.05	0.0
递延所得税资产	0.19	0.12	0.04	0.16	0.24
非流动资产	0.23	0.16	0.16	0.13	0.12
应付账款	0.0	0.0	0.0	0.0	0.0
预收款项	0.0	0.0	0.0	0.0	0.06
应付票据	0.0	0.0	0.0	0.0	0.0
短期借款	0.04	0.0	0.0	0.0	0.0
应付职工薪酬	0.0	0.0	0.0	0.0	0.0
应交税费	0.0	0.0	0.0	0.0	0.0
应付债券	0.0	0.0	0.0	0.0	0.0
预计负债	0.34	0.33	0.49	0.63	0.66
递延收益	0.02	0.02	0.09	0.13	0.24
递延所得税负债	0.0	0.0	0.0	0.0	0.0
利润表					
营业收入	48.1	47.24	45.31	42.31	38.13
税金及附加	0.0	0.04	0.04	0.05	0.0
营业成本	0.61	0.58	0.67	0.73	0.9
管理费用	0.0	0.0	0.0	0.0	0.0
财务费用	0.0	0.0	0.0	0.0	0.0
销售费用	0.3	0.29	0.31	0.47	0.36
研发费用	0.23	0.37	0.22	0.37	0.36
其他业务收入	0.0	0.0	0.0	0.0	0.0
投资收益	0.13	0.14	0.4	0.31	0.6
其他收益	0.0	0.0	0.0	0.0	0.0
资产减值损失	10.12	10.63	10.97	12.47	14.43
信用减值损失	12.13	12.43	11.91	11.71	11.63
公允价值变动损益	0.3	0.29	0.33	0.29	0.15

续表

年份	2023	2022	2021	2020	2019
利润表					
资产处置损益	0.0	0.02	0.02	0.05	0.06
汇兑损益	0.0	0.0	0.0	0.05	0.06
套期保值	0.0	0.0	0.0	0.0	0.0
补贴收入	0.0	0.0	0.0	0.0	0.0
营业外收入	0.0	0.0	0.0	0.0	0.12
营业外支出	0.0	0.0	0.0	0.0	0.0
所得税费用	0.0	0.0	0.0	0.0	0.0
其他类					
持续经营	0.0	0.0	0.02	0.03	0.0
筹资能力	0.0	0.0	0.0	0.0	0.03
股权激励	0.02	0.06	0.16	0.05	0.06
关联交易	0.04	0.04	0.16	0.21	0.24
合并范围	0.06	0.04	0.02	0.16	0.15
会计差错	0.0	0.0	0.0	0.0	0.0
会计政策与估计	0.0	0.0	0.0	0.0	0.0
会计准则	0.02	0.0	0.09	0.0	0.03
内部控制	0.0	0.0	0.0	0.0	0.0
期初余额	0.0	0.0	0.0	0.0	0.0
期后事项	0.0	0.0	0.0	0.0	0.0
融资能力	0.02	0.02	0.02	0.0	0.0
审计范围	0.0	0.0	0.0	0.0	0.0
审计意见	0.0	0.0	0.0	0.0	0.0
违规担保	0.0	0.0	0.0	0.0	0.0
业绩承诺	0.0	0.0	0.02	0.08	0.06
债务重组	0.04	0.04	0.02	0.03	0.09
资金占用	0.0	0.0	0.0	0.0	0.0
业绩补偿	0.0	0.0	0.0	0.0	0.0
其他	0.36	0.39	0.89	1.02	1.23

注：创业板市场上市公司关键审计事项涉及的具体报表项目百分比统计。

1.资产负债表类项目

创业板市场上市公司财务信息关键审计事项中，2023年资产负债表类项目占比最高的项目分别为：应收款项（12.05%）、存货（5.72%）、商誉（4.47%）、固定资产（1.29%）。

2019~2023年，应收款项占比总体上呈明显上升趋势，从2019年的11.45%增长到2023年的12.05%，2022~2023年应收款项占比处于高水平；存货占比总体上呈大幅上升趋势，从2019年的4.37%增长到2023年的5.72%，2022~2023年存货占比处于高水平；商誉占比总体上呈大幅下降趋势，从2019年的9.82%下降到2023年的4.47%，2022~2023年商誉占比处于高水平；固定资产占比总体上呈大幅上升趋势，从2019年的0.63%增长到2023年的1.29%，2022~2023年固定资产占比处于高水平。

2.利润表类项目

创业板市场上市公司财务信息关键审计事项中，2023年利润表类项目占比最高的项目分别为：营业收入（48.1%）、信用减值损失（12.13%）、资产减值损失（10.12%）。

2019~2023年，营业收入占比总体上呈明显上升趋势，从2019年的38.13%增长到2023年的48.1%，2022~2023年营业收入占比处于高水平；信用减值损失占比总体上基本稳定，2023年达到12.13%，2022~2023年信用减值损失占比处于高水平；资产减值损失占比总体上呈明显下降趋势，从2019年的14.43%下降到2023年的10.12%，2022~2023年资产减值损失占比处于高水平。

3.其他类项目

创业板市场上市公司财务信息关键审计事项中，2023年其他类项目占比最高的项目分别为：其他（0.36%）、合并范围（0.06%）、关联交易（0.04%）。

2019~2023年，其他占比总体上呈大幅下降趋势，从2019年的1.23%下降到2023年的0.36%，2022~2023年其他占比处于较低水平；合并范围占比总体上呈大幅下降趋势，从2019年的0.15%下降到2023年的0.06%，2022~2023年合并范围占比处于较低水平；关联交易占比总体上呈大幅下降趋势，从2019年的0.24%下降到2023年的0.04%，2022~2023年关联交易占比处于较低水平。

四、科创板市场关键审计事项

本部分重点对科创板市场上市公司关键审计事项类别和具体项目进行分析。

（一）科创板市场关键审计事项类别

2019~2023年，科创板上市公司财务信息关键审计事项类别的总体状况见表3.11。

表3.11 科创板市场关键审计事项类别 单位：个

年份	2023			2022	2021	2020	2019
	中位数	最大值	最小值	中位数	中位数	中位数	中位数
资产负债表	0.5	2.0	0.0	0.5	0.5	0.5	0.5
利润表	1.5	3.5	0.0	1.5	1.5	1.5	1.5
其他类	0.0	1.0	0.0	0.0	0.0	0.0	0.0

注：科创板市场所有上市公司关键审计事项所属报表类别的个数。

2023年，科创板市场上市公司财务信息关键审计事项中，资产负债表类为291.0个，利润表类为809.5个，其他类为6.5个。其中，就上市公司个体而言，具体关键审计事项涉及资产负债表类项目个数最多的为2.0个，资产负债表类项目个数最少的为0个；涉及利润表类项目个数最多的为3.5个，利润表类项目个数最少的为0个；涉及其他类类项目个数最多的为1.0个，其他类类项目个数最少的为0个。就行业而言，涉及资产负债表类项目个数最多的前三个行业为：化纤橡塑制造业（C28-C29）（31.47%），石油化工制造业（C25-C26）（27.66%），金属矿物制造业（C30-C33）（27.59%）；涉及资产负债表类项目个数最少的三个行业为：信息传输、软件和信息技术服务业（I）（24.5%），医药制造业（C27）（20.78%），其他制造业（C41-C42）（20.0%）。涉及利润表类项目个数最多的前三个行业为：其他制造业（C41-C42）（80.0%），医药制造业（C27）（77.91%），科学研究和技术服务业（M）（75.0%）；涉及利润表类项目个数最少的三个行业为：石油化工制造业（C25-C26）（72.34%），设备制造业（C34-C37）（71.89%），化纤橡塑制造业（C28-C29）（68.52%）。涉及其他类类项目个数最多的前三个行业为：信息传输、软件和信息技术服务业（I）（2.6%），医药制造业（C27）（1.3%），机械仪器制造业（C38-C40）（0.8%）；涉及其他类类项目个数最少的三个行业为：其他制造业（C41-C42）（0），科学研究和技术服务业（M）（0），水利、环境和公共设施管理（N）（0）。

2019~2023年，科创板市场上市公司财务信息关键审计事项中，资产负债表类项目个数总体上基本稳定，2022~2023年处于正常水平；利润表类项目个数总体上基本稳定，2022~2023年处于正常水平；其他表类项目个数总体上基本稳定，2022~2023年处于正常水平。

（二）科创板市场关键审计事项具体项目

2019~2023年，科创板市场上市公司财务信息关键审计事项中，不同类别具体项目占比的总体状况见表3.12。

表3.12　　　　　科创板市场关键审计事项状况　　　　　单位：%

年份	2023	2022	2021	2020	2019
资产负债表					
货币资金	0.99	0.88	0.37	0.2	0.52
应收款项	10.85	10.8	11.89	12.42	13.14
其他应收款	0.0	0.0	0.06	0.0	0.0
预付款项	0.09	0.0	0.0	0.0	0.0
投资性房地产	0.0	0.0	0.0	0.0	0.0
衍生金融资产	0.0	0.0	0.0	0.0	0.0
存货	7.97	7.49	6.54	5.8	5.15
合同资产	0.05	0.05	0.06	0.1	0.0

续表

年份	2023	2022	2021	2020	2019
资产负债表					
金融资产	0.09	0.05	0.12	0.1	0.0
其他流动资产	0.09	0.0	0.0	0.0	0.0
长期股权投资	0.18	0.24	0.19	0.1	0.0
长期应收款	0.0	0.0	0.0	0.0	0.0
固定资产	1.31	1.31	0.62	1.12	1.29
在建工程	0.27	0.29	0.37	0.61	0.52
油气资产	0.0	0.0	0.0	0.0	0.0
生物资产	0.0	0.0	0.0	0.0	0.0
使用权资产	0.0	0.0	0.0	0.0	0.0
开发支出	1.35	1.36	1.25	1.93	1.55
商誉	1.58	1.65	1.87	1.32	1.03
无形资产	0.09	0.15	0.12	0.2	0.26
长期待摊费用	0.0	0.0	0.0	0.0	0.0
递延所得税资产	0.27	0.29	0.25	0.2	0.52
非流动资产	0.23	0.15	0.19	0.0	0.0
应付账款	0.0	0.0	0.0	0.0	0.0
预收款项	0.0	0.0	0.0	0.0	0.0
应付票据	0.0	0.0	0.0	0.0	0.0
短期借款	0.0	0.0	0.0	0.0	0.0
应付职工薪酬	0.18	0.19	0.25	0.2	0.52
应交税费	0.0	0.0	0.0	0.0	0.0
应付债券	0.0	0.0	0.0	0.0	0.0
预计负债	0.36	0.29	0.25	0.2	0.52
递延收益	0.09	0.05	0.06	0.2	0.52
递延所得税负债	0.0	0.0	0.0	0.0	0.0
利润表					
营业收入	49.35	50.19	50.06	50.31	47.42
税金及附加	0.0	0.0	0.0	0.0	0.0
营业成本	0.45	0.39	0.62	0.61	0.52
管理费用	0.09	0.1	0.12	0.0	0.0
财务费用	0.0	0.0	0.0	0.0	0.0
销售费用	0.72	0.68	0.87	0.61	0.52
研发费用	2.25	2.14	1.74	1.83	1.55
其他业务收入	0.0	0.0	0.0	0.0	0.0

续表

年份	2023	2022	2021	2020	2019
利润表					
投资收益	0.09	0.1	0.12	0.1	0.0
其他收益	0.0	0.0	0.0	0.0	0.0
资产减值损失	9.41	9.0	8.28	6.82	6.19
信用减值损失	10.63	10.8	11.96	12.42	13.14
公允价值变动损益	0.05	0.05	0.06	0.1	0.0
资产处置损益	0.0	0.0	0.0	0.0	0.0
汇兑损益	0.0	0.0	0.0	0.0	0.0
套期保值	0.0	0.0	0.0	0.0	0.0
补贴收入	0.0	0.0	0.0	0.0	0.0
营业外收入	0.0	0.0	0.0	0.0	0.52
营业外支出	0.0	0.0	0.0	0.0	0.0
所得税费用	0.0	0.0	0.0	0.0	0.0
其他类					
持续经营	0.09	0.05	0.06	0.0	0.0
筹资能力	0.0	0.0	0.0	0.0	0.0
股权激励	0.05	0.19	0.25	0.41	0.77
关联交易	0.09	0.15	0.19	0.31	0.52
合并范围	0.05	0.05	0.06	0.1	0.26
会计差错	0.05	0.0	0.0	0.0	0.0
会计政策与估计	0.0	0.0	0.0	0.0	0.0
会计准则	0.0	0.0	0.0	0.0	0.0
内部控制	0.0	0.0	0.0	0.0	0.0
期初余额	0.0	0.0	0.0	0.0	0.0
期后事项	0.0	0.0	0.0	0.0	0.0
融资能力	0.0	0.0	0.0	0.0	0.0
审计范围	0.0	0.0	0.0	0.0	0.0
审计意见	0.0	0.0	0.0	0.0	0.0
违规担保	0.0	0.0	0.0	0.0	0.0
业绩承诺	0.0	0.0	0.0	0.0	0.0
债务重组	0.0	0.0	0.0	0.0	0.0
资金占用	0.0	0.0	0.0	0.0	0.0
业绩补偿	0.0	0.0	0.0	0.0	0.0
其他	0.63	0.88	1.12	1.63	3.09

注：科创板市场上市公司关键审计事项涉及的具体报表项目百分比统计。

1. 资产负债表类项目

科创板市场上市公司财务信息关键审计事项中，2023年资产负债表类项目占比最高的项目分别为：应收款项（10.85%）、存货（7.97%）、商誉（1.58%）、开发支出（1.35%）、固定资产（1.31%）。

2019~2023年，应收款项占比总体上呈明显下降趋势，从2019年的13.14%下降到2023年的10.85%，2022~2023年应收款项占比处于高水平；存货占比总体上呈大幅上升趋势，从2019年的5.15%增长到2023年的7.97%，2022~2023年存货占比处于高水平；商誉占比总体上呈大幅上升趋势，从2019年的1.03%增长到2023年的1.58%，2022~2023年商誉占比处于高水平；开发支出占比总体上呈明显下降趋势，从2019年的1.55%下降到2023年的1.35%，2022~2023年开发支出占比处于高水平；固定资产占比总体上基本稳定，2023年达到1.31%，2022~2023年固定资产占比处于高水平。

2. 利润表类项目

科创板市场上市公司财务信息关键审计事项中，2023年利润表类项目占比最高的项目分别为：营业收入（49.35%）、信用减值损失（10.63%）、资产减值损失（9.41%）。

2019~2023年，营业收入占比总体上基本稳定，2023年达到49.35%，2022~2023年营业收入占比处于高水平；信用减值损失占比总体上呈明显下降趋势，从2019年的13.14%下降到2023年的10.63%，2022~2023年信用减值损失占比处于高水平；资产减值损失占比总体上呈大幅上升趋势，从2019年的6.19%增长到2023年的9.41%，2022~2023年资产减值损失占比处于高水平。

3. 其他类项目

科创板市场上市公司财务信息关键审计事项中，2023年其他类项目占比最高的项目分别为：其他（0.63%）、持续经营（0.09%）、关联交易（0.09%）。

2019~2023年，其他占比总体上呈大幅下降趋势，从2019年的3.09%下降到2023年的0.63%，2022~2023年其他占比从高水平变为较高水平；持续经营占比总体上呈明显上升趋势，从2019年的0增长到2023年的0.09%，2022~2023年持续经营占比处于较低水平；关联交易占比总体上呈大幅下降趋势，从2019年的0.52%下降到2023年的0.09%，2022~2023年关联交易占比处于较低水平。

第三节 证券市场行业关键审计事项

本报告按证监会行业分类（2012），将81个行业中相近行业重新组合为25个行业组。本部分重点对整体证券市场中各行业上市公司的关键审计事项具体项目进行分析。

一、农林牧渔业（A）

2019~2023年，证券市场农林牧渔业（A）上市公司总体状况见表3.13。

表3.13　　　　　　　　农林牧渔业（A）发展状况　　　　　　　　单位：个

年份	2023	2022	2021	2020	2019
数量	41	41	41	36	35

注：该行业公开披露定期报告的所有上市公司，以下各行业发展状况的说明相同。

2023年，农林牧渔业（A）上市公司财务信息关键审计事项中，资产负债表类为22.5个，利润表类为57.5个，其他类为3.5个。2019~2023年，农林牧渔业（A）上市公司财务信息关键审计事项中，不同类别具体项目占比的总体状况见表3.14。

表3.14　　　　　　　农林牧渔业（A）关键审计事项状况　　　　　　　单位：%

年份	2023	2022	2021	2020	2019
资产负债表					
货币资金	0.0	0.0	0.0	0.0	0.0
应收款项	0.58	1.23	0.61	0.0	2.99
其他应收款	0.0	0.61	0.61	0.65	0.75
预付款项	0.0	0.0	0.0	0.0	0.0
投资性房地产	0.0	0.0	0.0	0.0	0.0
衍生金融资产	0.0	0.0	0.0	0.0	0.0
存货	9.36	8.59	11.04	7.79	12.69
合同资产	0.0	0.0	0.0	0.0	0.0
金融资产	0.0	0.0	0.0	0.0	0.75
其他流动资产	0.58	0.61	0.0	0.0	0.0
长期股权投资	0.58	0.0	0.0	1.95	2.24
长期应收款	0.0	0.0	0.0	0.0	0.0
固定资产	2.92	4.29	3.07	4.55	1.49
在建工程	0.0	0.0	0.0	0.0	0.75
油气资产	0.0	0.0	0.0	0.0	0.0
生物资产	7.02	6.75	6.75	6.49	5.22
使用权资产	0.0	0.0	0.0	0.0	0.0
开发支出	0.0	0.0	0.0	0.0	0.0
商誉	3.51	3.07	3.07	2.6	1.49
无形资产	0.0	0.0	0.0	0.0	0.0
长期待摊费用	0.0	0.0	0.0	0.0	0.0
递延所得税资产	0.0	0.0	0.0	0.0	0.0
非流动资产	1.75	1.84	3.07	3.25	0.75

续表

年份	2023	2022	2021	2020	2019
资产负债表					
应付账款	0.0	0.0	0.0	0.0	0.0
预收款项	0.0	0.0	0.0	0.0	0.0
应付票据	0.0	0.0	0.0	0.0	0.0
短期借款	0.0	0.0	0.0	0.0	0.0
应付职工薪酬	0.0	0.0	0.0	0.0	0.0
应交税费	0.0	0.0	0.0	0.0	0.0
应付债券	0.0	0.0	0.0	0.0	0.0
预计负债	0.0	0.0	1.23	0.0	0.0
递延收益	0.0	1.23	1.23	1.3	1.49
递延所得税负债	0.0	0.0	0.0	0.0	0.0
利润表					
营业收入	45.61	49.08	46.63	45.45	46.27
税金及附加	0.0	0.0	0.0	1.3	1.49
营业成本	0.0	0.0	0.0	0.0	0.0
管理费用	0.0	0.0	0.0	0.0	0.0
财务费用	0.0	0.0	0.0	0.0	0.0
销售费用	0.0	0.0	0.0	0.0	0.0
研发费用	0.0	0.0	0.0	0.0	0.0
其他业务收入	0.0	0.0	0.0	0.0	0.0
投资收益	0.0	0.0	0.0	1.95	1.49
其他收益	0.0	0.0	0.0	0.0	0.0
资产减值损失	21.05	19.02	19.02	16.23	16.42
信用减值损失	0.58	1.84	1.23	0.65	3.73
公允价值变动损益	0.0	0.0	0.0	0.0	0.0
资产处置损益	0.0	0.0	0.61	0.65	0.0
汇兑损益	0.0	0.0	0.0	0.0	0.0
套期保值	0.0	0.0	0.0	0.0	0.0
补贴收入	0.0	0.0	0.0	0.0	0.0
营业外收入	0.0	0.0	0.0	0.0	0.0
营业外支出	0.0	0.0	0.0	1.3	0.0
所得税费用	0.0	0.0	0.0	0.0	0.0
其他类					
持续经营	0.0	0.0	0.0	0.0	0.0
筹资能力	0.0	0.0	0.0	0.0	0.0

续表

年份	2023	2022	2021	2020	2019
其他类					
股权激励	0.0	0.0	0.0	0.0	0.0
关联交易	0.58	0.0	0.0	0.65	0.0
合并范围	0.0	0.0	0.0	0.65	0.0
会计差错	0.0	0.0	0.0	0.0	0.0
会计政策与估计	0.0	0.0	0.0	0.0	0.0
会计准则	0.0	0.0	0.0	0.0	0.0
内部控制	0.0	0.0	0.0	0.0	0.0
期初余额	0.0	0.0	0.0	0.0	0.0
期后事项	0.0	0.0	0.0	0.0	0.0
融资能力	0.0	0.0	0.0	0.0	0.0
审计范围	0.0	0.0	0.0	0.0	0.0
审计意见	0.0	0.0	0.0	0.0	0.0
违规担保	0.0	0.0	0.0	0.0	0.0
业绩承诺	0.0	0.0	0.0	0.0	0.0
债务重组	1.17	0.61	0.61	0.0	0.0
资金占用	0.58	0.0	0.0	0.0	0.0
业绩补偿	0.0	0.0	0.0	0.0	0.0
其他	4.09	1.23	1.23	2.6	0.0

注：农林牧渔业（A）所有上市公司关键审计事项涉及的具体报表项目百分比统计。

（一）资产负债表类项目

农林牧渔业（A）上市公司财务信息关键审计事项中，2023年资产负债表类项目占比最高的项目分别为：存货（9.36%）、生物资产（7.02%）、商誉（3.51%）、固定资产（2.92%）、非流动资产（1.75%）。

2019~2023年，存货占比总体上呈明显下降趋势，从2019年的12.69%增长到2023年的9.36%，2022~2023年存货占比处于高水平；生物资产占比总体上呈大幅上升趋势，从2019年的5.22%增长到2023年的7.02%，2022~2023年生物资产占比处于高水平；商誉占比总体上呈大幅上升趋势，从2019年的1.49%增长到2023年的3.51%，2022~2023年商誉占比处于高水平；固定资产占比总体上呈大幅上升趋势，从2019年的1.49%增长到2023年的2.92%，2022~2023年固定资产占比处于高水平；非流动资产占比总体上呈大幅上升趋势，从2019年的0.75%增长到2023年的1.75%，2022~2023年非流动资产占比处于高水平。

（二）利润表类项目

农林牧渔业（A）上市公司财务信息关键审计事项中，2023年资产负债表类项目占比最高的项目分别为：营业收入（45.61%）、资产减值损失（21.05%）。

2019~2023年，营业收入占比总体上基本稳定，2022~2023年营业收入占比处于高水平；资产减值损失占比总体上呈明显上升趋势，从2019年的16.42%增长到2023年的21.05%，2022~2023年资产减值损失占比处于高水平。

（三）其他类项目

农林牧渔业（A）上市公司财务信息关键审计事项中，2023年资产负债表类项目占比最高的项目分别为：其他（4.09%）、债务重组（1.17%）。

2019~2023年，其他占比总体上呈大幅上升趋势，从2019年的0增长到2023年的4.09%，2022~2023年其他占比处于高水平；债务重组占比总体上呈大幅上升趋势，从2019年的0增长到2023年的1.17%，2022~2023年债务重组占比从较高水平变为高水平。

二、采矿业（B）

2019~2023年，证券市场采矿业（B）上市公司总体状况见表3.15。

表3.15　　　　　采矿业（B）发展状况　　　　　　　单位：个

年份	2023	2022	2021	2020	2019
数量	85	82	81	80	79

注：该行业公开披露定期报告的所有上市公司。

2023年，采矿业（B）上市公司财务信息关键审计事项中，资产负债表类为41.5个，利润表类为103.5个，其他类为10.5个。2019~2023年，采矿业（B）上市公司财务信息关键审计事项中，不同类别具体项目占比的总体状况见表3.16。

表3.16　　　　　采矿业（B）关键审计事项状况　　　　　　　单位：%

年份	2023	2022	2021	2020	2019
资产负债表					
货币资金	0.0	0.0	0.0	0.0	0.0
应收款项	7.17	6.13	6.79	8.06	7.19
其他应收款	0.0	0.0	0.0	0.32	0.33
预付款项	0.0	0.0	0.0	0.0	0.0
投资性房地产	0.0	0.0	0.0	0.0	0.33
衍生金融资产	0.0	0.32	0.0	0.0	0.0
存货	2.18	1.94	1.54	2.26	2.61
合同资产	0.0	0.0	0.0	0.0	0.0
金融资产	0.93	0.97	1.85	1.29	0.98

续表

年份	2023	2022	2021	2020	2019
资产负债表					
其他流动资产	1.25	1.61	0.93	0.0	0.0
长期股权投资	0.93	1.94	0.93	3.23	1.96
长期应收款	0.0	0.0	0.0	0.0	0.0
固定资产	4.98	5.81	4.01	3.55	4.9
在建工程	0.0	0.65	0.93	0.0	0.0
油气资产	2.49	1.29	1.85	1.61	1.63
生物资产	0.0	0.0	0.0	0.0	0.0
使用权资产	0.0	0.0	0.0	0.0	0.0
开发支出	0.0	0.0	0.0	0.0	0.0
商誉	2.18	2.26	2.47	2.9	4.9
无形资产	1.25	1.94	2.16	2.26	2.61
长期待摊费用	0.0	0.0	0.0	0.0	0.0
递延所得税资产	0.0	0.0	0.0	0.0	0.0
非流动资产	1.87	2.9	3.7	3.87	3.59
应付账款	0.0	0.0	0.0	0.0	0.0
预收款项	0.0	0.0	0.0	0.0	0.0
应付票据	0.0	0.0	0.0	0.0	0.0
短期借款	0.0	0.0	0.0	0.0	0.0
应付职工薪酬	0.62	0.65	1.23	0.65	0.65
应交税费	0.0	0.0	0.0	0.0	0.0
应付债券	0.0	0.0	0.0	0.0	0.0
预计负债	0.0	0.65	1.85	1.94	1.31
递延收益	0.0	0.0	0.0	0.0	0.33
递延所得税负债	0.0	0.0	0.0	0.0	0.0
利润表					
营业收入	42.37	40.0	37.04	34.19	30.72
税金及附加	0.0	0.0	0.0	0.0	0.0
营业成本	1.25	1.29	1.23	0.65	1.31
管理费用	0.0	0.0	0.0	0.0	0.0
财务费用	0.0	0.0	0.0	0.0	0.0
销售费用	0.0	0.0	0.0	0.0	0.0
研发费用	0.0	0.0	0.0	0.0	0.0
其他业务收入	0.0	0.0	0.0	0.0	0.0
投资收益	0.93	0.97	0.62	0.65	1.31

续表

年份	2023	2022	2021	2020	2019
利润表					
其他收益	0.0	0.0	0.0	0.0	0.0
资产减值损失	11.84	13.55	12.65	14.84	17.97
信用减值损失	7.48	6.77	7.41	8.71	7.52
公允价值变动损益	0.62	0.65	1.23	0.97	0.98
资产处置损益	0.0	0.0	0.31	0.0	0.0
汇兑损益	0.0	0.0	0.0	0.0	0.0
套期保值	0.0	0.0	0.0	0.0	0.0
补贴收入	0.0	0.0	0.0	0.0	0.0
营业外收入	0.0	0.0	0.0	0.0	0.0
营业外支出	0.0	0.0	0.0	0.65	0.0
所得税费用	0.0	0.0	0.0	0.0	0.0
其他类					
持续经营	0.62	0.65	0.62	0.32	0.0
筹资能力	0.0	0.0	0.0	0.0	0.0
股权激励	0.0	0.0	0.0	0.0	0.0
关联交易	1.87	1.29	1.85	1.29	1.96
合并范围	0.62	0.65	0.62	0.65	0.0
会计差错	0.0	0.0	0.0	0.32	0.0
会计政策与估计	0.0	0.0	0.0	0.0	0.0
会计准则	0.0	0.0	0.0	0.0	0.0
内部控制	0.0	0.0	0.0	0.0	0.0
期初余额	0.0	0.0	0.0	0.0	0.0
期后事项	0.0	0.0	0.0	0.0	0.0
融资能力	0.0	0.0	0.0	0.0	0.0
审计范围	0.0	0.0	0.0	0.0	0.0
审计意见	0.0	0.0	0.0	0.0	0.0
违规担保	0.0	0.0	0.0	0.0	0.0
业绩承诺	0.0	0.0	0.0	0.0	0.0
债务重组	0.0	0.0	0.0	0.0	0.33
资金占用	0.0	0.0	0.0	0.0	0.0
业绩补偿	0.0	0.0	0.0	0.0	0.0
其他	6.54	5.16	6.17	4.84	4.58

注：采矿业（B）所有上市公司关键审计事项涉及的具体报表项目百分比统计。

（一）资产负债表类项目

采矿业（B）上市公司财务信息关键审计事项中，2023年资产负债表类项目占比最高的项目分别为：应收款项（7.17%）、固定资产（4.98%）、油气资产（2.49%）、存货（2.18%）、商誉（2.18%）、非流动资产（1.87%）、其他流动资产（1.25%）、无形资产（1.25%）。

2019~2023年，应收款项占比总体上基本稳定，2022~2023年应收款项占比处于高水平；固定资产占比总体上基本稳定，2022~2023年固定资产占比处于高水平；油气资产占比总体上呈大幅上升趋势，从2019年的1.63%增长到2023年的2.49%，2022~2023年油气资产占比处于高水平；存货占比总体上呈明显下降趋势，从2019年的2.61%下降到2023年的2.18%，2022~2023年存货占比处于高水平；商誉占比总体上呈大幅下降趋势，从2019年的4.9%下降到2023年的2.18%，2022~2023年商誉占比处于高水平；非流动资产占比总体上呈大幅下降趋势，从2019年的3.59%下降到2023年的1.87%，2022~2023年非流动资产占比处于高水平；其他流动资产占比总体上呈大幅上升趋势，从2019年的0增长到2023年的1.25%，2022~2023年其他流动资产占比处于高水平；无形资产占比总体上呈大幅下降趋势，从2019年的2.61%下降到2023年的1.25%，2022~2023年无形资产占比处于高水平。

（二）利润表类项目

采矿业（B）上市公司财务信息关键审计事项中，2023年资产负债表类项目占比最高的项目分别为：营业收入（42.37%）、资产减值损失（11.84%）、信用减值损失（7.48%）、营业成本（1.25%）。

2019~2023年，营业收入占比总体上呈大幅上升趋势，从2019年的30.72%增长到2023年的42.37%，2022~2023年营业收入占比处于高水平；资产减值损失占比总体上呈大幅下降趋势，从2019年的17.97%下降到2023年的11.84%，2022~2023年资产减值损失占比处于高水平；信用减值损失占比总体上基本稳定，2022~2023年信用减值损失占比处于高水平；营业成本占比总体上基本稳定，2022~2023年营业成本占比处于高水平。

（三）其他类项目

采矿业（B）上市公司财务信息关键审计事项中，2023年资产负债表类项目占比最高的项目分别为：其他（6.54%）、关联交易（1.87%）。

2019~2023年，其他占比总体上呈大幅上升趋势，从2019年的4.58%增长到2023年的6.54%，2022~2023年其他占比处于高水平；关联交易占比总体上基本稳定，2022~2023年关联交易占比处于高水平。

三、食品饮料制造业（C13-C15）

2019~2023年，证券市场食品饮料制造业（C13-C15）上市公司总体状况见表3.17。

表3.17　　　　食品饮料制造业（C13-C15）发展状况　　　　　单位：个

年份	2023	2022	2021	2020	2019
数量	183	180	167	156	144

注：该行业公开披露定期报告的所有上市公司。

2023年，食品饮料制造业（C13-C15）上市公司财务信息关键审计事项中，资产负债表类为95.0个，利润表类为237.0个，其他类为3.5个。2019~2023年，食品饮料制造业（C13-C15）上市公司财务信息关键审计事项中，不同类别具体项目占比的总体状况见表3.18。

表3.18　　　　食品饮料制造业（C13-C15）关键审计事项状况　　　　　单位：%

年份	2023	2022	2021	2020	2019
资产负债表					
货币资金	2.37	1.88	2.18	1.64	1.44
应收款项	3.7	3.77	3.73	4.44	4.49
其他应收款	0.0	0.0	0.16	0.33	0.18
预付款项	0.0	0.0	0.0	0.0	0.0
投资性房地产	0.15	0.16	0.16	0.16	0.18
衍生金融资产	0.15	0.16	0.16	0.33	0.0
存货	10.96	11.77	12.13	11.68	9.69
合同资产	0.0	0.0	0.0	0.0	0.0
金融资产	0.15	0.16	0.31	0.99	0.54
其他流动资产	0.0	0.0	0.0	0.0	0.0
长期股权投资	1.33	0.78	0.62	1.81	2.33
长期应收款	0.0	0.0	0.0	0.0	0.0
固定资产	2.22	2.83	2.33	2.3	1.8
在建工程	0.44	0.47	0.16	0.49	0.18
油气资产	0.0	0.0	0.0	0.0	0.0
生物资产	1.48	1.57	1.56	0.49	0.54
使用权资产	0.0	0.0	0.0	0.0	0.0
开发支出	0.0	0.0	0.0	0.0	0.36
商誉	3.56	3.45	4.51	4.44	6.28
无形资产	0.15	0.16	0.31	0.16	0.36
长期待摊费用	0.0	0.0	0.0	0.0	0.0
递延所得税资产	0.0	0.31	0.31	0.33	0.72
非流动资产	0.0	0.0	0.0	0.49	0.54
应付账款	0.0	0.0	0.0	0.0	0.0
预收款项	0.0	0.0	0.0	0.0	0.0

续表

年份	2023	2022	2021	2020	2019
资产负债表					
应付票据	0.0	0.0	0.0	0.0	0.0
短期借款	0.3	0.0	0.0	0.0	0.0
应付职工薪酬	0.0	0.0	0.0	0.0	0.0
应交税费	0.0	0.0	0.0	0.0	0.0
应付债券	0.0	0.0	0.0	0.0	0.0
预计负债	0.89	0.63	0.93	1.32	1.08
递延收益	0.15	0.16	0.16	0.16	0.36
递延所得税负债	0.0	0.0	0.0	0.0	0.0
利润表					
营业收入	51.85	52.75	50.08	46.05	43.09
税金及附加	0.0	0.0	0.0	0.0	0.0
营业成本	0.0	0.0	0.0	0.0	0.0
管理费用	0.0	0.0	0.0	0.0	0.0
财务费用	0.0	0.0	0.0	0.0	0.0
销售费用	2.07	1.88	1.87	1.97	1.8
研发费用	0.0	0.0	0.0	0.0	0.0
其他业务收入	0.0	0.0	0.0	0.0	0.0
投资收益	0.74	0.47	0.47	0.99	1.44
其他收益	0.0	0.0	0.0	0.0	0.0
资产减值损失	11.7	11.77	11.82	11.18	12.21
信用减值损失	3.7	3.77	3.89	4.93	4.67
公允价值变动损益	0.15	0.16	0.31	0.49	0.0
资产处置损益	0.0	0.0	0.0	0.49	0.54
汇兑损益	0.0	0.0	0.0	0.0	0.0
套期保值	0.0	0.0	0.0	0.0	0.0
补贴收入	0.0	0.0	0.0	0.0	0.0
营业外收入	0.0	0.0	0.0	0.0	0.36
营业外支出	0.0	0.0	0.0	0.0	0.0
所得税费用	0.0	0.0	0.0	0.0	0.0
其他类					
持续经营	0.0	0.0	0.0	0.0	0.0
筹资能力	0.0	0.0	0.0	0.0	0.0
股权激励	0.0	0.0	0.0	0.0	0.18
关联交易	0.3	0.31	0.62	0.49	0.9

续表

年份	2023	2022	2021	2020	2019
其他类					
合并范围	0.15	0.0	0.0	0.0	0.0
会计差错	0.0	0.0	0.0	0.0	0.0
会计政策与估计	0.0	0.0	0.0	0.0	0.0
会计准则	0.0	0.0	0.0	0.0	0.0
内部控制	0.0	0.0	0.0	0.0	0.0
期初余额	0.0	0.0	0.0	0.0	0.0
期后事项	0.0	0.0	0.0	0.0	0.0
融资能力	0.0	0.0	0.0	0.0	0.0
审计范围	0.0	0.0	0.0	0.0	0.0
审计意见	0.0	0.0	0.0	0.0	0.0
违规担保	0.0	0.0	0.0	0.0	0.0
业绩承诺	0.0	0.0	0.0	0.16	0.0
债务重组	0.15	0.0	0.0	0.16	0.54
资金占用	0.0	0.0	0.0	0.0	0.0
业绩补偿	0.0	0.0	0.0	0.0	0.0
其他	1.19	0.63	1.24	1.48	3.23

注：食品饮料制造业（C13–C15）所有上市公司关键审计事项涉及的具体报表项目百分比统计。

（一）资产负债表类项目

食品饮料制造业（C13–C15）上市公司财务信息关键审计事项中，2023年资产负债表类项目占比最高的项目分别为：存货（10.96%）、应收款项（3.7%）、商誉（3.56%）、货币资金（2.37%）、固定资产（2.22%）、生物资产（1.48%）、长期股权投资（1.33%）。

2019~2023年，存货占比总体上呈明显上升趋势，从2019年的9.69%增长到2023年的10.96%，2022~2023年存货占比处于高水平；应收款项占比总体上呈明显下降趋势，从2019年的4.49%下降到2023年的3.7%，2022~2023年应收款项占比处于高水平；商誉占比总体上呈大幅下降趋势，从2019年的6.28%下降到2023年的3.56%，2022~2023年商誉占比处于高水平；货币资金占比总体上呈大幅上升趋势，从2019年的1.44%增长到2023年的2.37%，2022~2023年货币资金占比处于高水平；固定资产占比总体上呈明显上升趋势，从2019年的1.8%增长到2023年的2.22%，2022~2023年固定资产占比处于高水平；生物资产占比总体上呈大幅上升趋势，从2019年的0.54%增长到2023年的1.48%，2022~2023年生物资产占比处于高水平；长期股权投资占比总体上呈大幅下降趋势，从2019年的2.33%下降到2023年的1.33%，2022~2023年长期股权投资占比从较高水平变为高水平。

（二）利润表类项目

食品饮料制造业（C13-C15）上市公司财务信息关键审计事项中，2023年资产负债表类项目占比最高的项目分别为：营业收入（51.85%）、资产减值损失（11.7%）、信用减值损失（3.7%）、销售费用（2.07%）。

2019~2023年，营业收入占比总体上呈明显上升趋势，从2019年的43.09%增长到2023年的51.85%，2022~2023年营业收入占比处于高水平；资产减值损失占比总体上基本稳定，2022~2023年资产减值损失占比处于高水平；信用减值损失占比总体上呈明显下降趋势，从2019年的4.67%下降到2023年的3.7%，2022~2023年信用减值损失占比处于高水平；销售费用占比总体上呈明显上升趋势，从2019年的1.8%增长到2023年的2.07%，2022~2023年销售费用占比处于高水平。

（三）其他类项目

食品饮料制造业（C13-C15）上市公司财务信息关键审计事项中，2023年资产负债表类项目占比最高的项目分别为：其他（1.19%）、关联交易（0.3%）。

2019~2023年，其他占比总体上呈大幅下降趋势，从2019年的3.23%下降到2023年的1.19%，2022~2023年其他占比从较高水平变为高水平；关联交易占比总体上呈大幅下降趋势，从2019年的0.9%下降到2023年的0.3%，2022~2023年关联交易占比处于较低水平。

四、纺织服装制造业（C17-C19）

2019~2023年，证券市场纺织服装制造业（C17-C19）上市公司总体状况见表3.19。

表3.19　　　　纺织服装制造业（C17-C19）发展状况　　　　单位：个

年份	2023	2022	2021	2020	2019
数量	98	97	95	87	78

注：该行业公开披露定期报告的所有上市公司。

2023年，纺织服装制造业（C17-C19）上市公司财务信息关键审计事项中，资产负债表类为55.0个，利润表类为135.0个，其他类为3.0个。2019~2023年，纺织服装制造业（C17-C19）上市公司财务信息关键审计事项中，不同类别具体项目占比的总体状况见表3.20。

表3.20　　　　纺织服装制造业（C17-C19）关键审计事项状况　　　　单位：%

年份	2023	2022	2021	2020	2019
资产负债表					
货币资金	0.51	0.52	1.03	1.12	0.0
应收款项	4.62	4.4	4.37	4.75	4.91
其他应收款	0.0	0.0	0.26	0.28	0.29

续表

年份	2023	2022	2021	2020	2019
资产负债表					
预付款项	0.0	0.0	0.0	1.96	0.0
投资性房地产	0.26	0.26	0.51	0.56	0.0
衍生金融资产	0.0	0.0	0.0	0.0	0.0
存货	14.87	15.28	15.42	13.97	14.74
合同资产	0.0	0.0	0.0	0.0	0.0
金融资产	0.51	0.26	0.51	0.84	1.16
其他流动资产	0.0	0.0	0.0	0.56	0.58
长期股权投资	1.03	0.52	0.77	0.56	1.73
长期应收款	0.0	0.0	0.0	0.0	0.0
固定资产	1.54	1.55	1.8	2.51	0.87
在建工程	0.51	1.04	1.03	0.0	0.0
油气资产	0.0	0.0	0.0	0.0	0.0
生物资产	0.0	0.0	0.0	0.0	0.0
使用权资产	0.0	0.0	0.0	0.0	0.0
开发支出	0.0	0.0	0.0	0.0	0.0
商誉	3.08	3.63	2.31	3.91	5.2
无形资产	0.0	0.0	0.26	0.28	0.29
长期待摊费用	0.0	0.0	0.0	0.0	0.58
递延所得税资产	0.51	0.0	0.0	0.0	0.58
非流动资产	0.0	0.0	0.0	0.0	0.58
应付账款	0.0	0.0	0.0	0.0	0.0
预收款项	0.0	0.0	0.0	0.0	0.0
应付票据	0.0	0.0	0.0	0.0	0.0
短期借款	0.0	0.0	0.0	0.0	0.0
应付职工薪酬	0.0	0.0	0.0	0.0	0.0
应交税费	0.0	0.0	0.0	0.0	0.0
应付债券	0.0	0.0	0.0	0.0	0.0
预计负债	1.03	0.52	2.06	2.23	1.73
递延收益	0.26	0.0	0.77	0.84	1.16
递延所得税负债	0.0	0.0	0.0	0.0	0.0
利润表					
营业收入	45.13	45.08	42.16	36.31	32.95
税金及附加	0.0	0.0	0.0	0.0	0.0
营业成本	0.0	0.0	0.0	0.0	0.0

续表

年份	2023	2022	2021	2020	2019
利润表					
管理费用	0.0	0.0	0.0	0.56	0.0
财务费用	0.0	0.0	0.0	0.0	0.0
销售费用	0.0	0.0	0.0	0.0	0.0
研发费用	0.0	0.0	0.0	0.0	0.0
其他业务收入	0.0	0.0	0.0	0.0	0.0
投资收益	0.77	0.52	0.26	0.56	1.45
其他收益	0.0	0.0	0.0	0.0	0.0
资产减值损失	17.69	18.39	18.25	17.88	21.1
信用减值损失	4.62	4.4	4.63	5.31	5.2
公允价值变动损益	0.51	0.52	0.51	0.84	1.16
资产处置损益	0.26	0.0	0.0	0.0	0.29
汇兑损益	0.0	0.0	0.0	0.0	0.0
套期保值	0.0	0.0	0.0	0.0	0.0
补贴收入	0.0	0.0	0.0	0.0	0.0
营业外收入	0.0	0.0	0.0	0.0	0.0
营业外支出	0.0	0.0	0.0	0.0	0.0
所得税费用	0.0	0.0	0.0	0.0	0.0
其他类					
持续经营	0.26	0.26	0.26	0.28	0.29
筹资能力	0.0	0.0	0.0	0.0	0.0
股权激励	0.0	0.0	0.0	0.0	0.0
关联交易	0.26	0.52	0.51	0.56	0.58
合并范围	0.26	0.26	0.26	0.0	0.0
会计差错	0.0	0.0	0.0	0.0	0.0
会计政策与估计	0.0	0.0	0.0	0.0	0.0
会计准则	0.0	0.0	0.0	0.0	0.0
内部控制	0.0	0.0	0.0	0.0	0.0
期初余额	0.0	0.0	0.0	0.0	0.0
期后事项	0.0	0.0	0.0	0.0	0.0
融资能力	0.0	0.0	0.0	0.0	0.0
审计范围	0.0	0.0	0.0	0.28	0.29
审计意见	0.0	0.0	0.0	0.28	0.0
违规担保	0.0	0.0	0.0	0.0	0.0
业绩承诺	0.0	0.0	0.0	0.0	0.0

续表

年份	2023	2022	2021	2020	2019
其他类					
债务重组	0.0	0.0	0.0	0.0	0.0
资金占用	0.0	0.0	0.0	0.0	0.0
业绩补偿	0.0	0.0	0.0	0.0	0.0
其他	1.54	2.07	2.06	2.79	2.31

注：纺织服装制造业（C17-C19）所有上市公司关键审计事项涉及的具体报表项目百分比统计。

（一）资产负债表类项目

纺织服装制造业（C17-C19）上市公司财务信息关键审计事项中，2023年资产负债表类项目占比最高的项目分别为：存货（14.87%）、应收款项（4.62%）、商誉（3.08%）、固定资产（1.54%）、长期股权投资（1.03%）、预计负债（1.03%）。

2019~2023年，存货占比总体上基本稳定，2022~2023年存货占比处于高水平；应收款项占比总体上呈明显下降趋势，从2019年的4.91%下降到2023年的4.62%，2022~2023年应收款项占比处于高水平；商誉占比总体上呈大幅下降趋势，从2019年的5.2%下降到2023年的3.08%，2022~2023年商誉占比处于高水平；固定资产占比总体上呈大幅上升趋势，从2019年的0.87%增长到2023年的1.54%，2022~2023年固定资产占比处于高水平；长期股权投资占比总体上呈大幅下降趋势，从2019年的1.73%下降到2023年的1.03%，2022~2023年长期股权投资占比从一般水平变为高水平；预计负债占比总体上呈大幅下降趋势，从2019年的1.73%下降到2023年的1.03%，2022~2023年预计负债占比从一般水平变为高水平。

（二）利润表类项目

纺织服装制造业（C17-C19）上市公司财务信息关键审计事项中，2023年资产负债表类项目占比最高的项目分别为：营业收入（45.13%）、资产减值损失（17.69%）、信用减值损失（4.62%）。

2019~2023年，营业收入占比总体上呈大幅上升趋势，从2019年的32.95%增长到2023年的45.13%，2022~2023年营业收入占比处于高水平；资产减值损失占比总体上呈明显下降趋势，从2019年的21.1%下降到2023年的17.69%，2022~2023年资产减值损失占比处于高水平；信用减值损失占比总体上呈明显下降趋势，从2019年的5.2%下降到2023年的4.62%，2022~2023年信用减值损失占比处于高水平。

（三）其他类项目

纺织服装制造业（C17-C19）上市公司财务信息关键审计事项中，2023年资产负债表类项目占比最高的项目分别为：其他（1.54%）、持续经营（0.26%）。

2019~2023年，其他占比总体上呈大幅下降趋势，从2019年的2.31%下降到2023年的1.54%，2022~2023年其他占比处于高水平；持续经营占比总体上呈明显下降趋势，从2019年的0.29%下降到2023年的0.26%，2022~2023年持续经营占比处于较低水平。

五、木材家具制造业（C20-C21）

2019~2023年，证券市场木材家具制造业（C20-C21）上市公司总体状况见表3.21。

表3.21　　　　　　木材家具制造业（C20-C21）发展状况　　　　　　单位：个

年份	2023	2022	2021	2020	2019
数量	39	39	36	32	33

注：该行业公开披露定期报告的所有上市公司。

2023年，木材家具制造业（C20-C21）上市公司财务信息关键审计事项中，资产负债表类为19.0个，利润表类为58.0个，其他类为2.0个。2019~2023年，木材家具制造业（C20-C21）上市公司财务信息关键审计事项中，不同类别具体项目占比的总体状况见表3.22。

表3.22　　　　　　木材家具制造业（C20-C21）关键审计事项状况　　　　　　单位：%

年份	2023	2022	2021	2020	2019
资产负债表					
货币资金	0.0	0.0	0.0	0.0	0.0
应收款项	8.12	8.39	10.07	8.46	6.3
其他应收款	0.0	0.0	0.0	0.0	0.0
预付款项	0.0	0.0	0.0	0.0	0.0
投资性房地产	0.0	0.0	0.0	0.77	0.79
衍生金融资产	0.0	0.0	0.0	0.0	0.0
存货	5.62	5.81	3.36	6.15	5.51
合同资产	0.0	0.0	0.0	0.0	0.0
金融资产	0.0	0.0	0.0	0.0	0.79
其他流动资产	0.0	0.0	0.0	0.0	0.0
长期股权投资	0.0	0.65	0.67	0.77	0.79
长期应收款	0.0	0.0	0.0	0.0	0.0
固定资产	3.75	2.58	2.01	2.31	2.36
在建工程	0.62	1.29	1.34	1.54	1.57
油气资产	0.0	0.0	0.0	0.0	0.0
生物资产	0.62	0.65	0.67	0.77	0.79
使用权资产	0.0	0.0	0.0	0.0	0.0
开发支出	0.0	0.0	0.0	0.0	0.0

续表

年份	2023	2022	2021	2020	2019
资产负债表					
商誉	5.0	3.87	5.37	5.38	7.09
无形资产	0.0	0.0	0.0	0.0	0.0
长期待摊费用	0.0	0.0	0.0	0.0	0.0
递延所得税资产	0.0	0.0	0.0	0.0	0.0
非流动资产	0.0	0.0	0.0	0.0	0.0
应付账款	0.0	0.0	0.0	0.0	0.0
预收款项	0.0	0.0	0.0	0.0	0.0
应付票据	0.0	0.0	0.0	0.0	0.0
短期借款	0.0	0.0	0.0	0.0	0.0
应付职工薪酬	0.0	0.0	0.0	0.0	0.0
应交税费	0.0	0.0	0.0	0.0	0.0
应付债券	0.0	0.0	0.0	0.0	0.0
预计负债	0.0	0.0	0.0	0.0	0.0
递延收益	0.0	0.0	0.0	0.0	1.57
递延所得税负债	0.0	0.0	0.0	0.0	0.0
利润表					
营业收入	45.0	49.03	45.64	46.15	44.09
税金及附加	0.0	0.0	0.0	0.0	0.0
营业成本	2.5	2.58	2.68	3.08	1.57
管理费用	0.0	0.0	0.0	0.0	0.0
财务费用	0.0	0.0	0.0	0.0	0.0
销售费用	2.5	2.58	1.34	1.54	1.57
研发费用	0.0	0.0	0.0	0.0	0.0
其他业务收入	0.0	0.0	0.0	0.0	0.0
投资收益	0.0	0.65	0.0	0.77	0.79
其他收益	0.0	0.0	0.0	0.0	0.0
资产减值损失	13.12	11.61	10.74	13.08	14.96
信用减值损失	8.12	8.39	10.07	8.46	6.3
公允价值变动损益	0.0	0.0	0.0	0.77	0.79
资产处置损益	0.0	0.0	0.0	0.0	0.0
汇兑损益	1.25	0.0	0.0	0.0	0.0
套期保值	0.0	0.0	0.0	0.0	0.0
补贴收入	0.0	0.0	0.0	0.0	0.0
营业外收入	0.0	0.0	0.0	0.0	0.0

续表

年份	2023	2022	2021	2020	2019
利润表					
营业外支出	0.0	0.0	0.0	0.0	0.0
所得税费用	0.0	0.0	0.0	0.0	0.0
其他类					
持续经营	0.0	0.0	0.0	0.0	0.0
筹资能力	0.0	0.0	0.0	0.0	0.0
股权激励	0.0	0.0	0.0	0.0	0.0
关联交易	0.62	0.65	1.34	0.0	0.79
合并范围	0.62	0.0	0.0	0.0	0.0
会计差错	0.0	0.0	0.0	0.0	0.0
会计政策与估计	0.0	0.0	0.0	0.0	0.0
会计准则	0.0	0.0	0.0	0.0	0.0
内部控制	0.0	0.0	0.0	0.0	0.0
期初余额	0.0	0.0	0.0	0.0	0.0
期后事项	0.0	0.0	0.0	0.0	0.0
融资能力	0.0	0.0	0.0	0.0	0.0
审计范围	0.0	0.0	0.0	0.0	0.0
审计意见	0.0	0.0	0.0	0.0	0.0
违规担保	0.0	0.0	0.0	0.0	0.0
业绩承诺	0.0	0.0	0.0	0.0	0.0
债务重组	0.0	0.0	0.67	0.0	0.0
资金占用	0.0	0.0	0.0	0.0	0.0
业绩补偿	0.0	0.0	0.0	0.0	0.0
其他	2.5	1.29	4.03	0.0	1.57

注：木材家具制造业（C20-C21）所有上市公司关键审计事项涉及的具体报表项目百分比统计。

（一）资产负债表类项目

木材家具制造业（C20-C21）上市公司财务信息关键审计事项中，2023年资产负债表类项目占比最高的项目分别为：应收款项（8.12%）、存货（5.62%）、商誉（5.0%）、固定资产（3.75%）。

2019~2023年，应收款项占比总体上呈明显上升趋势，从2019年的6.3%增长到2023年的8.12%，2022~2023年应收款项占比处于高水平；存货占比总体上基本稳定，2022~2023年存货占比处于高水平；商誉占比总体上呈明显下降趋势，从2019年的7.09%

下降到2023年的5.0%，2022~2023年商誉占比处于高水平；固定资产占比总体上呈大幅上升趋势，从2019年的2.36%增长到2023年的3.75%，2022~2023年固定资产占比处于高水平。

（二）利润表类项目

木材家具制造业（C20-C21）上市公司财务信息关键审计事项中，2023年资产负债表类项目占比最高的项目分别为：营业收入（45.0%）、资产减值损失（13.12%）、信用减值损失（8.12%）、营业成本（2.5%）、销售费用（2.5%）、汇兑损益（1.25%）。

2019~2023年，营业收入占比总体上基本稳定，2022~2023年营业收入占比处于高水平；资产减值损失占比总体上呈明显下降趋势，从2019年的14.96%下降到2023年的13.12%，2022~2023年资产减值损失占比处于高水平；信用减值损失占比总体上呈明显上升趋势，从2019年的6.3%增长到2023年的8.12%，2022~2023年信用减值损失占比处于高水平；营业成本占比总体上呈大幅上升趋势，从2019年的1.57%增长到2023年的2.5%，2022~2023年营业成本占比处于高水平；销售费用占比总体上呈大幅上升趋势，从2019年的1.57%增长到2023年的2.5%，2022~2023年销售费用占比处于高水平；汇兑损益占比总体上呈大幅上升趋势，从2019年的0增长到2023年的1.25%，2022~2023年汇兑损益占比从较低水平变为高水平。

（三）其他类项目

木材家具制造业（C20-C21）上市公司财务信息关键审计事项中，2023年资产负债表类项目占比最高的项目分别为：其他（2.5%）、关联交易（0.62%）。

2019~2023年，其他占比总体上呈大幅上升趋势，从2019年的1.57%增长到2023年的2.5%，2022~2023年其他占比处于高水平；关联交易占比总体上呈明显下降趋势，从2019年的0.79%下降到2023年的0.62%，2022~2023年关联交易占比处于较高水平。

六、印刷与文教用品制造业（C22-C24）

2019~2023年，证券市场印刷与文教用品制造业（C22-C24）上市公司总体状况见表3.23。

表3.23　　　　印刷与文教用品制造业（C22-C24）发展状况　　　　单位：个

年份	2023	2022	2021	2020	2019
数量	82	80	74	70	61

注：该行业公开披露定期报告的所有上市公司。

2023年，印刷与文教用品制造业（C22-C24）上市公司财务信息关键审计事项中，资产负债表类为48.0个，利润表类为116.5个，其他类为1.0个。2019~2023年，印刷与文教用品制造业（C22-C24）上市公司财务信息关键审计事项中，不同类别具体项目占比的总体状况见表3.24。

表3.24　　印刷与文教用品制造业（C22-C24）关键审计事项状况　　单位：%

年份	2023	2022	2021	2020	2019
资产负债表					
货币资金	0.6	0.62	0.65	0.0	1.61
应收款项	12.01	10.87	10.06	9.35	9.24
其他应收款	0.0	0.0	0.0	0.0	0.0
预付款项	0.0	0.0	0.0	0.0	0.0
投资性房地产	0.3	0.31	0.32	0.32	0.4
衍生金融资产	0.0	0.0	0.0	0.0	0.0
存货	5.11	6.21	7.14	6.13	6.02
合同资产					
金融资产	0.0	0.0	0.0	0.65	0.4
其他流动资产	0.0	0.31	0.0	0.65	0.8
长期股权投资	0.6	0.93	0.65	0.97	1.61
长期应收款	0.0	0.0	0.0	0.0	0.0
固定资产	2.1	0.31	0.32	1.61	0.8
在建工程	1.2	0.62	0.65	0.65	0.8
油气资产	0.0	0.0	0.0	0.0	0.0
生物资产	0.3	0.31	0.0	0.32	0.4
使用权资产	0.0	0.0	0.0	0.0	0.0
开发支出	0.0	0.0	0.0	0.0	0.0
商誉	4.2	4.97	4.87	6.13	7.63
无形资产	0.0	0.0	0.0	0.32	0.0
长期待摊费用	0.0	0.0	0.0	0.0	0.0
递延所得税资产	0.6	0.62	0.65	0.65	0.0
非流动资产	1.2	0.31	0.65	1.29	0.8
应付账款	0.0	0.0	0.0	0.0	0.0
预收款项	0.0	0.0	0.0	0.0	0.0
应付票据	0.0	0.0	0.0	0.0	0.0
短期借款	0.0	0.0	0.0	0.0	0.0
应付职工薪酬	0.0	0.0	0.0	0.0	0.0
应交税费					
应付债券	0.0	0.0	0.0	0.0	0.0
预计负债	0.6	0.62	0.65	0.0	0.0
递延收益	0.0	0.0	0.0	0.0	0.4
递延所得税负债	0.0	0.0	0.0	0.0	0.0

续表

年份	2023	2022	2021	2020	2019
利润表					
营业收入	46.25	47.2	46.75	42.58	40.96
税金及附加	0.0	0.0	0.0	0.0	0.0
营业成本	0.0	0.0	0.0	0.0	0.0
管理费用	0.0	0.0	0.0	0.0	0.0
财务费用	0.0	0.0	0.0	0.0	0.0
销售费用	0.6	0.62	0.65	1.29	0.8
研发费用	0.0	0.0	0.0	0.0	0.0
其他业务收入	0.0	0.0	0.0	0.0	0.0
投资收益	0.3	0.31	0.32	0.97	0.0
其他收益	0.0	0.0	0.0	0.0	0.0
资产减值损失	10.51	11.8	11.36	11.94	13.65
信用减值损失	12.01	10.87	10.06	9.35	9.24
公允价值变动损益	0.3	0.31	0.32	0.65	1.2
资产处置损益	0.3	0.0	0.0	0.32	0.0
汇兑损益	0.0	0.0	0.0	0.0	0.8
套期保值	0.0	0.0	0.0	0.0	0.0
补贴收入	0.0	0.0	0.0	0.0	0.0
营业外收入	0.0	0.0	0.0	0.0	0.0
营业外支出	0.0	0.0	0.0	0.0	0.0
所得税费用	0.0	0.0	0.0	0.0	0.0
其他类					
持续经营	0.0	0.0	0.0	0.0	0.0
筹资能力	0.0	0.0	0.0	0.0	0.0
股权激励	0.0	0.0	0.32	0.32	0.0
关联交易	0.3	0.62	0.97	0.97	0.8
合并范围	0.0	0.0	0.0	0.0	0.0
会计差错	0.0	0.0	0.0	0.0	0.0
会计政策与估计	0.0	0.0	0.0	0.0	0.0
会计准则	0.0	0.0	0.0	0.0	0.0
内部控制	0.0	0.0	0.0	0.0	0.0
期初余额	0.0	0.0	0.0	0.0	0.0
期后事项	0.0	0.0	0.0	0.0	0.0
融资能力	0.0	0.0	0.0	0.0	0.0
审计范围	0.0	0.0	0.0	0.0	0.0
审计意见	0.0	0.0	0.0	0.0	0.0

续表

年份	2023	2022	2021	2020	2019
其他类					
违规担保	0.0	0.0	0.0	0.0	0.0
业绩承诺	0.0	0.0	0.0	0.0	0.0
债务重组	0.0	0.0	0.0	0.0	0.0
资金占用	0.0	0.0	0.0	0.0	0.0
业绩补偿	0.0	0.0	0.0	0.0	0.0
其他	0.6	1.24	2.6	2.58	1.61

注：印刷与文教用品制造业（C22-C24）所有上市公司关键审计事项涉及的具体报表项目百分比统计。

（一）资产负债表类项目

印刷与文教用品制造业（C22-C24）上市公司财务信息关键审计事项中，2023年资产负债表类项目占比最高的项目分别为：应收款项（12.01%）、存货（5.11%）、商誉（4.2%）、固定资产（2.1%）、在建工程（1.2%）、非流动资产（1.2%）。

2019~2023年，应收款项占比总体上呈明显上升趋势，从2019年的9.24%下降到2023年的12.01%，2022~2023年应收款项占比处于高水平；存货占比总体上呈明显下降趋势，从2019年的6.02%下降到2023年的5.11%，2022~2023年存货占比处于高水平；商誉占比总体上呈大幅下降趋势，从2019年的7.63%下降到2023年的4.2%，2022~2023年商誉占比处于高水平；固定资产占比总体上呈大幅上升趋势，从2019年的0.8%增长到2023年的2.1%，2022~2023年固定资产占比从较低水平变为高水平；在建工程占比总体上呈大幅上升趋势，从2019年的0.8%增长到2023年的1.2%，2022~2023年在建工程占比从较高水平变为高水平；非流动资产占比总体上呈大幅上升趋势，从2019年的0.8%增长到2023年的1.2%，2022~2023年非流动资产占比从较低水平变为高水平。

（二）利润表类项目

印刷与文教用品制造业（C22-C24）上市公司财务信息关键审计事项中，2023年资产负债表类项目占比最高的项目分别为：营业收入（46.25%）、信用减值损失（12.01%）、资产减值损失（10.51%）。

2019~2023年，营业收入占比总体上呈明显上升趋势，从2019年的40.96%增长到2023年的46.25%，2022~2023年营业收入占比处于高水平；信用减值损失占比总体上呈明显上升趋势，从2019年的9.24%下降到2023年的12.01%，2022~2023年信用减值损失占比处于高水平；资产减值损失占比总体上呈明显下降趋势，从2019年的13.65%下降到2023年的10.51%，2022~2023年资产减值损失占比处于高水平。

（三）其他类项目

印刷与文教用品制造业（C22-C24）上市公司财务信息关键审计事项中，2023年资产负债表类项目占比最高的项目分别为：其他（0.6%）、关联交易（0.3%）。

2019~2023年，其他占比总体上呈大幅下降趋势，从2019年的1.61%下降到2023年的0.6%，2022~2023年其他占比从高水平变为一般水平；关联交易占比总体上呈大幅下降趋势，从2019年的0.8%下降到2023年的0.3%，2022~2023年关联交易占比从较高水平变为较低水平。

七、石油化工制造业（C25-C26）

2019~2023年，证券市场石油化工制造业（C25-C26）上市公司总体状况见表3.25。

表3.25　　　　　石油化工制造业（C25-C26）发展状况　　　　单位：个

年份	2023	2022	2021	2020	2019
数量	364	342	325	289	261

注：该行业公开披露定期报告的所有上市公司。

2023年，石油化工制造业（C25-C26）上市公司财务信息关键审计事项中，资产负债表类为188.0个，利润表类为479.5个，其他类为11.0个。2019~2023年，石油化工制造业（C25-C26）上市公司财务信息关键审计事项中，不同类别具体项目占比的总体状况见表3.26。

表3.26　　　　石油化工制造业（C25-C26）关键审计事项状况　　　单位：%

年份	2023	2022	2021	2020	2019
资产负债表					
货币资金	0.88	1.1	0.8	1.07	0.2
应收款项	8.18	8.85	9.08	8.2	7.94
其他应收款	0.07	0.16	0.24	0.27	0.1
预付款项	0.0	0.0	0.0	0.0	0.0
投资性房地产	0.0	0.0	0.0	0.09	0.1
衍生金融资产	0.07	0.08	0.08	0.09	0.1
存货	5.99	5.56	4.74	5.44	4.97
合同资产	0.0	0.0	0.0	0.0	0.0
金融资产	0.29	0.23	0.32	0.27	0.4
其他流动资产	0.07	0.08	0.0	0.0	0.0
长期股权投资	0.73	0.47	0.72	1.43	1.09
长期应收款	0.0	0.0	0.0	0.0	0.0
固定资产	2.92	2.58	2.97	1.96	2.18
在建工程	2.78	2.58	2.33	1.6	1.69
油气资产	0.0	0.0	0.0	0.0	0.0
生物资产	0.0	0.0	0.0	0.0	0.0
使用权资产	0.0	0.0	0.0	0.0	0.0

续表

年份	2023	2022	2021	2020	2019
资产负债表					
开发支出	0.0	0.0	0.0	0.0	0.0
商誉	4.46	4.62	4.98	5.88	6.65
无形资产	0.15	0.08	0.08	0.09	0.1
长期待摊费用	0.0	0.0	0.0	0.0	0.0
递延所得税资产	0.0	0.16	0.16	0.53	0.79
非流动资产	0.37	0.63	0.72	0.8	1.09
应付账款	0.0	0.0	0.0	0.0	0.0
预收款项	0.0	0.0	0.0	0.0	0.0
应付票据	0.0	0.0	0.0	0.0	0.0
短期借款	0.0	0.0	0.0	0.0	0.0
应付职工薪酬	0.0	0.0	0.0	0.0	0.0
应交税费	0.0	0.0	0.0	0.0	0.0
应付债券	0.0	0.0	0.0	0.0	0.0
预计负债	0.44	0.31	0.16	0.53	0.4
递延收益	0.0	0.0	0.0	0.0	0.1
递延所得税负债	0.0	0.0	0.0	0.0	0.0
利润表					
营业收入	50.11	50.12	47.87	44.74	42.3
税金及附加	0.0	0.16	0.16	0.18	0.0
营业成本	0.15	0.16	0.32	0.36	0.0
管理费用	0.0	0.0	0.0	0.0	0.0
财务费用	0.0	0.0	0.0	0.18	0.0
销售费用	0.0	0.0	0.0	0.0	0.0
研发费用	0.0	0.0	0.0	0.0	0.0
其他业务收入	0.0	0.0	0.0	0.0	0.0
投资收益	0.44	0.31	0.4	0.8	0.4
其他收益	0.0	0.0	0.0	0.0	0.0
资产减值损失	11.03	10.34	10.68	11.94	13.51
信用减值损失	8.11	9.01	9.16	8.47	7.85
公允价值变动损益	0.29	0.23	0.24	0.45	0.4
资产处置损益	0.07	0.08	0.24	0.18	0.4
汇兑损益	0.0	0.0	0.0	0.0	0.0
套期保值	0.0	0.0	0.0	0.0	0.1
补贴收入	0.0	0.0	0.0	0.0	0.0

续表

年份	2023	2022	2021	2020	2019
利润表					
营业外收入	0.0	0.0	0.0	0.0	0.4
营业外支出	0.0	0.0	0.0	0.18	0.2
所得税费用	0.0	0.0	0.0	0.0	0.0
其他类					
持续经营	0.0	0.0	0.08	0.0	0.1
筹资能力	0.0	0.0	0.0	0.0	0.0
股权激励	0.07	0.0	0.08	0.0	0.1
关联交易	0.58	0.7	0.8	1.25	1.49
合并范围	0.07	0.0	0.08	0.18	0.3
会计差错	0.0	0.0	0.0	0.0	0.1
会计政策与估计	0.0	0.0	0.0	0.0	0.0
会计准则	0.0	0.0	0.0	0.0	0.0
内部控制	0.0	0.0	0.0	0.0	0.0
期初余额	0.0	0.0	0.0	0.0	0.0
期后事项	0.0	0.0	0.0	0.0	0.0
融资能力	0.0	0.0	0.0	0.0	0.0
审计范围	0.0	0.0	0.0	0.0	0.0
审计意见	0.0	0.0	0.0	0.0	0.0
违规担保	0.0	0.0	0.0	0.0	0.0
业绩承诺	0.0	0.0	0.08	0.0	0.0
债务重组	0.07	0.0	0.08	0.0	0.1
资金占用	0.0	0.0	0.0	0.0	0.0
业绩补偿	0.0	0.0	0.0	0.0	0.0
其他	1.61	1.41	2.33	2.85	4.37

注：石油化工制造业（C25-C26）所有上市公司关键审计事项涉及的具体报表项目百分比统计。

（一）资产负债表类项目

石油化工制造业（C25-C26）上市公司财务信息关键审计事项中，2023年资产负债表类项目占比最高的项目分别为：应收款项（8.18%）、存货（5.99%）、商誉（4.46%）、固定资产（2.92%）、在建工程（2.78%）。

2019~2023年，应收款项占比总体上基本稳定，2022~2023年应收款项占比处于高水平；存货占比总体上呈明显上升趋势，从2019年的4.97%增长到2023年的5.99%，2022~2023年存货占比处于高水平；商誉占比总体上呈大幅下降趋势，从2019年的6.65%下降到2023年的4.46%，2022~2023年商誉占比处于高水平；固定资产占比总体上呈大幅上升趋势，从2019年的2.18%增长到2023年的2.92%，2022~2023年固定资产占比处于高水平；在建工程占比总体上呈大幅上升趋势，从2019年的1.69%增长到2023年的2.78%，2022~2023年在建工程占比处于高水平。

（二）利润表类项目

石油化工制造业（C25-C26）上市公司财务信息关键审计事项中，2023年资产负债表类项目占比最高的项目分别为：营业收入（50.11%）、资产减值损失（11.03%）、信用减值损失（8.11%）。

2019~2023年，营业收入占比总体上呈明显上升趋势，从2019年的42.3%增长到2023年的50.11%，2022~2023年营业收入占比处于高水平；资产减值损失占比总体上呈明显下降趋势，从2019年的13.51%下降到2023年的11.03%，2022~2023年资产减值损失占比处于高水平；信用减值损失占比总体上基本稳定，2022~2023年信用减值损失占比处于高水平。

（三）其他类项目

石油化工制造业（C25-C26）上市公司财务信息关键审计事项中，2023年资产负债表类项目占比最高的项目分别为：其他（1.61%）、关联交易（0.58%）。

2019~2023年，其他占比总体上呈大幅下降趋势，从2019年的4.37%下降到2023年的1.61%，2022~2023年其他占比处于高水平；关联交易占比总体上呈大幅下降趋势，从2019年的1.49%下降到2023年的0.58%，2022~2023年关联交易占比从较高水平变为一般水平。

八、医药制造业（C27）

2019~2023年，证券市场医药制造业（C27）上市公司总体状况见表3.27。

表3.27　　　　　医药制造业（C27）发展状况　　　　　　单位：个

年份	2023	2022	2021	2020	2019
数量	311	304	286	257	226

注：该行业公开披露定期报告的所有上市公司。

2023年，医药制造业（C27）上市公司财务信息关键审计事项中，资产负债表类为164.5个，利润表类为438.5个，其他类为5.0个。2019~2023年，医药制造业（C27）上市公司财务信息关键审计事项中，不同类别具体项目占比的总体状况见表3.28。

表3.28　　　　　医药制造业（C27）关键审计事项状况　　　　　　单位：%

年份	2023	2022	2021	2020	2019
资产负债表					
货币资金	0.66	0.81	0.5	0.74	1.03
应收款项	7.86	7.91	7.89	8.92	8.85
其他应收款	0.08	0.16	0.08	0.09	0.1

续表

年份	2023	2022	2021	2020	2019
资产负债表					
预付款项	0.0	0.0	0.0	0.0	0.0
投资性房地产	0.08	0.08	0.08	0.09	0.1
衍生金融资产	0.0	0.0	0.0	0.0	0.0
存货	5.41	5.33	4.2	4.0	5.04
合同资产	0.0	0.0	0.0	0.0	0.0
金融资产	0.41	0.56	0.92	0.84	0.72
其他流动资产	0.0	0.0	0.0	0.0	0.0
长期股权投资	0.74	0.89	1.93	1.3	1.13
长期应收款	0.0	0.0	0.0	0.0	0.0
固定资产	1.06	0.97	0.5	0.84	1.34
在建工程	0.16	0.16	0.92	0.56	0.21
油气资产	0.0	0.0	0.0	0.0	0.0
生物资产	0.0	0.0	0.0	0.0	0.0
使用权资产	0.0	0.0	0.0	0.0	0.0
开发支出	3.69	3.55	3.44	4.18	3.81
商誉	5.08	5.25	5.29	6.13	7.61
无形资产	0.41	0.32	0.34	0.37	0.62
长期待摊费用	0.0	0.0	0.0	0.0	0.0
递延所得税资产	0.33	0.32	0.17	0.19	0.21
非流动资产	0.66	0.4	0.34	0.19	0.0
应付账款	0.0	0.0	0.0	0.0	0.0
预收款项	0.0	0.0	0.0	0.0	0.0
应付票据	0.0	0.0	0.0	0.0	0.0
短期借款	0.0	0.0	0.0	0.0	0.0
应付职工薪酬	0.0	0.0	0.0	0.0	0.0
应交税费	0.0	0.0	0.0	0.0	0.0
应付债券	0.0	0.0	0.0	0.0	0.0
预计负债	0.33	0.32	0.34	0.74	0.41
递延收益	0.0	0.0	0.0	0.19	0.1
递延所得税负债	0.0	0.0	0.0	0.0	0.0
利润表					
营业收入	44.55	43.91	43.83	40.89	37.65
税金及附加	0.0	0.0	0.0	0.0	0.0
营业成本	0.16	0.16	0.17	0.37	0.0

续表

年份	2023	2022	2021	2020	2019
利润表					
管理费用	0.0	0.0	0.0	0.0	0.0
财务费用	0.0	0.0	0.0	0.0	0.0
销售费用	3.11	3.07	3.19	2.79	2.67
研发费用	3.44	3.55	2.85	2.23	1.85
其他业务收入	0.0	0.0	0.0	0.0	0.0
投资收益	0.33	0.48	0.67	0.65	0.62
其他收益	0.0	0.0	0.0	0.0	0.0
资产减值损失	11.88	11.54	10.41	11.43	12.55
信用减值损失	7.94	8.07	8.06	9.11	9.05
公允价值变动损益	0.41	0.4	0.67	0.56	0.51
资产处置损益	0.0	0.08	0.08	0.0	0.1
汇兑损益	0.0	0.0	0.0	0.0	0.0
套期保值	0.0	0.0	0.0	0.0	0.0
补贴收入	0.0	0.0	0.0	0.0	0.0
营业外收入	0.0	0.0	0.0	0.0	0.0
营业外支出	0.0	0.0	0.0	0.0	0.21
所得税费用	0.0	0.0	0.0	0.0	0.0
其他类					
持续经营	0.08	0.0	0.17	0.0	0.0
筹资能力	0.0	0.0	0.0	0.0	0.0
股权激励	0.0	0.24	0.17	0.09	0.41
关联交易	0.25	0.16	0.25	0.37	0.41
合并范围	0.0	0.08	0.17	0.19	0.1
会计差错	0.0	0.0	0.0	0.0	0.0
会计政策与估计	0.0	0.0	0.0	0.0	0.0
会计准则	0.0	0.0	0.0	0.0	0.1
内部控制	0.08	0.08	0.08	0.09	0.1
期初余额	0.0	0.0	0.08	0.0	0.0
期后事项	0.0	0.0	0.0	0.0	0.0
融资能力	0.0	0.0	0.08	0.0	0.0
审计范围	0.0	0.0	0.0	0.0	0.0
审计意见	0.0	0.0	0.0	0.0	0.0
违规担保	0.0	0.0	0.0	0.0	0.0
业绩承诺	0.0	0.0	0.0	0.0	0.0

续表

年份	2023	2022	2021	2020	2019
其他类					
债务重组	0.0	0.0	0.0	0.0	0.0
资金占用	0.0	0.0	0.08	0.19	0.1
业绩补偿	0.0	0.0	0.0	0.0	0.0
其他	0.82	1.13	2.02	1.67	2.26

注：医药制造业（C27）所有上市公司关键审计事项涉及的具体报表项目百分比统计。

（一）资产负债表类项目

医药制造业（C27）上市公司财务信息关键审计事项中，2023年资产负债表类项目占比最高的项目分别为：应收款项（7.86%）、存货（5.41%）、商誉（5.08%）、开发支出（3.69%）、固定资产（1.06%）。

2019~2023年，应收款项占比总体上呈明显下降趋势，从2019年的8.85%下降到2023年的7.86%，2022~2023年应收款项占比处于高水平；存货占比总体上呈明显上升趋势，从2019年的5.04%增长到2023年的5.41%，2022~2023年存货占比处于高水平；商誉占比总体上呈大幅下降趋势，从2019年的7.61%下降到2023年的5.08%，2022~2023年商誉占比处于高水平；开发支出占比总体上基本稳定，2022~2023年开发支出占比处于高水平；固定资产占比总体上呈明显下降趋势，从2019年的1.34%下降到2023年的1.06%，2022~2023年固定资产占比处于高水平。

（二）利润表类项目

医药制造业（C27）上市公司财务信息关键审计事项中，2023年资产负债表类项目占比最高的项目分别为：营业收入（44.55%）、资产减值损失（11.88%）、信用减值损失（7.94%）、研发费用（3.44%）、销售费用（3.11%）。

2019~2023年，营业收入占比总体上呈明显上升趋势，从2019年的37.65%增长到2023年的44.55%，2022~2023年营业收入占比处于高水平；资产减值损失占比总体上呈明显下降趋势，从2019年的12.55%下降到2023年的11.88%，2022~2023年资产减值损失占比处于高水平；信用减值损失占比总体上呈明显下降趋势，从2019年的9.05%下降到2023年的7.94%，2022~2023年信用减值损失占比处于高水平；研发费用占比总体上呈大幅上升趋势，从2019年的1.85%增长到2023年的3.44%，2022~2023年研发费用占比处于高水平；销售费用占比总体上呈明显上升趋势，从2019年的2.67%增长到2023年的3.11%，2022~2023年销售费用占比处于高水平。

（三）其他类项目

医药制造业（C27）上市公司财务信息关键审计事项中，2023年资产负债表类项目占比最高的项目分别为：其他（0.82%）、关联交易（0.25%）。

2019~2023年，其他占比总体上呈大幅下降趋势，从2019年的2.26%下降到2023年的0.82%，2022~2023年其他占比处于高水平；关联交易占比总体上呈大幅下降趋势，从2019年的0.41%下降到2023年的0.25%，2022~2023年关联交易占比处于较低水平。

九、化纤橡塑制造业（C28-C29）

2019~2023年，证券市场化纤橡塑制造业（C28-C29）上市公司总体状况见表3.29。

表3.29　化纤橡塑制造业（C28-C29）发展状况　　单位：个

年份	2023	2022	2021	2020	2019
数量	137	133	124	111	94

注：该行业公开披露定期报告的所有上市公司。

2023年，化纤橡塑制造业（C28-C29）上市公司财务信息关键审计事项中，资产负债表类为70.5个，利润表类为185.0个，其他类为3.0个。2019~2023年，化纤橡塑制造业（C28-C29）上市公司财务信息关键审计事项中，不同类别具体项目占比的总体状况见表3.30。

表3.30　化纤橡塑制造业（C28-C29）关键审计事项状况　　单位：%

年份	2023	2022	2021	2020	2019
资产负债表					
货币资金	0.0	0.0	0.0	0.0	0.5
应收款项	9.98	10.94	11.13	11.97	11.31
其他应收款	0.0	0.0	0.0	0.0	0.0
预付款项	0.0	0.0	0.0	0.89	0.5
投资性房地产	0.0	0.0	0.0	0.0	0.0
衍生金融资产	0.0	0.0	0.0	0.0	0.0
存货	6.72	6.05	6.16	5.54	5.28
合同资产	0.0	0.0	0.2	0.0	0.0
金融资产	0.19	0.78	0.8	0.89	1.51
其他流动资产	0.58	0.0	0.0	0.0	0.0
长期股权投资	0.58	0.2	0.8	1.33	1.51
长期应收款	0.0	0.0	0.0	0.0	0.0
固定资产	3.84	3.12	2.39	2.88	2.76
在建工程	0.96	0.59	0.4	0.67	0.5
油气资产	0.0	0.0	0.0	0.0	0.0
生物资产	0.0	0.0	0.0	0.0	0.0
使用权资产	0.0	0.0	0.0	0.0	0.0
开发支出	0.0	0.0	0.0	0.0	0.0

续表

年份	2023	2022	2021	2020	2019
资产负债表					
商誉	3.65	3.12	3.18	2.66	4.02
无形资产	0.0	0.2	0.2	0.0	0.0
长期待摊费用	0.0	0.0	0.0	0.0	0.0
递延所得税资产	0.0	0.0	0.0	0.44	0.5
非流动资产	0.58	0.39	0.6	0.22	0.5
应付账款	0.0	0.0	0.0	0.0	0.0
预收款项	0.0	0.0	0.0	0.0	0.0
应付票据	0.0	0.0	0.0	0.0	0.5
短期借款	0.0	0.0	0.0	0.0	0.0
应付职工薪酬	0.0	0.0	0.0	0.0	0.0
应交税费	0.0	0.0	0.0	0.0	0.0
应付债券	0.0	0.0	0.0	0.0	0.0
预计负债	0.0	0.0	0.4	0.89	1.01
递延收益	0.0	0.0	0.0	0.22	0.75
递延所得税负债	0.0	0.0	0.0	0.0	0.0
利润表					
营业收入	49.14	49.61	47.71	44.79	38.19
税金及附加	0.0	0.0	0.0	0.0	0.0
营业成本	0.0	0.0	0.4	0.44	1.01
管理费用	0.0	0.0	0.0	0.0	0.0
财务费用	0.0	0.0	0.0	0.0	0.0
销售费用	0.0	0.0	0.0	0.0	0.0
研发费用	0.0	0.0	0.0	0.0	0.0
其他业务收入	0.0	0.0	0.0	0.0	0.0
投资收益	0.38	0.2	0.2	0.89	1.01
其他收益	0.0	0.0	0.0	0.0	0.0
资产减值损失	11.13	11.13	10.54	9.76	11.31
信用减值损失	9.98	10.94	11.13	11.97	11.31
公允价值变动损益	0.38	0.78	0.8	0.89	1.01
资产处置损益	0.19	0.0	0.2	0.0	0.25
汇兑损益	0.0	0.0	0.0	0.0	0.0
套期保值	0.0	0.0	0.0	0.0	0.0
补贴收入	0.0	0.0	0.0	0.0	0.0
营业外收入	0.0	0.0	0.0	0.0	0.0

续表

年份	2023	2022	2021	2020	2019
利润表					
营业外支出	0.0	0.0	0.0	0.0	0.0
所得税费用	0.0	0.0	0.0	0.0	0.0
其他类					
持续经营	0.0	0.0	0.0	0.0	0.0
筹资能力	0.0	0.0	0.0	0.0	0.0
股权激励	0.0	0.0	0.0	0.0	0.0
关联交易	0.58	0.59	0.6	0.89	0.75
合并范围	0.0	0.0	0.2	0.0	0.5
会计差错	0.0	0.0	0.0	0.0	0.0
会计政策与估计	0.0	0.0	0.0	0.0	0.0
会计准则	0.0	0.0	0.2	0.0	0.0
内部控制	0.0	0.0	0.0	0.0	0.0
期初余额	0.0	0.0	0.0	0.0	0.0
期后事项	0.0	0.0	0.0	0.0	0.0
融资能力	0.0	0.0	0.0	0.0	0.0
审计范围	0.0	0.0	0.0	0.0	0.0
审计意见	0.0	0.0	0.0	0.0	0.0
违规担保	0.0	0.0	0.0	0.0	0.0
业绩承诺	0.0	0.0	0.0	0.0	0.5
债务重组	0.0	0.0	0.0	0.0	0.0
资金占用	0.0	0.0	0.0	0.0	0.0
业绩补偿	0.0	0.0	0.0	0.0	0.0
其他	1.15	1.37	1.79	1.77	3.02

注：化纤橡塑制造业（C28-C29）所有上市公司关键审计事项涉及的具体报表项目百分比统计。

（一）资产负债表类项目

化纤橡塑制造业（C28-C29）上市公司财务信息关键审计事项中，2023年资产负债表类项目占比最高的项目分别为：应收款项（9.98%）、存货（6.72%）、固定资产（3.84%）、商誉（3.65%）。

2019~2023年，应收款项占比总体上呈明显下降趋势，从2019年的11.31%下降到2023年的9.98%，2022~2023年应收款项占比处于高水平；存货占比总体上呈明显上升趋势，从2019年的5.28%增长到2023年的6.72%，2022~2023年存货占比处于高水平；固定资产占比总体上呈大幅上升趋势，从2019年的2.76%增长到2023年的3.84%，2022~2023年固定资产占比处于高水平；商誉占比总体上呈明显下降趋势，从2019年的4.02%下降到

2023年的3.65%，2022~2023年商誉占比处于高水平。

（二）利润表类项目

化纤橡塑制造业（C28-C29）上市公司财务信息关键审计事项中，2023年资产负债表类项目占比最高的项目分别为：营业收入（49.14%）、资产减值损失（11.13%）、信用减值损失（9.98%）。

2019~2023年，营业收入占比总体上呈明显上升趋势，从2019年的38.19%增长到2023年的49.14%，2022~2023年营业收入占比处于高水平；资产减值损失占比总体上基本稳定，2022~2023年资产减值损失占比处于高水平；信用减值损失占比总体上呈明显下降趋势，从2019年的11.31%下降到2023年的9.98%，2022~2023年信用减值损失占比处于高水平。

（三）其他类项目

化纤橡塑制造业（C28-C29）上市公司财务信息关键审计事项中，2023年资产负债表类项目占比最高的项目分别为：其他（1.15%）、关联交易（0.58%）。

2019~2023年，其他占比总体上呈大幅下降趋势，从2019年的3.02%下降到2023年的1.15%，2022~2023年其他占比处于高水平；关联交易占比总体上呈明显下降趋势，从2019年的0.75%下降到2023年的0.58%，2022~2023年关联交易占比处于一般水平。

十、金属矿物制造业（C30-C33）

2019~2023年，证券市场金属矿物制造业（C30-C33）上市公司总体状况见表3.31。

表3.31　　　　金属矿物制造业（C30-C33）发展状况　　　　单位：个

年份	2023	2022	2021	2020	2019
数量	310	304	293	267	246

注：该行业公开披露定期报告的所有上市公司。

2023年，金属矿物制造业（C30-C33）上市公司财务信息关键审计事项中，资产负债表类为150.5个，利润表类为411.5个，其他类为12.5个。2019~2023年，金属矿物制造业（C30-C33）上市公司财务信息关键审计事项中，不同类别具体项目占比的总体状况见表3.32。

表3.32　　　　金属矿物制造业（C30-C33）关键审计事项状况　　　　单位：%

年份	2023	2022	2021	2020	2019
资产负债表					
货币资金	0.34	1.08	0.9	0.93	0.61
应收款项	9.45	8.97	9.3	9.35	9.21
其他应收款	0.0	0.0	0.0	0.0	0.0

续表

年份	2023	2022	2021	2020	2019
资产负债表					
预付款项	0.0	0.0	0.0	0.0	0.0
投资性房地产	0.34	0.27	0.27	0.37	0.4
衍生金融资产	0.17	0.18	0.09	0.09	0.1
存货	7.65	7.09	6.78	6.07	6.38
合同资产	0.17	0.0	0.18	0.19	0.0
金融资产	0.34	0.36	0.54	0.84	1.32
其他流动资产	0.0	0.0	0.0	0.0	0.0
长期股权投资	0.17	0.72	0.63	1.5	1.92
长期应收款	0.0	0.0	0.0	0.0	0.0
固定资产	1.98	2.15	1.9	2.15	2.63
在建工程	0.34	0.18	0.27	0.19	0.3
油气资产	0.0	0.0	0.0	0.0	0.0
生物资产	0.0	0.0	0.0	0.0	0.0
使用权资产	0.0	0.0	0.0	0.0	0.0
开发支出	0.0	0.0	0.0	0.0	0.0
商誉	3.52	3.68	3.79	5.05	5.16
无形资产	0.17	0.18	0.27	0.19	0.3
长期待摊费用	0.0	0.0	0.0	0.0	0.0
递延所得税资产	0.34	0.72	0.36	0.37	1.42
非流动资产	0.34	0.09	0.54	0.65	0.91
应付账款	0.0	0.0	0.0	0.0	0.0
预收款项	0.0	0.0	0.0	0.0	0.0
应付票据	0.0	0.0	0.0	0.0	0.0
短期借款	0.0	0.0	0.0	0.0	0.0
应付职工薪酬	0.0	0.18	0.18	0.19	0.2
应交税费	0.0	0.0	0.0	0.0	0.0
应付债券	0.0	0.0	0.0	0.19	0.0
预计负债	0.52	0.36	0.54	0.56	0.61
递延收益	0.0	0.0	0.18	0.47	0.1
递延所得税负债	0.0	0.0	0.0	0.0	0.0
利润表					
营业收入	47.42	47.53	46.25	41.5	36.84
税金及附加	0.0	0.0	0.0	0.0	0.0
营业成本	0.17	0.36	0.0	0.0	0.2

续表

年份	2023	2022	2021	2020	2019
利润表					
管理费用	0.0	0.0	0.0	0.0	0.0
财务费用	0.0	0.0	0.0	0.0	0.0
销售费用	0.0	0.0	0.18	0.19	0.2
研发费用	0.0	0.0	0.0	0.0	0.0
其他业务收入	0.0	0.0	0.0	0.0	0.0
投资收益	0.17	0.27	0.36	0.65	1.01
其他收益	0.0	0.0	0.0	0.0	0.0
资产减值损失	12.63	12.2	12.47	12.9	14.07
信用减值损失	9.19	8.88	9.21	9.25	9.41
公允价值变动损益	0.6	0.63	0.54	0.56	0.71
资产处置损益	0.09	0.0	0.09	0.19	0.61
汇兑损益	0.0	0.0	0.0	0.0	0.0
套期保值	0.09	0.09	0.09	0.09	0.1
补贴收入	0.0	0.0	0.0	0.0	0.0
营业外收入	0.52	0.0	0.0	0.0	0.0
营业外支出	0.0	0.0	0.0	0.0	0.0
所得税费用	0.0	0.0	0.0	0.0	0.0
其他类					
持续经营	0.0	0.0	0.18	0.0	0.0
筹资能力	0.0	0.0	0.0	0.0	0.0
股权激励	0.0	0.0	0.0	0.0	0.0
关联交易	0.95	1.08	1.17	1.12	1.21
合并范围	0.0	0.0	0.0	0.28	0.1
会计差错	0.0	0.0	0.0	0.0	0.0
会计政策与估计	0.0	0.0	0.0	0.0	0.0
会计准则	0.0	0.0	0.0	0.0	0.0
内部控制	0.0	0.0	0.0	0.0	0.0
期初余额	0.0	0.0	0.0	0.0	0.1
期后事项	0.0	0.0	0.0	0.0	0.0
融资能力	0.09	0.09	0.0	0.0	0.1
审计范围	0.0	0.0	0.0	0.0	0.0
审计意见	0.0	0.0	0.0	0.0	0.0
违规担保	0.0	0.0	0.0	0.0	0.0
业绩承诺	0.0	0.0	0.0	0.0	0.1

续表

年份	2023	2022	2021	2020	2019
其他类					
债务重组	0.09	0.09	0.0	0.37	0.2
资金占用	0.0	0.09	0.0	0.0	0.0
业绩补偿	0.0	0.0	0.0	0.0	0.0
其他	2.15	2.51	2.71	3.55	3.44

注：金属矿物制造业（C30-C33）所有上市公司关键审计事项涉及的具体报表项目百分比统计。

（一）资产负债表类项目

金属矿物制造业（C30-C33）上市公司财务信息关键审计事项中，2023年资产负债表类项目占比最高的项目分别为：应收款项（9.45%）、存货（7.65%）、商誉（3.52%）、固定资产（1.98%）。

2019~2023年，应收款项占比总体上基本稳定，2022~2023年应收款项占比处于高水平；存货占比总体上呈明显上升趋势，从2019年的6.38%增长到2023年的7.65%，2022~2023年存货占比处于高水平；商誉占比总体上呈大幅下降趋势，从2019年的5.16%下降到2023年的3.52%，2022~2023年商誉占比处于高水平；固定资产占比总体上呈明显下降趋势，从2019年的2.63%下降到2023年的1.98%，2022~2023年固定资产占比处于高水平。

（二）利润表类项目

金属矿物制造业（C30-C33）上市公司财务信息关键审计事项中，2023年资产负债表类项目占比最高的项目分别为：营业收入（47.42%）、资产减值损失（12.63%）、信用减值损失（9.19%）。

2019~2023年，营业收入占比总体上呈明显上升趋势，从2019年的36.84%增长到2023年的47.42%，2022~2023年营业收入占比处于高水平；资产减值损失占比总体上呈明显下降趋势，从2019年的14.07%下降到2023年的12.63%，2022~2023年资产减值损失占比处于高水平；信用减值损失占比总体上基本稳定，2022~2023年信用减值损失占比处于高水平。

（三）其他类项目

金属矿物制造业（C30-C33）上市公司财务信息关键审计事项中，2023年资产负债表类项目占比最高的项目分别为：其他（2.15%）、关联交易（0.95%）。

2019~2023年，其他占比总体上呈大幅下降趋势，从2019年的3.44%下降到2023年的2.15%，2022~2023年其他占比处于高水平；关联交易占比总体上呈明显下降趋势，从2019年的1.21%下降到2023年的0.95%，2022~2023年关联交易占比处于高水平。

十一、设备制造业（C34-C37）

2019~2023年，证券市场设备制造业（C34-C37）上市公司总体状况见表3.33。

表3.33　　　　　　　　设备制造业（C34-C37）发展状况　　　　　　　　单位：个

年份	2023	2022	2021	2020	2019
数量	825	762	702	603	532

注：该行业公开披露定期报告的所有上市公司。

2023年，设备制造业（C34-C37）上市公司财务信息关键审计事项中，资产负债表类为438.0个，利润表类为1169.0个，其他类为13.0个。2019~2023年，设备制造业（C34-C37）上市公司财务信息关键审计事项中，不同类别具体项目占比的总体状况见表3.34。

表3.34　　　　　　　　设备制造业（C34-C37）关键审计事项状况　　　　　　　　单位：%

年份	2023	2022	2021	2020	2019
资产负债表					
货币资金	0.43	0.45	0.27	0.23	0.26
应收款项	12.08	11.53	11.76	11.34	11.17
其他应收款	0.06	0.03	0.07	0.11	0.09
预付款项	0.0	0.0	0.0	0.08	0.0
投资性房地产	0.03	0.03	0.0	0.04	0.09
衍生金融资产	0.03	0.03	0.0	0.0	0.0
存货	7.13	7.09	6.44	5.94	5.96
合同资产	0.0	0.0	0.0	0.0	0.0
金融资产	0.4	0.42	0.44	0.45	0.53
其他流动资产	0.03	0.03	0.0	0.0	0.0
长期股权投资	0.28	0.35	0.58	1.25	1.1
长期应收款	0.0	0.0	0.03	0.0	0.0
固定资产	0.58	0.54	0.65	0.49	0.53
在建工程	0.06	0.06	0.0	0.08	0.26
油气资产	0.03	0.03	0.03	0.04	0.0
生物资产	0.0	0.0	0.0	0.0	0.0
使用权资产	0.0	0.0	0.0	0.0	0.0
开发支出	0.65	0.86	0.72	0.98	0.92
商誉	3.97	4.6	4.84	5.82	6.92
无形资产	0.06	0.1	0.2	0.08	0.04
长期待摊费用	0.0	0.0	0.0	0.0	0.0
递延所得税资产	0.0	0.06	0.0	0.15	0.26

续表

年份	2023	2022	2021	2020	2019
资产负债表					
非流动资产	0.25	0.19	0.31	0.72	0.53
应付账款	0.0	0.0	0.0	0.0	0.0
预收款项	0.0	0.0	0.0	0.0	0.0
应付票据	0.0	0.0	0.0	0.08	0.0
短期借款	0.0	0.0	0.0	0.0	0.0
应付职工薪酬	0.0	0.0	0.0	0.0	0.0
应交税费	0.0	0.0	0.0	0.0	0.0
应付债券	0.0	0.0	0.0	0.0	0.0
预计负债	0.74	0.89	1.16	1.51	1.31
递延收益	0.12	0.06	0.17	0.34	0.48
递延所得税负债	0.0	0.0	0.0	0.0	0.0
利润表					
营业收入	47.89	46.65	45.54	42.65	38.74
税金及附加	0.0	0.0	0.0	0.0	0.0
营业成本	0.68	0.83	1.02	0.68	1.14
管理费用	0.0	0.0	0.0	0.0	0.0
财务费用	0.0	0.0	0.0	0.0	0.0
销售费用	0.12	0.13	0.14	0.08	0.18
研发费用	0.12	0.19	0.14	0.23	0.18
其他业务收入	0.0	0.0	0.0	0.0	0.0
投资收益	0.18	0.26	0.34	0.83	0.79
其他收益	0.0	0.0	0.0	0.0	0.0
资产减值损失	10.36	10.93	11.08	11.34	13.1
信用减值损失	12.17	11.6	11.9	11.57	11.31
公允价值变动损益	0.28	0.29	0.17	0.23	0.35
资产处置损益	0.0	0.03	0.07	0.38	0.22
汇兑损益	0.0	0.0	0.0	0.08	0.0
套期保值	0.0	0.0	0.0	0.0	0.0
补贴收入	0.0	0.0	0.0	0.0	0.0
营业外收入	0.06	0.0	0.0	0.0	0.09
营业外支出	0.0	0.0	0.07	0.0	0.0
所得税费用	0.0	0.0	0.0	0.0	0.0
其他类					
持续经营	0.03	0.06	0.07	0.11	0.09

续表

年份	2023	2022	2021	2020	2019
其他类					
筹资能力	0.0	0.0	0.0	0.0	0.04
股权激励	0.03	0.1	0.1	0.04	0.0
关联交易	0.25	0.26	0.24	0.42	0.7
合并范围	0.06	0.06	0.1	0.08	0.13
会计差错	0.0	0.0	0.0	0.0	0.0
会计政策与估计	0.0	0.0	0.0	0.0	0.0
会计准则	0.0	0.0	0.0	0.0	0.0
内部控制	0.0	0.0	0.0	0.0	0.0
期初余额	0.0	0.0	0.0	0.0	0.0
期后事项	0.0	0.0	0.0	0.0	0.0
融资能力	0.0	0.0	0.0	0.0	0.0
审计范围	0.0	0.0	0.0	0.0	0.0
审计意见	0.0	0.0	0.0	0.0	0.0
违规担保	0.0	0.0	0.0	0.0	0.04
业绩承诺	0.0	0.0	0.07	0.04	0.09
债务重组	0.03	0.1	0.07	0.08	0.09
资金占用	0.0	0.0	0.0	0.0	0.0
业绩补偿	0.0	0.0	0.0	0.0	0.0
其他	0.8	1.15	1.23	1.47	2.28

注：设备制造业（C34-C37）所有上市公司关键审计事项涉及的具体报表项目百分比统计。

（一）资产负债表类项目

设备制造业（C34-C37）上市公司财务信息关键审计事项中，2023年资产负债表类项目占比最高的项目分别为：应收款项（12.08%）、存货（7.13%）、商誉（3.97%）。

2019~2023年，应收款项占比总体上呈明显上升趋势，从2019年的11.17%增长到2023年的12.08%，2022~2023年应收款项占比处于高水平；存货占比总体上呈明显上升趋势，从2019年的5.96%增长到2023年的7.13%，2022~2023年存货占比处于高水平；商誉占比总体上呈大幅下降趋势，从2019年的6.92%下降到2023年的3.97%，2022~2023年商誉占比处于高水平。

（二）利润表类项目

设备制造业（C34-C37）上市公司财务信息关键审计事项中，2023年资产负债表类项目占比最高的项目分别为：营业收入（47.89%）、信用减值损失（12.17%）、资产减值损失（10.36%）。

2019~2023年，营业收入占比总体上呈明显上升趋势，从2019年的38.74%增长到2023年的47.89%，2022~2023年营业收入占比处于高水平；信用减值损失占比总体上呈明显上升趋势，从2019年的11.31%增长到2023年的12.17%，2022~2023年信用减值损失占比处于高水平；资产减值损失占比总体上呈明显下降趋势，从2019年的13.1%下降到2023年的10.36%，2022~2023年资产减值损失占比处于高水平。

（三）其他类项目

设备制造业（C34-C37）上市公司财务信息关键审计事项中，2023年资产负债表类项目占比最高的项目分别为：其他（0.8%）、关联交易（0.25%）。

2019~2023年，其他占比总体上呈大幅下降趋势，从2019年的2.28%下降到2023年的0.8%，2022~2023年其他占比处于高水平；关联交易占比总体上呈大幅下降趋势，从2019年的0.7%下降到2023年的0.25%，2022~2023年关联交易占比处于较低水平。

十二、机械仪器制造业（C38-C40）

2019~2023年，证券市场机械仪器制造业（C38-C40）上市公司总体状况见表3.35。

表3.35　　　　　机械仪器制造业（C38-C40）发展状况　　　　　单位：个

年份	2023	2022	2021	2020	2019
数量	1005	935	841	747	650

注：该行业公开披露定期报告的所有上市公司。

2023年，机械仪器制造业（C38-C40）上市公司财务信息关键审计事项中，资产负债表类为557.0个，利润表类为1422.5个，其他类为13.5个。2019~2023年，机械仪器制造业（C38-C40）上市公司财务信息关键审计事项中，不同类别具体项目占比的总体状况见表3.36。

表3.36　　　　机械仪器制造业（C38-C40）关键审计事项状况　　　　单位：%

年份	2023	2022	2021	2020	2019
资产负债表					
货币资金	0.55	0.68	0.34	0.31	0.21
应收款项	12.64	12.59	12.93	12.56	12.48
其他应收款	0.02	0.05	0.06	0.03	0.07
预付款项	0.05	0.0	0.0	0.06	0.0
投资性房地产	0.05	0.05	0.09	0.12	0.14
衍生金融资产	0.05	0.08	0.11	0.09	0.14
存货	7.22	6.79	6.21	6.19	6.5
合同资产	0.0	0.0	0.0	0.0	0.0
金融资产	0.55	0.52	0.62	0.62	0.57

续表

年份	2023	2022	2021	2020	2019
资产负债表					
其他流动资产	0.05	0.05	0.0	0.0	0.0
长期股权投资	0.45	0.52	0.71	0.96	1.34
长期应收款	0.0	0.0	0.03	0.03	0.0
固定资产	1.2	1.17	1.05	1.18	1.34
在建工程	0.15	0.36	0.4	0.34	0.32
油气资产	0.0	0.0	0.0	0.0	0.0
生物资产	0.0	0.0	0.0	0.0	0.0
使用权资产	0.0	0.0	0.0	0.0	0.0
开发支出	0.72	0.68	0.57	0.62	0.57
商誉	3.02	3.28	3.86	4.98	6.4
无形资产	0.2	0.13	0.2	0.28	0.42
长期待摊费用	0.0	0.0	0.0	0.0	0.0
递延所得税资产	0.2	0.21	0.17	0.25	0.35
非流动资产	0.35	0.31	0.2	0.31	0.18
应付账款	0.0	0.0	0.0	0.0	0.0
预收款项	0.0	0.0	0.0	0.0	0.07
应付票据	0.0	0.0	0.0	0.0	0.0
短期借款	0.0	0.0	0.0	0.0	0.0
应付职工薪酬	0.0	0.0	0.0	0.0	0.07
应交税费	0.0	0.0	0.0	0.0	0.0
应付债券	0.0	0.0	0.0	0.0	0.07
预计负债	0.35	0.52	0.79	1.06	0.99
递延收益	0.02	0.0	0.11	0.25	0.49
递延所得税负债	0.0	0.0	0.0	0.0	0.0
利润表					
营业收入	47.03	45.95	44.17	40.67	36.55
税金及附加	0.0	0.0	0.0	0.0	0.0
营业成本	0.2	0.16	0.06	0.19	0.07
管理费用	0.05	0.05	0.06	0.0	0.0
财务费用	0.0	0.0	0.0	0.0	0.0
销售费用	0.1	0.16	0.17	0.25	0.14
研发费用	0.2	0.21	0.11	0.19	0.28
其他业务收入	0.0	0.0	0.0	0.0	0.0
投资收益	0.2	0.34	0.54	0.56	0.81

续表

年份	2023	2022	2021	2020	2019
利润表					
其他收益	0.0	0.0	0.0	0.0	0.0
资产减值损失	10.54	10.43	10.69	11.88	13.61
信用减值损失	12.49	12.59	12.9	12.5	12.41
公允价值变动损益	0.25	0.29	0.37	0.47	0.42
资产处置损益	0.0	0.08	0.03	0.09	0.04
汇兑损益	0.0	0.0	0.0	0.0	0.0
套期保值	0.05	0.05	0.09	0.06	0.07
补贴收入	0.0	0.0	0.0	0.0	0.0
营业外收入	0.0	0.0	0.06	0.06	0.0
营业外支出	0.0	0.0	0.0	0.06	0.0
所得税费用	0.0	0.0	0.0	0.0	0.0
其他类					
持续经营	0.0	0.03	0.0	0.0	0.0
筹资能力	0.0	0.0	0.0	0.0	0.04
股权激励	0.02	0.03	0.09	0.06	0.07
关联交易	0.27	0.36	0.51	0.68	0.57
合并范围	0.02	0.03	0.06	0.06	0.14
会计差错	0.0	0.0	0.0	0.0	0.0
会计政策与估计	0.0	0.0	0.0	0.0	0.0
会计准则	0.0	0.0	0.0	0.0	0.0
内部控制	0.0	0.0	0.03	0.03	0.04
期初余额	0.0	0.03	0.0	0.0	0.0
期后事项	0.0	0.0	0.0	0.0	0.0
融资能力	0.02	0.03	0.03	0.0	0.0
审计范围	0.0	0.0	0.0	0.0	0.0
审计意见	0.0	0.0	0.0	0.0	0.0
违规担保	0.0	0.0	0.0	0.0	0.0
业绩承诺	0.0	0.0	0.03	0.03	0.0
债务重组	0.0	0.08	0.06	0.06	0.11
资金占用	0.0	0.0	0.0	0.0	0.0
业绩补偿	0.0	0.0	0.0	0.0	0.0
其他	0.67	1.12	1.53	1.83	1.91

注：机械仪器制造业（C38—C40）所有上市公司关键审计事项涉及的具体报表项目百分比统计。

（一）资产负债表类项目

机械仪器制造业（C38-C40）上市公司财务信息关键审计事项中，2023年资产负债表类项目占比最高的项目分别为：应收款项（12.64%）、存货（7.22%）、商誉（3.02%）、固定资产（1.2%）。

2019~2023年，应收款项占比总体上基本稳定，2022~2023年应收款项占比处于高水平；存货占比总体上呈明显上升趋势，从2019年的6.5%增长到2023年的7.22%，2022~2023年存货占比处于高水平；商誉占比总体上呈大幅下降趋势，从2019年的6.4%下降到2023年的3.02%，2022~2023年商誉占比处于高水平；固定资产占比总体上呈明显下降趋势，从2019年的1.34%下降到2023年的1.2%，2022~2023年固定资产占比处于高水平。

（二）利润表类项目

机械仪器制造业（C38-C40）上市公司财务信息关键审计事项中，2023年资产负债表类项目占比最高的项目分别为：营业收入（47.03%）、信用减值损失（12.49%）、资产减值损失（10.54%）。

2019~2023年，营业收入占比总体上呈明显上升趋势，从2019年的36.55%增长到2023年的47.03%，2022~2023年营业收入占比处于高水平；信用减值损失占比总体上基本稳定，2022~2023年信用减值损失占比处于高水平；资产减值损失占比总体上呈明显下降趋势，从2019年的13.61%下降到2023年的10.54%，2022~2023年资产减值损失占比处于高水平。

（三）其他类项目

机械仪器制造业（C38-C40）上市公司财务信息关键审计事项中，2023年资产负债表类项目占比最高的项目分别为：其他（0.67%）、关联交易（0.27%）。

2019~2023年，其他占比总体上呈大幅下降趋势，从2019年的1.91%下降到2023年的0.67%，2022~2023年其他占比从高水平变为较高水平；关联交易占比总体上呈大幅下降趋势，从2019年的0.57%下降到2023年的0.27%，2022~2023年关联交易占比处于较低水平。

十三、其他制造业（C41-C42）

2019~2023年，证券市场其他制造业（C41-C42）上市公司总体状况见表3.37。

表3.37　　　　　　其他制造业（C41-C42）发展状况　　　　　　单位：个

年份	2023	2022	2021	2020	2019
数量	30	28	26	20	21

注：该行业公开披露定期报告的所有上市公司。

2023年，其他制造业（C41-C42）上市公司财务信息关键审计事项中，资产负债表类为15.5个，利润表类为42.5个，其他类为0个。2019~2023年，其他制造业（C41-C42）上市公司财务信息关键审计事项中，不同类别具体项目占比的总体状况见表3.38。

表3.38　　　　　其他制造业（C41-C42）关键审计事项状况　　　　　单位：%

年份	2023	2022	2021	2020	2019
资产负债表					
货币资金	0.0	0.0	0.0	0.0	0.0
应收款项	10.34	12.28	7.69	7.22	7.14
其他应收款	0.0	0.0	0.0	0.0	0.0
预付款项	0.0	0.0	0.0	0.0	0.0
投资性房地产	0.0	0.0	0.0	0.0	0.0
衍生金融资产	0.0	0.0	0.0	0.0	1.43
存货	6.9	5.26	7.69	7.22	10.0
合同资产	0.0	0.0	0.0	0.0	0.0
金融资产	0.0	0.88	1.92	2.06	0.0
其他流动资产	0.0	0.0	0.0	0.0	0.0
长期股权投资	0.86	0.0	0.0	0.0	1.43
长期应收款	0.0	0.0	0.0	0.0	0.0
固定资产	1.72	1.75	1.92	2.06	5.71
在建工程	0.0	0.0	0.0	0.0	0.0
油气资产	0.0	0.0	0.0	0.0	0.0
生物资产	0.0	0.0	0.0	0.0	0.0
使用权资产	0.0	0.0	0.0	0.0	0.0
开发支出	0.0	0.0	0.0	0.0	0.0
商誉	5.17	5.26	5.77	7.22	8.57
无形资产	0.0	0.0	0.0	0.0	0.0
长期待摊费用	0.0	0.0	0.0	0.0	0.0
递延所得税资产	0.0	0.0	0.0	0.0	0.0
非流动资产	0.0	0.0	0.0	0.0	0.0
应付账款	0.0	0.0	0.0	0.0	0.0
预收款项	0.0	0.0	0.0	0.0	0.0
应付票据	0.0	0.0	0.0	0.0	0.0
短期借款	0.0	0.0	0.0	0.0	0.0
应付职工薪酬	0.0	0.0	0.0	0.0	0.0
应交税费	0.0	0.0	0.0	0.0	0.0
应付债券	0.0	0.0	0.0	0.0	0.0
预计负债	1.72	1.75	1.92	2.06	0.0

续表

年份	2023	2022	2021	2020	2019
资产负债表					
递延收益	0.0	0.0	0.0	0.0	0.0
递延所得税负债	0.0	0.0	0.0	0.0	0.0
利润表					
营业收入	51.72	50.88	50.0	47.42	37.14
税金及附加	0.0	0.0	0.0	0.0	0.0
营业成本	0.0	0.0	0.0	0.0	0.0
管理费用	0.0	0.0	0.0	0.0	0.0
财务费用	0.0	0.0	0.0	0.0	0.0
销售费用	0.0	0.0	0.0	0.0	0.0
研发费用	0.0	0.0	0.0	0.0	0.0
其他业务收入	0.0	0.0	0.0	0.0	0.0
投资收益	0.0	0.0	0.0	0.0	0.0
其他收益	0.0	0.0	0.0	0.0	0.0
资产减值损失	11.21	10.53	13.46	14.43	20.0
信用减值损失	10.34	10.53	7.69	7.22	7.14
公允价值变动损益	0.0	0.88	1.92	1.03	0.0
资产处置损益	0.0	0.0	0.0	0.0	0.0
汇兑损益	0.0	0.0	0.0	0.0	0.0
套期保值	0.0	0.0	0.0	0.0	1.43
补贴收入	0.0	0.0	0.0	0.0	0.0
营业外收入	0.0	0.0	0.0	0.0	0.0
营业外支出	0.0	0.0	0.0	0.0	0.0
所得税费用	0.0	0.0	0.0	0.0	0.0
其他类					
持续经营	0.0	0.0	0.0	0.0	0.0
筹资能力	0.0	0.0	0.0	0.0	0.0
股权激励	0.0	0.0	0.0	0.0	0.0
关联交易	0.0	0.0	0.0	0.0	0.0
合并范围	0.0	0.0	0.0	0.0	0.0
会计差错	0.0	0.0	0.0	0.0	0.0
会计政策与估计	0.0	0.0	0.0	0.0	0.0
会计准则	0.0	0.0	0.0	0.0	0.0
内部控制	0.0	0.0	0.0	0.0	0.0
期初余额	0.0	0.0	0.0	0.0	0.0

续表

年份	2023	2022	2021	2020	2019
其他类					
期后事项	0.0	0.0	0.0	0.0	0.0
融资能力	0.0	0.0	0.0	0.0	0.0
审计范围	0.0	0.0	0.0	0.0	0.0
审计意见	0.0	0.0	0.0	0.0	0.0
违规担保	0.0	0.0	0.0	0.0	0.0
业绩承诺	0.0	0.0	0.0	1.03	0.0
债务重组	0.0	0.0	0.0	0.0	0.0
资金占用	0.0	0.0	0.0	0.0	0.0
业绩补偿	0.0	0.0	0.0	0.0	0.0
其他	0.0	0.0	0.0	1.03	0.0

注：其他制造业（C41-C42）所有上市公司关键审计事项涉及的具体报表项目百分比统计。

（一）资产负债表类项目

其他制造业（C41-C42）上市公司财务信息关键审计事项中，2023年资产负债表类项目占比最高的项目分别为：应收款项（10.34%）、存货（6.9%）、商誉（5.17%）、固定资产（1.72%）、预计负债（1.72%）。

2019~2023年，应收款项占比总体上呈大幅上升趋势，从2019年的7.14%增长到2023年的10.34%，2022~2023年应收款项占比处于高水平；存货占比总体上呈大幅下降趋势，从2019年的10.0%下降到2023年的6.9%，2022~2023年存货占比处于高水平；商誉占比总体上呈大幅下降趋势，从2019年的8.57%下降到2023年的5.17%，2022~2023年商誉占比处于高水平；固定资产占比总体上呈大幅下降趋势，从2019年的5.71%下降到2023年的1.72%，2022~2023年固定资产占比处于高水平；预计负债占比总体上呈大幅上升趋势，从2019年的0增长到2023年的1.72%，2022~2023年预计负债占比处于高水平。

（二）利润表类项目

其他制造业（C41-C42）上市公司财务信息关键审计事项中，2023年资产负债表类项目占比最高的项目分别为：营业收入（51.72%）、资产减值损失（11.21%）、信用减值损失（10.34%）。

2019~2023年，营业收入占比总体上呈大幅上升趋势，从2019年的37.14%增长到2023年的51.72%，2022~2023年营业收入占比处于高水平；资产减值损失占比总体上呈大幅下降趋势，从2019年的20.0%下降到2023年的11.21%，2022~2023年资产减值损失占比处于高水平；信用减值损失占比总体上呈大幅上升趋势，从2019年的7.14%增长到2023年的10.34%，2022~2023年信用减值损失占比处于高水平。

（三）其他类项目

其他制造业（C41-C42）上市公司财务信息关键审计事项中，2023年资产负债表类项目占比最高的项目分别为：持续经营（0）、筹资能力（0）。

2019~2023年，持续经营占比总体上基本稳定，2022~2023年持续经营占比处于较低水平；筹资能力占比总体上基本稳定，2022~2023年筹资能力占比处于较低水平。

十四、电力、热力、燃气及水生产和供应业（D）

2019~2023年，证券市场电力、热力、燃气及水生产和供应业（D）上市公司总体状况见表3.39。

表3.39　电力、热力、燃气及水生产和供应业（D）发展状况　　　　单位：个

年份	2023	2022	2021	2020	2019
数量	141	138	135	124	122

注：该行业公开披露定期报告的所有上市公司。

2023年，电力、热力、燃气及水生产和供应业（D）上市公司财务信息关键审计事项中，资产负债表类为88.5个，利润表类为166.0个，其他类为6.0个。2019~2023年，电力、热力、燃气及水生产和供应业（D）上市公司财务信息关键审计事项中，不同类别具体项目占比的总体状况见表3.40。

表3.40　电力、热力、燃气及水生产和供应业（D）关键审计事项状况　　　　单位：%

年份	2023	2022	2021	2020	2019
资产负债表					
货币资金	0.38	0.77	0.38	0.41	0.42
应收款项	5.29	5.02	4.57	4.89	5.06
其他应收款	0.0	0.0	0.19	0.0	0.0
预付款项	0.0	0.0	0.0	0.0	0.0
投资性房地产	0.0	0.0	0.0	0.0	0.0
衍生金融资产	0.0	0.0	0.19	0.0	0.0
存货	0.38	1.16	0.95	1.43	1.05
合同资产	0.0	0.0	0.19	0.0	0.0
金融资产	1.13	0.77	0.95	1.02	0.63
其他流动资产	0.0	0.19	0.0	0.0	0.0
长期股权投资	2.65	2.7	2.86	3.05	2.95
长期应收款	0.0	0.19	0.19	0.2	0.0
固定资产	12.85	12.36	12.38	12.02	12.03
在建工程	1.7	1.54	2.1	2.85	3.59

续表

年份	2023	2022	2021	2020	2019
资产负债表					
油气资产	0.0	0.0	0.0	0.0	0.21
生物资产	0.0	0.0	0.0	0.0	0.0
使用权资产	0.0	0.0	0.0	0.0	0.0
开发支出	0.0	0.0	0.0	0.0	0.0
商誉	4.54	5.79	5.33	4.89	5.06
无形资产	1.51	1.54	1.33	0.81	1.27
长期待摊费用	0.0	0.0	0.0	0.0	0.0
递延所得税资产	1.51	1.54	1.52	1.63	2.11
非流动资产	1.32	0.58	1.33	1.43	1.48
应付账款	0.0	0.0	0.0	0.0	0.0
预收款项	0.0	0.0	0.0	0.0	0.0
应付票据	0.0	0.0	0.0	0.0	0.0
短期借款	0.0	0.0	0.0	0.0	0.0
应付职工薪酬	0.0	0.0	0.0	0.0	0.0
应交税费	0.0	0.0	0.0	0.0	0.0
应付债券	0.0	0.0	0.0	0.0	0.0
预计负债	0.38	0.77	1.14	1.63	0.84
递延收益	0.19	0.0	0.19	0.0	0.0
递延所得税负债	0.0	0.0	0.0	0.0	0.0
利润表					
营业收入	38.94	37.84	35.05	34.22	32.07
税金及附加	0.0	0.0	0.0	0.0	0.0
营业成本	3.78	2.32	2.67	2.85	2.95
管理费用	0.0	0.0	0.0	0.0	0.0
财务费用	0.0	0.0	0.0	0.0	0.0
销售费用	0.0	0.0	0.0	0.0	0.0
研发费用	0.0	0.0	0.0	0.0	0.0
其他业务收入	0.0	0.0	0.0	0.0	0.0
投资收益	1.51	1.35	1.52	1.63	1.9
其他收益	0.0	0.0	0.0	0.0	0.0
资产减值损失	12.1	13.32	14.29	13.03	13.29
信用减值损失	5.67	5.21	5.14	5.09	5.06
公允价值变动损益	0.38	0.39	0.38	0.41	0.63
资产处置损益	0.38	0.0	0.19	0.0	0.0

续表

年份	2023	2022	2021	2020	2019
利润表					
汇兑损益	0.0	0.0	0.0	0.0	0.0
套期保值	0.0	0.0	0.19	0.0	0.0
补贴收入	0.0	0.0	0.0	0.0	0.0
营业外收入	0.0	0.0	0.0	0.0	0.0
营业外支出	0.0	0.0	0.38	0.0	0.0
所得税费用	0.0	0.0	0.0	0.0	0.0
其他类					
持续经营	0.0	0.0	0.0	0.0	0.21
筹资能力	0.0	0.0	0.0	0.0	0.0
股权激励	0.0	0.0	0.0	0.0	0.0
关联交易	0.57	0.77	0.38	0.41	0.84
合并范围	0.38	0.77	0.76	1.22	1.27
会计差错	0.0	0.0	0.0	0.0	0.0
会计政策与估计	0.0	0.0	0.0	0.0	0.0
会计准则	0.0	0.0	0.19	0.0	0.21
内部控制	0.0	0.0	0.0	0.0	0.0
期初余额	0.0	0.0	0.0	0.0	0.0
期后事项	0.0	0.0	0.0	0.0	0.0
融资能力	0.0	0.0	0.0	0.0	0.0
审计范围	0.0	0.0	0.0	0.0	0.0
审计意见	0.0	0.0	0.0	0.0	0.0
违规担保	0.0	0.0	0.0	0.0	0.0
业绩承诺	0.0	0.0	0.0	0.2	0.0
债务重组	0.19	0.0	0.19	0.41	0.0
资金占用	0.0	0.0	0.0	0.0	0.0
业绩补偿	0.0	0.0	0.0	0.0	0.0
其他	2.27	3.09	2.86	4.28	4.85

注：电力、热力、燃气及水生产和供应业（D）所有上市公司关键审计事项涉及的具体报表项目百分比统计。

（一）资产负债表类项目

电力、热力、燃气及水生产和供应业（D）上市公司财务信息关键审计事项中，2023年资产负债表类项目占比最高的项目分别为：固定资产（12.85%）、应收款项（5.29%）、商誉（4.54%）、长期股权投资（2.65%）、在建工程（1.7%）、无形资产（1.51%）、递延所得税资产（1.51%）、非流动资产（1.32%）、金融资产（1.13%）。

2019~2023年，固定资产占比总体上呈明显上升趋势，从2019年的12.03%增长到2023年的12.85%，2022~2023年固定资产占比处于高水平；应收款项占比总体上基本稳定，2022~2023年应收款项占比处于高水平；商誉占比总体上呈明显下降趋势，从2019年的5.06%下降到2023年的4.54%，2022~2023年商誉占比处于高水平；长期股权投资占比总体上呈明显下降趋势，从2019年的2.95%下降到2023年的2.65%，2022~2023年长期股权投资占比处于高水平；在建工程占比总体上呈大幅下降趋势，从2019年的3.59%下降到2023年的1.7%，2022~2023年在建工程占比处于高水平；无形资产占比总体上呈明显上升趋势，从2019年的1.27%增长到2023年的1.51%，2022~2023年无形资产占比处于高水平；递延所得税资产占比总体上呈明显下降趋势，从2019年的2.11%下降到2023年的1.51%，2022~2023年递延所得税资产占比处于高水平；非流动资产占比总体上呈明显下降趋势，从2019年的1.48%下降到2023年的1.32%，2022~2023年非流动资产占比从一般水平变为高水平；金融资产占比总体上呈大幅上升趋势，从2019年的0.63%增长到2023年的1.13%，2022~2023年金融资产占比从较高水平变为高水平。

（二）利润表类项目

电力、热力、燃气及水生产和供应业（D）上市公司财务信息关键审计事项中，2023年资产负债表类项目占比最高的项目分别为：营业收入（38.94%）、资产减值损失（12.1%）、信用减值损失（5.67%）、营业成本（3.78%）、投资收益（1.51%）。

2019~2023年，营业收入占比总体上呈明显上升趋势，从2019年的32.07%增长到2023年的38.94%，2022~2023年营业收入占比处于高水平；资产减值损失占比总体上呈明显下降趋势，从2019年的13.29%下降到2023年的12.1%，2022~2023年资产减值损失占比处于高水平；信用减值损失占比总体上呈明显上升趋势，从2019年的5.06%增长到2023年的5.67%，2022~2023年信用减值损失占比处于高水平；营业成本占比总体上呈明显上升趋势，从2019年的2.95%增长到2023年的3.78%，2022~2023年营业成本占比处于高水平；投资收益占比总体上呈明显下降趋势，从2019年的1.9%下降到2023年的1.51%，2022~2023年投资收益占比处于高水平。

（三）其他类项目

电力、热力、燃气及水生产和供应业（D）上市公司财务信息关键审计事项中，2023年资产负债表类项目占比最高的项目分别为：其他（2.27%）、关联交易（0.57%）。

2019~2023年，其他占比总体上呈大幅下降趋势，从2019年的4.85%下降到2023年的2.27%，2022~2023年其他占比处于高水平；关联交易占比总体上呈大幅下降趋势，从2019年的0.84%下降到2023年的0.57%，2022~2023年关联交易占比从较高水平变为一般水平。

十五、建筑业（E）

2019~2023年，证券市场建筑业（E）上市公司总体状况见表3.41。

表3.41　　　　　　　　　　建筑业（E）发展状况　　　　　　　　　单位：个

年份	2023	2022	2021	2020	2019
数量	109	107	107	97	95

注：该行业公开披露定期报告的所有上市公司。

2023年，建筑业（E）上市公司财务信息关键审计事项中，资产负债表类为61.0个，利润表类为165.0个，其他类为4.5个。2019~2023年，建筑业（E）上市公司财务信息关键审计事项中，不同类别具体项目占比的总体状况见表3.42。

表3.42　　　　　　　　　　建筑业（E）关键审计事项状况　　　　　　　　　单位：%

年份	2023	2022	2021	2020	2019
资产负债表					
货币资金	0.0	0.0	0.0	0.93	0.0
应收款项	18.24	18.44	18.16	17.36	16.06
其他应收款	0.21	0.22	0.0	0.0	0.0
预付款项	0.0	0.0	0.0	0.0	0.0
投资性房地产	0.21	0.22	0.22	0.23	0.24
衍生金融资产	0.0	0.0	0.0	0.0	0.0
存货	1.29	1.11	0.88	0.69	3.16
合同资产	0.86	1.56	1.09	1.16	0.24
金融资产	0.43	0.0	0.0	0.69	0.49
其他流动资产	0.21	0.0	0.0	0.0	0.0
长期股权投资	1.5	0.67	0.66	1.39	1.7
长期应收款	0.0	0.0	0.0	0.69	0.24
固定资产	0.21	0.0	0.22	0.23	0.0
在建工程	0.0	0.22	0.22	0.0	0.0
油气资产	0.0	0.0	0.0	0.0	0.0
生物资产	0.21	0.0	0.0	0.0	0.0
使用权资产	0.0	0.0	0.0	0.0	0.0
开发支出	0.0	0.0	0.0	0.0	0.0
商誉	1.29	2.0	2.41	2.55	3.41
无形资产	0.21	0.22	0.22	0.23	0.73
长期待摊费用	0.0	0.0	0.0	0.0	0.0
递延所得税资产	0.43	0.0	0.0	0.0	0.49
非流动资产	0.0	0.0	0.0	0.23	0.24

续表

年份	2023	2022	2021	2020	2019
资产负债表					
应付账款	0.0	0.0	0.0	0.0	0.0
预收款项	0.0	0.0	0.0	0.0	0.0
应付票据	0.0	0.0	0.0	0.0	0.0
短期借款	0.0	0.0	0.0	0.46	0.0
应付职工薪酬	0.0	0.0	0.0	0.0	0.0
应交税费	0.0	0.0	0.0	0.0	0.0
应付债券	0.0	0.0	0.0	0.0	0.0
预计负债	0.86	0.89	0.88	0.93	0.49
递延收益	0.0	0.0	0.0	0.0	0.0
递延所得税负债	0.0	0.0	0.0	0.0	0.0
利润表					
营业收入	43.78	45.33	46.39	44.44	41.85
税金及附加	0.0	0.0	0.0	0.0	0.0
营业成本	2.58	3.11	2.63	2.31	3.89
管理费用	0.0	0.0	0.0	0.0	0.0
财务费用	0.0	0.0	0.0	0.0	0.0
销售费用	0.0	0.0	0.0	0.0	0.0
研发费用	0.0	0.0	0.0	0.0	0.0
其他业务收入	0.0	0.0	0.0	0.0	0.0
投资收益	0.86	0.22	0.22	0.93	0.97
其他收益	0.0	0.0	0.0	0.0	0.0
资产减值损失	4.51	5.11	5.03	4.86	7.06
信用减值损失	18.67	18.67	18.16	17.59	16.3
公允价值变动损益	0.43	0.22	0.22	0.46	0.24
资产处置损益	0.0	0.0	0.0	0.23	0.0
汇兑损益	0.0	0.0	0.0	0.0	0.0
套期保值	0.0	0.0	0.0	0.0	0.0
补贴收入	0.0	0.0	0.0	0.0	0.0
营业外收入	0.0	0.0	0.0	0.0	0.0
营业外支出	0.0	0.0	0.0	0.0	0.0
所得税费用	0.0	0.0	0.0	0.0	0.0
其他类					
持续经营	0.0	0.0	0.22	0.0	0.0
筹资能力	0.0	0.0	0.0	0.0	0.0

续表

年份	2023	2022	2021	2020	2019
其他类					
股权激励	0.0	0.0	0.0	0.0	0.0
关联交易	0.43	0.44	0.44	0.46	0.24
合并范围	0.0	0.0	0.0	0.0	0.49
会计差错	0.0	0.0	0.0	0.0	0.0
会计政策与估计	0.0	0.0	0.0	0.0	0.0
会计准则	0.0	0.0	0.0	0.0	0.0
内部控制	0.0	0.0	0.0	0.0	0.0
期初余额	0.0	0.0	0.0	0.0	0.0
期后事项	0.0	0.0	0.0	0.0	0.0
融资能力	0.21	0.22	0.22	0.0	0.0
审计范围	0.0	0.0	0.0	0.0	0.0
审计意见	0.0	0.0	0.0	0.0	0.0
违规担保	0.0	0.0	0.0	0.0	0.0
业绩承诺	0.0	0.0	0.0	0.0	0.0
债务重组	0.43	0.0	0.0	0.0	0.0
资金占用	0.0	0.0	0.0	0.0	0.0
业绩补偿	0.0	0.0	0.0	0.0	0.0
其他	1.93	1.11	1.53	0.93	1.46

注：建筑业（E）所有上市公司关键审计事项涉及的具体报表项目百分比统计。

（一）资产负债表类项目

建筑业（E）上市公司财务信息关键审计事项中，2023年资产负债表类项目占比最高的项目分别为：应收款项（18.24%）、长期股权投资（1.5%）、存货（1.29%）、商誉（1.29%）。

2019~2023年，应收款项占比总体上呈明显上升趋势，从2019年的16.06%增长到2023年的18.24%，2022~2023年应收款项占比处于高水平；长期股权投资占比总体上呈明显下降趋势，从2019年的1.7%下降到2023年的1.5%，2022~2023年长期股权投资占比从较高水平变为高水平；存货占比总体上呈大幅下降趋势，从2019年的3.16%下降到2023年的1.29%，2022~2023年存货占比处于高水平；商誉占比总体上呈大幅下降趋势，从2019年的3.41%下降到2023年的1.29%，2022~2023年商誉占比处于高水平。

（二）利润表类项目

建筑业（E）上市公司财务信息关键审计事项中，2023年资产负债表类项目占比最高的项目分别为：营业收入（43.78%）、信用减值损失（18.67%）、资产减值损失（4.51%）、营业成本（2.58%）。

2019~2023年，营业收入占比总体上基本稳定，2022~2023年营业收入占比处于高水平；信用减值损失占比总体上呈明显上升趋势，从2019年的16.3%增长到2023年的18.67%，2022~2023年信用减值损失占比处于高水平；资产减值损失占比总体上呈大幅下降趋势，从2019年的7.06%下降到2023年的4.51%，2022~2023年资产减值损失占比处于高水平；营业成本占比总体上呈大幅下降趋势，从2019年的3.89%下降到2023年的2.58%，2022~2023年营业成本占比处于高水平。

（三）其他类项目

建筑业（E）上市公司财务信息关键审计事项中，2023年资产负债表类项目占比最高的项目分别为：其他（1.93%）、关联交易（0.43%）。

2019~2023年，其他占比总体上呈大幅上升趋势，从2019年的1.46%增长到2023年的1.93%，2022~2023年其他占比处于高水平；关联交易占比总体上呈大幅上升趋势，从2019年的0.24%增长到2023年的0.43%，2022~2023年关联交易占比处于较低水平。

十六、批发和零售业（F）

2019~2023年，证券市场批发和零售业（F）上市公司总体状况见表3.43。

表3.43　　　　　　　批发和零售业（F）发展状况　　　　　　　单位：个

年份	2023	2022	2021	2020	2019
数量	201	194	193	178	172

注：该行业公开披露定期报告的所有上市公司。

2023年，批发和零售业（F）上市公司财务信息关键审计事项中，资产负债表类为121.0个，利润表类为271.5个，其他类为10.5个。2019~2023年，批发和零售业（F）上市公司财务信息关键审计事项中，不同类别具体项目占比的总体状况见表3.44。

表3.44　　　　　　　批发和零售业（F）关键审计事项状况　　　　　　　单位：%

年份	2023	2022	2021	2020	2019
资产负债表					
货币资金	0.0	0.0	0.0	0.0	0.0
应收款项	6.6	6.29	6.08	6.61	7.06
其他应收款	0.0	0.0	0.0	0.0	0.0
预付款项	0.49	0.49	0.47	0.52	0.55
投资性房地产	0.98	1.23	0.94	1.04	0.42
衍生金融资产	0.12	0.0	0.0	0.0	0.0
存货	7.58	7.77	7.6	7.51	7.34
合同资产	0.24	0.25	0.23	0.26	0.0

续表

年份	2023	2022	2021	2020	2019
资产负债表					
金融资产	0.86	1.11	1.4	2.07	1.66
其他流动资产	0.12	0.12	0.12	0.13	0.14
长期股权投资	1.22	1.48	1.52	1.68	2.22
长期应收款	0.0	0.0	0.0	0.0	0.0
固定资产	1.1	0.74	0.94	0.78	1.11
在建工程	0.0	0.0	0.35	0.0	0.0
油气资产	0.0	0.0	0.0	0.0	0.0
生物资产	0.12	0.0	0.0	0.0	0.0
使用权资产	1.71	0.86	2.46	0.26	0.28
开发支出	0.0	0.0	0.0	0.0	0.0
商誉	7.09	7.03	7.02	6.74	7.62
无形资产	0.0	0.0	0.0	0.0	0.14
长期待摊费用	0.0	0.0	0.0	0.52	0.0
递延所得税资产	0.49	0.74	0.7	0.78	0.83
非流动资产	0.61	0.37	0.58	0.39	0.83
应付账款	0.24	0.0	0.0	0.0	0.0
预收款项	0.0	0.0	0.0	0.0	0.0
应付票据	0.0	0.0	0.0	0.0	0.0
短期借款	0.0	0.0	0.0	0.0	0.0
应付职工薪酬	0.0	0.0	0.0	0.26	0.28
应交税费	0.0	0.0	0.0	0.0	0.0
应付债券	0.0	0.0	0.0	0.0	0.0
预计负债	0.24	0.99	1.64	2.07	2.49
递延收益	0.0	0.0	0.0	0.0	0.28
递延所得税负债	0.0	0.0	0.0	0.0	0.0
利润表					
营业收入	40.59	40.2	35.09	34.46	31.58
税金及附加	0.0	0.0	0.23	0.0	0.0
营业成本	0.24	0.25	0.47	0.78	0.28
管理费用	0.0	0.0	0.0	0.0	0.0
财务费用	0.0	0.0	0.0	0.0	0.0
销售费用	0.49	0.49	0.47	0.52	0.83
研发费用	0.0	0.0	0.0	0.0	0.0
其他业务收入	0.49	0.74	0.7	0.78	0.83

续表

年份	2023	2022	2021	2020	2019
利润表					
投资收益	0.86	1.11	1.17	1.42	1.39
其他收益	0.0	0.0	0.0	0.0	0.0
资产减值损失	15.16	14.55	14.85	14.12	14.82
信用减值损失	6.72	6.41	6.2	6.74	7.2
公允价值变动损益	1.71	1.97	2.11	2.33	1.25
资产处置损益	0.12	0.0	0.12	0.0	0.42
汇兑损益	0.0	0.0	0.0	0.0	0.0
套期保值	0.0	0.0	0.0	0.0	0.0
补贴收入	0.0	0.0	0.0	0.0	0.0
营业外收入	0.0	0.0	0.0	0.78	0.83
营业外支出	0.0	0.0	0.0	0.0	0.0
所得税费用	0.0	0.0	0.0	0.0	0.0
其他类					
持续经营	0.12	0.12	0.23	0.26	0.0
筹资能力	0.0	0.0	0.12	0.13	0.14
股权激励	0.0	0.0	0.0	0.0	0.0
关联交易	0.37	0.37	0.47	0.65	0.83
合并范围	0.24	0.25	0.23	0.39	0.14
会计差错	0.0	0.0	0.0	0.0	0.0
会计政策与估计	0.0	0.0	0.0	0.0	0.0
会计准则	0.0	0.0	0.82	0.0	0.0
内部控制	0.24	0.49	0.47	0.65	0.97
期初余额	0.0	0.0	0.0	0.0	0.0
期后事项	0.0	0.0	0.0	0.0	0.0
融资能力	0.12	0.0	0.0	0.0	0.0
审计范围	0.0	0.0	0.0	0.0	0.0
审计意见	0.0	0.0	0.0	0.0	0.0
违规担保	0.0	0.0	0.0	0.0	0.0
业绩承诺	0.12	0.0	0.0	0.0	0.14
债务重组	0.12	0.37	0.12	0.0	0.28
资金占用	0.0	0.0	0.0	0.13	0.0
业绩补偿	0.0	0.0	0.0	0.0	0.0
其他	2.44	3.21	4.09	4.27	4.85

注：批发和零售业（F）所有上市公司关键审计事项涉及的具体报表项目百分比统计。

（一）资产负债表类项目

批发和零售业（F）上市公司财务信息关键审计事项中，2023年资产负债表类项目占比最高的项目分别为：存货（7.58%）、商誉（7.09%）、应收款项（6.6%）、使用权资产（1.71%）、长期股权投资（1.22%）、固定资产（1.1%）。

2019~2023年，存货占比总体上基本稳定，2022~2023年存货占比处于高水平；商誉占比总体上呈明显下降趋势，从2019年的7.62%下降到2023年的7.09%，2022~2023年商誉占比处于高水平；应收款项占比总体上呈明显下降趋势，从2019年的7.06%下降到2023年的6.6%，2022~2023年应收款项占比处于高水平；使用权资产占比总体上呈大幅上升趋势，从2019年的0.28%增长到2023年的1.71%，2022~2023年使用权资产占比处于高水平；长期股权投资占比总体上呈大幅下降趋势，从2019年的2.22%下降到2023年的1.22%，2022~2023年长期股权投资占比处于高水平；固定资产占比总体上基本稳定，2022~2023年固定资产占比从较高水平变为高水平。

（二）利润表类项目

批发和零售业（F）上市公司财务信息关键审计事项中，2023年资产负债表类项目占比最高的项目分别为：营业收入（40.59%）、资产减值损失（15.16%）、信用减值损失（6.72%）、公允价值变动损益（1.71%）。

2019~2023年，营业收入占比总体上呈明显上升趋势，从2019年的31.58%增长到2023年的40.59%，2022~2023年营业收入占比处于高水平；资产减值损失占比总体上基本稳定，2022~2023年资产减值损失占比处于高水平；信用减值损失占比总体上呈明显下降趋势，从2019年的7.2%下降到2023年的6.72%，2022~2023年信用减值损失占比处于高水平；公允价值变动损益占比总体上呈大幅上升趋势，从2019年的1.25%增长到2023年的1.71%，2022~2023年公允价值变动损益占比处于高水平。

（三）其他类项目

批发和零售业（F）上市公司财务信息关键审计事项中，2023年资产负债表类项目占比最高的项目分别为：其他（2.44%）、关联交易（0.37%）。

2019~2023年，其他占比总体上呈大幅下降趋势，从2019年的4.85%下降到2023年的2.44%，2022~2023年其他占比处于高水平；关联交易占比总体上呈大幅下降趋势，从2019年的0.83%下降到2023年的0.37%，2022~2023年关联交易占比处于较低水平。

十七、交通运输、仓储和邮政业（G）

2019~2023年，证券市场交通运输、仓储和邮政业（G）上市公司总体状况见表3.45。

表3.45　　　　　交通运输、仓储和邮政业（G）发展状况　　　　　单位：个

年份	2023	2022	2021	2020	2019
数量	109	107	105	100	98

注：该行业公开披露定期报告的所有上市公司。

2023年，交通运输、仓储和邮政业（G）上市公司财务信息关键审计事项中，资产负债表类为57.5个，利润表类为117.0个，其他类为10.0个。2019~2023年，交通运输、仓储和邮政业（G）上市公司财务信息关键审计事项中，不同类别具体项目占比的总体状况见表3.46。

表3.46　　　交通运输、仓储和邮政业（G）关键审计事项状况　　　单位：%

年份	2023	2022	2021	2020	2019
资产负债表					
货币资金	0.0	0.0	0.0	0.0	0.0
应收款项	5.54	5.31	4.86	5.36	5.62
其他应收款	0.26	0.27	0.51	0.54	0.28
预付款项	0.0	0.0	0.0	0.0	0.0
投资性房地产	0.26	0.27	0.26	0.54	0.84
衍生金融资产	0.0	0.0	0.0	0.0	0.0
存货	1.32	1.86	1.79	1.34	1.4
合同资产	0.26	0.0	0.0	0.27	0.0
金融资产	1.06	1.06	1.02	1.07	1.12
其他流动资产	0.0	0.27	0.51	0.0	0.28
长期股权投资	1.58	1.33	2.3	2.95	2.53
长期应收款	0.0	0.27	0.26	0.27	0.28
固定资产	6.07	5.31	5.88	5.36	4.49
在建工程	0.53	0.53	0.77	0.8	0.56
油气资产	0.0	0.0	0.0	0.0	0.0
生物资产	0.0	0.0	0.0	0.0	0.0
使用权资产	0.0	0.53	1.53	0.54	1.12
开发支出	0.0	0.0	0.0	0.0	0.0
商誉	4.49	4.77	4.86	5.36	5.34
无形资产	5.01	5.04	5.12	5.36	5.34
长期待摊费用	0.0	0.0	0.0	0.0	0.0
递延所得税资产	1.58	2.65	0.51	0.0	0.0
非流动资产	1.06	1.33	0.77	0.8	1.12
应付账款	0.0	0.0	0.0	0.0	0.0
预收款项	0.0	0.0	0.0	0.0	0.0
应付票据	0.0	0.0	0.0	0.0	0.0
短期借款	0.0	0.0	0.0	0.0	0.0
应付职工薪酬	0.53	0.53	0.51	0.54	0.56
应交税费	0.0	0.0	0.0	0.0	0.0

续表

年份	2023	2022	2021	2020	2019
资产负债表					
应付债券	0.0	0.0	0.0	0.0	0.0
预计负债	0.53	0.53	1.02	1.07	1.69
递延收益	0.26	1.06	1.53	1.61	1.69
递延所得税负债	0.0	0.0	0.0	0.0	0.0
利润表					
营业收入	42.74	41.38	39.9	37.0	34.83
税金及附加	0.0	0.0	0.0	0.0	0.0
营业成本	0.53	0.53	0.0	0.54	0.56
管理费用	0.0	0.0	0.0	0.0	0.0
财务费用	0.0	0.0	0.0	0.0	0.0
销售费用	0.0	0.0	0.0	0.0	0.0
研发费用	0.0	0.0	0.0	0.0	0.0
其他业务收入	0.0	0.0	0.0	0.0	0.0
投资收益	1.32	1.33	1.79	2.41	2.25
其他收益	0.0	0.0	0.0	0.0	0.0
资产减值损失	10.82	10.08	12.28	12.06	12.36
信用减值损失	6.07	5.84	5.88	6.43	6.18
公允价值变动损益	0.26	0.27	0.26	0.27	0.56
资产处置损益	0.0	0.8	0.26	0.27	0.56
汇兑损益	0.0	0.0	0.0	0.0	0.0
套期保值	0.0	0.0	0.0	0.0	0.0
补贴收入	0.0	0.0	0.0	0.0	0.0
营业外收入	0.0	0.0	0.0	0.0	0.0
营业外支出	0.0	0.0	0.0	0.0	0.0
所得税费用	0.0	0.0	0.0	0.0	0.0
其他类					
持续经营	0.0	0.0	0.0	0.27	0.0
筹资能力	0.0	0.0	0.0	0.0	0.0
股权激励	0.0	0.0	0.0	0.0	0.0
关联交易	1.85	1.86	1.53	1.61	2.25
合并范围	0.79	0.27	0.0	0.54	0.56
会计差错	0.0	0.0	0.0	0.0	0.0
会计政策与估计	0.0	0.0	0.0	0.0	0.0
会计准则	0.0	0.0	0.0	0.0	0.0

续表

年份	2023	2022	2021	2020	2019
其他类					
内部控制	0.0	0.0	0.0	0.0	0.0
期初余额	0.0	0.0	0.0	0.0	0.0
期后事项	0.0	0.0	0.0	0.0	0.0
融资能力	0.0	0.0	0.0	0.0	0.0
审计范围	0.0	0.0	0.0	0.0	0.0
审计意见	0.0	0.0	0.0	0.0	0.0
违规担保	0.0	0.0	0.0	0.0	0.0
业绩承诺	0.0	0.27	0.0	0.0	0.0
债务重组	0.0	0.0	0.26	0.0	0.0
资金占用	0.0	0.0	0.0	0.0	0.0
业绩补偿	0.0	0.0	0.0	0.0	0.0
其他	5.28	4.51	3.58	4.83	5.62

注：交通运输、仓储和邮政业（G）所有上市公司关键审计事项涉及的具体报表项目百分比统计。

（一）资产负债表类项目

交通运输、仓储和邮政业（G）上市公司财务信息关键审计事项中，2023年资产负债表类项目占比最高的项目分别为：固定资产（6.07%）、应收款项（5.54%）、无形资产（5.01%）、商誉（4.49%）、长期股权投资（1.58%）、递延所得税资产（1.58%）、存货（1.32%）、金融资产（1.06%）、非流动资产（1.06%）。

2019~2023年，固定资产占比总体上呈大幅上升趋势，从2019年的4.49%增长到2023年的6.07%，2022~2023年固定资产占比处于高水平；应收款项占比总体上基本稳定，2022~2023年应收款项占比处于高水平；无形资产占比总体上呈明显下降趋势，从2019年的5.34%下降到2023年的5.01%，2022~2023年无形资产占比处于高水平；商誉占比总体上呈明显下降趋势，从2019年的5.34%下降到2023年的4.49%，2022~2023年商誉占比处于高水平；长期股权投资占比总体上呈大幅下降趋势，从2019年的2.53%下降到2023年的1.58%，2022~2023年长期股权投资占比处于高水平；递延所得税资产占比总体上呈大幅上升趋势，从2019年的0增长到2023年的1.58%，2022~2023年递延所得税资产占比处于高水平；存货占比总体上呈明显下降趋势，从2019年的1.4%下降到2023年的1.32%，2022~2023年存货占比处于高水平；金融资产占比总体上呈明显下降趋势，从2019年的1.12%下降到2023年的1.06%，2022~2023年金融资产占比处于高水平；非流动资产占比总体上呈明显下降趋势，从2019年的1.12%下降到2023年的1.06%，2022~2023年非流动资产占比处于高水平。

（二）利润表类项目

交通运输、仓储和邮政业（G）上市公司财务信息关键审计事项中，2023年资产负债表类项目占比最高的项目分别为：营业收入（42.74%）、资产减值损失（10.82%）、信用减值损失（6.07%）、投资收益（1.32%）。

2019~2023年，营业收入占比总体上呈明显上升趋势，从2019年的34.83%增长到2023年的42.74%，2022~2023年营业收入占比处于高水平；资产减值损失占比总体上呈明显下降趋势，从2019年的12.36%下降到2023年的10.82%，2022~2023年资产减值损失占比处于高水平；信用减值损失占比总体上基本稳定，2022~2023年信用减值损失占比处于高水平；投资收益占比总体上呈大幅下降趋势，从2019年的2.25%下降到2023年的1.32%，2022~2023年投资收益占比处于高水平。

（三）其他类项目

交通运输、仓储和邮政业（G）上市公司财务信息关键审计事项中，2023年资产负债表类项目占比最高的项目分别为：其他（5.28%）、关联交易（1.85%）。

2019~2023年，其他占比总体上呈明显下降趋势，从2019年的5.62%下降到2023年的5.28%，2022~2023年其他占比处于高水平；关联交易占比总体上呈明显下降趋势，从2019年的2.25%下降到2023年的1.85%，2022~2023年关联交易占比处于高水平。

十八、住宿餐饮服务业（HL）

2019~2023年，证券市场住宿餐饮服务业（HL）上市公司总体状况见表3.47。

表3.47　住宿餐饮服务业（HL）发展状况　单位：个

年份	2023	2022	2021	2020	2019
数量	87	86	86	85	80

注：该行业公开披露定期报告的所有上市公司。

2023年，住宿餐饮服务业（HL）上市公司财务信息关键审计事项中，资产负债表类为49.0个，利润表类为120.5个，其他类为3.5个。2019~2023年，住宿餐饮服务业（HL）上市公司财务信息关键审计事项中，不同类别具体项目占比的总体状况见表3.48。

表3.48　住宿餐饮服务业（HL）关键审计事项状况　单位：%

年份	2023	2022	2021	2020	2019
资产负债表					
货币资金	0.0	1.17	0.0	0.0	0.0
应收款项	9.71	10.23	8.54	8.22	9.2
其他应收款	0.0	0.0	0.28	0.53	0.29
预付款项	0.0	0.0	0.0	0.0	0.0

续表

年份	2023	2022	2021	2020	2019
资产负债表					
投资性房地产	3.14	2.92	3.03	2.39	2.87
衍生金融资产	0.29	0.29	0.0	0.0	0.0
存货	2.86	2.63	2.48	2.65	2.59
合同资产	0.0	0.0	0.0	0.0	0.0
金融资产	1.43	1.17	1.38	1.59	1.44
其他流动资产	0.29	0.29	0.0	0.0	0.0
长期股权投资	0.29	0.29	1.65	1.59	2.59
长期应收款	0.0	0.0	0.0	0.0	0.29
固定资产	1.14	0.29	0.83	0.53	1.15
在建工程	0.0	0.0	0.0	0.0	0.29
油气资产	0.0	0.0	0.0	0.0	0.0
生物资产	0.0	0.0	0.0	0.0	0.0
使用权资产	0.86	0.0	0.28	0.0	0.0
开发支出	0.0	0.0	0.0	0.0	0.0
商誉	6.0	7.02	7.71	9.02	9.48
无形资产	0.0	0.0	0.0	0.27	0.29
长期待摊费用	1.14	1.17	1.1	1.59	0.0
递延所得税资产	0.0	0.0	0.55	0.0	0.0
非流动资产	0.86	0.88	0.83	0.53	0.57
应付账款	0.0	0.0	0.0	0.0	0.0
预收款项	0.0	0.0	0.0	0.0	0.0
应付票据	0.0	0.0	0.0	0.0	0.0
短期借款	0.0	0.0	0.0	0.0	0.0
应付职工薪酬	0.0	0.0	0.0	0.0	0.0
应交税费	0.0	0.0	0.0	0.0	0.0
应付债券	0.0	0.0	0.0	0.0	0.0
预计负债	0.0	0.58	1.1	1.59	1.72
递延收益	0.0	0.0	0.55	0.27	0.57
递延所得税负债	0.0	0.0	0.0	0.0	0.0
利润表					
营业收入	44.0	43.86	39.67	35.54	32.76
税金及附加	0.0	0.0	0.0	0.0	0.0
营业成本	0.57	0.58	0.55	1.06	1.72
管理费用	0.0	0.0	0.0	0.0	0.0

续表

年份	2023	2022	2021	2020	2019
利润表					
财务费用	0.0	0.0	0.0	0.0	0.0
销售费用	0.0	0.0	1.1	1.06	1.15
研发费用	0.0	0.0	0.0	0.0	0.0
其他业务收入	0.0	0.0	0.0	0.0	0.0
投资收益	0.29	0.29	1.1	1.59	2.01
其他收益	0.0	0.0	0.0	0.53	0.0
资产减值损失	10.86	11.11	12.12	13.0	14.94
信用减值损失	9.71	10.23	8.82	7.69	8.91
公允价值变动损益	3.43	2.92	2.48	1.86	1.72
资产处置损益	0.0	0.29	0.28	0.0	0.29
汇兑损益	0.0	0.0	0.0	0.0	0.0
套期保值	0.0	0.0	0.0	0.0	0.0
补贴收入	0.0	0.0	0.0	0.0	0.0
营业外收入	0.0	0.0	0.0	1.06	0.0
营业外支出	0.0	0.0	0.0	0.0	0.0
所得税费用	0.0	0.0	0.0	0.0	0.0
其他类					
持续经营	0.0	0.0	0.28	0.0	0.0
筹资能力	0.0	0.0	0.0	0.0	0.0
股权激励	0.0	0.29	0.28	0.27	0.0
关联交易	0.0	0.0	0.28	0.53	0.57
合并范围	0.0	0.0	0.0	0.27	0.0
会计差错	0.0	0.0	0.0	0.0	0.0
会计政策与估计	0.0	0.0	0.0	0.0	0.0
会计准则	0.29	0.0	0.28	0.0	0.0
内部控制	0.0	0.0	0.0	0.0	0.0
期初余额	0.0	0.0	0.0	0.0	0.0
期后事项	0.0	0.0	0.0	0.0	0.0
融资能力	0.0	0.0	0.0	0.0	0.0
审计范围	0.0	0.0	0.0	0.0	0.0
审计意见	0.0	0.0	0.0	0.0	0.0
违规担保	0.0	0.0	0.0	0.0	0.0
业绩承诺	0.0	0.0	0.28	0.53	0.29
债务重组	0.86	0.29	0.0	0.53	0.29

续表

年份	2023	2022	2021	2020	2019
其他类					
资金占用	0.0	0.0	0.0	0.0	0.0
业绩补偿	0.0	0.0	0.0	0.0	0.0
其他	2.0	1.17	2.2	3.71	2.01

注：住宿餐饮服务业（HL）所有上市公司关键审计事项涉及的具体报表项目百分比统计。

（一）资产负债表类项目

住宿餐饮服务业（HL）上市公司财务信息关键审计事项中，2023年资产负债表类项目占比最高的项目分别为：应收款项（9.71%）、商誉（6.0%）、投资性房地产（3.14%）、存货（2.86%）、金融资产（1.43%）、固定资产（1.14%）、长期待摊费用（1.14%）。

2019~2023年，应收款项占比总体上呈明显上升趋势，从2019年的9.2%增长到2023年的9.71%，2022~2023年应收款项占比处于高水平；商誉占比总体上呈大幅下降趋势，从2019年的9.48%下降到2023年的6.0%，2022~2023年商誉占比处于高水平；投资性房地产占比总体上呈明显上升趋势，从2019年的2.87%增长到2023年的3.14%，2022~2023年投资性房地产占比处于高水平；存货占比总体上呈明显上升趋势，从2019年的2.59%增长到2023年的2.86%，2022~2023年存货占比处于高水平；金融资产占比总体上基本稳定，2022~2023年金融资产占比处于高水平；固定资产占比总体上基本稳定，2022~2023年固定资产占比从较低水平变为高水平；长期待摊费用占比总体上呈大幅上升趋势，从2019年的0增长到2023年的1.14%，2022~2023年长期待摊费用占比处于高水平。

（二）利润表类项目

住宿餐饮服务业（HL）上市公司财务信息关键审计事项中，2023年资产负债表类项目占比最高的项目分别为：营业收入（44.0%）、资产减值损失（10.86%）、信用减值损失（9.71%）、公允价值变动损益（3.43%）。

2019~2023年，营业收入占比总体上呈大幅上升趋势，从2019年的32.76%增长到2023年的44.0%，2022~2023年营业收入占比处于高水平；资产减值损失占比总体上呈明显下降趋势，从2019年的14.94%下降到2023年的10.86%，2022~2023年资产减值损失占比处于高水平；信用减值损失占比总体上呈明显上升趋势，从2019年的8.91%增长到2023年的9.71%，2022~2023年信用减值损失占比处于高水平；公允价值变动损益占比总体上呈大幅上升趋势，从2019年的1.72%增长到2023年的3.43%，2022~2023年公允价值变动损益占比处于高水平。

（三）其他类项目

住宿餐饮服务业（HL）上市公司财务信息关键审计事项中，2023年资产负债表类项目占比最高的项目分别为：其他（2.0%）、债务重组（0.86%）。

2019~2023年，其他占比总体上基本稳定，2022~2023年其他占比处于高水平；债务重组占比总体上呈大幅上升趋势，从2019年的0.29%增长到2023年的0.86%，2022~2023年债务重组占比从较低水平变为高水平。

十九、信息传输、软件和信息技术服务业（I）

2019~2023年，证券市场信息传输、软件和信息技术服务业（I）上市公司总体状况见表3.49。

表3.49　　信息传输、软件和信息技术服务业（I）发展状况　　单位：个

年份	2023	2022	2021	2020	2019
数量	416	396	358	337	304

注：该行业公开披露定期报告的所有上市公司。

2023年，信息传输、软件和信息技术服务业（I）上市公司财务信息关键审计事项中，资产负债表类为227.5个，利润表类为597.0个，其他类为6.0个。2019~2023年，信息传输、软件和信息技术服务业（I）上市公司财务信息关键审计事项中，不同类别具体项目占比的总体状况见表3.50。

表3.50　　信息传输、软件和信息技术服务业（I）关键审计事项状况　　单位：%

年份	2023	2022	2021	2020	2019
资产负债表					
货币资金	0.6	0.37	0.54	0.14	0.32
应收款项	11.16	11.24	10.8	10.38	9.69
其他应收款	0.18	0.0	0.2	0.14	0.24
预付款项	0.12	0.12	0.13	0.14	0.16
投资性房地产	0.18	0.12	0.2	0.22	0.16
衍生金融资产	0.0	0.0	0.0	0.0	0.0
存货	2.82	2.86	2.35	2.67	2.5
合同资产	0.12	0.12	0.13	0.14	0.0
金融资产	1.32	0.74	1.21	0.94	1.13
其他流动资产	0.0	0.0	0.0	0.0	0.0
长期股权投资	0.78	0.68	1.07	1.23	1.37
长期应收款	0.0	0.12	0.2	0.07	0.08
固定资产	1.08	0.99	0.94	1.3	1.05
在建工程	0.12	0.25	0.07	0.07	0.0
油气资产	0.0	0.0	0.0	0.0	0.0
生物资产	0.0	0.0	0.0	0.0	0.0

续表

年份	2023	2022	2021	2020	2019
资产负债表					
使用权资产	0.0	0.0	0.0	0.0	0.0
开发支出	1.08	1.12	1.48	1.95	1.69
商誉	6.0	7.14	8.18	9.44	11.78
无形资产	0.54	0.43	0.4	0.29	0.24
长期待摊费用	0.12	0.0	0.0	0.0	0.0
递延所得税资产	0.36	0.25	0.13	0.0	0.0
非流动资产	0.12	0.06	0.13	0.0	0.08
应付账款	0.0	0.0	0.0	0.0	0.0
预收款项	0.0	0.0	0.0	0.0	0.0
应付票据	0.0	0.0	0.0	0.0	0.0
短期借款	0.0	0.0	0.0	0.0	0.0
应付职工薪酬	0.24	0.25	0.27	0.14	0.16
应交税费	0.0	0.0	0.0	0.0	0.0
应付债券	0.0	0.0	0.0	0.0	0.0
预计负债	0.24	0.37	0.27	0.43	0.97
递延收益	0.06	0.06	0.13	0.07	0.08
递延所得税负债	0.0	0.0	0.0	0.0	0.16
利润表					
营业收入	47.75	47.42	44.8	43.55	39.87
税金及附加	0.0	0.0	0.0	0.0	0.0
营业成本	0.84	0.74	0.94	0.87	0.48
管理费用	0.0	0.0	0.0	0.0	0.0
财务费用	0.0	0.0	0.0	0.0	0.0
销售费用	0.36	0.5	0.4	0.43	0.16
研发费用	0.84	0.74	0.27	0.29	0.16
其他业务收入	0.0	0.0	0.0	0.0	0.0
投资收益	0.42	0.31	0.6	0.72	0.65
其他收益	0.0	0.0	0.0	0.0	0.0
资产减值损失	9.0	9.87	10.33	11.32	13.96
信用减值损失	11.46	11.3	11.13	10.67	10.17
公允价值变动损益	0.96	0.5	0.8	0.65	0.81
资产处置损益	0.0	0.0	0.07	0.0	0.08
汇兑损益	0.0	0.0	0.0	0.0	0.0
套期保值	0.0	0.0	0.0	0.0	0.0

续表

年份	2023	2022	2021	2020	2019
利润表					
补贴收入	0.0	0.0	0.0	0.0	0.0
营业外收入	0.0	0.0	0.0	0.0	0.0
营业外支出	0.0	0.0	0.0	0.0	0.0
所得税费用	0.0	0.0	0.0	0.0	0.0
其他类					
持续经营	0.12	0.06	0.07	0.0	0.0
筹资能力	0.0	0.0	0.0	0.0	0.0
股权激励	0.0	0.06	0.07	0.14	0.0
关联交易	0.12	0.19	0.27	0.14	0.24
合并范围	0.0	0.0	0.0	0.07	0.16
会计差错	0.06	0.0	0.0	0.07	0.0
会计政策与估计	0.0	0.0	0.0	0.0	0.0
会计准则	0.0	0.0	0.0	0.0	0.16
内部控制	0.06	0.06	0.13	0.07	0.08
期初余额	0.0	0.0	0.0	0.0	0.0
期后事项	0.0	0.0	0.0	0.0	0.0
融资能力	0.0	0.0	0.0	0.0	0.0
审计范围	0.0	0.0	0.0	0.0	0.0
审计意见	0.0	0.0	0.0	0.0	0.0
违规担保	0.0	0.0	0.0	0.0	0.0
业绩承诺	0.0	0.0	0.0	0.07	0.0
债务重组	0.0	0.06	0.07	0.0	0.0
资金占用	0.0	0.0	0.0	0.07	0.0
业绩补偿	0.0	0.0	0.0	0.0	0.0
其他	0.78	0.87	1.21	1.08	1.13

注：信息传输、软件和信息技术服务业（I）所有上市公司关键审计事项涉及的具体报表项目百分比统计。

（一）资产负债表类项目

信息传输、软件和信息技术服务业（I）上市公司财务信息关键审计事项中，2023年资产负债表类项目占比最高的项目分别为：应收款项（11.16%）、商誉（6.0%）、存货（2.82%）、金融资产（1.32%）、固定资产（1.08%）、开发支出（1.08%）。

2019~2023年，应收款项占比总体上呈明显上升趋势，从2019年的9.69%增长到2023年的11.16%，2022~2023年应收款项占比处于高水平；商誉占比总体上呈大幅下降趋势，从2019年的11.78%下降到2023年的6.0%，2022~2023年商誉占比处于高水平；存货占比总体上呈明显上升趋势，从2019年的2.5%增长到2023年的2.82%，2022~2023年存货占比处于高水平；金融资产占比总体上呈明显上升趋势，从2019年的1.13%增长到2023年的1.32%，2022~2023年金融资产占比从较高水平变为高水平；固定资产占比总体上基本稳定，2022~2023年固定资产占比处于高水平；开发支出占比总体上呈大幅下降趋势，从2019年的1.69%下降到2023年的1.08%，2022~2023年开发支出占比处于高水平。

（二）利润表类项目

信息传输、软件和信息技术服务业（I）上市公司财务信息关键审计事项中，2023年资产负债表类项目占比最高的项目分别为：营业收入（47.75%）、信用减值损失（11.46%）、资产减值损失（9.0%）。

2019~2023年，营业收入占比总体上呈明显上升趋势，从2019年的39.87%增长到2023年的47.75%，2022~2023年营业收入占比处于高水平；信用减值损失占比总体上呈明显上升趋势，从2019年的10.17%增长到2023年的11.46%，2022~2023年信用减值损失占比处于高水平；资产减值损失占比总体上呈大幅下降趋势，从2019年的13.96%下降到2023年的9.0%，2022~2023年资产减值损失占比处于高水平。

（三）其他类项目

信息传输、软件和信息技术服务业（I）上市公司财务信息关键审计事项中，2023年资产负债表类项目占比最高的项目分别为：其他（0.78%）、持续经营（0.12%）。

2019~2023年，其他占比总体上呈大幅下降趋势，从2019年的1.13%下降到2023年的0.78%，2022~2023年其他占比从高水平变为较高水平；持续经营占比总体上呈明显上升趋势，从2019年的0增长到2023年的0.12%，2022~2023年持续经营占比处于较低水平。

二十、金融业（J）

2019~2023年，证券市场金融业（J）上市公司总体状况见表3.51。

表3.51　　　　　　　　　金融业（J）发展状况　　　　　　　　　单位：个

年份	2023	2022	2021	2020	2019
数量	125	126	125	121	116

注：该行业公开披露定期报告的所有上市公司。

2023年，金融业（J）上市公司财务信息关键审计事项中，资产负债表类为106.0个，利润表类为119.0个，其他类为81.0个。2019~2023年，金融业（J）上市公司财务信息关键审计事项中，不同类别具体项目占比的总体状况见表3.52。

表3.52　　　　　　　　金融业（J）关键审计事项状况　　　　　　　　单位：%

年份	2023	2022	2021	2020	2019
资产负债表					
货币资金	0.29	0.29	0.28	0.29	0.3
应收款项	0.43	0.43	0.42	0.59	0.89
其他应收款	0.0	0.29	0.0	0.0	0.0
预付款项	0.0	0.0	0.0	0.0	0.0
投资性房地产	0.14	0.14	0.14	0.15	0.15
衍生金融资产	0.0	0.0	0.0	0.0	0.0
存货	0.0	0.14	0.14	0.15	0.15
合同资产	0.0	0.0	0.0	0.0	0.0
金融资产	25.4	23.3	23.98	23.86	23.18
其他流动资产	0.0	0.0	0.0	0.0	0.0
长期股权投资	0.14	0.58	0.42	0.88	0.59
长期应收款	0.0	0.29	0.42	0.15	0.15
固定资产	0.0	0.0	0.0	0.0	0.15
在建工程	0.0	0.0	0.0	0.0	0.0
油气资产	0.0	0.0	0.0	0.0	0.0
生物资产	0.0	0.0	0.0	0.0	0.0
使用权资产	0.0	0.0	0.0	0.0	0.0
开发支出	0.0	0.0	0.0	0.0	0.0
商誉	2.02	2.17	1.82	1.77	2.23
无形资产	0.0	0.0	0.0	0.0	0.0
长期待摊费用	0.0	0.0	0.0	0.0	0.0
递延所得税资产	0.0	0.0	0.0	0.29	0.3
非流动资产	0.0	0.0	0.0	0.0	0.0
应付账款	0.0	0.0	0.0	0.0	0.0
预收款项	0.0	0.0	0.0	0.0	0.0
应付票据	0.0	0.0	0.0	0.0	0.0
短期借款	0.0	0.0	0.0	0.0	0.0
应付职工薪酬	0.0	0.0	0.0	0.0	0.0
应交税费	0.0	0.0	0.0	0.0	0.0
应付债券	0.0	0.0	0.0	0.0	0.0
预计负债	2.6	3.47	3.09	3.24	3.57
递延收益	0.0	0.0	0.0	0.0	0.0
递延所得税负债	0.0	0.0	0.0	0.0	0.0

续表

年份	2023	2022	2021	2020	2019
利润表					
营业收入	5.19	5.79	5.89	5.89	5.65
税金及附加	0.0	0.0	0.0	0.0	0.0
营业成本	0.87	1.45	0.28	0.29	0.3
管理费用	0.0	0.0	0.0	0.0	0.0
财务费用	0.0	0.0	0.0	0.0	0.0
销售费用	0.0	0.0	0.0	0.0	0.0
研发费用	0.0	0.0	0.0	0.0	0.0
其他业务收入	0.0	0.0	0.0	0.0	0.0
投资收益	0.14	0.29	0.14	0.44	0.45
其他收益	0.0	0.0	0.0	0.0	0.0
资产减值损失	2.45	2.89	2.95	3.09	3.71
信用减值损失	14.0	13.31	13.74	13.84	13.22
公允价值变动损益	11.26	10.85	10.38	9.72	8.62
资产处置损益	0.0	0.0	0.14	0.15	0.0
汇兑损益	0.0	0.0	0.0	0.0	0.0
套期保值	0.0	0.0	0.0	0.0	0.0
补贴收入	0.0	0.0	0.0	0.0	0.0
营业外收入	0.0	0.0	0.0	0.0	0.0
营业外支出	0.0	0.0	0.0	0.0	0.0
所得税费用	0.0	0.0	0.0	0.0	0.0
其他类					
持续经营	0.0	0.0	0.14	0.0	0.0
筹资能力	0.14	0.0	0.0	0.0	0.0
股权激励	0.0	0.0	0.14	0.0	0.0
关联交易	0.0	0.0	0.0	0.0	0.0
合并范围	10.97	11.0	11.22	11.49	11.14
会计差错	0.0	0.0	0.0	0.0	0.0
会计政策与估计	0.0	0.0	0.0	0.0	0.0
会计准则	0.29	0.0	0.0	0.0	0.89
内部控制	0.29	0.29	0.28	0.15	0.3
期初余额	0.0	0.0	0.0	0.0	0.0
期后事项	0.0	0.0	0.0	0.0	0.0
融资能力	0.0	0.0	0.0	0.15	0.15
审计范围	0.0	0.0	0.0	0.0	0.0

续表

年份	2023	2022	2021	2020	2019
其他类					
审计意见	0.0	0.0	0.0	0.0	0.0
违规担保	0.0	0.0	0.0	0.0	0.0
业绩承诺	0.0	0.0	0.0	0.0	0.0
债务重组	0.0	0.14	0.14	0.0	0.0
资金占用	0.0	0.0	0.0	0.0	0.0
业绩补偿	0.0	0.0	0.0	0.0	0.0
其他	23.38	22.87	23.84	23.42	23.92

注：金融业（J）所有上市公司关键审计事项涉及的具体报表项目百分比统计。

（一）资产负债表类项目

金融业（J）上市公司财务信息关键审计事项中，2023年资产负债表类项目占比最高的项目分别为：金融资产（25.4%）、预计负债（2.6%）、商誉（2.02%）。

2019~2023年，金融资产占比总体上呈明显上升趋势，从2019年的23.18%增长到2023年的25.4%，2022~2023年金融资产占比处于高水平；预计负债占比总体上呈明显下降趋势，从2019年的3.57%下降到2023年的2.6%，2022~2023年预计负债占比处于高水平；商誉占比总体上呈明显下降趋势，从2019年的2.23%下降到2023年的2.02%，2022~2023年商誉占比处于高水平。

（二）利润表类项目

金融业（J）上市公司财务信息关键审计事项中，2023年资产负债表类项目占比最高的项目分别为：信用减值损失（14.0%）、公允价值变动损益（11.26%）、营业收入（5.19%）、资产减值损失（2.45%）。

2019~2023年，信用减值损失占比总体上呈明显上升趋势，从2019年的13.22%增长到2023年的14.0%，2022~2023年信用减值损失占比处于高水平；公允价值变动损益占比总体上呈大幅上升趋势，从2019年的8.62%增长到2023年的11.26%，2022~2023年公允价值变动损益占比处于高水平；营业收入占比总体上呈明显下降趋势，从2019年的5.65%下降到2023年的5.19%，2022~2023年营业收入占比处于高水平；资产减值损失占比总体上呈大幅下降趋势，从2019年的3.71%下降到2023年的2.45%，2022~2023年资产减值损失占比处于高水平。

（三）其他类项目

金融业（J）上市公司财务信息关键审计事项中，2023年资产负债表类项目占比最高的项目分别为：其他（23.38%）、合并范围（10.97%）。

2019~2023年，其他占比总体上基本稳定，2022~2023年其他占比处于高水平；合并范围占比总体上基本稳定，2022~2023年合并范围占比处于高水平。

二十一、房地产业（K）

2019~2023年，证券市场房地产业（K）上市公司总体状况见表3.53。

表3.53　　　　　　　　　房地产业（K）发展状况　　　　　　　　单位：个

年份	2023	2022	2021	2020	2019
数量	98	98	107	111	110

注：该行业公开披露定期报告的所有上市公司。

2023年，房地产业（K）上市公司财务信息关键审计事项中，资产负债表类为59.5个，利润表类为153.0个，其他类为5.5个。2019~2023年，房地产业（K）上市公司财务信息关键审计事项中，不同类别具体项目占比的总体状况见表3.54。

表3.54　　　　　　　　房地产业（K）关键审计事项状况　　　　　　　　单位：%

年份	2023	2022	2021	2020	2019
资产负债表					
货币资金	0.45	0.45	0.4	0.41	0.4
应收款项	2.49	2.26	2.0	1.84	1.58
其他应收款	0.0	0.0	0.2	0.2	0.2
预付款项	0.0	0.0	0.0	0.0	0.0
投资性房地产	1.81	1.81	1.6	1.84	2.17
衍生金融资产	0.0	0.0	0.0	0.0	0.0
存货	14.71	14.45	13.83	13.91	13.64
合同资产	0.23	0.0	0.2	0.2	0.2
金融资产	1.58	1.13	1.8	1.43	1.38
其他流动资产	0.0	0.0	0.0	0.0	0.0
长期股权投资	2.49	2.03	2.4	2.45	2.57
长期应收款	0.0	0.0	0.0	0.0	0.0
固定资产	0.23	0.45	0.4	0.41	0.4
在建工程	0.0	0.0	0.2	0.0	0.0
油气资产	0.0	0.0	0.0	0.0	0.0
生物资产	0.0	0.0	0.0	0.0	0.0
使用权资产	0.23	0.0	0.2	0.0	0.0
开发支出	0.45	0.45	0.0	0.0	0.0
商誉	1.58	1.81	2.0	2.86	2.96
无形资产	0.0	0.0	0.0	0.0	0.0
长期待摊费用	0.0	0.0	0.0	0.0	0.0

续表

年份	2023	2022	2021	2020	2019
资产负债表					
递延所得税资产	0.0	0.0	0.0	0.0	0.0
非流动资产	0.23	0.0	0.4	0.2	0.0
应付账款	0.0	0.0	0.0	0.0	0.0
预收款项	0.0	0.0	0.0	0.0	0.0
应付票据	0.0	0.0	0.0	0.0	0.0
短期借款	0.0	0.0	0.0	0.0	0.0
应付职工薪酬	0.0	0.0	0.0	0.0	0.0
应交税费	0.0	0.0	0.0	0.0	0.0
应付债券	0.0	0.0	0.0	0.0	0.0
预计负债	0.45	0.9	0.4	0.82	1.19
递延收益	0.0	0.0	0.0	0.0	0.0
递延所得税负债	0.0	0.0	0.0	0.0	0.0
利润表					
营业收入	38.46	41.08	38.48	38.85	37.15
税金及附加	5.43	6.32	6.81	8.59	9.09
营业成本	1.81	1.81	2.0	1.64	1.98
管理费用	0.0	0.0	0.0	0.0	0.0
财务费用	0.0	0.0	0.0	0.0	0.4
销售费用	0.0	0.0	0.0	0.0	0.0
研发费用	0.0	0.0	0.0	0.0	0.0
其他业务收入	0.0	0.0	0.0	0.0	0.0
投资收益	1.13	1.13	1.2	0.41	1.38
其他收益	0.0	0.0	0.0	0.0	0.0
资产减值损失	16.29	16.7	16.23	16.97	15.81
信用减值损失	2.94	2.48	2.61	2.25	2.17
公允价值变动损益	3.17	2.71	2.4	2.66	2.77
资产处置损益	0.0	0.0	0.4	0.2	0.2
汇兑损益	0.0	0.0	0.0	0.0	0.0
套期保值	0.0	0.0	0.0	0.0	0.0
补贴收入	0.0	0.0	0.0	0.0	0.0
营业外收入	0.0	0.0	0.0	0.0	0.0
营业外支出	0.0	0.0	0.0	0.0	0.0
所得税费用	0.0	0.0	0.0	0.0	0.0

续表

年份	2023	2022	2021	2020	2019
其他类					
持续经营	0.0	0.0	0.2	0.0	0.0
筹资能力	0.0	0.0	0.0	0.0	0.0
股权激励	0.0	0.0	0.0	0.0	0.0
关联交易	0.23	0.23	0.4	0.2	0.59
合并范围	0.23	0.23	0.0	0.2	0.2
会计差错	0.0	0.0	0.0	0.0	0.0
会计政策与估计	0.0	0.0	0.0	0.0	0.0
会计准则	0.23	0.0	0.2	0.0	0.0
内部控制	0.0	0.0	0.0	0.0	0.0
期初余额	0.0	0.0	0.0	0.0	0.0
期后事项	0.0	0.0	0.0	0.0	0.0
融资能力	0.0	0.0	0.0	0.0	0.0
审计范围	0.0	0.0	0.0	0.0	0.0
审计意见	0.0	0.0	0.0	0.0	0.0
违规担保	0.0	0.0	0.0	0.0	0.0
业绩承诺	0.0	0.0	0.2	0.0	0.0
债务重组	0.68	0.23	0.4	0.2	0.0
资金占用	0.0	0.0	0.0	0.0	0.0
业绩补偿	0.0	0.0	0.0	0.0	0.0
其他	2.49	1.35	2.4	1.23	1.58

注：房地产业（K）所有上市公司关键审计事项涉及的具体报表项目百分比统计。

（一）资产负债表类项目

房地产业（K）上市公司财务信息关键审计事项中，2023年资产负债表类项目占比最高的项目分别为：存货（14.71%）、应收款项（2.49%）、长期股权投资（2.49%）、投资性房地产（1.81%）、金融资产（1.58%）、商誉（1.58%）。

2019~2023年，存货占比总体上呈明显上升趋势，从2019年的13.64%增长到2023年的14.71%，2022~2023年存货占比处于高水平；应收款项占比总体上呈大幅上升趋势，从2019年的1.58%增长到2023年的2.49%，2022~2023年应收款项占比处于高水平；长期股权投资占比总体上基本稳定，2022~2023年长期股权投资占比处于高水平；投资性房地产占比总体上呈明显下降趋势，从2019年的2.17%下降到2023年的1.81%，2022~2023年投资性房地产占比处于高水平；金融资产占比总体上呈明显上升趋势，从2019年的1.38%增长到2023年的1.58%，2022~2023年金融资产占比处于高水平；商誉占比总体上呈大幅下降趋势，从2019年的2.96%下降到2023年的1.58%，2022~2023年商誉占比处于高水平。

（二）利润表类项目

房地产业（K）上市公司财务信息关键审计事项中，2023年资产负债表类项目占比最高的项目分别为：营业收入（38.46%）、资产减值损失（16.29%）、税金及附加（5.43%）、公允价值变动损益（3.17%）、信用减值损失（2.94%）、营业成本（1.81%）、投资收益（1.13%）。

2019~2023年，营业收入占比总体上基本稳定，2022~2023年营业收入占比处于高水平；资产减值损失占比总体上基本稳定，2022~2023年资产减值损失占比处于高水平；税金及附加占比总体上呈大幅下降趋势，从2019年的9.09%下降到2023年的5.43%，2022~2023年税金及附加占比处于高水平；公允价值变动损益占比总体上呈明显上升趋势，从2019年的2.77%增长到2023年的3.17%，2022~2023年公允价值变动损益占比处于高水平；信用减值损失占比总体上呈大幅上升趋势，从2019年的2.17%增长到2023年的2.94%，2022~2023年信用减值损失占比处于高水平；营业成本占比总体上呈明显下降趋势，从2019年的1.98%下降到2023年的1.81%，2022~2023年营业成本占比处于高水平；投资收益占比总体上呈明显下降趋势，从2019年的1.38%下降到2023年的1.13%，2022~2023年投资收益占比处于高水平。

（三）其他类项目

房地产业（K）上市公司财务信息关键审计事项中，2023年资产负债表类项目占比最高的项目分别为：其他（2.49%）、债务重组（0.68%）。

2019~2023年，其他占比总体上呈大幅上升趋势，从2019年的1.58%增长到2023年的2.49%，2022~2023年其他占比处于高水平；债务重组占比总体上呈大幅上升趋势，从2019年的0增长到2023年的0.68%，2022~2023年债务重组占比从较低水平变为较高水平。

二十二、科学研究和技术服务业（M）

2019~2023年，证券市场科学研究和技术服务业（M）上市公司总体状况见表3.55。

表3.55　　　　　　科学研究和技术服务业（M）发展状况　　　　　　单位：个

年份	2023	2022	2021	2020	2019
数量	104	99	81	57	48

注：该行业公开披露定期报告的所有上市公司。

2023年，科学研究和技术服务业（M）上市公司财务信息关键审计事项中，资产负债表类为55.5个，利润表类为152.5个，其他类为0.0个。2019~2023年，科学研究和技术服务业（M）上市公司财务信息关键审计事项中，不同类别具体项目占比的总体状况见表3.56。

表3.56　　　　　科学研究和技术服务业（M）关键审计事项状况　　　　　单位：%

年份	2023	2022	2021	2020	2019
资产负债表					
货币资金	0.96	0.52	0.59	0.81	0.0
应收款项	15.62	15.36	15.04	14.11	13.71
其他应收款	0.0	0.0	0.0	0.0	0.0
预付款项	0.0	0.0	0.0	0.0	0.0
投资性房地产	0.24	0.0	0.0	0.0	0.0
衍生金融资产	0.0	0.0	0.0	0.0	0.0
存货	2.16	2.08	1.77	0.81	1.02
合同资产	0.0	0.0	0.59	0.0	0.0
金融资产	0.24	0.26	0.29	0.4	0.0
其他流动资产	0.0	0.26	0.0	0.0	0.0
长期股权投资	0.0	0.0	0.0	0.4	2.03
长期应收款	0.0	0.0	0.0	0.0	0.0
固定资产	0.48	1.04	0.29	0.4	1.52
在建工程	0.48	0.26	0.59	0.81	0.0
油气资产	0.0	0.0	0.0	0.0	0.0
生物资产	0.24	0.26	0.29	0.4	1.02
使用权资产	0.0	0.0	0.0	0.0	0.0
开发支出	0.0	0.0	0.0	0.0	0.0
商誉	5.53	5.73	6.49	7.66	8.12
无形资产	0.48	0.0	0.0	0.0	0.0
长期待摊费用	0.0	0.0	0.0	0.0	0.0
递延所得税资产	0.0	0.0	0.0	0.0	1.02
非流动资产	0.24	0.26	0.0	0.0	0.51
应付账款	0.0	0.0	0.0	0.81	0.0
预收款项	0.0	0.0	0.0	0.0	0.0
应付票据	0.0	0.0	0.0	0.0	0.0
短期借款	0.0	0.0	0.0	0.0	0.0
应付职工薪酬	0.0	0.0	0.0	0.0	0.0
应交税费	0.0	0.0	0.0	0.0	0.0
应付债券	0.0	0.0	0.0	0.0	0.0
预计负债	0.0	0.0	0.0	0.0	1.02
递延收益	0.0	0.0	0.0	0.0	0.51
递延所得税负债	0.0	0.0	0.0	0.0	0.0

续表

年份	2023	2022	2021	2020	2019
利润表					
营业收入	47.6	47.92	46.61	44.35	38.58
税金及附加	0.0	0.0	0.0	0.0	0.0
营业成本	0.96	1.04	1.18	1.61	2.03
管理费用	0.0	0.0	0.0	0.0	0.0
财务费用	0.0	0.0	0.0	0.0	0.0
销售费用	0.0	0.0	0.0	0.0	0.0
研发费用	0.0	0.0	0.0	0.81	0.0
其他业务收入	0.0	0.0	0.0	0.0	0.0
投资收益	0.0	0.0	0.0	0.0	1.02
其他收益	0.0	0.0	0.0	0.0	0.0
资产减值损失	8.65	9.38	8.26	9.27	10.15
信用减值损失	15.62	15.36	15.04	14.11	13.71
公允价值变动损益	0.48	0.26	0.29	0.81	1.02
资产处置损益	0.0	0.0	0.0	0.0	0.0
汇兑损益	0.0	0.0	0.0	0.0	0.0
套期保值	0.0	0.0	0.0	0.0	0.0
补贴收入	0.0	0.0	0.0	0.0	0.0
营业外收入	0.0	0.0	0.0	0.0	0.0
营业外支出	0.0	0.0	0.0	0.0	0.0
所得税费用	0.0	0.0	0.0	0.0	0.0
其他类					
持续经营	0.0	0.0	0.0	0.0	0.0
筹资能力	0.0	0.0	0.0	0.0	0.0
股权激励	0.0	0.0	0.0	0.0	0.0
关联交易	0.0	0.0	0.29	0.4	1.02
合并范围	0.0	0.0	0.0	0.4	0.0
会计差错	0.0	0.0	0.0	0.0	0.0
会计政策与估计	0.0	0.0	0.0	0.0	0.0
会计准则	0.0	0.0	0.0	0.0	0.0
内部控制	0.0	0.0	0.0	0.0	0.0
期初余额	0.0	0.0	0.0	0.0	0.0
期后事项	0.0	0.0	0.0	0.0	0.0
融资能力	0.0	0.0	0.0	0.0	0.0
审计范围	0.0	0.0	0.0	0.0	0.0

续表

年份	2023	2022	2021	2020	2019
其他类					
审计意见	0.0	0.0	0.0	0.0	0.0
违规担保	0.0	0.0	0.0	0.0	0.0
业绩承诺	0.0	0.0	0.0	0.0	0.0
债务重组	0.0	0.0	0.59	0.0	0.0
资金占用	0.0	0.0	0.0	0.0	0.0
业绩补偿	0.0	0.0	0.0	0.0	0.0
其他	0.0	0.0	1.77	1.61	2.03

注：科学研究和技术服务业（M）所有上市公司关键审计事项涉及的具体报表项目百分比统计。

（一）资产负债表类项目

科学研究和技术服务业（M）上市公司财务信息关键审计事项中，2023年资产负债表类项目占比最高的项目分别为：应收款项（15.62%）、商誉（5.53%）、存货（2.16%）。

2019~2023年，应收款项占比总体上呈明显上升趋势，从2019年的13.71%增长到2023年的15.62%，2022~2023年应收款项占比处于高水平；商誉占比总体上呈大幅下降趋势，从2019年的8.12%下降到2023年的5.53%，2022~2023年商誉占比处于高水平；存货占比总体上呈大幅上升趋势，从2019年的1.02%增长到2023年的2.16%，2022~2023年存货占比处于高水平。

（二）利润表类项目

科学研究和技术服务业（M）上市公司财务信息关键审计事项中，2023年资产负债表类项目占比最高的项目分别为：营业收入（47.6%）、信用减值损失（15.62%）、资产减值损失（8.65%）。

2019~2023年，营业收入占比总体上呈明显上升趋势，从2019年的38.58%增长到2023年的47.6%，2022~2023年营业收入占比处于高水平；信用减值损失占比总体上呈明显上升趋势，从2019年的13.71%增长到2023年的15.62%，2022~2023年信用减值损失占比处于高水平；资产减值损失占比总体上呈明显下降趋势，从2019年的10.15%下降到2023年的8.65%，2022~2023年资产减值损失占比处于高水平。

（三）其他类项目

科学研究和技术服务业（M）上市公司财务信息关键审计事项中，2023年资产负债表类项目占比最高的项目分别为：持续经营（0）、筹资能力（0）。

2019~2023年，持续经营占比总体上基本稳定，2022~2023年持续经营占比处于较低水平；筹资能力占比总体上基本稳定，2022~2023年筹资能力占比处于较低水平。

二十三、水利、环境和公共设施管理业（N）

2019~2023年，证券市场水利、环境和公共设施管理业（N）上市公司总体状况见表3.57。

表3.57　　　　水利、环境和公共设施管理业（N）发展状况　　　　单位：个

年份	2023	2022	2021	2020	2019
数量	92	89	82	71	56

注：该行业公开披露定期报告的所有上市公司。

2023年，水利、环境和公共设施管理业（N）上市公司财务信息关键审计事项中，资产负债表类为58.0个，利润表类为123.0个，其他类为2.0个。2019~2023年，水利、环境和公共设施管理业（N）上市公司财务信息关键审计事项中，不同类别具体项目占比的总体状况见表3.58。

表3.58　　　　水利、环境和公共设施管理业（N）关键审计事项状况　　　　单位：%

年份	2023	2022	2021	2020	2019
资产负债表					
货币资金	0.0	0.0	0.0	0.0	0.81
应收款项	14.4	14.17	14.49	13.49	10.48
其他应收款	0.0	0.0	0.0	0.0	0.0
预付款项	0.0	0.0	0.0	0.0	0.0
投资性房地产	0.0	0.0	0.0	0.0	0.0
衍生金融资产	0.0	0.0	0.0	0.0	0.0
存货	1.09	0.82	0.85	0.99	0.81
合同资产	1.63	1.91	1.99	0.99	0.81
金融资产	0.0	0.0	0.0	0.0	0.4
其他流动资产	0.0	0.0	0.0	0.0	0.0
长期股权投资	0.0	0.0	0.57	1.32	2.02
长期应收款	0.0	0.0	0.0	0.0	0.0
固定资产	1.36	1.09	0.85	0.99	0.81
在建工程	0.0	0.0	0.28	0.66	0.81
油气资产	0.0	0.0	0.0	0.0	0.0
生物资产	0.0	0.0	0.0	0.0	0.0
使用权资产	0.0	0.0	0.0	0.0	0.0
开发支出	0.0	0.0	0.0	0.0	0.0
商誉	3.26	3.27	3.12	3.62	6.45
无形资产	4.89	4.63	5.4	5.92	5.24
长期待摊费用	0.0	0.0	0.0	0.0	0.0

续表

年份	2023	2022	2021	2020	2019
资产负债表					
递延所得税资产	0.0	0.54	0.57	0.66	1.61
非流动资产	0.54	0.82	1.14	0.33	0.4
应付账款	0.0	0.0	0.0	0.0	0.0
预收款项	0.0	0.0	0.0	0.0	0.0
应付票据	0.0	0.0	0.0	0.0	0.0
短期借款	0.0	0.0	0.0	0.0	0.0
应付职工薪酬	0.0	0.0	0.0	0.0	0.0
应交税费	0.0	0.0	0.0	0.0	0.0
应付债券	0.0	0.0	0.0	0.0	0.0
预计负债	2.72	2.72	2.84	2.63	3.23
递延收益	0.0	0.0	0.0	0.0	0.0
递延所得税负债	0.0	0.0	0.0	0.0	0.0
利润表					
营业收入	46.2	45.23	42.61	41.45	37.9
税金及附加	0.0	0.0	0.0	0.0	0.0
营业成本	0.54	0.54	1.14	2.63	4.03
管理费用	0.0	0.0	0.0	0.0	0.0
财务费用	0.0	0.0	0.0	0.0	0.0
销售费用	0.0	0.0	0.0	0.0	0.0
研发费用	0.0	0.0	0.0	0.0	0.0
其他业务收入	0.0	0.0	0.0	0.0	0.0
投资收益	0.0	0.0	0.28	0.66	0.4
其他收益	0.0	0.0	0.0	0.0	0.0
资产减值损失	7.34	7.08	7.67	7.57	10.08
信用减值损失	14.4	14.17	14.49	13.49	10.89
公允价值变动损益	0.0	0.0	0.0	0.0	0.0
资产处置损益	0.0	0.0	0.0	0.66	0.4
汇兑损益	0.0	0.0	0.0	0.0	0.0
套期保值	0.0	0.0	0.0	0.0	0.0
补贴收入	0.0	0.0	0.0	0.0	0.0
营业外收入	0.0	0.0	0.0	0.0	0.0
营业外支出	0.0	0.0	0.0	0.0	0.0
所得税费用	0.0	0.0	0.0	0.0	0.0

续表

年份	2023	2022	2021	2020	2019
其他类					
持续经营	0.0	0.0	0.0	0.0	0.0
筹资能力	0.0	0.0	0.0	0.0	0.0
股权激励	0.0	0.0	0.0	0.0	0.0
关联交易	0.27	0.54	0.57	0.66	0.4
合并范围	0.0	0.0	0.0	0.0	0.4
会计差错	0.0	0.0	0.0	0.0	0.0
会计政策与估计	0.0	0.0	0.0	0.0	0.0
会计准则	0.0	0.0	0.0	0.0	0.0
内部控制	0.0	0.0	0.0	0.0	0.0
期初余额	0.0	0.0	0.0	0.0	0.0
期后事项	0.0	0.0	0.0	0.0	0.0
融资能力	0.27	0.27	0.0	0.0	0.0
审计范围	0.0	0.0	0.0	0.0	0.0
审计意见	0.0	0.0	0.0	0.0	0.0
违规担保	0.0	0.0	0.0	0.0	0.0
业绩承诺	0.0	0.0	0.0	0.0	0.0
债务重组	0.0	0.27	0.0	0.0	0.0
资金占用	0.0	0.0	0.0	0.0	0.0
业绩补偿	0.0	0.0	0.0	0.0	0.0
其他	1.09	1.91	1.14	1.32	1.61

注：水利、环境和公共设施管理业（N）所有上市公司关键审计事项涉及的具体报表项目百分比统计。

（一）资产负债表类项目

水利、环境和公共设施管理业（N）上市公司财务信息关键审计事项中，2023年资产负债表类项目占比最高的项目分别为：应收款项（14.4%）、无形资产（4.89%）、商誉（3.26%）、预计负债（2.72%）、合同资产（1.63%）、固定资产（1.36%）、存货（1.09%）。

2019~2023年，应收款项占比总体上呈大幅上升趋势，从2019年的10.48%增长到2023年的14.4%，2022~2023年应收款项占比处于高水平；无形资产占比总体上呈明显下降趋势，从2019年的5.24%下降到2023年的4.89%，2022~2023年无形资产占比处于高水平；商誉占比总体上呈大幅下降趋势，从2019年的6.45%下降到2023年的3.26%，2022~2023年商誉占比处于高水平；预计负债占比总体上呈明显下降趋势，从2019年的3.23%下降到2023年的2.72%，2022~2023年预计负债占比处于高水平；合同资产占比总体上呈大幅上升趋势，从2019年的0.81%增长到2023年的1.63%，2022~2023年合同资产占比处于高水平；固定资产占比总体上呈大幅上升趋势，从2019年的0.81%增长到2023

年的1.36%，2022~2023年固定资产占比处于高水平；存货占比总体上呈大幅上升趋势，从2019年的0.81%增长到2023年的1.09%，2022~2023年存货占比处于高水平。

（二）利润表类项目

水利、环境和公共设施管理业（N）上市公司财务信息关键审计事项中，2023年资产负债表类项目占比最高的项目分别为：营业收入（46.2%）、信用减值损失（14.4%）、资产减值损失（7.34%）。

2019~2023年，营业收入占比总体上呈明显上升趋势，从2019年的37.9%增长到2023年的46.2%，2022~2023年营业收入占比处于高水平；信用减值损失占比总体上呈大幅上升趋势，从2019年的10.89%增长到2023年的14.4%，2022~2023年信用减值损失占比处于高水平；资产减值损失占比总体上呈明显下降趋势，从2019年的10.08%下降到2023年的7.34%，2022~2023年资产减值损失占比处于高水平。

（三）其他类项目

水利、环境和公共设施管理业（N）上市公司财务信息关键审计事项中，2023年资产负债表类项目占比最高的项目分别为：其他（1.09%）、关联交易（0.27%）。

2019~2023年，其他占比总体上呈大幅下降趋势，从2019年的1.61%下降到2023年的1.09%，2022~2023年其他占比处于高水平；关联交易占比总体上呈大幅下降趋势，从2019年的0.4%下降到2023年的0.27%，2022~2023年关联交易占比从一般水平变为较低水平。

二十四、教育卫生文化业（PQR）

2019~2023年，证券市场教育卫生文化业（PQR）上市公司总体状况见表3.59。

表3.59　　　　　教育卫生文化业（PQR）发展状况　　　　　单位：个

年份	2023	2022	2021	2020	2019
数量	86	85	81	76	76

注：该行业公开披露定期报告的所有上市公司。

2023年，教育卫生文化业（PQR）上市公司财务信息关键审计事项中，资产负债表类为47.5个，利润表类为119.0个，其他类为4.5个。2019~2023年，教育卫生文化业（PQR）上市公司财务信息关键审计事项中，不同类别具体项目占比的总体状况见表3.60。

表3.60　　　　　教育卫生文化业（PQR）关键审计事项状况　　　　　单位：%

年份	2023	2022	2021	2020	2019
资产负债表					
货币资金	0.58	0.62	0.57	0.0	0.0
应收款项	5.19	5.61	5.13	5.86	6.62
其他应收款	0.0	0.0	0.0	0.31	0.63

续表

年份	2023	2022	2021	2020	2019
资产负债表					
预付款项	0.29	0.31	0.28	0.0	0.63
投资性房地产	0.29	0.31	0.28	0.31	0.32
衍生金融资产	0.0	0.0	0.0	0.0	0.0
存货	6.05	6.23	5.98	5.56	4.73
合同资产	0.0	0.0	0.0	0.0	0.32
金融资产	0.0	0.31	0.28	0.31	0.63
其他流动资产	0.0	0.31	0.0	0.0	0.0
长期股权投资	3.17	1.56	2.85	2.47	2.21
长期应收款	0.0	0.0	0.0	0.0	0.0
固定资产	1.73	0.93	1.14	0.93	0.95
在建工程	0.0	0.0	0.0	0.62	0.0
油气资产	0.0	0.0	0.0	0.0	0.0
生物资产	0.0	0.0	0.0	0.0	0.0
使用权资产	0.58	0.62	0.85	0.0	0.0
开发支出	0.0	0.31	0.0	0.0	0.0
商誉	6.92	8.41	8.26	10.49	11.04
无形资产	0.29	0.31	0.28	0.31	0.32
长期待摊费用	0.58	0.0	0.0	0.0	0.0
递延所得税资产	0.58	0.62	0.57	0.62	0.63
非流动资产	0.29	0.31	0.85	0.93	0.63
应付账款	0.0	0.0	0.0	0.0	0.0
预收款项	0.0	0.0	0.0	0.0	0.0
应付票据	0.0	0.0	0.0	0.0	0.0
短期借款	0.0	0.0	0.0	0.0	0.0
应付职工薪酬	0.0	0.0	0.0	0.0	0.0
应交税费	0.0	0.0	0.0	0.0	0.0
应付债券	0.0	0.0	0.0	0.0	0.0
预计负债	0.58	0.62	0.57	1.85	1.26
递延收益	0.0	0.0	0.0	0.0	0.0
递延所得税负债	0.0	0.0	0.0	0.0	0.0
利润表					
营业收入	46.11	46.73	38.75	38.89	37.22
税金及附加	0.0	0.0	0.0	0.0	0.0
营业成本	1.15	1.25	1.14	1.85	1.26

续表

年份	2023	2022	2021	2020	2019
利润表					
管理费用	0.0	0.0	0.0	0.0	0.0
财务费用	0.0	0.0	0.0	0.0	0.0
销售费用	0.0	0.0	0.0	0.0	0.0
研发费用	0.0	0.0	0.0	0.0	0.0
其他业务收入	0.0	0.0	0.0	0.0	0.0
投资收益	0.0	0.31	1.14	1.23	0.32
其他收益	0.0	0.0	0.0	0.0	0.0
资产减值损失	15.56	17.13	16.24	19.14	18.61
信用减值损失	5.48	5.92	5.41	6.17	6.62
公允价值变动损益	0.29	0.31	0.28	0.31	0.63
资产处置损益	0.0	0.0	0.0	0.0	0.0
汇兑损益	0.0	0.0	0.0	0.0	0.0
套期保值	0.0	0.0	0.0	0.0	0.0
补贴收入	0.0	0.0	0.0	0.0	0.0
营业外收入	0.0	0.0	0.0	0.0	0.0
营业外支出	0.0	0.0	0.0	0.0	0.0
所得税费用	0.0	0.0	0.0	0.0	0.0
其他类					
持续经营	0.29	0.31	0.85	0.31	0.32
筹资能力	0.0	0.0	0.0	0.0	0.0
股权激励	0.0	0.0	0.0	0.0	0.32
关联交易	0.0	0.0	1.71	0.31	0.63
合并范围	0.29	0.0	0.0	0.0	0.0
会计差错	0.0	0.0	0.0	0.0	0.0
会计政策与估计	0.0	0.0	0.0	0.0	0.0
会计准则	0.0	0.0	0.28	0.0	0.32
内部控制	0.0	0.0	0.0	0.0	0.0
期初余额	0.0	0.0	0.0	0.0	0.0
期后事项	0.0	0.0	0.28	0.0	0.0
融资能力	0.0	0.0	0.0	0.0	0.0
审计范围	0.0	0.0	0.0	0.0	0.0
审计意见	0.0	0.0	0.0	0.0	0.0
违规担保	0.0	0.0	0.0	0.0	0.0
业绩承诺	0.0	0.0	0.0	0.0	0.0

续表

年份	2023	2022	2021	2020	2019
其他类					
债务重组	0.86	0.0	0.0	0.0	0.0
资金占用	0.0	0.0	0.0	0.0	0.0
业绩补偿	0.0	0.0	0.0	0.0	0.0
其他	2.88	0.62	5.98	1.23	2.84

注：教育卫生文化业（PQR）所有上市公司关键审计事项涉及的具体报表项目百分比统计。

（一）资产负债表类项目

教育卫生文化业（PQR）上市公司财务信息关键审计事项中，2023年资产负债表类项目占比最高的项目分别为：商誉（6.92%）、存货（6.05%）、应收款项（5.19%）、长期股权投资（3.17%）、固定资产（1.73%）。

2019~2023年，商誉占比总体上呈大幅下降趋势，从2019年的11.04%下降到2023年的6.92%，2022~2023年商誉占比处于高水平；存货占比总体上呈明显上升趋势，从2019年的4.73%增长到2023年的6.05%，2022~2023年存货占比处于高水平；应收款项占比总体上呈明显下降趋势，从2019年的6.62%下降到2023年的5.19%，2022~2023年应收款项占比处于高水平；长期股权投资占比总体上呈大幅上升趋势，从2019年的2.21%增长到2023年的3.17%，2022~2023年长期股权投资占比处于高水平；固定资产占比总体上呈大幅上升趋势，从2019年的0.95%增长到2023年的1.73%，2022~2023年固定资产占比处于高水平。

（二）利润表类项目

教育卫生文化业（PQR）上市公司财务信息关键审计事项中，2023年资产负债表类项目占比最高的项目分别为：营业收入（46.11%）、资产减值损失（15.56%）、信用减值损失（5.48%）、营业成本（1.15%）。

2019~2023年，营业收入占比总体上呈明显上升趋势，从2019年的37.22%增长到2023年的46.11%，2022~2023年营业收入占比处于高水平；资产减值损失占比总体上呈明显下降趋势，从2019年的18.61%下降到2023年的15.56%，2022~2023年资产减值损失占比处于高水平；信用减值损失占比总体上呈明显下降趋势，从2019年的6.62%下降到2023年的5.48%，2022~2023年信用减值损失占比处于高水平；营业成本占比总体上呈明显下降趋势，从2019年的1.26%下降到2023年的1.15%，2022~2023年营业成本占比处于高水平。

（三）其他类项目

教育卫生文化业（PQR）上市公司财务信息关键审计事项中，2023年资产负债表类项目占比最高的项目分别为：其他（2.88%）、债务重组（0.86%）。

2019~2023年，其他占比总体上基本稳定，2022~2023年其他占比从较高水平变为高水平；债务重组占比总体上呈大幅上升趋势，从2019年的0增长到2023年的0.86%，2022~2023年债务重组占比从较低水平变为高水平。

二十五、综合（S）

2019~2023年，证券市场综合（S）上市公司总体状况见表3.61。

表3.61 综合（S）发展状况 单位：个

年份	2023	2022	2021	2020	2019
数量	6	6	6	6	6

注：该行业公开披露定期报告的所有上市公司。

2023年，综合（S）上市公司财务信息关键审计事项中，资产负债表类为2.5个，利润表类为8.5个，其他类为1.0个。2019~2023年，综合（S）上市公司财务信息关键审计事项中，不同类别具体项目占比的总体状况见表3.62。

表3.62 综合（S）关键审计事项状况 单位：%

年份	2023	2022	2021	2020	2019
资产负债表					
货币资金	0.0	0.0	0.0	0.0	0.0
应收款项	4.0	0.0	3.7	3.7	0.0
其他应收款	0.0	0.0	0.0	0.0	0.0
预付款项	0.0	0.0	0.0	0.0	0.0
投资性房地产	0.0	0.0	0.0	0.0	0.0
衍生金融资产	0.0	0.0	0.0	0.0	0.0
存货	8.0	14.81	14.81	18.52	19.23
合同资产	0.0	0.0	0.0	0.0	0.0
金融资产	4.0	3.7	7.41	7.41	7.69
其他流动资产	0.0	0.0	0.0	0.0	0.0
长期股权投资	4.0	7.41	11.11	11.11	3.85
长期应收款	0.0	0.0	0.0	0.0	0.0
固定资产	0.0	3.7	3.7	0.0	3.85
在建工程	0.0	0.0	0.0	0.0	0.0
油气资产	0.0	0.0	0.0	0.0	0.0
生物资产	0.0	0.0	0.0	0.0	0.0
使用权资产	0.0	0.0	0.0	0.0	0.0
开发支出	0.0	0.0	0.0	0.0	0.0

续表

年份	2023	2022	2021	2020	2019
资产负债表					
商誉	0.0	0.0	0.0	0.0	0.0
无形资产	0.0	0.0	0.0	0.0	0.0
长期待摊费用	0.0	0.0	0.0	0.0	0.0
递延所得税资产	0.0	0.0	0.0	0.0	0.0
非流动资产	0.0	0.0	0.0	0.0	0.0
应付账款	0.0	0.0	0.0	0.0	0.0
预收款项	0.0	0.0	0.0	0.0	0.0
应付票据	0.0	0.0	0.0	0.0	0.0
短期借款	0.0	0.0	0.0	0.0	0.0
应付职工薪酬	0.0	0.0	0.0	0.0	0.0
应交税费	0.0	0.0	0.0	0.0	0.0
应付债券	0.0	0.0	0.0	0.0	0.0
预计负债	0.0	0.0	0.0	0.0	0.0
递延收益	0.0	0.0	0.0	0.0	0.0
递延所得税负债	0.0	0.0	0.0	0.0	0.0
利润表					
营业收入	40.0	29.63	14.81	14.81	15.38
税金及附加	8.0	7.41	0.0	0.0	0.0
营业成本	0.0	0.0	0.0	0.0	0.0
管理费用	0.0	0.0	0.0	0.0	0.0
财务费用	0.0	0.0	0.0	0.0	0.0
销售费用	0.0	0.0	0.0	0.0	0.0
研发费用	0.0	0.0	0.0	0.0	0.0
其他业务收入	0.0	0.0	0.0	0.0	0.0
投资收益	4.0	7.41	11.11	11.11	3.85
其他收益	0.0	0.0	0.0	0.0	0.0
资产减值损失	8.0	11.11	11.11	11.11	15.38
信用减值损失	4.0	0.0	3.7	3.7	0.0
公允价值变动损益	4.0	3.7	7.41	7.41	7.69
资产处置损益	0.0	0.0	0.0	0.0	0.0
汇兑损益	0.0	0.0	0.0	0.0	0.0
套期保值	0.0	0.0	0.0	0.0	0.0
补贴收入	0.0	0.0	0.0	0.0	0.0
营业外收入	0.0	0.0	0.0	0.0	0.0

续表

年份	2023	2022	2021	2020	2019
利润表					
营业外支出	0.0	0.0	0.0	0.0	0.0
所得税费用	0.0	0.0	0.0	0.0	0.0
其他类					
持续经营	0.0	0.0	0.0	0.0	0.0
筹资能力	0.0	0.0	0.0	0.0	0.0
股权激励	0.0	0.0	0.0	0.0	0.0
关联交易	0.0	0.0	0.0	0.0	0.0
合并范围	4.0	3.7	3.7	3.7	7.69
会计差错	0.0	0.0	0.0	0.0	0.0
会计政策与估计	0.0	0.0	0.0	0.0	0.0
会计准则	0.0	0.0	0.0	0.0	0.0
内部控制	0.0	0.0	0.0	0.0	0.0
期初余额	0.0	0.0	0.0	0.0	0.0
期后事项	0.0	0.0	0.0	0.0	0.0
融资能力	0.0	0.0	0.0	0.0	0.0
审计范围	0.0	0.0	0.0	0.0	0.0
审计意见	0.0	0.0	0.0	0.0	0.0
违规担保	0.0	0.0	0.0	0.0	0.0
业绩承诺	0.0	0.0	0.0	0.0	0.0
债务重组	0.0	0.0	0.0	0.0	0.0
资金占用	0.0	0.0	0.0	0.0	0.0
业绩补偿	0.0	0.0	0.0	0.0	0.0
其他	8.0	7.41	7.41	7.41	15.38

注：综合（S）所有上市公司关键审计事项涉及的具体报表项目百分比统计。

（一）资产负债表类项目

综合（S）上市公司财务信息关键审计事项中，2023年资产负债表类项目占比最高的项目分别为：存货（8.0%）、应收款项（4.0%）、金融资产（4.0%）、长期股权投资（4.0%）。

2019~2023年，存货占比总体上呈大幅下降趋势，从2019年的19.23%下降到2023年的8.0%，2022~2023年存货占比处于高水平；应收款项占比总体上呈大幅上升趋势，从2019年的0增长到2023年的4.0%，2022~2023年应收款项占比从较低水平变为高水平；金融资产占比总体上呈大幅下降趋势，从2019年的7.69%下降到2023年的4.0%，2022~2023年金融资产占比处于高水平；长期股权投资占比总体上基本稳定，2022~2023年长期股权投资占比处于高水平。

(二) 利润表类项目

综合（S）上市公司财务信息关键审计事项中，2023年资产负债表类项目占比最高的项目分别为：营业收入（40.0%）、税金及附加（8.0%）、资产减值损失（8.0%）、投资收益（4.0%）、信用减值损失（4.0%）、公允价值变动损益（4.0%）。

2019~2023年，营业收入占比总体上呈大幅上升趋势，从2019年的15.38%增长到2023年的40.0%，2022~2023年营业收入占比处于高水平；税金及附加占比总体上呈大幅上升趋势，从2019年的0增长到2023年的8.0%，2022~2023年税金及附加占比处于高水平；资产减值损失占比总体上呈大幅下降趋势，从2019年的15.38%下降到2023年的8.0%，2022~2023年资产减值损失占比处于高水平；投资收益占比总体上基本稳定，2022~2023年投资收益占比处于高水平；信用减值损失占比总体上呈大幅上升趋势，从2019年的0增长到2023年的4.0%，2022~2023年信用减值损失占比从较低水平变为高水平；公允价值变动损益占比总体上呈大幅下降趋势，从2019年的7.69%下降到2023年的4.0%，2022~2023年公允价值变动损益占比处于高水平。

(三) 其他类项目

综合（S）上市公司财务信息关键审计事项中，2023年资产负债表类项目占比最高的项目分别为：其他（8.0%）、合并范围（4.0%）。

2019~2023年，其他占比总体上呈大幅下降趋势，从2019年的15.38%下降到2023年的8.0%，2022~2023年其他占比处于高水平；合并范围占比总体上呈大幅下降趋势，从2019年的7.69%下降到2023年的4.0%，2022~2023年合并范围占比处于高水平。

第四章

证券市场审计质量

审计信息质量是监管部门对注册会计师审计的重点关注内容，公司管理层也有必要对公司财务信息的审计质量有所了解。本部分从审计工作质量、审计专业判断水平和审计工作努力程度等维度，分析上市公司审计质量。这一分析仅限于公司公布的公开信息及所有上市公司公开披露信息生成的审计信息质量特征数据库。

按照《企业会计准则——基本准则》（2014）和中国注册会计师审计准则的要求：注册会计师须披露关键审计事项，并对财务报告的公允表达与否发表审计意见；公司管理层对财务报告的质量负责，注册会计师对发表的审计意见，即审计信息质量负责。为此，审计信息质量涉及关键审计事项、审计工作质量、审计专业判断水平和审计工作努力程度等四个维度（相关中国发明专利授权号：4405342）。

本报告对审计信息质量的界定直接依据中国注册会计师审计准则，具体测定依据为相关国家发明专利授权。审计质量指标涉及关键审计事项、审计工作质量、审计专业判断水平和审计工作努力程度等四个维度，系统地涵盖了从公司季报、中报、业绩预告、年度财务报告，再至审计关键事项、审计报告的全过程（见图4.1）。

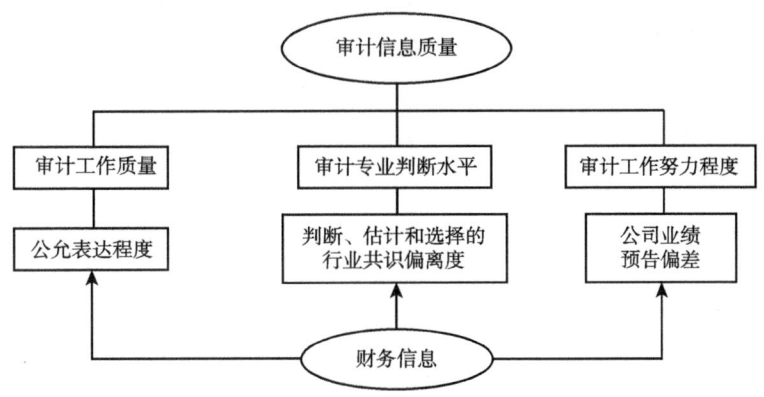

图4.1 审计信息质量指标体系

第一节　证券市场审计质量

我国证券市场财务信息的审计质量综合地反映上市公司审计质量的整体状况，是审计工作质量、专业判断水平和工作努力程度等质量指标状况的汇总反映。本报告中，证券市场为主板证券市场、创业板证券市场和科创板证券市场的统称。2019~2023年，证券市场上市公司审计质量状况见表4.1。

表4.1　证券市场审计质量

年份	统计指标	审计质量指数	工作质量	专业判断水平	工作努力程度
2023	中位数	0.5437	0.7777	0.7321	0.0256
	最大值	0.9739	0.9508	0.9711	1.0000
	最小值	0.1050	0.2819	0.0000	0.0000
2022	中位数	0.5436	0.7825	0.7397	0.0207
	最大值	0.9735	0.9509	0.9721	1.0000
	最小值	0.1090	0.2492	0.0000	0.0000
2021	中位数	0.5662	0.7885	0.7405	0.2300
2020	中位数	0.5558	0.7903	0.7486	0.1145
2019	中位数	0.5535	0.7967	0.7591	0.0958

注：判断标准：指标值≥0.8001为高；0.6001~0.7999为较高；0.5000~0.6000为一般；≤0.4999为较低；以下部分相同。

2023年，证券市场上市公司审计质量指数为0.5437。其中，审计质量指数最高的上市公司为0.9739，审计质量指数最低的上市公司为0.105。就行业而言，审计质量指数最高的前三个行业为：其他制造业（C41-C42）（0.6422），农林牧渔业（A）（0.6111），教育卫生文化业（PQR）（0.5878）；审计质量指数最低的三个行业为：医药制造业（C27）（0.5008），房地产业（K）（0.5135），信息传输、软件和信息技术服务业（I）（0.5157）。

2019~2023年，证券市场上市公司审计质量指数总体上呈基本稳定趋势，2022~2023年处于一般水平。

一、审计工作质量

2023年，证券市场上市公司工作质量为0.7777。其中，审计工作质量最高的上市公司为0.9508，审计工作质量最低的上市公司为0.2819。就行业而言，审计工作质量最高的前三个行业为：其他制造业（C41-C42）（0.8214），农林牧渔业（A）（0.8111），印刷与文教用品制造业（C22-C24）（0.8099）；审计工作质量最低的三个行业为：金融业（J）（0.6892），教育卫生文化业（PQR）（0.7153），医药制造业（C27）（0.7247）。

2019~2023年，证券市场上市公司审计工作质量总体上呈基本稳定趋势，2022~2023年处于较高水平。

二、审计专业判断水平

2023年，证券市场上市公司专业判断水平为0.7321。其中，专业判断水平最高的上市公司为0.9711，专业判断水平最低的上市公司为0。就行业而言，专业判断水平最高的前三个行业为：金融业（J）（0.8245），木材家具制造业（C20-C21）（0.7683），设备制造业（C34-C37）（0.7671）；专业判断水平最低的三个行业为：住宿餐饮服务业（HL）（0.583），综合（S）（0.585），教育卫生文化业（PQR）（0.6763）。

2019~2023年，证券市场上市公司专业判断水平总体上呈基本稳定趋势，2022~2023年处于较高水平。

三、审计工作努力程度

2023年，证券市场上市公司工作努力程度为0.0256。其中，工作努力程度最高的上市公司为1.0，工作努力程度最低的上市公司为0。就行业而言，工作努力程度最高的前三个行业为：其他制造业（C41-C42）（0.2663），教育卫生文化业（PQR）（0.2504），农林牧渔业（A）（0.2384）；工作努力程度最低的三个行业为：房地产业（K）（0.0034），信息传输、软件和信息技术服务业（I）（0.0058），医药制造业（C27）（0.0061）。

2019~2023年，证券市场上市公司工作努力程度总体上呈大幅下降趋势，2022~2023年处于较低水平。

第二节　主板市场审计质量

主板市场财务信息的审计质量综合地反映其上市公司审计质量的整体状况，是审计工作质量、专业判断水平和工作努力程度等质量指标状况的汇总反映。2019~2023年，主板市场上市公司审计质量状况见表4.2。

表4.2　　　　　　　　　　　主板审计质量

年份	统计指标	审计质量指数	工作质量	专业判断水平	工作努力程度
2023	中位数	0.5435	0.7761	0.7301	0.0293
	最大值	0.9739	0.9508	0.9711	1.0000
	最小值	0.1050	0.2819	0.0000	0.0000

续表

年份	统计指标	审计质量指数	工作质量	专业判断水平	工作努力程度
2022	中位数	0.5452	0.7817	0.7402	0.0244
	最大值	0.9735	0.9509	0.9721	1.0000
	最小值	0.1090	0.2492	0.0000	0.0000
2021	中位数	0.5725	0.8073	0.7430	0.2598
2020	中位数	0.5609	0.8045	0.7519	0.1149
2019	中位数	0.5548	0.8070	0.7614	0.0872

2023年，主板市场上市公司审计质量指数为0.5435。其中，审计质量指数最高的上市公司为0.9739，审计质量指数最低的上市公司为0.105。就行业而言，审计质量指数最高的前三个行业为：其他制造业（C41-C42）（0.6518），农林牧渔业（A）（0.612），教育卫生文化业（PQR）（0.585）；审计质量指数最低的三个行业为：医药制造业（C27）（0.4982），信息传输、软件和信息技术服务业（I）（0.5004），房地产业（K）（0.5135）。

2019~2023年，主板市场上市公司审计质量指数总体上呈基本稳定趋势，2022~2023年处于一般水平。

一、审计工作质量

2023年，主板市场上市公司工作质量为0.7761。其中，审计工作质量最高的上市公司为0.9508，审计工作质量最低的上市公司为0.2819。就行业而言，审计工作质量最高的前三个行业为：其他制造业（C41-C42）（0.8206），金属矿物制造业（C30-C33）（0.8151），建筑业（E）（0.8121）；审计工作质量最低的三个行业为：金融业（J）（0.687），教育卫生文化业（PQR）（0.7026），信息传输、软件和信息技术服务业（I）（0.7185）。

2019~2023年，主板市场上市公司审计工作质量总体上呈基本稳定趋势，2022~2023年处于较高水平。

二、审计专业判断水平

2023年，主板市场上市公司专业判断水平为0.7301。其中，专业判断水平最高的上市公司为0.9711，专业判断水平最低的上市公司为0。就行业而言，专业判断水平最高的前三个行业为：金融业（J）（0.8268），设备制造业（C34-C37）（0.7691），木材家具制造业（C20-C21）（0.7687）；专业判断水平最低的三个行业为：综合（S）（0.585），住宿餐饮服务业（HL）（0.5882），信息传输、软件和信息技术服务业（I）（0.6687）。

2019~2023年，主板市场上市公司专业判断水平总体上呈基本稳定趋势，2022~2023年处于较高水平。

三、审计工作努力程度

2023年，主板市场上市公司工作努力程度为0.0293。其中，工作努力程度最高的上市公司为1.0，工作努力程度最低的上市公司为0。就行业而言，工作努力程度最高的前三个行业为：其他制造业（C41-C42）（0.3313），农林牧渔业（A）（0.248），教育卫生文化业（PQR）（0.2273）；工作努力程度最低的三个行业为：房地产业（K）（0.0035），医药制造业（C27）（0.0069），信息传输、软件和信息技术服务业（I）（0.0087）。

2019~2023年，主板市场上市公司工作努力程度总体上呈大幅下降趋势，2022~2023年处于较低水平。

第三节 创业板市场审计质量

2019~2023年，创业板市场上市公司审计质量状况见表4.3。

表4.3 创业板市场审计质量

年份	统计指标	审计质量指数	工作质量	专业判断水平	工作努力程度
2023	中位数	0.5444	0.7777	0.7405	0.0226
	最大值	0.9162	0.9394	0.8528	1.0000
	最小值	0.1669	0.3859	0.0479	0.0000
2022	中位数	0.5412	0.7816	0.7438	0.0175
	最大值	0.9222	0.9382	0.8627	1.0000
	最小值	0.2099	0.3874	0.0927	0.0000
2021	中位数	0.5706	0.7667	0.7431	0.2773
2020	中位数	0.5481	0.7658	0.7473	0.1140
2019	中位数	0.5508	0.7676	0.7595	0.1071

2023年，创业板市场上市公司审计质量指数为0.5444。其中，审计质量指数最高的上市公司为0.9162，审计质量指数最低的上市公司为0.1669。就行业而言，审计质量指数最高的前三个行业为：采矿业（B）（0.638），其他制造业（C41-C42）（0.6321），农林牧渔业（A）（0.611）；审计质量指数最低的三个行业为：医药制造业（C27）（0.51），水利、环境和公共设施管理业（N）（0.5137），信息传输、软件和信息技术服务业（I）（0.5225）。

2019~2023年，创业板市场上市公司审计质量指数总体上呈基本稳定趋势，2022~2023年处于一般水平。

一、审计工作质量

2023年，创业板市场上市公司工作质量为0.7777。其中，审计工作质量最高的上市公司为0.9394，审计工作质量最低的上市公司为0.3859。就行业而言，审计工作质量最高的前三个行业为：农林牧渔业（A）（0.8456），印刷与文教用品制造业（C22-C24）（0.8269），其他制造业（C41-C42）（0.8249）；审计工作质量最低的三个行业为：医药制造业（C27）（0.7276），教育卫生文化业（PQR）（0.7352），信息传输、软件和信息技术服务业（I）（0.7418）。

2019~2023年，创业板市场上市公司审计工作质量总体上呈基本稳定趋势，2022~2023年处于较高水平。

二、审计专业判断水平

2023年，创业板市场上市公司专业判断水平为0.7405。其中，专业判断水平最高的上市公司为0.8528，专业判断水平最低的上市公司为0.0479。就行业而言，专业判断水平最高的前三个行业为：设备制造业（C34-C37）（0.7715），木材家具制造业（C20-C21）（0.7683），纺织服装制造业（C17-C19）（0.76）；专业判断水平最低的三个行业为：住宿餐饮服务业（HL）（0.56），教育卫生文化业（PQR）（0.6555），采矿业（B）（0.6593）。

2019~2023年，创业板市场上市公司专业判断水平总体上呈基本稳定趋势，2022~2023年处于较高水平。

三、审计工作努力程度

2023年，创业板市场上市公司工作努力程度为0.0226。其中，工作努力程度最高的上市公司为1.0，工作努力程度最低的上市公司为0。就行业而言，工作努力程度最高的前三个行业为：其他制造业（C41-C42）（0.3387），教育卫生文化业（PQR）（0.2653），采矿业（B）（0.2182）；工作努力程度最低的三个行业为：信息传输、软件和信息技术服务业（I）（0.0062），医药制造业（C27）（0.0071），机械仪器制造业（C38-C40）（0.0161）。

2019~2023年，创业板市场上市公司工作努力程度总体上呈大幅下降趋势，2022~2023年处于较低水平。

第四节 科创板市场审计质量

2019~2023年，科创板市场上市公司审计质量状况见表4.4。

表4.4　　　　　　　　　科创板市场审计质量

年份	统计指标	审计质量指数	工作质量	专业判断水平	工作努力程度
2023	中位数	0.5416	0.7886	0.7225	0.0128
	最大值	0.8951	0.9465	0.8373	1.0000
	最小值	0.1718	0.3862	0.2326	0.0000

续表

年份	统计指标	审计质量指数	工作质量	专业判断水平	工作努力程度
2022	中位数	0.5420	0.7905	0.7268	0.0122
	最大值	0.9109	0.9420	0.8478	1.0000
	最小值	0.2790	0.4446	0.3176	0.0001
2021	中位数	0.5075	0.7096	0.7156	0.0512
2020	中位数	0.5098	0.7026	0.6821	0.1331
2019	中位数	0.4936	0.7118	0.6381	0.0936

2023年，科创板市场上市公司审计质量指数为0.5416。其中，审计质量指数最高的上市公司为0.8951，审计质量指数最低的上市公司为0.1718。就行业而言，审计质量指数最高的前三个行业为：其他制造业（C41-C42）(0.6203)，化纤橡塑制造业（C28-C29）(0.5842)，设备制造业（C34-C37）(0.555)；审计质量指数最低的三个行业为：医药制造业（C27）(0.4923)，信息传输、软件和信息技术服务业（I）(0.5252)，金属矿物制造业（C30-C33）(0.5291)。

2019~2023年，科创板市场上市公司审计质量指数总体上呈明显上升趋势，2022~2023年处于一般水平。

一、审计工作质量

2023年，科创板市场上市公司工作质量为0.7886。其中，审计工作质量最高的上市公司为0.9465，审计工作质量最低的上市公司为0.3862。就行业而言，审计工作质量最高的前三个行业为：化纤橡塑制造业（C28-C29）(0.8204)，水利、环境和公共设施管理（N）(0.8102)，机械仪器制造业（C38-C40）(0.8016)；审计工作质量最低的三个行业为：医药制造业（C27）(0.7406)，科学研究和技术服务业（M）(0.7609)，信息传输、软件和信息技术服务业（I）(0.7784)。

2019~2023年，科创板市场上市公司审计工作质量总体上呈明显上升趋势，2022~2023年处于较高水平。

二、审计专业判断水平

2023年，科创板市场上市公司专业判断水平为0.7225。其中，专业判断水平最高的上市公司为0.8373，专业判断水平最低的上市公司为0.2326。就行业而言，专业判断水平最高的前三个行业为：其他制造业（C41-C42）(0.7746)，设备制造业（C34-C37）(0.7548)，水利、环境和公共设施管理（N）(0.7406)；专业判断水平最低的三个行业为：医药制造业（C27）(0.6348)，化纤橡塑制造业（C28-C29）(0.7053)，信息传输、软件和信息技术服务业（I）(0.713)。

2019~2023年，科创板市场上市公司专业判断水平总体上呈明显上升趋势，2022~2023年处于较高水平。

三、审计工作努力程度

2023年，科创板市场上市公司工作努力程度为0.0128。其中，工作努力程度最高的上市公司为1.0，工作努力程度最低的上市公司为0。就行业而言，工作努力程度最高的前三个行业为：化纤橡塑制造业（C28-C29）（0.2094），其他制造业（C41-C42）（0.1964），科学研究和技术服务业（M）（0.0986）；工作努力程度最低的三个行业为：信息传输、软件和信息技术服务业（I）（0.0032），医药制造业（C27）（0.0035），机械仪器制造业（C38-C40）（0.011）。

2019~2023年，科创板市场上市公司工作努力程度总体上呈大幅下降趋势，2022~2023年处于较低水平。

第五节 分市场、分行业审计质量

本报告按证监会行业分类（2012），将81个行业中相近行业重新组合为20个行业组。本部分重点分析在证券市场（整体）、主板市场、创业板市场和科创板市场中相关行业上市公司的审计质量（含审计质量指数、审计工作质量、审计专业判断水平和审计工作努力程度）状况。

一、农林牧渔业（A）

（一）证券市场农林牧渔业（A）

2019~2023年，农林牧渔业（A）上市公司审计质量状况见表4.5至表4.7。

表4.5　　　　　　　　证券市场农林牧渔业（A）审计质量

年份	统计指标	审计质量指数	工作质量	专业判断水平	工作努力程度
2023	中位数	0.6111	0.8111	0.7274	0.2384
2023	最大值	0.8940	0.9294	0.8138	1.0000
2023	最小值	0.3232	0.4684	0.3627	0.0069
2022	中位数	0.5636	0.7822	0.7311	0.0570
2022	最大值	0.8771	0.9005	0.8241	1.0000
2022	最小值	0.3764	0.5195	0.4071	0.0006
2021	中位数	0.5895	0.8107	0.7331	0.2732
2020	中位数	0.7185	0.8073	0.7296	0.7160
2019	中位数	0.5774	0.8072	0.7329	0.2555

2023年，证券市场农林牧渔业（A）上市公司审计质量指数为0.6111。其中，审计质量指数最高的上市公司为0.894，审计质量指数最低的上市公司为0.3232。

2019~2023年，证券市场农林牧渔业（A）上市公司审计质量指数总体上呈明显上升趋势，2022~2023年从一般水平变为较高水平。

1. 审计工作质量

2023年，证券市场农林牧渔业（A）上市公司审计工作质量为0.8111。其中，审计工作质量最高的上市公司为0.9294，审计工作质量最低的上市公司为0.4684。

2019~2023年，证券市场农林牧渔业（A）上市公司审计工作质量总体上呈基本稳定趋势，2022~2023年从较高水平变为高水平。

2. 审计专业判断水平

2023年，证券市场农林牧渔业（A）上市公司审计专业判断水平为0.7274。其中，专业判断水平最高的上市公司为0.8138，专业判断水平最低的上市公司为0.3627。

2019~2023年，证券市场农林牧渔业（A）上市公司审计专业判断水平总体上呈基本稳定趋势，2022~2023年处于较高水平。

3. 审计工作努力程度

2023年，证券市场农林牧渔业（A）上市公司审计工作努力程度为0.2384。其中，工作努力程度最高的上市公司为1.0，工作努力程度最低的上市公司为0.0069。

2019~2023年，证券市场农林牧渔业（A）上市公司审计工作努力程度总体上呈明显下降趋势，2022~2023年处于较低水平。

（二）主板市场农林牧渔业（A）

表4.6　　　　　　　　　主板市场农林牧渔业（A）审计质量

年份	统计指标	审计质量指数	工作质量	专业判断水平	工作努力程度
2023	中位数	0.6120	0.7938	0.7324	0.2480
	最大值	0.8940	0.9086	0.8029	1.0000
	最小值	0.3232	0.4684	0.3627	0.0069
2022	中位数	0.5628	0.7780	0.7295	0.0652
	最大值	0.8771	0.9005	0.7894	1.0000
	最小值	0.3764	0.5195	0.4071	0.0006
2021	中位数	0.5886	0.8087	0.7407	0.2732
2020	中位数	0.7200	0.8070	0.7296	0.7183
2019	中位数	0.5774	0.8092	0.7329	0.2555

2023年，主板农林牧渔业（A）上市公司审计质量指数为0.612。其中，审计质量指数最高的上市公司为0.894，审计质量指数最低的上市公司为0.3232。

2019~2023年，主板农林牧渔业（A）上市公司审计质量指数总体上呈明显上升趋势，

2022~2023年从一般水平变为较高水平。

1. 审计工作质量

2023年，主板农林牧渔业（A）上市公司审计工作质量为0.7938。其中，审计工作质量最高的上市公司为0.9086，审计工作质量最低的上市公司为0.4684。

2019~2023年，主板农林牧渔业（A）上市公司审计工作质量总体上呈基本稳定趋势，2022~2023年处于较高水平。

2. 审计专业判断水平

2023年，主板农林牧渔业（A）上市公司审计专业判断水平为0.7324。其中，专业判断水平最高的上市公司为0.8029，专业判断水平最低的上市公司为0.3627。

2019~2023年，主板农林牧渔业（A）上市公司审计专业判断水平总体上呈基本稳定趋势，2022~2023年处于较高水平。

3. 审计工作努力程度

2023年，主板农林牧渔业（A）上市公司审计工作努力程度为0.248。其中，工作努力程度最高的上市公司为1.0，工作努力程度最低的上市公司为0.0069。

2019~2023年，主板农林牧渔业（A）上市公司审计工作努力程度总体上呈基本稳定趋势，2022~2023年处于较低水平。

（三）创业板市场农林牧渔业（A）

表4.7　　　　　　　　创业板市场农林牧渔业（A）审计质量

年份	统计指标	审计质量指数	工作质量	专业判断水平	工作努力程度
2023	中位数	0.6110	0.8456	0.7004	0.1934
	最大值	0.7403	0.9294	0.8138	1.0000
	最小值	0.4454	0.6823	0.3794	0.0374
2022	中位数	0.5681	0.8011	0.7453	0.0293
	最大值	0.8766	0.8558	0.8241	1.0000
	最小值	0.4247	0.6832	0.4431	0.0036
2021	中位数	0.5923	0.8249	0.7331	0.1357
2020	中位数	0.7114	0.8092	0.7493	0.7160
2019	中位数	0.5979	0.7767	0.7222	0.2874

2023年，创业板农林牧渔业（A）上市公司审计质量指数为0.611。其中，审计质量指数最高的上市公司为0.7403，审计质量指数最低的上市公司为0.4454。

2019~2023年，创业板农林牧渔业（A）上市公司审计质量指数总体上呈基本稳定趋势，2022~2023年从一般水平变为较高水平。

1. 审计工作质量

2023年，创业板农林牧渔业（A）上市公司审计工作质量为0.8456。其中，审计工作质量最高的上市公司为0.9294，审计工作质量最低的上市公司为0.6823。

2019~2023年，创业板农林牧渔业（A）上市公司审计工作质量总体上呈明显上升趋势，2022~2023年处于高水平。

2.审计专业判断水平

2023年，创业板农林牧渔业（A）上市公司审计专业判断水平为0.7004。其中，专业判断水平最高的上市公司为0.8138，专业判断水平最低的上市公司为0.3794。

2019~2023年，创业板农林牧渔业（A）上市公司审计专业判断水平总体上呈基本稳定趋势，2022~2023年处于较高水平。

3.审计工作努力程度

2023年，创业板农林牧渔业（A）上市公司审计工作努力程度为0.1934。其中，工作努力程度最高的上市公司为1.0，工作努力程度最低的上市公司为0.0374。

2019~2023年，创业板农林牧渔业（A）上市公司审计工作努力程度总体上呈大幅下降趋势，2022~2023年处于较低水平。

二、采矿业（B）

（一）证券市场采矿业（B）

2019~2023年，采矿业（B）上市公司审计质量状况见表4.8至表4.10。

表4.8　　　　　　　　证券市场采矿业（B）审计质量

年份	统计指标	审计质量指数	工作质量	专业判断水平	工作努力程度
2023	中位数	0.5582	0.7627	0.6969	0.0819
	最大值	0.8992	0.8833	0.8331	1.0000
	最小值	0.3622	0.4462	0.2896	0.0004
2022	中位数	0.5401	0.7698	0.6978	0.0195
	最大值	0.8910	0.9080	0.8251	1.0000
	最小值	0.3201	0.4503	0.2901	0.0001
2021	中位数	0.6148	0.8449	0.7036	0.3379
2020	中位数	0.5835	0.8537	0.7190	0.1597
2019	中位数	0.5782	0.8499	0.7414	0.1148

2023年，证券市场采矿业（B）上市公司审计质量指数为0.5582。其中，审计质量指数最高的上市公司为0.8992，审计质量指数最低的上市公司为0.3622。

2019~2023年，证券市场采矿业（B）上市公司审计质量指数总体上呈基本稳定趋势，2022~2023年处于一般水平。

1.审计工作质量

2023年，证券市场采矿业（B）上市公司审计工作质量为0.7627。其中，审计工作质量最高的上市公司为0.8833，审计工作质量最低的上市公司为0.4462。

2019~2023年，证券市场采矿业（B）上市公司审计工作质量总体上呈明显下降趋势，2022~2023年处于较高水平。

2. 审计专业判断水平

2023年，证券市场采矿业（B）上市公司审计专业判断水平为0.6969。其中，专业判断水平最高的上市公司为0.8331，专业判断水平最低的上市公司为0.2896。

2019~2023年，证券市场采矿业（B）上市公司审计专业判断水平总体上呈明显下降趋势，2022~2023年处于较高水平。

3. 审计工作努力程度

2023年，证券市场采矿业（B）上市公司审计工作努力程度为0.0819。其中，工作努力程度最高的上市公司为1.0，工作努力程度最低的上市公司为0.0004。

2019~2023年，证券市场采矿业（B）上市公司审计工作努力程度总体上呈明显下降趋势，2022~2023年处于较低水平。

（二）主板市场采矿业（B）

表4.9　　　　　　　　主板市场采矿业（B）审计质量

年份	统计指标	审计质量指数	工作质量	专业判断水平	工作努力程度
2023	中位数	0.5570	0.7636	0.7034	0.0779
	最大值	0.8992	0.8833	0.8331	1.0000
	最小值	0.3622	0.4462	0.2896	0.0004
2022	中位数	0.5367	0.7718	0.6985	0.0192
	最大值	0.8910	0.9080	0.8251	1.0000
	最小值	0.3201	0.4503	0.2901	0.0001
2021	中位数	0.6079	0.8528	0.7066	0.3379
2020	中位数	0.5837	0.8554	0.7233	0.1595
2019	中位数	0.5850	0.8541	0.7458	0.1238

2023年，主板采矿业（B）上市公司审计质量指数为0.557。其中，审计质量指数最高的上市公司为0.8992，审计质量指数最低的上市公司为0.3622。

2019~2023年，主板采矿业（B）上市公司审计质量指数总体上呈基本稳定趋势，2022~2023年处于一般水平。

1. 审计工作质量

2023年，主板采矿业（B）上市公司审计工作质量为0.7636。其中，审计工作质量最高的上市公司为0.8833，审计工作质量最低的上市公司为0.4462。

2019~2023年，主板采矿业（B）上市公司审计工作质量总体上呈明显下降趋势，2022~2023年处于较高水平。

2. 审计专业判断水平

2023年，主板采矿业（B）上市公司审计专业判断水平为0.7034。其中，专业判断水平最高的上市公司为0.8331，专业判断水平最低的上市公司为0.2896。

2019~2023年，主板采矿业（B）上市公司审计专业判断水平总体上呈明显下降趋势，2022~2023年处于较高水平。

3. 审计工作努力程度

2023年，主板采矿业（B）上市公司审计工作努力程度为0.0779。其中，工作努力程度最高的上市公司为1.0，工作努力程度最低的上市公司为0.0004。

2019~2023年，主板采矿业（B）上市公司审计工作努力程度总体上呈大幅下降趋势，2022~2023年处于较低水平。

（三）创业板市场采矿业（B）

表4.10　　　　　　　　　　创业板市场采矿业（B）审计质量

年份	统计指标	审计质量指数	工作质量	专业判断水平	工作努力程度
2023	中位数	0.6380	0.7626	0.6593	0.2182
	最大值	0.8382	0.8667	0.7105	1.0000
	最小值	0.5536	0.7374	0.5788	0.1504
2022	中位数	0.6378	0.7677	0.6820	0.3085
	最大值	0.8457	0.8426	0.7549	1.0000
	最小值	0.4884	0.7272	0.5256	0.0039
2021	中位数	0.7018	0.7471	0.6418	0.7351
2020	中位数	0.5610	0.7421	0.6607	0.3266
2019	中位数	0.5041	0.7564	0.6968	0.0286

2023年，创业板采矿业（B）上市公司审计质量指数为0.638。其中，审计质量指数最高的上市公司为0.8382，审计质量指数最低的上市公司为0.5536。

2019~2023年，创业板采矿业（B）上市公司审计质量指数总体上呈明显上升趋势，2022~2023年处于较高水平。

1. 审计工作质量

2023年，创业板采矿业（B）上市公司审计工作质量为0.7626。其中，审计工作质量最高的上市公司为0.8667，审计工作质量最低的上市公司为0.7374。

2019~2023年，创业板采矿业（B）上市公司审计工作质量总体上呈基本稳定趋势，2022~2023年处于较高水平。

2. 审计专业判断水平

2023年，创业板采矿业（B）上市公司审计专业判断水平为0.6593。其中，专业判断水平最高的上市公司为0.7105，专业判断水平最低的上市公司为0.5788。

2019~2023年，创业板采矿业（B）上市公司审计专业判断水平总体上呈明显下降趋势，2022~2023年处于较高水平。

3. 审计工作努力程度

2023年，创业板采矿业（B）上市公司审计工作努力程度为0.2182。其中，工作努力程度最高的上市公司为1.0，工作努力程度最低的上市公司为0.1504。

2019~2023年，创业板采矿业（B）上市公司审计工作努力程度总体上呈大幅上升趋势，2022~2023年处于较低水平。

三、食品饮料制造业（C13-C15）

（一）证券市场食品饮料制造业（C13-C15）

2019~2023年，食品饮料制造业（C13-C15）上市公司审计质量状况见表4.11至表4.13。

表4.11　　　证券市场食品饮料制造业（C13-C15）审计质量

年份	统计指标	审计质量指数	工作质量	专业判断水平	工作努力程度
2023	中位数	0.5558	0.7825	0.7271	0.0747
	最大值	0.9371	0.9410	0.8261	1.0000
	最小值	0.1550	0.2819	0.0849	0.0000
2022	中位数	0.5551	0.7748	0.7281	0.0739
	最大值	0.9399	0.9471	0.8195	1.0000
	最小值	0.1090	0.2492	0.1004	0.0000
2021	中位数	0.5882	0.7983	0.7341	0.3240
2020	中位数	0.5528	0.7950	0.7295	0.1619
2019	中位数	0.5373	0.7994	0.7473	0.0389

2023年，证券市场食品饮料制造业（C13-C15）上市公司审计质量指数为0.5558。其中，审计质量指数最高的上市公司为0.9371，审计质量指数最低的上市公司为0.155。

2019~2023年，证券市场食品饮料制造业（C13-C15）上市公司审计质量指数总体上呈基本稳定趋势，2022~2023年处于一般水平。

1. 审计工作质量

2023年，证券市场食品饮料制造业（C13-C15）上市公司审计工作质量为0.7825。其中，审计工作质量最高的上市公司为0.941，审计工作质量最低的上市公司为0.2819。

2019~2023年，证券市场食品饮料制造业（C13-C15）上市公司审计工作质量总体上呈基本稳定趋势，2022~2023年处于较高水平。

2. 审计专业判断水平

2023年，证券市场食品饮料制造业（C13-C15）上市公司审计专业判断水平为

0.7271。其中，专业判断水平最高的上市公司为0.8261，专业判断水平最低的上市公司为0.0849。

2019~2023年，证券市场食品饮料制造业（C13-C15）上市公司审计专业判断水平总体上呈基本稳定趋势，2022~2023年处于较高水平。

3. 审计工作努力程度

2023年，证券市场食品饮料制造业（C13-C15）上市公司审计工作努力程度为0.0747。其中，工作努力程度最高的上市公司为1.0，工作努力程度最低的上市公司为0。

2019~2023年，证券市场食品饮料制造业（C13-C15）上市公司审计工作努力程度总体上呈大幅上升趋势，2022~2023年处于较低水平。

（二）主板市场食品饮料制造业（C13-C15）

表4.12　　　　　　主板市场食品饮料制造业（C13-C15）审计质量

年份	统计指标	审计质量指数	工作质量	专业判断水平	工作努力程度
2023	中位数	0.5554	0.7821	0.7258	0.0760
	最大值	0.9371	0.9410	0.8261	1.0000
	最小值	0.1550	0.2819	0.0849	0.0000
2022	中位数	0.5530	0.7680	0.7280	0.0694
	最大值	0.9399	0.9471	0.8195	1.0000
	最小值	0.1090	0.2492	0.1004	0.0000
2021	中位数	0.5886	0.7973	0.7345	0.3267
2020	中位数	0.5550	0.8004	0.7326	0.1618
2019	中位数	0.5394	0.8014	0.7521	0.0388

2023年，主板食品饮料制造业（C13-C15）上市公司审计质量指数为0.5554。其中，审计质量指数最高的上市公司为0.9371，审计质量指数最低的上市公司为0.155。

2019~2023年，主板食品饮料制造业（C13-C15）上市公司审计质量指数总体上呈基本稳定趋势，2022~2023年处于一般水平。

1. 审计工作质量

2023年，主板食品饮料制造业（C13-C15）上市公司审计工作质量为0.7821。其中，审计工作质量最高的上市公司为0.941，审计工作质量最低的上市公司为0.2819。

2019~2023年，主板食品饮料制造业（C13-C15）上市公司审计工作质量总体上呈基本稳定趋势，2022~2023年处于较高水平。

2. 审计专业判断水平

2023年，主板食品饮料制造业（C13-C15）上市公司审计专业判断水平为0.7258。其中，专业判断水平最高的上市公司为0.8261，专业判断水平最低的上市公司为0.0849。

2019~2023年，主板食品饮料制造业（C13-C15）上市公司审计专业判断水平总体上呈基本稳定趋势，2022~2023年处于较高水平。

3.审计工作努力程度

2023年，主板食品饮料制造业（C13-C15）上市公司审计工作努力程度为0.076。其中，工作努力程度最高的上市公司为1.0，工作努力程度最低的上市公司为0。

2019~2023年，主板食品饮料制造业（C13-C15）上市公司审计工作努力程度总体上呈大幅上升趋势，2022~2023年处于较低水平。

（三）创业板市场食品饮料制造业（C13-C15）

表4.13　　　　创业板市场食品饮料制造业（C13-C15）审计质量

年份	统计指标	审计质量指数	工作质量	专业判断水平	工作努力程度
2023	中位数	0.5796	0.7914	0.7556	0.0614
2023	最大值	0.6933	0.9171	0.8145	0.4314
2023	最小值	0.2903	0.4963	0.2440	0.0032
2022	中位数	0.5911	0.8124	0.7493	0.0887
2022	最大值	0.7346	0.9136	0.8192	0.9024
2022	最小值	0.3256	0.5897	0.3338	0.0035
2021	中位数	0.6483	0.8027	0.7260	0.5074
2020	中位数	0.5516	0.7572	0.7294	0.1618
2019	中位数	0.5180	0.7826	0.7187	0.0728

2023年，创业板食品饮料制造业（C13-C15）上市公司审计质量指数为0.5796。其中，审计质量指数最高的上市公司为0.6933，审计质量指数最低的上市公司为0.2903。

2019~2023年，创业板食品饮料制造业（C13-C15）上市公司审计质量指数总体上呈明显上升趋势，2022~2023年处于一般水平。

1.审计工作质量

2023年，创业板食品饮料制造业（C13-C15）上市公司审计工作质量为0.7914。其中，审计工作质量最高的上市公司为0.9171，审计工作质量最低的上市公司为0.4963。

2019~2023年，创业板食品饮料制造业（C13-C15）上市公司审计工作质量总体上呈基本稳定趋势，2022~2023年从高水平变为较高水平。

2.审计专业判断水平

2023年，创业板食品饮料制造业（C13-C15）上市公司审计专业判断水平为0.7556。其中，专业判断水平最高的上市公司为0.8145，专业判断水平最低的上市公司为0.244。

2019~2023年，创业板食品饮料制造业（C13-C15）上市公司审计专业判断水平总体上呈明显上升趋势，2022~2023年处于较高水平。

3.审计工作努力程度

2023年，创业板食品饮料制造业（C13-C15）上市公司审计工作努力程度为0.0614。

其中，工作努力程度最高的上市公司为0.4314，工作努力程度最低的上市公司为0.0032。

2019~2023年，创业板食品饮料制造业（C13-C15）上市公司审计工作努力程度总体上呈明显下降趋势，2022~2023年处于较低水平。

四、纺织服装制造业（C17-C19）

（一）证券市场纺织服装制造业（C17-C19）

2019~2023年，纺织服装制造业（C17-C19）上市公司审计质量状况见表4.14至表4.16。

表4.14　　　　证券市场纺织服装制造业（C17-C19）审计质量

年份	统计指标	审计质量指数	工作质量	专业判断水平	工作努力程度
2023	中位数	0.5770	0.7717	0.7571	0.1039
	最大值	0.9150	0.9030	0.8358	1.0000
	最小值	0.2296	0.4598	0.1520	0.0000
2022	中位数	0.5633	0.7746	0.7561	0.0762
	最大值	0.8853	0.9040	0.8295	1.0000
	最小值	0.2224	0.4683	0.1732	0.0000
2021	中位数	0.5566	0.7884	0.7512	0.0541
2020	中位数	0.7334	0.7857	0.7488	0.9379
2019	中位数	0.5675	0.7966	0.7667	0.1295

2023年，证券市场纺织服装制造业（C17-C19）上市公司审计质量指数为0.577。其中，审计质量指数最高的上市公司为0.915，审计质量指数最低的上市公司为0.2296。

2019~2023年，证券市场纺织服装制造业（C17-C19）上市公司审计质量指数总体上呈基本稳定趋势，2022~2023年处于一般水平。

1. 审计工作质量

2023年，证券市场纺织服装制造业（C17-C19）上市公司审计工作质量为0.7717。其中，审计工作质量最高的上市公司为0.903，审计工作质量最低的上市公司为0.4598。

2019~2023年，证券市场纺织服装制造业（C17-C19）上市公司审计工作质量总体上呈基本稳定趋势，2022~2023年处于较高水平。

2. 审计专业判断水平

2023年，证券市场纺织服装制造业（C17-C19）上市公司审计专业判断水平为0.7571。其中，专业判断水平最高的上市公司为0.8358，专业判断水平最低的上市公司为0.152。

2019~2023年，证券市场纺织服装制造业（C17-C19）上市公司审计专业判断水平总体上呈基本稳定趋势，2022~2023年处于较高水平。

3. 审计工作努力程度

2023年，证券市场纺织服装制造业（C17-C19）上市公司审计工作努力程度为0.1039。其中，工作努力程度最高的上市公司为1.0，工作努力程度最低的上市公司为0。

2019~2023年，证券市场纺织服装制造业（C17-C19）上市公司审计工作努力程度总体上呈明显下降趋势，2022~2023年处于较低水平。

（二）主板市场纺织服装制造业（C17-C19）

表4.15　主板市场纺织服装制造业（C17-C19）审计质量

年份	统计指标	审计质量指数	工作质量	专业判断水平	工作努力程度
2023	中位数	0.5763	0.7779	0.7560	0.1039
	最大值	0.8594	0.9030	0.8358	1.0000
	最小值	0.2296	0.4598	0.1520	0.0000
2022	中位数	0.5614	0.7746	0.7561	0.0726
	最大值	0.8853	0.9040	0.8243	1.0000
	最小值	0.2224	0.4683	0.1732	0.0000
2021	中位数	0.5581	0.7891	0.7506	0.0587
2020	中位数	0.7024	0.7862	0.7500	0.7388
2019	中位数	0.5603	0.7890	0.7667	0.1294

2023年，主板纺织服装制造业（C17-C19）上市公司审计质量指数为0.5763。其中，审计质量指数最高的上市公司为0.8594，审计质量指数最低的上市公司为0.2296。

2019~2023年，主板纺织服装制造业（C17-C19）上市公司审计质量指数总体上呈基本稳定趋势，2022~2023年处于一般水平。

1. 审计工作质量

2023年，主板纺织服装制造业（C17-C19）上市公司审计工作质量为0.7779。其中，审计工作质量最高的上市公司为0.903，审计工作质量最低的上市公司为0.4598。

2019~2023年，主板纺织服装制造业（C17-C19）上市公司审计工作质量总体上呈基本稳定趋势，2022~2023年处于较高水平。

2. 审计专业判断水平

2023年，主板纺织服装制造业（C17-C19）上市公司审计专业判断水平为0.756。其中，专业判断水平最高的上市公司为0.8358，专业判断水平最低的上市公司为0.152。

2019~2023年，主板纺织服装制造业（C17-C19）上市公司审计专业判断水平总体上呈基本稳定趋势，2022~2023年处于较高水平。

3. 审计工作努力程度

2023年，主板纺织服装制造业（C17-C19）上市公司审计工作努力程度为0.1039。其中，工作努力程度最高的上市公司为1.0，工作努力程度最低的上市公司为0。

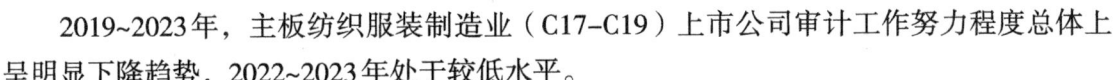

2019~2023年,主板纺织服装制造业(C17-C19)上市公司审计工作努力程度总体上呈明显下降趋势,2022~2023年处于较低水平。

(三)创业板市场纺织服装制造业(C17-C19)

表4.16　　　　创业板市场纺织服装制造业(C17-C19)审计质量

年份	统计指标	审计质量指数	工作质量	专业判断水平	工作努力程度
2023	中位数	0.5856	0.7553	0.7600	0.1235
	最大值	0.9150	0.8462	0.8309	1.0000
	最小值	0.4727	0.6508	0.6133	0.0009
2022	中位数	0.5976	0.7697	0.7652	0.0796
	最大值	0.7782	0.8467	0.8295	0.8614
	最小值	0.4228	0.6141	0.6059	0.0159
2021	中位数	0.5564	0.7884	0.7610	0.0169
2020	中位数	0.8237	0.7851	0.7351	0.9810
2019	中位数	0.6304	0.8482	0.7749	0.2807

2023年,创业板纺织服装制造业(C17-C19)上市公司审计质量指数为0.5856。其中,审计质量指数最高的上市公司为0.915,审计质量指数最低的上市公司为0.4727。

2019~2023年,创业板纺织服装制造业(C17-C19)上市公司审计质量指数总体上呈明显下降趋势,2022~2023年处于一般水平。

1.审计工作质量

2023年,创业板纺织服装制造业(C17-C19)上市公司审计工作质量为0.7553。其中,审计工作质量最高的上市公司为0.8462,审计工作质量最低的上市公司为0.6508。

2019~2023年,创业板纺织服装制造业(C17-C19)上市公司审计工作质量总体上呈明显下降趋势,2022~2023年处于较高水平。

2.审计专业判断水平

2023年,创业板纺织服装制造业(C17-C19)上市公司审计专业判断水平为0.76。其中,专业判断水平最高的上市公司为0.8309,专业判断水平最低的上市公司为0.6133。

2019~2023年,创业板纺织服装制造业(C17-C19)上市公司审计专业判断水平总体上呈基本稳定趋势,2022~2023年处于较高水平。

3.审计工作努力程度

2023年,创业板纺织服装制造业(C17-C19)上市公司审计工作努力程度为0.1235。其中,工作努力程度最高的上市公司为1.0,工作努力程度最低的上市公司为0.0009。

2019~2023年,创业板纺织服装制造业(C17-C19)上市公司审计工作努力程度总体上呈大幅下降趋势,2022~2023年处于较低水平。

五、木材家具制造业（C20-C21）

（一）证券市场木材家具制造业（C20-C21）

2019~2023年，木材家具制造业（C20-C21）上市公司审计质量状况见表4.17至表4.19。

表4.17　　　　证券市场木材家具制造业（C20-C21）审计质量

年份	统计指标	审计质量指数	工作质量	专业判断水平	工作努力程度
2023	中位数	0.5547	0.7917	0.7683	0.0636
	最大值	0.9011	0.8878	0.8564	1.0000
	最小值	0.3428	0.4972	0.4336	0.0004
2022	中位数	0.5777	0.8090	0.7684	0.0572
	最大值	0.9134	0.8918	0.8641	1.0000
	最小值	0.3101	0.5195	0.3846	0.0051
2021	中位数	0.7056	0.8043	0.8003	1.0000
2020	中位数	0.6400	0.7988	0.7972	0.2891
2019	中位数	0.6550	0.7960	0.8273	0.4535

2023年，证券市场木材家具制造业（C20-C21）上市公司审计质量指数为0.5547。其中，审计质量指数最高的上市公司为0.9011，审计质量指数最低的上市公司为0.3428。

2019~2023年，证券市场木材家具制造业（C20-C21）上市公司审计质量指数总体上呈明显下降趋势，2022~2023年处于一般水平。

1.审计工作质量

2023年，证券市场木材家具制造业（C20-C21）上市公司审计工作质量为0.7917。其中，审计工作质量最高的上市公司为0.8878，审计工作质量最低的上市公司为0.4972。

2019~2023年，证券市场木材家具制造业（C20-C21）上市公司审计工作质量总体上呈基本稳定趋势，2022~2023年从高水平变为较高水平。

2.审计专业判断水平

2023年，证券市场木材家具制造业（C20-C21）上市公司审计专业判断水平为0.7683。其中，专业判断水平最高的上市公司为0.8564，专业判断水平最低的上市公司为0.4336。

2019~2023年，证券市场木材家具制造业（C20-C21）上市公司审计专业判断水平总体上呈明显下降趋势，2022~2023年处于较高水平。

3.审计工作努力程度

2023年，证券市场木材家具制造业（C20-C21）上市公司审计工作努力程度为0.0636。其中，工作努力程度最高的上市公司为1.0，工作努力程度最低的上市公司为0.0004。

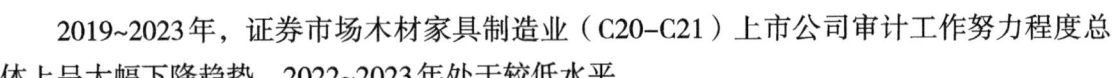

2019~2023年，证券市场木材家具制造业（C20-C21）上市公司审计工作努力程度总体上呈大幅下降趋势，2022~2023年处于较低水平。

（二）主板市场木材家具制造业（C20-C21）

表4.18　　　　　　主板市场木材家具制造业（C20-C21）审计质量

年份	统计指标	审计质量指数	工作质量	专业判断水平	工作努力程度
2023	中位数	0.5538	0.7915	0.7687	0.0593
	最大值	0.8997	0.8878	0.8564	1.0000
	最小值	0.3428	0.5427	0.4336	0.0004
2022	中位数	0.5781	0.8080	0.7682	0.1033
	最大值	0.8981	0.8823	0.8641	1.0000
	最小值	0.3101	0.5195	0.3846	0.0051
2021	中位数	0.6849	0.8059	0.7962	0.9999
2020	中位数	0.6297	0.7939	0.7923	0.2876
2019	中位数	0.6491	0.7936	0.8171	0.4490

2023年，主板木材家具制造业（C20-C21）上市公司审计质量指数为0.5538。其中，审计质量指数最高的上市公司为0.8997，审计质量指数最低的上市公司为0.3428。

2019~2023年，主板木材家具制造业（C20-C21）上市公司审计质量指数总体上呈明显下降趋势，2022~2023年处于一般水平。

1. 审计工作质量

2023年，主板木材家具制造业（C20-C21）上市公司审计工作质量为0.7915。其中，审计工作质量最高的上市公司为0.8878，审计工作质量最低的上市公司为0.5427。

2019~2023年，主板木材家具制造业（C20-C21）上市公司审计工作质量总体上呈基本稳定趋势，2022~2023年从高水平变为较高水平。

2. 审计专业判断水平

2023年，主板木材家具制造业（C20-C21）上市公司审计专业判断水平为0.7687。其中，专业判断水平最高的上市公司为0.8564，专业判断水平最低的上市公司为0.4336。

2019~2023年，主板木材家具制造业（C20-C21）上市公司审计专业判断水平总体上呈明显下降趋势，2022~2023年处于较高水平。

3. 审计工作努力程度

2023年，主板木材家具制造业（C20-C21）上市公司审计工作努力程度为0.0593。其中，工作努力程度最高的上市公司为1.0，工作努力程度最低的上市公司为0.0004。

2019~2023年，主板木材家具制造业（C20-C21）上市公司审计工作努力程度总体上呈大幅下降趋势，2022~2023年处于较低水平。

(三)创业板市场木材家具制造业(C20-C21)

表4.19　创业板市场木材家具制造业(C20-C21)审计质量

年份	统计指标	审计质量指数	工作质量	专业判断水平	工作努力程度
2023	中位数	0.5733	0.8091	0.7683	0.0639
	最大值	0.9011	0.8680	0.8507	1.0000
	最小值	0.3645	0.4972	0.5412	0.0046
2022	中位数	0.5597	0.8213	0.7684	0.0471
	最大值	0.9134	0.8918	0.8545	1.0000
	最小值	0.3781	0.5374	0.5345	0.0113
2021	中位数	0.7555	0.7830	0.8594	1.0000
2020	中位数	0.6583	0.8310	0.8447	0.2896
2019	中位数	0.7058	0.8028	0.8599	0.4544

2023年,创业板木材家具制造业(C20-C21)上市公司审计质量指数为0.5733。其中,审计质量指数最高的上市公司为0.9011,审计质量指数最低的上市公司为0.3645。

2019~2023年,创业板木材家具制造业(C20-C21)上市公司审计质量指数总体上呈明显下降趋势,2022~2023年处于一般水平。

1.审计工作质量

2023年,创业板木材家具制造业(C20-C21)上市公司审计工作质量为0.8091。其中,审计工作质量最高的上市公司为0.868,审计工作质量最低的上市公司为0.4972。

2019~2023年,创业板木材家具制造业(C20-C21)上市公司审计工作质量总体上呈基本稳定趋势,2022~2023年处于高水平。

2.审计专业判断水平

2023年,创业板木材家具制造业(C20-C21)上市公司审计专业判断水平为0.7683。其中,专业判断水平最高的上市公司为0.8507,专业判断水平最低的上市公司为0.5412。

2019~2023年,创业板木材家具制造业(C20-C21)上市公司审计专业判断水平总体上呈明显下降趋势,2022~2023年处于较高水平。

3.审计工作努力程度

2023年,创业板木材家具制造业(C20-C21)上市公司审计工作努力程度为0.0639。其中,工作努力程度最高的上市公司为1.0,工作努力程度最低的上市公司为0.0046。

2019~2023年,创业板木材家具制造业(C20-C21)上市公司审计工作努力程度总体上呈大幅下降趋势,2022~2023年处于较低水平。

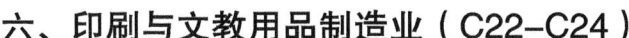

六、印刷与文教用品制造业（C22-C24）

（一）证券市场印刷与文教用品制造业（C22-C24）

2019~2023年，印刷与文教用品制造业（C22-C24）上市公司审计质量状况见表4.20至表4.22。

表4.20　　　证券市场印刷与文教用品制造业（C22-C24）审计质量

年份	统计指标	审计质量指数	工作质量	专业判断水平	工作努力程度
2023	中位数	0.5686	0.8099	0.7558	0.0536
	最大值	0.8909	0.8867	0.8325	1.0000
	最小值	0.2457	0.4258	0.2573	0.0010
2022	中位数	0.5834	0.8092	0.7697	0.0990
	最大值	0.9005	0.8961	0.8636	1.0000
	最小值	0.3030	0.4721	0.2508	0.0015
2021	中位数	0.6040	0.8151	0.7612	0.3379
2020	中位数	0.6364	0.7996	0.7832	0.2871
2019	中位数	0.6489	0.8169	0.7756	0.3470

2023年，证券市场印刷与文教用品制造业（C22-C24）上市公司审计质量指数为0.5686。其中，审计质量指数最高的上市公司为0.8909，审计质量指数最低的上市公司为0.2457。

2019~2023年，证券市场印刷与文教用品制造业（C22-C24）上市公司审计质量指数总体上呈明显下降趋势，2022~2023年处于一般水平。

1. 审计工作质量

2023年，证券市场印刷与文教用品制造业（C22-C24）上市公司审计工作质量为0.8099。其中，审计工作质量最高的上市公司为0.8867，审计工作质量最低的上市公司为0.4258。

2019~2023年，证券市场印刷与文教用品制造业（C22-C24）上市公司审计工作质量总体上呈基本稳定趋势，2022~2023年处于高水平。

2. 审计专业判断水平

2023年，证券市场印刷与文教用品制造业（C22-C24）上市公司审计专业判断水平为0.7558。其中，专业判断水平最高的上市公司为0.8325，专业判断水平最低的上市公司为0.2573。

2019~2023年，证券市场印刷与文教用品制造业（C22-C24）上市公司审计专业判断水平总体上呈基本稳定趋势，2022~2023年处于较高水平。

3. 审计工作努力程度

2023年，证券市场印刷与文教用品制造业（C22-C24）上市公司审计工作努力程度为0.0536。其中，工作努力程度最高的上市公司为1.0，工作努力程度最低的上市公司为0.001。

2019~2023年，证券市场印刷与文教用品制造业（C22-C24）上市公司审计工作努力程度总体上呈大幅下降趋势，2022~2023年处于较低水平。

（二）主板市场印刷与文教用品制造业（C22-C24）

表4.21　主板市场印刷与文教用品制造业（C22-C24）审计质量

年份	统计指标	审计质量指数	工作质量	专业判断水平	工作努力程度
2023	中位数	0.5656	0.7981	0.7559	0.0551
	最大值	0.8909	0.8867	0.8300	1.0000
	最小值	0.2457	0.4258	0.2573	0.0010
2022	中位数	0.5822	0.8007	0.7755	0.1040
	最大值	0.9005	0.8961	0.8636	1.0000
	最小值	0.3030	0.4721	0.2508	0.0015
2021	中位数	0.6020	0.8245	0.7437	0.3379
2020	中位数	0.6299	0.8064	0.7845	0.2869
2019	中位数	0.6397	0.8189	0.7753	0.2865

2023年，主板印刷与文教用品制造业（C22-C24）上市公司审计质量指数为0.5656。其中，审计质量指数最高的上市公司为0.8909，审计质量指数最低的上市公司为0.2457。

2019~2023年，主板印刷与文教用品制造业（C22-C24）上市公司审计质量指数总体上呈明显下降趋势，2022~2023年处于一般水平。

1. 审计工作质量

2023年，主板印刷与文教用品制造业（C22-C24）上市公司审计工作质量为0.7981。其中，审计工作质量最高的上市公司为0.8867，审计工作质量最低的上市公司为0.4258。

2019~2023年，主板印刷与文教用品制造业（C22-C24）上市公司审计工作质量总体上呈基本稳定趋势，2022~2023年从高水平变为较高水平。

2. 审计专业判断水平

2023年，主板印刷与文教用品制造业（C22-C24）上市公司审计专业判断水平为0.7559。其中，专业判断水平最高的上市公司为0.83，专业判断水平最低的上市公司为0.2573。

2019~2023年，主板印刷与文教用品制造业（C22-C24）上市公司审计专业判断水平总体上呈基本稳定趋势，2022~2023年处于较高水平。

3. 审计工作努力程度

2023年，主板印刷与文教用品制造业（C22-C24）上市公司审计工作努力程度为0.0551。其中，工作努力程度最高的上市公司为1.0，工作努力程度最低的上市公司为0.001。

2019~2023年，主板印刷与文教用品制造业（C22-C24）上市公司审计工作努力程度总体上呈大幅下降趋势，2022~2023年处于较低水平。

（三）创业板市场印刷与文教用品制造业（C22-C24）

表4.22　　创业板市场印刷与文教用品制造业（C22-C24）审计质量

年份	统计指标	审计质量指数	工作质量	专业判断水平	工作努力程度
2023	中位数	0.5797	0.8269	0.7544	0.0507
	最大值	0.6252	0.8844	0.8325	0.1219
	最小值	0.5126	0.7012	0.6667	0.0028
2022	中位数	0.5984	0.8341	0.7519	0.0931
	最大值	0.8995	0.8774	0.8571	1.0000
	最小值	0.5478	0.7301	0.6552	0.0211
2021	中位数	0.8057	0.8107	0.7873	0.8686
2020	中位数	0.7405	0.7903	0.7821	0.7476
2019	中位数	0.7031	0.7839	0.8009	0.5542

2023年，创业板印刷与文教用品制造业（C22-C24）上市公司审计质量指数为0.5797。其中，审计质量指数最高的上市公司为0.6252，审计质量指数最低的上市公司为0.5126。

2019~2023年，创业板印刷与文教用品制造业（C22-C24）上市公司审计质量指数总体上呈明显下降趋势，2022~2023年处于一般水平。

1. 审计工作质量

2023年，创业板印刷与文教用品制造业（C22-C24）上市公司审计工作质量为0.8269。其中，审计工作质量最高的上市公司为0.8844，审计工作质量最低的上市公司为0.7012。

2019~2023年，创业板印刷与文教用品制造业（C22-C24）上市公司审计工作质量总体上呈明显上升趋势，2022~2023年处于高水平。

2. 审计专业判断水平

2023年，创业板印刷与文教用品制造业（C22-C24）上市公司审计专业判断水平为0.7544。其中，专业判断水平最高的上市公司为0.8325，专业判断水平最低的上市公司为0.6667。

2019~2023年，创业板印刷与文教用品制造业（C22-C24）上市公司审计专业判断水平总体上呈明显下降趋势，2022~2023年处于较高水平。

3.审计工作努力程度

2023年，创业板印刷与文教用品制造业（C22-C24）上市公司审计工作努力程度为0.0507。其中，工作努力程度最高的上市公司为0.1219，工作努力程度最低的上市公司为0.0028。

2019~2023年，创业板印刷与文教用品制造业（C22-C24）上市公司审计工作努力程度总体上呈大幅下降趋势，2022~2023年处于较低水平。

七、石油化工制造业（C25-C26）

（一）证券市场石油化工制造业（C25-C26）

2019~2023年，石油化工制造业（C25-C26）上市公司审计质量状况见表4.23至表4.26。

表4.23　　　　证券市场石油化工制造业（C25-C26）审计质量

年份	统计指标	审计质量指数	工作质量	专业判断水平	工作努力程度
2023	中位数	0.5432	0.7950	0.7391	0.0206
	最大值	0.9162	0.9171	0.8164	1.0000
	最小值	0.2080	0.4382	0.1304	0.0000
2022	中位数	0.5441	0.7970	0.7462	0.0259
	最大值	0.9109	0.9323	0.8168	1.0000
	最小值	0.2301	0.4406	0.1417	0.0000
2021	中位数	0.7903	0.8187	0.7555	0.9999
2020	中位数	0.5852	0.8159	0.7557	0.2389
2019	中位数	0.5386	0.8149	0.7613	0.0309

2023年，证券市场石油化工制造业（C25-C26）上市公司审计质量指数为0.5432。其中，审计质量指数最高的上市公司为0.9162，审计质量指数最低的上市公司为0.208。

2019~2023年，证券市场石油化工制造业（C25-C26）上市公司审计质量指数总体上呈基本稳定趋势，2022~2023年处于一般水平。

1.审计工作质量

2023年，证券市场石油化工制造业（C25-C26）上市公司审计工作质量为0.795。其中，审计工作质量最高的上市公司为0.9171，审计工作质量最低的上市公司为0.4382。

2019~2023年，证券市场石油化工制造业（C25-C26）上市公司审计工作质量总体上呈基本稳定趋势，2022~2023年处于较高水平。

2.审计专业判断水平

2023年，证券市场石油化工制造业（C25-C26）上市公司审计专业判断水平为

0.7391。其中，专业判断水平最高的上市公司为0.8164，专业判断水平最低的上市公司为0.1304。

2019~2023年，证券市场石油化工制造业（C25-C26）上市公司审计专业判断水平总体上呈基本稳定趋势，2022~2023年处于较高水平。

3. 审计工作努力程度

2023年，证券市场石油化工制造业（C25-C26）上市公司审计工作努力程度为0.0206。其中，工作努力程度最高的上市公司为1.0，工作努力程度最低的上市公司为0。

2019~2023年，证券市场石油化工制造业（C25-C26）上市公司审计工作努力程度总体上呈大幅下降趋势，2022~2023年处于较低水平。

（二）主板市场石油化工制造业（C25-C26）

表4.24　　　　　　主板市场石油化工制造业（C25-C26）审计质量

年份	统计指标	审计质量指数	工作质量	专业判断水平	工作努力程度
2023	中位数	0.5375	0.7947	0.7323	0.0209
2023	最大值	0.8744	0.9171	0.8164	1.0000
2023	最小值	0.2080	0.4382	0.1304	0.0000
2022	中位数	0.5486	0.7972	0.7441	0.0307
2022	最大值	0.8932	0.9323	0.8146	1.0000
2022	最小值	0.2301	0.4406	0.1417	0.0000
2021	中位数	0.7999	0.8273	0.7578	0.9999
2020	中位数	0.5895	0.8274	0.7561	0.2389
2019	中位数	0.5395	0.8212	0.7613	0.0309

2023年，主板石油化工制造业（C25-C26）上市公司审计质量指数为0.5375。其中，审计质量指数最高的上市公司为0.8744，审计质量指数最低的上市公司为0.208。

2019~2023年，主板石油化工制造业（C25-C26）上市公司审计质量指数总体上呈基本稳定趋势，2022~2023年处于一般水平。

1. 审计工作质量

2023年，主板石油化工制造业（C25-C26）上市公司审计工作质量为0.7947。其中，审计工作质量最高的上市公司为0.9171，审计工作质量最低的上市公司为0.4382。

2019~2023年，主板石油化工制造业（C25-C26）上市公司审计工作质量总体上呈基本稳定趋势，2022~2023年处于较高水平。

2. 审计专业判断水平

2023年，主板石油化工制造业（C25-C26）上市公司审计专业判断水平为0.7323。其中，专业判断水平最高的上市公司为0.8164，专业判断水平最低的上市公司为0.1304。

2019~2023年，主板石油化工制造业（C25-C26）上市公司审计专业判断水平总体上呈基本稳定趋势，2022~2023年处于较高水平。

3. 审计工作努力程度

2023年，主板石油化工制造业（C25-C26）上市公司审计工作努力程度为0.0209。其中，工作努力程度最高的上市公司为1.0，工作努力程度最低的上市公司为0。

2019~2023年，主板石油化工制造业（C25-C26）上市公司审计工作努力程度总体上呈大幅下降趋势，2022~2023年处于较低水平。

（三）创业板市场石油化工制造业（C25-C26）

表4.25　　　创业板市场石油化工制造业（C25-C26）审计质量

年份	统计指标	审计质量指数	工作质量	专业判断水平	工作努力程度
2023	中位数	0.5480	0.8008	0.7470	0.0168
	最大值	0.9162	0.9161	0.8140	1.0000
	最小值	0.3332	0.5107	0.4715	0.0001
2022	中位数	0.5425	0.7937	0.7559	0.0210
	最大值	0.7360	0.8955	0.8168	0.4323
	最小值	0.3742	0.5647	0.4692	0.0000
2021	中位数	0.8017	0.7944	0.7540	0.9999
2020	中位数	0.5720	0.7974	0.7608	0.2389
2019	中位数	0.5349	0.7955	0.7718	0.0309

2023年，创业板石油化工制造业（C25-C26）上市公司审计质量指数为0.548。其中，审计质量指数最高的上市公司为0.9162，审计质量指数最低的上市公司为0.3332。

2019~2023年，创业板石油化工制造业（C25-C26）上市公司审计质量指数总体上呈基本稳定趋势，2022~2023年处于一般水平。

1. 审计工作质量

2023年，创业板石油化工制造业（C25-C26）上市公司审计工作质量为0.8008。其中，审计工作质量最高的上市公司为0.9161，审计工作质量最低的上市公司为0.5107。

2019~2023年，创业板石油化工制造业（C25-C26）上市公司审计工作质量总体上呈基本稳定趋势，2022~2023年从较高水平变为高水平。

2. 审计专业判断水平

2023年，创业板石油化工制造业（C25-C26）上市公司审计专业判断水平为0.747。其中，专业判断水平最高的上市公司为0.814，专业判断水平最低的上市公司为0.4715。

2019~2023年，创业板石油化工制造业（C25-C26）上市公司审计专业判断水平总体上呈基本稳定趋势，2022~2023年处于较高水平。

3. 审计工作努力程度

2023年，创业板石油化工制造业（C25-C26）上市公司审计工作努力程度为0.0168。

其中，工作努力程度最高的上市公司为1.0，工作努力程度最低的上市公司为0.0001。

2019~2023年，创业板石油化工制造业（C25-C26）上市公司审计工作努力程度总体上呈大幅下降趋势，2022~2023年处于较低水平。

（四）科创板市场石油化工制造业（C25-C26）

表4.26　　　　科创板市场石油化工制造业（C25-C26）审计质量

年份	统计指标	审计质量指数	工作质量	专业判断水平	工作努力程度
2023	中位数	0.5480	0.7980	0.7371	0.0329
2023	最大值	0.5982	0.8921	0.7965	0.0979
2023	最小值	0.4113	0.6464	0.5427	0.0008
2022	中位数	0.5352	0.8034	0.7336	0.0163
2022	最大值	0.9109	0.8904	0.8162	0.9692
2022	最小值	0.3978	0.6369	0.5585	0.0021
2021	中位数	0.5123	0.7163	0.7363	0.0109
2020	中位数	0.4851	0.6960	0.6442	0.1479
2019	中位数	0.4070	0.5955	0.5912	0.0309

2023年，科创板石油化工制造业（C25-C26）上市公司审计质量指数为0.548。其中，审计质量指数最高的上市公司为0.5982，审计质量指数最低的上市公司为0.4113。

2019~2023年，科创板石油化工制造业（C25-C26）上市公司审计质量指数总体上呈大幅上升趋势，2022~2023年处于一般水平。

1.审计工作质量

2023年，科创板石油化工制造业（C25-C26）上市公司审计工作质量为0.798。其中，审计工作质量最高的上市公司为0.8921，审计工作质量最低的上市公司为0.6464。

2019~2023年，科创板石油化工制造业（C25-C26）上市公司审计工作质量总体上呈大幅上升趋势，2022~2023年从高水平变为较高水平。

2.审计专业判断水平

2023年，科创板石油化工制造业（C25-C26）上市公司审计专业判断水平为0.7371。其中，专业判断水平最高的上市公司为0.7965，专业判断水平最低的上市公司为0.5427。

2019~2023年，科创板石油化工制造业（C25-C26）上市公司审计专业判断水平总体上呈明显上升趋势，2022~2023年处于较高水平。

3.审计工作努力程度

2023年，科创板石油化工制造业（C25-C26）上市公司审计工作努力程度为0.0329。其中，工作努力程度最高的上市公司为0.0979，工作努力程度最低的上市公司为0.0008。

2019~2023年，科创板石油化工制造业（C25-C26）上市公司审计工作努力程度总体上呈明显上升趋势，2022~2023年处于较低水平。

八、医药制造业（C27）

（一）证券市场医药制造业（C27）

2019~2023年，医药制造业（C27）上市公司审计质量状况见表4.27至表4.30。

表4.27　　　　　证券市场医药制造业（C27）审计质量

年份	统计指标	审计质量指数	工作质量	专业判断水平	工作努力程度
2023	中位数	0.5008	0.7247	0.6888	0.0061
	最大值	0.8868	0.9465	0.7823	1.0000
	最小值	0.2037	0.3120	0.2326	0.0001
2022	中位数	0.5033	0.7290	0.7053	0.0044
	最大值	0.8400	0.9376	0.7893	1.0000
	最小值	0.1983	0.2910	0.3000	0.0000
2021	中位数	0.5257	0.7446	0.7308	0.1653
2020	中位数	0.5556	0.7580	0.7517	0.2202
2019	中位数	0.5641	0.7636	0.7610	0.2393

2023年，证券市场医药制造业（C27）上市公司审计质量指数为0.5008。其中，审计质量指数最高的上市公司为0.8868，审计质量指数最低的上市公司为0.2037。

2019~2023年，证券市场医药制造业（C27）上市公司审计质量指数总体上呈明显下降趋势，2022~2023年处于一般水平。

1.审计工作质量

2023年，证券市场医药制造业（C27）上市公司审计工作质量为0.7247。其中，审计工作质量最高的上市公司为0.9465，审计工作质量最低的上市公司为0.312。

2019~2023年，证券市场医药制造业（C27）上市公司审计工作质量总体上呈明显下降趋势，2022~2023年处于较高水平。

2.审计专业判断水平

2023年，证券市场医药制造业（C27）上市公司审计专业判断水平为0.6888。其中，专业判断水平最高的上市公司为0.7823，专业判断水平最低的上市公司为0.2326。

2019~2023年，证券市场医药制造业（C27）上市公司审计专业判断水平总体上呈明显下降趋势，2022~2023年处于较高水平。

3.审计工作努力程度

2023年，证券市场医药制造业（C27）上市公司审计工作努力程度为0.0061。其中，工作努力程度最高的上市公司为1.0，工作努力程度最低的上市公司为0.0001。

2019~2023年，证券市场医药制造业（C27）上市公司审计工作努力程度总体上呈大幅下降趋势，2022~2023年处于较低水平。

（二）主板市场医药制造业（C27）

表4.28　　　　　　　主板市场医药制造业（C27）审计质量

年份	统计指标	审计质量指数	工作质量	专业判断水平	工作努力程度
2023	中位数	0.4982	0.7208	0.6930	0.0069
	最大值	0.5892	0.8963	0.7823	0.2535
	最小值	0.2037	0.3120	0.2996	0.0001
2022	中位数	0.5031	0.7231	0.7087	0.0049
	最大值	0.8400	0.9006	0.7887	1.0000
	最小值	0.1983	0.2910	0.3000	0.0000
2021	中位数	0.5297	0.7586	0.7362	0.1653
2020	中位数	0.5520	0.7684	0.7527	0.2163
2019	中位数	0.5527	0.7687	0.7599	0.1560

2023年，主板医药制造业（C27）上市公司审计质量指数为0.4982。其中，审计质量指数最高的上市公司为0.5892，审计质量指数最低的上市公司为0.2037。

2019~2023年，主板医药制造业（C27）上市公司审计质量指数总体上呈明显下降趋势，2022~2023年从一般水平变为较低水平。

1.审计工作质量

2023年，主板医药制造业（C27）上市公司审计工作质量为0.7208。其中，审计工作质量最高的上市公司为0.8963，审计工作质量最低的上市公司为0.312。

2019~2023年，主板医药制造业（C27）上市公司审计工作质量总体上呈明显下降趋势，2022~2023年处于较高水平。

2.审计专业判断水平

2023年，主板医药制造业（C27）上市公司审计专业判断水平为0.693。其中，专业判断水平最高的上市公司为0.7823，专业判断水平最低的上市公司为0.2996。

2019~2023年，主板医药制造业（C27）上市公司审计专业判断水平总体上呈明显下降趋势，2022~2023年处于较高水平。

3.审计工作努力程度

2023年，主板医药制造业（C27）上市公司审计工作努力程度为0.0069。其中，工作努力程度最高的上市公司为0.2535，工作努力程度最低的上市公司为0.0001。

2019~2023年，主板医药制造业（C27）上市公司审计工作努力程度总体上呈大幅下降趋势，2022~2023年处于较低水平。

（三）创业板市场医药制造业（C27）

表4.29　　　　　创业板市场医药制造业（C27）审计质量

年份	统计指标	审计质量指数	工作质量	专业判断水平	工作努力程度
2023	中位数	0.5100	0.7276	0.6992	0.0071
	最大值	0.8868	0.8745	0.7773	1.0000
	最小值	0.3568	0.4846	0.5304	0.0002
2022	中位数	0.5148	0.7327	0.7211	0.0040
	最大值	0.5934	0.8597	0.7893	0.0522
	最小值	0.3782	0.5018	0.5313	0.0000
2021	中位数	0.5420	0.7557	0.7437	0.1653
2020	中位数	0.5598	0.7569	0.7612	0.2217
2019	中位数	0.5852	0.7527	0.7737	0.2412

2023年，创业板医药制造业（C27）上市公司审计质量指数为0.51。其中，审计质量指数最高的上市公司为0.8868，审计质量指数最低的上市公司为0.3568。

2019~2023年，创业板医药制造业（C27）上市公司审计质量指数总体上呈明显下降趋势，2022~2023年处于一般水平。

1. 审计工作质量

2023年，创业板医药制造业（C27）上市公司审计工作质量为0.7276。其中，审计工作质量最高的上市公司为0.8745，审计工作质量最低的上市公司为0.4846。

2019~2023年，创业板医药制造业（C27）上市公司审计工作质量总体上呈基本稳定趋势，2022~2023年处于较高水平。

2. 审计专业判断水平

2023年，创业板医药制造业（C27）上市公司审计专业判断水平为0.6992。其中，专业判断水平最高的上市公司为0.7773，专业判断水平最低的上市公司为0.5304。

2019~2023年，创业板医药制造业（C27）上市公司审计专业判断水平总体上呈明显下降趋势，2022~2023年处于较高水平。

3. 审计工作努力程度

2023年，创业板医药制造业（C27）上市公司审计工作努力程度为0.0071。其中，工作努力程度最高的上市公司为1.0，工作努力程度最低的上市公司为0.0002。

2019~2023年，创业板医药制造业（C27）上市公司审计工作努力程度总体上呈大幅下降趋势，2022~2023年处于较低水平。

（四）科创板市场医药制造业（C27）

表4.30　　科创板市场医药制造业（C27）审计质量

年份	统计指标	审计质量指数	工作质量	专业判断水平	工作努力程度
2023	中位数	0.4923	0.7406	0.6348	0.0035
	最大值	0.5936	0.9465	0.7618	0.1040
	最小值	0.2602	0.3862	0.2326	0.0001
2022	中位数	0.4962	0.7432	0.6633	0.0034
	最大值	0.5977	0.9376	0.7759	0.2203
	最小值	0.2978	0.4880	0.3724	0.0001
2021	中位数	0.4691	0.6773	0.6449	0.1653
2020	中位数	0.5130	0.6784	0.6682	0.2215
2019	中位数	0.4906	0.6299	0.6333	0.2395

2023年，科创板医药制造业（C27）上市公司审计质量指数为0.4923。其中，审计质量指数最高的上市公司为0.5936，审计质量指数最低的上市公司为0.2602。

2019~2023年，科创板医药制造业（C27）上市公司审计质量指数总体上呈基本稳定趋势，2022~2023年处于较低水平。

1. 审计工作质量

2023年，科创板医药制造业（C27）上市公司审计工作质量为0.7406。其中，审计工作质量最高的上市公司为0.9465，审计工作质量最低的上市公司为0.3862。

2019~2023年，科创板医药制造业（C27）上市公司审计工作质量总体上呈明显上升趋势，2022~2023年处于较高水平。

2. 审计专业判断水平

2023年，科创板医药制造业（C27）上市公司审计专业判断水平为0.6348。其中，专业判断水平最高的上市公司为0.7618，专业判断水平最低的上市公司为0.2326。

2019~2023年，科创板医药制造业（C27）上市公司审计专业判断水平总体上呈基本稳定趋势，2022~2023年处于较高水平。

3. 审计工作努力程度

2023年，科创板医药制造业（C27）上市公司审计工作努力程度为0.0035。其中，工作努力程度最高的上市公司为0.104，工作努力程度最低的上市公司为0.0001。

2019~2023年，科创板医药制造业（C27）上市公司审计工作努力程度总体上呈大幅下降趋势，2022~2023年处于较低水平。

九、化纤橡塑制造业（C28-C29）

（一）证券市场化纤橡塑制造业（C28-C29）

2019~2023年，化纤橡塑制造业（C28-C29）上市公司审计质量状况见表4.31至表4.34。

表4.31　　　　证券市场化纤橡塑制造业（C28-C29）审计质量

年份	统计指标	审计质量指数	工作质量	专业判断水平	工作努力程度
2023	中位数	0.5631	0.8028	0.7493	0.0772
	最大值	0.8951	0.8821	0.8192	1.0000
	最小值	0.3332	0.4256	0.4047	0.0000
2022	中位数	0.5739	0.8092	0.7696	0.0781
	最大值	0.9193	0.8892	0.8405	1.0000
	最小值	0.2750	0.4184	0.4200	0.0003
2021	中位数	0.6382	0.8166	0.7638	0.3346
2020	中位数	0.5918	0.8096	0.7635	0.4062
2019	中位数	0.5562	0.8330	0.7818	0.0518

2023年，证券市场化纤橡塑制造业（C28-C29）上市公司审计质量指数为0.5631。其中，审计质量指数最高的上市公司为0.8951，审计质量指数最低的上市公司为0.3332。

2019~2023年，证券市场化纤橡塑制造业（C28-C29）上市公司审计质量指数总体上呈基本稳定趋势，2022~2023年处于一般水平。

1.审计工作质量

2023年，证券市场化纤橡塑制造业（C28-C29）上市公司审计工作质量为0.8028。其中，审计工作质量最高的上市公司为0.8821，审计工作质量最低的上市公司为0.4256。

2019~2023年，证券市场化纤橡塑制造业（C28-C29）上市公司审计工作质量总体上呈基本稳定趋势，2022~2023年处于高水平。

2.审计专业判断水平

2023年，证券市场化纤橡塑制造业（C28-C29）上市公司审计专业判断水平为0.7493。其中，专业判断水平最高的上市公司为0.8192，专业判断水平最低的上市公司为0.4047。

2019~2023年，证券市场化纤橡塑制造业（C28-C29）上市公司审计专业判断水平总体上呈基本稳定趋势，2022~2023年处于较高水平。

3.审计工作努力程度

2023年，证券市场化纤橡塑制造业（C28-C29）上市公司审计工作努力程度为0.0772。其中，工作努力程度最高的上市公司为1.0，工作努力程度最低的上市公司为0。

2019~2023年，证券市场化纤橡塑制造业（C28-C29）上市公司审计工作努力程度总体上呈大幅上升趋势，2022~2023年处于较低水平。

（二）主板市场化纤橡塑制造业（C28-C29）

表4.32　　　　　　主板市场化纤橡塑制造业（C28-C29）审计质量

年份	统计指标	审计质量指数	工作质量	专业判断水平	工作努力程度
2023	中位数	0.5684	0.8048	0.7609	0.0890
	最大值	0.7543	0.8821	0.8192	1.0000
	最小值	0.4338	0.5544	0.5334	0.0000
2022	中位数	0.5790	0.8131	0.7887	0.0729
	最大值	0.8692	0.8866	0.8372	1.0000
	最小值	0.3718	0.5444	0.5307	0.0005
2021	中位数	0.6292	0.8374	0.7665	0.3346
2020	中位数	0.5805	0.8253	0.7638	0.1149
2019	中位数	0.5581	0.8430	0.7787	0.0518

2023年，主板化纤橡塑制造业（C28-C29）上市公司审计质量指数为0.5684。其中，审计质量指数最高的上市公司为0.7543，审计质量指数最低的上市公司为0.4338。

2019~2023年，主板化纤橡塑制造业（C28-C29）上市公司审计质量指数总体上呈基本稳定趋势，2022~2023年处于一般水平。

1.审计工作质量

2023年，主板化纤橡塑制造业（C28-C29）上市公司审计工作质量为0.8048。其中，审计工作质量最高的上市公司为0.8821，审计工作质量最低的上市公司为0.5544。

2019~2023年，主板化纤橡塑制造业（C28-C29）上市公司审计工作质量总体上呈基本稳定趋势，2022~2023年处于高水平。

2.审计专业判断水平

2023年，主板化纤橡塑制造业（C28-C29）上市公司审计专业判断水平为0.7609。其中，专业判断水平最高的上市公司为0.8192，专业判断水平最低的上市公司为0.5334。

2019~2023年，主板化纤橡塑制造业（C28-C29）上市公司审计专业判断水平总体上呈基本稳定趋势，2022~2023年处于较高水平。

3.审计工作努力程度

2023年，主板化纤橡塑制造业（C28-C29）上市公司审计工作努力程度为0.089。其中，工作努力程度最高的上市公司为1.0，工作努力程度最低的上市公司为0。

2019~2023年，主板化纤橡塑制造业（C28-C29）上市公司审计工作努力程度总体上呈大幅上升趋势，2022~2023年处于较低水平。

(三)创业板市场化纤橡塑制造业（C28-C29）

表4.33　创业板市场化纤橡塑制造业（C28-C29）审计质量

年份	统计指标	审计质量指数	工作质量	专业判断水平	工作努力程度
2023	中位数	0.5474	0.7981	0.7392	0.0538
	最大值	0.8916	0.8727	0.8147	0.9166
	最小值	0.3332	0.4256	0.4047	0.0071
2022	中位数	0.5611	0.8092	0.7515	0.0872
	最大值	0.9193	0.8880	0.8405	1.0000
	最小值	0.2750	0.4184	0.4200	0.0003
2021	中位数	0.6655	0.7681	0.7544	0.5190
2020	中位数	0.6407	0.7760	0.7662	0.4113
2019	中位数	0.5522	0.8040	0.7872	0.0517

2023年，创业板化纤橡塑制造业（C28-C29）上市公司审计质量指数为0.5474。其中，审计质量指数最高的上市公司为0.8916，审计质量指数最低的上市公司为0.3332。

2019~2023年，创业板化纤橡塑制造业（C28-C29）上市公司审计质量指数总体上呈基本稳定趋势，2022~2023年处于一般水平。

1. 审计工作质量

2023年，创业板化纤橡塑制造业（C28-C29）上市公司审计工作质量为0.7981。其中，审计工作质量最高的上市公司为0.8727，审计工作质量最低的上市公司为0.4256。

2019~2023年，创业板化纤橡塑制造业（C28-C29）上市公司审计工作质量总体上呈基本稳定趋势，2022~2023年从高水平变为较高水平。

2. 审计专业判断水平

2023年，创业板化纤橡塑制造业（C28-C29）上市公司审计专业判断水平为0.7392。其中，专业判断水平最高的上市公司为0.8147，专业判断水平最低的上市公司为0.4047。

2019~2023年，创业板化纤橡塑制造业（C28-C29）上市公司审计专业判断水平总体上呈明显下降趋势，2022~2023年处于较高水平。

3. 审计工作努力程度

2023年，创业板化纤橡塑制造业（C28-C29）上市公司审计工作努力程度为0.0538。其中，工作努力程度最高的上市公司为0.9166，工作努力程度最低的上市公司为0.0071。

2019~2023年，创业板化纤橡塑制造业（C28-C29）上市公司审计工作努力程度总体上呈基本稳定趋势，2022~2023年处于较低水平。

（四）科创板市场化纤橡塑制造业（C28-C29）

表4.34　　　　科创板市场化纤橡塑制造业（C28-C29）审计质量

年份	统计指标	审计质量指数	工作质量	专业判断水平	工作努力程度
2023	中位数	0.5842	0.8204	0.7053	0.2094
	最大值	0.8951	0.8781	0.8026	1.0000
	最小值	0.4982	0.7222	0.5582	0.0057
2022	中位数	0.5634	0.7975	0.7324	0.0575
	最大值	0.7145	0.8892	0.8009	0.7110
	最小值	0.5097	0.7334	0.5420	0.0019
2021	中位数	0.5101	0.7645	0.7528	0.0182
2020	中位数	0.6444	0.7572	0.7388	0.4095
2019	中位数	0.4986	0.7103	0.7339	0.0517

2023年，科创板化纤橡塑制造业（C28-C29）上市公司审计质量指数为0.5842。其中，审计质量指数最高的上市公司为0.8951，审计质量指数最低的上市公司为0.4982。

2019~2023年，科创板化纤橡塑制造业（C28-C29）上市公司审计质量指数总体上呈明显上升趋势，2022~2023年处于一般水平。

1.审计工作质量

2023年，科创板化纤橡塑制造业（C28-C29）上市公司审计工作质量为0.8204。其中，审计工作质量最高的上市公司为0.8781，审计工作质量最低的上市公司为0.7222。

2019~2023年，科创板化纤橡塑制造业（C28-C29）上市公司审计工作质量总体上呈明显上升趋势，2022~2023年从较高水平变为高水平。

2.审计专业判断水平

2023年，科创板化纤橡塑制造业（C28-C29）上市公司审计专业判断水平为0.7053。其中，专业判断水平最高的上市公司为0.8026，专业判断水平最低的上市公司为0.5582。

2019~2023年，科创板化纤橡塑制造业（C28-C29）上市公司审计专业判断水平总体上呈基本稳定趋势，2022~2023年处于较高水平。

3.审计工作努力程度

2023年，科创板化纤橡塑制造业（C28-C29）上市公司审计工作努力程度为0.2094。其中，工作努力程度最高的上市公司为1.0，工作努力程度最低的上市公司为0.0057。

2019~2023年，科创板化纤橡塑制造业（C28-C29）上市公司审计工作努力程度总体上呈大幅上升趋势，2022~2023年处于较低水平。

十、金属矿物制造业（C30-C33）

（一）证券市场金属矿物制造业（C30-C33）

2019~2023年，金属矿物制造业（C30-C33）上市公司审计质量状况见表4.35至表4.38。

表4.35　　　　　证券市场金属矿物制造业（C30-C33）审计质量

年份	统计指标	审计质量指数	工作质量	专业判断水平	工作努力程度
2023	中位数	0.5556	0.8093	0.7484	0.0342
	最大值	0.9197	0.9502	0.8416	1.0000
	最小值	0.1849	0.3035	0.0340	0.0000
2022	中位数	0.5598	0.8271	0.7537	0.0165
	最大值	0.9108	0.9460	0.8520	1.0000
	最小值	0.1714	0.3224	0.0610	0.0000
2021	中位数	0.7914	0.8371	0.7602	0.8589
2020	中位数	0.5500	0.8401	0.7664	0.0339
2019	中位数	0.5592	0.8432	0.7738	0.0624

2023年，证券市场金属矿物制造业（C30-C33）上市公司审计质量指数为0.5556。其中，审计质量指数最高的上市公司为0.9197，审计质量指数最低的上市公司为0.1849。

2019~2023年，证券市场金属矿物制造业（C30-C33）上市公司审计质量指数总体上呈基本稳定趋势，2022~2023年处于一般水平。

1.审计工作质量

2023年，证券市场金属矿物制造业（C30-C33）上市公司审计工作质量为0.8093。其中，审计工作质量最高的上市公司为0.9502，审计工作质量最低的上市公司为0.3035。

2019~2023年，证券市场金属矿物制造业（C30-C33）上市公司审计工作质量总体上呈基本稳定趋势，2022~2023年处于高水平。

2.审计专业判断水平

2023年，证券市场金属矿物制造业（C30-C33）上市公司审计专业判断水平为0.7484。其中，专业判断水平最高的上市公司为0.8416，专业判断水平最低的上市公司为0.034。

2019~2023年，证券市场金属矿物制造业（C30-C33）上市公司审计专业判断水平总体上呈基本稳定趋势，2022~2023年处于较高水平。

3.审计工作努力程度

2023年，证券市场金属矿物制造业（C30-C33）上市公司审计工作努力程度为0.0342。其中，工作努力程度最高的上市公司为1.0，工作努力程度最低的上市公司为0。

2019~2023年，证券市场金属矿物制造业（C30-C33）上市公司审计工作努力程度总体上呈大幅下降趋势，2022~2023年处于较低水平。

（二）主板市场金属矿物制造业（C30-C33）

表4.36　　　　主板市场金属矿物制造业（C30-C33）审计质量

年份	统计指标	审计质量指数	工作质量	专业判断水平	工作努力程度
2023	中位数	0.5568	0.8151	0.7466	0.0366
	最大值	0.9197	0.9502	0.8416	1.0000
	最小值	0.1849	0.3035	0.0340	0.0000
2022	中位数	0.5608	0.8266	0.7542	0.0177
	最大值	0.9108	0.9460	0.8478	1.0000
	最小值	0.1714	0.3224	0.0610	0.0000
2021	中位数	0.7970	0.8532	0.7643	0.8589
2020	中位数	0.5553	0.8495	0.7686	0.0341
2019	中位数	0.5612	0.8465	0.7733	0.0624

2023年，主板金属矿物制造业（C30-C33）上市公司审计质量指数为0.5568。其中，审计质量指数最高的上市公司为0.9197，审计质量指数最低的上市公司为0.1849。

2019~2023年，主板金属矿物制造业（C30-C33）上市公司审计质量指数总体上呈基本稳定趋势，2022~2023年处于一般水平。

1.审计工作质量

2023年，主板金属矿物制造业（C30-C33）上市公司审计工作质量为0.8151。其中，审计工作质量最高的上市公司为0.9502，审计工作质量最低的上市公司为0.3035。

2019~2023年，主板金属矿物制造业（C30-C33）上市公司审计工作质量总体上呈基本稳定趋势，2022~2023年处于高水平。

2.审计专业判断水平

2023年，主板金属矿物制造业（C30-C33）上市公司审计专业判断水平为0.7466。其中，专业判断水平最高的上市公司为0.8416，专业判断水平最低的上市公司为0.034。

2019~2023年，主板金属矿物制造业（C30-C33）上市公司审计专业判断水平总体上呈基本稳定趋势，2022~2023年处于较高水平。

3.审计工作努力程度

2023年，主板金属矿物制造业（C30-C33）上市公司审计工作努力程度为0.0366。其中，工作努力程度最高的上市公司为1.0，工作努力程度最低的上市公司为0。

2019~2023年，主板金属矿物制造业（C30-C33）上市公司审计工作努力程度总体上呈大幅下降趋势，2022~2023年处于较低水平。

（三）创业板市场金属矿物制造业（C30-C33）

表4.37　　　　　创业板市场金属矿物制造业（C30-C33）审计质量

年份	统计指标	审计质量指数	工作质量	专业判断水平	工作努力程度
2023	中位数	0.5552	0.8063	0.7584	0.0360
	最大值	0.7296	0.9212	0.8379	0.4229
	最小值	0.2248	0.3915	0.2811	0.0005
2022	中位数	0.5659	0.8297	0.7553	0.0104
	最大值	0.6412	0.9215	0.8520	0.2186
	最小值	0.2958	0.5375	0.3380	0.0002
2021	中位数	0.7514	0.7959	0.7573	0.8589
2020	中位数	0.5239	0.7794	0.7563	0.0336
2019	中位数	0.5472	0.8069	0.7759	0.0626

2023年，创业板金属矿物制造业（C30-C33）上市公司审计质量指数为0.5552。其中，审计质量指数最高的上市公司为0.7296，审计质量指数最低的上市公司为0.2248。

2019~2023年，创业板金属矿物制造业（C30-C33）上市公司审计质量指数总体上呈基本稳定趋势，2022~2023年处于一般水平。

1. 审计工作质量

2023年，创业板金属矿物制造业（C30-C33）上市公司审计工作质量为0.8063。其中，审计工作质量最高的上市公司为0.9212，审计工作质量最低的上市公司为0.3915。

2019~2023年，创业板金属矿物制造业（C30-C33）上市公司审计工作质量总体上呈基本稳定趋势，2022~2023年处于高水平。

2. 审计专业判断水平

2023年，创业板金属矿物制造业（C30-C33）上市公司审计专业判断水平为0.7584。其中，专业判断水平最高的上市公司为0.8379，专业判断水平最低的上市公司为0.2811。

2019~2023年，创业板金属矿物制造业（C30-C33）上市公司审计专业判断水平总体上呈基本稳定趋势，2022~2023年处于较高水平。

3. 审计工作努力程度

2023年，创业板金属矿物制造业（C30-C33）上市公司审计工作努力程度为0.036。其中，工作努力程度最高的上市公司为0.4229，工作努力程度最低的上市公司为0.0005。

2019~2023年，创业板金属矿物制造业（C30-C33）上市公司审计工作努力程度总体上呈大幅下降趋势，2022~2023年处于较低水平。

（四）科创板市场金属矿物制造业（C30-C33）

表4.38　　　　科创板市场金属矿物制造业（C30-C33）审计质量

年份	统计指标	审计质量指数	工作质量	专业判断水平	工作努力程度
2023	中位数	0.5291	0.7820	0.7164	0.0272
	最大值	0.6789	0.8765	0.8280	0.5063
	最小值	0.3158	0.4859	0.4280	0.0002
2022	中位数	0.4952	0.8204	0.6728	0.0160
	最大值	0.6208	0.8864	0.8435	0.1031
	最小值	0.3041	0.4446	0.4079	0.0001
2021	中位数	0.6869	0.7133	0.7463	0.8589
2020	中位数	0.4989	0.7650	0.7425	0.0338
2019	中位数	0.5504	0.8199	0.7763	0.0276

2023年，科创板金属矿物制造业（C30-C33）上市公司审计质量指数为0.5291。其中，审计质量指数最高的上市公司为0.6789，审计质量指数最低的上市公司为0.3158。

2019~2023年，科创板金属矿物制造业（C30-C33）上市公司审计质量指数总体上呈基本稳定趋势，2022~2023年从较低水平变为一般水平。

1.审计工作质量

2023年，科创板金属矿物制造业（C30-C33）上市公司审计工作质量为0.782。其中，审计工作质量最高的上市公司为0.8765，审计工作质量最低的上市公司为0.4859。

2019~2023年，科创板金属矿物制造业（C30-C33）上市公司审计工作质量总体上呈基本稳定趋势，2022~2023年从高水平变为较高水平。

2.审计专业判断水平

2023年，科创板金属矿物制造业（C30-C33）上市公司审计专业判断水平为0.7164。其中，专业判断水平最高的上市公司为0.828，专业判断水平最低的上市公司为0.428。

2019~2023年，科创板金属矿物制造业（C30-C33）上市公司审计专业判断水平总体上呈明显下降趋势，2022~2023年处于较高水平。

3.审计工作努力程度

2023年，科创板金属矿物制造业（C30-C33）上市公司审计工作努力程度为0.0272。其中，工作努力程度最高的上市公司为0.5063，工作努力程度最低的上市公司为0.0002。

2019~2023年，科创板金属矿物制造业（C30-C33）上市公司审计工作努力程度总体上呈基本稳定趋势，2022~2023年处于较低水平。

十一、设备制造业（C34-C37）

（一）证券市场设备制造业（C34-C37）

2019~2023年，设备制造业（C34-C37）上市公司审计质量状况见表4.39至表4.42。

表4.39　　　　证券市场设备制造业（C34-C37）审计质量

年份	统计指标	审计质量指数	工作质量	专业判断水平	工作努力程度
2023	中位数	0.5535	0.7849	0.7671	0.0304
2023	最大值	0.9051	0.9363	0.8528	1.0000
2023	最小值	0.1675	0.3633	0.0409	0.0000
2022	中位数	0.5473	0.7880	0.7754	0.0123
2022	最大值	0.9195	0.9211	0.8627	1.0000
2022	最小值	0.1736	0.4082	0.0897	0.0000
2021	中位数	0.5615	0.7904	0.7715	0.0776
2020	中位数	0.5941	0.7901	0.7709	0.2045
2019	中位数	0.5629	0.7919	0.7790	0.1363

2023年，证券市场设备制造业（C34-C37）上市公司审计质量指数为0.5535。其中，审计质量指数最高的上市公司为0.9051，审计质量指数最低的上市公司为0.1675。

2019~2023年，证券市场设备制造业（C34-C37）上市公司审计质量指数总体上呈基本稳定趋势，2022~2023年处于一般水平。

1. 审计工作质量

2023年，证券市场设备制造业（C34-C37）上市公司审计工作质量为0.7849。其中，审计工作质量最高的上市公司为0.9363，审计工作质量最低的上市公司为0.3633。

2019~2023年，证券市场设备制造业（C34-C37）上市公司审计工作质量总体上呈基本稳定趋势，2022~2023年处于较高水平。

2. 审计专业判断水平

2023年，证券市场设备制造业（C34-C37）上市公司审计专业判断水平为0.7671。其中，专业判断水平最高的上市公司为0.8528，专业判断水平最低的上市公司为0.0409。

2019~2023年，证券市场设备制造业（C34-C37）上市公司审计专业判断水平总体上呈基本稳定趋势，2022~2023年处于较高水平。

3. 审计工作努力程度

2023年，证券市场设备制造业（C34-C37）上市公司审计工作努力程度为0.0304。其中，工作努力程度最高的上市公司为1.0，工作努力程度最低的上市公司为0。

2019~2023年，证券市场设备制造业（C34-C37）上市公司审计工作努力程度总体上呈大幅下降趋势，2022~2023年处于较低水平。

（二）主板市场设备制造业（C34-C37）

表4.40　　　　主板市场设备制造业（C34-C37）审计质量

年份	统计指标	审计质量指数	工作质量	专业判断水平	工作努力程度
2023	中位数	0.5525	0.7840	0.7691	0.0296
	最大值	0.9051	0.9304	0.8457	1.0000
	最小值	0.1675	0.3633	0.0409	0.0000
2022	中位数	0.5452	0.7847	0.7792	0.0104
	最大值	0.8478	0.9211	0.8546	1.0000
	最小值	0.1736	0.4082	0.0897	0.0000
2021	中位数	0.5598	0.8089	0.7771	0.0485
2020	中位数	0.5926	0.8091	0.7811	0.2005
2019	中位数	0.5607	0.8061	0.7844	0.0984

2023年，主板设备制造业（C34-C37）上市公司审计质量指数为0.5525。其中，审计质量指数最高的上市公司为0.9051，审计质量指数最低的上市公司为0.1675。

2019~2023年，主板设备制造业（C34-C37）上市公司审计质量指数总体上呈基本稳定趋势，2022~2023年处于一般水平。

1. 审计工作质量

2023年，主板设备制造业（C34-C37）上市公司审计工作质量为0.784。其中，审计工作质量最高的上市公司为0.9304，审计工作质量最低的上市公司为0.3633。

2019~2023年，主板设备制造业（C34-C37）上市公司审计工作质量总体上呈基本稳定趋势，2022~2023年处于较高水平。

2. 审计专业判断水平

2023年，主板设备制造业（C34-C37）上市公司审计专业判断水平为0.7691。其中，专业判断水平最高的上市公司为0.8457，专业判断水平最低的上市公司为0.0409。

2019~2023年，主板设备制造业（C34-C37）上市公司审计专业判断水平总体上呈基本稳定趋势，2022~2023年处于较高水平。

3. 审计工作努力程度

2023年，主板设备制造业（C34-C37）上市公司审计工作努力程度为0.0296。其中，工作努力程度最高的上市公司为1.0，工作努力程度最低的上市公司为0。

2019~2023年，主板设备制造业（C34-C37）上市公司审计工作努力程度总体上呈大幅下降趋势，2022~2023年处于较低水平。

（三）创业板市场设备制造业（C34–C37）

表4.41　　　　创业板市场设备制造业（C34–C37）审计质量

年份	统计指标	审计质量指数	工作质量	专业判断水平	工作努力程度
2023	中位数	0.5543	0.7865	0.7715	0.0370
	最大值	0.7644	0.9065	0.8528	0.6448
	最小值	0.3270	0.4989	0.3732	0.0002
2022	中位数	0.5481	0.7853	0.7704	0.0131
	最大值	0.9195	0.9075	0.8627	1.0000
	最小值	0.3306	0.4895	0.3848	0.0000
2021	中位数	0.6155	0.7621	0.7727	0.4433
2020	中位数	0.6160	0.7643	0.7621	0.3313
2019	中位数	0.5739	0.7681	0.7701	0.2293

2023年，创业板设备制造业（C34-C37）上市公司审计质量指数为0.5543。其中，审计质量指数最高的上市公司为0.7644，审计质量指数最低的上市公司为0.327。

2019~2023年，创业板设备制造业（C34-C37）上市公司审计质量指数总体上呈基本稳定趋势，2022~2023年处于一般水平。

1.审计工作质量

2023年，创业板设备制造业（C34-C37）上市公司审计工作质量为0.7865。其中，审计工作质量最高的上市公司为0.9065，审计工作质量最低的上市公司为0.4989。

2019~2023年，创业板设备制造业（C34-C37）上市公司审计工作质量总体上呈基本稳定趋势，2022~2023年处于较高水平。

2.审计专业判断水平

2023年，创业板设备制造业（C34-C37）上市公司审计专业判断水平为0.7715。其中，专业判断水平最高的上市公司为0.8528，专业判断水平最低的上市公司为0.3732。

2019~2023年，创业板设备制造业（C34-C37）上市公司审计专业判断水平总体上呈基本稳定趋势，2022~2023年处于较高水平。

3.审计工作努力程度

2023年，创业板设备制造业（C34-C37）上市公司审计工作努力程度为0.037。其中，工作努力程度最高的上市公司为0.6448，工作努力程度最低的上市公司为0.0002。

2019~2023年，创业板设备制造业（C34-C37）上市公司审计工作努力程度总体上呈大幅下降趋势，2022~2023年处于较低水平。

(四)科创板市场设备制造业(C34-C37)

表4.42　　科创板市场设备制造业(C34-C37)审计质量

年份	统计指标	审计质量指数	工作质量	专业判断水平	工作努力程度
2023	中位数	0.5550	0.7885	0.7548	0.0299
	最大值	0.8663	0.9363	0.8373	1.0000
	最小值	0.3520	0.4808	0.4635	0.0000
2022	中位数	0.5543	0.8029	0.7584	0.0165
	最大值	0.6614	0.9029	0.8478	0.2561
	最小值	0.3253	0.5048	0.5120	0.0003
2021	中位数	0.5259	0.7078	0.7408	0.0230
2020	中位数	0.5525	0.7059	0.7087	0.3136
2019	中位数	0.5080	0.7123	0.6607	0.2315

2023年,科创板设备制造业(C34-C37)上市公司审计质量指数为0.555。其中,审计质量指数最高的上市公司为0.8663,审计质量指数最低的上市公司为0.352。

2019~2023年,科创板设备制造业(C34-C37)上市公司审计质量指数总体上呈明显上升趋势,2022~2023年处于一般水平。

1.审计工作质量

2023年,科创板设备制造业(C34-C37)上市公司审计工作质量为0.7885。其中,审计工作质量最高的上市公司为0.9363,审计工作质量最低的上市公司为0.4808。

2019~2023年,科创板设备制造业(C34-C37)上市公司审计工作质量总体上呈明显上升趋势,2022~2023年从高水平变为较高水平。

2.审计专业判断水平

2023年,科创板设备制造业(C34-C37)上市公司审计专业判断水平为0.7548。其中,专业判断水平最高的上市公司为0.8373,专业判断水平最低的上市公司为0.4635。

2019~2023年,科创板设备制造业(C34-C37)上市公司审计专业判断水平总体上呈明显上升趋势,2022~2023年处于较高水平。

3.审计工作努力程度

2023年,科创板设备制造业(C34-C37)上市公司审计工作努力程度为0.0299。其中,工作努力程度最高的上市公司为1.0,工作努力程度最低的上市公司为0。

2019~2023年,科创板设备制造业(C34-C37)上市公司审计工作努力程度总体上呈大幅下降趋势,2022~2023年处于较低水平。

十二、机械仪器制造业（C38–C40）

（一）证券市场机械仪器制造业（C38–C40）

2019~2023年，机械仪器制造业（C38–C40）上市公司审计质量状况见表4.43至表4.46。

表4.43　　证券市场机械仪器制造业（C38–C40）审计质量

年份	统计指标	审计质量指数	工作质量	专业判断水平	工作努力程度
2023	中位数	0.5383	0.7832	0.7380	0.0149
	最大值	0.8801	0.9431	0.8362	1.0000
	最小值	0.1050	0.2916	0.0000	0.0000
2022	中位数	0.5428	0.7902	0.7490	0.0187
	最大值	0.9054	0.9420	0.8379	1.0000
	最小值	0.1461	0.3544	0.0720	0.0000
2021	中位数	0.5600	0.7838	0.7531	0.2773
2020	中位数	0.5285	0.7851	0.7531	0.0151
2019	中位数	0.5382	0.7872	0.7579	0.0586

2023年，证券市场机械仪器制造业（C38–C40）上市公司审计质量指数为0.5383。其中，审计质量指数最高的上市公司为0.8801，审计质量指数最低的上市公司为0.105。

2019~2023年，证券市场机械仪器制造业（C38–C40）上市公司审计质量指数总体上呈基本稳定趋势，2022~2023年处于一般水平。

1.审计工作质量

2023年，证券市场机械仪器制造业（C38–C40）上市公司审计工作质量为0.7832。其中，审计工作质量最高的上市公司为0.9431，审计工作质量最低的上市公司为0.2916。

2019~2023年，证券市场机械仪器制造业（C38–C40）上市公司审计工作质量总体上呈基本稳定趋势，2022~2023年处于较高水平。

2.审计专业判断水平

2023年，证券市场机械仪器制造业（C38–C40）上市公司审计专业判断水平为0.738。其中，专业判断水平最高的上市公司为0.8362，专业判断水平最低的上市公司为0。

2019~2023年，证券市场机械仪器制造业（C38–C40）上市公司审计专业判断水平总体上呈基本稳定趋势，2022~2023年处于较高水平。

3.审计工作努力程度

2023年，证券市场机械仪器制造业（C38–C40）上市公司审计工作努力程度为0.0149。其中，工作努力程度最高的上市公司为1.0，工作努力程度最低的上市公司为0。

2019~2023年,证券市场机械仪器制造业(C38-C40)上市公司审计工作努力程度总体上呈大幅下降趋势,2022~2023年处于较低水平。

(二)主板市场机械仪器制造业(C38-C40)

表4.44　　　　主板市场机械仪器制造业(C38-C40)审计质量

年份	统计指标	审计质量指数	工作质量	专业判断水平	工作努力程度
2023	中位数	0.5364	0.7793	0.7418	0.0149
	最大值	0.8676	0.8996	0.8231	1.0000
	最小值	0.1050	0.2916	0.0000	0.0000
2022	中位数	0.5428	0.7919	0.7494	0.0204
	最大值	0.9054	0.9212	0.8379	1.0000
	最小值	0.1461	0.3544	0.0720	0.0000
2021	中位数	0.5603	0.8052	0.7550	0.2773
2020	中位数	0.5315	0.8034	0.7552	0.0151
2019	中位数	0.5386	0.8037	0.7577	0.0585

2023年,主板机械仪器制造业(C38-C40)上市公司审计质量指数为0.5364。其中,审计质量指数最高的上市公司为0.8676,审计质量指数最低的上市公司为0.105。

2019~2023年,主板机械仪器制造业(C38-C40)上市公司审计质量指数总体上呈基本稳定趋势,2022~2023年处于一般水平。

1.审计工作质量

2023年,主板机械仪器制造业(C38-C40)上市公司审计工作质量为0.7793。其中,审计工作质量最高的上市公司为0.8996,审计工作质量最低的上市公司为0.2916。

2019~2023年,主板机械仪器制造业(C38-C40)上市公司审计工作质量总体上呈基本稳定趋势,2022~2023年处于较高水平。

2.审计专业判断水平

2023年,主板机械仪器制造业(C38-C40)上市公司审计专业判断水平为0.7418。其中,专业判断水平最高的上市公司为0.8231,专业判断水平最低的上市公司为0。

2019~2023年,主板机械仪器制造业(C38-C40)上市公司审计专业判断水平总体上呈基本稳定趋势,2022~2023年处于较高水平。

3.审计工作努力程度

2023年,主板机械仪器制造业(C38-C40)上市公司审计工作努力程度为0.0149。其中,工作努力程度最高的上市公司为1.0,工作努力程度最低的上市公司为0。

2019~2023年,主板机械仪器制造业(C38-C40)上市公司审计工作努力程度总体上呈大幅下降趋势,2022~2023年处于较低水平。

(三)创业板市场机械仪器制造业(C38–C40)

表4.45　　　　　创业板市场机械仪器制造业(C38–C40)审计质量

年份	统计指标	审计质量指数	工作质量	专业判断水平	工作努力程度
2023	中位数	0.5385	0.7773	0.7457	0.0161
	最大值	0.6842	0.9080	0.8231	0.4055
	最小值	0.1707	0.3937	0.0479	0.0001
2022	中位数	0.5420	0.7819	0.7511	0.0201
	最大值	0.6980	0.9337	0.8334	0.5529
	最小值	0.2099	0.4295	0.0927	0.0001
2021	中位数	0.5846	0.7721	0.7592	0.2773
2020	中位数	0.5283	0.7732	0.7599	0.0151
2019	中位数	0.5415	0.7681	0.7657	0.0588

2023年,创业板机械仪器制造业(C38–C40)上市公司审计质量指数为0.5385。其中,审计质量指数最高的上市公司为0.6842,审计质量指数最低的上市公司为0.1707。

2019~2023年,创业板机械仪器制造业(C38–C40)上市公司审计质量指数总体上呈基本稳定趋势,2022~2023年处于一般水平。

1. 审计工作质量

2023年,创业板机械仪器制造业(C38–C40)上市公司审计工作质量为0.7773。其中,审计工作质量最高的上市公司为0.908,审计工作质量最低的上市公司为0.3937。

2019~2023年,创业板机械仪器制造业(C38–C40)上市公司审计工作质量总体上呈基本稳定趋势,2022~2023年处于较高水平。

2. 审计专业判断水平

2023年,创业板机械仪器制造业(C38–C40)上市公司审计专业判断水平为0.7457。其中,专业判断水平最高的上市公司为0.8231,专业判断水平最低的上市公司为0.0479。

2019~2023年,创业板机械仪器制造业(C38–C40)上市公司审计专业判断水平总体上呈基本稳定趋势,2022~2023年处于较高水平。

3. 审计工作努力程度

2023年,创业板机械仪器制造业(C38–C40)上市公司审计工作努力程度为0.0161。其中,工作努力程度最高的上市公司为0.4055,工作努力程度最低的上市公司为0.0001。

2019~2023年,创业板机械仪器制造业(C38–C40)上市公司审计工作努力程度总体上呈大幅下降趋势,2022~2023年处于较低水平。

(四)科创板市场机械仪器制造业(C38-C40)

表4.46　　　　　科创板市场机械仪器制造业(C38-C40)审计质量

年份	统计指标	审计质量指数	工作质量	专业判断水平	工作努力程度
2023	中位数	0.5443	0.8016	0.7189	0.0110
	最大值	0.8801	0.9431	0.8362	0.9117
	最小值	0.1718	0.5129	0.3581	0.0001
2022	中位数	0.5481	0.8043	0.7293	0.0121
	最大值	0.8108	0.9420	0.8310	0.7457
	最小值	0.2944	0.4817	0.3843	0.0002
2021	中位数	0.5188	0.7264	0.7261	0.1374
2020	中位数	0.4854	0.7162	0.6709	0.0151
2019	中位数	0.4844	0.7385	0.6054	0.0584

2023年,科创板机械仪器制造业(C38-C40)上市公司审计质量指数为0.5443。其中,审计质量指数最高的上市公司为0.8801,审计质量指数最低的上市公司为0.1718。

2019~2023年,科创板机械仪器制造业(C38-C40)上市公司审计质量指数总体上呈明显上升趋势,2022~2023年处于一般水平。

1.审计工作质量

2023年,科创板机械仪器制造业(C38-C40)上市公司审计工作质量为0.8016。其中,审计工作质量最高的上市公司为0.9431,审计工作质量最低的上市公司为0.5129。

2019~2023年,科创板机械仪器制造业(C38-C40)上市公司审计工作质量总体上呈明显上升趋势,2022~2023年处于高水平。

2.审计专业判断水平

2023年,科创板机械仪器制造业(C38-C40)上市公司审计专业判断水平为0.7189。其中,专业判断水平最高的上市公司为0.8362,专业判断水平最低的上市公司为0.3581。

2019~2023年,科创板机械仪器制造业(C38-C40)上市公司审计专业判断水平总体上呈明显上升趋势,2022~2023年处于较高水平。

3.审计工作努力程度

2023年,科创板机械仪器制造业(C38-C40)上市公司审计工作努力程度为0.011。其中,工作努力程度最高的上市公司为0.9117,工作努力程度最低的上市公司为0.0001。

2019~2023年,科创板机械仪器制造业(C38-C40)上市公司审计工作努力程度总体上呈大幅下降趋势,2022~2023年处于较低水平。

十三、其他制造业（C41-C42）

（一）证券市场其他制造业（C41-C42）

2019~2023年，其他制造业（C41-C42）上市公司审计质量状况见表4.47至表4.50。

表4.47　　　证券市场其他制造业（C41-C42）审计质量

年份	统计指标	审计质量指数	工作质量	专业判断水平	工作努力程度
2023	中位数	0.6422	0.8214	0.7492	0.2663
	最大值	0.8799	0.9038	0.8202	1.0000
	最小值	0.4786	0.6341	0.6041	0.0218
2022	中位数	0.5896	0.8131	0.7579	0.1361
	最大值	0.8754	0.8850	0.8027	1.0000
	最小值	0.4020	0.6787	0.4865	0.0039
2021	中位数	0.5653	0.7868	0.6568	0.3379
2020	中位数	0.5665	0.7835	0.6508	0.2778
2019	中位数	0.5779	0.7806	0.7430	0.1769

2023年，证券市场其他制造业（C41-C42）上市公司审计质量指数为0.6422。其中，审计质量指数最高的上市公司为0.8799，审计质量指数最低的上市公司为0.4786。

2019~2023年，证券市场其他制造业（C41-C42）上市公司审计质量指数总体上呈明显上升趋势，2022~2023年从一般水平变为较高水平。

1. 审计工作质量

2023年，证券市场其他制造业（C41-C42）上市公司审计工作质量为0.8214。其中，审计工作质量最高的上市公司为0.9038，审计工作质量最低的上市公司为0.6341。

2019~2023年，证券市场其他制造业（C41-C42）上市公司审计工作质量总体上呈明显上升趋势，2022~2023年处于高水平。

2. 审计专业判断水平

2023年，证券市场其他制造业（C41-C42）上市公司审计专业判断水平为0.7492。其中，专业判断水平最高的上市公司为0.8202，专业判断水平最低的上市公司为0.6041。

2019~2023年，证券市场其他制造业（C41-C42）上市公司审计专业判断水平总体上呈基本稳定趋势，2022~2023年处于较高水平。

3. 审计工作努力程度

2023年，证券市场其他制造业（C41-C42）上市公司审计工作努力程度为0.2663。其中，工作努力程度最高的上市公司为1.0，工作努力程度最低的上市公司为0.0218。

2019~2023年，证券市场其他制造业（C41-C42）上市公司审计工作努力程度总体上呈大幅上升趋势，2022~2023年处于较低水平。

（二）主板市场其他制造业（C41-C42）

表4.48　　　　　主板市场其他制造业（C41-C42）审计质量

年份	统计指标	审计质量指数	工作质量	专业判断水平	工作努力程度
2023	中位数	0.6518	0.8206	0.7420	0.3313
	最大值	0.8746	0.9038	0.8202	1.0000
	最小值	0.4786	0.6341	0.6275	0.0436
2022	中位数	0.6126	0.8296	0.7726	0.2945
	最大值	0.8674	0.8850	0.8027	1.0000
	最小值	0.5451	0.6992	0.5999	0.0039
2021	中位数	0.5833	0.7903	0.6687	0.3379
2020	中位数	0.5583	0.7745	0.6614	0.2386
2019	中位数	0.5351	0.7816	0.7430	0.1711

2023年，主板其他制造业（C41-C42）上市公司审计质量指数为0.6518。其中，审计质量指数最高的上市公司为0.8746，审计质量指数最低的上市公司为0.4786。

2019~2023年，主板其他制造业（C41-C42）上市公司审计质量指数总体上呈明显上升趋势，2022~2023年处于较高水平。

1. 审计工作质量

2023年，主板其他制造业（C41-C42）上市公司审计工作质量为0.8206。其中，审计工作质量最高的上市公司为0.9038，审计工作质量最低的上市公司为0.6341。

2019~2023年，主板其他制造业（C41-C42）上市公司审计工作质量总体上呈基本稳定趋势，2022~2023年处于高水平。

2. 审计专业判断水平

2023年，主板其他制造业（C41-C42）上市公司审计专业判断水平为0.742。其中，专业判断水平最高的上市公司为0.8202，专业判断水平最低的上市公司为0.6275。

2019~2023年，主板其他制造业（C41-C42）上市公司审计专业判断水平总体上呈基本稳定趋势，2022~2023年处于较高水平。

3. 审计工作努力程度

2023年，主板其他制造业（C41-C42）上市公司审计工作努力程度为0.3313。其中，工作努力程度最高的上市公司为1.0，工作努力程度最低的上市公司为0.0436。

2019~2023年，主板其他制造业（C41-C42）上市公司审计工作努力程度总体上呈大幅上升趋势，2022~2023年处于较低水平。

(三)创业板市场其他制造业(C41-C42)

表4.49　　　　　创业板市场其他制造业(C41-C42)审计质量

年份	统计指标	审计质量指数	工作质量	专业判断水平	工作努力程度
2023	中位数	0.6321	0.8249	0.7492	0.3387
	最大值	0.8799	0.8874	0.8146	1.0000
	最小值	0.5200	0.7316	0.6041	0.0218
2022	中位数	0.5646	0.8110	0.7313	0.0648
	最大值	0.8754	0.8786	0.8010	1.0000
	最小值	0.4981	0.7445	0.5814	0.0265
2021	中位数	0.5353	0.7575	0.6217	0.3379
2020	中位数	0.5710	0.7954	0.6211	0.3571
2019	中位数	0.6124	0.7806	0.7632	0.3400

2023年,创业板其他制造业(C41-C42)上市公司审计质量指数为0.6321。其中,审计质量指数最高的上市公司为0.8799,审计质量指数最低的上市公司为0.52。

2019~2023年,创业板其他制造业(C41-C42)上市公司审计质量指数总体上呈基本稳定趋势,2022~2023年从一般水平变为较高水平。

1.审计工作质量

2023年,创业板其他制造业(C41-C42)上市公司审计工作质量为0.8249。其中,审计工作质量最高的上市公司为0.8874,审计工作质量最低的上市公司为0.7316。

2019~2023年,创业板其他制造业(C41-C42)上市公司审计工作质量总体上呈明显上升趋势,2022~2023年处于高水平。

2.审计专业判断水平

2023年,创业板其他制造业(C41-C42)上市公司审计专业判断水平为0.7492。其中,专业判断水平最高的上市公司为0.8146,专业判断水平最低的上市公司为0.6041。

2019~2023年,创业板其他制造业(C41-C42)上市公司审计专业判断水平总体上呈基本稳定趋势,2022~2023年处于较高水平。

3.审计工作努力程度

2023年,创业板其他制造业(C41-C42)上市公司审计工作努力程度为0.3387。其中,工作努力程度最高的上市公司为1.0,工作努力程度最低的上市公司为0.0218。

2019~2023年,创业板其他制造业(C41-C42)上市公司审计工作努力程度总体上呈基本稳定趋势,2022~2023年处于较低水平。

(四)科创板市场其他制造业(C41-C42)

表4.50　　　　科创板市场其他制造业(C41-C42)审计质量

年份	统计指标	审计质量指数	工作质量	专业判断水平	工作努力程度
2023	中位数	0.6203	0.8008	0.7746	0.1964
	最大值	0.6330	0.8297	0.7895	0.2484
	最小值	0.4792	0.7332	0.6425	0.0682
2022	中位数	0.5932	0.8035	0.7111	0.2141
	最大值	0.6425	0.8153	0.7823	0.2697
	最小值	0.4020	0.6787	0.4865	0.0189
2021	中位数	0.4485	0.7418	0.6006	0.0031
2020	中位数	0.4761	0.6232	0.6370	0.1681
2019	中位数	0.7600	0.6706	0.7002	0.9094

2023年,科创板其他制造业(C41-C42)上市公司审计质量指数为0.6203。其中,审计质量指数最高的上市公司为0.633,审计质量指数最低的上市公司为0.4792。

2019~2023年,科创板其他制造业(C41-C42)上市公司审计质量指数总体上呈明显下降趋势,2022~2023年从一般水平变为较高水平。

1.审计工作质量

2023年,科创板其他制造业(C41-C42)上市公司审计工作质量为0.8008。其中,审计工作质量最高的上市公司为0.8297,审计工作质量最低的上市公司为0.7332。

2019~2023年,科创板其他制造业(C41-C42)上市公司审计工作质量总体上呈明显上升趋势,2022~2023年处于高水平。

2.审计专业判断水平

2023年,科创板其他制造业(C41-C42)上市公司审计专业判断水平为0.7746。其中,专业判断水平最高的上市公司为0.7895,专业判断水平最低的上市公司为0.6425。

2019~2023年,科创板其他制造业(C41-C42)上市公司审计专业判断水平总体上呈明显上升趋势,2022~2023年处于较高水平。

3.审计工作努力程度

2023年,科创板其他制造业(C41-C42)上市公司审计工作努力程度为0.1964。其中,工作努力程度最高的上市公司为0.2484,工作努力程度最低的上市公司为0.0682。

2019~2023年,科创板其他制造业(C41-C42)上市公司审计工作努力程度总体上呈大幅下降趋势,2022~2023年处于较低水平。

十四、电力、热力、燃气及水生产和供应业（D）

（一）证券市场电力、热力、燃气及水生产和供应业（D）

2019~2023年，电力、热力、燃气及水生产和供应业（D）上市公司审计质量状况见表4.51至表4.52。

表4.51　证券市场电力、热力、燃气及水生产和供应业（D）审计质量

年份	统计指标	审计质量指数	工作质量	专业判断水平	工作努力程度
2023	中位数	0.5566	0.7715	0.7368	0.0751
	最大值	0.9290	0.9047	0.8431	1.0000
	最小值	0.2253	0.3065	0.2071	0.0001
2022	中位数	0.5556	0.7811	0.7321	0.0667
	最大值	0.9333	0.8992	0.8373	1.0000
	最小值	0.2307	0.3315	0.2542	0.0000
2021	中位数	0.5765	0.8490	0.7026	0.1733
2020	中位数	0.5759	0.8523	0.7486	0.1558
2019	中位数	0.6042	0.8490	0.7611	0.2748

2023年，证券市场电力、热力、燃气及水生产和供应业（D）上市公司审计质量指数为0.5566。其中，审计质量指数最高的上市公司为0.929，审计质量指数最低的上市公司为0.2253。

2019~2023年，证券市场电力、热力、燃气及水生产和供应业（D）上市公司审计质量指数总体上呈明显下降趋势，2022~2023年处于一般水平。

1. 审计工作质量

2023年，证券市场电力、热力、燃气及水生产和供应业（D）上市公司审计工作质量为0.7715。其中，审计工作质量最高的上市公司为0.9047，审计工作质量最低的上市公司为0.3065。

2019~2023年，证券市场电力、热力、燃气及水生产和供应业（D）上市公司审计工作质量总体上呈明显下降趋势，2022~2023年处于较高水平。

2. 审计专业判断水平

2023年，证券市场电力、热力、燃气及水生产和供应业（D）上市公司审计专业判断水平为0.7368。其中，专业判断水平最高的上市公司为0.8431，专业判断水平最低的上市公司为0.2071。

2019~2023年，证券市场电力、热力、燃气及水生产和供应业（D）上市公司审计专业判断水平总体上呈基本稳定趋势，2022~2023年处于较高水平。

3. 审计工作努力程度

2023年，证券市场电力、热力、燃气及水生产和供应业（D）上市公司审计工作努力程度为0.0751。其中，工作努力程度最高的上市公司为1.0，工作努力程度最低的上市公司为0.0001。

2019~2023年，证券市场电力、热力、燃气及水生产和供应业（D）上市公司审计工作努力程度总体上呈大幅下降趋势，2022~2023年处于较低水平。

（二）主板市场电力、热力、燃气及水生产和供应业（D）

表4.52　主板市场电力、热力、燃气及水生产和供应业（D）审计质量

年份	统计指标	审计质量指数	工作质量	专业判断水平	工作努力程度
2023	中位数	0.5522	0.7717	0.7343	0.0751
	最大值	0.9290	0.9047	0.8431	1.0000
	最小值	0.2253	0.3065	0.2071	0.0001
2022	中位数	0.5550	0.7818	0.7287	0.0686
	最大值	0.9333	0.8992	0.8373	1.0000
	最小值	0.2307	0.3315	0.2542	0.0000
2021	中位数	0.5779	0.8547	0.7010	0.1782
2020	中位数	0.5763	0.8525	0.7496	0.1558
2019	中位数	0.6042	0.8500	0.7621	0.2748

2023年，主板电力、热力、燃气及水生产和供应业（D）上市公司审计质量指数为0.5522。其中，审计质量指数最高的上市公司为0.929，审计质量指数最低的上市公司为0.2253。

2019~2023年，主板电力、热力、燃气及水生产和供应业（D）上市公司审计质量指数总体上呈明显下降趋势，2022~2023年处于一般水平。

1. 审计工作质量

2023年，主板电力、热力、燃气及水生产和供应业（D）上市公司审计工作质量为0.7717。其中，审计工作质量最高的上市公司为0.9047，审计工作质量最低的上市公司为0.3065。

2019~2023年，主板电力、热力、燃气及水生产和供应业（D）上市公司审计工作质量总体上呈明显下降趋势，2022~2023年处于较高水平。

2. 审计专业判断水平

2023年，主板电力、热力、燃气及水生产和供应业（D）上市公司审计专业判断水平为0.7343。其中，专业判断水平最高的上市公司为0.8431，专业判断水平最低的上市公司为0.2071。

2019~2023年，主板电力、热力、燃气及水生产和供应业（D）上市公司审计专业判

断水平总体上呈基本稳定趋势，2022~2023年处于较高水平。

3.审计工作努力程度

2023年，主板电力、热力、燃气及水生产和供应业（D）上市公司审计工作努力程度为0.0751。其中，工作努力程度最高的上市公司为1.0，工作努力程度最低的上市公司为0.0001。

2019~2023年，主板电力、热力、燃气及水生产和供应业（D）上市公司审计工作努力程度总体上呈大幅下降趋势，2022~2023年处于较低水平。

十五、建筑业（E）

（一）证券市场建筑业（E）

2019~2023年，建筑业（E）上市公司审计质量状况见表4.53至表4.55。

表4.53　　　　　　　　证券市场建筑业（E）审计质量

年份	统计指标	审计质量指数	工作质量	专业判断水平	工作努力程度
2023	中位数	0.5465	0.8017	0.7096	0.0369
	最大值	0.9025	0.9318	0.8790	1.0000
	最小值	0.2233	0.3641	0.2833	0.0000
2022	中位数	0.5596	0.8292	0.7554	0.0118
	最大值	0.9147	0.9248	0.8990	1.0000
	最小值	0.3482	0.4397	0.3749	0.0000
2021	中位数	0.5565	0.8285	0.7582	0.1216
2020	中位数	0.5431	0.8217	0.7363	0.0890
2019	中位数	0.5617	0.8472	0.7985	0.0474

2023年，证券市场建筑业（E）上市公司审计质量指数为0.5465。其中，审计质量指数最高的上市公司为0.9025，审计质量指数最低的上市公司为0.2233。

2019~2023年，证券市场建筑业（E）上市公司审计质量指数总体上呈基本稳定趋势，2022~2023年处于一般水平。

1.审计工作质量

2023年，证券市场建筑业（E）上市公司审计工作质量为0.8017。其中，审计工作质量最高的上市公司为0.9318，审计工作质量最低的上市公司为0.3641。

2019~2023年，证券市场建筑业（E）上市公司审计工作质量总体上呈明显下降趋势，2022~2023年处于高水平。

2.审计专业判断水平

2023年，证券市场建筑业（E）上市公司审计专业判断水平为0.7096。其中，专业判断水平最高的上市公司为0.879，专业判断水平最低的上市公司为0.2833。

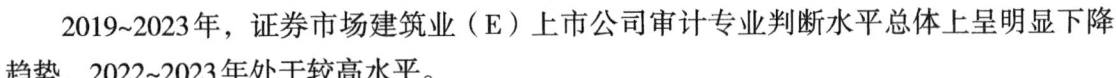

2019~2023年，证券市场建筑业（E）上市公司审计专业判断水平总体上呈明显下降趋势，2022~2023年处于较高水平。

3.审计工作努力程度

2023年，证券市场建筑业（E）上市公司审计工作努力程度为0.0369。其中，工作努力程度最高的上市公司为1.0，工作努力程度最低的上市公司为0。

2019~2023年，证券市场建筑业（E）上市公司审计工作努力程度总体上呈明显下降趋势，2022~2023年处于较低水平。

（二）主板市场建筑业（E）

表4.54　　　　　　　　　　主板市场建筑业（E）审计质量

年份	统计指标	审计质量指数	工作质量	专业判断水平	工作努力程度
2023	中位数	0.5473	0.8121	0.7131	0.0310
	最大值	0.9025	0.9028	0.8790	1.0000
	最小值	0.2233	0.3641	0.2833	0.0000
2022	中位数	0.5605	0.8305	0.7549	0.0126
	最大值	0.9147	0.9248	0.8990	1.0000
	最小值	0.3482	0.4397	0.3932	0.0000
2021	中位数	0.5557	0.8285	0.7557	0.1216
2020	中位数	0.5432	0.8206	0.7422	0.0890
2019	中位数	0.5617	0.8471	0.7980	0.0474

2023年，主板建筑业（E）上市公司审计质量指数为0.5473。其中，审计质量指数最高的上市公司为0.9025，审计质量指数最低的上市公司为0.2233。

2019~2023年，主板建筑业（E）上市公司审计质量指数总体上呈基本稳定趋势，2022~2023年处于一般水平。

1.审计工作质量

2023年，主板建筑业（E）上市公司审计工作质量为0.8121。其中，审计工作质量最高的上市公司为0.9028，审计工作质量最低的上市公司为0.3641。

2019~2023年，主板建筑业（E）上市公司审计工作质量总体上呈基本稳定趋势，2022~2023年处于高水平。

2.审计专业判断水平

2023年，主板建筑业（E）上市公司审计专业判断水平为0.7131。其中，专业判断水平最高的上市公司为0.879，专业判断水平最低的上市公司为0.2833。

2019~2023年，主板建筑业（E）上市公司审计专业判断水平总体上呈明显下降趋势，2022~2023年处于较高水平。

3. 审计工作努力程度

2023年，主板建筑业（E）上市公司审计工作努力程度为0.031。其中，工作努力程度最高的上市公司为1.0，工作努力程度最低的上市公司为0。

2019~2023年，主板建筑业（E）上市公司审计工作努力程度总体上呈大幅下降趋势，2022~2023年处于较低水平。

（三）创业板市场建筑业（E）

表4.55　　　　　　　　创业板市场建筑业（E）审计质量

年份	统计指标	审计质量指数	工作质量	专业判断水平	工作努力程度
2023	中位数	0.5442	0.7519	0.6943	0.0576
	最大值	0.8733	0.9318	0.7871	1.0000
	最小值	0.3101	0.5612	0.2989	0.0062
2022	中位数	0.5445	0.8269	0.7554	0.0070
	最大值	0.8218	0.8991	0.8185	1.0000
	最小值	0.3549	0.6749	0.3749	0.0004
2021	中位数	0.5630	0.8161	0.7783	0.1216
2020	中位数	0.5295	0.8316	0.6770	0.0887
2019	中位数	0.5649	0.8505	0.8145	0.1011

2023年，创业板建筑业（E）上市公司审计质量指数为0.5442。其中，审计质量指数最高的上市公司为0.8733，审计质量指数最低的上市公司为0.3101。

2019~2023年，创业板建筑业（E）上市公司审计质量指数总体上呈基本稳定趋势，2022~2023年处于一般水平。

1. 审计工作质量

2023年，创业板建筑业（E）上市公司审计工作质量为0.7519。其中，审计工作质量最高的上市公司为0.9318，审计工作质量最低的上市公司为0.5612。

2019~2023年，创业板建筑业（E）上市公司审计工作质量总体上呈明显下降趋势，2022~2023年从高水平变为较高水平。

2. 审计专业判断水平

2023年，创业板建筑业（E）上市公司审计专业判断水平为0.6943。其中，专业判断水平最高的上市公司为0.7871，专业判断水平最低的上市公司为0.2989。

2019~2023年，创业板建筑业（E）上市公司审计专业判断水平总体上呈明显下降趋势，2022~2023年处于较高水平。

3. 审计工作努力程度

2023年，创业板建筑业（E）上市公司审计工作努力程度为0.0576。其中，工作努力程度最高的上市公司为1.0，工作努力程度最低的上市公司为0.0062。

2019~2023年，创业板建筑业（E）上市公司审计工作努力程度总体上呈大幅下降趋势，2022~2023年处于较低水平。

十六、批发和零售业（F）

（一）证券市场批发和零售业（F）

2019~2023年，批发和零售业（F）上市公司审计质量状况见表4.56至表4.58。

表4.56　　　　　　　　证券市场批发和零售业（F）审计质量

年份	统计指标	审计质量指数	工作质量	专业判断水平	工作努力程度
2023	中位数	0.5389	0.8087	0.7013	0.0259
	最大值	0.7353	0.9466	0.8074	1.0000
	最小值	0.1394	0.3015	0.0067	0.0000
2022	中位数	0.5346	0.8193	0.6948	0.0104
	最大值	0.8728	0.9469	0.8054	1.0000
	最小值	0.1390	0.2968	0.0000	0.0000
2021	中位数	0.6627	0.8127	0.7008	0.8709
2020	中位数	0.5353	0.8204	0.7213	0.0285
2019	中位数	0.5635	0.8243	0.7758	0.0864

2023年，证券市场批发和零售业（F）上市公司审计质量指数为0.5389。其中，审计质量指数最高的上市公司为0.7353，审计质量指数最低的上市公司为0.1394。

2019~2023年，证券市场批发和零售业（F）上市公司审计质量指数总体上呈基本稳定趋势，2022~2023年处于一般水平。

1. 审计工作质量

2023年，证券市场批发和零售业（F）上市公司审计工作质量为0.8087。其中，审计工作质量最高的上市公司为0.9466，审计工作质量最低的上市公司为0.3015。

2019~2023年，证券市场批发和零售业（F）上市公司审计工作质量总体上呈基本稳定趋势，2022~2023年处于高水平。

2. 审计专业判断水平

2023年，证券市场批发和零售业（F）上市公司审计专业判断水平为0.7013。其中，专业判断水平最高的上市公司为0.8074，专业判断水平最低的上市公司为0.0067。

2019~2023年，证券市场批发和零售业（F）上市公司审计专业判断水平总体上呈明显下降趋势，2022~2023年处于较高水平。

3. 审计工作努力程度

2023年，证券市场批发和零售业（F）上市公司审计工作努力程度为0.0259。其中，工作努力程度最高的上市公司为1.0，工作努力程度最低的上市公司为0。

2019~2023年，证券市场批发和零售业（F）上市公司审计工作努力程度总体上呈大幅下降趋势，2022~2023年处于较低水平。

（二）主板市场批发和零售业（F）

表4.57　　　　　　　　主板市场批发和零售业（F）审计质量

年份	统计指标	审计质量指数	工作质量	专业判断水平	工作努力程度
2023	中位数	0.5335	0.7974	0.6808	0.0261
	最大值	0.7353	0.9466	0.8074	1.0000
	最小值	0.1394	0.3015	0.0067	0.0000
2022	中位数	0.5326	0.8063	0.6884	0.0104
	最大值	0.8728	0.9469	0.8036	1.0000
	最小值	0.1390	0.2968	0.0000	0.0000
2021	中位数	0.6424	0.8127	0.6984	0.8709
2020	中位数	0.5357	0.8193	0.7172	0.0355
2019	中位数	0.5627	0.8242	0.7759	0.0860

2023年，主板批发和零售业（F）上市公司审计质量指数为0.5335。其中，审计质量指数最高的上市公司为0.7353，审计质量指数最低的上市公司为0.1394。

2019~2023年，主板批发和零售业（F）上市公司审计质量指数总体上呈明显下降趋势，2022~2023年处于一般水平。

1.审计工作质量

2023年，主板批发和零售业（F）上市公司审计工作质量为0.7974。其中，审计工作质量最高的上市公司为0.9466，审计工作质量最低的上市公司为0.3015。

2019~2023年，主板批发和零售业（F）上市公司审计工作质量总体上呈基本稳定趋势，2022~2023年从高水平变为较高水平。

2.审计专业判断水平

2023年，主板批发和零售业（F）上市公司审计专业判断水平为0.6808。其中，专业判断水平最高的上市公司为0.8074，专业判断水平最低的上市公司为0.0067。

2019~2023年，主板批发和零售业（F）上市公司审计专业判断水平总体上呈明显下降趋势，2022~2023年处于较高水平。

3.审计工作努力程度

2023年，主板批发和零售业（F）上市公司审计工作努力程度为0.0261。其中，工作努力程度最高的上市公司为1.0，工作努力程度最低的上市公司为0。

2019~2023年，主板批发和零售业（F）上市公司审计工作努力程度总体上呈大幅下降趋势，2022~2023年处于较低水平。

（三）创业板市场批发和零售业（F）

表4.58　　　　　　　创业板市场批发和零售业（F）审计质量

年份	统计指标	审计质量指数	工作质量	专业判断水平	工作努力程度
2023	中位数	0.5631	0.8248	0.7404	0.0182
	最大值	0.7077	0.9208	0.7954	0.4470
	最小值	0.1669	0.3859	0.0758	0.0008
2022	中位数	0.5647	0.8463	0.7254	0.0126
	最大值	0.6544	0.9175	0.8054	0.1095
	最小值	0.2542	0.4808	0.2323	0.0003
2021	中位数	0.8063	0.8147	0.7323	0.8709
2020	中位数	0.5339	0.8233	0.7279	0.0279
2019	中位数	0.5783	0.8250	0.7660	0.1028

2023年，创业板批发和零售业（F）上市公司审计质量指数为0.5631。其中，审计质量指数最高的上市公司为0.7077，审计质量指数最低的上市公司为0.1669。

2019~2023年，创业板批发和零售业（F）上市公司审计质量指数总体上呈基本稳定趋势，2022~2023年处于一般水平。

1.审计工作质量

2023年，创业板批发和零售业（F）上市公司审计工作质量为0.8248。其中，审计工作质量最高的上市公司为0.9208，审计工作质量最低的上市公司为0.3859。

2019~2023年，创业板批发和零售业（F）上市公司审计工作质量总体上呈基本稳定趋势，2022~2023年处于高水平。

2.审计专业判断水平

2023年，创业板批发和零售业（F）上市公司审计专业判断水平为0.7404。其中，专业判断水平最高的上市公司为0.7954，专业判断水平最低的上市公司为0.0758。

2019~2023年，创业板批发和零售业（F）上市公司审计专业判断水平总体上呈基本稳定趋势，2022~2023年处于较高水平。

3.审计工作努力程度

2023年，创业板批发和零售业（F）上市公司审计工作努力程度为0.0182。其中，工作努力程度最高的上市公司为0.447，工作努力程度最低的上市公司为0.0008。

2019~2023年，创业板批发和零售业（F）上市公司审计工作努力程度总体上呈大幅下降趋势，2022~2023年处于较低水平。

十七、交通运输、仓储和邮政业（G）

（一）证券市场交通运输、仓储和邮政业（G）

2019~2023年，交通运输、仓储和邮政业（G）上市公司审计质量状况见表4.59至表4.60。

表4.59　　　　证券市场交通运输、仓储和邮政业（G）审计质量

年份	统计指标	审计质量指数	工作质量	专业判断水平	工作努力程度
2023	中位数	0.5418	0.7301	0.7015	0.0458
	最大值	0.9172	0.9236	0.8586	1.0000
	最小值	0.2908	0.4380	0.2440	0.0001
2022	中位数	0.5368	0.7465	0.6959	0.0621
	最大值	0.9351	0.9509	0.8618	1.0000
	最小值	0.3194	0.4620	0.2693	0.0000
2021	中位数	0.5702	0.8230	0.6560	0.3378
2020	中位数	0.6536	0.8091	0.6892	0.6163
2019	中位数	0.5398	0.8163	0.6623	0.1748

2023年，证券市场交通运输、仓储和邮政业（G）上市公司审计质量指数为0.5418。其中，审计质量指数最高的上市公司为0.9172，审计质量指数最低的上市公司为0.2908。

2019~2023年，证券市场交通运输、仓储和邮政业（G）上市公司审计质量指数总体上呈基本稳定趋势，2022~2023年处于一般水平。

1.审计工作质量

2023年，证券市场交通运输、仓储和邮政业（G）上市公司审计工作质量为0.7301。其中，审计工作质量最高的上市公司为0.9236，审计工作质量最低的上市公司为0.438。

2019~2023年，证券市场交通运输、仓储和邮政业（G）上市公司审计工作质量总体上呈明显下降趋势，2022~2023年处于较高水平。

2.审计专业判断水平

2023年，证券市场交通运输、仓储和邮政业（G）上市公司审计专业判断水平为0.7015。其中，专业判断水平最高的上市公司为0.8586，专业判断水平最低的上市公司为0.244。

2019~2023年，证券市场交通运输、仓储和邮政业（G）上市公司审计专业判断水平总体上呈明显上升趋势，2022~2023年处于较高水平。

3.审计工作努力程度

2023年，证券市场交通运输、仓储和邮政业（G）上市公司审计工作努力程度为0.0458。其中，工作努力程度最高的上市公司为1.0，工作努力程度最低的上市公司为0.0001。

2019~2023年，证券市场交通运输、仓储和邮政业（G）上市公司审计工作努力程度总体上呈大幅下降趋势，2022~2023年处于较低水平。

（二）主板市场交通运输、仓储和邮政业（G）

表4.60　　　　主板市场交通运输、仓储和邮政业（G）审计质量

年份	统计指标	审计质量指数	工作质量	专业判断水平	工作努力程度
2023	中位数	0.5408	0.7297	0.7023	0.0449
	最大值	0.9172	0.9236	0.8586	1.0000
	最小值	0.2908	0.4380	0.2440	0.0001
2022	中位数	0.5344	0.7441	0.6968	0.0582
	最大值	0.9351	0.9509	0.8618	1.0000
	最小值	0.3194	0.4620	0.2693	0.0000
2021	中位数	0.5770	0.8235	0.6560	0.3378
2020	中位数	0.6444	0.8110	0.6895	0.5166
2019	中位数	0.5398	0.8163	0.6623	0.1687

2023年，主板交通运输、仓储和邮政业（G）上市公司审计质量指数为0.5408。其中，审计质量指数最高的上市公司为0.9172，审计质量指数最低的上市公司为0.2908。

2019~2023年，主板交通运输、仓储和邮政业（G）上市公司审计质量指数总体上呈基本稳定趋势，2022~2023年处于一般水平。

1.审计工作质量

2023年，主板交通运输、仓储和邮政业（G）上市公司审计工作质量为0.7297。其中，审计工作质量最高的上市公司为0.9236，审计工作质量最低的上市公司为0.438。

2019~2023年，主板交通运输、仓储和邮政业（G）上市公司审计工作质量总体上呈明显下降趋势，2022~2023年处于较高水平。

2.审计专业判断水平

2023年，主板交通运输、仓储和邮政业（G）上市公司审计专业判断水平为0.7023。其中，专业判断水平最高的上市公司为0.8586，专业判断水平最低的上市公司为0.244。

2019~2023年，主板交通运输、仓储和邮政业（G）上市公司审计专业判断水平总体上呈明显上升趋势，2022~2023年处于较高水平。

3.审计工作努力程度

2023年，主板交通运输、仓储和邮政业（G）上市公司审计工作努力程度为0.0449。其中，工作努力程度最高的上市公司为1.0，工作努力程度最低的上市公司为0.0001。

2019~2023年，主板交通运输、仓储和邮政业（G）上市公司审计工作努力程度总体上呈大幅下降趋势，2022~2023年处于较低水平。

十八、住宿餐饮服务业（HL）

（一）证券市场住宿餐饮服务业（HL）

2019~2023年，住宿餐饮服务业（HL）上市公司审计质量状况见表4.61至表4.63。

表4.61　　　　　证券市场住宿餐饮服务业（HL）审计质量

年份	统计指标	审计质量指数	工作质量	专业判断水平	工作努力程度
2023	中位数	0.5319	0.7587	0.5830	0.0851
	最大值	0.8882	0.9136	0.7891	1.0000
	最小值	0.1824	0.3647	0.2195	0.0000
2022	中位数	0.5189	0.7660	0.5887	0.0912
	最大值	0.8720	0.9216	0.8089	1.0000
	最小值	0.2938	0.3770	0.1788	0.0008
2021	中位数	0.5192	0.7433	0.5642	0.2754
2020	中位数	0.5161	0.7231	0.5856	0.2177
2019	中位数	0.5025	0.7622	0.6357	0.0970

2023年，证券市场住宿餐饮服务业（HL）上市公司审计质量指数为0.5319。其中，审计质量指数最高的上市公司为0.8882，审计质量指数最低的上市公司为0.1824。

2019~2023年，证券市场住宿餐饮服务业（HL）上市公司审计质量指数总体上呈明显上升趋势，2022~2023年处于一般水平。

1. 审计工作质量

2023年，证券市场住宿餐饮服务业（HL）上市公司审计工作质量为0.7587。其中，审计工作质量最高的上市公司为0.9136，审计工作质量最低的上市公司为0.3647。

2019~2023年，证券市场住宿餐饮服务业（HL）上市公司审计工作质量总体上呈基本稳定趋势，2022~2023年处于较高水平。

2. 审计专业判断水平

2023年，证券市场住宿餐饮服务业（HL）上市公司审计专业判断水平为0.583。其中，专业判断水平最高的上市公司为0.7891，专业判断水平最低的上市公司为0.2195。

2019~2023年，证券市场住宿餐饮服务业（HL）上市公司审计专业判断水平总体上呈明显下降趋势，2022~2023年处于一般水平。

3. 审计工作努力程度

2023年，证券市场住宿餐饮服务业（HL）上市公司审计工作努力程度为0.0851。其中，工作努力程度最高的上市公司为1.0，工作努力程度最低的上市公司为0。

2019~2023年，证券市场住宿餐饮服务业（HL）上市公司审计工作努力程度总体上呈明显下降趋势，2022~2023年处于较低水平。

（二）主板市场住宿餐饮服务业（HL）

表4.62　　　　　主板市场住宿餐饮服务业（HL）审计质量

年份	统计指标	审计质量指数	工作质量	专业判断水平	工作努力程度
2023	中位数	0.5317	0.7556	0.5882	0.0890
	最大值	0.8882	0.9076	0.7891	1.0000
	最小值	0.1824	0.3647	0.2275	0.0000
2022	中位数	0.5159	0.7483	0.5736	0.1103
	最大值	0.8720	0.9163	0.8089	1.0000
	最小值	0.2938	0.3770	0.1788	0.0008
2021	中位数	0.5266	0.7516	0.5624	0.2754
2020	中位数	0.5236	0.7237	0.5852	0.2178
2019	中位数	0.5037	0.7553	0.6338	0.0971

2023年，主板住宿餐饮服务业（HL）上市公司审计质量指数为0.5317。其中，审计质量指数最高的上市公司为0.8882，审计质量指数最低的上市公司为0.1824。

2019~2023年，主板住宿餐饮服务业（HL）上市公司审计质量指数总体上呈明显上升趋势，2022~2023年处于一般水平。

1.审计工作质量

2023年，主板住宿餐饮服务业（HL）上市公司审计工作质量为0.7556。其中，审计工作质量最高的上市公司为0.9076，审计工作质量最低的上市公司为0.3647。

2019~2023年，主板住宿餐饮服务业（HL）上市公司审计工作质量总体上呈基本稳定趋势，2022~2023年处于较高水平。

2.审计专业判断水平

2023年，主板住宿餐饮服务业（HL）上市公司审计专业判断水平为0.5882。其中，专业判断水平最高的上市公司为0.7891，专业判断水平最低的上市公司为0.2275。

2019~2023年，主板住宿餐饮服务业（HL）上市公司审计专业判断水平总体上呈明显下降趋势，2022~2023年处于一般水平。

3.审计工作努力程度

2023年，主板住宿餐饮服务业（HL）上市公司审计工作努力程度为0.089。其中，工作努力程度最高的上市公司为1.0，工作努力程度最低的上市公司为0。

2019~2023年，主板住宿餐饮服务业（HL）上市公司审计工作努力程度总体上呈明显下降趋势，2022~2023年处于较低水平。

（三）创业板市场住宿餐饮服务业（HL）

表4.63　　　　　　　创业板市场住宿餐饮服务业（HL）审计质量

年份	统计指标	审计质量指数	工作质量	专业判断水平	工作努力程度
2023	中位数	0.5384	0.8070	0.5600	0.0668
	最大值	0.8516	0.9136	0.7684	1.0000
	最小值	0.3910	0.5567	0.2195	0.0000
2022	中位数	0.5289	0.8049	0.6078	0.0665
	最大值	0.6638	0.9216	0.7659	0.2898
	最小值	0.3892	0.5915	0.1982	0.0008
2021	中位数	0.4871	0.7236	0.5649	0.2754
2020	中位数	0.4965	0.7214	0.5859	0.2171
2019	中位数	0.5022	0.7685	0.6514	0.0969

2023年，创业板住宿餐饮服务业（HL）上市公司审计质量指数为0.5384。其中，审计质量指数最高的上市公司为0.8516，审计质量指数最低的上市公司为0.391。

2019~2023年，创业板住宿餐饮服务业（HL）上市公司审计质量指数总体上呈明显上升趋势，2022~2023年处于一般水平。

1.审计工作质量

2023年，创业板住宿餐饮服务业（HL）上市公司审计工作质量为0.807。其中，审计工作质量最高的上市公司为0.9136，审计工作质量最低的上市公司为0.5567。

2019~2023年，创业板住宿餐饮服务业（HL）上市公司审计工作质量总体上呈明显上升趋势，2022~2023年处于高水平。

2.审计专业判断水平

2023年，创业板住宿餐饮服务业（HL）上市公司审计专业判断水平为0.56。其中，专业判断水平最高的上市公司为0.7684，专业判断水平最低的上市公司为0.2195。

2019~2023年，创业板住宿餐饮服务业（HL）上市公司审计专业判断水平总体上呈明显下降趋势，2022~2023年从较高水平变为一般水平。

3.审计工作努力程度

2023年，创业板住宿餐饮服务业（HL）上市公司审计工作努力程度为0.0668。其中，工作努力程度最高的上市公司为1.0，工作努力程度最低的上市公司为0。

2019~2023年，创业板住宿餐饮服务业（HL）上市公司审计工作努力程度总体上呈大幅下降趋势，2022~2023年处于较低水平。

十九、信息传输、软件和信息技术服务业（Ⅰ）

（一）证券市场信息传输、软件和信息技术服务业（Ⅰ）

2019~2023年，信息传输、软件和信息技术服务业（Ⅰ）上市公司审计质量状况见表4.64至表4.67。

表4.64　证券市场信息传输、软件和信息技术服务业（Ⅰ）审计质量

年份	统计指标	审计质量指数	工作质量	专业判断水平	工作努力程度
2023	中位数	0.5157	0.7375	0.6939	0.0058
	最大值	0.8951	0.9394	0.7995	1.0000
	最小值	0.1592	0.3403	0.1208	0.0000
2022	中位数	0.5131	0.7486	0.7009	0.0076
	最大值	0.9063	0.9382	0.7986	1.0000
	最小值	0.2297	0.3345	0.1696	0.0000
2021	中位数	0.5069	0.7295	0.6803	0.1103
2020	中位数	0.5067	0.7237	0.6943	0.0764
2019	中位数	0.5306	0.7293	0.7047	0.1080

2023年，证券市场信息传输、软件和信息技术服务业（Ⅰ）上市公司审计质量指数为0.5157。其中，审计质量指数最高的上市公司为0.8951，审计质量指数最低的上市公司为0.1592。

2019~2023年，证券市场信息传输、软件和信息技术服务业（Ⅰ）上市公司审计质量指数总体上呈基本稳定趋势，2022~2023年处于一般水平。

1. 审计工作质量

2023年，证券市场信息传输、软件和信息技术服务业（Ⅰ）上市公司审计工作质量为0.7375。其中，审计工作质量最高的上市公司为0.9394，审计工作质量最低的上市公司为0.3403。

2019~2023年，证券市场信息传输、软件和信息技术服务业（Ⅰ）上市公司审计工作质量总体上呈基本稳定趋势，2022~2023年处于较高水平。

2. 审计专业判断水平

2023年，证券市场信息传输、软件和信息技术服务业（Ⅰ）上市公司审计专业判断水平为0.6939。其中，专业判断水平最高的上市公司为0.7995，专业判断水平最低的上市公司为0.1208。

2019~2023年，证券市场信息传输、软件和信息技术服务业（Ⅰ）上市公司审计专业判断水平总体上呈基本稳定趋势，2022~2023年处于较高水平。

3. 审计工作努力程度

2023年，证券市场信息传输、软件和信息技术服务业（I）上市公司审计工作努力程度为0.0058。其中，工作努力程度最高的上市公司为1.0，工作努力程度最低的上市公司为0。

2019~2023年，证券市场信息传输、软件和信息技术服务业（I）上市公司审计工作努力程度总体上呈大幅下降趋势，2022~2023年处于较低水平。

（二）主板市场信息传输、软件和信息技术服务业（I）

表4.65　主板市场信息传输、软件和信息技术服务业（I）审计质量

年份	统计指标	审计质量指数	工作质量	专业判断水平	工作努力程度
2023	中位数	0.5004	0.7185	0.6687	0.0087
	最大值	0.8951	0.8531	0.7743	1.0000
	最小值	0.1592	0.3403	0.1208	0.0000
2022	中位数	0.5002	0.7325	0.6793	0.0091
	最大值	0.9063	0.8820	0.7862	1.0000
	最小值	0.2333	0.3345	0.1696	0.0001
2021	中位数	0.5133	0.7504	0.6580	0.1103
2020	中位数	0.5107	0.7407	0.6793	0.0764
2019	中位数	0.5322	0.7428	0.6931	0.1084

2023年，主板信息传输、软件和信息技术服务业（I）上市公司审计质量指数为0.5004。其中，审计质量指数最高的上市公司为0.8951，审计质量指数最低的上市公司为0.1592。

2019~2023年，主板信息传输、软件和信息技术服务业（I）上市公司审计质量指数总体上呈明显下降趋势，2022~2023年处于一般水平。

1. 审计工作质量

2023年，主板信息传输、软件和信息技术服务业（I）上市公司审计工作质量为0.7185。其中，审计工作质量最高的上市公司为0.8531，审计工作质量最低的上市公司为0.3403。

2019~2023年，主板信息传输、软件和信息技术服务业（I）上市公司审计工作质量总体上呈基本稳定趋势，2022~2023年处于较高水平。

2. 审计专业判断水平

2023年，主板信息传输、软件和信息技术服务业（I）上市公司审计专业判断水平为0.6687。其中，专业判断水平最高的上市公司为0.7743，专业判断水平最低的上市公司为0.1208。

2019~2023年，主板信息传输、软件和信息技术服务业（I）上市公司审计专业判断水

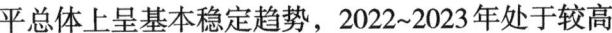

平总体上呈基本稳定趋势，2022~2023年处于较高水平。

3.审计工作努力程度

2023年，主板信息传输、软件和信息技术服务业（I）上市公司审计工作努力程度为0.0087。其中，工作努力程度最高的上市公司为1.0，工作努力程度最低的上市公司为0。

2019~2023年，主板信息传输、软件和信息技术服务业（I）上市公司审计工作努力程度总体上呈大幅下降趋势，2022~2023年处于较低水平。

（三）创业板市场信息传输、软件和信息技术服务业（I）

表4.66　　创业板市场信息传输、软件和信息技术服务业（I）审计质量

年份	统计指标	审计质量指数	工作质量	专业判断水平	工作努力程度
2023	中位数	0.5225	0.7418	0.6988	0.0062
	最大值	0.7241	0.9394	0.7995	0.9965
	最小值	0.2558	0.4126	0.2813	0.0000
2022	中位数	0.5171	0.7523	0.7082	0.0078
	最大值	0.9042	0.9382	0.7986	1.0000
	最小值	0.2297	0.3874	0.2883	0.0000
2021	中位数	0.5165	0.7378	0.6976	0.1103
2020	中位数	0.5157	0.7347	0.7089	0.0766
2019	中位数	0.5343	0.7270	0.7244	0.1080

2023年，创业板信息传输、软件和信息技术服务业（I）上市公司审计质量指数为0.5225。其中，审计质量指数最高的上市公司为0.7241，审计质量指数最低的上市公司为0.2558。

2019~2023年，创业板信息传输、软件和信息技术服务业（I）上市公司审计质量指数总体上呈基本稳定趋势，2022~2023年处于一般水平。

1.审计工作质量

2023年，创业板信息传输、软件和信息技术服务业（I）上市公司审计工作质量为0.7418。其中，审计工作质量最高的上市公司为0.9394，审计工作质量最低的上市公司为0.4126。

2019~2023年，创业板信息传输、软件和信息技术服务业（I）上市公司审计工作质量总体上呈基本稳定趋势，2022~2023年处于较高水平。

2.审计专业判断水平

2023年，创业板信息传输、软件和信息技术服务业（I）上市公司审计专业判断水平为0.6988。其中，专业判断水平最高的上市公司为0.7995，专业判断水平最低的上市公司为0.2813。

2019~2023年，创业板信息传输、软件和信息技术服务业（I）上市公司审计专业判断

水平总体上呈基本稳定趋势，2022~2023年处于较高水平。

3. 审计工作努力程度

2023年，创业板信息传输、软件和信息技术服务业（I）上市公司审计工作努力程度为0.0062。其中，工作努力程度最高的上市公司为0.9965，工作努力程度最低的上市公司为0。

2019~2023年，创业板信息传输、软件和信息技术服务业（I）上市公司审计工作努力程度总体上呈大幅下降趋势，2022~2023年处于较低水平。

（四）科创板市场信息传输、软件和信息技术服务业（I）

表4.67　　科创板市场信息传输、软件和信息技术服务业（I）审计质量

年份	统计指标	审计质量指数	工作质量	专业判断水平	工作努力程度
2023	中位数	0.5252	0.7784	0.7130	0.0032
	最大值	0.8250	0.9334	0.7837	1.0000
	最小值	0.3064	0.4882	0.3769	0.0000
2022	中位数	0.5241	0.7626	0.7183	0.0050
	最大值	0.6456	0.8852	0.7977	0.1556
	最小值	0.2790	0.4754	0.3176	0.0001
2021	中位数	0.4697	0.6735	0.6703	0.1103
2020	中位数	0.4476	0.6391	0.6570	0.0619
2019	中位数	0.4434	0.6402	0.6013	0.1078

2023年，科创板信息传输、软件和信息技术服务业（I）上市公司审计质量指数为0.5252。其中，审计质量指数最高的上市公司为0.825，审计质量指数最低的上市公司为0.3064。

2019~2023年，科创板信息传输、软件和信息技术服务业（I）上市公司审计质量指数总体上呈明显上升趋势，2022~2023年处于一般水平。

1. 审计工作质量

2023年，科创板信息传输、软件和信息技术服务业（I）上市公司审计工作质量为0.7784。其中，审计工作质量最高的上市公司为0.9334，审计工作质量最低的上市公司为0.4882。

2019~2023年，科创板信息传输、软件和信息技术服务业（I）上市公司审计工作质量总体上呈明显上升趋势，2022~2023年处于较高水平。

2. 审计专业判断水平

2023年，科创板信息传输、软件和信息技术服务业（I）上市公司审计专业判断水平为0.713。其中，专业判断水平最高的上市公司为0.7837，专业判断水平最低的上市公司为0.3769。

2019~2023年，科创板信息传输、软件和信息技术服务业（I）上市公司审计专业判断水平总体上呈明显上升趋势，2022~2023年处于较高水平。

3. 审计工作努力程度

2023年，科创板信息传输、软件和信息技术服务业（I）上市公司审计工作努力程度为0.0032。其中，工作努力程度最高的上市公司为1.0，工作努力程度最低的上市公司为0。

2019~2023年，科创板信息传输、软件和信息技术服务业（I）上市公司审计工作努力程度总体上呈大幅下降趋势，2022~2023年处于较低水平。

二十、金融业（J）

（一）证券市场金融业（J）

2019~2023年，金融业（J）上市公司审计质量状况见表4.68至表4.69。

表4.68　　　　　　　　证券市场金融业（J）审计质量

年份	统计指标	审计质量指数	工作质量	专业判断水平	工作努力程度
2023	中位数	0.5704	0.6892	0.8245	0.0763
	最大值	0.9739	0.9508	0.9711	1.0000
	最小值	0.2964	0.3251	0.3507	0.0000
2022	中位数	0.5638	0.6896	0.8191	0.0677
	最大值	0.9735	0.9494	0.9721	1.0000
	最小值	0.2947	0.2952	0.3829	0.0007
2021	中位数	0.6019	0.6925	0.8450	0.0494
2020	中位数	0.6040	0.6881	0.8565	0.2919
2019	中位数	0.5930	0.6811	0.8536	0.2924

2023年，证券市场金融业（J）上市公司审计质量指数为0.5704。其中，审计质量指数最高的上市公司为0.9739，审计质量指数最低的上市公司为0.2964。

2019~2023年，证券市场金融业（J）上市公司审计质量指数总体上呈基本稳定趋势，2022~2023年处于一般水平。

1. 审计工作质量

2023年，证券市场金融业（J）上市公司审计工作质量为0.6892。其中，审计工作质量最高的上市公司为0.9508，审计工作质量最低的上市公司为0.3251。

2019~2023年，证券市场金融业（J）上市公司审计工作质量总体上呈基本稳定趋势，2022~2023年处于较高水平。

2. 审计专业判断水平

2023年，证券市场金融业（J）上市公司审计专业判断水平为0.8245。其中，专业判断水平最高的上市公司为0.9711，专业判断水平最低的上市公司为0.3507。

2019~2023年，证券市场金融业（J）上市公司审计专业判断水平总体上呈基本稳定趋势，2022~2023年处于高水平。

3.审计工作努力程度

2023年，证券市场金融业（J）上市公司审计工作努力程度为0.0763。其中，工作努力程度最高的上市公司为1.0，工作努力程度最低的上市公司为0。

2019~2023年，证券市场金融业（J）上市公司审计工作努力程度总体上呈大幅下降趋势，2022~2023年处于较低水平。

（二）主板市场金融业（J）

表4.69　　　　　　　　主板市场金融业（J）审计质量

年份	统计指标	审计质量指数	工作质量	专业判断水平	工作努力程度
2023	中位数	0.5718	0.6870	0.8268	0.0738
	最大值	0.9739	0.9508	0.9711	1.0000
	最小值	0.2964	0.3251	0.3507	0.0000
2022	中位数	0.5693	0.6925	0.8199	0.0679
	最大值	0.9735	0.9494	0.9721	1.0000
	最小值	0.2947	0.2952	0.3829	0.0007
2021	中位数	0.6019	0.6925	0.8472	0.0410
2020	中位数	0.6057	0.6874	0.8572	0.2919
2019	中位数	0.5952	0.6809	0.8541	0.2924

2023年，主板金融业（J）上市公司审计质量指数为0.5718。其中，审计质量指数最高的上市公司为0.9739，审计质量指数最低的上市公司为0.2964。

2019~2023年，主板金融业（J）上市公司审计质量指数总体上呈基本稳定趋势，2022~2023年处于一般水平。

1.审计工作质量

2023年，主板金融业（J）上市公司审计工作质量为0.687。其中，审计工作质量最高的上市公司为0.9508，审计工作质量最低的上市公司为0.3251。

2019~2023年，主板金融业（J）上市公司审计工作质量总体上呈基本稳定趋势，2022~2023年处于较高水平。

2.审计专业判断水平

2023年，主板金融业（J）上市公司审计专业判断水平为0.8268。其中，专业判断水平最高的上市公司为0.9711，专业判断水平最低的上市公司为0.3507。

2019~2023年，主板金融业（J）上市公司审计专业判断水平总体上呈基本稳定趋势，2022~2023年处于高水平。

3. 审计工作努力程度

2023年，主板金融业（J）上市公司审计工作努力程度为0.0738。其中，工作努力程度最高的上市公司为1.0，工作努力程度最低的上市公司为0。

2019~2023年，主板金融业（J）上市公司审计工作努力程度总体上呈大幅下降趋势，2022~2023年处于较低水平。

二十一、房地产业（K）

（一）证券市场房地产业（K）

2019~2023年，房地产业（K）上市公司审计质量状况见表4.70至表4.71。

表4.70　　　　　　证券市场房地产业（K）审计质量

年份	统计指标	审计质量指数	工作质量	专业判断水平	工作努力程度
2023	中位数	0.5135	0.7741	0.7081	0.0034
2023	最大值	0.7777	0.9128	0.7842	1.0000
2023	最小值	0.1713	0.2911	0.1409	0.0000
2022	中位数	0.5492	0.7821	0.7387	0.0184
2022	最大值	0.8986	0.9125	0.8257	1.0000
2022	最小值	0.1660	0.2840	0.1293	0.0002
2021	中位数	0.5607	0.7828	0.7531	0.2754
2020	中位数	0.5613	0.7807	0.7738	0.1538
2019	中位数	0.5633	0.7873	0.7996	0.1221

2023年，证券市场房地产业（K）上市公司审计质量指数为0.5135。其中，审计质量指数最高的上市公司为0.7777，审计质量指数最低的上市公司为0.1713。

2019~2023年，证券市场房地产业（K）上市公司审计质量指数总体上呈明显下降趋势，2022~2023年处于一般水平。

1. 审计工作质量

2023年，证券市场房地产业（K）上市公司审计工作质量为0.7741。其中，审计工作质量最高的上市公司为0.9128，审计工作质量最低的上市公司为0.2911。

2019~2023年，证券市场房地产业（K）上市公司审计工作质量总体上呈基本稳定趋势，2022~2023年处于较高水平。

2. 审计专业判断水平

2023年，证券市场房地产业（K）上市公司审计专业判断水平为0.7081。其中，专业判断水平最高的上市公司为0.7842，专业判断水平最低的上市公司为0.1409。

2019~2023年，证券市场房地产业（K）上市公司审计专业判断水平总体上呈明显下降趋势，2022~2023年处于较高水平。

3. 审计工作努力程度

2023年，证券市场房地产业（K）上市公司审计工作努力程度为0.0034。其中，工作努力程度最高的上市公司为1.0，工作努力程度最低的上市公司为0。

2019~2023年，证券市场房地产业（K）上市公司审计工作努力程度总体上呈大幅下降趋势，2022~2023年处于较低水平。

（二）主板市场房地产业（K）

表4.71　　　　　　　　主板市场房地产业（K）审计质量

年份	统计指标	审计质量指数	工作质量	专业判断水平	工作努力程度
2023	中位数	0.5135	0.7692	0.7087	0.0035
	最大值	0.7777	0.9128	0.7842	1.0000
	最小值	0.1713	0.2911	0.1409	0.0000
2022	中位数	0.5498	0.7813	0.7400	0.0189
	最大值	0.8986	0.9125	0.8257	1.0000
	最小值	0.1660	0.2840	0.1293	0.0002
2021	中位数	0.5613	0.7832	0.7555	0.2851
2020	中位数	0.5616	0.7824	0.7748	0.1526
2019	中位数	0.5633	0.7873	0.7996	0.1221

2023年，主板房地产业（K）上市公司审计质量指数为0.5135。其中，审计质量指数最高的上市公司为0.7777，审计质量指数最低的上市公司为0.1713。

2019~2023年，主板房地产业（K）上市公司审计质量指数总体上呈明显下降趋势，2022~2023年处于一般水平。

1. 审计工作质量

2023年，主板房地产业（K）上市公司审计工作质量为0.7692。其中，审计工作质量最高的上市公司为0.9128，审计工作质量最低的上市公司为0.2911。

2019~2023年，主板房地产业（K）上市公司审计工作质量总体上呈基本稳定趋势，2022~2023年处于较高水平。

2. 审计专业判断水平

2023年，主板房地产业（K）上市公司审计专业判断水平为0.7087。其中，专业判断水平最高的上市公司为0.7842，专业判断水平最低的上市公司为0.1409。

2019~2023年，主板房地产业（K）上市公司审计专业判断水平总体上呈明显下降趋势，2022~2023年处于较高水平。

3. 审计工作努力程度

2023年，主板房地产业（K）上市公司审计工作努力程度为0.0035。其中，工作努力程度最高的上市公司为1.0，工作努力程度最低的上市公司为0。

2019~2023年，主板房地产业（K）上市公司审计工作努力程度总体上呈大幅下降趋势，2022~2023年处于较低水平。

二十二、科学研究和技术服务业（M）

（一）证券市场科学研究和技术服务业（M）

2019~2023年，科学研究和技术服务业（M）上市公司审计质量状况见表4.72至表4.75。

表4.72　　证券市场科学研究和技术服务业（M）审计质量

年份	统计指标	审计质量指数	工作质量	专业判断水平	工作努力程度
2023	中位数	0.5517	0.7561	0.7331	0.0866
	最大值	0.8561	0.9028	0.8166	1.0000
	最小值	0.2589	0.3390	0.2074	0.0003
2022	中位数	0.5478	0.7713	0.7523	0.0415
	最大值	0.9222	0.8887	0.8372	1.0000
	最小值	0.2186	0.3162	0.1892	0.0008
2021	中位数	0.6365	0.7462	0.7379	0.3618
2020	中位数	0.7066	0.7599	0.7564	0.6511
2019	中位数	0.5422	0.7583	0.7994	0.0367

2023年，证券市场科学研究和技术服务业（M）上市公司审计质量指数为0.5517。其中，审计质量指数最高的上市公司为0.8561，审计质量指数最低的上市公司为0.2589。

2019~2023年，证券市场科学研究和技术服务业（M）上市公司审计质量指数总体上呈基本稳定趋势，2022~2023年处于一般水平。

1. 审计工作质量

2023年，证券市场科学研究和技术服务业（M）上市公司审计工作质量为0.7561。其中，审计工作质量最高的上市公司为0.9028，审计工作质量最低的上市公司为0.339。

2019~2023年，证券市场科学研究和技术服务业（M）上市公司审计工作质量总体上呈基本稳定趋势，2022~2023年处于较高水平。

2. 审计专业判断水平

2023年，证券市场科学研究和技术服务业（M）上市公司审计专业判断水平为0.7331。其中，专业判断水平最高的上市公司为0.8166，专业判断水平最低的上市公司为0.2074。

2019~2023年，证券市场科学研究和技术服务业（M）上市公司审计专业判断水平总体上呈明显下降趋势，2022~2023年处于较高水平。

3.审计工作努力程度

2023年，证券市场科学研究和技术服务业（M）上市公司审计工作努力程度为0.0866。其中，工作努力程度最高的上市公司为1.0，工作努力程度最低的上市公司为0.0003。

2019~2023年，证券市场科学研究和技术服务业（M）上市公司审计工作努力程度总体上呈大幅上升趋势，2022~2023年处于较低水平。

（二）主板市场科学研究和技术服务业（M）

表4.73　　　　主板市场科学研究和技术服务业（M）审计质量

年份	统计指标	审计质量指数	工作质量	专业判断水平	工作努力程度
2023	中位数	0.5462	0.7695	0.7243	0.0931
	最大值	0.6992	0.8303	0.8149	0.5247
	最小值	0.2589	0.3390	0.2074	0.0017
2022	中位数	0.5457	0.7677	0.7475	0.0435
	最大值	0.6863	0.8288	0.8246	0.8411
	最小值	0.2186	0.3162	0.1892	0.0017
2021	中位数	0.6490	0.7629	0.7519	0.4240
2020	中位数	0.6693	0.7587	0.7678	0.5208
2019	中位数	0.5327	0.7583	0.8015	0.0237

2023年，主板科学研究和技术服务业（M）上市公司审计质量指数为0.5462。其中，审计质量指数最高的上市公司为0.6992，审计质量指数最低的上市公司为0.2589。

2019~2023年，主板科学研究和技术服务业（M）上市公司审计质量指数总体上呈基本稳定趋势，2022~2023年处于一般水平。

1.审计工作质量

2023年，主板科学研究和技术服务业（M）上市公司审计工作质量为0.7695。其中，审计工作质量最高的上市公司为0.8303，审计工作质量最低的上市公司为0.339。

2019~2023年，主板科学研究和技术服务业（M）上市公司审计工作质量总体上呈基本稳定趋势，2022~2023年处于较高水平。

2.审计专业判断水平

2023年，主板科学研究和技术服务业（M）上市公司审计专业判断水平为0.7243。其中，专业判断水平最高的上市公司为0.8149，专业判断水平最低的上市公司为0.2074。

2019~2023年，主板科学研究和技术服务业（M）上市公司审计专业判断水平总体上呈明显下降趋势，2022~2023年处于较高水平。

3.审计工作努力程度

2023年，主板科学研究和技术服务业（M）上市公司审计工作努力程度为0.0931。其中，工作努力程度最高的上市公司为0.5247，工作努力程度最低的上市公司为0.0017。

2019~2023年，主板科学研究和技术服务业（M）上市公司审计工作努力程度总体上呈大幅上升趋势，2022~2023年处于较低水平。

（三）创业板市场科学研究和技术服务业（M）

表4.74　　　　创业板市场科学研究和技术服务业（M）审计质量

年份	统计指标	审计质量指数	工作质量	专业判断水平	工作努力程度
2023	中位数	0.5645	0.7524	0.7485	0.0717
	最大值	0.8561	0.9028	0.8166	1.0000
	最小值	0.4155	0.5156	0.5105	0.0003
2022	中位数	0.5459	0.7762	0.7581	0.0322
	最大值	0.9222	0.8887	0.8372	1.0000
	最小值	0.3967	0.5219	0.5015	0.0008
2021	中位数	0.6059	0.7330	0.7233	0.2747
2020	中位数	0.7701	0.7651	0.7574	0.8028
2019	中位数	0.5442	0.7672	0.7973	0.0368

2023年，创业板科学研究和技术服务业（M）上市公司审计质量指数为0.5645。其中，审计质量指数最高的上市公司为0.8561，审计质量指数最低的上市公司为0.4155。

2019~2023年，创业板科学研究和技术服务业（M）上市公司审计质量指数总体上呈基本稳定趋势，2022~2023年处于一般水平。

1. 审计工作质量

2023年，创业板科学研究和技术服务业（M）上市公司审计工作质量为0.7524。其中，审计工作质量最高的上市公司为0.9028，审计工作质量最低的上市公司为0.5156。

2019~2023年，创业板科学研究和技术服务业（M）上市公司审计工作质量总体上呈基本稳定趋势，2022~2023年处于较高水平。

2. 审计专业判断水平

2023年，创业板科学研究和技术服务业（M）上市公司审计专业判断水平为0.7485。其中，专业判断水平最高的上市公司为0.8166，专业判断水平最低的上市公司为0.5105。

2019~2023年，创业板科学研究和技术服务业（M）上市公司审计专业判断水平总体上呈明显下降趋势，2022~2023年处于较高水平。

3. 审计工作努力程度

2023年，创业板科学研究和技术服务业（M）上市公司审计工作努力程度为0.0717。其中，工作努力程度最高的上市公司为1.0，工作努力程度最低的上市公司为0.0003。

2019~2023年，创业板科学研究和技术服务业（M）上市公司审计工作努力程度总体上呈大幅上升趋势，2022~2023年处于较低水平。

（四）科创板市场科学研究和技术服务业（M）

表4.75　　科创板市场科学研究和技术服务业（M）审计质量

年份	统计指标	审计质量指数	工作质量	专业判断水平	工作努力程度
2023	中位数	0.5398	0.7609	0.7181	0.0986
	最大值	0.7766	0.8593	0.7919	0.6049
	最小值	0.3892	0.6096	0.5218	0.0129
2022	中位数	0.5579	0.7670	0.6892	0.0973
	最大值	0.8981	0.8623	0.8086	1.0000
	最小值	0.3721	0.6227	0.4348	0.0130
2021	中位数	0.7599	0.7408	0.7321	0.9212
2020	中位数	0.7888	0.7293	0.6692	0.9900
2019	中位数	0.7059	0.7498	0.7703	0.5975

2023年，科创板科学研究和技术服务业（M）上市公司审计质量指数为0.5398。其中，审计质量指数最高的上市公司为0.7766，审计质量指数最低的上市公司为0.3892。

2019~2023年，科创板科学研究和技术服务业（M）上市公司审计质量指数总体上呈明显下降趋势，2022~2023年处于一般水平。

1.审计工作质量

2023年，科创板科学研究和技术服务业（M）上市公司审计工作质量为0.7609。其中，审计工作质量最高的上市公司为0.8593，审计工作质量最低的上市公司为0.6096。

2019~2023年，科创板科学研究和技术服务业（M）上市公司审计工作质量总体上呈基本稳定趋势，2022~2023年处于较高水平。

2.审计专业判断水平

2023年，科创板科学研究和技术服务业（M）上市公司审计专业判断水平为0.7181。其中，专业判断水平最高的上市公司为0.7919，专业判断水平最低的上市公司为0.5218。

2019~2023年，科创板科学研究和技术服务业（M）上市公司审计专业判断水平总体上呈明显下降趋势，2022~2023年处于较高水平。

3.审计工作努力程度

2023年，科创板科学研究和技术服务业（M）上市公司审计工作努力程度为0.0986。其中，工作努力程度最高的上市公司为0.6049，工作努力程度最低的上市公司为0.0129。

2019~2023年，科创板科学研究和技术服务业（M）上市公司审计工作努力程度总体上呈大幅下降趋势，2022~2023年处于较低水平。

二十三、水利、环境和公共设施管理业（N）

（一）证券市场水利、环境和公共设施管理业（N）

2019~2023年，水利、环境和公共设施管理业（N）上市公司审计质量状况见表4.76至表4.78。

表4.76　证券市场水利、环境和公共设施管理业（N）审计质量

年份	统计指标	审计质量指数	工作质量	专业判断水平	工作努力程度
2023	中位数	0.5334	0.7560	0.7026	0.0205
	最大值	0.8785	0.9035	0.8229	1.0000
	最小值	0.2500	0.3616	0.3532	0.0009
2022	中位数	0.5402	0.7599	0.7140	0.0563
	最大值	0.8807	0.9095	0.8322	1.0000
	最小值	0.3178	0.4229	0.4157	0.0004
2021	中位数	0.7203	0.7482	0.7213	0.9999
2020	中位数	0.7188	0.7617	0.7201	0.7925
2019	中位数	0.5961	0.7910	0.7496	0.3351

2023年，证券市场水利、环境和公共设施管理业（N）上市公司审计质量指数为0.5334。其中，审计质量指数最高的上市公司为0.8785，审计质量指数最低的上市公司为0.25。

2019~2023年，证券市场水利、环境和公共设施管理业（N）上市公司审计质量指数总体上呈明显下降趋势，2022~2023年处于一般水平。

1.审计工作质量

2023年，证券市场水利、环境和公共设施管理业（N）上市公司审计工作质量为0.756。其中，审计工作质量最高的上市公司为0.9035，审计工作质量最低的上市公司为0.3616。

2019~2023年，证券市场水利、环境和公共设施管理业（N）上市公司审计工作质量总体上呈基本稳定趋势，2022~2023年处于较高水平。

2.审计专业判断水平

2023年，证券市场水利、环境和公共设施管理业（N）上市公司审计专业判断水平为0.7026。其中，专业判断水平最高的上市公司为0.8229，专业判断水平最低的上市公司为0.3532。

2019~2023年，证券市场水利、环境和公共设施管理业（N）上市公司审计专业判断水平总体上呈明显下降趋势，2022~2023年处于较高水平。

3.审计工作努力程度

2023年，证券市场水利、环境和公共设施管理业（N）上市公司审计工作努力程度为0.0205。其中，工作努力程度最高的上市公司为1.0，工作努力程度最低的上市公司为0.0009。

2019~2023年，证券市场水利、环境和公共设施管理业（N）上市公司审计工作努力程度总体上呈大幅下降趋势，2022~2023年处于较低水平。

（二）主板市场水利、环境和公共设施管理业（N）

表4.77　主板市场水利、环境和公共设施管理业（N）审计质量

年份	统计指标	审计质量指数	工作质量	专业判断水平	工作努力程度
2023	中位数	0.5248	0.7398	0.6820	0.0205
	最大值	0.8049	0.9035	0.8229	0.8942
	最小值	0.2500	0.3616	0.3532	0.0011
2022	中位数	0.5396	0.7447	0.6954	0.0648
	最大值	0.8205	0.9045	0.8322	1.0000
	最小值	0.3710	0.5479	0.4157	0.0004
2021	中位数	0.7895	0.7743	0.7131	0.9999
2020	中位数	0.7357	0.7903	0.7176	0.7904
2019	中位数	0.5961	0.8007	0.7490	0.2905

2023年，主板水利、环境和公共设施管理业（N）上市公司审计质量指数为0.5248。其中，审计质量指数最高的上市公司为0.8049，审计质量指数最低的上市公司为0.25。

2019~2023年，主板水利、环境和公共设施管理业（N）上市公司审计质量指数总体上呈明显下降趋势，2022~2023年处于一般水平。

1.审计工作质量

2023年，主板水利、环境和公共设施管理业（N）上市公司审计工作质量为0.7398。其中，审计工作质量最高的上市公司为0.9035，审计工作质量最低的上市公司为0.3616。

2019~2023年，主板水利、环境和公共设施管理业（N）上市公司审计工作质量总体上呈明显下降趋势，2022~2023年处于较高水平。

2.审计专业判断水平

2023年，主板水利、环境和公共设施管理业（N）上市公司审计专业判断水平为0.682。其中，专业判断水平最高的上市公司为0.8229，专业判断水平最低的上市公司为0.3532。

2019~2023年，主板水利、环境和公共设施管理业（N）上市公司审计专业判断水平总体上呈明显下降趋势，2022~2023年处于较高水平。

3.审计工作努力程度

2023年,主板水利、环境和公共设施管理业(N)上市公司审计工作努力程度为0.0205。其中,工作努力程度最高的上市公司为0.8942,工作努力程度最低的上市公司为0.0011。

2019~2023年,主板水利、环境和公共设施管理业(N)上市公司审计工作努力程度总体上呈大幅下降趋势,2022~2023年处于较低水平。

(三)创业板市场水利、环境和公共设施管理业(N)

表4.78　创业板市场水利、环境和公共设施管理业(N)审计质量

年份	统计指标	审计质量指数	工作质量	专业判断水平	工作努力程度
2023	中位数	0.5137	0.7618	0.7132	0.0205
	最大值	0.8333	0.8918	0.8213	1.0000
	最小值	0.3014	0.4267	0.4729	0.0009
2022	中位数	0.5303	0.7365	0.7163	0.0542
	最大值	0.8807	0.9095	0.8198	1.0000
	最小值	0.3178	0.4229	0.5138	0.0012
2021	中位数	0.6011	0.7122	0.7316	0.2397
2020	中位数	0.7108	0.7173	0.7241	0.8096
2019	中位数	0.6107	0.7623	0.7614	0.3356

2023年,创业板水利、环境和公共设施管理业(N)上市公司审计质量指数为0.5137。其中,审计质量指数最高的上市公司为0.8333,审计质量指数最低的上市公司为0.3014。

2019~2023年,创业板水利、环境和公共设施管理业(N)上市公司审计质量指数总体上呈明显下降趋势,2022~2023年处于一般水平。

1.审计工作质量

2023年,创业板水利、环境和公共设施管理业(N)上市公司审计工作质量为0.7618。其中,审计工作质量最高的上市公司为0.8918,审计工作质量最低的上市公司为0.4267。

2019~2023年,创业板水利、环境和公共设施管理业(N)上市公司审计工作质量总体上呈基本稳定趋势,2022~2023年处于较高水平。

2.审计专业判断水平

2023年,创业板水利、环境和公共设施管理业(N)上市公司审计专业判断水平为0.7132。其中,专业判断水平最高的上市公司为0.8213,专业判断水平最低的上市公司为0.4729。

2019~2023年,创业板水利、环境和公共设施管理业(N)上市公司审计专业判断水平总体上呈明显下降趋势,2022~2023年处于较高水平。

3.审计工作努力程度

2023年,创业板水利、环境和公共设施管理业(N)上市公司审计工作努力程度为0.0205。其中,工作努力程度最高的上市公司为1.0,工作努力程度最低的上市公司为0.0009。

2019~2023年,创业板水利、环境和公共设施管理业(N)上市公司审计工作努力程度总体上呈大幅下降趋势,2022~2023年处于较低水平。

二十四、教育卫生文化业(PQR)

(一)证券市场教育卫生文化业(PQR)

2019~2023年,教育卫生文化业(PQR)上市公司审计质量状况见表4.79至表4.81。

表4.79　　　　证券市场教育卫生文化业(PQR)审计质量

年份	统计指标	审计质量指数	工作质量	专业判断水平	工作努力程度
2023	中位数	0.5878	0.7153	0.6763	0.2504
	最大值	0.8986	0.8671	0.8411	1.0000
	最小值	0.2769	0.3657	0.3300	0.0037
2022	中位数	0.5519	0.7203	0.6893	0.1389
	最大值	0.8698	0.9177	0.8502	1.0000
	最小值	0.3025	0.3301	0.3751	0.0030
2021	中位数	0.5847	0.7155	0.6758	0.3379
2020	中位数	0.7153	0.7332	0.6818	0.9066
2019	中位数	0.5862	0.7359	0.6898	0.2349

2023年,证券市场教育卫生文化业(PQR)上市公司审计质量指数为0.5878。其中,审计质量指数最高的上市公司为0.8986,审计质量指数最低的上市公司为0.2769。

2019~2023年,证券市场教育卫生文化业(PQR)上市公司审计质量指数总体上呈基本稳定趋势,2022~2023年处于一般水平。

1.审计工作质量

2023年,证券市场教育卫生文化业(PQR)上市公司审计工作质量为0.7153。其中,审计工作质量最高的上市公司为0.8671,审计工作质量最低的上市公司为0.3657。

2019~2023年,证券市场教育卫生文化业(PQR)上市公司审计工作质量总体上呈基本稳定趋势,2022~2023年处于较高水平。

2.审计专业判断水平

2023年,证券市场教育卫生文化业(PQR)上市公司审计专业判断水平为0.6763。其中,专业判断水平最高的上市公司为0.8411,专业判断水平最低的上市公司为0.33。

2019~2023年,证券市场教育卫生文化业(PQR)上市公司审计专业判断水平总体上呈基本稳定趋势，2022~2023年处于较高水平。

3.审计工作努力程度

2023年，证券市场教育卫生文化业（PQR）上市公司审计工作努力程度为0.2504。其中，工作努力程度最高的上市公司为1.0，工作努力程度最低的上市公司为0.0037。

2019~2023年，证券市场教育卫生文化业（PQR）上市公司审计工作努力程度总体上呈明显上升趋势，2022~2023年处于较低水平。

（二）主板市场教育卫生文化业（PQR）

表4.80　　　　主板市场教育卫生文化业（PQR）审计质量

年份	统计指标	审计质量指数	工作质量	专业判断水平	工作努力程度
2023	中位数	0.5850	0.7026	0.6842	0.2273
	最大值	0.8414	0.8671	0.8368	1.0000
	最小值	0.2769	0.3657	0.3300	0.0064
2022	中位数	0.5528	0.7207	0.6914	0.1520
	最大值	0.8698	0.9177	0.8420	1.0000
	最小值	0.3025	0.3301	0.3751	0.0030
2021	中位数	0.5774	0.7182	0.6761	0.3379
2020	中位数	0.7107	0.7396	0.6841	0.8591
2019	中位数	0.5896	0.7359	0.7008	0.2349

2023年，主板教育卫生文化业（PQR）上市公司审计质量指数为0.585。其中，审计质量指数最高的上市公司为0.8414，审计质量指数最低的上市公司为0.2769。

2019~2023年，主板教育卫生文化业（PQR）上市公司审计质量指数总体上呈基本稳定趋势，2022~2023年处于一般水平。

1.审计工作质量

2023年，主板教育卫生文化业（PQR）上市公司审计工作质量为0.7026。其中，审计工作质量最高的上市公司为0.8671，审计工作质量最低的上市公司为0.3657。

2019~2023年，主板教育卫生文化业（PQR）上市公司审计工作质量总体上呈基本稳定趋势，2022~2023年处于较高水平。

2.审计专业判断水平

2023年，主板教育卫生文化业（PQR）上市公司审计专业判断水平为0.6842。其中，专业判断水平最高的上市公司为0.8368，专业判断水平最低的上市公司为0.33。

2019~2023年，主板教育卫生文化业（PQR）上市公司审计专业判断水平总体上呈基本稳定趋势，2022~2023年处于较高水平。

3.审计工作努力程度

2023年，主板教育卫生文化业（PQR）上市公司审计工作努力程度为0.2273。其中，工作努力程度最高的上市公司为1.0，工作努力程度最低的上市公司为0.0064。

2019~2023年，主板教育卫生文化业（PQR）上市公司审计工作努力程度总体上呈基本稳定趋势，2022~2023年处于较低水平。

（三）创业板市场教育卫生文化业（PQR）

表4.81　　　　　　创业板市场教育卫生文化业（PQR）审计质量

年份	统计指标	审计质量指数	工作质量	专业判断水平	工作努力程度
2023	中位数	0.5904	0.7352	0.6555	0.2653
	最大值	0.8986	0.8520	0.8411	1.0000
	最小值	0.3998	0.4347	0.3309	0.0037
2022	中位数	0.5477	0.7120	0.6591	0.1169
	最大值	0.7937	0.8600	0.8502	1.0000
	最小值	0.3970	0.4724	0.4337	0.0084
2021	中位数	0.5958	0.7086	0.6585	0.3379
2020	中位数	0.7213	0.6884	0.6574	0.9619
2019	中位数	0.5468	0.7126	0.6503	0.2930

2023年，创业板教育卫生文化业（PQR）上市公司审计质量指数为0.5904。其中，审计质量指数最高的上市公司为0.8986，审计质量指数最低的上市公司为0.3998。

2019~2023年，创业板教育卫生文化业（PQR）上市公司审计质量指数总体上呈明显上升趋势，2022~2023年处于一般水平。

1. 审计工作质量

2023年，创业板教育卫生文化业（PQR）上市公司审计工作质量为0.7352。其中，审计工作质量最高的上市公司为0.852，审计工作质量最低的上市公司为0.4347。

2019~2023年，创业板教育卫生文化业（PQR）上市公司审计工作质量总体上呈基本稳定趋势，2022~2023年处于较高水平。

2. 审计专业判断水平

2023年，创业板教育卫生文化业（PQR）上市公司审计专业判断水平为0.6555。其中，专业判断水平最高的上市公司为0.8411，专业判断水平最低的上市公司为0.3309。

2019~2023年，创业板教育卫生文化业（PQR）上市公司审计专业判断水平总体上呈基本稳定趋势，2022~2023年处于较高水平。

3. 审计工作努力程度

2023年，创业板教育卫生文化业（PQR）上市公司审计工作努力程度为0.2653。其中，工作努力程度最高的上市公司为1.0，工作努力程度最低的上市公司为0.0037。

2019~2023年，创业板教育卫生文化业（PQR）上市公司审计工作努力程度总体上呈明显下降趋势，2022~2023年处于较低水平。

二十五、综合（S）

（一）证券市场综合（S）

2019~2023年，综合（S）上市公司审计质量状况见表4.82至表4.83。

表4.82　　　　　　　　　证券市场综合（S）审计质量

年份	统计指标	审计质量指数	工作质量	专业判断水平	工作努力程度
2023	中位数	0.5405	0.7794	0.5850	0.1258
	最大值	0.8308	0.9025	0.6740	1.0000
	最小值	0.4864	0.5892	0.5075	0.0315
2022	中位数	0.5704	0.7405	0.6571	0.1865
	最大值	0.8372	0.8864	0.6896	1.0000
	最小值	0.4817	0.6244	0.6103	0.0067
2021	中位数	0.5807	0.7954	0.6260	0.3378
2020	中位数	0.6845	0.7980	0.6087	0.6606
2019	中位数	0.4969	0.7885	0.6431	0.0497

2023年，证券市场综合（S）上市公司审计质量指数为0.5405。其中，审计质量指数最高的上市公司为0.8308，审计质量指数最低的上市公司为0.4864。

2019~2023年，证券市场综合（S）上市公司审计质量指数总体上呈明显上升趋势，2022~2023年处于一般水平。

1.审计工作质量

2023年，证券市场综合（S）上市公司审计工作质量为0.7794。其中，审计工作质量最高的上市公司为0.9025，审计工作质量最低的上市公司为0.5892。

2019~2023年，证券市场综合（S）上市公司审计工作质量总体上呈基本稳定趋势，2022~2023年处于较高水平。

2.审计专业判断水平

2023年，证券市场综合（S）上市公司审计专业判断水平为0.585。其中，专业判断水平最高的上市公司为0.674，专业判断水平最低的上市公司为0.5075。

2019~2023年，证券市场综合（S）上市公司审计专业判断水平总体上呈明显下降趋势，2022~2023年从较高水平变为一般水平。

3.审计工作努力程度

2023年，证券市场综合（S）上市公司审计工作努力程度为0.1258。其中，工作努力程度最高的上市公司为1.0，工作努力程度最低的上市公司为0.0315。

2019~2023年，证券市场综合（S）上市公司审计工作努力程度总体上呈大幅上升趋势，2022~2023年处于较低水平。

（二）主板市场综合（S）

表4.83　　　　　　　　　主板市场综合（S）审计质量

年份	统计指标	审计质量指数	工作质量	专业判断水平	工作努力程度
2023	中位数	0.5405	0.7794	0.5850	0.1258
	最大值	0.8308	0.9025	0.6740	1.0000
	最小值	0.4864	0.5892	0.5075	0.0315
2022	中位数	0.5704	0.7405	0.6571	0.1865
	最大值	0.8372	0.8864	0.6896	1.0000
	最小值	0.4817	0.6244	0.6103	0.0067
2021	中位数	0.5807	0.7954	0.6260	0.3378
2020	中位数	0.6845	0.7980	0.6087	0.6606
2019	中位数	0.4969	0.7885	0.6431	0.0497

2023年，主板综合（S）上市公司审计质量指数为0.5405。其中，审计质量指数最高的上市公司为0.8308，审计质量指数最低的上市公司为0.4864。

2019~2023年，主板综合（S）上市公司审计质量指数总体上呈明显上升趋势，2022~2023年处于一般水平。

1.审计工作质量

2023年，主板综合（S）上市公司审计工作质量为0.7794。其中，审计工作质量最高的上市公司为0.9025，审计工作质量最低的上市公司为0.5892。

2019~2023年，主板综合（S）上市公司审计工作质量总体上呈基本稳定趋势，2022~2023年处于较高水平。

2.审计专业判断水平

2023年，主板综合（S）上市公司审计专业判断水平为0.585。其中，专业判断水平最高的上市公司为0.674，专业判断水平最低的上市公司为0.5075。

2019~2023年，主板综合（S）上市公司审计专业判断水平总体上呈明显下降趋势，2022~2023年从较高水平变为一般水平。

3.审计工作努力程度

2023年，主板综合（S）上市公司审计工作努力程度为0.1258。其中，工作努力程度最高的上市公司为1.0，工作努力程度最低的上市公司为0.0315。

2019~2023年，主板综合（S）上市公司审计工作努力程度总体上呈大幅上升趋势，2022~2023年处于较低水平。

第五章

注册会计师审计高质量团队

证券市场中，独立第三方——注册会计师审计是强化投资者信心、提升企业会计信息质量的重要机制。2021年8月23日，《关于进一步规范财务审计秩序促进注册会计师行业健康发展的意见》（国办发〔2021〕30号）进一步强化了对注册会计师审计的质量要求。本报告依据企业会计准则和注册会计师审计准则中会计信息和审计质量的要求，基于所有上市公司公开披露的会计、审计信息和证券市场公开信息，分年度列示出注册会计师审计高质量团队。

第一节 注册会计师审计高质量团队的选择标准

注册会计师审计的质量高低仅与其出具审计意见的类型和所鉴证会计信息的质量有关，与注册会计师团队所属会计师事务所的规模和营业额、所审计企业的规模和利润、事务所和所审计企业的社会美誉度等无关。全部选择标准均不涉及主观判断，具体标准为：

（1）注册会计师团队用第一名签字注册会计师确定，以分年度。

（2）同一团队审计公司2家以上：若第一名签字注册会计师属于多个团队，仅列示审计质量指数最高的团队。

（3）2019年以来，所审计企业不存在因重大财务问题被监管部门处罚情形。

（4）2019年以来，所审计公司不存在与因重大财务问题而被监管部门处罚公司的高度相似特征（大数据分析判断）。

第二节 注册会计师审计高质量团队

不同年度，同一注册会计师团队所审计上市公司会有一定变化。在此，分年度列示出注册会计师审计高质量团队，见表5.1至表5.5。

表 5.1　　　　　2023 年度注册会计师审计高质量团队

序号	注册会计师团队	会计师事务所	会计师事务所ID
1	昌华，王阳燕	安永华明会计师事务所（特殊普通合伙）	107023
2	陈子涵，钟钦方	天职国际会计师事务所（特殊普通合伙）	106094
3	陈耘涛，魏泽	普华永道中天会计师事务所（特殊普通合伙）	107374
4	蔡智锋，陈赟	普华永道中天会计师事务所（特殊普通合伙）	107374
5	单峰，魏佳亮	普华永道中天会计师事务所（特殊普通合伙）	107374
6	朱颖，唐奕	立信会计师事务所（特殊普通合伙）	106958
7	姚文平，吴芳芳	普华永道中天会计师事务所（特殊普通合伙）	107374
8	胡松林，王变平	信永中和会计师事务所（特殊普通合伙）	107713
9	赵宁，薛伟	安永华明会计师事务所（特殊普通合伙）	107023
10	孙秀清，黄志炎	永拓会计师事务所（特殊普通合伙）	107185
11	汪孝东，涂晓峰	信永中和会计师事务所（特殊普通合伙）	107713
12	李晓蕾，范歆	普华永道中天会计师事务所（特殊普通合伙）	107374
13	叶骏，肖敏洁	普华永道中天会计师事务所（特殊普通合伙）	107374
14	黄朝阳，赵朋佳	希格玛会计师事务所（特殊普通合伙）	107493
15	赵淑梅，孙洪博	中准会计师事务所（特殊普通合伙）	107451
16	莫康妮，董攀	毕马威华振会计师事务所（特殊普通合伙）	106511
17	王高林，霍琳	致同会计师事务所（特殊普通合伙）	10443
18	朱志工，吕哲鑫	中天运会计师事务所（特殊普通合伙）	108341
19	张年军，胡洋	永拓会计师事务所（特殊普通合伙）	107185
20	张有全，李积庆	大信会计师事务所（特殊普通合伙）	106423
21	朱晓东，唐旻	立信会计师事务所（特殊普通合伙）	106958
22	吴晶，张跃	安永华明会计师事务所（特殊普通合伙）	107023
23	许志扬，刘青	信永中和会计师事务所（特殊普通合伙）	107713
24	高翔君，宋广利	中审众环会计师事务所（特殊普通合伙）	107375
25	崔云刚，宋晓妮	立信会计师事务所（特殊普通合伙）	106958
26	张为，夏安雄	信永中和会计师事务所（特殊普通合伙）	107713
27	高艳丽，霍华东	中兴华会计师事务所（特殊普通合伙）	106991
28	潘素娇，张宝庆	信永中和会计师事务所（特殊普通合伙）	107713
29	韦仁飞，韦梦兰	德勤华永会计师事务所（特殊普通合伙）	107882
30	刘玉文，周顺	大华会计师事务所（特殊普通合伙）	107969
31	徐强，林嘉琳	深圳大华国际会计师事务所（特殊普通合伙）	10981942
32	杜维伟，李彦华	普华永道中天会计师事务所（特殊普通合伙）	107374
33	蔡斌，黄碧玉	大华会计师事务所（特殊普通合伙）	107969
34	于建松，蒋芳沛	大华会计师事务所（特殊普通合伙）	107969
35	李渭华，王鸿美	德勤华永会计师事务所（特殊普通合伙）	107882

续表

序号	注册会计师团队	会计师事务所	会计师事务所ID
36	彭金勇，顾崙平	德勤华永会计师事务所（特殊普通合伙）	107882
37	顾春华，陶思慧	天衡会计师事务所（特殊普通合伙）	107259
38	王文政，邹俭	中审众环会计师事务所（特殊普通合伙）	107375
39	王海第，张郡莹	大华会计师事务所（特殊普通合伙）	107969
40	郝国敏，侯书涛	中审众环会计师事务所（特殊普通合伙）	107375
41	张宏敏，郑倩雯	中勤万信会计师事务所（特殊普通合伙）	107010
42	杜业勤，张树丽	中喜会计师事务所（特殊普通合伙）	107183
43	李德勇，杨晓寅	天健会计师事务所（特殊普通合伙）	106952
44	黎志贤，杨瑾璐	毕马威华振会计师事务所（特殊普通合伙）	106511
45	杨行芳，苗丽静	信永中和会计师事务所（特殊普通合伙）	107713
46	林德伟，王阿英	众华会计师事务所（特殊普通合伙）	106420
47	刘宏宇，金晓静	大华会计师事务所（特殊普通合伙）	107969
48	贾志博，刘娜	中喜会计师事务所（特殊普通合伙）	107183
49	王辉，王汝杰	信永中和会计师事务所（特殊普通合伙）	107713
50	杨睿，朱旭	天职国际会计师事务所（特殊普通合伙）	106094
51	徐继凯，苏建国	立信会计师事务所（特殊普通合伙）	106958
52	顾珺，俞溜	安永华明会计师事务所（特殊普通合伙）	107023
53	胡文勇，苏小慧	中天运会计师事务所（特殊普通合伙）	108341
54	马康乐，邢立辉	利安达会计师事务所（特殊普通合伙）	106251
55	丁彭凯，宋金元	立信会计师事务所（特殊普通合伙）	106958
56	贺鑫，赵建峰	安永华明会计师事务所（特殊普通合伙）	107023
57	费洁，杨扬	中汇会计师事务所（特殊普通合伙）	106098
58	李鹏，朱幸垚	大华会计师事务所（特殊普通合伙）	107969
59	赵鑫，吴晓乐	中审众环会计师事务所（特殊普通合伙）	107375
60	江超杰，夏敏	中审众环会计师事务所（特殊普通合伙）	107375
61	林雯英，凌亦超	立信会计师事务所（特殊普通合伙）	106958
62	莫浩薇，高竞雪	毕马威华振会计师事务所（特殊普通合伙）	106511
63	肖建鑫，江玉琴	中审亚太会计师事务所（特殊普通合伙）	108419
64	田芬，郑涵予	德勤华永会计师事务所（特殊普通合伙）	107882
65	陈玉红，李倩	毕马威华振会计师事务所（特殊普通合伙）	106511
66	黄艾舟，马新	毕马威华振会计师事务所（特殊普通合伙）	106511
67	黄小蓉，雷崇信	立信中联会计师事务所（特殊普通合伙）	106163
68	柳宗祺，马丹	普华永道中天会计师事务所（特殊普通合伙）	107374
69	林琳，欧思贝，樊秋林	四川华信（集团）会计师事务所（特殊普通合伙）	107656
70	邵振宇，蔡玉秋	立信会计师事务所（特殊普通合伙）	106958

续表

序号	注册会计师团队	会计师事务所	会计师事务所ID
71	胡俊，谭婷婷	大信会计师事务所（特殊普通合伙）	106423
72	赵志强，姚志军	中审众环会计师事务所（特殊普通合伙）	107375
73	蒋盛森，潘钊	信永中和会计师事务所（特殊普通合伙）	107713
74	李萌，郭洁	立信会计师事务所（特殊普通合伙）	106958
75	胡元辉，王青秀	安永华明会计师事务所（特殊普通合伙）	107023
76	纪纬，程迎春	天衡会计师事务所（特殊普通合伙）	107259
77	滕海军，邹志	立信会计师事务所（特殊普通合伙）	106958
78	单大信，李星	立信会计师事务所（特殊普通合伙）	106958
79	潘坤，奚澍，周思莹	容诚会计师事务所（特殊普通合伙）	106184
80	王需如，田晓	信永中和会计师事务所（特殊普通合伙）	107713
81	杨景璐，董宇	安永华明会计师事务所（特殊普通合伙）	107023
82	母兰英，阮丽丽	德勤华永会计师事务所（特殊普通合伙）	107882
83	张春梅，李泽毅，施银	容诚会计师事务所（特殊普通合伙）	106184
84	金敬玉，杨美	天健会计师事务所（特殊普通合伙）	106952
85	邢向宗，陈文	立信会计师事务所（特殊普通合伙）	106958
86	赵权，刘金成	中证天通会计师事务所（特殊普通合伙）	106421
87	王亚明，邹雪娟	公证天业会计师事务所	107053
88	李秋波，樊艳丽	中兴财光华会计师事务所（特殊普通合伙）	106093
89	叶怀敏，陈梦回	天健会计师事务所（特殊普通合伙）	106952
90	叶聿稳，张泽民	致同会计师事务所（特殊普通合伙）	10443
91	刘成龙，魏敏	中汇会计师事务所（特殊普通合伙）	106098
92	何峰，秦少游	致同会计师事务所（特殊普通合伙）	10443
93	冯军，陈垚垚	华兴会计师事务所（特殊普通合伙）	106846
94	刘敬彩，龚世星	鹏盛会计师事务所（特殊普通合伙）	10131919
95	周华，王硕炜	安永华明会计师事务所（特殊普通合伙）	107023
96	王宇瑛，唐言宏	众华会计师事务所（特殊普通合伙）	106420
97	石爱红，彭文争	立信会计师事务所（特殊普通合伙）	106958
98	刘畅，曾丽梅	天衡会计师事务所（特殊普通合伙）	107259
99	陈振伟，陈兴冬	天健会计师事务所（特殊普通合伙）	106952
100	上官胜，高楠	大信会计师事务所（特殊普通合伙）	106423
101	陆加龙，秦林林	中汇会计师事务所（特殊普通合伙）	106098
102	张嘉，洪群星	天职国际会计师事务所（特殊普通合伙）	106094
103	董治国，王丽红	信永中和会计师事务所（特殊普通合伙）	107713
104	田伟，吴亚迪	立信会计师事务所（特殊普通合伙）	106958
105	杜宝蓬，彭红	立信会计师事务所（特殊普通合伙）	106958

续表

序号	注册会计师团队	会计师事务所	会计师事务所ID
106	温博远,莫威威	安永华明会计师事务所(特殊普通合伙)	107023
107	张立琰,丁晓燕	天健会计师事务所(特殊普通合伙)	106952
108	张飞,俞悦	安永华明会计师事务所(特殊普通合伙)	107023
109	卢丽,周忠原	立信会计师事务所(特殊普通合伙)	106958
110	刘方微,董泽飞	和信会计师事务所(特殊普通合伙)	107765
111	涂汉兰,戴绍宇	公证天业会计师事务所(特殊普通合伙)	107053
112	钟美玲,朱骥敏	众华会计师事务所(特殊普通合伙)	106420
113	姜峰,葛鹏	和信会计师事务所(特殊普通合伙)	107765
114	付志成,曲鹏程	天职国际会计师事务所(特殊普通合伙)	106094
115	朱杰,莫文凯	中汇会计师事务所(特殊普通合伙)	106098
116	姚斌星,戴正文,郑凡	容诚会计师事务所(特殊普通合伙)	106184
117	赵焕琪,丁亮	北京大华国际会计师事务所(特殊普通合伙)	10818013
118	吴松林,王红海	致同会计师事务所(特殊普通合伙)	10443
119	程晓曼,陶洁菲	公证天业会计师事务所(特殊普通合伙)	107053
120	何海燕,游玉江	中汇会计师事务所(特殊普通合伙)	106098
121	蔡繁荣,刘亚仕	致同会计师事务所(特殊普通合伙)	10443
122	冯炬,方冰,马新钢	容诚会计师事务所(特殊普通合伙)	106184
123	符俊,张新娜	安永华明会计师事务所(特殊普通合伙)	107023
124	张曦,周小林	立信会计师事务所(特殊普通合伙)	106958
125	傅奕,孙士泉	安永华明会计师事务所(特殊普通合伙)	107023
126	张凡,孙玲玲	安永华明会计师事务所(特殊普通合伙)	107023
127	胡锐,陶永生	中汇会计师事务所(特殊普通合伙)	106098
128	许保如,程安宾	信永中和会计师事务所(特殊普通合伙)	107713
129	马元兰,汪进利	信永中和会计师事务所(特殊普通合伙)	107713
130	杨洁,何曙	毕马威华振会计师事务所(特殊普通合伙)	106511
131	梁曦,何润珊	毕马威华振会计师事务所(特殊普通合伙)	106511
132	吴凌志,孙维琦	德勤华永会计师事务所(特殊普通合伙)	107882
133	颜艳飞,张小勤	天职国际会计师事务所(特殊普通合伙)	106094
134	茆广勤,添天	德勤华永会计师事务所(特殊普通合伙)	107882
135	胡佳青,张守心	信永中和会计师事务所(特殊普通合伙)	107713
136	曹博,朱红辉	大华会计师事务所(特殊普通合伙)	107969
137	崔艳秋,马艳	信永中和会计师事务所(特殊普通合伙)	107713
138	尹巍,许海	信永中和会计师事务所(特殊普通合伙)	107713
139	王永忻,郭玮	中审亚太会计师事务所(特殊普通合伙)	108419
140	侯捷,蔡玛晨	安永华明会计师事务所(特殊普通合伙)	107023

续表

序号	注册会计师团队	会计师事务所	会计师事务所ID
141	李祝善，逯敏	信永中和会计师事务所（特殊普通合伙）	107713
142	平威，范凤伟	中喜会计师事务所（特殊普通合伙）	107183
143	时英浩，胡文妤	上会会计师事务所（特殊普通合伙）	107024
144	刘若玲，周盛	毕马威华振会计师事务所（特殊普通合伙）	106511
145	马丽君，尚国海	中审华会计师事务所（特殊普通合伙）	10107932
146	杨爱斌，王普洲	立信会计师事务所（特殊普通合伙）	106958
147	谢军，翟文杰	天健会计师事务所（特殊普通合伙）	106952
148	唐丽新，艾丽丝，谢晓娜	容诚会计师事务所（特殊普通合伙）	106184
149	何翠红，袁文慧	德勤华永会计师事务所（特殊普通合伙）	107882
150	董洪军，黄法洲	立信会计师事务所（特殊普通合伙）	106958
151	张学兵，李媛	中审华会计师事务所（特殊普通合伙）	10107932
152	宋立民，高辉	上会会计师事务所（特殊普通合伙）	107024
153	姚炜，符俊	安永华明会计师事务所（特殊普通合伙）	107023
154	田志刚，王瀚峣	天健会计师事务所（特殊普通合伙）	106952
155	顾沈为，杨晓燕	安永华明会计师事务所（特殊普通合伙）	107023
156	刘莉坤，陈诚	普华永道中天会计师事务所（特殊普通合伙）	107374
157	宋卫东，吴艳芬	中审众环会计师事务所（特殊普通合伙）	107375
158	贾娜，李丽丽	普华永道中天会计师事务所（特殊普通合伙）	107374
159	刘美玉，俞颖	大信会计师事务所（特殊普通合伙）	106423
160	王龙旷，陈琳	致同会计师事务所（特殊普通合伙）	10443
161	饶海兵，殷昱	立信会计师事务所（特殊普通合伙）	106958
162	周稳，刘爽	中审众环会计师事务所（特殊普通合伙）	107375
163	庄浩，陈诚	普华永道中天会计师事务所（特殊普通合伙）	107374
164	张宗生，谢淑影	信永中和会计师事务所（特殊普通合伙）	107713
165	严冰，黄月梅	致同会计师事务所（特殊普通合伙）	10443
166	张增刚，王彦茹	中喜会计师事务所（特殊普通合伙）	107183
167	胡晓雨，卫朝华	上会会计师事务所（特殊普通合伙）	107024
168	胡佳裔，刘煦	立信会计师事务所（特殊普通合伙）	106958
169	蔡素华，杨海霞	中审众环会计师事务所（特殊普通合伙）	107375
170	霍春玉，刁平军	中审众环会计师事务所（特殊普通合伙）	107375
171	詹晔，叶向军	苏亚金诚会计师事务所（特殊普通合伙）	106092
172	钟丽，赵毅智	安永华明会计师事务所（特殊普通合伙）	107023
173	肖中珂，谭亚红	毕马威华振会计师事务所（特殊普通合伙）	106511
174	陈东阳，朱大能	苏亚金诚会计师事务所（特殊普通合伙）	106092

续表

序号	注册会计师团队	会计师事务所	会计师事务所ID
175	孙芳，吕乐	安永华明会计师事务所（特殊普通合伙）	107023
176	郭晶，程显明	安永华明会计师事务所（特殊普通合伙）	107023
177	许培菁，黄贝夷	安永华明会计师事务所（特殊普通合伙）	107023
178	薛晨俊，王威舜	毕马威华振会计师事务所（特殊普通合伙）	106511
179	李小磊，刘小琴	天圆全会计师事务所（特殊普通合伙）	107190
180	陆京泽，殷莉莉	德勤华永会计师事务所（特殊普通合伙）	107882
181	邵云飞，谢盈	普华永道中天会计师事务所（特殊普通合伙）	107374
182	陈岸强，柳璟屏	普华永道中天会计师事务所（特殊普通合伙）	107374
183	罗晓龙，冉聘	大信会计师事务所（特殊普通合伙）	106423
184	潘健慧，吴博	安永华明会计师事务所（特殊普通合伙）	107023
185	曹爱民，卞薄海	希格玛会计师事务所（特殊普通合伙）	107493
186	黄悦栋，吴翠蓉	安永华明会计师事务所（特殊普通合伙）	107023
187	马千鲁，杨丽	德勤华永会计师事务所（特殊普通合伙）	107882
188	任帅英，付英英	希格玛会计师事务所（特殊普通合伙）	107493
189	赵建荣，胡巍	普华永道中天会计师事务所（特殊普通合伙）	107374
190	孙维琦，朱玮琦	德勤华永会计师事务所（特殊普通合伙）	107882
191	杨俊玉，曹佳	立信会计师事务所（特殊普通合伙）	106958
192	周星，黄晨	普华永道中天会计师事务所（特殊普通合伙）	107374
193	李勖，殷莉莉	德勤华永会计师事务所（特殊普通合伙）	107882
194	师宇轩，刘昭	安永华明会计师事务所（特殊普通合伙）	107023
195	雷江，林莹	毕马威华振会计师事务所（特殊普通合伙）	106511
196	安秀艳，贺鑫	安永华明会计师事务所（特殊普通合伙）	107023
197	许旭明，洪晓冬	安永华明会计师事务所（特殊普通合伙）	107023
198	刘晶，曹佳	立信会计师事务所（特殊普通合伙）	106958
199	汪文锋，安长海	天健会计师事务所（特殊普通合伙）	106952
200	柳太平，王笑瑶	安永华明会计师事务所（特殊普通合伙）	107023
201	毛玥明，姚一君	立信会计师事务所（特殊普通合伙）	106958
202	姜长征，顾珺，李琳琳	安永华明会计师事务所（特殊普通合伙）	107023
203	李民，田晓	信永中和会计师事务所（特殊普通合伙）	107713
204	徐海峰，邵锋	毕马威华振会计师事务所（特殊普通合伙）	106511
205	苏菊荣，程晓婷	天职国际会计师事务所（特殊普通合伙）	106094
206	赵宇虹，米金金	安永华明会计师事务所（特殊普通合伙）	107023
207	江强，张稼，王颖琪	立信会计师事务所（特殊普通合伙）	106958
208	沈维华，朱彬	天健会计师事务所（特殊普通合伙）	106952
209	刘木勇，董鹏	中汇会计师事务所（特殊普通合伙）	106098

续表

序号	注册会计师团队	会计师事务所	会计师事务所ID
210	徐侃瓴，李艳艳	毕马威华振会计师事务所（特殊普通合伙）	106511
211	施剑春，杨璞	上会会计师事务所（特殊普通合伙）	107024
212	刘跃华，侯守峰	信永中和会计师事务所（特殊普通合伙）	107713
213	曹荣，刘国卫	大华会计师事务所（特殊普通合伙）	107969
214	朱作武，沈永庭	立信会计师事务所（特殊普通合伙）	106958
215	管金明，陈立立	天健会计师事务所（特殊普通合伙）	106952
216	王翔，吕恺琳	大华会计师事务所（特殊普通合伙）	107969
217	陈轶，吕欣洁	毕马威华振会计师事务所（特殊普通合伙）	106511
218	吴翔，林雪蕾	天健会计师事务所（特殊普通合伙）	106952
219	谭鹏，瞿翔仰	苏亚金诚会计师事务所（特殊普通合伙）	106092
220	龚晨艳，刘彬	大华会计师事务所（特殊普通合伙）	107969
221	熊洋，孔维善	众华会计师事务所（特殊普通合伙）	106420
222	方湧跃，潘群英	利安达会计师事务所（特殊普通合伙）	106251
223	陈露，王媛媛	安永华明会计师事务所（特殊普通合伙）	107023
224	白灯满，王卫群	华兴会计师事务所（特殊普通合伙）	106846
225	潘莉华，吴轶	立信会计师事务所（特殊普通合伙）	106958
226	邬晓磊，黄慧君	容诚会计师事务所（特殊普通合伙）	106184
227	林映雪，王聪	大华会计师事务所（特殊普通合伙）	107969
228	刁利平，徐沁沁	普华永道中天会计师事务所（特殊普通合伙）	107374
229	沃秋瑜，张桑纳	安永华明会计师事务所（特殊普通合伙）	107023
230	叶善武，章开燕	大华会计师事务所（特殊普通合伙）	107969
231	周垚，牛晓励	天职国际会计师事务所（特殊普通合伙）	106094
232	刘翀，赵璞	安永华明会计师事务所（特殊普通合伙）	107023
233	何廷，赵娉艺	普华永道中天会计师事务所（特殊普通合伙）	107374
234	任晓辉，谢德斌	天圆全会计师事务所（特殊普通合伙）	107190
235	田业阳，汤亚	天健会计师事务所（特殊普通合伙）	106952
236	周玉薇，汪亮	致同会计师事务所（特殊普通合伙）	10443
237	王昆，徐毅	天健会计师事务所（特殊普通合伙）	106952
238	惠全红，周世娥	大华会计师事务所（特殊普通合伙）	107969
239	宋湘连，张崇	致同会计师事务所（特殊普通合伙）	10443
240	黄明，陈东东	中兴华会计师事务所（特殊普通合伙）	106991
241	黄天义，公维兰	德勤华永会计师事务所（特殊普通合伙）	107882
242	陈益龙，钟福明	大华会计师事务所（特殊普通合伙）	107969
243	冯亦佳，杨涯	毕马威华振会计师事务所（特殊普通合伙）	106511
244	邓小勤，余道前	容诚会计师事务所（特殊普通合伙）	106184

续表

序号	注册会计师团队	会计师事务所	会计师事务所ID
245	尹景林，胡佳青	信永中和会计师事务所（特殊普通合伙）	107713
246	纪小健，赵亚苹	致同会计师事务所（特殊普通合伙）	10443
247	马罡，俞艳丽	天职国际会计师事务所（特殊普通合伙）	106094
248	周缨，嵇金丹	公证天业会计师事务所（特殊普通合伙）	107053
249	郭俊辉，孙金娜	中证天通会计师事务所（特殊普通合伙）	106421
250	黄婵娟，洪建明	中汇会计师事务所（特殊普通合伙）	106098
251	卢玲玉，陈桂珊	天健会计师事务所（特殊普通合伙）	106952
252	陆晓兰，叶林	普华永道中天会计师事务所（特殊普通合伙）	107374
253	阳开华，王善	安永华明会计师事务所（特殊普通合伙）	107023
254	朱学良，曹申庚	大信会计师事务所（特殊普通合伙）	106423
255	岑溯鹏，丁浩恩	大信会计师事务所（特殊普通合伙）	106423
256	郑建利，付俊惠	致同会计师事务所（特殊普通合伙）	10443
257	杨海蛟，左秀平	德勤华永会计师事务所（特殊普通合伙）	107882
258	赵海舟，沈月明	德勤华永会计师事务所（特殊普通合伙）	107882
259	徐汝洁，朱莉	安永华明会计师事务所（特殊普通合伙）	107023
260	王兴华，刘莹	天职国际会计师事务所（特殊普通合伙）	106094
261	彭啸风，冯蕊	普华永道中天会计师事务所（特殊普通合伙）	107374
262	曹俊炜，汪婷	天健会计师事务所（特殊普通合伙）	106952
263	潘振宇，李嫣	普华永道中天会计师事务所（特殊普通合伙）	107374
264	翁澄炜，李玲	毕马威华振会计师事务所（特殊普通合伙）	106511
265	陈彦，顾静瑜	德勤华永会计师事务所（特殊普通合伙）	107882
266	高平，钱明，王爱娣	容诚会计师事务所（特殊普通合伙）	106184
267	梁嘉莉，钟晔	安永华明会计师事务所（特殊普通合伙）	107023
268	张津，陈怡婷	普华永道中天会计师事务所（特殊普通合伙）	107374
269	黄敏，李星星，汪红君	四川华信（集团）会计师事务所（特殊普通合伙）	107656
270	翟晓宁，潘辰	中汇会计师事务所（特殊普通合伙）	106098
271	赵艳美，王传明	致同会计师事务所（特殊普通合伙）	10443
272	高兴，冯宝	天职国际会计师事务所（特殊普通合伙）	106094
273	曹贤智，曾庆鋕	大华会计师事务所（特殊普通合伙）	107969
274	吴霆，项晓昕	天衡会计师事务所（特殊普通合伙）	107259
275	廖志勇，王昭	信永中和会计师事务所（特殊普通合伙）	107713
276	钟俊，姚海士，邝秋香	容诚会计师事务所（特殊普通合伙）	106184
277	成雨静，贾林远	毕马威华振会计师事务所（特殊普通合伙）	106511
278	周磊，杨扬	中汇会计师事务所（特殊普通合伙）	106098
279	杨凯凯，刘丽，李春旭	致同会计师事务所（特殊普通合伙）	10443
280	洪志国，琚晶晶	容诚会计师事务所（特殊普通合伙）	106184

表 5.2　　2022 年度注册会计师审计高质量团队

序号	注册会计师团队	会计师事务所	会计师事务所 ID
1	昌华，王阳燕	安永华明会计师事务所（特殊普通合伙）	107023
2	陈子涵，钟钦方	天职国际会计师事务所（特殊普通合伙）	106094
3	刘若玲，徐文彬	毕马威华振会计师事务所（特殊普通合伙）	106511
4	叶少宽，单峰	普华永道中天会计师事务所（特殊普通合伙）	107374
5	姚文平，吴芳芳	普华永道中天会计师事务所（特殊普通合伙）	107374
6	王立新，陈丙福	德勤华永会计师事务所（特殊普通合伙）	107882
7	崔西福，黄婷婷	信永中和会计师事务所（特殊普通合伙）	107713
8	郭丽娟，吴玮	致同会计师事务所（特殊普通合伙）	10443
9	杜光远，任德军	中审亚太会计师事务所（特殊普通合伙）	108419
10	汪孝东，涂晓峰	信永中和会计师事务所（特殊普通合伙）	107713
11	李晓蕾，范歆	普华永道中天会计师事务所（特殊普通合伙）	107374
12	黄朝阳，赵朋佳	希格玛会计师事务所（特殊普通合伙）	107493
13	熊建辉，王丽萍	大信会计师事务所（特殊普通合伙）	106423
14	乔春，袁勇	安永华明会计师事务所（特殊普通合伙）	107023
15	韩磊，邱初自	中审众环会计师事务所（特殊普通合伙）	107375
16	崔晓丽，何峰	致同会计师事务所（特殊普通合伙）	10443
17	朱志工，苏小慧	中天运会计师事务所（特殊普通合伙）	108341
18	张有全，李积庆	大信会计师事务所（特殊普通合伙）	106423
19	刘守堂，秦艳平	和信会计师事务所（特殊普通合伙）	107765
20	吴晶，童丹丹	安永华明会计师事务所（特殊普通合伙）	107023
21	胡佳青，刘青	信永中和会计师事务所（特殊普通合伙）	107713
22	高翔君，宋广利	中审众环会计师事务所（特殊普通合伙）	107375
23	彭金勇，杨家灏	德勤华永会计师事务所（特殊普通合伙）	107882
24	邢志丽，歹华仁	大华会计师事务所（特殊普通合伙）	107969
25	李民，田晓	信永中和会计师事务所（特殊普通合伙）	107713
26	胡红康，王腾飞	大华会计师事务所（特殊普通合伙）	107969
27	杜维伟，黄晓君	普华永道中天会计师事务所（特殊普通合伙）	107374
28	李渭华，王鸿美	德勤华永会计师事务所（特殊普通合伙）	107882
29	吴汪斌，顾葡平	德勤华永会计师事务所（特殊普通合伙）	107882
30	温秋菊，路珂	大华会计师事务所（特殊普通合伙）	107969
31	顾春华，陶思慧	天衡会计师事务所（特殊普通合伙）	107259
32	王海第，张郡莹	大华会计师事务所（特殊普通合伙）	107969
33	郝国敏，侯书涛	中审众环会计师事务所（特殊普通合伙）	107375
34	江超杰，宋锦锋	中审众环会计师事务所（特殊普通合伙）	107375
35	张宏敏，陈茜倩	中勤万信会计师事务所（特殊普通合伙）	107010

续表

序号	注册会计师团队	会计师事务所	会计师事务所ID
36	杜业勤,张树丽	中喜会计师事务所（特殊普通合伙）	107183
37	汤孟强,周小根	大华会计师事务所（特殊普通合伙）	107969
38	姜峰,葛鹏	和信会计师事务所（特殊普通合伙）	107765
39	林德伟,章亚婷	众华会计师事务所（特殊普通合伙）	106420
40	陈岸强,柳璟屏	普华永道中天会计师事务所（特殊普通合伙）	107374
41	徐继凯,苏建国	立信会计师事务所（特殊普通合伙）	106958
42	黄昕,潘一	毕马威华振会计师事务所（特殊普通合伙）	106511
43	于建松,杜武明	大华会计师事务所（特殊普通合伙）	107969
44	陈睿,凌雁	普华永道中天会计师事务所（特殊普通合伙）	107374
45	顾珺,俞溜	安永华明会计师事务所（特殊普通合伙）	107023
46	金鑫,戴学锋	致同会计师事务所（特殊普通合伙）	10443
47	秦志军,许国颖	公证天业会计师事务所（特殊普通合伙）	107053
48	胡文勇,贾效	中天运会计师事务所（特殊普通合伙）	108341
49	马康乐,邢立辉	利安达会计师事务所（特殊普通合伙）	106251
50	曹玮,翁社方	立信中联会计师事务所（特殊普通合伙）	106163
51	李鹏,朱幸垚	大华会计师事务所（特殊普通合伙）	107969
52	莫浩薇,高竞雪	毕马威华振会计师事务所（特殊普通合伙）	106511
53	肖建鑫,江玉琴	中审亚太会计师事务所（特殊普通合伙）	108419
54	孙哲,金达	大华会计师事务所（特殊普通合伙）	107969
55	黄玥,田芬	德勤华永会计师事务所（特殊普通合伙）	107882
56	颜艳飞,张小勤	天职国际会计师事务所（特殊普通合伙）	106094
57	龚晨艳,李倩倩	大华会计师事务所（特殊普通合伙）	107969
58	康宁,朱丽丽	天健会计师事务所（特殊普通合伙）	106952
59	黄艾舟,马新	毕马威华振会计师事务所（特殊普通合伙）	106511
60	柳宗祺,马丹	普华永道中天会计师事务所（特殊普通合伙）	107374
61	靳凯,赵鑫	中审众环会计师事务所（特殊普通合伙）	107375
62	林琳,欧思贝,樊秋林	四川华信（集团）会计师事务所（特殊普通合伙）	107656
63	崔云刚,宋晓妮	立信会计师事务所（特殊普通合伙）	106958
64	邵振宇,蔡玉秋	立信会计师事务所（特殊普通合伙）	106958
65	胡俊,谭婷婷	大信会计师事务所（特殊普通合伙）	106423
66	葛皓宇,王翔	大华会计师事务所（特殊普通合伙）	107969
67	程纯,赵亭亭	大华会计师事务所（特殊普通合伙）	107969
68	蒋盛森,潘钊	信永中和会计师事务所（特殊普通合伙）	107713
69	朱洪山,王中华	立信会计师事务所（特殊普通合伙）	106958

续表

序号	注册会计师团队	会计师事务所	会计师事务所ID
70	蔡智锋，刘晶晶	普华永道中天会计师事务所（特殊普通合伙）	107374
71	谌秀梅，邱阳	中瑞诚会计师事务所（特殊普通合伙）	10120538
72	谢红新，李仁斌	亚太（集团）会计师事务所（特殊普通合伙）	106195
73	单大信，李星	立信会计师事务所（特殊普通合伙）	106958
74	潘坤，奚澍，周思莹	容诚会计师事务所（特殊普通合伙）	106184
75	陈泳意，刘琬婷	毕马威华振会计师事务所（特殊普通合伙）	106511
76	韦少雄，吕乐	安永华明会计师事务所（特殊普通合伙）	107023
77	张春梅，李泽毅，吕战男	容诚会计师事务所（特殊普通合伙）	106184
78	王雅明，丁婷	信永中和会计师事务所（特殊普通合伙）	107713
79	李秋波，樊艳丽	中兴财光华会计师事务所（特殊普通合伙）	106093
80	叶怀敏，杨晓寅	天健会计师事务所（特殊普通合伙）	106952
81	叶聿稳，张泽民	致同会计师事务所（特殊普通合伙）	10443
82	罗毅彪，闫志波	中汇会计师事务所（特殊普通合伙）	106098
83	赵艳美，秦少游	致同会计师事务所（特殊普通合伙）	10443
84	冯军，陈垚垚	华兴会计师事务所（特殊普通合伙）	106846
85	周华，王硕炜	安永华明会计师事务所（特殊普通合伙）	107023
86	聂文华，聂亮	中天运会计师事务所（特殊普通合伙）	108341
87	翟晓宁，潘辰	中汇会计师事务所（特殊普通合伙）	106098
88	田业阳，盛小川	天健会计师事务所（特殊普通合伙）	106952
89	上官胜，王云	大信会计师事务所（特殊普通合伙）	106423
90	郭福艳，钟巧	安永华明会计师事务所（特殊普通合伙）	107023
91	张嘉，洪群星	天职国际会计师事务所（特殊普通合伙）	106094
92	董治国，于瑞有	信永中和会计师事务所（特殊普通合伙）	107713
93	杜宝蓬，胡婉姝	立信会计师事务所（特殊普通合伙）	106958
94	温博远，莫威威	安永华明会计师事务所（特殊普通合伙）	107023
95	张立琰，丁晓燕	天健会计师事务所（特殊普通合伙）	106952
96	李倩，汪瑾	众华会计师事务所（特殊普通合伙）	106420
97	傅奕，陈美蓉	安永华明会计师事务所（特殊普通合伙）	107023
98	李东昕，刘宏宇，金晓静	大华会计师事务所（特殊普通合伙）	107969
99	张飞，俞悦	安永华明会计师事务所（特殊普通合伙）	107023
100	冯宏志，李变利	和信会计师事务所（特殊普通合伙）	107765
101	王鑫，王士超	大华会计师事务所（特殊普通合伙）	107969
102	金顺兴，刘洁	天健会计师事务所（特殊普通合伙）	106952

续表

序号	注册会计师团队	会计师事务所	会计师事务所ID
103	刘木勇，朱杰	中汇会计师事务所（特殊普通合伙）	106098
104	胡健，高丹丹	中汇会计师事务所（特殊普通合伙）	106098
105	姚斌星，戴正文，郑凡	容诚会计师事务所（特殊普通合伙）	106184
106	吴松林，王红海	致同会计师事务所（特殊普通合伙）	10443
107	涂蓬芳，黄魁龙	天健会计师事务所（特殊普通合伙）	106952
108	陈赛红，李丙仁	大华会计师事务所（特殊普通合伙）	107969
109	高宇，尹昕欣	普华永道中天会计师事务所（特殊普通合伙）	107374
110	张凡，孙玲玲	安永华明会计师事务所（特殊普通合伙）	107023
111	许保如，程安宾	信永中和会计师事务所（特殊普通合伙）	107713
112	马元兰，王汝杰	信永中和会计师事务所（特殊普通合伙）	107713
113	李婉薇，梁曦	毕马威华振会计师事务所（特殊普通合伙）	106511
114	吴凌志，孙维琦	德勤华永会计师事务所（特殊普通合伙）	107882
115	茆广勤，吴无逸	德勤华永会计师事务所（特殊普通合伙）	107882
116	杨俊玉，孙淑平	立信会计师事务所（特殊普通合伙）	106958
117	崔艳秋，马艳	信永中和会计师事务所（特殊普通合伙）	107713
118	黄国香，陈文富	华兴会计师事务所（特殊普通合伙）	106846
119	原守清，罗一鸣	德勤华永会计师事务所（特殊普通合伙）	107882
120	尹巍，许海	信永中和会计师事务所（特殊普通合伙）	107713
121	侯书涛，孟凡宁	中审众环会计师事务所（特殊普通合伙）	107375
122	刘景伟，赵晓宇	信永中和会计师事务所（特殊普通合伙）	107713
123	冯嵩，凌忠峰	大华会计师事务所（特殊普通合伙）	107969
124	侯捷，蔡玛晨	安永华明会计师事务所（特殊普通合伙）	107023
125	李祝善，逯敏	信永中和会计师事务所（特殊普通合伙）	107713
126	陈铮，李开元	中勤万信会计师事务所（特殊普通合伙）	107010
127	张繁荣，陈影	鹏盛会计师事务所（特殊普通合伙）	10131919
128	刘先利，罗晓龙	大信会计师事务所（特殊普通合伙）	106423
129	王兴华，李玮俊	天职国际会计师事务所（特殊普通合伙）	106094
130	谢军，翟文杰	天健会计师事务所（特殊普通合伙）	106952
131	葛兴葳，韦回奕，艾丽丝	容诚会计师事务所（特殊普通合伙）	106184
132	杨誉民，何翠红	德勤华永会计师事务所（特殊普通合伙）	107882
133	赵鑫，陈海涛	中审众环会计师事务所（特殊普通合伙）	107375
134	朱晓东，刘慧敏	立信会计师事务所（特殊普通合伙）	106958
135	董洪军，黄法洲	立信会计师事务所（特殊普通合伙）	106958

续表

序号	注册会计师团队	会计师事务所	会计师事务所ID
136	郭任刚，刘蕊	大华会计师事务所（特殊普通合伙）	107969
137	杨景璐，罗杨	安永华明会计师事务所（特殊普通合伙）	107023
138	汤加全，陈梦佳	天衡会计师事务所（特殊普通合伙）	107259
139	宋立民，高辉	上会会计师事务所（特殊普通合伙）	107024
140	潘素娇，王会	信永中和会计师事务所（特殊普通合伙）	107713
141	符俊，苏芸芸	安永华明会计师事务所（特殊普通合伙）	107023
142	田志刚，王瀚峣	天健会计师事务所（特殊普通合伙）	106952
143	高兴，张晓运	天职国际会计师事务所（特殊普通合伙）	106094
144	顾沈为，杨晓燕	安永华明会计师事务所（特殊普通合伙）	107023
145	刘莉坤，陈诚	普华永道中天会计师事务所（特殊普通合伙）	107374
146	宋卫东，吴艳芬	中审众环会计师事务所（特殊普通合伙）	107375
147	刘美玉，俞颖	大信会计师事务所（特殊普通合伙）	106423
148	任俊英，周紫薇	大华会计师事务所（特殊普通合伙）	107969
149	王龙旷，陈琳	致同会计师事务所（特殊普通合伙）	10443
150	钱晓云，罗春艳	安永华明会计师事务所（特殊普通合伙）	107023
151	饶海兵，殷昱	立信会计师事务所（特殊普通合伙）	106958
152	王文立，方海杰	毕马威华振会计师事务所（特殊普通合伙）	106511
153	杨雄，张世运	大华会计师事务所（特殊普通合伙）	107969
154	丁琛，谢雨辰	中审华会计师事务所（特殊普通合伙）	10107932
155	范思雯，马甜甜	德勤华永会计师事务所（特殊普通合伙）	107882
156	陈彦，黄一婷	德勤华永会计师事务所（特殊普通合伙）	107882
157	张增刚，邓海伏	中喜会计师事务所（特殊普通合伙）	107183
158	郭晶，巩伟	安永华明会计师事务所（特殊普通合伙）	107023
159	江强，胡佳裔，刘煦	立信会计师事务所（特殊普通合伙）	106958
160	戎凯宇，杨洁	众华会计师事务所（特殊普通合伙）	106420
161	张奎，尹传松	大华会计师事务所（特殊普通合伙）	107969
162	刘广，李晓旭	大华会计师事务所（特殊普通合伙）	107969
163	窦友明，薛晨俊	毕马威华振会计师事务所（特殊普通合伙）	106511
164	钟丽，赵毅智	安永华明会计师事务所（特殊普通合伙）	107023
165	肖中珂，谭亚红	毕马威华振会计师事务所（特殊普通合伙）	106511
166	陈东阳，黄青芳	苏亚金诚会计师事务所（特殊普通合伙）	106092
167	周玉薇，郭琳	致同会计师事务所（特殊普通合伙）	10443
168	孙芳，吕乐	安永华明会计师事务所（特殊普通合伙）	107023
169	杨爱斌，董新明	立信会计师事务所（特殊普通合伙）	106958

续表

序号	注册会计师团队	会计师事务所	会计师事务所ID
170	叶骏,柳宗祺	普华永道中天会计师事务所（特殊普通合伙）	107374
171	王需如,邹皓	信永中和会计师事务所（特殊普通合伙）	107713
172	石海云,薛晨俊	毕马威华振会计师事务所（特殊普通合伙）	106511
173	李小磊,刘小琴	天圆全会计师事务所（特殊普通合伙）	107190
174	邵云飞,谢盈	普华永道中天会计师事务所（特殊普通合伙）	107374
175	罗晓龙,冉聃	大信会计师事务所（特殊普通合伙）	106423
176	殷莉莉,史啸	德勤华永会计师事务所（特殊普通合伙）	107882
177	潘健慧,吴博	安永华明会计师事务所（特殊普通合伙）	107023
178	曹爱民,卞薄海	希格玛会计师事务所（特殊普通合伙）	107493
179	付志成,范光璞	天职国际会计师事务所（特殊普通合伙）	106094
180	贾娜,吕永铮	普华永道中天会计师事务所（特殊普通合伙）	107374
181	黄悦栋,吴翠蓉	安永华明会计师事务所（特殊普通合伙）	107023
182	马千鲁,杨丽	德勤华永会计师事务所（特殊普通合伙）	107882
183	赵建荣,胡巍	普华永道中天会计师事务所（特殊普通合伙）	107374
184	孙维琦,武翔宇	德勤华永会计师事务所（特殊普通合伙）	107882
185	任帅英,王茜	希格玛会计师事务所（特殊普通合伙）	107493
186	赵权,张振	中证天通会计师事务所（特殊普通合伙）	106421
187	周星,黄晨	普华永道中天会计师事务所（特殊普通合伙）	107374
188	田志勇,师宇轩	安永华明会计师事务所（特殊普通合伙）	107023
189	薛竞,叶尔甸	普华永道中天会计师事务所（特殊普通合伙）	107374
190	雷江,林莹	毕马威华振会计师事务所（特殊普通合伙）	106511
191	安秀艳,贺鑫	安永华明会计师事务所（特殊普通合伙）	107023
192	许旭明,洪晓冬	安永华明会计师事务所（特殊普通合伙）	107023
193	师宇轩,许旭明	安永华明会计师事务所（特殊普通合伙）	107023
194	金敬玉,汪文锋	天健会计师事务所（特殊普通合伙）	106952
195	陈轶,段瑜华	毕马威华振会计师事务所（特殊普通合伙）	106511
196	王天晴,薛伟	安永华明会计师事务所（特殊普通合伙）	107023
197	王辉,张敏	信永中和会计师事务所（特殊普通合伙）	107713
198	姜长征,田志勇,冯所腾	安永华明会计师事务所（特殊普通合伙）	107023
199	高高平,苏武凌	天健会计师事务所（特殊普通合伙）	106952
200	徐海峰,邵锋	毕马威华振会计师事务所（特殊普通合伙）	106511
201	苏菊荣,程晓婷	天职国际会计师事务所（特殊普通合伙）	106094
202	高英华,吕鹏	中审众环会计师事务所（特殊普通合伙）	107375
203	潘文中,朱穗欣	致同会计师事务所（特殊普通合伙）	10443

续表

序号	注册会计师团队	会计师事务所	会计师事务所ID
204	施剑春，杨璞	上会会计师事务所（特殊普通合伙）	107024
205	刘跃华，罗来千	信永中和会计师事务所（特殊普通合伙）	107713
206	管金明，陈立立	天健会计师事务所（特殊普通合伙）	106952
207	成雨静，陈轶	毕马威华振会计师事务所（特殊普通合伙）	106511
208	吴翔，张哲昕	天健会计师事务所（特殊普通合伙）	106952
209	方湧跃，宋昌龙	利安达会计师事务所（特殊普通合伙）	106251
210	陈露，黄贝夷	安永华明会计师事务所（特殊普通合伙）	107023
211	薛伟，汪涛	中汇会计师事务所（特殊普通合伙）	106098
212	白灯满，王卫群	华兴会计师事务所（特殊普通合伙）	106846
213	潘莉华，吴轶	立信会计师事务所（特殊普通合伙）	106958
214	吴惠煌，陈诗剑	毕马威华振会计师事务所（特殊普通合伙）	106511
215	林映雪，陈港溪	大华会计师事务所（特殊普通合伙）	107969
216	顾兆峰，程丹丹	安永华明会计师事务所（特殊普通合伙）	107023
217	刘翀，成亚渊	安永华明会计师事务所（特殊普通合伙）	107023
218	单晨云，赵婷	中天运会计师事务所（特殊普通合伙）	108341
219	何廷，赵娉艺	普华永道中天会计师事务所（特殊普通合伙）	107374
220	陈振伟，汤亚	天健会计师事务所（特殊普通合伙）	106952
221	汪明卉，魏润平	中兴华会计师事务所（特殊普通合伙）	106991
222	惠全红，周世娥	大华会计师事务所（特殊普通合伙）	107969
223	蔡斌，钟福明	大华会计师事务所（特殊普通合伙）	107969
224	林雯英，周鹏飞	立信会计师事务所（特殊普通合伙）	106958
225	沈维华，陈琦	天健会计师事务所（特殊普通合伙）	106952
226	冯亦佳，杨涯	毕马威华振会计师事务所（特殊普通合伙）	106511
227	叶善武，徐从礼	大华会计师事务所（特殊普通合伙）	107969
228	纪小健，赵亚苹	致同会计师事务所（特殊普通合伙）	10443
229	马罡，俞艳丽	天职国际会计师事务所（特殊普通合伙）	106094
230	刘瑞霖，蔡繁荣	致同会计师事务所（特殊普通合伙）	10443
231	毛时法，张岩	信永中和会计师事务所（特殊普通合伙）	107713
232	黄婵娟，方钢	中汇会计师事务所（特殊普通合伙）	106098
233	胡魏，郭奕珂	普华永道中天会计师事务所（特殊普通合伙）	107374
234	周冰，叶林	普华永道中天会计师事务所（特殊普通合伙）	107374
235	王宁，王善	安永华明会计师事务所（特殊普通合伙）	107023
236	王昆，吴楠	天健会计师事务所（特殊普通合伙）	106952
237	朱学良，曹申庚	大信会计师事务所（特殊普通合伙）	106423
238	牛良文，岑溯鹏	大信会计师事务所（特殊普通合伙）	106423

| 第五章 | 注册会计师审计高质量团队

续表

序号	注册会计师团队	会计师事务所	会计师事务所ID
239	肖和勇，樊艳丽	中兴财光华会计师事务所（特殊普通合伙）	106093
240	郑建利，付俊惠	致同会计师事务所（特殊普通合伙）	10443
241	杨海蛟，左秀平	德勤华永会计师事务所（特殊普通合伙）	107882
242	陈泓洲，邢红恩	大华会计师事务所（特殊普通合伙）	107969
243	彭啸风，宋以晶	普华永道中天会计师事务所（特殊普通合伙）	107374
244	潘振宇，胡玉琢	普华永道中天会计师事务所（特殊普通合伙）	107374
245	施丹丹，张海霞	大华会计师事务所（特殊普通合伙）	107969
246	郭俊艳，曹智春	天健会计师事务所（特殊普通合伙）	106952
247	张津，陈怡婷	普华永道中天会计师事务所（特殊普通合伙）	107374
248	魏倩婷，王传明	致同会计师事务所（特殊普通合伙）	10443
249	丁西国，缪良玉	中兴财光华会计师事务所（特殊普通合伙）	106093
250	吴霆，史灿灿	天衡会计师事务所（特殊普通合伙）	107259
251	许来正，周末	立信会计师事务所（特殊普通合伙）	106958
252	周磊，杨扬	中汇会计师事务所（特殊普通合伙）	106098
253	刘成龙，邢雪	中汇会计师事务所（特殊普通合伙）	106098
254	洪志国，琚晶晶	容诚会计师事务所（特殊普通合伙）	106184

表5.3　　2021年度注册会计师审计高质量团队

序号	注册会计师团队	会计师事务所	会计师事务所ID
1	昌华，王阳燕	安永华明会计师事务所（特殊普通合伙）	107023
2	李巧仪，秦昌明	容诚会计师事务所（特殊普通合伙）	106184
3	杨誉民，田芬	德勤华永会计师事务所（特殊普通合伙）	107882
4	秦卫国，苏阳	中兴财光华会计师事务所（特殊普通合伙）	106093
5	叶少宽，单峰	普华永道中天会计师事务所（特殊普通合伙）	107374
6	崔西福，黄婷婷	信永中和会计师事务所（特殊普通合伙）	107713
7	王兴华，阮铭华，周秋琴	天职国际会计师事务所（特殊普通合伙）	106094
8	陈俊君，李晓蕾	普华永道中天会计师事务所（特殊普通合伙）	107374
9	牟正非，季宇亭	德勤华永会计师事务所（特殊普通合伙）	107882
10	熊建辉，王丽萍	大信会计师事务所（特殊普通合伙）	106423
11	乔春，袁勇	安永华明会计师事务所（特殊普通合伙）	107023
12	平威，刘超	中喜会计师事务所（特殊普通合伙）	107183
13	崔志彪，王晓玉	中兴财光华会计师事务所（特殊普通合伙）	106093
14	崔晓丽，何峰	致同会计师事务所（特殊普通合伙）	10443
15	陈文峰，莫成麟	普华永道中天会计师事务所（特殊普通合伙）	107374
16	王秀萍，信翠双	中天运会计师事务所（特殊普通合伙）	108341

续表

序号	注册会计师团队	会计师事务所	会计师事务所ID
17	胡文勇，苏小慧	中天运会计师事务所（特殊普通合伙）	108341
18	赵建荣，胡洋	普华永道中天会计师事务所（特殊普通合伙）	107374
19	张有全，李积庆	大信会计师事务所（特殊普通合伙）	106423
20	刘守堂，秦艳平	和信会计师事务所（特殊普通合伙）	107765
21	侯捷，童丹丹	安永华明会计师事务所（特殊普通合伙）	107023
22	王立新，顾俊梅	德勤华永会计师事务所（特殊普通合伙）	107882
23	许湘照，皮德函	德勤华永会计师事务所（特殊普通合伙）	107882
24	吴汪斌，顾崙平	德勤华永会计师事务所（特殊普通合伙）	107882
25	温秋菊，路珂	大华会计师事务所（特殊普通合伙）	107969
26	李海兵，于天骄	立信会计师事务所（特殊普通合伙）	106958
27	马朝松，徐雪锋	中天运会计师事务所（特殊普通合伙）	108341
28	唐玲，严杰	信永中和会计师事务所（特殊普通合伙）	107713
29	谢军，翟文杰	天健会计师事务所（特殊普通合伙）	106952
30	郑卫军，丁慧春	信永中和会计师事务所（特殊普通合伙）	107713
31	贾志博，史佳	中喜会计师事务所（特殊普通合伙）	107183
32	赵恒勤，刘珍珍	中兴华会计师事务所（特殊普通合伙）	106991
33	钟平修，曹云华	大华会计师事务所（特殊普通合伙）	107969
34	陈岸强，柳璟屏	普华永道中天会计师事务所（特殊普通合伙）	107374
35	唐恋炯，高孙超	德勤华永会计师事务所（特殊普通合伙）	107882
36	方海杰，黄昕	毕马威华振会计师事务所（特殊普通合伙）	106511
37	陈睿，凌雁	普华永道中天会计师事务所（特殊普通合伙）	107374
38	金鑫，袁巧云	致同会计师事务所（特殊普通合伙）	10443
39	万方全，常玉锋	大信会计师事务所（特殊普通合伙）	106423
40	徐聘，胡晓佳	立信会计师事务所（特殊普通合伙）	106958
41	潘文中，余文佑	致同会计师事务所（特殊普通合伙）	10443
42	丁彭凯，宋金元	立信会计师事务所（特殊普通合伙）	106958
43	李萌，单大信	立信会计师事务所（特殊普通合伙）	106958
44	费洁，杨扬	中汇会计师事务所（特殊普通合伙）	106098
45	黄豪威，赵文	广东司农会计师事务所（特殊普通合伙）	10523972
46	孙哲，金达	大华会计师事务所（特殊普通合伙）	107969
47	黄玥，田芬	德勤华永会计师事务所（特殊普通合伙）	107882
48	龚晨艳，李倩倩	大华会计师事务所（特殊普通合伙）	107969
49	邢向宗，舒志成	致同会计师事务所（特殊普通合伙）	10443
50	姚静，朱林	容诚会计师事务所（特殊普通合伙）	106184
51	雷放，叶丹	普华永道中天会计师事务所（特殊普通合伙）	107374

续表

序号	注册会计师团队	会计师事务所	会计师事务所ID
52	王海第，牛乃升	大华会计师事务所（特殊普通合伙）	107969
53	崔松，刘睿翔	立信会计师事务所（特殊普通合伙）	106958
54	胡俊，张敏敏	大信会计师事务所（特殊普通合伙）	106423
55	姚俭方，田慧先，赵艳伟	天职国际会计师事务所（特殊普通合伙）	106094
56	王雅明，庄琳彬	信永中和会计师事务所（特殊普通合伙）	107713
57	胡立才，蒋盛森	信永中和会计师事务所（特殊普通合伙）	107713
58	高原，王维	立信会计师事务所（特殊普通合伙）	106958
59	蔡智锋，刘晶晶	普华永道中天会计师事务所（特殊普通合伙）	107374
60	何培刚，谌秀梅	中瑞诚会计师事务所（特殊普通合伙）	10120538
61	李万军，蔡中伏	亚太（集团）会计师事务所（特殊普通合伙）	106195
62	单大信，李星	立信会计师事务所（特殊普通合伙）	106958
63	魏建红，孙金书	中审众环会计师事务所（特殊普通合伙）	107375
64	陈泳意，刘琬婷	毕马威华振会计师事务所（特殊普通合伙）	106511
65	王需如，黎苗青	信永中和会计师事务所（特殊普通合伙）	107713
66	韦少雄，吕乐	安永华明会计师事务所（特殊普通合伙）	107023
67	杨景璐，张莹	安永华明会计师事务所（特殊普通合伙）	107023
68	邓小勤，凌莉	容诚会计师事务所（特殊普通合伙）	106184
69	金敬玉，杨美	天健会计师事务所（特殊普通合伙）	106952
70	赵权，刘金成	中证天通会计师事务所（特殊普通合伙）	106421
71	李秋波，樊艳丽	中兴财光华会计师事务所（特殊普通合伙）	106093
72	纪小健，车苗苗	致同会计师事务所（特殊普通合伙）	10443
73	秦昌明，李巧仪	容诚会计师事务所（特殊普通合伙）	106184
74	况永宏，晁喜文	中汇会计师事务所（特殊普通合伙）	106098
75	冯军，陈垚垚	华兴会计师事务所（特殊普通合伙）	106846
76	吴蓉，李海兵	立信会计师事务所（特殊普通合伙）	106958
77	周华，王硕炜	安永华明会计师事务所（特殊普通合伙）	107023
78	傅奕，韩月娇	安永华明会计师事务所（特殊普通合伙）	107023
79	田业阳，盛小川	天健会计师事务所（特殊普通合伙）	106952
80	林俊，黄为	中审众环会计师事务所（特殊普通合伙）	107375
81	黄婵娟，方钢	中汇会计师事务所（特殊普通合伙）	106098
82	沈维华，沈晓燕	天健会计师事务所（特殊普通合伙）	106952
83	王宗佩，魏倩婷	致同会计师事务所（特殊普通合伙）	10443
84	李东昕，刘宏宇，金晓静	大华会计师事务所（特殊普通合伙）	107969
85	王鑫，王士超	大华会计师事务所（特殊普通合伙）	107969
86	胡健，高丹丹	中汇会计师事务所（特殊普通合伙）	106098

续表

序号	注册会计师团队	会计师事务所	会计师事务所ID
87	刁利平，徐沁沁	普华永道中天会计师事务所（特殊普通合伙）	107374
88	张凡，姜长征	安永华明会计师事务所（特殊普通合伙）	107023
89	张宏敏，陈铮	中勤万信会计师事务所（特殊普通合伙）	107010
90	许保如，程安宾	信永中和会计师事务所（特殊普通合伙）	107713
91	马元兰，王汝杰	信永中和会计师事务所（特殊普通合伙）	107713
92	杨洁，何曙	毕马威华振会计师事务所（特殊普通合伙）	106511
93	李婉薇，梁曦	毕马威华振会计师事务所（特殊普通合伙）	106511
94	姜昆，逯一斌	普华永道中天会计师事务所（特殊普通合伙）	107374
95	茆广勤，吴无逸	德勤华永会计师事务所（特殊普通合伙）	107882
96	姚斌星，裴素平	容诚会计师事务所（特殊普通合伙）	106184
97	胡媛媛，罗一鸣	德勤华永会计师事务所（特殊普通合伙）	107882
98	王宏利，董丽	致同会计师事务所（特殊普通合伙）	10443
99	白灯满，范言长	华兴会计师事务所（特殊普通合伙）	106846
100	丁慧春，刘景伟	信永中和会计师事务所（特殊普通合伙）	107713
101	曹彬，逯敏	信永中和会计师事务所（特殊普通合伙）	107713
102	陈铮，李开元	中勤万信会计师事务所（特殊普通合伙）	107010
103	潘素娇，黎苗青	信永中和会计师事务所（特殊普通合伙）	107713
104	刘莉坤，武希文	普华永道中天会计师事务所（特殊普通合伙）	107374
105	王晓军，范革辉	立信会计师事务所（特殊普通合伙）	106958
106	刘鹏云，丁自鸣	立信会计师事务所（特殊普通合伙）	106958
107	李祝善，尹景林	信永中和会计师事务所（特殊普通合伙）	107713
108	尹丽鸿，孙丽波	致同会计师事务所（特殊普通合伙）	10443
109	雷江，林莹	毕马威华振会计师事务所（特殊普通合伙）	106511
110	朱晓东，刘慧敏	立信会计师事务所（特殊普通合伙）	106958
111	刘钰，牛爽	德勤华永会计师事务所（特殊普通合伙）	107882
112	汤加全，陈梦佳	天衡会计师事务所（特殊普通合伙）	107259
113	宋立民，张素霞	上会会计师事务所（特殊普通合伙）	107024
114	符俊，苏芸芸	安永华明会计师事务所（特殊普通合伙）	107023
115	田志刚，王瀚峣	天健会计师事务所（特殊普通合伙）	106952
116	顾沈为，张璐	安永华明会计师事务所（特殊普通合伙）	107023
117	宋卫东，吴艳芬	中审众环会计师事务所（特殊普通合伙）	107375
118	刘美玉，俞颖	大信会计师事务所（特殊普通合伙）	106423
119	钟彦，刘祖良	中天运会计师事务所（特殊普通合伙）	108341
120	王龙旷，陈琳	致同会计师事务所（特殊普通合伙）	10443
121	饶海兵，陆成	立信会计师事务所（特殊普通合伙）	106958

续表

序号	注册会计师团队	会计师事务所	会计师事务所ID
122	王文立，方海杰	毕马威华振会计师事务所（特殊普通合伙）	106511
123	王秀玉，韩娜	大华会计师事务所（特殊普通合伙）	107969
124	阎纪华，熊晖	亚太（集团）会计师事务所（特殊普通合伙）	106195
125	杨雄，张世运	大华会计师事务所（特殊普通合伙）	107969
126	丁琛，张学兵	中审华会计师事务所（特殊普通合伙）	10107932
127	范思雯，马甜甜	德勤华永会计师事务所（特殊普通合伙）	107882
128	陈彦，黄一婷	德勤华永会计师事务所（特殊普通合伙）	107882
129	郝国敏，梁毅	中审众环会计师事务所（特殊普通合伙）	107375
130	张增刚，邓海伏	中喜会计师事务所（特殊普通合伙）	107183
131	郭晶，巩伟	安永华明会计师事务所（特殊普通合伙）	107023
132	靖鹏霞，黄璞	立信会计师事务所（特殊普通合伙）	106958
133	戎凯宇，熊洋	众华会计师事务所（特殊普通合伙）	106420
134	江强，徐峰	立信会计师事务所（特殊普通合伙）	106958
135	刘广，李晓旭	大华会计师事务所（特殊普通合伙）	107969
136	石海云，董帅	毕马威华振会计师事务所（特殊普通合伙）	106511
137	窦友明，薛晨俊	毕马威华振会计师事务所（特殊普通合伙）	106511
138	肖中珂，谭亚红	毕马威华振会计师事务所（特殊普通合伙）	106511
139	陈东阳，黄青芳	苏亚金诚会计师事务所（特殊普通合伙）	106092
140	孙芳，吕乐	安永华明会计师事务所（特殊普通合伙）	107023
141	朱烨，马玲	中审众环会计师事务所（特殊普通合伙）	107375
142	杨爱斌，董新明	立信会计师事务所（特殊普通合伙）	106958
143	艾维，刘珍宏	安永华明会计师事务所（特殊普通合伙）	107023
144	叶骏，柳宗祺	普华永道中天会计师事务所（特殊普通合伙）	107374
145	吴凌志，冯适	德勤华永会计师事务所（特殊普通合伙）	107882
146	孔昱，柳璟屏	普华永道中天会计师事务所（特殊普通合伙）	107374
147	潘健慧，吴博	安永华明会计师事务所（特殊普通合伙）	107023
148	曹爱民，卞薄海	希格玛会计师事务所（特殊普通合伙）	107493
149	付志成，卯建强	天职国际会计师事务所（特殊普通合伙）	106094
150	高宇，龚以骁	普华永道中天会计师事务所（特殊普通合伙）	107374
151	贾娜，吕永铮	普华永道中天会计师事务所（特殊普通合伙）	107374
152	黄悦栋，吴翠蓉	安永华明会计师事务所（特殊普通合伙）	107023
153	王天晴，程显明	安永华明会计师事务所（特殊普通合伙）	107023
154	马颖旎，应晨斌	普华永道中天会计师事务所（特殊普通合伙）	107374
155	姚文平，柳璟屏	普华永道中天会计师事务所（特殊普通合伙）	107374
156	孙维琦，朱玮琦	德勤华永会计师事务所（特殊普通合伙）	107882

续表

序号	注册会计师团队	会计师事务所	会计师事务所ID
157	赵英，莫艾琦	安永华明会计师事务所（特殊普通合伙）	107023
158	彭啸风，任丽君	普华永道中天会计师事务所（特殊普通合伙）	107374
159	陈少明，张振	中证天通会计师事务所（特殊普通合伙）	106421
160	童传江，李丽娇	德勤华永会计师事务所（特殊普通合伙）	107882
161	田志勇，师宇轩	安永华明会计师事务所（特殊普通合伙）	107023
162	薛竞，张振波	普华永道中天会计师事务所（特殊普通合伙）	107374
163	安秀艳，贺鑫	安永华明会计师事务所（特殊普通合伙）	107023
164	师宇轩，许旭明	安永华明会计师事务所（特殊普通合伙）	107023
165	陈轶，段瑜华	毕马威华振会计师事务所（特殊普通合伙）	106511
166	王辉，张敏	信永中和会计师事务所（特殊普通合伙）	107713
167	徐海峰，邵锋	毕马威华振会计师事务所（特殊普通合伙）	106511
168	毛宝军，吕鹏	中审众环会计师事务所（特殊普通合伙）	107375
169	洪志国，俞华，吴玉娣	容诚会计师事务所（特殊普通合伙）	106184
170	胡佳青，刘嘉	信永中和会计师事务所（特殊普通合伙）	107713
171	张立琰，丁晓燕	天健会计师事务所（特殊普通合伙）	106952
172	解风梅，刘国卫	大华会计师事务所（特殊普通合伙）	107969
173	陈露，黄贝夷	安永华明会计师事务所（特殊普通合伙）	107023
174	张飞，仰君	安永华明会计师事务所（特殊普通合伙）	107023
175	潘莉华，江海，吴轶	立信会计师事务所（特殊普通合伙）	106958
176	吴惠煌，陈诗剑	毕马威华振会计师事务所（特殊普通合伙）	106511
177	顾兆峰，程丹丹	安永华明会计师事务所（特殊普通合伙）	107023
178	林雯英，凌亦超	立信会计师事务所（特殊普通合伙）	106958
179	刘翀，伍凌宇	安永华明会计师事务所（特殊普通合伙）	107023
180	黄国香，付志涛	华兴会计师事务所（特殊普通合伙）	106846
181	单晨云，赵婷	中天运会计师事务所（特殊普通合伙）	108341
182	何廷，赵娉艺	普华永道中天会计师事务所（特殊普通合伙）	107374
183	翟晓宁，曹吉诚	中汇会计师事务所（特殊普通合伙）	106098
184	陈振伟，汤亚	天健会计师事务所（特殊普通合伙）	106952
185	周玉薇，汪亮	致同会计师事务所（特殊普通合伙）	10443
186	汪明卉，魏润平	中兴华会计师事务所（特殊普通合伙）	106991
187	蔡斌，钟福明	大华会计师事务所（特殊普通合伙）	107969
188	步君，汪程	德勤华永会计师事务所（特殊普通合伙）	107882
189	叶善武，徐从礼	大华会计师事务所（特殊普通合伙）	107969
190	成雨静，高一荃	毕马威华振会计师事务所（特殊普通合伙）	106511
191	宋光荣，张成	大信会计师事务所（特殊普通合伙）	106423

续表

序号	注册会计师团队	会计师事务所	会计师事务所ID
192	陈建孝，李晓蕾	普华永道中天会计师事务所（特殊普通合伙）	107374
193	彭金勇，叶祥佳	德勤华永会计师事务所（特殊普通合伙）	107882
194	胡巍，郭奕珂	普华永道中天会计师事务所（特殊普通合伙）	107374
195	周冰，陆晓兰	普华永道中天会计师事务所（特殊普通合伙）	107374
196	权计伟，秦雪萍	立信会计师事务所（特殊普通合伙）	106958
197	王宁，吕翠翠	安永华明会计师事务所（特殊普通合伙）	107023
198	聂诗军，万俊广	大信会计师事务所（特殊普通合伙）	106423
199	崔云刚，王贤	立信会计师事务所（特殊普通合伙）	106958
200	闫钢军，王启盛	容诚会计师事务所（特殊普通合伙）	106184
201	路凤霞，陈霞	公证天业会计师事务所（特殊普通合伙）	107053
202	邵振宇，谭乐飞	立信会计师事务所（特殊普通合伙）	106958
203	许来正，周末	立信会计师事务所（特殊普通合伙）	106958
204	张嘉，郭龙	天职国际会计师事务所（特殊普通合伙）	106094
205	朱广明，费洁	中汇会计师事务所（特殊普通合伙）	106098
206	王惠舫，李香粉	大信会计师事务所（特殊普通合伙）	106423

表5.4　　2020年度注册会计师审计高质量团队

序号	注册会计师团队	会计师事务所	会计师事务所ID
1	李渭华，江其燊	德勤华永会计师事务所（特殊普通合伙）	107882
2	赵权，王鑫	中证天通会计师事务所（特殊普通合伙）	106421
3	金乃雯，刘叶君	毕马威华振会计师事务所（特殊普通合伙）	106511
4	王立新，隋传旭	德勤华永会计师事务所（特殊普通合伙）	107882
5	崔西福，黄婷婷	信永中和会计师事务所（特殊普通合伙）	107713
6	童全勇，陈文虹	中证天通会计师事务所（特殊普通合伙）	106421
7	雷放，叶丹	普华永道中天会计师事务所（特殊普通合伙）	107374
8	乔春，胡艳	安永华明会计师事务所（特殊普通合伙）	107023
9	高连勇，李佳源	中审众环会计师事务所（特殊普通合伙）	107375
10	王秀萍，信翠双	中天运会计师事务所（特殊普通合伙）	108341
11	胡文勇，苏小慧	中天运会计师事务所（特殊普通合伙）	108341
12	罗占恩，胡洋	普华永道中天会计师事务所（特殊普通合伙）	107374
13	张有全，李积庆	大信会计师事务所（特殊普通合伙）	106423
14	冯忠军，孙昕	致同会计师事务所（特殊普通合伙）	10443
15	侯捷，童丹丹	安永华明会计师事务所（特殊普通合伙）	107023
16	唐恋炯，吴汪斌	德勤华永会计师事务所（特殊普通合伙）	107882

续表

序号	注册会计师团队	会计师事务所	会计师事务所ID
17	丁彭凯，李福兴	立信会计师事务所（特殊普通合伙）	106958
18	廖建波，傅映红	中天运会计师事务所（特殊普通合伙）	108341
19	谢军，翟文杰	天健会计师事务所（特殊普通合伙）	106952
20	赵恒勤，刘珍珍	中兴华会计师事务所（特殊普通合伙）	106991
21	巩平，杜业勤	中喜会计师事务所（特殊普通合伙）	107183
22	钟平修，曹云华	大华会计师事务所（特殊普通合伙）	107969
23	宋连勇，宋向海	中勤万信会计师事务所（特殊普通合伙）	107010
24	王兰萍，胡晓雁	安永华明会计师事务所（特殊普通合伙）	107023
25	陈岸强，柳璟屏	普华永道中天会计师事务所（特殊普通合伙）	107374
26	刘新培，贾志博	中喜会计师事务所（特殊普通合伙）	107183
27	高平，沈童	容诚会计师事务所（特殊普通合伙）	106184
28	闫钢军，王启盛	容诚会计师事务所（特殊普通合伙）	106184
29	沈维华，叶泽伟	天健会计师事务所（特殊普通合伙）	106952
30	关健成，平威	中喜会计师事务所（特殊普通合伙）	107183
31	张津，凌雁	普华永道中天会计师事务所（特殊普通合伙）	107374
32	童传江，呼延雅琪	德勤华永会计师事务所（特殊普通合伙）	107882
33	金鑫，袁巧云	致同会计师事务所（特殊普通合伙）	10443
34	顾春华，范昭军	天衡会计师事务所（特殊普通合伙）	107259
35	金顺兴，周程	天健会计师事务所（特殊普通合伙）	106952
36	惠全红，荀英	大华会计师事务所（特殊普通合伙）	107969
37	文艳红，欧友英	大华会计师事务所（特殊普通合伙）	107969
38	孙哲，金达	大华会计师事务所（特殊普通合伙）	107969
39	龚晨艳，王海第	大华会计师事务所（特殊普通合伙）	107969
40	姚斌星，王启盛，邱舒雯	容诚会计师事务所（特殊普通合伙）	106184
41	邢向宗，舒志成	致同会计师事务所（特殊普通合伙）	10443
42	王宁，吴阳	安永华明会计师事务所（特殊普通合伙）	107023
43	姚静，朱林	容诚会计师事务所（特殊普通合伙）	106184
44	赵亦飞，刘成龙	中汇会计师事务所（特殊普通合伙）	106098
45	赵志强，姚志军	中审众环会计师事务所（特殊普通合伙）	107375
46	胡立才，陈春光	信永中和会计师事务所（特殊普通合伙）	107713
47	沈晓萍，耿捷	永拓会计师事务所（特殊普通合伙）	107185
48	蔡智锋，刘晶晶	普华永道中天会计师事务所（特殊普通合伙）	107374
49	李万军，蔡中伏	亚太（集团）会计师事务所（特殊普通合伙）	106195
50	李萌，李星	立信会计师事务所（特殊普通合伙）	106958

续表

序号	注册会计师团队	会计师事务所	会计师事务所ID
51	刘云，孙丞润	立信会计师事务所（特殊普通合伙）	106958
52	邵路，丁哲寅	普华永道中天会计师事务所（特殊普通合伙）	107374
53	李东昕，祁振东	大华会计师事务所（特殊普通合伙）	107969
54	陈泳意，刘琬婷	毕马威华振会计师事务所（特殊普通合伙）	106511
55	王玥，尹录	天职国际会计师事务所（特殊普通合伙）	106094
56	杨景璐，张莹	安永华明会计师事务所（特殊普通合伙）	107023
57	陈怡，张瑾晖	毕马威华振会计师事务所（特殊普通合伙）	106511
58	邓小勤，凌莉	容诚会计师事务所（特殊普通合伙）	106184
59	吴杉，杨宁	德勤华永会计师事务所（特殊普通合伙）	107882
60	李秀华，肖和勇	中兴财光华会计师事务所（特殊普通合伙）	106093
61	涂蓬芳，钟晓连	天健会计师事务所（特殊普通合伙）	106952
62	纪小健，车苗苗	致同会计师事务所（特殊普通合伙）	10443
63	曹俊炜，金乾恺	天健会计师事务所（特殊普通合伙）	106952
64	秦昌明，李巧仪	容诚会计师事务所（特殊普通合伙）	106184
65	罗毅彪，况永宏	中汇会计师事务所（特殊普通合伙）	106098
66	李文祥，王小红	众华会计师事务所（特殊普通合伙）	106420
67	张骥，刘洁	天健会计师事务所（特殊普通合伙）	106952
68	魏倩婷，王宗佩	致同会计师事务所（特殊普通合伙）	10443
69	高宇，尹昕欣	普华永道中天会计师事务所（特殊普通合伙）	107374
70	文启斯，马晓波	德勤华永会计师事务所（特殊普通合伙）	107882
71	张宏敏，陈铮	中勤万信会计师事务所（特殊普通合伙）	107010
72	许保如，程安宾	信永中和会计师事务所（特殊普通合伙）	107713
73	邵云飞，荣佳玥	普华永道中天会计师事务所（特殊普通合伙）	107374
74	马元兰，王汝杰	信永中和会计师事务所（特殊普通合伙）	107713
75	赵建荣，胡洋	普华永道中天会计师事务所（特殊普通合伙）	107374
76	王洁，梁曦	毕马威华振会计师事务所（特殊普通合伙）	106511
77	姜昆，逯一斌	普华永道中天会计师事务所（特殊普通合伙）	107374
78	肖中珂，谭亚红	毕马威华振会计师事务所（特殊普通合伙）	106511
79	胡佳青，张守心	信永中和会计师事务所（特殊普通合伙）	107713
80	胡媛媛，罗一鸣	德勤华永会计师事务所（特殊普通合伙）	107882
81	曹彬，高艳丽	信永中和会计师事务所（特殊普通合伙）	107713
82	王宏利，董丽	致同会计师事务所（特殊普通合伙）	10443
83	陈铮，吕芳草	中勤万信会计师事务所（特殊普通合伙）	107010
84	刘先利，罗晓龙	大信会计师事务所（特殊普通合伙）	106423
85	王兴华，李玮俊	天职国际会计师事务所（特殊普通合伙）	106094

续表

序号	注册会计师团队	会计师事务所	会计师事务所ID
86	潘素娇，马金龙	信永中和会计师事务所（特殊普通合伙）	107713
87	赵海舟，王欣	德勤华永会计师事务所（特殊普通合伙）	107882
88	邱四平，韩新梅	中审华会计师事务所（特殊普通合伙）	10107932
89	王晓军，彭峥嵘	立信会计师事务所（特殊普通合伙）	106958
90	蔺怀阳，胡小琴	信永中和会计师事务所（特殊普通合伙）	107713
91	叶善武，刘铸鹏	大华会计师事务所（特殊普通合伙）	107969
92	杨誉民，许湘照	德勤华永会计师事务所（特殊普通合伙）	107882
93	李祝善，尹景林	信永中和会计师事务所（特殊普通合伙）	107713
94	周颖，肖慧	安永华明会计师事务所（特殊普通合伙）	107023
95	汤加全，陈梦佳	天衡会计师事务所（特殊普通合伙）	107259
96	张素霞，宋立民	上会会计师事务所（特殊普通合伙）	107024
97	符俊，苏芸芸	安永华明会计师事务所（特殊普通合伙）	107023
98	田志刚，王瀚峣	天健会计师事务所（特殊普通合伙）	106952
99	刘莉坤，陈诚	普华永道中天会计师事务所（特殊普通合伙）	107374
100	李豫龙，刘济杰	瑞华会计师事务所（特殊普通合伙）	106431
101	于春波，刘美玉	大信会计师事务所（特殊普通合伙）	106423
102	饶海兵，江海	立信会计师事务所（特殊普通合伙）	106958
103	杨文惠，朱鹏雅	德勤华永会计师事务所（特殊普通合伙）	107882
104	钟彦，刘祖良	中天运会计师事务所（特殊普通合伙）	108341
105	王龙旷，陈琳	致同会计师事务所（特殊普通合伙）	10443
106	陈彦，王崇斌	德勤华永会计师事务所（特殊普通合伙）	107882
107	黄哲君，陈姣姣	普华永道中天会计师事务所（特殊普通合伙）	107374
108	丁琛，张学兵	中审华会计师事务所（特殊普通合伙）	10107932
109	范思雯，袁园	德勤华永会计师事务所（特殊普通合伙）	107882
110	李丽芳，任晓辉	天圆全会计师事务所（特殊普通合伙）	107190
111	钟丽，巩伟	安永华明会计师事务所（特殊普通合伙）	107023
112	靖鹏霞，赵东	立信会计师事务所（特殊普通合伙）	106958
113	戎凯宇，熊洋	众华会计师事务所（特殊普通合伙）	106420
114	江强，徐峰	立信会计师事务所（特殊普通合伙）	106958
115	熊洋，林德伟	众华会计师事务所（特殊普通合伙）	106420
116	倪春华，金乾恺	天健会计师事务所（特殊普通合伙）	106952
117	罗芸，彭叶清	中审众环会计师事务所（特殊普通合伙）	107375
118	石明霞，韩新梅	中审华会计师事务所（特殊普通合伙）	10107932
119	石海云，董帅	毕马威华振会计师事务所（特殊普通合伙）	106511
120	刘广，李晓旭	大华会计师事务所（特殊普通合伙）	107969

续表

序号	注册会计师团队	会计师事务所	会计师事务所ID
121	郝国敏，耿志新	中审众环会计师事务所（特殊普通合伙）	107375
122	安秀艳，吕乐	安永华明会计师事务所（特殊普通合伙）	107023
123	朱烨，马玲	中审众环会计师事务所（特殊普通合伙）	107375
124	兰正恩，王新成	上会会计师事务所（特殊普通合伙）	107024
125	叶骏，柳宗祺	普华永道中天会计师事务所（特殊普通合伙）	107374
126	王需如，田晓	信永中和会计师事务所（特殊普通合伙）	107713
127	高庆华，王克逸	中喜会计师事务所（特殊普通合伙）	107183
128	许旭明，师宇轩	安永华明会计师事务所（特殊普通合伙）	107023
129	潘健慧，吴博	安永华明会计师事务所（特殊普通合伙）	107023
130	吴晓辉，朱巍	德勤华永会计师事务所（特殊普通合伙）	107882
131	贾娜，吕永铮	普华永道中天会计师事务所（特殊普通合伙）	107374
132	杨尚圆，陈岸强	普华永道中天会计师事务所（特殊普通合伙）	107374
133	马千鲁，张舒弋	德勤华永会计师事务所（特殊普通合伙）	107882
134	王天晴，程显明	安永华明会计师事务所（特殊普通合伙）	107023
135	姚文平，柳璟屏	普华永道中天会计师事务所（特殊普通合伙）	107374
136	李思嘉，杨洁	德勤华永会计师事务所（特殊普通合伙）	107882
137	韩健，武翔宇	德勤华永会计师事务所（特殊普通合伙）	107882
138	赵英，莫艾琦	安永华明会计师事务所（特殊普通合伙）	107023
139	任丽君，彭啸风	普华永道中天会计师事务所（特殊普通合伙）	107374
140	陈少明，刘金成	中证天通会计师事务所（特殊普通合伙）	106421
141	黄悦栋，许婷	安永华明会计师事务所（特殊普通合伙）	107023
142	叶少宽，邹彦	普华永道中天会计师事务所（特殊普通合伙）	107374
143	李斐，陈芸	安永华明会计师事务所（特殊普通合伙）	107023
144	雷江，林莹	毕马威华振会计师事务所（特殊普通合伙）	106511
145	凌滟，欧阳千力	德勤华永会计师事务所（特殊普通合伙）	107882
146	师宇轩，许旭明	安永华明会计师事务所（特殊普通合伙）	107023
147	杨洁，何曙	毕马威华振会计师事务所（特殊普通合伙）	106511
148	陈轶，段瑜华	毕马威华振会计师事务所（特殊普通合伙）	106511
149	王辉，张敏	信永中和会计师事务所（特殊普通合伙）	107713
150	郑卫军，杨行芳	信永中和会计师事务所（特殊普通合伙）	107713
151	秦洁，柳宗祺	普华永道中天会计师事务所（特殊普通合伙）	107374
152	陈泓洲，易珅	大华会计师事务所（特殊普通合伙）	107969
153	潘文中，朱穗欣	致同会计师事务所（特殊普通合伙）	10443
154	张立琰，丁晓燕	天健会计师事务所（特殊普通合伙）	106952
155	毛宝军，姜宇欣	中审众环会计师事务所（特殊普通合伙）	107375

续表

序号	注册会计师团队	会计师事务所	会计师事务所ID
156	雷波涛，常景波	信永中和会计师事务所（特殊普通合伙）	107713
157	解风梅，曹荣	大华会计师事务所（特殊普通合伙）	107969
158	刘许友，成雨静	毕马威华振会计师事务所（特殊普通合伙）	106511
159	陈露，黄贝夷	安永华明会计师事务所（特殊普通合伙）	107023
160	陈蓁，陈雅芳	华兴会计师事务所（特殊普通合伙）	106846
161	张飞，黄瑜雯	安永华明会计师事务所（特殊普通合伙）	107023
162	潘莉华，江海，吴轶	立信会计师事务所（特殊普通合伙）	106958
163	薛爱国，翁继美	信永中和会计师事务所（特殊普通合伙）	107713
164	陈长元，陈振伟	天健会计师事务所（特殊普通合伙）	106952
165	汪明卉，魏润平	中兴华会计师事务所（特殊普通合伙）	106991
166	谭炼，陈丹平	天健会计师事务所（特殊普通合伙）	106952
167	肖军，魏志超	华兴会计师事务所（特殊普通合伙）	106846
168	步君，汪程	德勤华永会计师事务所（特殊普通合伙）	107882
169	邵振宇，顾瑛瑛	立信会计师事务所（特殊普通合伙）	106958
170	权计伟，邹建	立信会计师事务所（特殊普通合伙）	106958
171	黄玥，刘婵	德勤华永会计师事务所（特殊普通合伙）	107882
172	徐海峰，刘许友	毕马威华振会计师事务所（特殊普通合伙）	106511
173	贺焕华，张红	天健会计师事务所（特殊普通合伙）	106952
174	罗国芳，张辛幸	立信会计师事务所（特殊普通合伙）	106958
175	田阡，苏波	信永中和会计师事务所（特殊普通合伙）	107713
176	朱广明，费洁	中汇会计师事务所（特殊普通合伙）	106098
177	翟晓宁，洪建明	中汇会计师事务所（特殊普通合伙）	106098
178	茆广勤，张玉	德勤华永会计师事务所（特殊普通合伙）	107882

表5.5　　2019年度注册会计师审计高质量团队

序号	注册会计师团队	会计师事务所	会计师事务所ID
1	陈泳意，李默然	毕马威华振会计师事务所（特殊普通合伙）	106511
2	宋英，曹会芬	中审华会计师事务所（特殊普通合伙）	10107932
3	郑卫军，黄婷婷	信永中和会计师事务所（特殊普通合伙）	107713
4	秦燕临，黄志炎	瑞华会计师事务所（特殊普通合伙）	106431
5	雷放，叶丹	普华永道中天会计师事务所（特殊普通合伙）	107374
6	乔春，胡艳	安永华明会计师事务所（特殊普通合伙）	107023
7	高连勇，李佳源	中审众环会计师事务所（特殊普通合伙）	107375
8	王秀萍，信翠双	中天运会计师事务所（特殊普通合伙）	108341

第五章 注册会计师审计高质量团队

续表

序号	注册会计师团队	会计师事务所	会计师事务所ID
9	黄玉润，吴远乐	华兴会计师事务所（特殊普通合伙）	106846
10	胡文勇，苏小慧	中天运会计师事务所（特殊普通合伙）	108341
11	曹彬，逯敏	信永中和会计师事务所（特殊普通合伙）	107713
12	冯忠军，孙昕	致同会计师事务所（特殊普通合伙）	10443
13	侯捷，童丹丹	安永华明会计师事务所（特殊普通合伙）	107023
14	王夕贤，厉春华	瑞华会计师事务所（特殊普通合伙）	106431
15	彭金勇，杨世敏	德勤华永会计师事务所（特殊普通合伙）	107882
16	黄朝阳，陈映苹	希格玛会计师事务所（特殊普通合伙）	107493
17	邓锡麟，仲之越	普华永道中天会计师事务所（特殊普通合伙）	107374
18	李渭华，张敏	德勤华永会计师事务所（特殊普通合伙）	107882
19	唐恋炯，吴汪斌	德勤华永会计师事务所（特殊普通合伙）	107882
20	温秋菊，郭世兴	大华会计师事务所（特殊普通合伙）	107969
21	罗芸，高晓峰	中审众环会计师事务所（特殊普通合伙）	107375
22	邵振宇，张稼	立信会计师事务所（特殊普通合伙）	106958
23	张雯燕，李晟	信永中和会计师事务所（特殊普通合伙）	107713
24	王宗佩，沈晓玮	致同会计师事务所（特殊普通合伙）	10443
25	徐秉惠，白西敏	信永中和会计师事务所（特殊普通合伙）	107713
26	王宁，邬玉红	安永华明会计师事务所（特殊普通合伙）	107023
27	赵恒勤，刘珍珍	中兴华会计师事务所（特殊普通合伙）	106991
28	巩平，岳丁振	中喜会计师事务所（特殊普通合伙）	107183
29	钟平修，曹云华	大华会计师事务所（特殊普通合伙）	107969
30	林德伟，梁裕佳	众华会计师事务所（特殊普通合伙）	106420
31	朱洪山，王晓敏	立信会计师事务所（特殊普通合伙）	106958
32	陈岸强，柳璟屏	普华永道中天会计师事务所（特殊普通合伙）	107374
33	刘新培，贾志博	中喜会计师事务所（特殊普通合伙）	107183
34	闫钢军，王启盛	容诚会计师事务所（特殊普通合伙）	106184
35	张津，陈睿	普华永道中天会计师事务所（特殊普通合伙）	107374
36	金鑫，袁巧云	致同会计师事务所（特殊普通合伙）	10443
37	惠全红，樊苍	大华会计师事务所（特殊普通合伙）	107969
38	龚晨艳，谭荣	大华会计师事务所（特殊普通合伙）	107969
39	丁彭凯，蔡勇	立信会计师事务所（特殊普通合伙）	106958
40	臧青海，王世峰	中兴华会计师事务所（特殊普通合伙）	106991
41	韩景利，赵颖	北京兴华会计师事务所（特殊普通合伙）	106980
42	谢军，刘恺	天健会计师事务所（特殊普通合伙）	106952
43	潘文中，余文佑	致同会计师事务所（特殊普通合伙）	10443

续表

序号	注册会计师团队	会计师事务所	会计师事务所ID
44	黄玥，江其燊	德勤华永会计师事务所（特殊普通合伙）	107882
45	张骥，梁艳媚	天健会计师事务所（特殊普通合伙）	106952
46	王海第，刘彬	大华会计师事务所（特殊普通合伙）	107969
47	姚斌星，王启盛	容诚会计师事务所（特殊普通合伙）	106184
48	汪明卉，辛建	中兴华会计师事务所（特殊普通合伙）	106991
49	李斐，余镔	安永华明会计师事务所（特殊普通合伙）	107023
50	杨誉民，张叶华	德勤华永会计师事务所（特殊普通合伙）	107882
51	赵亦飞，刘成龙	中汇会计师事务所（特殊普通合伙）	106098
52	赵志强，杨卿丽	中审众环会计师事务所（特殊普通合伙）	107375
53	吕秋萍，罗琼	大华会计师事务所（特殊普通合伙）	107969
54	胡立才，陈春光	信永中和会计师事务所（特殊普通合伙）	107713
55	郑健友，任佳慧	安永华明会计师事务所（特殊普通合伙）	107023
56	蔡智锋，刘晶晶	普华永道中天会计师事务所（特殊普通合伙）	107374
57	李万军，蔡中伏	亚太（集团）会计师事务所（特殊普通合伙）	106195
58	周珊珊，程纯	大华会计师事务所（特殊普通合伙）	107969
59	荣健，曾霞芬	立信会计师事务所（特殊普通合伙）	106958
60	刘云，孙丞润	立信会计师事务所（特殊普通合伙）	106958
61	魏建红，张娇娇	中审众环会计师事务所（特殊普通合伙）	107375
62	邵路，丁哲寅	普华永道中天会计师事务所（特殊普通合伙）	107374
63	翟晓宁，徐柯奇	中汇会计师事务所（特殊普通合伙）	106098
64	杨景璐，蒲艳娜	安永华明会计师事务所（特殊普通合伙）	107023
65	孔昱，方倩倩	普华永道中天会计师事务所（特殊普通合伙）	107374
66	胡巍，李海凝	普华永道中天会计师事务所（特殊普通合伙）	107374
67	石海云，窦友明	毕马威华振会计师事务所（特殊普通合伙）	106511
68	高宇，尹昕欣	普华永道中天会计师事务所（特殊普通合伙）	107374
69	文启斯，马晓波	德勤华永会计师事务所（特殊普通合伙）	107882
70	廖志勇，苗丽静	信永中和会计师事务所（特殊普通合伙）	107713
71	马元兰，王汝杰	信永中和会计师事务所（特殊普通合伙）	107713
72	赵建荣，高鹏	普华永道中天会计师事务所（特殊普通合伙）	107374
73	王洁，梁曦	毕马威华振会计师事务所（特殊普通合伙）	106511
74	许志扬，张守心	信永中和会计师事务所（特殊普通合伙）	107713
75	黄国香，陈文富	华兴会计师事务所（特殊普通合伙）	106846
76	胡媛媛，罗一鸣	德勤华永会计师事务所（特殊普通合伙）	107882
77	冯丽春，魏国锋	中审众环会计师事务所（特殊普通合伙）	107375
78	何兆烽，刘扬	安永华明会计师事务所（特殊普通合伙）	107023

续表

序号	注册会计师团队	会计师事务所	会计师事务所ID
79	张宏敏，陈铮	中勤万信会计师事务所（特殊普通合伙）	107010
80	张辅辙，付勇	大信会计师事务所（特殊普通合伙）	106423
81	王兴华，李玮俊	天职国际会计师事务所（特殊普通合伙）	106094
82	沈发兵，石英	大信会计师事务所（特殊普通合伙）	106423
83	陈玉红，林莹	毕马威华振会计师事务所（特殊普通合伙）	106511
84	潘素娇，马金龙	信永中和会计师事务所（特殊普通合伙）	107713
85	吴晓辉，王欣	德勤华永会计师事务所（特殊普通合伙）	107882
86	黄庆林，马丽君	中审华会计师事务所（特殊普通合伙）	10107932
87	刘莉坤，朱关山	普华永道中天会计师事务所（特殊普通合伙）	107374
88	刘炜，顾承历	安永华明会计师事务所（特殊普通合伙）	107023
89	邱四平，韩新梅	中审华会计师事务所（特殊普通合伙）	10107932
90	王晓军，彭峥嵘	立信会计师事务所（特殊普通合伙）	106958
91	吴松林，纪小健	致同会计师事务所（特殊普通合伙）	10443
92	李祝善，黄美蓉	信永中和会计师事务所（特殊普通合伙）	107713
93	顾春华，陶思慧	天衡会计师事务所（特殊普通合伙）	107259
94	梁雪萍，尹琳	中审华会计师事务所（特殊普通合伙）	10107932
95	周颖，肖慧	安永华明会计师事务所（特殊普通合伙）	107023
96	张素霞，宋立民	上会会计师事务所（特殊普通合伙）	107024
97	赵海舟，李长委	德勤华永会计师事务所（特殊普通合伙）	107882
98	于春波，刘美玉	大信会计师事务所（特殊普通合伙）	106423
99	饶海兵，江海	立信会计师事务所（特殊普通合伙）	106958
100	黄天义，朱鹏雅	德勤华永会计师事务所（特殊普通合伙）	107882
101	钟彦，刘祖良	中天运会计师事务所（特殊普通合伙）	108341
102	陈彦，王崇斌	德勤华永会计师事务所（特殊普通合伙）	107882
103	黄哲君，陈姣姣	普华永道中天会计师事务所（特殊普通合伙）	107374
104	王秀玉，韩娜	大华会计师事务所（特殊普通合伙）	107969
105	乔玉湍，周腾飞	中审众环会计师事务所（特殊普通合伙）	107375
106	张宗生，谢淑影	信永中和会计师事务所（特殊普通合伙）	107713
107	丁琛，张学兵	中审华会计师事务所（特殊普通合伙）	10107932
108	杨文惠，顾崙平	德勤华永会计师事务所（特殊普通合伙）	107882
109	尹丽鸿，黄月梅	致同会计师事务所（特殊普通合伙）	10443
110	李丽芳，任晓辉	天圆全会计师事务所（特殊普通合伙）	107190
111	杨海蛟，庞用	德勤华永会计师事务所（特殊普通合伙）	107882
112	安秀艳，巩伟	安永华明会计师事务所（特殊普通合伙）	107023
113	戎凯宇，熊洋	众华会计师事务所（特殊普通合伙）	106420

续表

序号	注册会计师团队	会计师事务所	会计师事务所ID
114	袁勇敏，郑健友	安永华明会计师事务所（特殊普通合伙）	107023
115	江强，徐峰	立信会计师事务所（特殊普通合伙）	106958
116	倪春华，金乾恺	天健会计师事务所（特殊普通合伙）	106952
117	石明霞，韩新梅	中审华会计师事务所（特殊普通合伙）	10107932
118	牟敦潭，季万里	中兴华会计师事务所（特殊普通合伙）	106991
119	郝国敏，杜娟	中审众环会计师事务所（特殊普通合伙）	107375
120	周玉薇，郭琳	致同会计师事务所（特殊普通合伙）	10443
121	兰正恩，任伟红	上会会计师事务所（特殊普通合伙）	107024
122	叶骏，柳宗祺	普华永道中天会计师事务所（特殊普通合伙）	107374
123	李民，邹皓	瑞华会计师事务所（特殊普通合伙）	106431
124	姜昆，高晴	普华永道中天会计师事务所（特殊普通合伙）	107374
125	李铁英，邹彦	普华永道中天会计师事务所（特殊普通合伙）	107374
126	李苏宁，高英华	瑞华会计师事务所（特殊普通合伙）	106431
127	许旭明，楼坚	安永华明会计师事务所（特殊普通合伙）	107023
128	沈维华，翁淑媛	天健会计师事务所（特殊普通合伙）	106952
129	贾娜，李丽丽	普华永道中天会计师事务所（特殊普通合伙）	107374
130	杨尚圆，黄晨	普华永道中天会计师事务所（特殊普通合伙）	107374
131	马千鲁，张舒弋	德勤华永会计师事务所（特殊普通合伙）	107882
132	王天晴，周兰	安永华明会计师事务所（特殊普通合伙）	107023
133	姚文平，柳璟屏	普华永道中天会计师事务所（特殊普通合伙）	107374
134	赵毅智，孙芳	安永华明会计师事务所（特殊普通合伙）	107023
135	赵权，胡洋洋	中证天通会计师事务所（特殊普通合伙）	106421
136	童传江，杨宁	德勤华永会计师事务所（特殊普通合伙）	107882
137	叶少宽，邹彦	普华永道中天会计师事务所（特殊普通合伙）	107374
138	黄鸣柳，胡巍	普华永道中天会计师事务所（特殊普通合伙）	107374
139	杨洁，何曙	毕马威华振会计师事务所（特殊普通合伙）	106511
140	周华，步君	德勤华永会计师事务所（特殊普通合伙）	107882
141	朱宇，翟青	普华永道中天会计师事务所（特殊普通合伙）	107374
142	王辉，汪进利	信永中和会计师事务所（特殊普通合伙）	107713
143	秦洁，柳宗祺	普华永道中天会计师事务所（特殊普通合伙）	107374
144	高英华，吕晓娟	瑞华会计师事务所（特殊普通合伙）	106431
145	凌滟，游梅	德勤华永会计师事务所（特殊普通合伙）	107882
146	潘忠民，罗素琼	中勤万信会计师事务所（特殊普通合伙）	107010
147	毛宝军，姜宇欣	中审众环会计师事务所（特殊普通合伙）	107375
148	雷波涛，常景波	信永中和会计师事务所（特殊普通合伙）	107713

续表

序号	注册会计师团队	会计师事务所	会计师事务所ID
149	陈露,黄贝夷	安永华明会计师事务所(特殊普通合伙)	107023
150	陈蓁,陈雅芳	华兴会计师事务所(特殊普通合伙)	106846
151	潘莉华,江海	立信会计师事务所(特殊普通合伙)	106958
152	陈红,刘宗福	北京兴华会计师事务所(特殊普通合伙)	106980
153	罗国芳,陈炎	立信会计师事务所(特殊普通合伙)	106958
154	薛爱国,翁继美	信永中和会计师事务所(特殊普通合伙)	107713
155	康吉言,罗丹	立信会计师事务所(特殊普通合伙)	106958
156	陈长元,陈振伟	天健会计师事务所(特殊普通合伙)	106952
157	宋进军,王科	信永中和会计师事务所(特殊普通合伙)	107713
158	王玥,孔垂慧	天职国际会计师事务所(特殊普通合伙)	106094
159	徐海峰,刘许友	毕马威华振会计师事务所(特殊普通合伙)	106511
160	蔡繁荣,闫靖	致同会计师事务所(特殊普通合伙)	10443
161	贺焕华,张红	天健会计师事务所(特殊普通合伙)	106952
162	潘振宇,徐泓清	普华永道中天会计师事务所(特殊普通合伙)	107374
163	陆剑,周凡女	普华永道中天会计师事务所(特殊普通合伙)	107374

2019~2023年度注册会计师审计高质量团队(三次以上)见表5.6。

表5.6　2019~2023年度注册会计师审计高质量团队(三次以上)

序号	注册会计师团队	会计师事务所	上榜次数	会计师事务所ID	上榜年份
1	陈岸强,柳璟屏	普华永道中天会计师事务所(特殊普通合伙)	4	107374	2019
2	陈岸强,柳璟屏	普华永道中天会计师事务所(特殊普通合伙)	4	107374	2020
3	陈岸强,柳璟屏	普华永道中天会计师事务所(特殊普通合伙)	4	107374	2021
4	陈岸强,柳璟屏	普华永道中天会计师事务所(特殊普通合伙)	4	107374	2023
5	陈泳意,李默然	毕马威华振会计师事务所(特殊普通合伙)	4	106511	2019
6	陈泳意,刘琬婷	毕马威华振会计师事务所(特殊普通合伙)	4	106511	2020
7	陈泳意,刘琬婷	毕马威华振会计师事务所(特殊普通合伙)	4	106511	2021
8	陈泳意,刘琬婷	毕马威华振会计师事务所(特殊普通合伙)	4	106511	2022
9	李渭华,张敏	德勤华永会计师事务所(特殊普通合伙)	4	107882	2019
10	李渭华,江其燊	德勤华永会计师事务所(特殊普通合伙)	4	107882	2020
11	李渭华,王鸿美	德勤华永会计师事务所(特殊普通合伙)	4	107882	2022
12	李渭华,王鸿美	德勤华永会计师事务所(特殊普通合伙)	4	107882	2023
13	赵权,胡洋洋	北京中证天通会计师事务所(特殊普通合伙)	5	106421	2019
14	赵权,王鑫	中证天通会计师事务所(特殊普通合伙)	5	106421	2020
15	赵权,刘金成	中证天通会计师事务所(特殊普通合伙)	5	106421	2021

续表

序号	注册会计师团队	会计师事务所	上榜次数	会计师事务所ID	上榜年份
16	赵权，张振	中证天通会计师事务所（特殊普通合伙）	5	106421	2022
17	赵权，刘金成	中证天通会计师事务所（特殊普通合伙）	5	106421	2023
18	郑卫军，黄婷婷	信永中和会计师事务所（特殊普通合伙）	3	107713	2019
19	郑卫军，杨行芳	信永中和会计师事务所（特殊普通合伙）	3	107713	2020
20	郑卫军，丁慧春	信永中和会计师事务所（特殊普通合伙）	3	107713	2021
21	乔春，胡艳	安永华明会计师事务所（特殊普通合伙）	4	107023	2019
22	乔春，胡艳	安永华明会计师事务所（特殊普通合伙）	4	107023	2020
23	乔春，袁勇	安永华明会计师事务所（特殊普通合伙）	4	107023	2021
24	乔春，袁勇	安永华明会计师事务所（特殊普通合伙）	4	107023	2022
25	王秀萍，信翠双	中天运会计师事务所（特殊普通合伙）	3	108341	2019
26	王秀萍，信翠双	中天运会计师事务所（特殊普通合伙）	3	108341	2020
27	王秀萍，信翠双	中天运会计师事务所（特殊普通合伙）	3	108341	2021
28	胡文勇，苏小慧	中天运会计师事务所（特殊普通合伙）	5	108341	2019
29	胡文勇，苏小慧	中天运会计师事务所（特殊普通合伙）	5	108341	2020
30	胡文勇，苏小慧	中天运会计师事务所（特殊普通合伙）	5	108341	2021
31	胡文勇，贾效	中天运会计师事务所（特殊普通合伙）	5	108341	2022
32	胡文勇，苏小慧	中天运会计师事务所（特殊普通合伙）	5	108341	2023
33	侯捷，童丹丹	安永华明会计师事务所（特殊普通合伙）	5	107023	2019
34	侯捷，童丹丹	安永华明会计师事务所（特殊普通合伙）	5	107023	2020
35	侯捷，童丹丹	安永华明会计师事务所（特殊普通合伙）	5	107023	2021
36	侯捷，蔡玙晨	安永华明会计师事务所（特殊普通合伙）	5	107023	2022
37	侯捷，蔡玙晨	安永华明会计师事务所（特殊普通合伙）	5	107023	2023
38	彭金勇，杨世敏	德勤华永会计师事务所（特殊普通合伙）	4	107882	2019
39	彭金勇，叶祥佳	德勤华永会计师事务所（特殊普通合伙）	4	107882	2021
40	彭金勇，杨家灏	德勤华永会计师事务所（特殊普通合伙）	4	107882	2022
41	彭金勇，顾崙平	德勤华永会计师事务所（特殊普通合伙）	4	107882	2023
42	黄朝阳，陈映苹	希格玛会计师事务所（特殊普通合伙）	3	107493	2019
43	黄朝阳，赵朋佳	希格玛会计师事务所（特殊普通合伙）	3	107493	2022
44	黄朝阳，赵朋佳	希格玛会计师事务所（特殊普通合伙）	3	107493	2023
45	唐恋炯，吴汪斌	德勤华永会计师事务所（特殊普通合伙）	4	107882	2019
46	唐恋炯，吴汪斌	德勤华永会计师事务所（特殊普通合伙）	4	107882	2020
47	唐恋炯，高孙超	德勤华永会计师事务所（特殊普通合伙）	4	107882	2021
48	唐恋炯，陈彦	德勤华永会计师事务所（特殊普通合伙）	4	107882	2022
49	温秋菊，郭世兴	大华会计师事务所（特殊普通合伙）	3	107969	2019
50	温秋菊，路珂	大华会计师事务所（特殊普通合伙）	3	107969	2021

续表

序号	注册会计师团队	会计师事务所	上榜次数	会计师事务所ID	上榜年份
51	温秋菊，路珂	大华会计师事务所（特殊普通合伙）	3	107969	2022
52	丁彭凯，蔡勇	立信会计师事务所（特殊普通合伙）	4	106958	2019
53	丁彭凯，李福兴	立信会计师事务所（特殊普通合伙）	4	106958	2020
54	丁彭凯，宋金元	立信会计师事务所（特殊普通合伙）	4	106958	2021
55	丁彭凯，宋金元	立信会计师事务所（特殊普通合伙）	4	106958	2023
56	邵振宇，张稼	立信会计师事务所（特殊普通合伙）	5	106958	2019
57	邵振宇，顾瑛瑛	立信会计师事务所（特殊普通合伙）	5	106958	2020
58	邵振宇，谭乐飞	立信会计师事务所（特殊普通合伙）	5	106958	2021
59	邵振宇，蔡玉秋	立信会计师事务所（特殊普通合伙）	5	106958	2022
60	邵振宇，蔡玉秋	立信会计师事务所（特殊普通合伙）	5	106958	2023
61	王宁，邬玉红	安永华明会计师事务所（特殊普通合伙）	4	107023	2019
62	王宁，吴阳	安永华明会计师事务所（特殊普通合伙）	4	107023	2020
63	王宁，吕翠翠	安永华明会计师事务所（特殊普通合伙）	4	107023	2021
64	王宁，王善	安永华明会计师事务所（特殊普通合伙）	4	107023	2022
65	赵恒勤，刘珍珍	中兴华会计师事务所（特殊普通合伙）	3	106991	2019
66	赵恒勤，刘珍珍	中兴华会计师事务所（特殊普通合伙）	3	106991	2020
67	赵恒勤，刘珍珍	中兴华会计师事务所（特殊普通合伙）	3	106991	2021
68	钟平修，曹云华	大华会计师事务所（特殊普通合伙）	3	107969	2019
69	钟平修，曹云华	大华会计师事务所（特殊普通合伙）	3	107969	2020
70	钟平修，曹云华	大华会计师事务所（特殊普通合伙）	3	107969	2021
71	林德伟，梁裕佳	众华会计师事务所（特殊普通合伙）	3	106420	2019
72	林德伟，章亚婷	众华会计师事务所（特殊普通合伙）	3	106420	2022
73	林德伟，王阿英	众华会计师事务所（特殊普通合伙）	3	106420	2023
74	闫钢军，王启盛	致同会计师事务所（特殊普通合伙）	3	10443	2019
75	闫钢军，王启盛	致同会计师事务所（特殊普通合伙）	3	10443	2020
76	闫钢军，王启盛	致同会计师事务所（特殊普通合伙）	3	10443	2021
77	沈维华，翁淑媛	天健会计师事务所（特殊普通合伙）	5	106952	2019
78	沈维华，叶泽伟	天健会计师事务所（特殊普通合伙）	5	106952	2020
79	沈维华，沈晓燕	天健会计师事务所（特殊普通合伙）	5	106952	2021
80	沈维华，陈琦	天健会计师事务所（特殊普通合伙）	5	106952	2022
81	沈维华，朱彬	天健会计师事务所（特殊普通合伙）	5	106952	2023
82	张津，陈睿	普华永道中天会计师事务所（特殊普通合伙）	4	107374	2019
83	张津，凌雁	普华永道中天会计师事务所（特殊普通合伙）	4	107374	2020
84	张津，陈怡婷	普华永道中天会计师事务所（特殊普通合伙）	4	107374	2022
85	张津，陈怡婷	普华永道中天会计师事务所（特殊普通合伙）	4	107374	2023

续表

序号	注册会计师团队	会计师事务所	上榜次数	会计师事务所ID	上榜年份
86	金鑫，袁巧云	致同会计师事务所（特殊普通合伙）	4	10443	2019
87	金鑫，袁巧云	致同会计师事务所（特殊普通合伙）	4	10443	2020
88	金鑫，袁巧云	致同会计师事务所（特殊普通合伙）	4	10443	2021
89	金鑫，戴学锋	致同会计师事务所（特殊普通合伙）	4	10443	2022
90	惠全红，樊苍	大华会计师事务所（特殊普通合伙）	4	107969	2019
91	惠全红，荀英	大华会计师事务所（特殊普通合伙）	4	107969	2020
92	惠全红，周世娥	大华会计师事务所（特殊普通合伙）	4	107969	2022
93	惠全红，周世娥	大华会计师事务所（特殊普通合伙）	4	107969	2023
94	龚晨艳，谭荣	大华会计师事务所（特殊普通合伙）	4	107969	2019
95	龚晨艳，王海第	大华会计师事务所（特殊普通合伙）	4	107969	2020
96	龚晨艳，李倩倩	大华会计师事务所（特殊普通合伙）	4	107969	2021
97	龚晨艳，刘彬	大华会计师事务所（特殊普通合伙）	4	107969	2023
98	谢军，刘恺	天健会计师事务所（特殊普通合伙）	5	106952	2019
99	谢军，翟文杰	天健会计师事务所（特殊普通合伙）	5	106952	2020
100	谢军，翟文杰	天健会计师事务所（特殊普通合伙）	5	106952	2021
101	谢军，翟文杰	天健会计师事务所（特殊普通合伙）	5	106952	2022
102	谢军，翟文杰	天健会计师事务所（特殊普通合伙）	5	106952	2023
103	潘文中，余文佑	致同会计师事务所（特殊普通合伙）	3	10443	2019
104	潘文中，朱穗欣	致同会计师事务所（特殊普通合伙）	3	10443	2020
105	潘文中，朱穗欣	致同会计师事务所（特殊普通合伙）	3	10443	2022
106	黄玥，江其燊	德勤华永会计师事务所（特殊普通合伙）	4	107882	2019
107	黄玥，刘婵	德勤华永会计师事务所（特殊普通合伙）	4	107882	2020
108	黄玥，田芬	德勤华永会计师事务所（特殊普通合伙）	4	107882	2021
109	黄玥，田芬	德勤华永会计师事务所（特殊普通合伙）	4	107882	2022
110	王海第，刘彬	大华会计师事务所（特殊普通合伙）	4	107969	2019
111	王海第，牛乃升	大华会计师事务所（特殊普通合伙）	4	107969	2021
112	王海第，张郡莹	大华会计师事务所（特殊普通合伙）	4	107969	2022
113	王海第，张郡莹	大华会计师事务所（特殊普通合伙）	4	107969	2023
114	姚斌星，王启盛	容诚会计师事务所（特殊普通合伙）	5	106184	2019
115	姚斌星，王启盛，邱舒雯	容诚会计师事务所（特殊普通合伙）	5	106184	2020
116	姚斌星，裴素平	容诚会计师事务所（特殊普通合伙）	5	106184	2021
117	姚斌星，戴正文，郑凡	容诚会计师事务所（特殊普通合伙）	5	106184	2022
118	姚斌星，戴正文，郑凡	容诚会计师事务所（特殊普通合伙）	5	106184	2023

续表

序号	注册会计师团队	会计师事务所	上榜次数	会计师事务所ID	上榜年份
119	郝国敏，杜娟	中审众环会计师事务所（特殊普通合伙）	4	107375	2019
120	郝国敏，耿志新	中审众环会计师事务所（特殊普通合伙）	4	107375	2020
121	郝国敏，梁毅	中审众环会计师事务所（特殊普通合伙）	4	107375	2021
122	郝国敏，侯书涛	中审众环会计师事务所（特殊普通合伙）	4	107375	2022
123	汪明卉，辛建	中兴华会计师事务所（特殊普通合伙）	4	106991	2019
124	汪明卉，魏润平	中兴华会计师事务所（特殊普通合伙）	4	106991	2020
125	汪明卉，魏润平	中兴华会计师事务所（特殊普通合伙）	4	106991	2021
126	汪明卉，魏润平	中兴华会计师事务所（特殊普通合伙）	4	106991	2022
127	杨誉民，张叶华	德勤华永会计师事务所（特殊普通合伙）	4	107882	2019
128	杨誉民，许湘照	德勤华永会计师事务所（特殊普通合伙）	4	107882	2020
129	杨誉民，田芬	德勤华永会计师事务所（特殊普通合伙）	4	107882	2021
130	杨誉民，何翠红	德勤华永会计师事务所（特殊普通合伙）	4	107882	2022
131	赵志强，杨卿丽	中审众环会计师事务所（特殊普通合伙）	3	107375	2019
132	赵志强，姚志军	中审众环会计师事务所（特殊普通合伙）	3	107375	2020
133	赵志强，姚志军	中审众环会计师事务所（特殊普通合伙）	3	107375	2023
134	胡立才，陈春光	信永中和会计师事务所（特殊普通合伙）	3	107713	2019
135	胡立才，陈春光	信永中和会计师事务所（特殊普通合伙）	3	107713	2020
136	胡立才，蒋盛森	信永中和会计师事务所（特殊普通合伙）	3	107713	2021
137	蔡智锋，刘晶晶	普华永道中天会计师事务所（特殊普通合伙）	5	107374	2019
138	蔡智锋，刘晶晶	普华永道中天会计师事务所（特殊普通合伙）	5	107374	2020
139	蔡智锋，刘晶晶	普华永道中天会计师事务所（特殊普通合伙）	5	107374	2021
140	蔡智锋，刘晶晶	普华永道中天会计师事务所（特殊普通合伙）	5	107374	2022
141	蔡智锋，陈赟	普华永道中天会计师事务所（特殊普通合伙）	5	107374	2023
142	李万军，蔡中伏	亚太（集团）会计师事务所（特殊普通合伙）	3	106195	2019
143	李万军，蔡中伏	亚太（集团）会计师事务所（特殊普通合伙）	3	106195	2020
144	李万军，蔡中伏	亚太（集团）会计师事务所（特殊普通合伙）	3	106195	2021
145	翟晓宁，徐柯奇	中汇会计师事务所（特殊普通合伙）	5	106098	2019
146	翟晓宁，洪建明	中汇会计师事务所（特殊普通合伙）	5	106098	2020
147	翟晓宁，曹吉诚	中汇会计师事务所（特殊普通合伙）	5	106098	2021
148	翟晓宁，潘辰	中汇会计师事务所（特殊普通合伙）	5	106098	2022
149	翟晓宁，潘辰	中汇会计师事务所（特殊普通合伙）	5	106098	2023
150	杨景璐，蒲艳娜	安永华明会计师事务所（特殊普通合伙）	5	107023	2019
151	杨景璐，张莹	安永华明会计师事务所（特殊普通合伙）	5	107023	2020
152	杨景璐，张莹	安永华明会计师事务所（特殊普通合伙）	5	107023	2021
153	杨景璐，罗杨	安永华明会计师事务所（特殊普通合伙）	5	107023	2022

续表

序号	注册会计师团队	会计师事务所	上榜次数	会计师事务所ID	上榜年份
154	杨景璐，董宇	安永华明会计师事务所（特殊普通合伙）	5	107023	2023
155	胡巍，李海凝	普华永道中天会计师事务所（特殊普通合伙）	3	107374	2019
156	胡巍，郭奕珂	普华永道中天会计师事务所（特殊普通合伙）	3	107374	2021
157	胡巍，郭奕珂	普华永道中天会计师事务所（特殊普通合伙）	3	107374	2022
158	石海云，窦友明	毕马威华振会计师事务所（特殊普通合伙）	4	106511	2019
159	石海云，董帅	毕马威华振会计师事务所（特殊普通合伙）	4	106511	2020
160	石海云，董帅	毕马威华振会计师事务所（特殊普通合伙）	4	106511	2021
161	石海云，薛晨俊	毕马威华振会计师事务所（特殊普通合伙）	4	106511	2023
162	高宇，尹昕欣	普华永道中天会计师事务所（特殊普通合伙）	4	107374	2019
163	高宇，尹昕欣	普华永道中天会计师事务所（特殊普通合伙）	4	107374	2020
164	高宇，龚以骎	普华永道中天会计师事务所（特殊普通合伙）	4	107374	2021
165	高宇，尹昕欣	普华永道中天会计师事务所（特殊普通合伙）	4	107374	2022
166	马元兰，王汝杰	信永中和会计师事务所（特殊普通合伙）	5	107713	2019
167	马元兰，王汝杰	信永中和会计师事务所（特殊普通合伙）	5	107713	2020
168	马元兰，王汝杰	信永中和会计师事务所（特殊普通合伙）	5	107713	2021
169	马元兰，王汝杰	信永中和会计师事务所（特殊普通合伙）	5	107713	2022
170	马元兰，汪进利	信永中和会计师事务所（特殊普通合伙）	5	107713	2023
171	赵建荣，高鹏	普华永道中天会计师事务所（特殊普通合伙）	5	107374	2019
172	赵建荣，胡洋	普华永道中天会计师事务所（特殊普通合伙）	5	107374	2020
173	赵建荣，胡洋	普华永道中天会计师事务所（特殊普通合伙）	5	107374	2021
174	赵建荣，胡巍	普华永道中天会计师事务所（特殊普通合伙）	5	107374	2022
175	赵建荣，胡巍	普华永道中天会计师事务所（特殊普通合伙）	5	107374	2023
176	黄国香，陈文富	华兴会计师事务所（特殊普通合伙）	3	106846	2019
177	黄国香，付志涛	华兴会计师事务所（特殊普通合伙）	3	106846	2021
178	黄国香，陈文富	华兴会计师事务所（特殊普通合伙）	3	106846	2022
179	胡媛媛，罗一鸣	德勤华永会计师事务所（特殊普通合伙）	3	107882	2019
180	胡媛媛，罗一鸣	德勤华永会计师事务所（特殊普通合伙）	3	107882	2020
181	胡媛媛，罗一鸣	德勤华永会计师事务所（特殊普通合伙）	3	107882	2021
182	张宏敏，陈铮	中勤万信会计师事务所（特殊普通合伙）	5	107010	2019
183	张宏敏，陈铮	中勤万信会计师事务所（特殊普通合伙）	5	107010	2020
184	张宏敏，陈铮	中勤万信会计师事务所（特殊普通合伙）	5	107010	2021
185	张宏敏，陈茜倩	中勤万信会计师事务所（特殊普通合伙）	5	107010	2022
186	张宏敏，郑倩雯	中勤万信会计师事务所（特殊普通合伙）	5	107010	2023
187	潘素娇，马金龙	信永中和会计师事务所（特殊普通合伙）	5	107713	2019
188	潘素娇，马金龙	信永中和会计师事务所（特殊普通合伙）	5	107713	2020

续表

序号	注册会计师团队	会计师事务所	上榜次数	会计师事务所ID	上榜年份
189	潘素娇,黎苗青	信永中和会计师事务所（特殊普通合伙）	5	107713	2021
190	潘素娇,王会	信永中和会计师事务所（特殊普通合伙）	5	107713	2022
191	潘素娇,张宝庆	信永中和会计师事务所（特殊普通合伙）	5	107713	2023
192	刘莉坤,朱关山	普华永道中天会计师事务所（特殊普通合伙）	5	107374	2019
193	刘莉坤,陈诚	普华永道中天会计师事务所（特殊普通合伙）	5	107374	2020
194	刘莉坤,武希文	普华永道中天会计师事务所（特殊普通合伙）	5	107374	2021
195	刘莉坤,陈诚	普华永道中天会计师事务所（特殊普通合伙）	5	107374	2022
196	刘莉坤,陈诚	普华永道中天会计师事务所（特殊普通合伙）	5	107374	2023
197	王晓军,彭峥嵘	立信会计师事务所（特殊普通合伙）	3	106958	2019
198	王晓军,彭峥嵘	立信会计师事务所（特殊普通合伙）	3	106958	2020
199	王晓军,范革辉	立信会计师事务所（特殊普通合伙）	3	106958	2021
200	吴松林,纪小健	致同会计师事务所（特殊普通合伙）	3	10443	2019
201	吴松林,王红海	致同会计师事务所（特殊普通合伙）	3	10443	2022
202	吴松林,王红海	致同会计师事务所（特殊普通合伙）	3	10443	2023
203	李祝善,黄美蓉	信永中和会计师事务所（特殊普通合伙）	5	107713	2019
204	李祝善,尹景林	信永中和会计师事务所（特殊普通合伙）	5	107713	2020
205	李祝善,尹景林	信永中和会计师事务所（特殊普通合伙）	5	107713	2021
206	李祝善,逯敏	信永中和会计师事务所（特殊普通合伙）	5	107713	2022
207	李祝善,逯敏	信永中和会计师事务所（特殊普通合伙）	5	107713	2023
208	顾春华,陶思慧	天衡会计师事务所（特殊普通合伙）	4	107259	2019
209	顾春华,范昭军	天衡会计师事务所（特殊普通合伙）	4	107259	2020
210	顾春华,陶思慧	天衡会计师事务所（特殊普通合伙）	4	107259	2022
211	顾春华,陶思慧	天衡会计师事务所（特殊普通合伙）	4	107259	2023
212	赵海舟,李长委	德勤华永会计师事务所（特殊普通合伙）	3	107882	2019
213	赵海舟,王欣	德勤华永会计师事务所（特殊普通合伙）	3	107882	2020
214	赵海舟,沈月明	德勤华永会计师事务所（特殊普通合伙）	3	107882	2023
215	饶海兵,江海	立信会计师事务所（特殊普通合伙）	5	106958	2019
216	饶海兵,江海	立信会计师事务所（特殊普通合伙）	5	106958	2020
217	饶海兵,陆成	立信会计师事务所（特殊普通合伙）	5	106958	2021
218	饶海兵,殷昱	立信会计师事务所（特殊普通合伙）	5	106958	2022
219	饶海兵,殷昱	立信会计师事务所（特殊普通合伙）	5	106958	2023
220	钟彦,刘祖良	中天运会计师事务所（特殊普通合伙）	3	108341	2019
221	钟彦,刘祖良	中天运会计师事务所（特殊普通合伙）	3	108341	2020
222	钟彦,刘祖良	中天运会计师事务所（特殊普通合伙）	3	108341	2021
223	陈彦,王崇斌	德勤华永会计师事务所（特殊普通合伙）	5	107882	2019

续表

序号	注册会计师团队	会计师事务所	上榜次数	会计师事务所ID	上榜年份
224	陈彦，王崇斌	德勤华永会计师事务所（特殊普通合伙）	5	107882	2020
225	陈彦，黄一婷	德勤华永会计师事务所（特殊普通合伙）	5	107882	2021
226	陈彦，黄一婷	德勤华永会计师事务所（特殊普通合伙）	5	107882	2022
227	陈彦，顾静瑜	德勤华永会计师事务所（特殊普通合伙）	5	107882	2023
228	丁琛，张学兵	中审华会计师事务所（特殊普通合伙）	4	10107932	2019
229	丁琛，张学兵	中审华会计师事务所（特殊普通合伙）	4	10107932	2020
230	丁琛，张学兵	中审华会计师事务所（特殊普通合伙）	4	10107932	2021
231	丁琛，谢雨辰	中审华会计师事务所（特殊普通合伙）	4	10107932	2022
232	杨海蛟，庞用	德勤华永会计师事务所（特殊普通合伙）	3	107882	2019
233	杨海蛟，左秀平	德勤华永会计师事务所（特殊普通合伙）	3	107882	2022
234	杨海蛟，左秀平	德勤华永会计师事务所（特殊普通合伙）	3	107882	2023
235	安秀艳，巩伟	安永华明会计师事务所（特殊普通合伙）	5	107023	2019
236	安秀艳，吕乐	安永华明会计师事务所（特殊普通合伙）	5	107023	2020
237	安秀艳，贺鑫	安永华明会计师事务所（特殊普通合伙）	5	107023	2021
238	安秀艳，贺鑫	安永华明会计师事务所（特殊普通合伙）	5	107023	2022
239	安秀艳，贺鑫	安永华明会计师事务所（特殊普通合伙）	5	107023	2023
240	戎凯宇，熊洋	众华会计师事务所（特殊普通合伙）	3	106420	2019
241	戎凯宇，熊洋	众华会计师事务所（特殊普通合伙）	3	106420	2020
242	戎凯宇，杨洁	众华会计师事务所（特殊普通合伙）	3	106420	2022
243	江强，徐峰	立信会计师事务所（特殊普通合伙）	5	106958	2019
244	江强，徐峰	立信会计师事务所（特殊普通合伙）	5	106958	2020
245	江强，徐峰	立信会计师事务所（特殊普通合伙）	5	106958	2021
246	江强，胡佳裔，刘煦	立信会计师事务所（特殊普通合伙）	5	106958	2022
247	江强，张稼，王颖琪	立信会计师事务所（特殊普通合伙）	5	106958	2023
248	周玉薇，郭琳	致同会计师事务所（特殊普通合伙）	4	10443	2019
249	周玉薇，汪亮	致同会计师事务所（特殊普通合伙）	4	10443	2021
250	周玉薇，郭琳	致同会计师事务所（特殊普通合伙）	4	10443	2022
251	周玉薇，汪亮	致同会计师事务所（特殊普通合伙）	4	10443	2023
252	陈露，黄贝夷	安永华明会计师事务所（特殊普通合伙）	5	107023	2019
253	陈露，黄贝夷	安永华明会计师事务所（特殊普通合伙）	5	107023	2020
254	陈露，黄贝夷	安永华明会计师事务所（特殊普通合伙）	5	107023	2021
255	陈露，黄贝夷	安永华明会计师事务所（特殊普通合伙）	5	107023	2022
256	陈露，王媛媛	安永华明会计师事务所（特殊普通合伙）	5	107023	2023
257	叶骏，柳宗祺	普华永道中天会计师事务所（特殊普通合伙）	5	107374	2019
258	叶骏，柳宗祺	普华永道中天会计师事务所（特殊普通合伙）	5	107374	2020

续表

序号	注册会计师团队	会计师事务所	上榜次数	会计师事务所ID	上榜年份
259	叶骏，柳宗祺	普华永道中天会计师事务所（特殊普通合伙）	5	107374	2021
260	叶骏，柳宗祺	普华永道中天会计师事务所（特殊普通合伙）	5	107374	2022
261	叶骏，肖敏洁	普华永道中天会计师事务所（特殊普通合伙）	5	107374	2023
262	姜昆，高晴	普华永道中天会计师事务所（特殊普通合伙）	3	107374	2019
263	姜昆，逯一斌	普华永道中天会计师事务所（特殊普通合伙）	3	107374	2020
264	姜昆，逯一斌	普华永道中天会计师事务所（特殊普通合伙）	3	107374	2021
265	许旭明，楼坚	安永华明会计师事务所（特殊普通合伙）	4	107023	2019
266	许旭明，师宇轩	安永华明会计师事务所（特殊普通合伙）	4	107023	2020
267	许旭明，洪晓冬	安永华明会计师事务所（特殊普通合伙）	4	107023	2022
268	许旭明，洪晓冬	安永华明会计师事务所（特殊普通合伙）	4	107023	2023
269	贾娜，李丽丽	普华永道中天会计师事务所（特殊普通合伙）	5	107374	2019
270	贾娜，吕永铮	普华永道中天会计师事务所（特殊普通合伙）	5	107374	2020
271	贾娜，吕永铮	普华永道中天会计师事务所（特殊普通合伙）	5	107374	2021
272	贾娜，吕永铮	普华永道中天会计师事务所（特殊普通合伙）	5	107374	2022
273	贾娜，李丽丽	普华永道中天会计师事务所（特殊普通合伙）	5	107374	2023
274	马千鲁，张舒弋	德勤华永会计师事务所（特殊普通合伙）	4	107882	2019
275	马千鲁，张舒弋	德勤华永会计师事务所（特殊普通合伙）	4	107882	2020
276	马千鲁，杨丽	德勤华永会计师事务所（特殊普通合伙）	4	107882	2022
277	马千鲁，杨丽	德勤华永会计师事务所（特殊普通合伙）	4	107882	2023
278	王天晴，周兰	安永华明会计师事务所（特殊普通合伙）	4	107023	2019
279	王天晴，程显明	安永华明会计师事务所（特殊普通合伙）	4	107023	2020
280	王天晴，程显明	安永华明会计师事务所（特殊普通合伙）	4	107023	2021
281	王天晴，薛伟	安永华明会计师事务所（特殊普通合伙）	4	107023	2022
282	姚文平，柳璟屏	普华永道中天会计师事务所（特殊普通合伙）	5	107374	2019
283	姚文平，柳璟屏	普华永道中天会计师事务所（特殊普通合伙）	5	107374	2020
284	姚文平，柳璟屏	普华永道中天会计师事务所（特殊普通合伙）	5	107374	2021
285	姚文平，吴芳芳	普华永道中天会计师事务所（特殊普通合伙）	5	107374	2022
286	姚文平，吴芳芳	普华永道中天会计师事务所（特殊普通合伙）	5	107374	2023
287	童传江，杨宁	德勤华永会计师事务所（特殊普通合伙）	3	107882	2019
288	童传江，呼延雅琪	德勤华永会计师事务所（特殊普通合伙）	3	107882	2020
289	童传江，李丽娇	德勤华永会计师事务所（特殊普通合伙）	3	107882	2021
290	叶少宽，邹彦	普华永道中天会计师事务所（特殊普通合伙）	4	107374	2019
291	叶少宽，邹彦	普华永道中天会计师事务所（特殊普通合伙）	4	107374	2020
292	叶少宽，单峰	普华永道中天会计师事务所（特殊普通合伙）	4	107374	2021
293	叶少宽，单峰	普华永道中天会计师事务所（特殊普通合伙）	4	107374	2022

续表

序号	注册会计师团队	会计师事务所	上榜次数	会计师事务所ID	上榜年份
294	杨洁，何曙	毕马威华振会计师事务所（特殊普通合伙）	4	106511	2019
295	杨洁，何曙	毕马威华振会计师事务所（特殊普通合伙）	4	106511	2020
296	杨洁，何曙	毕马威华振会计师事务所（特殊普通合伙）	4	106511	2021
297	杨洁，何曙	毕马威华振会计师事务所（特殊普通合伙）	4	106511	2023
298	周华，步君	德勤华永会计师事务所（特殊普通合伙）	4	107882	2019
299	周华，王硕炜	安永华明会计师事务所（特殊普通合伙）	4	107023	2021
300	周华，王硕炜	安永华明会计师事务所（特殊普通合伙）	4	107023	2022
301	周华，王硕炜	安永华明会计师事务所（特殊普通合伙）	4	107023	2023
302	王辉，汪进利	信永中和会计师事务所（特殊普通合伙）	5	107713	2019
303	王辉，张敏	信永中和会计师事务所（特殊普通合伙）	5	107713	2020
304	王辉，张敏	信永中和会计师事务所（特殊普通合伙）	5	107713	2021
305	王辉，张敏	信永中和会计师事务所（特殊普通合伙）	5	107713	2022
306	王辉，王汝杰	信永中和会计师事务所（特殊普通合伙）	5	107713	2023
307	毛宝军，姜宇欣	中审众环会计师事务所（特殊普通合伙）	3	107375	2019
308	毛宝军，姜宇欣	中审众环会计师事务所（特殊普通合伙）	3	107375	2020
309	毛宝军，吕鹏	中审众环会计师事务所（特殊普通合伙）	3	107375	2021
310	潘莉华，江海，吴轶	立信会计师事务所（特殊普通合伙）	4	106958	2020
311	潘莉华，江海，吴轶	立信会计师事务所（特殊普通合伙）	4	106958	2021
312	潘莉华，吴轶	立信会计师事务所（特殊普通合伙）	4	106958	2022
313	潘莉华，吴轶	立信会计师事务所（特殊普通合伙）	4	106958	2023
314	徐海峰，刘许友	毕马威华振会计师事务所（特殊普通合伙）	4	106511	2019
315	徐海峰，刘许友	毕马威华振会计师事务所（特殊普通合伙）	4	106511	2020
316	徐海峰，邵锋	毕马威华振会计师事务所（特殊普通合伙）	4	106511	2022
317	徐海峰，邵锋	毕马威华振会计师事务所（特殊普通合伙）	4	106511	2023
318	潘振宇，徐泓清	普华永道中天会计师事务所（特殊普通合伙）	3	107374	2019
319	潘振宇，胡玉琢	普华永道中天会计师事务所（特殊普通合伙）	3	107374	2022
320	潘振宇，李嫣	普华永道中天会计师事务所（特殊普通合伙）	3	107374	2023
321	王立新，隋传旭	德勤华永会计师事务所（特殊普通合伙）	3	107882	2020
322	王立新，顾俊梅	德勤华永会计师事务所（特殊普通合伙）	3	107882	2021
323	王立新，陈丙福	德勤华永会计师事务所（特殊普通合伙）	3	107882	2022
324	崔西福，黄婷婷	信永中和会计师事务所（特殊普通合伙）	3	107713	2020
325	崔西福，黄婷婷	信永中和会计师事务所（特殊普通合伙）	3	107713	2021
326	崔西福，黄婷婷	信永中和会计师事务所（特殊普通合伙）	3	107713	2022
327	张有全，李积庆	大信会计师事务所（特殊普通合伙）	4	106423	2020
328	张有全，李积庆	大信会计师事务所（特殊普通合伙）	4	106423	2021

续表

序号	注册会计师团队	会计师事务所	上榜次数	会计师事务所ID	上榜年份
329	张有全，李积庆	大信会计师事务所（特殊普通合伙）	4	106423	2022
330	张有全，李积庆	大信会计师事务所（特殊普通合伙）	4	106423	2023
331	李萌，李星	立信会计师事务所（特殊普通合伙）	3	106958	2020
332	李萌，单大信	立信会计师事务所（特殊普通合伙）	3	106958	2021
333	李萌，郭洁	立信会计师事务所（特殊普通合伙）	3	106958	2023
334	孙哲，金达	大华会计师事务所（特殊普通合伙）	3	107969	2020
335	孙哲，金达	大华会计师事务所（特殊普通合伙）	3	107969	2021
336	孙哲，金达	大华会计师事务所（特殊普通合伙）	3	107969	2022
337	邢向宗，舒志成	致同会计师事务所（特殊普通合伙）	3	10443	2020
338	邢向宗，舒志成	致同会计师事务所（特殊普通合伙）	3	10443	2021
339	邢向宗，陈文	立信会计师事务所（特殊普通合伙）	3	106958	2023
340	李东昕，祁振东	大华会计师事务所（特殊普通合伙）	3	107969	2020
341	李东昕，刘宏宇，金晓静	大华会计师事务所（特殊普通合伙）	3	107969	2021
342	李东昕，刘宏宇，金晓静	大华会计师事务所（特殊普通合伙）	3	107969	2022
343	邓小勤，凌莉	容诚会计师事务所（特殊普通合伙）	3	106184	2020
344	邓小勤，凌莉	容诚会计师事务所（特殊普通合伙）	3	106184	2021
345	邓小勤，余道前	容诚会计师事务所（特殊普通合伙）	3	106184	2023
346	纪小健，车苗苗	致同会计师事务所（特殊普通合伙）	4	10443	2020
347	纪小健，车苗苗	致同会计师事务所（特殊普通合伙）	4	10443	2021
348	纪小健，赵亚苹	致同会计师事务所（特殊普通合伙）	4	10443	2022
349	纪小健，赵亚苹	致同会计师事务所（特殊普通合伙）	4	10443	2023
350	许保如，程安宾	信永中和会计师事务所（特殊普通合伙）	4	107713	2020
351	许保如，程安宾	信永中和会计师事务所（特殊普通合伙）	4	107713	2021
352	许保如，程安宾	信永中和会计师事务所（特殊普通合伙）	4	107713	2022
353	许保如，程安宾	信永中和会计师事务所（特殊普通合伙）	4	107713	2023
354	邵云飞，荣佳玥	普华永道中天会计师事务所（特殊普通合伙）	3	107374	2020
355	邵云飞，谢盈	普华永道中天会计师事务所（特殊普通合伙）	3	107374	2022
356	邵云飞，谢盈	普华永道中天会计师事务所（特殊普通合伙）	3	107374	2023
357	肖中珂，谭亚红	毕马威华振会计师事务所（特殊普通合伙）	4	106511	2020
358	肖中珂，谭亚红	毕马威华振会计师事务所（特殊普通合伙）	4	106511	2021
359	肖中珂，谭亚红	毕马威华振会计师事务所（特殊普通合伙）	4	106511	2022
360	肖中珂，谭亚红	毕马威华振会计师事务所（特殊普通合伙）	4	106511	2023
361	胡佳青，张守心	信永中和会计师事务所（特殊普通合伙）	4	107713	2020

续表

序号	注册会计师团队	会计师事务所	上榜次数	会计师事务所ID	上榜年份
362	胡佳青，刘嘉	信永中和会计师事务所（特殊普通合伙）	4	107713	2021
363	胡佳青，刘青	信永中和会计师事务所（特殊普通合伙）	4	107713	2022
364	胡佳青，张守心	信永中和会计师事务所（特殊普通合伙）	4	107713	2023
365	陈铮，吕芳草	中勤万信会计师事务所（特殊普通合伙）	3	107010	2020
366	陈铮，李开元	中勤万信会计师事务所（特殊普通合伙）	3	107010	2021
367	陈铮，李开元	中勤万信会计师事务所（特殊普通合伙）	3	107010	2022
368	张飞，黄瑜雯	安永华明会计师事务所（特殊普通合伙）	4	107023	2020
369	张飞，仰君	安永华明会计师事务所（特殊普通合伙）	4	107023	2021
370	张飞，俞悦	安永华明会计师事务所（特殊普通合伙）	4	107023	2022
371	张飞，俞悦	安永华明会计师事务所（特殊普通合伙）	4	107023	2023
372	汤加全，陈梦佳	天衡会计师事务所（特殊普通合伙）	3	107259	2020
373	汤加全，陈梦佳	天衡会计师事务所（特殊普通合伙）	3	107259	2021
374	汤加全，陈梦佳	天衡会计师事务所（特殊普通合伙）	3	107259	2022
375	符俊，苏芸芸	安永华明会计师事务所（特殊普通合伙）	4	107023	2020
376	符俊，苏芸芸	安永华明会计师事务所（特殊普通合伙）	4	107023	2021
377	符俊，苏芸芸	安永华明会计师事务所（特殊普通合伙）	4	107023	2022
378	符俊，张新娜	安永华明会计师事务所（特殊普通合伙）	4	107023	2023
379	王龙旷，陈琳	致同会计师事务所（特殊普通合伙）	4	10443	2020
380	王龙旷，陈琳	致同会计师事务所（特殊普通合伙）	4	10443	2021
381	王龙旷，陈琳	致同会计师事务所（特殊普通合伙）	4	10443	2022
382	王龙旷，陈琳	致同会计师事务所（特殊普通合伙）	4	10443	2023
383	范思雯，袁园	德勤华永会计师事务所（特殊普通合伙）	3	107882	2020
384	范思雯，马甜甜	德勤华永会计师事务所（特殊普通合伙）	3	107882	2021
385	范思雯，马甜甜	德勤华永会计师事务所（特殊普通合伙）	3	107882	2022
386	钟丽，巩伟	安永华明会计师事务所（特殊普通合伙）	3	107023	2020
387	钟丽，赵毅智	安永华明会计师事务所（特殊普通合伙）	3	107023	2022
388	钟丽，赵毅智	安永华明会计师事务所（特殊普通合伙）	3	107023	2023
389	王需如，田晓	信永中和会计师事务所（特殊普通合伙）	4	107713	2020
390	王需如，黎苗青	信永中和会计师事务所（特殊普通合伙）	4	107713	2021
391	王需如，邹皓	信永中和会计师事务所（特殊普通合伙）	4	107713	2022
392	王需如，田晓	信永中和会计师事务所（特殊普通合伙）	4	107713	2023
393	潘健慧，吴博	安永华明会计师事务所（特殊普通合伙）	4	107023	2020
394	潘健慧，吴博	安永华明会计师事务所（特殊普通合伙）	4	107023	2021
395	潘健慧，吴博	安永华明会计师事务所（特殊普通合伙）	4	107023	2022
396	潘健慧，吴博	安永华明会计师事务所（特殊普通合伙）	4	107023	2023

续表

序号	注册会计师团队	会计师事务所	上榜次数	会计师事务所ID	上榜年份
397	黄悦栋，许婷	安永华明会计师事务所（特殊普通合伙）	4	107023	2020
398	黄悦栋，吴翠蓉	安永华明会计师事务所（特殊普通合伙）	4	107023	2021
399	黄悦栋，吴翠蓉	安永华明会计师事务所（特殊普通合伙）	4	107023	2022
400	黄悦栋，吴翠蓉	安永华明会计师事务所（特殊普通合伙）	4	107023	2023
401	师宇轩，许旭明	安永华明会计师事务所（特殊普通合伙）	4	107023	2020
402	师宇轩，许旭明	安永华明会计师事务所（特殊普通合伙）	4	107023	2021
403	师宇轩，许旭明	安永华明会计师事务所（特殊普通合伙）	4	107023	2022
404	师宇轩，刘昭	安永华明会计师事务所（特殊普通合伙）	4	107023	2023
405	陈轶，段瑜华	毕马威华振会计师事务所（特殊普通合伙）	4	106511	2020
406	陈轶，段瑜华	毕马威华振会计师事务所（特殊普通合伙）	4	106511	2021
407	陈轶，段瑜华	毕马威华振会计师事务所（特殊普通合伙）	4	106511	2022
408	陈轶，吕欣洁	毕马威华振会计师事务所（特殊普通合伙）	4	106511	2023
409	张立琰，丁晓燕	天健会计师事务所（特殊普通合伙）	4	106952	2020
410	张立琰，丁晓燕	天健会计师事务所（特殊普通合伙）	4	106952	2021
411	张立琰，丁晓燕	天健会计师事务所（特殊普通合伙）	4	106952	2022
412	张立琰，丁晓燕	天健会计师事务所（特殊普通合伙）	4	106952	2023
413	茆广勤，张玉	德勤华永会计师事务所（特殊普通合伙）	4	107882	2020
414	茆广勤，吴无逸	德勤华永会计师事务所（特殊普通合伙）	4	107882	2021
415	茆广勤，吴无逸	德勤华永会计师事务所（特殊普通合伙）	4	107882	2022
416	茆广勤，添天	德勤华永会计师事务所（特殊普通合伙）	4	107882	2023
417	昌华，王阳燕	安永华明会计师事务所（特殊普通合伙）	3	107023	2021
418	昌华，王阳燕	安永华明会计师事务所（特殊普通合伙）	3	107023	2022
419	昌华，王阳燕	安永华明会计师事务所（特殊普通合伙）	3	107023	2023
420	崔晓丽，何峰	致同会计师事务所（特殊普通合伙）	3	10443	2021
421	崔晓丽，何峰	致同会计师事务所（特殊普通合伙）	3	10443	2022
422	崔晓丽，何峰	致同会计师事务所（特殊普通合伙）	3	10443	2023
423	付志成，卯建强	天职国际会计师事务所（特殊普通合伙）	3	106094	2021
424	付志成，范光璞	天职国际会计师事务所（特殊普通合伙）	3	106094	2022
425	付志成，曲鹏程	天职国际会计师事务所（特殊普通合伙）	3	106094	2023
426	胡俊，张敏敏	大信会计师事务所（特殊普通合伙）	3	106423	2021
427	胡俊，谭婷婷	大信会计师事务所（特殊普通合伙）	3	106423	2022
428	胡俊，谭婷婷	大信会计师事务所（特殊普通合伙）	3	106423	2023
429	单大信，李星	立信会计师事务所（特殊普通合伙）	3	106958	2021
430	单大信，李星	立信会计师事务所（特殊普通合伙）	3	106958	2022
431	单大信，李星	立信会计师事务所（特殊普通合伙）	3	106958	2023

续表

序号	注册会计师团队	会计师事务所	上榜次数	会计师事务所ID	上榜年份
432	金敬玉，杨美	天健会计师事务所（特殊普通合伙）	3	106952	2021
433	金敬玉，汪文锋	天健会计师事务所（特殊普通合伙）	3	106952	2022
434	金敬玉，杨美	天健会计师事务所（特殊普通合伙）	3	106952	2023
435	李秋波，樊艳丽	中兴财光华会计师事务所（特殊普通合伙）	3	106093	2021
436	李秋波，樊艳丽	中兴财光华会计师事务所（特殊普通合伙）	3	106093	2022
437	李秋波，樊艳丽	中兴财光华会计师事务所（特殊普通合伙）	3	106093	2023
438	冯军，陈垚垚	华兴会计师事务所（特殊普通合伙）	3	106846	2021
439	冯军，陈垚垚	华兴会计师事务所（特殊普通合伙）	3	106846	2022
440	冯军，陈垚垚	华兴会计师事务所（特殊普通合伙）	3	106846	2023
441	傅奕，韩月娇	安永华明会计师事务所（特殊普通合伙）	3	107023	2021
442	傅奕，陈美蓉	安永华明会计师事务所（特殊普通合伙）	3	107023	2022
443	傅奕，孙士泉	安永华明会计师事务所（特殊普通合伙）	3	107023	2023
444	张凡，姜长征	安永华明会计师事务所（特殊普通合伙）	3	107023	2021
445	张凡，孙玲玲	安永华明会计师事务所（特殊普通合伙）	3	107023	2022
446	张凡，孙玲玲	安永华明会计师事务所（特殊普通合伙）	3	107023	2023
447	白灯满，范言长	华兴会计师事务所（特殊普通合伙）	3	106846	2021
448	白灯满，王卫群	华兴会计师事务所（特殊普通合伙）	3	106846	2022
449	白灯满，王卫群	华兴会计师事务所（特殊普通合伙）	3	106846	2023
450	朱晓东，刘慧敏	立信会计师事务所（特殊普通合伙）	3	106958	2021
451	朱晓东，刘慧敏	立信会计师事务所（特殊普通合伙）	3	106958	2022
452	朱晓东，唐旻	立信会计师事务所（特殊普通合伙）	3	106958	2023
453	宋立民，张素霞	上会会计师事务所（特殊普通合伙）	3	107024	2021
454	宋立民，高辉	上会会计师事务所（特殊普通合伙）	3	107024	2022
455	宋立民，高辉	上会会计师事务所（特殊普通合伙）	3	107024	2023
456	顾沈为，张璐	安永华明会计师事务所（特殊普通合伙）	3	107023	2021
457	顾沈为，杨晓燕	安永华明会计师事务所（特殊普通合伙）	3	107023	2022
458	顾沈为，杨晓燕	安永华明会计师事务所（特殊普通合伙）	3	107023	2023
459	宋卫东，吴艳芬	中审众环会计师事务所（特殊普通合伙）	3	107375	2021
460	宋卫东，吴艳芬	中审众环会计师事务所（特殊普通合伙）	3	107375	2022
461	宋卫东，吴艳芬	中审众环会计师事务所（特殊普通合伙）	3	107375	2023
462	刘美玉，俞颖	大信会计师事务所（特殊普通合伙）	3	106423	2021
463	刘美玉，俞颖	大信会计师事务所（特殊普通合伙）	3	106423	2022
464	刘美玉，俞颖	大信会计师事务所（特殊普通合伙）	3	106423	2023
465	张增刚，邓海伏	中喜会计师事务所（特殊普通合伙）	3	107183	2021
466	张增刚，邓海伏	中喜会计师事务所（特殊普通合伙）	3	107183	2022

续表

序号	注册会计师团队	会计师事务所	上榜次数	会计师事务所ID	上榜年份
467	张增刚，王彦茹	中喜会计师事务所（特殊普通合伙）	3	107183	2023
468	郭晶，巩伟	安永华明会计师事务所（特殊普通合伙）	3	107023	2021
469	郭晶，巩伟	安永华明会计师事务所（特殊普通合伙）	3	107023	2022
470	郭晶，程显明	安永华明会计师事务所（特殊普通合伙）	3	107023	2023
471	陈东阳，黄青芳	苏亚金诚会计师事务所（特殊普通合伙）	3	106092	2021
472	陈东阳，黄青芳	苏亚金诚会计师事务所（特殊普通合伙）	3	106092	2022
473	陈东阳，朱大能	苏亚金诚会计师事务所（特殊普通合伙）	3	106092	2023
474	杨爱斌，董新明	立信会计师事务所（特殊普通合伙）	3	106958	2021
475	杨爱斌，董新明	立信会计师事务所（特殊普通合伙）	3	106958	2022
476	杨爱斌，王普洲	立信会计师事务所（特殊普通合伙）	3	106958	2023
477	吴凌志，冯适	德勤华永会计师事务所（特殊普通合伙）	3	107882	2021
478	吴凌志，孙维琦	德勤华永会计师事务所（特殊普通合伙）	3	107882	2022
479	吴凌志，孙维琦	德勤华永会计师事务所（特殊普通合伙）	3	107882	2023
480	曹爱民，卞薄海	希格玛会计师事务所（特殊普通合伙）	3	107493	2021
481	曹爱民，卞薄海	希格玛会计师事务所（特殊普通合伙）	3	107493	2022
482	曹爱民，卞薄海	希格玛会计师事务所（特殊普通合伙）	3	107493	2023
483	孙维琦，朱玮琦	德勤华永会计师事务所（特殊普通合伙）	3	107882	2021
484	孙维琦，武翔宇	德勤华永会计师事务所（特殊普通合伙）	3	107882	2022
485	孙维琦，朱玮琦	德勤华永会计师事务所（特殊普通合伙）	3	107882	2023
486	彭啸风，任丽君	普华永道中天会计师事务所（特殊普通合伙）	3	107374	2021
487	彭啸风，宋以晶	普华永道中天会计师事务所（特殊普通合伙）	3	107374	2022
488	彭啸风，冯蕊	普华永道中天会计师事务所（特殊普通合伙）	3	107374	2023
489	成雨静，高一莛	毕马威华振会计师事务所（特殊普通合伙）	3	106511	2021
490	成雨静，陈轶	毕马威华振会计师事务所（特殊普通合伙）	3	106511	2022
491	成雨静，贾林远	毕马威华振会计师事务所（特殊普通合伙）	3	106511	2023
492	刘翀，伍凌宇	安永华明会计师事务所（特殊普通合伙）	3	107023	2021
493	刘翀，成亚渊	安永华明会计师事务所（特殊普通合伙）	3	107023	2022
494	刘翀，赵璞	安永华明会计师事务所（特殊普通合伙）	3	107023	2023
495	何廷，赵娉艺	普华永道中天会计师事务所（特殊普通合伙）	3	107374	2021
496	何廷，赵娉艺	普华永道中天会计师事务所（特殊普通合伙）	3	107374	2022
497	何廷，赵娉艺	普华永道中天会计师事务所（特殊普通合伙）	3	107374	2023
498	蔡斌，钟福明	大华会计师事务所（特殊普通合伙）	3	107969	2021
499	蔡斌，钟福明	大华会计师事务所（特殊普通合伙）	3	107969	2022
500	蔡斌，黄碧玉	大华会计师事务所（特殊普通合伙）	3	107969	2023
501	崔云刚，王贤	立信会计师事务所（特殊普通合伙）	3	106958	2021

续表

序号	注册会计师团队	会计师事务所	上榜次数	会计师事务所ID	上榜年份
502	崔云刚，宋晓妮	立信会计师事务所（特殊普通合伙）	3	106958	2022
503	崔云刚，宋晓妮	立信会计师事务所（特殊普通合伙）	3	106958	2023
504	张嘉，郭龙	天职国际会计师事务所（特殊普通合伙）	3	106094	2021
505	张嘉，洪群星	天职国际会计师事务所（特殊普通合伙）	3	106094	2022
506	张嘉，洪群星	天职国际会计师事务所（特殊普通合伙）	3	106094	2023

附　录

中国证券市场财务报表

附表1　　证券市场资产负债表（不含金融行业）　　单位：亿元

年份	2023	2022	2021	2020	2019
货币资金	143611.69	137310.01	122881.29	105503.32	85584.71
结算备付金	23.06	20.80	20.10	17.24	15.95
拆出资金净额	1318.76	1490.63	1737.71	1569.71	1568.72
交易性金融资产	16898.94	17513.12	16120.76	12167.43	10185.83
衍生金融资产	442.40	588.65	369.75	368.51	127.18
应收票据净额	6723.90	7175.59	7545.68	7004.59	5676.39
应收账款净额	82796.51	74852.36	65921.21	55213.97	52265.23
应收款项融资	9307.02	8932.20	8786.35	8912.72	7182.13
预付款项净额	14579.18	15680.17	15495.09	13797.53	13230.18
应收保费净额	0.05	0.59	0.61	0.23	0.05
应收分保账款净额	0.73	0.25	0.16	0.10	34.60
应收分保合同准备金净额	0.02	14.98	5.07	5.25	28.27
其他应收款净额	22765.71	24192.90	24899.18	23059.32	21473.53
应收股利净额	262.21	273.44	269.97	200.79	192.68
买入返售金融资产净额	245.12	191.30	202.05	277.70	266.84
存货净额	146344.26	156990.25	153465.22	138532.16	129542.75
合同资产	31254.91	27502.47	23109.78	18487.58	7630.69
一年内到期的非流动资产	6028.64	5844.52	4543.35	4987.56	4259.44
其他流动资产	23045.66	20524.26	21024.95	18475.32	17448.18
流动资产合计	**505489.88**	**498926.03**	**466201.98**	**408432.77**	**356615.27**
发放贷款及垫款净额	1442.37	1604.55	2071.03	1835.48	1866.70
债权投资	2686.97	2222.79	1598.76	1166.69	1196.39
其他债权投资	648.01	621.41	450.00	404.00	124.37
长期应收款净额	11673.60	10552.14	9468.77	11944.55	11546.08
长期股权投资净额	54834.25	51689.66	46648.03	39081.16	32978.91
其他权益工具投资	6472.17	6554.56	6594.64	5997.19	5655.50
其他非流动金融资产	8771.29	8539.13	6467.32	4693.37	4002.60

续表

年份	2023	2022	2021	2020	2019
投资性房地产净额	19366.82	17987.92	16726.83	15167.83	13507.17
固定资产净额	217023.20	194057.15	176639.33	149965.30	140054.74
在建工程净额	42490.34	38770.18	33687.44	30035.45	28047.37
生产性生物资产净额	500.42	527.81	496.34	608.34	321.72
油气资产净额	14943.54	14065.22	8660.80	8593.52	8912.90
使用权资产	19048.59	19532.41	18551.38	42.02	34.38
无形资产净额	51949.43	47503.44	43085.59	36562.42	32157.35
开发支出	1535.96	1454.57	1226.21	1058.82	965.73
商誉净额	11105.58	10890.45	10829.02	10634.24	11402.39
长期待摊费用	3745.64	3378.42	3120.78	2914.16	2652.53
递延所得税资产	12202.99	10911.04	9236.78	7365.19	6327.97
其他非流动资产	32987.82	28087.95	23402.97	25129.04	21156.74
非流动资产合计	513430.02	469000.86	419015.82	353204.57	322916.42
资产总计	1018919.98	967928.60	885219.01	761637.24	679531.62
短期借款	55713.73	52883.30	49428.07	48497.35	47895.16
向中央银行借款	28.90	25.69	37.79	10.06	12.01
拆入资金	582.26	742.23	598.06	732.87	525.86
交易性金融负债	427.59	501.09	370.59	384.42	396.28
衍生金融负债	320.08	384.76	194.84	357.68	124.85
应付票据	31408.51	31392.94	28264.85	23330.02	20402.05
应付账款	135280.54	123372.65	109052.50	90822.96	79637.09
预收款项	1284.15	1285.58	1314.56	419.58	36182.00
合同负债	60801.91	69371.19	72440.64	63386.01	21121.46
卖出回购金融资产款	26.26	26.66	55.56	80.83	81.36
吸收存款及同业存放	1602.41	1886.13	2082.17	2286.02	2329.36
代理买卖证券款	20.25	24.40	24.26	33.54	22.82
代理承销证券款	0.00	0.00	0.00	0.00	2.38
应付职工薪酬	8724.72	8304.31	7346.89	6272.92	5351.25
应交税费	10573.70	10812.04	11847.33	9965.34	8722.73
其他应付款	42811.27	42721.42	41395.90	36929.19	33314.86
应付股利	530.12	540.73	513.99	418.02	436.08
应付手续费及佣金	0.01	0.76	0.70	2.30	0.41
应付分保账款	0.00	0.60	0.60	0.33	57.92
一年内到期的非流动负债	38450.82	37082.91	32550.52	29709.01	28866.99
其他流动负债	16170.95	16647.56	17604.42	14289.36	10178.55

续表

年份	2023	2022	2021	2020	2019
流动负债合计	404229.08	397495.41	375277.78	327525.55	295526.91
保险合同准备金	0.00	0.42	428.33	1.59	167.03
长期借款	116920.83	101877.40	89155.83	79620.49	67362.16
应付债券	21592.61	23672.17	22220.65	22277.97	22044.63
租赁负债	14917.64	15409.63	14571.98	40.83	0.00
长期应付款	8498.06	7677.10	6570.58	6337.33	6611.49
预计负债	6969.39	6196.93	4644.51	4255.77	4237.29
递延收益-非流动负债	5247.58	5007.36	4724.08	4199.19	3799.29
递延所得税负债	5847.47	5278.43	4786.55	4048.98	3538.93
其他非流动负债	5417.55	5383.26	4251.87	11395.03	10425.64
非流动负债合计	185412.34	170548.26	150970.83	132178.40	118020.12
负债合计	589641.19	568043.95	526248.74	459703.92	413547.25
实收资本（或股本）	64523.69	62580.07	59131.66	49995.01	47173.07
其他权益工具	8287.96	7272.92	7033.93	7483.97	5882.94
其中：优先股	17.20	46.82	71.42	145.88	430.18
其中：永续债	6601.87	5660.21	5606.51	5945.36	4523.13
资本公积	115127.27	108204.85	96230.20	83974.02	71561.84
其中：库存股	2939.37	2805.06	2551.49	1735.57	1439.01
其他综合收益	698.12	767.08	−79.40	59.02	705.33
专项储备	1276.60	1128.18	939.76	797.89	797.41
盈余公积	25274.91	23685.08	21237.06	18562.49	16944.34
一般风险准备	276.94	266.66	244.14	187.27	166.37
未分配利润	157876.75	143472.32	126059.09	97975.91	86636.54
归属于母公司所有者权益合计	370402.77	344573.17	308245.42	257299.07	228429.00
少数股东权益	58875.78	55311.56	50725.43	44632.28	37554.73
所有者权益合计	429278.52	399884.98	358971.10	301931.14	265983.93
负债与所有者权益总计	1018919.98	967929.05	885220.05	761635.12	679531.64

附表2　　证券市场利润表（不含金融行业）　　单位：亿元

年份	2023	2022	2021	2020	2019
营业总收入	633714.75	615505.14	558730.95	438447.35	417207.59
营业收入	633312.49	614985.71	558134.11	437835.01	416699.58
利息净收入	347.16	398.95	387.62	389.81	364.42
利息收入	347.16	398.95	387.62	389.81	364.42

续表

年份	2023	2022	2021	2020	2019
利息支出	0.00	0.00	0.00	0.00	0.00
已赚保费	1.52	71.12	139.73	122.93	53.97
保险业务收入	0.00	0.00	0.00	0.00	0.19
减：分出保费	0.00	0.00	0.00	0.00	0.00
减：提取未到期责任准备金	0.00	0.00	0.00	0.00	0.00
手续费及佣金净收入	53.59	77.62	85.09	78.51	73.06
手续费及佣金收入	53.59	77.62	85.09	78.51	73.06
手续费及佣金支出	0.00	0.00	0.00	0.00	0.00
其他业务收入	0.00	−28.29	−15.60	21.05	16.58
营业总成本	594546.88	574702.59	521541.31	411965.17	391572.18
营业成本	521075.22	505992.92	456848.21	356081.89	335915.72
退保金	0.00	33.40	6.19	−20.78	−30.77
赔付支出净额	0.00	1.54	0.57	3.12	7.95
赔付支出	0.00	0.00	0.00	0.00	0.00
减：摊回赔付支出	0.00	0.00	0.00	0.00	0.00
提取保险责任准备金净额	1.69	45.83	139.97	142.94	77.05
提取保险责任准备金	0.12	−0.04	0.00	0.00	0.86
减：摊回保险责任准备金	0.00	0.00	0.00	0.00	0.00
保单红利支出	0.00	9.86	6.70	3.66	1.70
分保费用	0.00	0.00	0.00	0.00	0.00
税金及附加	11833.11	11147.95	10104.31	9076.65	9640.30
业务及管理费	0.00	10.78	17.24	13.56	14.00
减：摊回分保费用	0.00	0.00	0.00	0.00	0.00
销售费用	20313.36	18725.87	17940.64	16025.66	17612.77
管理费用	20335.46	19284.30	18470.23	15602.20	14919.91
财务费用	5418.58	5474.22	6027.24	6027.10	6035.03
资产减值损失	−5420.18	−5747.94	−5132.20	−4730.73	−4407.82
其他业务成本	59.47	83.30	91.52	95.82	86.91
公允价值变动收益	209.38	−405.39	478.11	522.74	547.94
投资收益	4662.86	4970.38	5605.64	5516.04	4687.31
汇兑收益	1.42	0.11	0.54	1.50	−0.22
其他业务利润	0.00	0.01	−0.01	0.05	−41.01
营业利润	40681.13	40877.51	38810.03	28135.70	26407.47
加：营业外收入	988.49	926.66	909.16	895.29	880.53

续表

年份	2023	2022	2021	2020	2019
减：营业外支出	1355.11	1648.28	1753.51	1218.89	1330.59
利润总额	40315.28	40156.22	37965.93	27812.14	25957.14
减：所得税费用	8310.38	8530.36	8038.08	6132.89	6241.23
未确认的投资损失	0.00	0.00	0.00	0.00	0.00
影响净利润的其他项目	0.00	0.26	0.20	0.00	0.00
净利润	32005.14	31625.55	29927.30	21679.33	19716.07
归属于母公司所有者的净利润	28522.29	27976.33	26154.64	18625.12	16774.76
少数股东损益	3478.63	3644.30	3771.42	3074.08	2940.84
基本每股收益	0.28	0.31	0.37	0.31	0.27
稀释每股收益	0.27	0.30	0.35	0.30	0.26
其他综合收益（损失）	146.44	1425.23	−107.25	−834.59	733.38
综合收益总额	32151.49	33044.35	29829.09	20892.62	20469.86
归属于母公司所有者的综合收益	28625.82	29109.90	26122.27	18008.15	17427.45
归属少数股东的综合收益	3524.36	3904.07	3674.91	2839.27	3009.58
研发费用	15509.93	13892.96	11888.22	8913.09	7291.74
其他收益	4091.94	3314.13	3108.27	2615.85	2255.91
净敞口套期收益	0.42	−11.32	−7.40	−8.75	−0.11
信用减值损失	−2583.13	−2608.32	−2874.71	−2665.01	−2740.25
资产处置收益	549.05	561.49	441.80	400.53	469.55
归属于母公司其他权益工具持有者的净利润	4.45	5.47	1.79	5.07	3.49

注：所有利润表中，基本每股收益和稀释每股收益为上市公司中位数，单位均为人民币元。

附表3　　证券市场现金流量表（不含金融行业）　　单位：亿元

年份	2023	2022	2021	2020	2019
销售商品、提供劳务收到的现金	643765.21	621583.32	573496.50	454773.71	432707.98
客户存款和同业存放款项净增加额	96.26	38.65	231.16	395.96	332.36
向中央银行借款净增加额	3.19	−2.06	29.41	4.98	7.70
向其他金融机构拆入资金净增加额	7.04	68.09	9.79	13.24	29.78
收到原保险合同保费取得的现金	0.81	79.96	138.28	121.86	80.99
收到再保险业务现金净额	0.00	2.49	0.23	0.00	0.00

续表

年份	2023	2022	2021	2020	2019
保户储金及投资款净增加额	0.00	1.79	33.48	49.06	50.16
处置交易性金融资产净增加额	0.47	0.00	0.70	0.92	5.45
收取利息、手续费及佣金的现金	401.03	455.95	495.43	508.62	467.89
拆入资金净增加额	16.80	123.06	−52.64	201.80	17.88
回购业务资金净增加额	−0.37	−20.51	32.28	65.60	38.60
收到的税费返还	6006.97	8510.87	3780.93	2835.99	2441.49
收到的其他与经营活动有关的现金	27698.21	30197.98	31691.37	26738.48	22264.74
经营活动现金流入小计	678035.77	661082.22	609947.83	485728.55	458466.90
购买商品、接受劳务支付的现金	483452.04	474643.72	436494.52	343544.99	324841.84
客户贷款及垫款净增加额	179.73	87.39	354.03	300.06	512.13
存放中央银行和同业款项净增加额	52.31	132.92	11.92	−6.46	−25.20
支付原保险合同赔付款项的现金	0.35	2.56	1.65	4.23	8.42
支付利息、手续费及佣金的现金	59.96	81.37	95.36	99.90	94.30
支付保单红利的现金	0.00	0.50	0.37	0.91	0.38
支付给职工以及为职工支付的现金	53414.47	48959.59	44403.63	35211.30	33226.88
支付的各项税费	35123.30	36336.12	29972.31	25033.79	26445.99
支付其他与经营活动有关的现金	41235.72	42631.78	44838.65	37882.91	34234.95
经营活动现金流出小计	613751.28	602934.37	556324.74	442138.72	419509.11
经营活动产生的现金流量净额	64284.23	58148.04	53623.47	43589.84	38957.57
收回投资收到的现金	56956.08	62073.90	56485.07	54561.13	46870.71
取得投资收益收到的现金	3613.56	3425.36	3209.14	2875.42	2427.21
处置固定资产、无形资产和其他长期资产收回的现金净额	1745.43	1631.08	1785.24	1587.23	1472.20
处置子公司及其他营业单位收到的现金净额	1180.86	1661.99	2528.16	2803.28	1337.86
收到的其他与投资活动有关的现金	19153.06	18946.21	19632.50	17757.96	15663.91

续表

年份	2023	2022	2021	2020	2019
投资活动产生的现金流入小计	82651.28	87740.41	83641.11	79587.04	67773.91
购建固定资产、无形资产和其他长期资产支付的现金	49891.50	45101.63	40561.42	32800.46	29272.98
投资支付的现金	63990.21	70478.90	65032.70	60594.97	52713.67
质押贷款净增加额	0.22	2.90	6.59	10.60	10.97
取得子公司及其他营业单位支付的现金净额	1813.49	1967.27	2110.09	2410.56	2087.63
支付其他与投资活动有关的现金	19252.17	19413.25	19460.77	18552.16	16005.09
投资活动产生的现金流出小计	134947.99	136964.16	127171.63	114368.96	100090.64
投资活动产生的现金流量净额	-52296.83	-49223.30	-43530.24	-34781.56	-32316.14
吸收投资收到的现金	20734.89	24936.47	27833.05	26140.94	17382.91
吸收权益性投资收到的现金	14394.99	18848.77	20393.01	18113.89	10774.72
其中：子公司吸收少数股东投资收到的现金	4239.52	4738.66	5984.22	5808.06	4494.51
发行债券收到的现金	6339.90	6087.68	7440.03	8027.05	6608.21
取得借款收到的现金	174732.79	168507.79	150591.83	150226.44	127982.51
收到其他与筹资活动有关的现金	14476.68	14205.17	14538.45	13896.14	11376.08
筹资活动现金流入小计	209944.33	207649.69	192963.53	190263.97	156741.74
偿还债务支付的现金	166941.47	159090.46	147526.12	147027.45	128221.13
分配股利、利润或偿付利息支付的现金	26325.64	25363.64	21352.41	18579.02	18131.29
其中：子公司支付给少数股东的股利、利润	2927.35	2600.11	2339.87	1828.73	1703.66
支付其他与筹资活动有关的现金	25259.91	23423.12	23120.31	17872.31	14421.20
筹资活动现金流出小计	218526.97	207877.87	191998.94	183479.37	160774.24
筹资活动产生的现金流量净额	-8582.75	-228.10	964.97	6784.49	-4032.07
现金总流入	1022928.02	1005696.10	930083.08	790360.94	715299.67
现金总流出	967226.04	947775.76	875494.50	739986.87	680373.22
现金流量净额	3405.29	8696.65	11058.45	15592.66	2609.65

附表4　　证券市场农林牧渔业（A）资产负债表　　单位：亿元

年份	2023	2022	2021	2020	2019
货币资金	593.22	578.19	538.88	542.75	376.36
结算备付金	0.00	0.00	0.00	0.00	0.00
拆出资金净额	20.03	22.63	27.69	10.11	39.20
交易性金融资产	67.83	83.70	109.55	83.27	96.56
衍生金融资产	1.03	1.98	0.96	1.97	0.99
应收票据净额	2.71	2.17	1.69	1.28	0.96
应收账款净额	101.50	75.52	69.64	68.12	68.38
应收款项融资	2.14	2.40	4.66	3.27	2.53
预付款项净额	50.49	69.90	54.82	96.81	40.89
应收保费净额	0.00	0.00	0.00	0.00	0.00
应收分保账款净额	0.00	0.00	0.00	0.00	0.00
应收分保合同准备金净额	0.00	0.00	0.00	0.00	0.00
其他应收款净额	68.68	59.98	60.26	74.13	58.99
应收股利净额	0.33	0.15	0.14	0.22	0.97
买入返售金融资产净额	0.00	0.00	0.00	0.00	0.00
存货净额	1103.53	1017.51	897.29	759.22	490.70
合同资产	1.17	0.21	0.09	0.16	0.00
一年内到期的非流动资产	2.01	1.21	0.00	0.08	0.00
其他流动资产	66.10	61.59	64.20	46.92	89.93
流动资产合计	**2080.42**	**1977.03**	**1829.73**	**1688.02**	**1265.48**
发放贷款及垫款净额	0.32	0.47	0.84	1.41	1.97
债权投资	0.86	0.84	0.82	1.15	1.17
其他债权投资	0.43	0.01	0.01	0.00	0.00
长期应收款净额	4.10	4.22	2.92	0.64	0.56
长期股权投资净额	78.35	104.04	85.48	80.72	84.07
其他权益工具投资	12.37	18.05	29.24	30.70	29.36
其他非流动金融资产	61.21	58.16	45.62	56.92	55.87
投资性房地产净额	23.16	20.51	10.06	8.16	5.89
固定资产净额	2414.27	2268.12	2161.17	1562.94	980.21
在建工程净额	172.84	242.08	308.60	320.80	190.40
生产性生物资产净额	297.35	268.47	260.12	371.24	216.66
油气资产净额	0.00	0.00	0.00	0.00	0.00
使用权资产	294.46	309.31	349.66	0.00	0.00
无形资产净额	178.37	122.61	124.22	130.36	111.47
开发支出	5.47	3.27	5.64	6.84	6.45

续表

年份	2023	2022	2021	2020	2019
商誉净额	83.23	35.64	36.76	36.27	25.05
长期待摊费用	31.38	26.34	23.66	60.40	33.65
递延所得税资产	19.64	20.49	13.75	12.43	9.07
其他非流动资产	36.07	40.37	46.79	52.34	49.63
非流动资产合计	3713.89	3543.05	3505.33	2733.30	1801.47
资产总计	5794.32	5520.03	5335.10	4421.37	3066.95
短期借款	931.48	736.82	632.24	552.84	341.83
向中央银行借款	0.00	0.00	0.00	0.00	0.00
拆入资金	0.00	0.00	0.00	0.00	0.00
交易性金融负债	0.62	0.01	0.59	1.25	1.14
衍生金融负债	0.87	0.85	0.84	1.45	1.09
应付票据	79.42	82.76	85.10	37.44	62.74
应付账款	502.25	501.35	528.13	320.49	172.62
预收款项	1.90	2.30	1.74	5.58	59.42
合同负债	93.88	155.49	132.95	69.65	0.00
卖出回购金融资产款	0.00	0.00	0.00	0.00	0.00
吸收存款及同业存放	0.00	0.00	0.00	0.00	0.00
代理买卖证券款	0.00	0.00	0.00	0.00	0.00
代理承销证券款	0.00	0.00	0.00	0.00	0.00
应付职工薪酬	58.91	62.54	56.63	64.85	49.32
应交税费	18.92	20.89	11.70	15.81	13.93
其他应付款	427.58	359.06	392.05	301.54	223.53
应付股利	1.75	1.12	0.99	13.23	0.98
应付手续费及佣金	0.00	0.00	0.00	0.00	0.00
应付分保账款	0.00	0.00	0.00	0.00	0.00
一年内到期的非流动负债	261.11	297.12	217.76	78.08	101.04
其他流动负债	18.42	22.20	15.86	21.89	12.08
流动负债合计	2395.36	2241.49	2075.70	1470.90	1038.69
保险合同准备金	0.00	0.00	0.00	0.00	0.00
长期借款	416.92	386.11	491.13	354.97	99.77
应付债券	221.14	250.35	289.83	133.32	75.27
租赁负债	240.30	239.96	279.17	0.00	0.00
长期应付款	78.64	47.43	36.03	45.15	31.31
预计负债	6.37	15.60	9.64	4.71	3.93
递延收益-非流动负债	61.91	56.46	48.09	38.95	31.85

续表

年份	2023	2022	2021	2020	2019
递延所得税负债	14.44	11.12	11.80	8.89	5.48
其他非流动负债	11.08	12.58	1.30	4.05	5.88
非流动负债合计	1050.85	1019.55	1167.02	590.08	253.53
负债合计	3446.21	3261.00	3242.70	2060.94	1292.19
实收资本（或股本）	554.88	466.82	453.41	403.57	358.14
其他权益工具	23.16	25.77	48.80	30.17	26.57
其中：优先股	0.00	0.00	24.60	24.60	24.60
其中：永续债	0.00	0.00	0.00	0.00	0.00
资本公积	992.61	899.06	757.68	683.48	563.11
其中：库存股	47.18	31.11	31.46	38.43	34.15
其他综合收益	-1.59	-4.42	-31.07	-27.99	-20.00
专项储备	0.04	0.04	0.05	0.10	0.14
盈余公积	147.38	135.87	128.91	119.49	100.21
一般风险准备	0.62	0.54	0.46	0.21	0.05
未分配利润	453.63	562.31	554.29	975.25	647.47
归属于母公司所有者权益合计	2123.47	2054.82	1881.07	2145.84	1641.57
少数股东权益	224.58	204.16	211.28	214.57	133.15
所有者权益合计	2348.10	2259.01	2092.37	2360.41	1774.73
负债与所有者权益总计	5794.32	5520.03	5335.10	4421.37	3066.95

附表5　证券市场农林牧渔业（A）利润表　单位：亿元

年份	2023	2022	2021	2020	2019
营业总收入	3905.81	3488.32	2997.02	2785.27	2110.11
营业收入	3905.62	3488.13	2996.84	2784.99	2109.68
利息净收入	0.19	0.19	0.19	0.28	0.42
利息收入	0.19	0.19	0.19	0.28	0.42
利息支出	0.00	0.00	0.00	0.00	0.00
已赚保费	0.00	0.00	0.00	0.00	0.00
保险业务收入	0.00	0.00	0.00	0.00	0.00
减：分出保费	0.00	0.00	0.00	0.00	0.00
减：提取未到期责任准备金	0.00	0.00	0.00	0.00	0.00
手续费及佣金净收入	0.00	0.00	0.00	0.00	0.00
手续费及佣金收入	0.00	0.00	0.00	0.00	0.00

续表

年份	2023	2022	2021	2020	2019
手续费及佣金支出	0.00	0.00	0.00	0.00	0.00
其他业务收入	0.00	0.00	0.00	0.00	0.00
营业总成本	4072.57	3365.26	3261.92	2276.68	1785.96
营业成本	3654.59	2989.65	2907.95	1978.68	1541.12
退保金	0.00	0.00	0.00	0.00	0.00
赔付支出净额	0.00	0.00	0.00	0.00	0.00
赔付支出	0.00	0.00	0.00	0.00	0.00
减：摊回赔付支出	0.00	0.00	0.00	0.00	0.00
提取保险责任准备金净额	0.00	0.00	0.00	0.00	0.00
提取保险责任准备金	0.00	0.00	0.00	0.00	0.00
减：摊回保险责任准备金	0.00	0.00	0.00	0.00	0.00
保单红利支出	0.00	0.00	0.00	0.00	0.00
分保费用	0.00	0.00	0.00	0.00	0.00
税金及附加	20.80	11.08	11.83	12.66	13.16
业务及管理费	0.00	0.00	0.00	0.00	0.00
减：摊回分保费用	0.00	0.00	0.00	0.00	0.00
销售费用	76.41	55.97	55.24	52.30	52.75
管理费用	195.47	190.77	190.41	175.50	133.12
财务费用	83.43	86.01	66.78	32.71	27.50
资产减值损失	−43.24	−65.92	−81.61	−15.26	−14.87
其他业务成本	0.00	0.02	0.00	0.01	0.03
公允价值变动收益	−8.33	−7.78	10.10	13.42	11.33
投资收益	175.90	33.01	44.94	7.94	15.75
汇兑收益	0.00	−1.33	0.14	0.01	0.07
其他业务利润	0.00	0.00	0.00	0.00	0.00
营业利润	−10.32	106.72	−277.55	533.61	348.98
加：营业外收入	20.39	13.27	12.52	9.62	6.49
减：营业外支出	24.98	41.36	36.39	23.09	14.46
利润总额	−14.96	78.62	−301.41	520.12	340.97
减：所得税费用	12.77	6.36	9.31	9.90	9.53
未确认的投资损失	0.00	0.00	0.00	0.00	0.00
影响净利润的其他项目	0.00	0.00	0.00	0.00	0.00
净利润	−27.72	72.26	−310.73	510.23	331.45
归属于母公司所有者的净利润	−23.48	60.07	−313.06	478.24	323.74

续表

年份	2023	2022	2021	2020	2019
少数股东损益	−4.25	12.17	2.34	31.97	7.71
基本每股收益	0.03	0.08	0.05	0.22	0.09
稀释每股收益	0.03	0.08	0.05	0.22	0.09
其他综合收益（损失）	7.36	7.06	−3.43	−8.03	−1.21
综合收益总额	−20.35	79.33	−314.13	502.18	330.26
归属于母公司所有者的综合收益	−19.68	66.96	−316.36	470.28	322.55
归属少数股东的综合收益	−0.65	12.34	2.22	31.89	7.68
研发费用	41.90	31.79	29.69	24.82	18.21
其他收益	47.94	39.12	32.18	23.68	17.19
净敞口套期收益	0.00	0.00	0.00	0.00	0.00
信用减值损失	−15.65	−14.56	−22.01	−7.30	−6.27
资产处置收益	−0.21	1.09	3.61	2.51	1.64
归属于母公司其他权益工具持有者的净利润	0.00	0.00	0.00	0.00	0.00

附表6　证券市场农林牧渔业（A）现金流量表　　单位：亿元

年份	2023	2022	2021	2020	2019
销售商品、提供劳务收到的现金	3894.59	3560.23	3025.39	2778.93	2106.45
客户存款和同业存放款项净增加额	0.00	0.00	0.00	0.00	0.00
向中央银行借款净增加额	0.00	0.00	0.00	0.00	0.00
向其他金融机构拆入资金净增加额	0.00	0.00	0.00	0.00	0.00
收到原保险合同保费取得的现金	0.00	0.00	0.00	0.00	0.00
收到再保险业务现金净额	0.00	0.00	0.00	0.00	0.00
保户储金及投资款净增加额	0.00	0.00	0.00	0.00	0.00
处置交易性金融资产净增加额	0.00	0.00	0.00	0.00	0.00
收取利息、手续费及佣金的现金	0.18	0.18	0.17	0.52	0.42
拆入资金净增加额	0.00	0.00	0.00	0.00	0.00
回购业务资金净增加额	0.00	0.00	0.00	0.00	0.00
收到的税费返还	4.77	12.65	2.78	2.14	2.94

续表

年份	2023	2022	2021	2020	2019
收到的其他与经营活动有关的现金	222.40	184.24	177.44	172.25	161.16
经营活动现金流入小计	4121.95	3757.33	3205.85	2953.85	2270.92
购买商品、接受劳务支付的现金	3130.26	2722.07	2291.96	1921.03	1361.82
客户贷款及垫款净增加额	−0.08	−0.19	−0.64	−0.54	−0.05
存放中央银行和同业款项净增加额	0.36	0.12	0.00	0.04	0.30
支付原保险合同赔付款项的现金	0.00	0.00	0.00	0.00	0.00
支付利息、手续费及佣金的现金	0.00	0.02	0.00	0.02	0.03
支付保单红利的现金	0.00	0.00	0.00	0.00	0.00
支付给职工以及为职工支付的现金	431.64	369.83	398.40	281.64	206.45
支付的各项税费	35.53	23.81	32.06	20.00	17.05
支付其他与经营活动有关的现金	249.54	228.41	227.18	206.89	189.40
经营活动现金流出小计	3847.27	3344.11	2948.99	2429.03	1774.95
经营活动产生的现金流量净额	274.68	413.21	256.88	524.80	495.96
收回投资收到的现金	188.22	269.41	276.79	387.47	329.36
取得投资收益收到的现金	5.51	5.65	6.53	9.35	7.36
处置固定资产、无形资产和其他长期资产收回的现金净额	44.77	40.40	98.41	103.76	44.30
处置子公司及其他营业单位收到的现金净额	12.16	11.85	22.64	3.26	6.24
收到的其他与投资活动有关的现金	143.54	260.17	256.17	202.43	151.82
投资活动产生的现金流入小计	394.18	587.51	660.52	706.26	539.04
购建固定资产、无形资产和其他长期资产支付的现金	449.25	431.21	752.87	1049.61	413.74
投资支付的现金	172.65	245.36	293.90	336.19	331.80
质押贷款净增加额	0.00	0.00	0.00	0.00	0.00
取得子公司及其他营业单位支付的现金净额	28.09	3.72	2.98	9.10	10.51

续表

年份	2023	2022	2021	2020	2019
支付其他与投资活动有关的现金	150.52	263.85	255.86	162.95	166.42
投资活动产生的现金流出小计	800.48	944.17	1305.59	1557.85	922.46
投资活动产生的现金流量净额	-406.30	-356.63	-645.04	-851.61	-383.43
吸收投资收到的现金	123.04	152.99	194.50	261.10	184.29
吸收权益性投资收到的现金	115.06	152.99	102.23	188.74	170.39
其中：子公司吸收少数股东投资收到的现金	22.05	29.06	21.56	61.80	74.89
发行债券收到的现金	7.98	0.00	92.27	72.36	13.90
取得借款收到的现金	1541.75	1382.58	1289.05	1024.35	563.62
收到其他与筹资活动有关的现金	45.03	63.99	51.31	38.01	48.68
筹资活动现金流入小计	1709.88	1599.56	1534.87	1323.49	796.60
偿还债务支付的现金	1266.33	1339.69	851.20	614.93	599.22
分配股利、利润或偿付利息支付的现金	159.62	116.61	212.66	190.48	118.09
其中：子公司支付给少数股东的股利、利润	17.39	6.39	18.91	16.28	5.61
支付其他与筹资活动有关的现金	185.24	127.71	138.36	52.10	52.72
筹资活动现金流出小计	1611.23	1583.99	1202.20	857.51	770.00
筹资活动产生的现金流量净额	98.61	15.56	332.70	465.94	26.60
现金总流入	6632.27	6301.05	6046.37	5835.16	3989.97
现金总流出	6258.97	5872.28	5456.77	4844.40	3467.45
现金流量净额	-32.96	72.19	-55.43	139.23	139.13

附表7　　证券市场采矿业（B）资产负债表　　单位：亿元

年份	2023	2022	2021	2020	2019
货币资金	12167.99	11760.30	9664.81	7419.47	5427.35
结算备付金	0.00	0.00	0.00	0.00	0.20
拆出资金净额	0.00	0.00	0.00	0.00	0.00
交易性金融资产	1097.64	1529.45	493.90	411.55	574.33
衍生金融资产	295.32	428.43	204.39	147.72	32.20

续表

年份	2023	2022	2021	2020	2019
应收票据净额	220.83	198.39	192.47	156.81	152.62
应收账款净额	2785.18	2811.84	2013.28	1932.85	2331.79
应收款项融资	525.13	557.10	736.83	558.30	563.80
预付款项净额	545.24	631.04	570.60	553.57	480.37
应收保费净额	0.00	0.00	0.00	0.00	0.00
应收分保账款净额	0.00	0.00	0.00	0.00	0.00
应收分保合同准备金净额	0.00	0.00	0.00	0.00	0.00
其他应收款净额	946.74	1108.08	1028.59	921.71	780.92
应收股利净额	18.59	16.57	18.30	7.62	6.31
买入返售金融资产净额	6.29	2.97	12.00	0.13	0.00
存货净额	6040.49	5827.37	5010.07	4102.28	5054.00
合同资产	311.87	326.50	254.18	212.60	107.87
一年内到期的非流动资产	96.27	125.09	35.80	56.66	37.81
其他流动资产	1628.36	1480.67	1345.41	1754.45	1838.70
流动资产合计	26667.20	26789.10	21565.24	18228.16	17381.95
发放贷款及垫款净额	38.01	22.21	44.61	45.13	30.57
债权投资	124.58	73.05	27.88	24.08	216.73
其他债权投资	0.42	0.82	2.09	0.00	0.00
长期应收款净额	62.64	78.34	69.03	55.07	84.71
长期股权投资净额	7862.38	7470.44	6382.36	5948.25	3921.58
其他权益工具投资	337.97	294.50	255.74	220.90	192.48
其他非流动金融资产	202.87	215.66	171.58	176.77	154.17
投资性房地产净额	46.71	71.74	74.28	76.35	61.66
固定资产净额	24959.42	23056.65	21313.90	20543.02	23166.28
在建工程净额	6056.12	5899.97	5553.60	5612.82	6106.65
生产性生物资产净额	0.01	0.01	0.01	0.01	0.01
油气资产净额	14866.35	14002.01	8551.92	8479.44	8727.36
使用权资产	3280.64	3381.26	3439.73	0.00	0.00
无形资产净额	8051.16	7156.78	6522.28	5855.82	5368.71
开发支出	20.63	16.30	13.16	11.80	8.97
商誉净额	515.74	411.68	277.04	273.90	634.15
长期待摊费用	598.33	501.38	469.41	447.90	406.45
递延所得税资产	1069.87	985.46	595.19	602.08	643.67
其他非流动资产	2263.45	1863.99	1439.00	5149.09	5217.40
非流动资产合计	70357.41	65502.36	55202.80	53522.45	54941.62

续表

年份	2023	2022	2021	2020	2019
资产总计	97024.63	92292.91	76769.48	71750.57	72323.60
短期借款	2962.26	2504.63	2731.54	2876.19	3032.15
向中央银行借款	0.00	0.00	0.00	0.00	0.00
拆入资金	0.00	0.00	0.00	0.00	0.00
交易性金融负债	88.13	185.68	156.44	148.85	185.57
衍生金融负债	136.00	213.99	69.05	102.23	54.27
应付票据	1135.45	962.24	1050.15	952.25	915.99
应付账款	9051.13	9088.31	7070.34	6064.95	6580.53
预收款项	1.78	9.14	1.61	1.93	222.83
合同负债	2800.29	2835.52	2650.57	2653.90	2241.56
卖出回购金融资产款	0.36	0.04	10.78	28.04	15.87
吸收存款及同业存放	35.42	53.82	28.57	27.41	13.16
代理买卖证券款	0.00	0.00	0.00	0.00	0.00
代理承销证券款	0.00	0.00	0.00	0.00	0.00
应付职工薪酬	741.57	739.98	609.96	455.72	425.46
应交税费	1885.87	1680.23	2373.46	1751.22	1666.41
其他应付款	2853.98	2843.64	2536.56	2553.91	2339.31
应付股利	53.16	56.78	39.37	21.67	44.27
应付手续费及佣金	0.00	0.00	0.00	0.00	0.00
应付分保账款	0.00	0.00	0.00	0.00	0.00
一年内到期的非流动负债	2995.77	2848.43	1714.38	2135.51	2875.84
其他流动负债	827.73	839.84	802.89	597.56	505.34
流动负债合计	25515.85	24810.09	21809.24	20349.76	21074.23
保险合同准备金	0.00	0.00	0.00	0.00	0.00
长期借款	7090.18	6072.46	5786.26	4911.49	4307.13
应付债券	1965.91	2601.02	2282.93	2662.18	2674.75
租赁负债	2971.34	3032.29	3065.10	0.00	0.00
长期应付款	913.91	787.87	575.72	399.63	364.24
预计负债	3780.52	3589.11	2318.10	2098.53	2213.46
递延收益-非流动负债	83.91	97.41	92.24	79.23	86.25
递延所得税负债	981.53	880.17	796.29	667.97	643.94
其他非流动负债	653.02	584.76	502.37	3410.99	3823.11
非流动负债合计	18440.36	17645.06	15419.04	14230.08	14113.01
负债合计	43956.24	42455.22	37228.34	34579.84	35187.28
实收资本（或股本）	6027.86	5867.12	5075.13	5063.07	5004.06

续表

年份	2023	2022	2021	2020	2019
其他权益工具	321.77	272.59	173.58	258.61	243.41
其中：优先股	0.00	9.89	9.89	9.89	0.00
其中：永续债	305.26	249.83	153.59	226.59	237.56
资本公积	6038.64	5950.16	5941.44	5901.68	5799.37
其中：库存股	65.30	49.11	27.26	46.68	38.60
其他综合收益	-98.03	-190.85	-539.18	-449.52	-372.90
专项储备	669.39	624.89	530.00	458.94	525.21
盈余公积	6114.98	5864.43	4922.19	4743.82	4706.07
一般风险准备	15.30	13.65	8.07	6.81	5.59
未分配利润	27214.24	25281.11	18076.76	16112.11	15787.01
归属于母公司所有者权益合计	46238.83	43634.92	34161.82	32048.80	31659.22
少数股东权益	6829.62	6202.86	5379.34	5122.04	5477.10
所有者权益合计	53068.40	49837.68	39541.16	37170.80	37136.36
负债与所有者权益总计	97024.63	92292.91	76769.48	71750.57	72323.60

附表8　　证券市场采矿业（B）利润表　　单位：亿元

年份	2023	2022	2021	2020	2019
营业总收入	90759.69	94639.38	75770.88	57944.84	71288.18
营业收入	90757.64	94637.75	75770.11	57943.91	71288.18
利息净收入	2.05	1.63	0.77	0.94	0.00
利息收入	2.05	1.63	0.77	0.94	0.00
利息支出	0.00	0.00	0.00	0.00	0.00
已赚保费	0.00	0.00	0.00	0.00	0.00
保险业务收入	0.00	0.00	0.00	0.00	0.00
减：分出保费	0.00	0.00	0.00	0.00	0.00
减：提取未到期责任准备金	0.00	0.00	0.00	0.00	0.00
手续费及佣金净收入	0.00	0.00	0.00	0.00	0.00
手续费及佣金收入	0.00	0.00	0.00	0.00	0.00
手续费及佣金支出	0.00	0.00	0.00	0.00	0.00
其他业务收入	0.00	0.00	0.00	0.00	0.00
营业总成本	82000.70	84295.14	69694.37	55784.50	67717.00
营业成本	70254.65	73083.90	59651.82	46273.12	57674.87
退保金	0.00	0.00	0.00	0.00	0.00

续表

年份	2023	2022	2021	2020	2019
赔付支出净额	0.00	0.00	0.00	0.00	0.00
赔付支出	0.00	0.00	0.00	0.00	0.00
减：摊回赔付支出	0.00	0.00	0.00	0.00	0.00
提取保险责任准备金净额	0.00	0.00	0.00	0.00	0.00
提取保险责任准备金	0.00	0.00	0.00	0.00	0.00
减：摊回保险责任准备金	0.00	0.00	0.00	0.00	0.00
保单红利支出	0.00	0.00	0.00	0.00	0.00
分保费用	0.00	0.00	0.00	0.00	0.00
税金及附加	6753.90	6440.32	5527.91	4728.37	5095.73
业务及管理费	0.00	0.00	0.00	0.00	0.00
减：摊回分保费用	0.00	0.00	0.00	0.00	0.00
销售费用	1495.53	1458.03	1414.38	1631.83	1752.79
管理费用	2257.67	2110.38	2061.65	2103.20	2117.39
财务费用	570.88	597.65	556.57	645.69	699.45
资产减值损失	−507.95	−715.05	−577.11	−619.75	−229.75
其他业务成本	0.14	0.17	0.31	0.33	0.00
公允价值变动收益	−1.03	−135.30	18.58	17.17	0.82
投资收益	478.21	438.13	537.85	1162.07	318.85
汇兑收益	0.00	0.00	0.00	0.00	0.00
其他业务利润	0.00	0.00	0.00	0.00	−41.26
营业利润	9151.91	10219.42	6233.41	2903.36	3801.06
加：营业外收入	87.66	94.63	95.25	114.45	113.23
减：营业外支出	327.02	484.60	455.61	306.14	243.01
利润总额	8912.54	9829.42	5873.01	2711.73	3671.25
减：所得税费用	2054.16	2185.83	1409.54	700.36	961.47
未确认的投资损失	0.00	0.00	0.00	0.00	0.00
影响净利润的其他项目	0.00	0.26	0.20	0.00	0.00
净利润	6858.35	7643.31	4463.29	2011.37	2709.86
归属于母公司所有者的净利润	5979.86	6690.78	3610.28	1556.10	2124.47
少数股东损益	874.02	947.95	851.17	450.46	585.38
基本每股收益	0.49	0.52	0.38	0.18	0.22
稀释每股收益	0.41	0.50	0.35	0.14	0.16
其他综合收益（损失）	123.05	807.59	63.28	−162.36	190.59
综合收益总额	6981.48	8449.37	4528.66	1848.80	2901.23

续表

年份	2023	2022	2021	2020	2019
归属于母公司所有者的综合收益	6098.18	7384.95	3713.62	1480.44	2264.82
归属少数股东的综合收益	878.81	1059.78	813.27	363.41	636.40
研发费用	668.00	604.56	481.81	401.89	376.78
其他收益	393.21	317.59	241.34	221.86	215.26
净敞口套期收益	0.28	−11.08	−8.15	−8.86	0.00
信用减值损失	−13.84	−41.96	−86.01	−68.50	−41.42
资产处置收益	43.93	22.84	30.36	39.02	7.44
归属于母公司其他权益工具持有者的净利润	4.45	4.62	1.79	4.91	0.00

附表9　　证券市场采矿业（B）现金流量表　　单位：亿元

年份	2023	2022	2021	2020	2019
销售商品、提供劳务收到的现金	99523.75	100258.96	78631.40	63355.97	77467.90
客户存款和同业存放款项净增加额	−89.66	−111.23	64.48	206.94	23.51
向中央银行借款净增加额	0.00	0.00	0.00	0.00	0.00
向其他金融机构拆入资金净增加额	0.00	0.00	0.00	0.00	0.00
收到原保险合同保费取得的现金	0.00	0.00	0.00	0.00	0.00
收到再保险业务现金净额	0.00	0.00	0.00	0.00	0.00
保户储金及投资款净增加额	0.00	0.00	0.00	0.00	0.00
处置交易性金融资产净增加额	0.00	0.00	0.00	0.00	0.00
收取利息、手续费及佣金的现金	2.02	1.60	0.77	10.85	19.96
拆入资金净增加额	0.00	0.00	0.00	0.00	0.00
回购业务资金净增加额	0.32	−2.07	−10.57	12.59	1.99
收到的税费返还	197.92	269.27	79.56	61.02	42.90
收到的其他与经营活动有关的现金	3486.35	6224.10	3784.51	3043.60	2165.55
经营活动现金流入小计	103121.06	106641.06	82550.84	66691.03	79721.86
购买商品、接受劳务支付的现金	68936.70	69333.81	55260.95	44182.87	56726.54
客户贷款及垫款净增加额	21.61	−15.21	57.04	−4.73	83.80

续表

年份	2023	2022	2021	2020	2019
存放中央银行和同业款项净增加额	0.00	0.00	0.00	0.00	0.04
支付原保险合同赔付款项的现金	0.00	0.00	0.00	0.00	0.00
支付利息、手续费及佣金的现金	0.14	0.17	0.31	3.89	3.79
支付保单红利的现金	0.00	0.00	0.00	0.00	0.00
支付给职工以及为职工支付的现金	5597.13	5122.53	4477.83	4042.75	4073.17
支付的各项税费	11081.01	12323.26	8062.17	6942.07	8091.24
支付其他与经营活动有关的现金	4845.99	7218.88	4563.13	3868.70	3171.84
经营活动现金流出小计	90482.59	93992.25	72428.15	59036.03	72150.50
经营活动产生的现金流量净额	12638.53	12648.83	10122.68	7654.98	7571.37
收回投资收到的现金	3226.36	3303.70	1298.15	1567.37	1571.82
取得投资收益收到的现金	542.09	481.77	398.82	327.86	279.08
处置固定资产、无形资产和其他长期资产收回的现金净额	106.48	47.34	81.92	67.44	68.58
处置子公司及其他营业单位收到的现金净额	51.63	177.09	437.13	1364.79	11.94
收到的其他与投资活动有关的现金	1991.80	1387.19	754.87	829.25	1308.25
投资活动产生的现金流入小计	5918.36	5397.14	2970.95	4156.71	3239.65
购建固定资产、无形资产和其他长期资产支付的现金	8292.96	7056.50	5564.93	5231.74	5895.56
投资支付的现金	3024.11	3886.77	1432.58	1359.69	1834.22
质押贷款净增加额	0.00	0.67	0.58	2.51	6.26
取得子公司及其他营业单位支付的现金净额	185.49	405.62	101.96	225.50	89.47
支付其他与投资活动有关的现金	1917.14	1176.97	990.24	1393.26	1381.27
投资活动产生的现金流出小计	13419.70	12526.51	8090.33	8212.76	9206.76
投资活动产生的现金流量净额	−7501.30	−7129.42	−5119.38	−4056.05	−5967.15

续表

年份	2023	2022	2021	2020	2019
吸收投资收到的现金	492.26	824.16	334.46	528.49	498.51
吸收权益性投资收到的现金	419.76	677.16	237.39	301.00	328.42
其中：子公司吸收少数股东投资收到的现金	96.67	135.89	78.66	141.55	146.74
发行债券收到的现金	72.50	147.00	97.07	227.49	170.09
取得借款收到的现金	18380.97	18929.98	16410.67	20307.58	17913.08
收到其他与筹资活动有关的现金	494.45	496.27	628.60	565.73	438.45
筹资活动现金流入小计	19367.66	20250.38	17373.71	21401.81	18850.01
偿还债务支付的现金	17923.26	19404.11	16564.98	20319.51	17889.93
分配股利、利润或偿付利息支付的现金	4694.98	4295.45	2438.74	2051.84	2159.33
其中：子公司支付给少数股东的股利、利润	609.26	540.57	442.10	368.88	358.23
支付其他与筹资活动有关的现金	1436.63	1072.32	1359.76	1089.61	1185.91
筹资活动现金流出小计	24054.90	24771.87	20363.56	23460.98	21235.21
筹资活动产生的现金流量净额	−4687.18	−4521.54	−2989.75	−2059.17	−2385.09
现金总流入	135908.48	139417.97	108014.92	96305.58	107778.70
现金总流出	127957.12	131290.73	100881.99	90709.76	102592.40
现金流量净额	450.01	997.89	2013.54	1539.80	−780.89

附表10　证券市场食品饮料制造业（C13–C15）资产负债表　　单位：亿元

年份	2023	2022	2021	2020	2019
货币资金	6259.47	5354.02	4828.50	3941.56	2674.51
结算备付金	0.00	0.00	0.00	0.00	0.00
拆出资金净额	1056.54	1162.73	1350.67	1185.00	1174.78
交易性金融资产	752.41	917.08	885.29	727.95	623.39
衍生金融资产	17.60	10.23	10.26	20.93	2.55
应收票据净额	52.63	46.77	278.80	237.23	209.58
应收账款净额	606.95	606.52	499.89	413.79	348.24
应收款项融资	267.15	389.95	156.60	147.91	112.11
预付款项净额	186.05	283.12	256.81	284.39	162.91
应收保费净额	0.00	0.00	0.00	0.00	0.00

续表

年份	2023	2022	2021	2020	2019
应收分保账款净额	0.00	0.00	0.00	0.00	0.00
应收分保合同准备金净额	0.00	0.00	0.00	0.00	0.00
其他应收款净额	185.90	228.06	200.18	220.85	187.31
应收股利净额	3.68	0.68	1.06	1.40	0.76
买入返售金融资产净额	35.05	0.00	0.00	0.00	0.00
存货净额	3850.76	3874.83	3297.12	2931.31	2230.18
合同资产	13.08	16.55	16.51	12.14	0.00
一年内到期的非流动资产	43.75	76.99	47.10	19.94	11.14
其他流动资产	575.96	423.21	358.68	269.03	233.56
流动资产合计	13903.46	13389.88	12186.47	10411.97	7970.32
发放贷款及垫款净额	21.47	41.49	36.30	31.21	3.53
债权投资	70.36	9.17	17.44	14.74	5.65
其他债权投资	16.73	6.06	3.00	0.90	0.98
长期应收款净额	14.93	14.61	9.76	8.92	10.93
长期股权投资净额	886.96	811.75	751.63	700.87	608.42
其他权益工具投资	133.93	135.80	129.35	116.55	78.77
其他非流动金融资产	222.02	163.82	166.69	122.77	104.65
投资性房地产净额	131.22	121.05	116.07	101.23	91.70
固定资产净额	4873.60	4534.79	3934.18	3410.63	2696.95
在建工程净额	992.71	938.12	855.98	633.13	439.93
生产性生物资产净额	159.85	213.25	188.99	196.36	67.33
油气资产净额	0.00	0.00	0.00	0.00	0.00
使用权资产	272.11	294.20	309.89	0.00	0.00
无形资产净额	930.88	872.57	807.66	736.98	576.85
开发支出	9.03	9.05	6.22	6.39	6.29
商誉净额	292.56	284.13	264.16	259.27	193.53
长期待摊费用	54.89	53.34	53.09	69.21	50.28
递延所得税资产	310.59	282.40	229.07	185.74	144.50
其他非流动资产	533.49	503.09	388.51	184.80	135.17
非流动资产合计	9927.42	9288.70	8268.13	6779.88	5215.58
资产总计	23830.77	22678.68	20454.55	17191.79	13185.92
短期借款	2596.37	2315.12	1954.66	1664.68	984.10
向中央银行借款	0.00	0.00	0.00	0.00	0.00
拆入资金	0.00	0.00	0.00	0.00	0.00
交易性金融负债	6.35	5.52	1.38	1.87	0.52

续表

年份	2023	2022	2021	2020	2019
衍生金融负债	7.79	17.27	15.53	35.18	1.91
应付票据	313.70	237.07	162.44	136.32	115.62
应付账款	1392.42	1407.01	1160.60	928.27	784.76
预收款项	32.24	4.20	3.89	4.36	831.43
合同负债	1117.92	1222.63	1225.03	984.86	62.92
卖出回购金融资产款	0.00	5.08	9.30	8.19	6.28
吸收存款及同业存放	121.26	129.52	218.31	142.91	110.91
代理买卖证券款	0.00	0.00	0.00	0.00	0.00
代理承销证券款	0.00	0.00	0.00	0.00	0.00
应付职工薪酬	370.04	355.04	323.07	296.18	237.25
应交税费	345.57	355.38	398.43	348.47	327.86
其他应付款	846.18	801.36	717.96	611.11	627.13
应付股利	13.77	12.79	11.82	10.86	16.20
应付手续费及佣金	0.00	0.00	0.00	0.00	0.00
应付分保账款	0.00	0.00	0.00	0.00	0.00
一年内到期的非流动负债	603.51	509.28	324.59	217.25	197.27
其他流动负债	158.37	203.92	176.31	163.30	49.63
流动负债合计	7911.51	7568.59	6693.62	5543.29	4337.93
保险合同准备金	0.00	0.00	1.97	0.23	0.24
长期借款	1094.18	1067.61	954.14	665.94	391.31
应付债券	259.18	281.16	315.00	217.84	108.83
租赁负债	213.57	223.15	237.69	0.00	0.00
长期应付款	59.84	65.10	56.39	48.91	52.95
预计负债	13.18	21.60	9.78	7.41	3.27
递延收益-非流动负债	178.11	172.70	158.58	146.90	122.29
递延所得税负债	102.35	100.78	93.53	87.08	76.97
其他非流动负债	71.49	65.97	33.55	32.92	25.91
非流动负债合计	1991.99	1998.16	1858.64	1207.05	781.56
负债合计	9903.50	9566.81	8552.37	6750.35	5119.42
实收资本（或股本）	1537.67	1492.76	1440.64	1342.83	1232.37
其他权益工具	63.33	57.92	85.55	43.65	6.81
其中：优先股	0.00	0.00	0.00	0.00	0.00
其中：永续债	23.30	25.00	51.09	31.00	0.00
资本公积	3089.09	3055.22	2713.67	2223.34	1530.15
其中：库存股	120.24	113.22	111.70	85.44	82.61

续表

年份	2023	2022	2021	2020	2019
其他综合收益	-5.58	-3.56	2.19	14.44	4.72
专项储备	3.29	3.20	2.64	2.29	2.38
盈余公积	1291.67	1144.69	990.93	848.36	723.00
一般风险准备	15.10	14.82	14.80	13.09	11.99
未分配利润	7471.79	6824.34	6189.95	5507.34	4235.62
归属于母公司所有者权益合计	13346.09	12476.18	11328.75	9909.77	7664.48
少数股东权益	581.14	635.84	573.52	531.69	401.96
所有者权益合计	13927.23	13111.95	11902.27	10441.56	8066.42
负债与所有者权益总计	23830.77	22678.68	20454.55	17191.79	13185.92

附表11　证券市场食品饮料制造业（C13-C15）利润表　　单位：亿元

年份	2023	2022	2021	2020	2019
营业总收入	19358.41	18510.77	16419.27	13819.77	10286.69
营业收入	19323.47	18469.88	16380.79	13784.37	10249.49
利息净收入	34.95	40.89	38.48	35.27	37.08
利息收入	34.95	40.89	38.48	35.27	37.08
利息支出	0.00	0.00	0.00	0.00	0.00
已赚保费	0.00	0.00	0.00	0.13	0.12
保险业务收入	0.00	0.00	0.00	0.00	0.00
减：分出保费	0.00	0.00	0.00	0.00	0.00
减：提取未到期责任准备金	0.00	0.00	0.00	0.00	0.00
手续费及佣金净收入	0.00	0.00	0.00	0.00	0.00
手续费及佣金收入	0.00	0.00	0.00	0.00	0.00
手续费及佣金支出	0.00	0.00	0.00	0.00	0.00
其他业务收入	0.00	0.00	0.00	0.00	0.00
营业总成本	16558.60	15886.07	14239.47	11667.44	8564.39
营业成本	13561.51	13121.40	11724.43	9416.87	6416.08
退保金	0.00	0.00	0.00	0.00	0.00
赔付支出净额	0.00	0.00	0.00	0.00	0.00
赔付支出	0.00	0.00	0.00	0.00	0.00
减：摊回赔付支出	0.00	0.00	0.00	0.00	0.00
提取保险责任准备金净额	1.24	0.73	0.42	0.46	0.94
提取保险责任准备金	0.12	0.00	0.00	0.00	0.85

续表

年份	2023	2022	2021	2020	2019
减：摊回保险责任准备金	0.00	0.00	0.00	0.00	0.00
保单红利支出	0.00	0.00	0.00	0.00	0.00
分保费用	0.00	0.00	0.00	0.00	0.00
税金及附加	743.14	644.08	562.68	472.00	438.50
业务及管理费	0.00	0.00	0.00	0.00	0.00
减：摊回分保费用	0.00	0.00	0.00	0.00	0.00
销售费用	1367.27	1262.53	1161.74	1102.76	1119.29
管理费用	743.91	708.00	653.56	566.62	488.16
财务费用	2.55	19.44	21.71	19.81	28.89
资产减值损失	−126.02	−131.96	−122.95	−55.91	−82.65
其他业务成本	1.59	1.36	1.98	1.38	1.98
公允价值变动收益	8.89	−3.02	12.86	13.65	11.94
投资收益	125.16	83.86	62.91	97.80	84.86
汇兑收益	0.00	0.00	0.00	0.00	0.00
其他业务利润	0.00	0.00	0.00	0.00	0.00
营业利润	2870.49	2631.34	2196.97	2254.94	1768.76
加：营业外收入	37.01	19.01	22.73	24.44	27.07
减：营业外支出	42.03	52.04	55.99	42.98	26.71
利润总额	2865.47	2598.41	2163.75	2236.41	1769.11
减：所得税费用	705.67	617.08	551.46	488.37	398.68
未确认的投资损失	0.00	0.00	0.00	0.00	0.00
影响净利润的其他项目	0.00	0.00	0.00	0.00	0.00
净利润	2159.86	1981.22	1612.15	1748.04	1370.35
归属于母公司所有者的净利润	2126.50	1922.43	1558.65	1655.28	1302.15
少数股东损益	33.29	58.75	53.65	92.78	68.31
基本每股收益	0.41	0.40	0.36	0.51	0.34
稀释每股收益	0.36	0.36	0.33	0.44	0.32
其他综合收益（损失）	2.79	−4.90	−16.06	4.44	2.35
综合收益总额	2162.64	1976.30	1596.04	1752.41	1372.69
归属于母公司所有者的综合收益	2126.47	1910.85	1547.38	1658.36	1303.61
归属少数股东的综合收益	36.14	60.44	46.84	94.12	69.13
研发费用	137.56	128.44	112.84	87.62	70.54
其他收益	82.57	75.38	69.96	68.62	54.98

续表

年份	2023	2022	2021	2020	2019
净敞口套期收益	0.00	0.00	0.00	0.00	0.00
信用减值损失	-32.14	-24.29	-16.88	-25.82	-26.15
资产处置收益	12.04	6.61	11.17	4.10	3.35
归属于母公司其他权益工具持有者的净利润	0.00	0.00	0.00	0.00	0.00

附表12　证券市场食品饮料制造业（C13-C15）现金流量表　　单位：亿元

年份	2023	2022	2021	2020	2019
销售商品、提供劳务收到的现金	20824.63	19788.75	17859.34	15065.38	11338.03
客户存款和同业存放款项净增加额	-7.96	-89.06	75.29	31.96	-4.37
向中央银行借款净增加额	0.00	0.00	0.00	0.00	0.00
向其他金融机构拆入资金净增加额	0.00	0.00	0.00	0.00	0.00
收到原保险合同保费取得的现金	0.00	0.00	0.00	0.00	0.00
收到再保险业务现金净额	0.00	0.00	0.00	0.00	0.00
保户储金及投资款净增加额	0.00	0.00	0.00	0.00	0.00
处置交易性金融资产净增加额	0.00	0.00	0.00	0.00	0.00
收取利息、手续费及佣金的现金	33.88	35.65	33.93	32.66	37.80
拆入资金净增加额	0.00	0.00	0.00	0.00	0.00
回购业务资金净增加额	0.00	0.00	0.00	0.00	0.00
收到的税费返还	89.67	119.09	39.00	37.29	27.66
收到的其他与经营活动有关的现金	535.05	422.05	339.44	329.79	274.57
经营活动现金流入小计	21475.77	20276.45	18350.99	15497.07	11677.79
购买商品、接受劳务支付的现金	13443.34	13487.84	12048.61	10286.62	6933.68
客户贷款及垫款净增加额	-20.58	7.02	7.54	29.47	4.58
存放中央银行和同业款项净增加额	15.70	132.68	5.59	-23.91	-45.03
支付原保险合同赔付款项的现金	0.00	0.00	0.00	0.00	0.00

续表

年份	2023	2022	2021	2020	2019
支付利息、手续费及佣金的现金	1.76	1.18	1.89	1.37	2.27
支付保单红利的现金	0.00	0.00	0.00	0.00	0.00
支付给职工以及为职工支付的现金	1632.10	1518.11	1368.34	1086.87	943.21
支付的各项税费	2211.26	2012.71	1663.80	1447.33	1316.57
支付其他与经营活动有关的现金	1189.80	995.63	910.91	866.55	812.72
经营活动现金流出小计	18498.45	18156.12	16002.68	13698.14	9970.08
经营活动产生的现金流量净额	2977.31	2120.32	2348.29	1798.89	1707.68
收回投资收到的现金	3198.00	3273.15	3212.56	3253.80	3138.38
取得投资收益收到的现金	112.71	91.56	73.76	101.44	54.71
处置固定资产、无形资产和其他长期资产收回的现金净额	43.77	40.34	35.85	36.59	31.80
处置子公司及其他营业单位收到的现金净额	57.15	7.27	24.40	63.35	8.92
收到的其他与投资活动有关的现金	256.93	251.05	239.10	241.99	416.62
投资活动产生的现金流入小计	3668.68	3663.50	3585.69	3697.21	3650.57
购建固定资产、无形资产和其他长期资产支付的现金	995.32	1045.70	1122.51	1073.25	701.04
投资支付的现金	3531.87	3500.14	3684.05	3516.08	3195.40
质押贷款净增加额	0.00	0.00	0.00	0.00	0.00
取得子公司及其他营业单位支付的现金净额	35.23	88.65	45.72	67.39	114.89
支付其他与投资活动有关的现金	271.75	274.35	275.08	310.06	391.41
投资活动产生的现金流出小计	4834.19	4908.76	5127.38	4966.76	4402.70
投资活动产生的现金流量净额	−1165.52	−1245.35	−1541.63	−1269.56	−752.18
吸收投资收到的现金	149.51	403.95	585.70	576.56	186.37
吸收权益性投资收到的现金	149.51	389.02	580.70	557.66	148.52

续表

年份	2023	2022	2021	2020	2019
其中：子公司吸收少数股东投资收到的现金	24.40	60.35	52.30	84.36	30.82
发行债券收到的现金	0.00	14.92	5.00	18.90	37.85
取得借款收到的现金	7421.16	6127.07	4587.41	3651.84	1861.92
收到其他与筹资活动有关的现金	423.70	355.34	232.94	506.48	137.58
筹资活动现金流入小计	7994.33	6886.29	5406.07	4734.96	2185.90
偿还债务支付的现金	7030.63	5610.26	3920.27	3352.52	1726.47
分配股利、利润或偿付利息支付的现金	1554.03	1390.04	966.44	879.70	702.93
其中：子公司支付给少数股东的股利、利润	71.44	67.20	61.00	61.73	37.90
支付其他与筹资活动有关的现金	626.31	591.18	475.56	405.94	213.84
筹资活动现金流出小计	9211.07	7591.50	5362.22	4638.13	2643.17
筹资活动产生的现金流量净额	−1216.68	−705.31	43.76	96.75	−457.34
现金总流入	34304.29	32071.49	28884.29	25198.71	18266.39
现金总流出	32543.65	30656.49	26492.24	23303.08	17016.04
现金流量净额	595.23	169.70	850.45	626.21	498.07

附表13　证券市场纺织服装制造业（C17-C19）资产负债表　　单位：亿元

年份	2023	2022	2021	2020	2019
货币资金	1127.60	1032.43	1007.64	907.29	739.08
结算备付金	0.00	0.00	0.00	0.00	0.00
拆出资金净额	0.00	0.00	0.00	0.00	0.00
交易性金融资产	241.62	290.97	298.15	313.76	207.10
衍生金融资产	0.10	0.15	0.04	0.22	0.01
应收票据净额	16.30	16.59	20.15	14.00	7.29
应收账款净额	393.03	396.55	376.99	354.75	357.18
应收款项融资	23.67	20.00	20.59	22.56	18.30
预付款项净额	55.24	75.17	88.47	87.72	91.96
应收保费净额	0.00	0.00	0.00	0.00	0.00
应收分保账款净额	0.73	0.00	0.00	0.00	0.00
应收分保合同准备金净额	0.00	0.00	0.00	0.00	0.00
其他应收款净额	69.90	86.04	138.40	186.43	138.35

续表

年份	2023	2022	2021	2020	2019
应收股利净额	1.07	1.38	3.24	0.98	0.07
买入返售金融资产净额	0.00	0.00	0.00	0.00	0.00
存货净额	978.64	1025.53	1008.03	860.95	937.40
合同资产	1.03	0.95	0.66	0.42	0.00
一年内到期的非流动资产	38.31	15.44	32.30	40.78	16.49
其他流动资产	93.94	80.16	85.16	92.39	94.48
流动资产合计	3040.19	3040.01	3076.45	2881.37	2607.80
发放贷款及垫款净额	0.00	0.00	0.00	0.00	0.00
债权投资	5.99	0.83	1.54	1.71	1.05
其他债权投资	1.13	1.28	1.79	2.50	4.98
长期应收款净额	11.35	8.26	8.83	23.19	7.64
长期股权投资净额	354.97	321.62	310.83	249.43	264.64
其他权益工具投资	130.55	141.82	167.75	149.64	199.24
其他非流动金融资产	76.93	80.08	86.83	59.13	56.05
投资性房地产净额	103.33	104.34	88.66	82.92	77.50
固定资产净额	1041.85	992.41	938.85	846.92	800.74
在建工程净额	164.89	153.78	140.34	112.09	99.34
生产性生物资产净额	0.09	0.12	0.14	0.15	0.16
油气资产净额	0.00	0.00	0.00	0.00	0.00
使用权资产	103.70	101.54	108.91	0.00	0.00
无形资产净额	219.83	210.10	204.94	194.47	212.73
开发支出	0.14	0.08	0.03	0.18	0.39
商誉净额	72.91	73.90	60.75	61.00	88.39
长期待摊费用	32.75	34.85	33.25	32.09	37.08
递延所得税资产	67.74	73.83	63.89	59.33	53.10
其他非流动资产	91.23	90.94	76.57	73.50	107.56
非流动资产合计	2479.25	2389.84	2293.92	1948.31	2010.67
资产总计	5519.43	5429.84	5370.32	4829.66	4618.39
短期借款	585.08	621.11	629.88	652.79	637.67
向中央银行借款	0.00	0.00	0.00	0.00	0.00
拆入资金	0.00	0.00	0.00	0.00	0.00
交易性金融负债	13.24	10.32	9.09	8.15	9.28
衍生金融负债	0.34	0.12	0.07	0.00	0.14
应付票据	123.56	145.34	142.87	121.31	127.27
应付账款	454.73	427.73	414.71	360.64	355.62

续表

年份	2023	2022	2021	2020	2019
预收款项	2.46	5.05	2.10	2.53	200.53
合同负债	200.46	168.98	226.45	240.23	0.52
卖出回购金融资产款	0.00	0.00	0.00	0.00	0.00
吸收存款及同业存放	0.00	0.00	0.00	0.00	0.00
代理买卖证券款	0.00	0.00	0.00	0.00	0.00
代理承销证券款	0.00	0.00	0.00	0.00	0.00
应付职工薪酬	86.40	83.42	80.93	64.03	59.86
应交税费	54.89	76.27	83.34	90.58	72.25
其他应付款	122.34	143.11	162.96	151.31	165.65
应付股利	1.13	0.74	1.28	0.76	1.25
应付手续费及佣金	0.00	0.00	0.00	0.00	0.00
应付分保账款	0.00	0.00	0.00	0.00	0.00
一年内到期的非流动负债	187.30	168.18	155.48	107.53	211.20
其他流动负债	59.82	53.85	64.01	48.11	26.15
流动负债合计	1890.62	1903.59	1971.99	1847.27	1866.05
保险合同准备金	0.00	0.00	0.00	0.00	0.00
长期借款	210.36	179.10	173.59	146.40	105.99
应付债券	74.09	115.90	95.87	133.77	87.73
租赁负债	61.13	61.10	66.88	0.00	0.00
长期应付款	11.82	11.63	7.44	7.79	14.41
预计负债	5.00	4.48	9.03	18.66	15.63
递延收益-非流动负债	27.66	26.39	24.80	25.95	17.71
递延所得税负债	20.98	23.51	25.11	22.19	22.80
其他非流动负债	5.03	6.45	6.31	6.69	20.99
非流动负债合计	416.09	428.67	409.05	361.54	285.22
负债合计	2306.76	2332.28	2381.05	2208.72	2151.32
实收资本（或股本）	684.91	720.84	718.57	674.59	648.25
其他权益工具	13.16	14.44	11.29	12.05	7.64
其中：优先股	0.00	0.00	0.00	0.00	0.00
其中：永续债	0.00	0.00	0.00	0.00	0.00
资本公积	1029.26	1030.67	1024.06	877.87	787.62
其中：库存股	28.08	30.35	37.90	46.53	47.21
其他综合收益	-56.35	-60.42	-70.48	-71.28	-17.49
专项储备	0.26	0.22	0.19	0.08	0.06
盈余公积	236.49	231.15	221.46	204.14	180.41

续表

年份	2023	2022	2021	2020	2019
一般风险准备	0.00	0.00	0.00	0.00	0.00
未分配利润	1270.50	1132.12	1064.17	904.57	841.38
归属于母公司所有者权益合计	3150.04	3038.59	2931.38	2555.55	2400.70
少数股东权益	62.60	59.04	57.96	65.47	66.42
所有者权益合计	3212.70	3097.66	2989.31	2620.93	2467.07
负债与所有者权益总计	5519.43	5429.84	5370.32	4829.66	4618.39

附表14　证券市场纺织服装制造业（C17-C19）利润表　　单位：亿元

年份	2023	2022	2021	2020	2019
营业总收入	3113.24	3136.12	3188.83	2638.52	2874.34
营业收入	3113.16	3136.05	3188.81	2638.38	2874.10
利息净收入	0.07	0.07	0.02	0.15	0.24
利息收入	0.07	0.07	0.02	0.15	0.24
利息支出	0.00	0.00	0.00	0.00	0.00
已赚保费	0.00	0.00	0.00	0.00	0.00
保险业务收入	0.00	0.00	0.00	0.00	0.00
减：分出保费	0.00	0.00	0.00	0.00	0.00
减：提取未到期责任准备金	0.00	0.00	0.00	0.00	0.00
手续费及佣金净收入	0.00	0.00	0.00	0.00	0.00
手续费及佣金收入	0.00	0.00	0.00	0.00	0.00
手续费及佣金支出	0.00	0.00	0.00	0.00	0.00
其他业务收入	0.00	0.00	0.00	0.00	0.00
营业总成本	2844.93	2880.09	2900.87	2459.84	2693.38
营业成本	2088.10	2146.11	2154.30	1795.09	1977.43
退保金	0.00	0.00	0.00	0.00	0.00
赔付支出净额	0.00	0.00	0.00	0.00	0.00
赔付支出	0.00	0.00	0.00	0.00	0.00
减：摊回赔付支出	0.00	0.00	0.00	0.00	0.00
提取保险责任准备金净额	0.00	0.00	0.00	0.00	0.00
提取保险责任准备金	0.00	0.00	0.00	0.00	0.00
减：摊回保险责任准备金	0.00	0.00	0.00	0.00	0.00
保单红利支出	0.00	0.00	0.00	0.00	0.00
分保费用	0.00	0.00	0.00	0.00	0.00

续表

年份	2023	2022	2021	2020	2019
税金及附加	25.18	31.34	30.16	22.70	28.67
业务及管理费	0.00	0.00	0.00	0.00	0.00
减：摊回分保费用	0.00	0.00	0.00	0.00	0.00
销售费用	468.80	438.48	449.38	393.71	427.85
管理费用	177.28	176.53	171.98	152.88	163.52
财务费用	14.80	16.24	29.30	42.52	46.02
资产减值损失	−57.48	−85.10	−67.02	−90.90	−68.51
其他业务成本	0.01	0.01	0.00	0.00	0.00
公允价值变动收益	−2.93	−3.86	5.31	6.88	9.24
投资收益	51.98	52.28	63.53	102.67	62.09
汇兑收益	0.00	0.02	0.00	−0.03	−0.03
其他业务利润	0.00	0.00	0.00	0.00	0.00
营业利润	284.38	219.69	296.29	204.06	180.10
加：营业外收入	5.71	9.38	9.02	7.81	11.94
减：营业外支出	7.69	9.16	9.75	12.06	27.73
利润总额	282.42	219.87	295.59	199.83	164.38
减：所得税费用	57.80	53.16	72.26	68.94	53.78
未确认的投资损失	0.00	0.00	0.00	0.00	0.00
影响净利润的其他项目	0.00	0.00	0.00	0.00	0.00
净利润	224.60	166.79	223.34	130.91	110.58
归属于母公司所有者的净利润	222.94	168.11	227.15	133.15	112.01
少数股东损益	1.66	−1.31	−3.77	−2.19	−0.58
基本每股收益	0.34	0.20	0.34	0.20	0.21
稀释每股收益	0.33	0.20	0.34	0.20	0.21
其他综合收益（损失）	−0.27	13.48	10.05	−51.24	−8.93
综合收益总额	224.36	179.09	233.13	80.84	102.47
归属于母公司所有者的综合收益	222.33	180.16	234.93	82.66	102.59
归属少数股东的综合收益	1.79	−1.55	−4.43	−2.62	−0.15
研发费用	70.75	71.45	65.77	52.97	49.96
其他收益	24.13	21.69	20.57	24.13	20.51
净敞口套期收益	0.00	0.00	0.00	0.00	0.00
信用减值损失	−13.43	−25.92	−23.29	−25.25	−26.29
资产处置收益	13.81	4.46	9.18	7.77	2.12
归属于母公司其他权益工具持有者的净利润	0.00	0.00	0.00	0.00	0.00

附表15　　　　证券市场纺织服装制造业（C17-C19）现金流量表　　　　单位：亿元

年份	2023	2022	2021	2020	2019
销售商品、提供劳务收到的现金	3261.91	3230.85	3349.32	2845.36	3141.33
客户存款和同业存放款项净增加额	0.00	0.00	0.00	0.00	0.00
向中央银行借款净增加额	0.00	0.00	0.00	0.00	0.00
向其他金融机构拆入资金净增加额	0.00	0.00	0.00	0.00	0.00
收到原保险合同保费取得的现金	0.00	0.00	0.00	0.00	0.00
收到再保险业务现金净额	0.00	0.00	0.00	0.00	0.00
保户储金及投资款净增加额	0.00	0.00	0.00	0.00	0.00
处置交易性金融资产净增加额	0.00	0.00	0.00	0.00	0.00
收取利息、手续费及佣金的现金	0.07	0.08	0.10	0.00	0.28
拆入资金净增加额	0.00	0.00	0.00	0.00	0.00
回购业务资金净增加额	0.00	0.00	0.00	0.00	0.00
收到的税费返还	43.86	55.93	41.61	35.46	34.23
收到的其他与经营活动有关的现金	123.52	109.69	113.20	111.08	128.39
经营活动现金流入小计	3429.39	3396.52	3504.23	2991.87	3304.25
购买商品、接受劳务支付的现金	1918.19	2094.17	2207.69	1772.36	2060.06
客户贷款及垫款净增加额	0.10	0.19	0.93	−0.13	0.47
存放中央银行和同业款项净增加额	0.00	0.00	0.00	0.00	0.00
支付原保险合同赔付款项的现金	0.00	0.00	0.00	0.00	0.00
支付利息、手续费及佣金的现金	0.01	0.01	0.00	0.00	0.00
支付保单红利的现金	0.00	0.00	0.00	0.00	0.00
支付给职工以及为职工支付的现金	513.15	514.07	480.30	372.13	406.89
支付的各项税费	205.70	194.81	187.57	167.04	178.45
支付其他与经营活动有关的现金	344.93	309.58	329.80	327.15	367.36
经营活动现金流出小计	2982.07	3112.74	3206.36	2638.56	3013.23

续表

年份	2023	2022	2021	2020	2019
经营活动产生的现金流量净额	447.33	283.75	297.90	353.30	291.05
收回投资收到的现金	840.51	964.34	975.38	894.56	825.34
取得投资收益收到的现金	26.97	35.68	27.72	28.08	30.19
处置固定资产、无形资产和其他长期资产收回的现金净额	32.31	20.53	19.01	30.21	9.09
处置子公司及其他营业单位收到的现金净额	10.59	7.88	13.30	23.04	19.42
收到的其他与投资活动有关的现金	178.66	208.24	260.82	202.56	193.77
投资活动产生的现金流入小计	1089.05	1236.64	1296.25	1178.54	1077.89
购建固定资产、无形资产和其他长期资产支付的现金	244.12	220.47	199.68	155.84	156.49
投资支付的现金	850.42	949.23	1051.21	910.78	769.15
质押贷款净增加额	0.00	0.00	0.00	0.00	0.00
取得子公司及其他营业单位支付的现金净额	7.14	27.48	6.11	5.40	12.27
支付其他与投资活动有关的现金	149.93	160.78	219.04	231.62	124.33
投资活动产生的现金流出小计	1251.59	1357.94	1476.04	1303.65	1062.22
投资活动产生的现金流量净额	−162.55	−121.24	−179.81	−125.13	15.64
吸收投资收到的现金	40.05	55.38	141.85	112.19	13.38
吸收权益性投资收到的现金	40.05	55.38	141.85	106.26	11.58
其中：子公司吸收少数股东投资收到的现金	6.91	2.13	1.46	2.99	1.94
发行债券收到的现金	0.00	0.00	0.00	5.93	1.80
取得借款收到的现金	1008.40	1105.33	916.13	1040.00	1008.72
收到其他与筹资活动有关的现金	133.01	109.59	136.57	107.40	141.67
筹资活动现金流入小计	1181.44	1270.33	1194.59	1259.64	1163.77
偿还债务支付的现金	999.30	1090.63	949.19	1048.90	1053.65
分配股利、利润或偿付利息支付的现金	180.04	191.39	181.26	144.89	168.20

续表

年份	2023	2022	2021	2020	2019
其中：子公司支付给少数股东的股利、利润	3.09	2.61	2.21	2.40	3.72
支付其他与筹资活动有关的现金	180.10	154.25	134.81	127.44	145.99
筹资活动现金流出小计	1359.45	1436.19	1265.32	1321.22	1367.86
筹资活动产生的现金流量净额	−178.08	−165.90	−70.71	−61.63	−204.04
现金总流入	5862.38	6024.86	6174.85	5555.18	5530.32
现金总流出	5593.18	5906.95	5947.63	5263.44	5443.31
现金流量净额	106.61	−3.37	47.46	166.60	102.63

附表16　证券市场木材家具制造业（C20-C21）资产负债表　　单位：亿元

年份	2023	2022	2021	2020	2019
货币资金	523.18	421.95	365.40	295.72	249.03
结算备付金	0.00	0.00	0.00	0.00	0.00
拆出资金净额	0.00	0.00	0.00	0.00	0.00
交易性金融资产	93.08	90.82	89.87	90.31	82.51
衍生金融资产	0.14	0.00	0.03	0.22	0.00
应收票据净额	2.68	4.90	15.85	42.36	14.11
应收账款净额	186.48	187.51	187.24	134.47	145.01
应收款项融资	13.86	10.29	10.18	7.66	5.70
预付款项净额	13.36	15.60	16.68	14.71	36.53
应收保费净额	0.00	0.00	0.00	0.00	0.00
应收分保账款净额	0.00	0.00	0.00	0.00	0.00
应收分保合同准备金净额	0.00	0.00	0.00	0.00	0.00
其他应收款净额	18.19	24.79	20.39	21.55	21.63
应收股利净额	0.33	0.41	0.00	0.00	0.17
买入返售金融资产净额	0.00	0.00	0.00	0.00	0.00
存货净额	298.64	319.04	336.35	272.28	239.20
合同资产	15.12	13.22	14.27	7.76	0.00
一年内到期的非流动资产	14.72	18.85	5.11	0.47	0.75
其他流动资产	46.04	32.65	35.26	44.67	40.56
流动资产合计	1225.51	1139.60	1096.62	932.22	835.01
发放贷款及垫款净额	0.00	0.00	0.00	0.00	0.00
债权投资	5.56	4.65	6.04	5.71	1.33

续表

年份	2023	2022	2021	2020	2019
其他债权投资	1.46	1.40	0.00	0.00	0.00
长期应收款净额	0.62	2.91	4.70	0.34	0.00
长期股权投资净额	16.39	17.95	14.66	9.87	12.56
其他权益工具投资	12.98	16.92	21.71	33.36	36.69
其他非流动金融资产	26.44	25.49	24.29	16.78	12.43
投资性房地产净额	24.33	42.20	38.73	24.48	23.57
固定资产净额	493.49	463.93	404.81	359.58	350.36
在建工程净额	83.95	70.39	57.11	52.35	62.94
生产性生物资产净额	0.63	0.74	0.73	0.63	0.43
油气资产净额	0.00	0.00	0.00	0.00	0.00
使用权资产	58.66	60.22	49.99	0.00	0.00
无形资产净额	143.53	141.16	125.63	114.92	118.91
开发支出	0.27	0.59	0.93	0.95	0.92
商誉净额	35.56	35.82	38.96	39.46	43.21
长期待摊费用	17.35	17.00	13.58	12.26	10.36
递延所得税资产	29.87	25.82	20.86	13.30	13.86
其他非流动资产	92.84	60.85	43.60	20.88	22.76
非流动资产合计	1043.86	987.95	866.37	704.87	710.38
资产总计	2269.35	2127.56	1962.99	1637.09	1545.40
短期借款	238.72	200.24	183.56	132.99	129.68
向中央银行借款	0.00	0.00	0.00	0.00	0.00
拆入资金	0.00	0.00	0.00	0.00	0.00
交易性金融负债	0.45	0.49	0.03	0.00	0.52
衍生金融负债	0.00	0.02	0.00	0.00	0.02
应付票据	63.30	57.13	66.19	53.74	39.22
应付账款	222.14	213.76	224.62	177.64	140.55
预收款项	6.40	5.17	10.69	7.45	80.15
合同负债	110.52	95.84	114.68	95.61	0.06
卖出回购金融资产款	0.00	0.00	0.00	0.00	0.00
吸收存款及同业存放	0.00	0.00	0.00	0.00	0.00
代理买卖证券款	0.00	0.00	0.00	0.00	0.00
代理承销证券款	0.00	0.00	0.00	0.00	0.00
应付职工薪酬	35.72	32.17	34.78	27.50	23.74
应交税费	26.39	25.51	28.87	24.06	21.20

续表

年份	2023	2022	2021	2020	2019
其他应付款	67.47	76.08	52.16	46.66	42.81
应付股利	0.35	0.40	0.31	0.33	0.22
应付手续费及佣金	0.00	0.00	0.00	0.00	0.00
应付分保账款	0.00	0.00	0.00	0.00	0.00
一年内到期的非流动负债	55.27	79.51	54.77	23.22	57.32
其他流动负债	16.69	18.67	23.80	17.93	1.17
流动负债合计	843.06	804.62	794.26	606.83	536.43
保险合同准备金	0.00	0.00	0.00	0.00	0.00
长期借款	89.17	78.31	73.39	63.70	34.83
应付债券	52.78	35.39	32.96	33.58	52.81
租赁负债	49.81	50.39	39.10	0.00	0.00
长期应付款	5.84	3.24	0.58	1.93	7.14
预计负债	2.88	2.72	2.43	0.79	1.29
递延收益-非流动负债	16.63	16.61	13.97	11.69	11.30
递延所得税负债	12.54	13.66	12.88	14.58	14.11
其他非流动负债	1.87	2.73	3.20	4.35	2.21
非流动负债合计	231.48	203.10	178.52	130.73	123.70
负债合计	1074.52	1007.70	972.78	737.53	660.12
实收资本（或股本）	195.40	192.11	180.78	168.51	176.50
其他权益工具	7.41	6.91	2.67	3.50	9.59
其中：优先股	0.09	0.00	0.00	0.00	0.00
其中：永续债	0.00	0.00	0.00	0.00	0.00
资本公积	418.54	410.57	364.99	309.37	294.44
其中：库存股	16.84	11.79	12.17	13.69	10.70
其他综合收益	-9.92	-6.59	-6.88	5.49	5.92
专项储备	0.03	0.01	0.00	0.00	0.00
盈余公积	50.24	47.80	42.05	38.70	39.68
一般风险准备	0.00	0.00	0.00	0.00	0.00
未分配利润	531.51	464.13	399.22	353.23	339.67
归属于母公司所有者权益合计	1176.39	1103.13	970.69	865.13	855.11
少数股东权益	18.44	16.68	19.54	34.43	30.18
所有者权益合计	1194.83	1119.86	990.21	899.56	885.30
负债与所有者权益总计	2269.35	2127.56	1962.99	1637.09	1545.40

附表17　　　证券市场木材家具制造业（C20-C21）利润表　　　单位：亿元

年份	2023	2022	2021	2020	2019
营业总收入	1603.40	1591.13	1567.14	1154.20	1086.69
营业收入	1603.40	1591.13	1567.14	1154.20	1086.69
利息净收入	0.00	0.00	0.00	0.00	0.00
利息收入	0.00	0.00	0.00	0.00	0.00
利息支出	0.00	0.00	0.00	0.00	0.00
已赚保费	0.00	0.00	0.00	0.00	0.00
保险业务收入	0.00	0.00	0.00	0.00	0.00
减：分出保费	0.00	0.00	0.00	0.00	0.00
减：提取未到期责任准备金	0.00	0.00	0.00	0.00	0.00
手续费及佣金净收入	0.00	0.00	0.00	0.00	0.00
手续费及佣金收入	0.00	0.00	0.00	0.00	0.00
手续费及佣金支出	0.00	0.00	0.00	0.00	0.00
其他业务收入	0.00	0.00	0.00	0.00	0.00
营业总成本	1459.37	1467.57	1440.29	1045.08	983.45
营业成本	1101.35	1129.03	1129.99	784.14	718.28
退保金	0.00	0.00	0.00	0.00	0.00
赔付支出净额	0.00	0.00	0.00	0.00	0.00
赔付支出	0.00	0.00	0.00	0.00	0.00
减：摊回赔付支出	0.00	0.00	0.00	0.00	0.00
提取保险责任准备金净额	0.00	0.00	0.00	0.00	0.00
提取保险责任准备金	0.00	0.00	0.00	0.00	0.00
减：摊回保险责任准备金	0.00	0.00	0.00	0.00	0.00
保单红利支出	0.00	0.00	0.00	0.00	0.00
分保费用	0.00	0.00	0.00	0.00	0.00
税金及附加	12.22	11.32	10.55	8.29	9.00
业务及管理费	0.00	0.00	0.00	0.00	0.00
减：摊回分保费用	0.00	0.00	0.00	0.00	0.00
销售费用	204.57	190.55	165.64	139.79	148.38
管理费用	87.91	85.75	78.32	65.15	65.76
财务费用	3.96	2.00	10.57	14.35	11.92
资产减值损失	-10.49	-9.79	-14.91	-16.68	-3.61
其他业务成本	0.00	0.00	0.00	0.00	0.00
公允价值变动收益	1.24	-1.97	0.92	2.12	3.21
投资收益	3.28	6.07	5.45	7.06	6.70

续表

年份	2023	2022	2021	2020	2019
汇兑收益	0.00	0.00	0.00	0.00	0.00
其他业务利润	0.00	0.00	0.00	0.00	0.00
营业利润	143.01	119.83	92.08	106.74	116.29
加：营业外收入	3.34	4.16	4.15	3.24	3.78
减：营业外支出	3.16	3.88	4.18	2.28	1.34
利润总额	143.18	120.14	92.07	107.70	118.76
减：所得税费用	22.92	19.75	18.49	19.81	18.36
未确认的投资损失	0.00	0.00	0.00	0.00	0.00
影响净利润的其他项目	0.00	0.00	0.00	0.00	0.00
净利润	120.32	100.38	73.60	87.87	100.36
归属于母公司所有者的净利润	117.48	99.90	77.30	86.51	98.75
少数股东损益	2.84	0.49	−3.68	1.36	1.60
基本每股收益	0.49	0.60	0.26	0.62	0.69
稀释每股收益	0.49	0.60	0.28	0.62	0.69
其他综合收益（损失）	−0.15	−3.12	−12.94	−3.65	8.22
综合收益总额	120.15	97.24	60.68	84.21	108.59
归属于母公司所有者的综合收益	117.32	96.79	64.30	83.03	104.58
归属少数股东的综合收益	2.85	0.49	−3.63	1.20	3.99
研发费用	49.41	48.93	45.24	33.36	30.09
其他收益	14.26	11.72	9.43	9.98	9.93
净敞口套期收益	0.00	0.00	0.00	0.00	0.00
信用减值损失	−16.11	−12.98	−36.50	−5.43	−4.44
资产处置收益	6.82	3.25	0.88	0.49	1.25
归属于母公司其他权益工具持有者的净利润	0.00	0.00	0.00	0.00	0.00

附表18　证券市场木材家具制造业（C20-C21）现金流量表　　　　单位：亿元

年份	2023	2022	2021	2020	2019
销售商品、提供劳务收到的现金	1727.62	1613.30	1669.87	1219.16	1153.37
客户存款和同业存放款项净增加额	0.00	76.89	0.00	0.00	0.00
向中央银行借款净增加额	0.00	0.00	0.00	0.00	0.00
向其他金融机构拆入资金净增加额	0.00	0.00	0.00	0.00	0.00

续表

年份	2023	2022	2021	2020	2019
收到原保险合同保费取得的现金	0.00	0.00	0.00	0.00	0.00
收到再保险业务现金净额	0.00	0.00	0.00	0.00	0.00
保户储金及投资款净增加额	0.00	0.00	0.00	0.00	0.00
处置交易性金融资产净增加额	0.00	0.00	0.00	0.00	0.00
收取利息、手续费及佣金的现金	0.00	0.00	0.00	0.00	0.01
拆入资金净增加额	0.00	0.00	0.00	0.00	0.00
回购业务资金净增加额	0.00	0.00	0.00	0.00	0.00
收到的税费返还	23.05	30.83	31.37	21.44	22.55
收到的其他与经营活动有关的现金	53.33	59.04	54.67	47.75	44.36
经营活动现金流入小计	1803.93	1780.01	1755.91	1288.29	1220.27
购买商品、接受劳务支付的现金	1007.51	1080.14	1129.04	760.71	710.62
客户贷款及垫款净增加额	0.00	0.00	0.00	0.00	0.00
存放中央银行和同业款项净增加额	0.00	0.00	0.00	0.00	0.00
支付原保险合同赔付款项的现金	0.00	0.00	0.00	0.00	0.00
支付利息、手续费及佣金的现金	0.00	0.00	0.00	0.00	0.00
支付保单红利的现金	0.00	0.00	0.00	0.00	0.00
支付给职工以及为职工支付的现金	255.34	263.92	243.49	180.98	171.10
支付的各项税费	88.54	92.28	78.72	58.91	69.25
支付其他与经营活动有关的现金	182.28	175.85	172.37	152.06	154.07
经营活动现金流出小计	1533.64	1612.16	1623.56	1152.63	1105.10
经营活动产生的现金流量净额	270.32	167.85	132.35	135.65	115.17
收回投资收到的现金	536.34	470.40	391.05	361.67	374.85
取得投资收益收到的现金	3.63	5.52	7.30	8.54	6.87
处置固定资产、无形资产和其他长期资产收回的现金净额	11.50	4.77	2.42	2.19	2.06
处置子公司及其他营业单位收到的现金净额	3.49	6.28	2.36	4.41	0.40

续表

年份	2023	2022	2021	2020	2019
收到的其他与投资活动有关的现金	105.89	127.16	159.65	153.17	188.03
投资活动产生的现金流入小计	660.92	614.16	562.78	529.95	572.19
购建固定资产、无形资产和其他长期资产支付的现金	132.29	121.18	127.43	104.05	94.16
投资支付的现金	586.71	540.29	426.77	377.34	400.24
质押贷款净增加额	0.00	0.00	0.00	0.00	0.00
取得子公司及其他营业单位支付的现金净额	6.70	0.50	4.90	15.06	8.10
支付其他与投资活动有关的现金	104.17	127.70	136.47	157.30	183.19
投资活动产生的现金流出小计	829.86	789.72	695.52	653.75	685.69
投资活动产生的现金流量净额	−168.92	−175.54	−132.76	−123.81	−113.46
吸收投资收到的现金	29.94	59.01	54.62	20.67	57.82
吸收权益性投资收到的现金	22.10	59.01	54.62	20.67	21.43
其中：子公司吸收少数股东投资收到的现金	0.68	3.04	1.91	0.98	1.04
发行债券收到的现金	7.84	0.00	0.00	0.00	36.39
取得借款收到的现金	465.32	348.68	335.13	260.89	205.82
收到其他与筹资活动有关的现金	43.97	37.03	28.80	14.43	22.86
筹资活动现金流入小计	539.21	444.70	418.59	295.99	286.50
偿还债务支付的现金	421.91	336.96	247.20	195.12	226.34
分配股利、利润或偿付利息支付的现金	70.41	62.10	51.09	44.72	41.26
其中：子公司支付给少数股东的股利、利润	1.32	1.30	1.03	1.15	0.38
支付其他与筹资活动有关的现金	93.45	54.04	57.08	25.89	27.44
筹资活动现金流出小计	585.78	453.06	355.34	265.71	295.13
筹资活动产生的现金流量净额	−46.55	−8.38	63.24	30.25	−8.63
现金总流入	3173.03	3014.40	2870.09	2238.04	2192.52
现金总流出	2949.27	2854.93	2674.48	2072.07	2085.91
现金流量净额	54.82	−16.08	62.83	42.14	−6.89

附表19　证券市场印刷与文教用品制造业（C22-C24）资产负债表　　单位：亿元

年份	2023	2022	2021	2020	2019
货币资金	946.87	823.85	777.19	748.35	645.58
结算备付金	0.00	0.00	0.00	0.00	0.00
拆出资金净额	0.00	0.00	0.00	0.00	0.00
交易性金融资产	110.17	116.75	123.71	107.21	71.03
衍生金融资产	0.01	0.22	0.02	0.00	0.00
应收票据净额	36.04	36.14	41.45	33.63	28.94
应收账款净额	479.08	492.11	476.75	419.52	405.89
应收款项融资	107.94	96.68	87.79	85.07	87.50
预付款项净额	60.42	58.49	57.02	52.80	52.97
应收保费净额	0.00	0.00	0.00	0.00	0.00
应收分保账款净额	0.00	0.00	0.00	0.00	0.00
应收分保合同准备金净额	0.00	0.00	0.00	0.00	0.00
其他应收款净额	65.61	50.99	62.51	70.20	55.33
应收股利净额	0.85	2.08	0.74	0.37	0.95
买入返售金融资产净额	0.00	0.00	0.00	0.00	0.00
存货净额	696.96	830.75	729.17	639.27	608.01
合同资产	16.36	18.21	19.14	17.25	0.00
一年内到期的非流动资产	43.82	41.89	53.21	42.83	81.47
其他流动资产	87.17	82.68	81.38	91.62	153.78
流动资产合计	2650.43	2648.86	2509.40	2307.70	2190.46
发放贷款及垫款净额	0.00	0.00	0.00	0.00	0.00
债权投资	4.37	0.52	0.51	0.00	0.20
其他债权投资	0.00	0.00	0.00	0.00	0.00
长期应收款净额	7.90	19.78	23.26	48.53	13.72
长期股权投资净额	173.34	155.70	121.70	130.05	113.17
其他权益工具投资	28.61	24.95	23.52	23.16	21.93
其他非流动金融资产	26.84	27.75	30.46	18.66	16.03
投资性房地产净额	114.98	112.48	109.58	102.78	87.90
固定资产净额	1829.10	1697.67	1630.55	1491.17	1318.49
在建工程净额	257.92	234.35	145.10	142.64	197.59
生产性生物资产净额	0.31	0.31	0.12	0.15	0.15
油气资产净额	0.00	0.00	0.00	0.00	0.00
使用权资产	33.75	29.89	40.09	0.00	0.00
无形资产净额	195.36	187.83	169.17	150.90	137.37
开发支出	0.23	0.44	0.46	0.54	0.44

续表

年份	2023	2022	2021	2020	2019
商誉净额	68.57	68.75	81.06	92.54	137.74
长期待摊费用	16.86	18.00	15.88	11.85	12.05
递延所得税资产	60.17	48.44	45.94	39.92	30.38
其他非流动资产	78.18	65.29	61.69	50.83	38.10
非流动资产合计	**2896.52**	**2692.22**	**2499.14**	**2303.72**	**2125.21**
资产总计	**5546.99**	**5341.05**	**5008.51**	**4611.38**	**4315.74**
短期借款	971.34	1039.15	963.65	921.06	996.71
向中央银行借款	0.00	0.00	0.00	0.00	0.00
拆入资金	0.00	0.00	0.00	0.00	0.00
交易性金融负债	25.36	33.79	5.69	4.98	5.14
衍生金融负债	0.07	0.02	0.04	0.00	0.00
应付票据	221.84	206.26	199.74	152.62	123.04
应付账款	504.16	468.67	426.54	375.85	316.77
预收款项	0.65	1.32	1.12	0.31	66.18
合同负债	71.32	72.60	75.68	76.76	9.68
卖出回购金融资产款	0.00	0.00	0.00	0.00	0.00
吸收存款及同业存放	0.00	0.00	0.00	0.00	0.00
代理买卖证券款	0.00	0.00	0.00	0.00	0.00
代理承销证券款	0.00	0.00	0.00	0.00	0.00
应付职工薪酬	36.51	35.98	33.36	30.72	27.69
应交税费	34.19	40.18	53.38	49.29	29.95
其他应付款	107.75	108.88	93.84	86.15	81.96
应付股利	5.03	1.60	0.76	1.32	0.61
应付手续费及佣金	0.00	0.00	0.00	0.00	0.00
应付分保账款	0.00	0.00	0.00	0.00	0.00
一年内到期的非流动负债	205.22	165.08	184.47	136.76	119.63
其他流动负债	32.22	31.69	25.68	30.78	18.72
流动负债合计	**2210.60**	**2203.53**	**2063.36**	**1865.25**	**1795.43**
保险合同准备金	0.00	0.00	0.00	0.00	0.00
长期借款	332.90	304.15	258.66	267.20	250.90
应付债券	74.60	91.44	89.68	93.02	85.70
租赁负债	21.74	17.94	20.67	0.00	0.00
长期应付款	45.76	55.92	43.28	41.37	53.57
预计负债	2.77	3.22	7.22	5.72	4.49
递延收益-非流动负债	52.56	44.43	39.87	39.60	33.08

续表

年份	2023	2022	2021	2020	2019
递延所得税负债	25.26	22.70	17.90	15.08	13.26
其他非流动负债	3.17	3.68	3.93	11.69	33.95
非流动负债合计	558.71	543.54	481.24	473.67	474.99
负债合计	2769.36	2747.07	2544.55	2338.91	2270.38
实收资本（或股本）	576.56	552.97	531.36	509.32	485.48
其他权益工具	13.08	22.64	24.78	65.66	86.10
其中：优先股	0.00	0.00	0.00	44.78	44.78
其中：永续债	0.00	9.96	9.96	9.96	29.88
资本公积	902.34	864.89	793.51	744.83	662.22
其中：库存股	47.99	49.69	43.25	22.54	12.67
其他综合收益	-1.08	-0.12	-9.65	-5.63	-2.47
专项储备	1.72	1.70	1.29	1.23	1.01
盈余公积	144.79	136.22	125.58	111.20	95.12
一般风险准备	0.79	0.80	0.77	0.74	0.74
未分配利润	1039.11	934.77	913.90	788.62	664.74
归属于母公司所有者权益合计	2629.26	2464.22	2338.36	2193.48	1980.35
少数股东权益	148.42	129.78	125.54	79.02	64.99
所有者权益合计	2777.69	2593.95	2463.97	2272.47	2045.33
负债与所有者权益总计	5546.99	5341.05	5008.51	4611.38	4315.74

附表20　证券市场印刷与文教用品制造业（C22-C24）利润表　　单位：亿元

年份	2023	2022	2021	2020	2019
营业总收入	4087.13	4100.10	3816.12	3077.69	2908.07
营业收入	4087.13	4100.10	3816.12	3077.69	2906.35
利息净收入	0.00	0.00	0.00	0.00	1.72
利息收入	0.00	0.00	0.00	0.00	1.72
利息支出	0.00	0.00	0.00	0.00	0.00
已赚保费	0.00	0.00	0.00	0.00	0.00
保险业务收入	0.00	0.00	0.00	0.00	0.00
减：分出保费	0.00	0.00	0.00	0.00	0.00
减：提取未到期责任准备金	0.00	0.00	0.00	0.00	0.00
手续费及佣金净收入	0.00	0.00	0.00	0.00	0.00
手续费及佣金收入	0.00	0.00	0.00	0.00	0.00

续表

年份	2023	2022	2021	2020	2019
手续费及佣金支出	0.00	0.00	0.00	0.00	0.00
其他业务收入	0.00	0.00	0.00	0.00	0.00
营业总成本	3943.54	3943.86	3573.26	2865.80	2719.40
营业成本	3500.15	3517.99	3153.84	2489.83	2321.08
退保金	0.00	0.00	0.00	0.00	0.00
赔付支出净额	0.00	0.00	0.00	0.00	0.00
赔付支出	0.00	0.00	0.00	0.00	0.00
减：摊回赔付支出	0.00	0.00	0.00	0.00	0.00
提取保险责任准备金净额	0.00	0.00	0.00	0.00	0.00
提取保险责任准备金	0.00	0.00	0.00	0.00	0.00
减：摊回保险责任准备金	0.00	0.00	0.00	0.00	0.00
保单红利支出	0.00	0.00	0.00	0.00	0.00
分保费用	0.00	0.00	0.00	0.00	0.00
税金及附加	25.75	24.25	23.97	19.23	19.35
业务及管理费	0.00	0.00	0.00	0.00	0.00
减：摊回分保费用	0.00	0.00	0.00	0.00	0.00
销售费用	126.51	109.98	110.41	100.87	140.28
管理费用	142.29	140.50	132.84	117.39	109.67
财务费用	52.30	54.28	58.95	67.18	67.69
资产减值损失	−18.04	−35.86	−20.93	−52.81	−24.49
其他业务成本	0.00	0.00	0.00	0.00	0.46
公允价值变动收益	3.18	−0.13	2.05	2.17	3.08
投资收益	23.12	4.50	17.82	16.09	7.06
汇兑收益	0.00	0.00	0.00	0.00	0.00
其他业务利润	0.00	0.00	0.00	0.00	0.00
营业利润	182.79	127.11	255.37	178.55	174.35
加：营业外收入	5.17	4.32	5.31	12.13	11.87
减：营业外支出	14.70	7.97	6.26	5.06	3.91
利润总额	173.28	123.49	254.45	185.60	182.26
减：所得税费用	25.93	34.20	41.17	41.94	36.69
未确认的投资损失	0.00	0.00	0.00	0.00	0.00
影响净利润的其他项目	0.00	0.00	0.00	0.00	0.00
净利润	147.38	89.19	213.30	143.65	145.60
归属于母公司所有者的净利润	141.19	81.19	203.34	136.40	138.75

续表

年份	2023	2022	2021	2020	2019
少数股东损益	6.15	8.04	9.93	7.30	6.87
基本每股收益	0.18	0.17	0.20	0.26	0.22
稀释每股收益	0.18	0.17	0.20	0.24	0.21
其他综合收益（损失）	2.12	10.77	-3.85	-3.10	3.37
综合收益总额	149.47	99.93	209.69	146.67	148.98
归属于母公司所有者的综合收益	143.42	91.77	199.63	139.08	142.09
归属少数股东的综合收益	6.08	8.17	10.06	7.58	6.91
研发费用	96.65	96.85	93.26	71.36	60.79
其他收益	35.62	28.52	27.04	27.68	25.88
净敞口套期收益	0.00	0.00	0.00	0.00	0.00
信用减值损失	-14.53	-29.18	-18.16	-30.26	-26.68
资产处置收益	9.79	2.94	4.85	3.89	0.85
归属于母公司其他权益工具持有者的净利润	0.00	0.00	0.00	0.00	0.00

附表21　证券市场印刷与文教用品制造业（C22-C24）现金流量表　　单位：亿元

年份	2023	2022	2021	2020	2019
销售商品、提供劳务收到的现金	4437.07	4425.00	4081.61	3243.45	3101.37
客户存款和同业存放款项净增加额	0.00	0.00	0.00	0.00	0.00
向中央银行借款净增加额	0.00	0.00	0.00	0.00	0.00
向其他金融机构拆入资金净增加额	0.00	0.00	0.00	0.00	0.00
收到原保险合同保费取得的现金	0.00	0.00	0.00	0.00	0.00
收到再保险业务现金净额	0.00	0.00	0.00	0.00	0.00
保户储金及投资款净增加额	0.00	0.00	0.00	0.00	0.00
处置交易性金融资产净增加额	0.00	0.00	0.00	0.00	0.00
收取利息、手续费及佣金的现金	0.00	0.00	0.00	0.00	1.62
拆入资金净增加额	0.00	0.00	0.00	0.00	0.00
回购业务资金净增加额	0.00	0.00	0.00	0.00	0.00
收到的税费返还	35.20	57.49	23.56	18.94	20.47

续表

年份	2023	2022	2021	2020	2019
收到的其他与经营活动有关的现金	125.98	112.34	113.68	130.99	124.06
经营活动现金流入小计	4598.23	4594.87	4218.92	3393.35	3247.55
购买商品、接受劳务支付的现金	3494.95	3668.66	3211.75	2441.06	2378.82
客户贷款及垫款净增加额	0.00	0.00	0.00	0.00	3.16
存放中央银行和同业款项净增加额	0.00	0.00	0.00	0.00	0.00
支付原保险合同赔付款项的现金	0.00	0.00	0.00	0.00	0.00
支付利息、手续费及佣金的现金	0.00	0.00	0.00	0.00	0.28
支付保单红利的现金	0.00	0.00	0.00	0.00	0.00
支付给职工以及为职工支付的现金	288.05	284.14	261.01	216.96	200.84
支付的各项税费	159.34	174.08	158.04	133.41	149.92
支付其他与经营活动有关的现金	207.35	203.50	204.95	167.52	179.48
经营活动现金流出小计	4149.77	4330.46	3835.80	2953.07	2913.73
经营活动产生的现金流量净额	448.49	264.42	383.13	440.28	333.85
收回投资收到的现金	308.97	352.15	283.20	293.09	289.03
取得投资收益收到的现金	11.28	8.97	10.99	7.01	9.08
处置固定资产、无形资产和其他长期资产收回的现金净额	16.65	10.49	9.35	10.85	9.24
处置子公司及其他营业单位收到的现金净额	6.46	5.07	10.62	18.36	10.55
收到的其他与投资活动有关的现金	112.28	148.18	174.13	168.02	181.49
投资活动产生的现金流入小计	455.69	524.88	488.32	497.36	499.39
购建固定资产、无形资产和其他长期资产支付的现金	284.13	241.95	261.24	217.33	186.47
投资支付的现金	338.29	361.34	298.31	326.40	311.11
质押贷款净增加额	0.00	0.00	0.00	0.00	0.00
取得子公司及其他营业单位支付的现金净额	9.86	24.76	8.04	8.57	13.24

续表

年份	2023	2022	2021	2020	2019
支付其他与投资活动有关的现金	110.41	172.21	159.28	179.27	170.63
投资活动产生的现金流出小计	742.72	800.34	726.94	731.53	681.49
投资活动产生的现金流量净额	−286.97	−275.47	−238.54	−234.13	−181.99
吸收投资收到的现金	77.65	86.74	79.91	85.34	60.87
吸收权益性投资收到的现金	72.73	86.74	79.02	83.43	39.35
其中：子公司吸收少数股东投资收到的现金	22.37	16.49	27.23	9.28	7.16
发行债券收到的现金	4.93	0.00	0.90	1.91	21.53
取得借款收到的现金	1504.52	1395.33	1236.95	1234.29	1381.85
收到其他与筹资活动有关的现金	261.23	271.91	218.05	211.12	212.83
筹资活动现金流入小计	1843.40	1754.01	1534.90	1530.73	1655.56
偿还债务支付的现金	1449.34	1275.03	1190.86	1263.93	1358.31
分配股利、利润或偿付利息支付的现金	135.81	142.29	138.96	121.29	128.03
其中：子公司支付给少数股东的股利、利润	9.13	8.15	6.49	5.35	4.90
支付其他与筹资活动有关的现金	317.74	310.79	322.46	243.48	264.21
筹资活动现金流出小计	1902.88	1728.09	1652.26	1628.77	1750.60
筹资活动产生的现金流量净额	−59.48	25.92	−117.33	−98.02	−95.01
现金总流入	7184.36	7149.21	6480.70	5655.59	5584.51
现金总流出	6795.30	6858.95	6214.97	5313.31	5345.66
现金流量净额	102.10	14.77	27.15	108.13	56.85

附表22　证券市场石油化工制造业（C25-C26）资产负债表　　单位：亿元

年份	2023	2022	2021	2020	2019
货币资金	5214.49	5232.09	4459.58	3660.14	2984.46
结算备付金	0.00	0.00	0.00	0.00	0.00
拆出资金净额	0.00	0.00	0.00	0.00	0.00
交易性金融资产	626.06	731.29	695.35	499.93	409.12
衍生金融资产	10.62	7.19	13.57	19.86	6.38

续表

年份	2023	2022	2021	2020	2019
应收票据净额	510.20	509.85	469.76	315.92	191.74
应收账款净额	1968.69	1993.35	1819.15	1497.32	1398.17
应收款项融资	698.60	732.59	797.06	701.31	539.79
预付款项净额	398.02	506.95	534.69	504.91	528.42
应收保费净额	0.00	0.00	0.00	0.00	0.00
应收分保账款净额	0.00	0.00	0.00	0.00	0.00
应收分保合同准备金净额	0.00	0.00	0.00	0.00	0.00
其他应收款净额	336.82	347.73	366.47	350.78	364.76
应收股利净额	1.97	7.85	11.86	9.46	6.22
买入返售金融资产净额	0.00	5.00	8.01	0.00	0.00
存货净额	4106.58	4646.32	4019.28	2813.39	2805.14
合同资产	28.07	30.44	32.99	41.94	0.00
一年内到期的非流动资产	27.68	21.98	16.90	31.52	10.87
其他流动资产	704.44	681.42	687.66	615.61	613.34
流动资产合计	14630.19	15446.26	13920.68	11052.75	9852.19
发放贷款及垫款净额	70.59	38.28	56.36	49.69	47.15
债权投资	49.74	36.36	45.85	42.47	55.16
其他债权投资	1.61	0.74	0.00	0.00	1.39
长期应收款净额	32.71	31.62	34.38	43.18	57.61
长期股权投资净额	1294.80	1160.14	1019.85	841.63	802.96
其他权益工具投资	176.08	177.20	177.63	171.20	148.65
其他非流动金融资产	201.39	202.86	178.24	119.70	88.74
投资性房地产净额	166.66	160.32	147.81	128.70	131.84
固定资产净额	15821.38	13163.59	11041.22	9429.20	8131.17
在建工程净额	4503.10	4264.73	3735.34	2758.95	2050.33
生产性生物资产净额	12.75	9.72	24.25	23.16	19.95
油气资产净额	0.00	0.00	0.00	0.00	0.00
使用权资产	426.48	410.24	294.68	0.00	0.00
无形资产净额	1912.48	1682.72	1441.54	1256.18	1100.96
开发支出	11.42	12.49	10.52	9.00	8.28
商誉净额	646.26	612.80	631.61	671.03	713.35
长期待摊费用	169.16	147.12	130.32	119.71	99.47
递延所得税资产	366.59	311.96	233.02	184.05	169.71
其他非流动资产	919.08	819.85	733.31	539.76	426.57
非流动资产合计	26782.32	23242.78	19936.00	16387.65	14053.41

续表

年份	2023	2022	2021	2020	2019
资产总计	41412.56	38689.10	33856.63	27440.23	23905.64
短期借款	4495.94	4033.65	3851.63	3929.14	3667.17
向中央银行借款	0.00	0.00	0.00	0.00	0.00
拆入资金	0.00	0.00	0.00	0.00	0.00
交易性金融负债	40.79	20.78	14.06	9.25	1.40
衍生金融负债	11.67	8.13	3.75	17.15	8.22
应付票据	1623.77	1649.64	1389.35	1076.62	1025.38
应付账款	3503.03	3411.16	2929.43	2315.08	2154.33
预收款项	6.78	5.84	5.45	3.35	569.29
合同负债	737.56	1023.68	979.54	711.32	14.45
卖出回购金融资产款	0.00	0.00	0.00	0.00	0.00
吸收存款及同业存放	118.68	109.86	96.80	85.09	90.90
代理买卖证券款	0.00	0.00	0.00	0.00	0.00
代理承销证券款	0.00	0.00	0.00	0.00	0.00
应付职工薪酬	287.31	289.60	256.56	196.42	170.96
应交税费	252.12	321.62	475.35	272.52	228.99
其他应付款	802.84	827.94	799.85	697.70	651.50
应付股利	28.17	12.67	14.43	13.19	12.69
应付手续费及佣金	0.00	0.00	0.00	0.00	0.00
应付分保账款	0.00	0.00	0.00	0.00	0.00
一年内到期的非流动负债	1720.92	1319.63	985.43	828.59	823.41
其他流动负债	425.76	655.94	498.82	347.71	142.63
流动负债合计	14027.34	13677.81	12286.41	10490.14	9548.37
保险合同准备金	0.00	0.00	0.00	0.00	0.00
长期借款	5795.10	4718.72	3808.23	2671.48	2244.72
应付债券	560.10	595.06	498.62	536.50	545.14
租赁负债	353.75	311.67	197.36	0.00	0.00
长期应付款	310.19	289.34	217.94	228.58	262.41
预计负债	79.39	65.37	57.44	34.34	53.25
递延收益-非流动负债	305.54	276.52	254.44	228.54	205.42
递延所得税负债	176.97	168.88	150.24	127.26	75.51
其他非流动负债	82.39	62.01	73.06	66.50	59.25
非流动负债合计	7663.42	6487.55	5257.40	3893.29	3445.81
负债合计	21690.81	20165.54	17543.75	14383.45	12994.33
实收资本（或股本）	3226.88	3114.22	2979.05	2664.90	2410.55

续表

年份	2023	2022	2021	2020	2019
其他权益工具	67.03	62.54	56.50	60.85	34.33
其中：优先股	0.00	0.00	0.00	0.00	0.00
其中：永续债	0.00	7.00	19.07	25.07	16.05
资本公积	6768.33	6229.83	5667.69	4932.00	4031.84
其中：库存股	210.17	163.42	112.60	75.54	70.48
其他综合收益	48.06	33.92	6.42	37.67	25.39
专项储备	64.72	55.74	50.61	42.65	35.93
盈余公积	879.98	805.68	721.38	604.80	524.68
一般风险准备	0.04	0.04	0.13	0.14	0.10
未分配利润	7288.37	6829.27	5607.34	3612.58	2987.79
归属于母公司所有者权益合计	18133.44	16967.92	14976.54	11880.05	9980.06
少数股东权益	1588.32	1555.60	1336.23	1176.79	931.26
所有者权益合计	19721.73	18523.71	16312.81	13056.85	10911.38
负债与所有者权益总计	41412.56	38689.10	33856.63	27440.23	23905.64

附表23　证券市场石油化工制造业（C25-C26）利润表　　单位：亿元

年份	2023	2022	2021	2020	2019
营业总收入	28028.08	28522.62	24175.89	17112.78	16000.19
营业收入	28022.58	28517.44	24171.57	17108.83	15995.76
利息净收入	5.09	4.96	4.19	3.90	4.41
利息收入	5.09	4.96	4.19	3.90	4.41
利息支出	0.00	0.00	0.00	0.00	0.00
已赚保费	0.00	0.00	0.00	0.00	0.00
保险业务收入	0.00	0.00	0.00	0.00	0.00
减：分出保费	0.00	0.00	0.00	0.00	0.00
减：提取未到期责任准备金	0.00	0.00	0.00	0.00	0.00
手续费及佣金净收入	0.40	0.22	0.15	0.04	0.04
手续费及佣金收入	0.40	0.22	0.15	0.04	0.04
手续费及佣金支出	0.00	0.00	0.00	0.00	0.00
其他业务收入	0.00	0.00	0.00	0.00	0.00
营业总成本	26659.45	26029.74	21109.74	15779.94	14948.45
营业成本	23560.79	23299.10	18619.55	13729.78	12847.20
退保金	0.00	0.00	0.00	0.00	0.00

续表

年份	2023	2022	2021	2020	2019
赔付支出净额	0.00	0.00	0.00	0.00	0.00
赔付支出	0.00	0.00	0.00	0.00	0.00
减：摊回赔付支出	0.00	0.00	0.00	0.00	0.00
提取保险责任准备金净额	0.00	0.00	0.00	0.00	0.00
提取保险责任准备金	0.00	0.00	0.00	0.00	0.00
减：摊回保险责任准备金	0.00	0.00	0.00	0.00	0.00
保单红利支出	0.00	0.00	0.00	0.00	0.00
分保费用	0.00	0.00	0.00	0.00	0.00
税金及附加	756.85	570.20	450.50	302.42	271.49
业务及管理费	0.00	0.00	0.00	0.00	0.00
减：摊回分保费用	0.00	0.00	0.00	0.00	0.00
销售费用	561.09	514.70	479.75	488.86	659.58
管理费用	845.34	824.03	773.85	650.93	621.88
财务费用	331.23	258.44	311.81	299.98	286.82
资产减值损失	-244.37	-201.27	-175.79	-178.60	-343.65
其他业务成本	1.78	1.87	1.76	1.68	1.53
公允价值变动收益	1.28	-18.76	9.89	31.08	21.68
投资收益	140.56	148.56	305.17	146.02	264.55
汇兑收益	0.02	0.04	-0.01	-0.03	0.00
其他业务利润	0.00	0.00	0.00	0.11	0.10
营业利润	1396.03	2527.44	3240.35	1294.98	656.10
加：营业外收入	37.75	31.05	42.38	38.19	40.44
减：营业外支出	76.07	57.71	107.46	56.01	74.67
利润总额	1357.85	2500.97	3175.32	1277.18	621.83
减：所得税费用	223.60	351.04	548.17	272.87	187.37
未确认的投资损失	0.00	0.00	0.00	0.00	0.00
影响净利润的其他项目	0.00	0.00	0.00	0.00	0.00
净利润	1134.30	2149.93	2627.15	1004.47	434.54
归属于母公司所有者的净利润	1075.14	1972.68	2383.70	909.39	397.29
少数股东损益	59.14	177.14	243.38	94.99	38.08
基本每股收益	0.29	0.53	0.62	0.35	0.31
稀释每股收益	0.29	0.50	0.60	0.34	0.30
其他综合收益（损失）	17.17	38.89	-34.50	6.62	11.50
综合收益总额	1151.51	2188.80	2594.57	1009.88	449.08

续表

年份	2023	2022	2021	2020	2019
归属于母公司所有者的综合收益	1084.04	1997.31	2350.32	906.36	385.53
归属少数股东的综合收益	60.20	179.38	239.08	91.98	38.96
研发费用	602.26	561.50	472.61	306.38	259.92
其他收益	167.67	147.28	94.79	99.81	91.65
净敞口套期收益	0.00	0.00	0.00	0.00	0.00
信用减值损失	−56.12	−60.26	−69.95	−165.09	−430.52
资产处置收益	18.40	18.61	10.18	28.76	0.37
归属于母公司其他权益工具持有者的净利润	0.00	0.00	0.00	0.00	0.00

附表24　证券市场石油化工制造业（C25-C26）现金流量表　　单位：亿元

年份	2023	2022	2021	2020	2019
销售商品、提供劳务收到的现金	28391.87	28020.42	23433.22	16739.55	15884.02
客户存款和同业存放款项净增加额	8.32	12.54	12.14	−7.02	8.20
向中央银行借款净增加额	0.00	0.00	0.00	0.00	0.00
向其他金融机构拆入资金净增加额	0.00	0.00	0.00	0.00	0.00
收到原保险合同保费取得的现金	0.00	0.00	0.00	0.00	0.00
收到再保险业务现金净额	0.00	0.00	0.00	0.00	0.00
保户储金及投资款净增加额	0.00	0.00	0.00	0.00	0.00
处置交易性金融资产净增加额	0.00	0.00	0.00	0.00	0.00
收取利息、手续费及佣金的现金	5.56	5.01	4.37	3.97	1.21
拆入资金净增加额	0.00	0.00	0.00	0.00	3.03
回购业务资金净增加额	0.00	0.00	0.00	0.00	0.00
收到的税费返还	452.65	801.42	191.38	163.19	146.26
收到的其他与经营活动有关的现金	814.81	671.68	604.27	618.74	584.09
经营活动现金流入小计	29673.33	29511.01	24245.37	17518.58	16626.85
购买商品、接受劳务支付的现金	22574.04	21942.40	17336.82	12579.83	11875.49
客户贷款及垫款净增加额	32.83	−19.16	12.10	1.14	24.17

续表

年份	2023	2022	2021	2020	2019
存放中央银行和同业款项净增加额	1.24	1.69	0.48	-0.49	-0.64
支付原保险合同赔付款项的现金	0.00	0.00	0.00	0.00	0.00
支付利息、手续费及佣金的现金	1.28	1.62	2.53	1.25	1.05
支付保单红利的现金	0.00	0.00	0.00	0.00	0.00
支付给职工以及为职工支付的现金	1720.39	1560.22	1365.33	1078.63	1014.47
支付的各项税费	1563.71	1761.87	1320.05	847.55	866.19
支付其他与经营活动有关的现金	1240.05	1180.21	1120.09	1084.16	1092.87
经营活动现金流出小计	27133.69	26428.90	21157.44	15591.92	14873.72
经营活动产生的现金流量净额	2539.60	3082.15	3087.99	1926.79	1753.09
收回投资收到的现金	2592.41	2658.79	2298.30	1999.11	1593.56
取得投资收益收到的现金	85.74	85.48	94.48	94.92	52.83
处置固定资产、无形资产和其他长期资产收回的现金净额	73.35	57.59	57.49	85.97	42.63
处置子公司及其他营业单位收到的现金净额	75.42	16.07	196.65	32.37	62.07
收到的其他与投资活动有关的现金	633.58	702.09	866.31	832.71	720.35
投资活动产生的现金流入小计	3460.66	3519.98	3513.37	3045.23	2471.54
购建固定资产、无形资产和其他长期资产支付的现金	3622.04	3241.46	2922.80	2224.42	1882.27
投资支付的现金	2694.65	2881.04	2686.27	2129.36	1747.52
质押贷款净增加额	0.00	0.00	0.00	0.00	0.00
取得子公司及其他营业单位支付的现金净额	116.60	99.28	119.10	112.02	105.01
支付其他与投资活动有关的现金	650.05	722.04	898.71	839.57	723.30
投资活动产生的现金流出小计	7083.27	6943.82	6626.90	5305.47	4458.07
投资活动产生的现金流量净额	-3622.66	-3423.90	-3113.41	-2260.18	-1986.43

续表

年份	2023	2022	2021	2020	2019
吸收投资收到的现金	725.26	772.13	826.80	833.60	403.83
吸收权益性投资收到的现金	709.94	751.57	767.42	791.57	397.89
其中：子公司吸收少数股东投资收到的现金	72.14	125.96	103.63	179.99	126.35
发行债券收到的现金	15.32	20.56	59.39	42.03	5.94
取得借款收到的现金	10869.71	8800.28	7986.08	7479.97	6272.78
收到其他与筹资活动有关的现金	1133.38	1196.40	1051.01	889.83	795.23
筹资活动现金流入小计	12728.21	10768.74	9863.94	9203.38	7471.76
偿还债务支付的现金	9099.80	7395.13	7025.84	6628.47	5630.37
分配股利、利润或偿付利息支付的现金	1102.35	1227.65	872.37	772.22	761.31
其中：子公司支付给少数股东的股利、利润	72.56	103.62	37.26	27.32	23.29
支付其他与筹资活动有关的现金	1510.00	1293.49	1387.63	863.22	860.19
筹资活动现金流出小计	11712.05	9916.50	9285.84	8264.01	7251.85
筹资活动产生的现金流量净额	1016.26	852.31	578.06	939.32	219.80
现金总流入	49484.95	47223.68	40736.15	32027.37	28556.75
现金总流出	45929.02	43289.18	37070.18	29161.38	26583.74
现金流量净额	−66.58	510.56	552.47	605.79	−13.53

附表25　证券市场医药制造业（C27）资产负债表　　单位：亿元

年份	2023	2022	2021	2020	2019
货币资金	4810.66	4784.84	4327.16	3349.70	2441.31
结算备付金	0.00	0.00	0.00	0.00	0.00
拆出资金净额	0.00	0.00	0.00	0.00	0.00
交易性金融资产	990.32	1155.22	1038.17	753.87	526.72
衍生金融资产	0.17	0.41	0.53	0.03	0.00
应收票据净额	151.78	183.29	163.62	177.44	192.84
应收账款净额	2498.82	2540.14	2203.33	1836.21	1718.58
应收款项融资	314.54	334.51	301.58	366.32	277.72
预付款项净额	199.99	255.78	241.28	207.90	185.47
应收保费净额	0.00	0.00	0.00	0.00	0.00

续表

年份	2023	2022	2021	2020	2019
应收分保账款净额	0.00	0.00	0.00	0.00	0.00
应收分保合同准备金净额	0.00	0.00	0.00	0.00	0.00
其他应收款净额	229.69	243.36	278.60	325.86	378.80
应收股利净额	1.84	3.75	1.13	1.00	5.23
买入返售金融资产净额	0.00	0.00	0.00	0.00	0.00
存货净额	2351.09	2346.79	2159.53	1896.83	1973.73
合同资产	13.08	12.63	14.27	13.23	0.00
一年内到期的非流动资产	76.44	68.19	38.95	11.91	8.43
其他流动资产	442.25	377.39	429.87	277.98	272.59
流动资产合计	12079.08	12302.44	11196.99	9217.42	7977.16
发放贷款及垫款净额	0.16	0.00	0.01	0.19	1.87
债权投资	106.91	57.38	15.31	18.55	2.93
其他债权投资	4.99	0.00	0.00	0.00	0.00
长期应收款净额	22.61	28.95	29.03	25.91	26.48
长期股权投资净额	1261.88	1218.89	1047.64	950.79	739.67
其他权益工具投资	258.60	262.26	248.63	239.46	202.37
其他非流动金融资产	254.36	246.05	206.33	191.01	128.58
投资性房地产净额	157.66	134.13	120.97	122.46	121.43
固定资产净额	4282.88	3899.73	3438.85	3078.24	2678.37
在建工程净额	1100.69	1118.21	985.03	796.53	760.11
生产性生物资产净额	1.54	1.43	1.43	1.64	2.20
油气资产净额	0.00	0.00	0.00	0.00	0.00
使用权资产	147.81	132.74	131.58	0.10	0.00
无形资产净额	1055.49	970.65	875.19	777.34	703.79
开发支出	387.71	359.58	317.86	267.62	236.09
商誉净额	655.07	668.49	699.19	702.88	735.62
长期待摊费用	84.37	74.83	65.04	59.98	53.36
递延所得税资产	238.92	227.07	180.03	152.95	118.75
其他非流动资产	516.28	495.78	414.73	277.76	215.66
非流动资产合计	10538.21	9896.52	8776.95	7663.32	6727.30
资产总计	22617.38	22198.98	19973.92	16880.91	14704.44
短期借款	1349.22	1423.03	1388.40	1439.86	1377.32
向中央银行借款	0.00	0.00	0.00	0.00	0.00
拆入资金	0.00	0.00	0.00	0.00	0.00
交易性金融负债	2.29	3.42	1.37	2.13	3.21

续表

年份	2023	2022	2021	2020	2019
衍生金融负债	0.52	1.86	1.76	0.13	0.01
应付票据	411.20	406.14	348.80	309.14	313.46
应付账款	1405.05	1386.70	1246.29	974.80	853.07
预收款项	8.91	11.66	11.87	7.24	157.03
合同负债	323.45	425.98	301.22	233.58	77.56
卖出回购金融资产款	0.00	0.00	0.00	0.00	0.00
吸收存款及同业存放	0.00	0.00	0.00	0.00	0.00
代理买卖证券款	0.00	0.00	0.00	0.00	0.00
代理承销证券款	0.00	0.00	0.00	0.00	0.00
应付职工薪酬	299.58	300.04	240.91	197.99	150.92
应交税费	181.73	241.55	236.39	195.35	146.18
其他应付款	1038.92	1089.78	982.05	892.98	800.67
应付股利	9.28	9.51	7.64	7.29	13.62
应付手续费及佣金	0.00	0.00	0.00	0.00	0.00
应付分保账款	0.00	0.00	0.00	0.00	0.00
一年内到期的非流动负债	453.52	445.22	454.73	436.90	357.51
其他流动负债	111.28	145.49	111.19	97.41	107.27
流动负债合计	5585.86	5881.29	5325.22	4787.71	4344.87
保险合同准备金	0.00	0.00	0.00	0.00	0.00
长期借款	978.98	867.03	629.49	708.48	505.75
应付债券	194.21	237.36	212.72	285.56	370.16
租赁负债	108.23	91.67	88.10	0.00	0.00
长期应付款	64.74	62.46	70.30	70.09	71.51
预计负债	26.84	39.88	33.03	26.84	16.54
递延收益-非流动负债	244.79	243.88	234.49	214.43	179.63
递延所得税负债	139.66	138.01	122.79	109.47	93.04
其他非流动负债	74.97	69.89	87.29	50.47	68.29
非流动负债合计	1832.51	1750.26	1478.18	1465.35	1304.94
负债合计	7418.41	7631.48	6803.36	6253.00	5649.84
实收资本（或股本）	2261.09	2257.52	2141.89	1910.52	1726.81
其他权益工具	40.04	43.53	38.33	63.35	53.45
其中：优先股	0.00	0.00	0.00	29.68	29.68
其中：永续债	0.00	0.00	0.00	0.00	4.99
资本公积	6164.14	6043.86	5382.24	3759.33	2776.59
其中：库存股	163.50	170.51	135.67	143.44	99.67

续表

年份	2023	2022	2021	2020	2019
其他综合收益	40.10	33.98	−21.53	8.27	33.47
专项储备	4.14	3.21	2.47	1.79	1.35
盈余公积	812.58	769.95	694.19	603.86	522.16
一般风险准备	0.00	0.00	0.00	0.01	0.01
未分配利润	5217.50	4854.96	4369.58	3792.95	3503.08
归属于母公司所有者权益合计	14376.19	13836.72	12471.51	9996.73	8517.35
少数股东权益	822.68	730.66	698.97	631.02	537.20
所有者权益合计	15198.85	14567.41	13170.63	10627.77	9054.67
负债与所有者权益总计	22617.38	22198.98	19973.92	16880.91	14704.44

附表26　　证券市场医药制造业（C27）利润表　　单位：亿元

年份	2023	2022	2021	2020	2019
营业总收入	10732.45	11146.71	10164.43	8723.43	8317.30
营业收入	10732.39	11146.66	10164.37	8723.33	8314.63
利息净收入	0.05	0.05	0.07	0.09	0.09
利息收入	0.05	0.05	0.07	0.09	0.09
利息支出	0.00	0.00	0.00	0.00	0.00
已赚保费	0.00	0.00	0.00	0.00	0.00
保险业务收入	0.00	0.00	0.00	0.00	0.00
减：分出保费	0.00	0.00	0.00	0.00	0.00
减：提取未到期责任准备金	0.00	0.00	0.00	0.00	0.00
手续费及佣金净收入	0.00	0.00	0.00	0.00	2.58
手续费及佣金收入	0.00	0.00	0.00	0.00	2.58
手续费及佣金支出	0.00	0.00	0.00	0.00	0.00
其他业务收入	0.00	0.00	0.00	0.00	0.00
营业总成本	9633.61	9692.12	8812.21	7650.60	7455.50
营业成本	5535.18	5635.02	4941.11	4327.53	4206.12
退保金	0.00	0.00	0.00	0.00	0.00
赔付支出净额	0.00	0.00	0.00	0.00	0.00
赔付支出	0.00	0.00	0.00	0.00	0.00
减：摊回赔付支出	0.00	0.00	0.00	0.00	0.00
提取保险责任准备金净额	0.00	0.00	0.00	0.00	0.00
提取保险责任准备金	0.00	0.00	0.00	0.00	0.00

续表

年份	2023	2022	2021	2020	2019
减：摊回保险责任准备金	0.00	0.00	0.00	0.00	0.00
保单红利支出	0.00	0.00	0.00	0.00	0.00
分保费用	0.00	0.00	0.00	0.00	0.00
税金及附加	98.57	100.66	98.99	81.55	85.46
业务及管理费	0.00	0.00	0.00	0.00	0.00
减：摊回分保费用	0.00	0.00	0.00	0.00	0.00
销售费用	2300.73	2323.08	2263.82	2022.51	2130.35
管理费用	794.02	765.93	708.63	622.78	565.52
财务费用	4.24	17.14	83.30	121.01	110.20
资产减值损失	−211.84	−223.56	−177.90	−366.18	−188.40
其他业务成本	0.00	0.00	0.00	0.00	0.15
公允价值变动收益	−1.66	−52.75	−1.12	56.26	7.19
投资收益	117.89	165.94	246.60	132.32	145.36
汇兑收益	0.00	0.00	0.00	0.00	0.00
其他业务利润	0.00	0.00	0.00	0.00	0.00
营业利润	1114.13	1386.09	1610.28	931.75	874.13
加：营业外收入	44.06	20.40	16.02	18.77	20.29
减：营业外支出	39.03	50.53	62.61	42.48	24.81
利润总额	1119.34	1355.97	1563.66	908.09	869.61
减：所得税费用	220.78	241.90	255.89	212.54	184.85
未确认的投资损失	0.00	0.00	0.00	0.00	0.00
影响净利润的其他项目	0.00	0.00	0.00	0.00	0.00
净利润	898.50	1114.13	1307.82	695.55	684.81
归属于母公司所有者的净利润	855.62	1055.76	1251.27	631.58	630.49
少数股东损益	42.95	57.52	56.55	63.95	54.29
基本每股收益	0.29	0.42	0.48	0.36	0.38
稀释每股收益	0.29	0.41	0.48	0.34	0.36
其他综合收益（损失）	8.79	63.83	−22.85	−24.06	0.44
综合收益总额	907.28	1179.44	1288.51	705.29	687.34
归属于母公司所有者的综合收益	863.79	1118.88	1233.24	642.50	631.22
归属少数股东的综合收益	43.55	60.50	55.25	62.79	55.31
研发费用	900.97	850.33	716.40	474.99	357.76
其他收益	125.51	112.95	279.00	102.34	81.05

续表

年份	2023	2022	2021	2020	2019
净敞口套期收益	0.00	0.00	0.00	0.00	0.00
信用减值损失	−32.54	−88.11	−97.92	−72.16	−38.55
资产处置收益	17.89	17.06	9.55	6.37	5.47
归属于母公司其他权益工具持有者的净利润	0.00	0.85	0.00	0.00	0.00

附表27　证券市场医药制造业（C27）现金流量表　　单位：亿元

年份	2023	2022	2021	2020	2019
销售商品、提供劳务收到的现金	10966.83	11105.07	10197.02	8761.13	8415.17
客户存款和同业存放款项净增加额	0.00	0.00	0.00	0.00	0.00
向中央银行借款净增加额	0.00	0.00	0.00	0.00	0.00
向其他金融机构拆入资金净增加额	0.00	0.00	0.00	0.00	0.00
收到原保险合同保费取得的现金	0.00	0.00	0.00	0.00	0.00
收到再保险业务现金净额	0.00	0.00	0.00	0.00	0.00
保户储金及投资款净增加额	0.00	0.00	0.00	0.00	0.00
处置交易性金融资产净增加额	0.00	0.00	0.00	0.00	0.00
收取利息、手续费及佣金的现金	0.05	0.06	0.03	0.04	0.05
拆入资金净增加额	0.00	0.00	0.00	0.00	0.00
回购业务资金净增加额	0.00	0.00	0.00	0.00	0.00
收到的税费返还	110.53	178.56	94.11	65.26	47.28
收到的其他与经营活动有关的现金	426.54	512.76	410.83	407.27	343.10
经营活动现金流入小计	11503.82	11796.42	10702.24	9233.62	8805.68
购买商品、接受劳务支付的现金	5093.09	5240.95	4637.09	4046.26	3872.91
客户贷款及垫款净增加额	0.08	0.47	0.14	0.00	0.00
存放中央银行和同业款项净增加额	0.00	0.00	0.00	0.00	0.00
支付原保险合同赔付款项的现金	0.00	0.00	0.00	0.00	0.00

续表

年份	2023	2022	2021	2020	2019
支付利息、手续费及佣金的现金	0.00	0.00	0.00	0.00	0.00
支付保单红利的现金	0.00	0.00	0.00	0.00	0.00
支付给职工以及为职工支付的现金	1718.93	1600.48	1381.52	1078.39	967.85
支付的各项税费	890.89	901.83	788.37	689.15	724.61
支付其他与经营活动有关的现金	2415.85	2394.72	2409.32	2172.01	2264.10
经营活动现金流出小计	10119.01	10138.57	9216.58	7985.82	7829.47
经营活动产生的现金流量净额	1384.85	1657.93	1485.73	1247.87	976.17
收回投资收到的现金	3345.86	3601.25	2977.69	3003.89	2637.11
取得投资收益收到的现金	88.65	89.95	77.71	62.36	49.47
处置固定资产、无形资产和其他长期资产收回的现金净额	36.56	23.00	29.08	57.60	29.54
处置子公司及其他营业单位收到的现金净额	15.28	70.12	138.18	60.89	53.46
收到的其他与投资活动有关的现金	748.57	704.60	805.96	675.98	647.63
投资活动产生的现金流入小计	4235.12	4489.05	4028.82	3860.87	3417.31
购建固定资产、无形资产和其他长期资产支付的现金	989.06	1083.53	1009.44	735.98	628.88
投资支付的现金	3414.19	4044.19	3203.92	3245.33	2585.83
质押贷款净增加额	0.00	0.00	0.32	0.00	0.00
取得子公司及其他营业单位支付的现金净额	47.05	45.82	75.83	60.46	41.49
支付其他与投资活动有关的现金	837.39	779.87	851.05	723.96	572.00
投资活动产生的现金流出小计	5287.80	5953.40	5140.37	4765.79	3828.19
投资活动产生的现金流量净额	-1052.66	-1464.16	-1111.69	-904.95	-410.75
吸收投资收到的现金	263.02	634.59	1043.39	775.97	204.50
吸收权益性投资收到的现金	255.77	634.59	1043.39	775.97	184.06

续表

年份	2023	2022	2021	2020	2019
其中：子公司吸收少数股东投资收到的现金	45.72	78.26	83.61	34.11	55.92
发行债券收到的现金	7.25	0.00	0.00	0.00	20.44
取得借款收到的现金	2324.90	2569.19	2299.95	2530.64	2120.40
收到其他与筹资活动有关的现金	328.26	296.93	238.92	362.70	289.84
筹资活动现金流入小计	2916.19	3500.72	3582.27	3669.31	2614.70
偿还债务支付的现金	2222.93	2377.46	2269.02	2292.18	2166.50
分配股利、利润或偿付利息支付的现金	630.88	619.73	516.71	499.57	457.96
其中：子公司支付给少数股东的股利、利润	35.75	39.54	29.29	29.85	28.89
支付其他与筹资活动有关的现金	462.06	463.50	362.69	456.86	437.44
筹资活动现金流出小计	3316.01	3460.70	3148.37	3248.60	3061.92
筹资活动产生的现金流量净额	−399.69	40.02	433.89	420.75	−447.13
现金总流入	19707.73	21250.50	19424.94	17668.78	15248.52
现金总流出	18722.69	19552.49	17505.28	16000.20	14719.46
现金流量净额	−67.55	233.78	807.98	763.67	118.36

附表28　证券市场化纤橡塑制造业（C28-C29）资产负债表　单位：亿元

年份	2023	2022	2021	2020	2019
货币资金	1740.59	1695.52	1465.57	1245.78	858.84
结算备付金	0.00	0.00	0.00	0.00	0.00
拆出资金净额	0.00	0.00	0.00	0.00	0.00
交易性金融资产	203.41	192.84	209.85	181.47	167.26
衍生金融资产	0.03	0.18	0.03	7.43	4.10
应收票据净额	174.14	170.38	145.97	81.86	72.89
应收账款净额	1092.61	954.67	849.37	676.27	582.38
应收款项融资	243.41	194.95	229.10	232.54	181.61
预付款项净额	119.08	128.48	118.31	91.90	74.54
应收保费净额	0.00	0.00	0.00	0.00	0.00
应收分保账款净额	0.00	0.00	0.00	0.00	0.00
应收分保合同准备金净额	0.00	0.00	0.00	0.00	0.00
其他应收款净额	38.32	46.51	48.17	53.26	67.09

续表

年份	2023	2022	2021	2020	2019
应收股利净额	0.94	0.19	0.92	0.01	0.24
买入返售金融资产净额	0.00	0.00	0.00	0.00	0.00
存货净额	1214.68	1141.11	1032.64	728.38	612.17
合同资产	13.68	11.83	10.64	8.63	1.51
一年内到期的非流动资产	15.41	5.07	5.78	2.55	1.21
其他流动资产	260.13	231.54	204.43	195.59	115.72
流动资产合计	5115.53	4773.26	4319.76	3505.67	2739.24
发放贷款及垫款净额	0.32	0.34	0.60	0.66	0.58
债权投资	13.35	7.89	2.33	0.00	0.00
其他债权投资	1.01	0.00	0.18	0.00	0.00
长期应收款净额	23.42	3.62	3.11	10.16	10.65
长期股权投资净额	516.79	501.19	462.38	377.53	303.46
其他权益工具投资	35.18	36.27	43.31	42.57	40.69
其他非流动金融资产	70.14	58.58	43.66	38.21	60.07
投资性房地产净额	57.57	52.14	27.40	24.58	22.48
固定资产净额	3769.23	3093.54	2712.90	2382.46	2028.92
在建工程净额	841.39	956.99	638.38	392.70	316.33
生产性生物资产净额	1.38	1.42	1.47	1.52	1.57
油气资产净额	0.00	0.00	0.00	0.00	0.00
使用权资产	40.75	41.28	42.88	0.00	0.00
无形资产净额	384.43	357.66	301.04	251.83	206.12
开发支出	2.82	1.40	0.97	3.11	2.78
商誉净额	120.01	113.88	115.19	138.86	161.78
长期待摊费用	41.41	32.95	27.26	23.69	20.64
递延所得税资产	94.32	80.73	53.99	46.75	36.98
其他非流动资产	278.05	279.62	262.54	158.81	105.48
非流动资产合计	6291.59	5619.51	4739.58	3893.46	3318.33
资产总计	11407.10	10392.76	9059.44	7399.12	6057.62
短期借款	1605.57	1486.68	1219.51	981.07	984.27
向中央银行借款	0.00	0.00	0.00	0.00	0.00
拆入资金	0.00	0.00	0.00	0.00	0.00
交易性金融负债	1.55	1.20	0.31	0.96	0.21
衍生金融负债	0.01	0.54	0.29	1.74	0.73
应付票据	447.18	425.29	446.11	380.06	325.99
应付账款	949.97	848.66	736.98	577.00	520.35

续表

年份	2023	2022	2021	2020	2019
预收款项	0.78	0.97	2.12	2.10	55.74
合同负债	100.90	89.72	101.72	98.88	1.95
卖出回购金融资产款	0.00	0.00	0.00	0.00	0.00
吸收存款及同业存放	0.00	0.00	0.00	0.00	0.00
代理买卖证券款	0.00	0.00	0.00	0.00	0.00
代理承销证券款	0.00	0.00	0.00	0.00	0.00
应付职工薪酬	84.93	69.88	69.10	64.63	51.08
应交税费	46.35	46.81	67.43	57.92	38.93
其他应付款	180.08	183.82	216.59	162.23	138.70
应付股利	2.23	1.69	1.01	2.17	0.70
应付手续费及佣金	0.00	0.00	0.00	0.00	0.00
应付分保账款	0.00	0.00	0.00	0.00	0.00
一年内到期的非流动负债	425.67	307.78	235.14	230.42	159.67
其他流动负债	108.55	82.16	78.23	56.82	32.64
流动负债合计	3951.52	3543.64	3173.63	2614.01	2310.19
保险合同准备金	0.00	0.00	0.00	0.00	0.00
长期借款	1114.70	1012.97	769.32	608.82	483.12
应付债券	273.41	231.92	121.74	154.84	166.95
租赁负债	33.22	32.57	32.06	0.00	0.00
长期应付款	43.84	38.39	28.39	26.50	26.30
预计负债	7.94	8.15	11.80	50.49	31.19
递延收益－非流动负债	133.98	114.20	99.84	88.71	70.53
递延所得税负债	58.97	58.21	51.86	37.64	24.07
其他非流动负债	43.30	43.07	26.24	30.88	53.86
非流动负债合计	1709.41	1539.58	1141.24	997.88	856.07
负债合计	5660.90	5083.19	4314.88	3611.91	3166.28
实收资本（或股本）	896.81	861.58	812.94	799.60	713.40
其他权益工具	44.93	39.38	17.83	21.33	18.97
其中：优先股	0.00	0.00	0.00	0.00	0.00
其中：永续债	0.00	0.00	0.00	0.00	0.00
资本公积	2115.73	1915.00	1669.45	1485.45	1069.70
其中：库存股	81.33	51.88	28.25	22.15	17.89
其他综合收益	21.69	13.19	−25.54	−9.75	16.67
专项储备	1.40	0.97	0.68	0.78	0.83
盈余公积	256.37	233.77	210.33	180.26	149.90

续表

年份	2023	2022	2021	2020	2019
一般风险准备	0.00	0.00	0.01	0.00	0.00
未分配利润	2196.51	2012.57	1850.49	1178.02	803.84
归属于母公司所有者权益合计	5452.09	5024.41	4507.85	3633.48	2755.29
少数股东权益	294.16	285.03	236.66	153.71	136.03
所有者权益合计	5746.26	5309.48	4744.50	3787.19	2891.32
负债与所有者权益总计	11407.10	10392.76	9059.44	7399.12	6057.62

附表29　证券市场化纤橡塑制造业（C28-C29）利润表　　　单位：亿元

年份	2023	2022	2021	2020	2019
营业总收入	7849.41	7349.29	6874.18	5275.41	4634.59
营业收入	7849.41	7349.29	6874.18	5275.41	4634.59
利息净收入	0.00	0.00	0.00	0.00	0.00
利息收入	0.00	0.00	0.00	0.00	0.00
利息支出	0.00	0.00	0.00	0.00	0.00
已赚保费	0.00	0.00	0.00	0.00	0.00
保险业务收入	0.00	0.00	0.00	0.00	0.00
减：分出保费	0.00	0.00	0.00	0.00	0.00
减：提取未到期责任准备金	0.00	0.00	0.00	0.00	0.00
手续费及佣金净收入	0.00	0.00	0.00	0.00	0.00
手续费及佣金收入	0.00	0.00	0.00	0.00	0.00
手续费及佣金支出	0.00	0.00	0.00	0.00	0.00
其他业务收入	0.00	0.00	0.00	0.00	0.00
营业总成本	7538.63	7069.30	6213.76	4780.05	4366.63
营业成本	6813.84	6446.18	5594.22	4216.83	3851.53
退保金	0.00	0.00	0.00	0.00	0.00
赔付支出净额	0.00	0.00	0.00	0.00	0.00
赔付支出	0.00	0.00	0.00	0.00	0.00
减：摊回赔付支出	0.00	0.00	0.00	0.00	0.00
提取保险责任准备金净额	0.00	0.00	0.00	0.00	0.00
提取保险责任准备金	0.00	0.00	0.00	0.00	0.00
减：摊回保险责任准备金	0.00	0.00	0.00	0.00	0.00
保单红利支出	0.00	0.00	0.00	0.00	0.00
分保费用	0.00	0.00	0.00	0.00	0.00

续表

年份	2023	2022	2021	2020	2019
税金及附加	37.32	30.84	32.61	26.16	24.74
业务及管理费	0.00	0.00	0.00	0.00	0.00
减：摊回分保费用	0.00	0.00	0.00	0.00	0.00
销售费用	134.47	110.32	106.44	111.14	141.69
管理费用	241.52	217.70	206.26	177.96	151.75
财务费用	80.97	57.48	79.84	96.43	70.88
资产减值损失	−51.92	−46.38	−61.75	−61.92	−34.19
其他业务成本	0.00	0.00	0.00	0.00	0.00
公允价值变动收益	4.76	3.62	8.69	0.03	13.42
投资收益	35.81	54.21	86.81	60.88	57.30
汇兑收益	0.00	0.00	0.00	0.00	0.00
其他业务利润	0.00	0.00	0.00	0.00	0.00
营业利润	339.47	339.96	717.70	502.95	270.91
加：营业外收入	6.33	7.63	7.25	6.39	5.52
减：营业外支出	9.03	27.57	12.62	10.04	9.03
利润总额	336.78	319.97	712.26	499.22	267.40
减：所得税费用	36.73	22.19	91.72	75.04	53.61
未确认的投资损失	0.00	0.00	0.00	0.00	0.00
影响净利润的其他项目	0.00	0.00	0.00	0.00	0.00
净利润	300.06	297.82	620.58	424.16	213.93
归属于母公司所有者的净利润	297.07	288.93	606.60	413.83	202.37
少数股东损益	2.96	8.83	13.91	10.41	11.57
基本每股收益	0.24	0.35	0.43	0.47	0.33
稀释每股收益	0.24	0.34	0.43	0.47	0.33
其他综合收益（损失）	8.96	43.90	−15.01	−29.01	5.66
综合收益总额	308.99	341.72	605.53	395.14	219.64
归属于母公司所有者的综合收益	305.83	331.15	589.57	385.91	205.90
归属少数股东的综合收益	3.05	11.03	14.06	8.98	12.62
研发费用	230.53	206.82	194.50	151.62	125.98
其他收益	50.93	58.01	34.40	36.37	28.43
净敞口套期收益	0.00	0.00	0.00	0.00	0.00
信用减值损失	−15.36	−16.71	−15.12	−35.14	−68.92
资产处置收益	4.48	7.26	4.06	7.33	6.86
归属于母公司其他权益工具持有者的净利润	0.00	0.00	0.00	0.00	0.00

附表30　　证券市场化纤橡塑制造业（C28-C29）现金流量表　　单位：亿元

年份	2023	2022	2021	2020	2019
销售商品、提供劳务收到的现金	7674.94	7143.30	6493.61	5171.00	4492.25
客户存款和同业存放款项净增加额	0.00	0.00	0.00	0.00	0.00
向中央银行借款净增加额	0.00	0.00	0.00	0.00	0.00
向其他金融机构拆入资金净增加额	0.00	0.00	0.00	0.00	0.00
收到原保险合同保费取得的现金	0.00	0.00	0.00	0.00	0.00
收到再保险业务现金净额	0.00	0.00	0.00	0.00	0.00
保户储金及投资款净增加额	0.00	0.00	0.00	0.00	0.00
处置交易性金融资产净增加额	0.00	0.00	0.00	0.00	0.00
收取利息、手续费及佣金的现金	0.00	0.00	0.00	0.00	0.00
拆入资金净增加额	0.00	0.00	0.00	0.00	0.00
回购业务资金净增加额	0.00	0.00	0.00	0.00	0.00
收到的税费返还	139.11	187.94	85.09	68.87	48.57
收到的其他与经营活动有关的现金	176.08	146.26	134.86	149.79	105.34
经营活动现金流入小计	**7990.05**	**7477.48**	**6713.64**	**5389.79**	**4646.18**
购买商品、接受劳务支付的现金	6395.74	6147.72	5216.71	3876.83	3540.77
客户贷款及垫款净增加额	0.00	0.00	0.00	0.00	0.00
存放中央银行和同业款项净增加额	0.00	0.00	0.00	0.00	0.00
支付原保险合同赔付款项的现金	0.00	0.00	0.00	0.00	0.00
支付利息、手续费及佣金的现金	0.00	0.00	0.00	0.00	0.00
支付保单红利的现金	0.00	0.00	0.00	0.00	0.00
支付给职工以及为职工支付的现金	579.78	523.17	481.53	392.82	337.97
支付的各项税费	192.35	204.13	212.25	160.58	150.42
支付其他与经营活动有关的现金	267.71	243.83	231.86	238.01	208.16
经营活动现金流出小计	**7435.61**	**7118.82**	**6142.27**	**4668.22**	**4237.31**

续表

年份	2023	2022	2021	2020	2019
经营活动产生的现金流量净额	554.45	358.65	571.41	721.58	408.91
收回投资收到的现金	706.92	754.05	580.19	569.55	566.56
取得投资收益收到的现金	22.08	23.07	27.69	19.90	14.48
处置固定资产、无形资产和其他长期资产收回的现金净额	17.49	21.93	15.80	21.36	18.60
处置子公司及其他营业单位收到的现金净额	9.12	2.54	11.50	12.11	8.73
收到的其他与投资活动有关的现金	241.98	266.93	330.56	446.67	398.38
投资活动产生的现金流入小计	997.63	1068.53	965.85	1069.68	1006.82
购建固定资产、无形资产和其他长期资产支付的现金	818.73	869.93	819.59	560.36	464.78
投资支付的现金	778.10	798.74	673.27	722.18	636.00
质押贷款净增加额	0.00	0.00	0.00	7.09	0.00
取得子公司及其他营业单位支付的现金净额	16.16	13.26	27.43	19.17	12.90
支付其他与投资活动有关的现金	271.31	295.18	310.02	458.51	392.74
投资活动产生的现金流出小计	1884.30	1977.16	1830.33	1767.23	1506.35
投资活动产生的现金流量净额	−886.59	−908.53	−864.44	−697.60	−499.44
吸收投资收到的现金	252.81	313.02	229.40	388.94	130.04
吸收权益性投资收到的现金	252.81	311.02	227.40	351.08	120.04
其中：子公司吸收少数股东投资收到的现金	36.16	23.26	41.94	21.62	14.28
发行债券收到的现金	0.00	2.00	2.00	37.86	10.00
取得借款收到的现金	3113.47	2834.45	2082.18	1727.99	1630.76
收到其他与筹资活动有关的现金	331.93	273.99	167.37	168.24	170.21
筹资活动现金流入小计	3698.21	3421.41	2478.96	2285.22	1931.00
偿还债务支付的现金	2707.00	2180.54	1564.20	1628.43	1380.01
分配股利、利润或偿付利息支付的现金	223.25	235.49	229.84	168.90	148.82

续表

年份	2023	2022	2021	2020	2019
其中：子公司支付给少数股东的股利、利润	3.90	2.47	2.94	2.78	2.20
支付其他与筹资活动有关的现金	468.51	311.64	199.79	147.63	216.85
筹资活动现金流出小计	3398.77	2727.74	1993.77	1944.97	1745.74
筹资活动产生的现金流量净额	299.47	693.78	485.18	340.18	185.28
现金总流入	13572.60	12876.14	11022.95	9442.26	8083.55
现金总流出	12718.66	11823.69	9966.39	8380.54	7489.40
现金流量净额	-32.63	143.78	192.05	364.10	94.75

附表31　证券市场金属矿物制造业（C30-C33）资产负债表　　　单位：亿元

年份	2023	2022	2021	2020	2019
货币资金	8438.95	8034.90	7447.28	6218.80	5404.20
结算备付金	7.27	6.75	7.68	3.21	2.33
拆出资金净额	0.00	0.00	0.00	0.00	0.00
交易性金融资产	825.65	764.92	957.53	819.30	750.13
衍生金融资产	26.53	23.55	16.52	17.60	14.08
应收票据净额	967.97	1080.01	1081.80	658.15	679.65
应收账款净额	4466.89	4155.53	3501.99	2511.50	2363.97
应收款项融资	1307.69	1305.56	1542.52	1845.42	1584.98
预付款项净额	954.62	1096.47	997.26	815.82	693.22
应收保费净额	0.00	0.00	0.00	0.00	0.00
应收分保账款净额	0.00	0.00	0.00	0.00	0.00
应收分保合同准备金净额	0.00	0.00	0.00	0.00	0.00
其他应收款净额	634.51	629.94	585.51	544.78	598.43
应收股利净额	30.77	19.69	16.40	17.74	7.00
买入返售金融资产净额	9.20	62.72	75.34	114.83	55.49
存货净额	8656.61	8644.96	8268.82	6869.92	6697.12
合同资产	495.85	422.22	361.30	266.34	21.17
一年内到期的非流动资产	310.43	189.22	94.26	115.43	88.11
其他流动资产	1261.40	1518.15	1137.48	1194.37	1022.39
流动资产合计	28363.62	27934.90	26075.36	21995.56	19975.21
发放贷款及垫款净额	11.53	18.16	63.39	13.86	53.79
债权投资	187.44	125.07	118.32	122.30	75.24

续表

年份	2023	2022	2021	2020	2019
其他债权投资	5.22	32.31	81.16	3.61	0.52
长期应收款净额	76.16	73.55	158.31	195.19	234.89
长期股权投资净额	2742.09	2385.61	2123.49	1729.27	1620.41
其他权益工具投资	444.85	569.32	520.74	455.78	423.01
其他非流动金融资产	223.50	208.72	268.59	191.84	194.30
投资性房地产净额	670.90	592.03	556.08	488.28	484.29
固定资产净额	23472.98	21788.00	19857.23	18255.85	16913.12
在建工程净额	3164.84	2898.85	2727.74	2244.61	2116.44
生产性生物资产净额	0.02	0.01	0.00	0.00	0.00
油气资产净额	0.00	0.00	0.00	0.00	0.00
使用权资产	483.31	492.10	582.24	0.00	0.00
无形资产净额	3814.19	3518.31	2882.23	2348.37	2142.06
开发支出	11.23	12.36	10.13	8.93	15.46
商誉净额	595.05	611.35	596.43	332.65	353.97
长期待摊费用	273.43	243.98	223.21	175.87	160.32
递延所得税资产	646.89	531.23	414.38	375.79	335.50
其他非流动资产	1218.53	1192.87	1055.99	1036.84	865.43
非流动资产合计	38041.96	35294.01	32239.81	27979.02	25989.13
资产总计	66405.55	63229.02	58315.25	49974.55	45964.25
短期借款	6314.22	6253.77	6176.11	6010.01	6524.43
向中央银行借款	8.95	12.93	9.47	0.00	0.00
拆入资金	0.00	0.00	0.00	10.50	16.22
交易性金融负债	13.79	19.07	16.37	20.06	26.60
衍生金融负债	32.93	38.47	16.25	34.70	12.27
应付票据	3714.65	3584.34	3367.46	2897.28	2685.56
应付账款	6297.27	6145.75	5495.94	4445.61	4046.35
预收款项	28.44	14.88	16.11	9.49	1044.42
合同负债	1797.21	1921.32	1920.60	1752.26	537.04
卖出回购金融资产款	10.01	14.89	18.59	26.79	33.37
吸收存款及同业存放	44.24	447.51	386.41	238.45	224.62
代理买卖证券款	0.00	0.00	0.00	0.00	0.00
代理承销证券款	0.00	0.00	0.00	0.00	0.00
应付职工薪酬	459.10	459.61	451.25	351.24	326.39
应交税费	441.65	570.29	657.04	455.96	388.85

续表

年份	2023	2022	2021	2020	2019
其他应付款	1811.61	1919.83	1966.43	1353.80	1273.34
应付股利	42.32	33.30	136.50	48.53	47.87
应付手续费及佣金	0.01	0.03	0.00	0.00	0.00
应付分保账款	0.00	0.00	0.00	0.00	0.00
一年内到期的非流动负债	2579.49	2375.41	2108.89	1770.24	1783.28
其他流动负债	822.03	867.40	843.54	808.18	859.43
流动负债合计	24375.79	24645.66	23450.37	20186.07	19782.16
保险合同准备金	0.00	0.00	0.00	0.00	0.00
长期借款	6689.76	5012.10	4181.85	3649.49	2895.90
应付债券	1263.02	1552.97	1471.07	1537.50	1379.15
租赁负债	384.37	359.60	420.27	0.00	0.00
长期应付款	575.35	546.82	405.57	360.95	414.08
预计负债	149.09	133.60	162.68	142.29	129.17
递延收益-非流动负债	445.40	390.61	362.21	333.60	317.95
递延所得税负债	340.20	309.50	303.37	265.07	258.39
其他非流动负债	136.94	122.07	129.81	263.69	258.05
非流动负债合计	9984.16	8427.40	7436.96	6552.86	5652.59
负债合计	34359.96	33072.89	30887.36	26738.87	25434.75
实收资本（或股本）	5239.15	5018.05	4863.65	4633.51	4352.34
其他权益工具	517.62	360.34	265.24	461.50	414.67
其中：优先股	0.00	0.00	0.00	0.00	0.00
其中：永续债	402.33	261.93	205.86	391.37	382.78
资本公积	9279.55	8775.59	8109.93	6836.45	6316.93
其中：库存股	162.28	144.18	134.78	86.79	73.76
其他综合收益	-4.91	96.97	66.73	35.38	32.65
专项储备	72.15	63.86	58.05	49.19	39.30
盈余公积	1889.77	1788.43	1653.38	1522.27	1403.19
一般风险准备	5.01	7.71	7.60	7.07	6.88
未分配利润	11752.30	10965.72	9721.80	7347.08	5942.93
归属于母公司所有者权益合计	28588.23	26932.56	24611.35	20805.62	18435.25
少数股东权益	3457.22	3223.54	2816.43	2430.11	2094.38
所有者权益合计	32045.42	30156.06	27427.71	23235.69	20529.58
负债与所有者权益总计	66405.55	63229.02	58315.25	49974.55	45964.25

附表32　　证券市场金属矿物制造业（C30-C33）利润表　　单位：亿元

年份	2023	2022	2021	2020	2019
营业总收入	59552.38	60277.99	58589.34	41657.53	37128.05
营业收入	59540.91	60257.46	58573.60	41645.99	37119.90
利息净收入	11.02	19.49	15.11	11.16	7.66
利息收入	11.02	19.49	15.11	11.16	7.66
利息支出	0.00	0.00	0.00	0.00	0.00
已赚保费	0.00	0.00	0.00	0.00	0.00
保险业务收入	0.00	0.00	0.00	0.00	0.00
减：分出保费	0.00	0.00	0.00	0.00	0.00
减：提取未到期责任准备金	0.00	0.00	0.00	0.00	0.00
手续费及佣金净收入	0.44	1.04	0.62	0.38	0.50
手续费及佣金收入	0.44	1.04	0.62	0.38	0.50
手续费及佣金支出	0.00	0.00	0.00	0.00	0.00
其他业务收入	0.00	0.00	0.00	0.00	0.00
营业总成本	57308.18	57268.03	54270.33	39286.10	35048.84
营业成本	53610.19	53683.29	50542.35	36144.64	31855.00
退保金	0.00	0.00	0.00	0.00	0.00
赔付支出净额	0.00	0.00	0.00	0.00	0.00
赔付支出	0.00	0.00	0.00	0.00	0.00
减：摊回赔付支出	0.00	0.00	0.00	0.00	0.00
提取保险责任准备金净额	0.00	0.00	0.00	0.00	0.00
提取保险责任准备金	0.00	0.00	0.00	0.00	0.00
减：摊回保险责任准备金	0.00	0.00	0.00	0.00	0.00
保单红利支出	0.00	0.00	0.00	0.00	0.00
分保费用	0.00	0.00	0.00	0.00	0.00
税金及附加	369.89	368.58	353.93	270.64	279.75
业务及管理费	0.00	0.00	0.00	0.00	0.00
减：摊回分保费用	0.00	0.00	0.00	0.00	0.00
销售费用	542.61	506.12	517.11	608.98	779.80
管理费用	1330.20	1303.37	1303.54	1031.12	1026.83
财务费用	469.89	461.12	580.52	556.94	569.62
资产减值损失	-291.60	-326.50	-411.94	-223.29	-358.33
其他业务成本	4.16	7.63	5.77	3.98	2.62
公允价值变动收益	31.34	-35.69	41.02	5.47	26.51
投资收益	260.60	333.73	227.86	368.10	223.89

续表

年份	2023	2022	2021	2020	2019
汇兑收益	0.48	0.70	0.17	1.23	−0.62
其他业务利润	0.00	0.00	0.00	0.00	0.00
营业利润	2517.02	3195.71	4270.77	2594.76	2103.77
加：营业外收入	59.88	58.84	77.65	64.57	59.20
减：营业外支出	78.85	92.28	124.74	107.50	139.32
利润总额	2497.90	3162.38	4223.77	2552.11	2023.69
减：所得税费用	473.56	534.91	815.36	501.90	474.36
未确认的投资损失	0.00	0.00	0.00	0.00	0.00
影响净利润的其他项目	0.00	0.00	0.00	0.00	0.00
净利润	2024.32	2627.45	3408.39	2049.98	1549.11
归属于母公司所有者的净利润	1654.75	2319.21	3098.38	1860.57	1384.00
少数股东损益	369.64	308.26	310.07	189.37	165.17
基本每股收益	0.29	0.32	0.43	0.30	0.24
稀释每股收益	0.29	0.31	0.43	0.29	0.23
其他综合收益（损失）	−110.11	20.72	33.26	39.41	70.29
综合收益总额	1914.16	2648.17	3439.41	2089.59	1619.60
归属于母公司所有者的综合收益	1535.20	2330.94	3132.42	1899.22	1450.94
归属少数股东的综合收益	375.47	313.21	303.93	184.05	167.51
研发费用	981.03	937.85	966.98	669.87	535.11
其他收益	290.03	193.86	185.59	164.36	145.71
净敞口套期收益	0.00	0.01	0.01	0.00	0.00
信用减值损失	−82.30	−100.19	−144.27	−142.15	−173.02
资产处置收益	63.99	119.69	53.39	49.57	160.36
归属于母公司其他权益工具持有者的净利润	0.00	0.00	0.00	0.00	0.00

附表33　证券市场金属矿物制造业（C30—C33）现金流量表　　　单位：亿元

年份	2023	2022	2021	2020	2019
销售商品、提供劳务收到的现金	59110.37	58874.98	56584.71	41576.21	36658.87
客户存款和同业存放款项净增加额	5.01	62.14	120.97	15.19	42.07
向中央银行借款净增加额	−4.00	3.46	9.47	4.62	0.00
向其他金融机构拆入资金净增加额	−0.99	0.00	0.00	0.00	4.22

续表

年份	2023	2022	2021	2020	2019
收到原保险合同保费取得的现金	0.00	0.00	0.00	0.00	0.00
收到再保险业务现金净额	0.00	0.00	0.00	0.00	0.00
保户储金及投资款净增加额	0.00	0.00	0.00	0.00	0.00
处置交易性金融资产净增加额	0.00	0.00	0.00	0.00	0.00
收取利息、手续费及佣金的现金	11.99	24.67	20.20	15.92	10.61
拆入资金净增加额	6.91	39.18	-61.64	0.44	7.77
回购业务资金净增加额	10.01	0.00	-7.32	5.28	14.41
收到的税费返还	401.16	517.92	260.38	199.08	187.29
收到的其他与经营活动有关的现金	1207.58	1054.34	1001.45	858.92	798.49
经营活动现金流入小计	60783.96	60579.69	57938.65	42685.94	37727.10
购买商品、接受劳务支付的现金	50413.22	49638.95	46566.65	33992.72	29220.93
客户贷款及垫款净增加额	15.37	28.07	26.70	4.28	14.03
存放中央银行和同业款项净增加额	0.23	-0.89	8.56	7.59	1.96
支付原保险合同赔付款项的现金	0.00	0.00	0.00	0.00	0.00
支付利息、手续费及佣金的现金	4.62	9.17	7.03	5.87	3.41
支付保单红利的现金	0.00	0.00	0.00	0.00	0.00
支付给职工以及为职工支付的现金	3108.34	2943.21	2732.17	2194.06	2082.52
支付的各项税费	2062.91	2279.66	2173.53	1501.76	1643.20
支付其他与经营活动有关的现金	1614.75	1537.94	1481.07	1469.83	1393.43
经营活动现金流出小计	57227.21	56458.76	52996.63	39191.92	34359.44
经营活动产生的现金流量净额	3556.76	4120.97	4942.04	3494.04	3367.74
收回投资收到的现金	3671.16	4259.24	3734.83	3586.77	3278.50
取得投资收益收到的现金	217.51	206.72	174.57	182.62	125.01
处置固定资产、无形资产和其他长期资产收回的现金净额	228.50	241.73	293.82	139.03	138.20
处置子公司及其他营业单位收到的现金净额	45.91	38.64	63.08	82.93	48.95

续表

年份	2023	2022	2021	2020	2019
收到的其他与投资活动有关的现金	1746.14	857.22	742.69	846.50	904.18
投资活动产生的现金流入小计	5909.35	5603.68	5009.06	4838.05	4494.87
购建固定资产、无形资产和其他长期资产支付的现金	3124.41	3257.21	2698.02	2079.47	1989.22
投资支付的现金	4143.40	4546.67	4234.52	3931.63	3820.09
质押贷款净增加额	0.00	0.00	0.00	0.00	0.00
取得子公司及其他营业单位支付的现金净额	155.18	206.43	151.57	68.28	267.54
支付其他与投资活动有关的现金	1716.12	952.86	741.85	896.83	764.77
投资活动产生的现金流出小计	9139.21	8963.26	7826.06	6976.20	6841.71
投资活动产生的现金流量净额	-3229.89	-3359.54	-2817.02	-2137.97	-2346.83
吸收投资收到的现金	1268.82	1742.55	2307.78	1900.50	1846.20
吸收权益性投资收到的现金	809.48	1098.39	1063.11	610.80	434.87
其中：子公司吸收少数股东投资收到的现金	255.14	289.79	306.86	171.73	233.10
发行债券收到的现金	459.34	644.16	1244.67	1289.69	1411.33
取得借款收到的现金	14518.07	14109.17	12899.68	13381.72	12356.89
收到其他与筹资活动有关的现金	1915.18	1695.69	1550.08	1153.95	1133.60
筹资活动现金流入小计	17702.07	17547.54	16757.55	16436.25	15336.72
偿还债务支付的现金	13613.63	13968.69	14251.55	14679.87	13672.44
分配股利、利润或偿付利息支付的现金	1744.63	1941.92	1678.20	1214.71	1393.44
其中：子公司支付给少数股东的股利、利润	353.99	254.35	137.65	84.99	103.24
支付其他与筹资活动有关的现金	2422.51	2138.81	2098.44	1417.91	1233.07
筹资活动现金流出小计	17780.61	18049.49	18028.34	17312.50	16299.09
筹资活动产生的现金流量净额	-78.62	-502.05	-1270.69	-876.37	-962.25
现金总流入	87625.33	87090.42	82522.32	66098.08	59905.45
现金总流出	84147.17	83471.29	78850.85	63480.46	57500.00
现金流量净额	248.23	259.57	854.36	479.46	58.53

附表34　　证券市场设备制造业（C34-C37）资产负债表　　单位：亿元

年份	2023	2022	2021	2020	2019
货币资金	19803.37	17711.66	15319.16	12602.14	10348.65
结算备付金	8.77	4.24	4.58	5.03	4.60
拆出资金净额	204.16	261.88	327.29	374.40	344.47
交易性金融资产	2684.74	2796.24	2702.07	2021.84	1729.75
衍生金融资产	5.76	12.53	31.73	40.59	6.17
应收票据净额	1955.45	2029.01	1992.28	1892.92	1517.40
应收账款净额	13504.65	11743.84	10151.29	8759.20	8570.08
应收款项融资	2021.69	1740.60	1928.79	2339.13	1804.09
预付款项净额	2091.86	2094.43	1984.14	1704.62	1478.44
应收保费净额	0.00	0.00	0.00	0.00	0.00
应收分保账款净额	0.00	0.00	0.00	0.00	0.00
应收分保合同准备金净额	0.00	0.00	0.00	0.00	0.00
其他应收净额	864.79	932.99	884.81	851.20	1134.80
应收股利净额	29.65	67.30	76.39	66.07	63.26
买入返售金融资产净额	114.74	71.41	92.59	136.50	167.35
存货净额	15376.53	13728.32	11493.10	9931.65	8293.16
合同资产	2200.48	2231.49	2075.28	1709.74	1000.43
一年内到期的非流动资产	1375.73	1335.73	1299.42	1198.17	1065.07
其他流动资产	3160.78	2685.70	2757.15	2610.24	2498.29
流动资产合计	65373.75	59380.26	53043.95	46177.58	39962.63
发放贷款及垫款净额	876.90	1126.23	1167.08	1086.82	875.47
债权投资	685.28	657.27	228.77	133.75	74.62
其他债权投资	114.91	21.02	10.13	51.64	6.73
长期应收款净额	1191.05	1137.65	985.71	1164.94	1055.30
长期股权投资净额	3807.63	3597.34	3328.62	3073.73	2864.85
其他权益工具投资	984.35	905.95	975.35	798.57	657.97
其他非流动金融资产	760.61	624.22	444.65	363.15	247.90
投资性房地产净额	384.46	378.32	376.31	326.54	248.36
固定资产净额	15594.41	13204.10	11199.07	10363.96	9691.68
在建工程净额	2906.26	2625.58	2194.15	1889.78	1789.35
生产性生物资产净额	0.03	0.03	0.03	0.03	0.02
油气资产净额	11.49	9.98	9.67	11.30	5.45
使用权资产	772.67	650.69	550.28	0.00	0.00
无形资产净额	4264.00	3639.64	3286.78	2964.22	2746.23
开发支出	470.75	456.61	383.64	339.84	329.49

续表

年份	2023	2022	2021	2020	2019
商誉净额	1214.91	1168.16	1211.22	1250.18	1282.05
长期待摊费用	281.80	212.50	171.25	153.56	147.39
递延所得税资产	1591.29	1389.84	1223.64	1118.49	974.26
其他非流动资产	2275.04	2152.03	1721.25	1211.32	857.26
非流动资产合计	38188.34	33957.44	29468.00	26302.15	23854.73
资产总计	103561.98	93337.86	82511.72	72479.67	63817.48
短期借款	4140.18	4041.54	3660.66	3720.75	4302.45
向中央银行借款	0.00	0.00	9.97	0.16	2.22
拆入资金	545.12	703.28	582.86	707.07	497.43
交易性金融负债	13.23	11.24	3.59	7.30	21.74
衍生金融负债	9.23	7.93	6.72	22.73	6.18
应付票据	7133.32	6573.05	5890.25	4891.70	4040.43
应付账款	18348.50	15770.45	13812.15	12286.24	10600.85
预收款项	29.46	23.69	25.24	37.06	1874.67
合同负债	7686.04	6978.04	6343.04	5131.03	1745.57
卖出回购金融资产款	14.90	0.00	0.12	12.04	5.10
吸收存款及同业存放	763.00	660.64	825.66	857.60	1074.06
代理买卖证券款	0.00	0.00	0.00	0.00	0.00
代理承销证券款	0.00	0.00	0.00	0.00	0.00
应付职工薪酬	1376.77	1211.15	1014.86	904.56	753.86
应交税费	710.91	649.57	545.10	600.92	472.67
其他应付款	4502.83	4005.90	3015.80	2693.30	2458.76
应付股利	46.53	53.54	53.67	78.32	41.10
应付手续费及佣金	0.00	0.00	0.00	0.00	0.00
应付分保账款	0.00	0.00	0.00	0.00	0.00
一年内到期的非流动负债	2425.18	2281.95	1877.08	1618.64	1721.55
其他流动负债	1360.80	1305.27	1240.57	933.14	702.30
流动负债合计	49059.72	44223.99	38853.99	34424.62	30279.87
保险合同准备金	0.00	0.00	0.00	0.00	0.00
长期借款	5008.80	4245.42	3253.43	2653.05	2151.34
应付债券	858.91	805.88	856.23	1048.12	1011.92
租赁负债	668.55	536.34	448.58	0.00	0.00
长期应付款	528.39	423.20	400.24	457.09	403.38
预计负债	784.96	728.14	647.57	634.61	633.42
递延收益-非流动负债	950.67	987.84	969.99	947.67	903.78

续表

年份	2023	2022	2021	2020	2019
递延所得税负债	443.33	387.42	345.29	305.64	256.58
其他非流动负债	1252.46	916.26	767.74	907.75	696.98
非流动负债合计	10496.26	9030.97	7689.37	6954.25	6057.38
负债合计	59555.81	53254.97	46543.22	41378.88	36337.29
实收资本（或股本）	6424.97	6198.34	5869.50	5414.53	5056.32
其他权益工具	174.23	173.50	147.88	170.79	220.75
其中：优先股	0.00	0.00	0.00	0.00	0.00
其中：永续债	81.25	95.26	85.09	129.95	172.31
资本公积	17268.13	15684.10	13790.61	11189.55	9541.66
其中：库存股	325.71	313.01	263.59	171.73	154.58
其他综合收益	198.32	169.05	178.83	146.27	129.15
专项储备	87.04	76.57	65.78	57.69	48.97
盈余公积	2306.20	2158.91	1987.68	1781.29	1625.95
一般风险准备	56.05	56.15	53.46	48.31	41.61
未分配利润	14658.54	12767.04	11321.95	9861.91	8467.44
归属于母公司所有者权益合计	40847.48	36970.64	33152.03	28498.64	24977.08
少数股东权益	3158.67	3112.54	2816.56	2602.45	2502.94
所有者权益合计	44006.22	40083.22	35968.62	31100.79	27480.03
负债与所有者权益总计	103561.98	93338.31	82511.72	72479.67	63817.48

附表35　证券市场设备制造业（C34-C37）利润表　单位：亿元

年份	2023	2022	2021	2020	2019
营业总收入	59855.16	53212.92	50062.51	43374.50	39822.33
营业收入	59631.89	52945.18	49827.32	43149.32	39614.11
利息净收入	213.90	243.74	212.08	205.27	187.53
利息收入	213.90	243.74	212.08	205.27	187.53
利息支出	0.00	0.00	0.00	0.00	0.00
已赚保费	0.76	0.83	0.97	0.75	0.81
保险业务收入	0.00	0.00	0.00	0.00	0.00
减：分出保费	0.00	0.00	0.00	0.00	0.00
减：提取未到期责任准备金	0.00	0.00	0.00	0.00	0.00
手续费及佣金净收入	8.60	23.18	22.14	19.19	19.89
手续费及佣金收入	8.60	23.18	22.14	19.19	19.89

续表

年份	2023	2022	2021	2020	2019
手续费及佣金支出	0.00	0.00	0.00	0.00	0.00
其他业务收入	0.00	0.00	0.00	0.00	0.00
营业总成本	56731.95	50539.66	47833.66	41361.93	38252.31
营业成本	47998.64	43094.48	41034.53	35190.39	32235.17
退保金	0.00	0.00	0.00	0.00	0.00
赔付支出净额	0.00	0.00	0.00	0.00	0.00
赔付支出	0.00	0.00	0.00	0.00	0.00
减：摊回赔付支出	0.00	0.00	0.00	0.00	0.00
提取保险责任准备金净额	0.00	0.00	−0.01	−0.04	−0.04
提取保险责任准备金	0.00	0.00	0.00	0.00	0.00
减：摊回保险责任准备金	0.00	0.00	0.00	0.00	0.00
保单红利支出	0.00	0.00	0.00	0.00	0.00
分保费用	0.00	0.00	0.00	0.00	0.00
税金及附加	575.38	488.81	412.08	357.66	352.69
业务及管理费	0.00	0.00	0.00	0.00	0.00
减：摊回分保费用	0.00	0.00	0.00	0.00	0.00
销售费用	2604.74	2196.94	1948.91	1831.38	2125.10
管理费用	2655.86	2434.41	2210.12	1990.17	1855.67
财务费用	1.74	−97.96	148.31	312.59	260.58
资产减值损失	−523.22	−524.19	−466.96	−566.72	−611.70
其他业务成本	33.79	53.42	53.15	54.07	52.00
公允价值变动收益	32.75	−5.79	85.04	100.29	50.81
投资收益	637.06	673.65	755.63	810.27	704.22
汇兑收益	0.79	0.73	0.32	0.20	0.40
其他业务利润	0.00	0.00	0.00	0.00	0.00
营业利润	3639.76	3049.18	2775.93	2558.62	1775.68
加：营业外收入	94.01	145.74	104.29	91.68	122.21
减：营业外支出	78.76	81.45	73.26	92.04	98.27
利润总额	3655.28	3113.49	2806.83	2558.15	1799.78
减：所得税费用	519.50	406.44	405.86	396.93	330.58
未确认的投资损失	0.00	0.00	0.00	0.00	0.00
影响净利润的其他项目	0.00	0.00	0.00	0.00	0.00
净利润	3135.62	2707.04	2400.94	2161.31	1469.43
归属于母公司所有者的净利润	2936.89	2503.57	2178.75	1919.43	1221.35

续表

年份	2023	2022	2021	2020	2019
少数股东损益	199.06	203.60	222.23	242.00	248.11
基本每股收益	0.41	0.41	0.41	0.37	0.25
稀释每股收益	0.40	0.39	0.39	0.34	0.24
其他综合收益（损失）	45.69	32.69	45.29	-6.76	82.77
综合收益总额	3181.35	2739.59	2445.36	2155.19	1552.44
归属于母公司所有者的综合收益	2969.34	2506.26	2214.69	1921.00	1303.31
归属少数股东的综合收益	205.36	228.34	222.73	230.35	248.65
研发费用	2862.15	2369.80	2026.36	1626.04	1371.36
其他收益	618.94	470.08	437.96	393.74	306.65
净敞口套期收益	0.48	0.14	0.07	-0.10	0.02
信用减值损失	-335.53	-337.71	-348.20	-276.03	-312.30
资产处置收益	85.47	98.75	82.82	84.29	68.01
归属于母公司其他权益工具持有者的净利润	0.00	0.00	0.00	0.00	0.00

附表36 证券市场设备制造业（C34-C37）现金流量表 单位：亿元

年份	2023	2022	2021	2020	2019
销售商品、提供劳务收到的现金	56593.53	49735.17	47823.46	40659.31	37325.60
客户存款和同业存放款项净增加额	59.20	6.16	-42.58	-3.91	80.88
向中央银行借款净增加额	0.00	-1.72	11.49	0.19	0.00
向其他金融机构拆入资金净增加额	2.03	66.11	-10.71	7.67	21.30
收到原保险合同保费取得的现金	0.00	0.00	0.00	0.00	0.03
收到再保险业务现金净额	0.00	0.00	0.00	0.00	0.00
保户储金及投资款净增加额	0.00	0.00	0.00	0.00	0.00
处置交易性金融资产净增加额	0.00	0.00	0.00	0.00	0.00
收取利息、手续费及佣金的现金	210.55	226.98	231.98	226.26	183.97
拆入资金净增加额	0.00	77.74	-1.00	201.36	0.00
回购业务资金净增加额	0.00	16.22	33.94	40.71	-5.20
收到的税费返还	1133.59	1118.49	552.18	440.64	416.02

续表

年份	2023	2022	2021	2020	2019
收到的其他与经营活动有关的现金	2595.97	2030.45	1687.30	1450.49	1549.08
经营活动现金流入小计	60595.03	53301.56	50287.00	43026.29	39571.50
购买商品、接受劳务支付的现金	40723.65	36682.16	35015.35	29807.84	27157.92
客户贷款及垫款净增加额	−6.15	36.65	109.33	159.24	54.34
存放中央银行和同业款项净增加额	4.63	−3.81	3.11	8.83	1.13
支付原保险合同赔付款项的现金	0.00	0.00	0.00	0.00	0.00
支付利息、手续费及佣金的现金	32.89	51.27	50.14	52.31	52.38
支付保单红利的现金	0.00	0.00	0.00	0.00	0.00
支付给职工以及为职工支付的现金	7286.59	6214.84	5450.35	4479.50	4221.87
支付的各项税费	2797.74	2333.61	2101.78	1766.60	1730.45
支付其他与经营活动有关的现金	3808.45	3739.70	3353.32	3000.56	2856.99
经营活动现金流出小计	54830.21	49064.44	46219.24	39318.79	36225.35
经营活动产生的现金流量净额	5764.64	4237.06	4067.89	3707.57	3346.20
收回投资收到的现金	10132.00	11807.91	12109.01	10760.27	9746.70
取得投资收益收到的现金	638.84	638.11	590.18	611.37	573.62
处置固定资产、无形资产和其他长期资产收回的现金净额	194.98	164.41	222.22	206.76	186.77
处置子公司及其他营业单位收到的现金净额	115.92	109.32	180.17	128.36	125.72
收到的其他与投资活动有关的现金	1791.92	1400.84	1384.35	1725.10	1150.97
投资活动产生的现金流入小计	12874.13	14120.85	14486.04	13432.28	11784.18
购建固定资产、无形资产和其他长期资产支付的现金	4525.85	3969.36	2922.84	2034.37	2255.25
投资支付的现金	11189.87	12520.08	13102.39	11225.35	10645.29
质押贷款净增加额	0.17	0.05	0.00	0.00	3.29
取得子公司及其他营业单位支付的现金净额	234.52	98.93	134.89	119.67	177.93

续表

年份	2023	2022	2021	2020	2019
支付其他与投资活动有关的现金	1848.76	1877.14	1538.21	1723.98	1185.58
投资活动产生的现金流出小计	17799.42	18465.54	17698.10	15103.53	14267.16
投资活动产生的现金流量净额	−4925.40	−4344.68	−3212.14	−1671.25	−2482.94
吸收投资收到的现金	2035.01	2660.82	3361.41	2208.98	1986.91
吸收权益性投资收到的现金	1619.61	2075.24	2561.29	1216.59	954.13
其中：子公司吸收少数股东投资收到的现金	145.06	441.07	248.04	183.01	270.37
发行债券收到的现金	415.40	585.58	800.12	992.39	1032.78
取得借款收到的现金	10005.53	9795.11	8536.48	8943.06	9343.55
收到其他与筹资活动有关的现金	921.22	816.12	686.10	642.10	724.56
筹资活动现金流入小计	12961.60	13272.15	12584.04	11794.15	12055.01
偿还债务支付的现金	9410.12	9006.61	8827.42	10054.27	9945.18
分配股利、利润或偿付利息支付的现金	1704.51	1496.79	1499.52	1202.27	1292.44
其中：子公司支付给少数股东的股利、利润	200.78	171.47	204.69	148.23	185.56
支付其他与筹资活动有关的现金	1395.39	1163.15	1172.03	935.49	782.11
筹资活动现金流出小计	12509.80	11666.61	11498.98	12192.14	12019.81
筹资活动产生的现金流量净额	451.80	1605.45	1084.98	−397.98	35.20
现金总流入	91355.91	85039.14	80569.14	69924.00	65893.81
现金总流出	85139.53	79196.64	75416.25	66614.28	62512.27
现金流量净额	1291.06	1497.98	1940.89	1638.38	898.59

附表37　证券市场机械仪器制造业（C38-C40）资产负债表　　　　单位：亿元

年份	2023	2022	2021	2020	2019
货币资金	26571.96	23308.25	18355.79	16188.03	11716.27
结算备付金	0.00	0.00	0.00	0.00	0.00
拆出资金净额	0.00	0.00	0.00	0.00	0.00
交易性金融资产	3414.33	3222.17	2564.11	2272.18	1413.20
衍生金融资产	30.87	39.97	31.39	51.09	31.39

续表

年份	2023	2022	2021	2020	2019
应收票据净额	1548.46	1667.28	1515.42	1409.45	1143.16
应收账款净额	16239.03	14385.14	12586.97	10435.82	9527.38
应收款项融资	2253.23	2099.04	1606.82	1384.17	1147.94
预付款项净额	1049.87	1322.57	1115.64	898.09	806.61
应收保费净额	0.00	0.00	0.00	0.00	0.00
应收分保账款净额	0.00	0.00	0.00	0.00	0.00
应收分保合同准备金净额	0.00	0.00	0.00	0.00	0.00
其他应收款净额	865.16	935.48	947.40	801.76	787.73
应收股利净额	38.05	25.81	21.56	21.46	18.05
买入返售金融资产净额	39.32	0.00	5.00	13.50	14.57
存货净额	14840.22	15045.24	12436.14	8537.43	7176.16
合同资产	698.97	635.67	535.56	530.49	105.03
一年内到期的非流动资产	603.77	773.45	469.08	93.25	90.13
其他流动资产	3273.40	2360.26	1904.36	2125.23	2359.69
流动资产合计	71428.99	65795.24	54073.86	44740.45	36319.37
发放贷款及垫款净额	15.19	14.13	264.96	82.98	302.60
债权投资	282.44	124.37	108.26	64.14	13.62
其他债权投资	284.74	290.63	158.69	234.52	11.46
长期应收款净额	211.58	260.43	313.60	377.66	355.03
长期股权投资净额	3733.09	3315.10	2713.29	2198.47	1757.86
其他权益工具投资	828.52	841.13	748.75	595.98	466.44
其他非流动金融资产	973.76	885.33	661.93	462.48	320.78
投资性房地产净额	552.07	536.84	461.14	397.92	337.32
固定资产净额	27340.03	21915.95	18263.78	15149.22	11732.86
在建工程净额	6015.95	5788.99	4225.10	3479.53	3175.38
生产性生物资产净额	0.07	0.21	0.40	0.48	0.50
油气资产净额	0.00	0.00	0.00	0.00	0.00
使用权资产	958.61	811.53	700.06	0.00	0.00
无形资产净额	3684.52	3213.75	2781.72	2509.24	2198.08
开发支出	241.78	266.17	233.82	193.25	184.58
商誉净额	2186.17	2184.95	2101.45	2175.15	2119.68
长期待摊费用	591.49	461.83	376.88	318.65	274.44
递延所得税资产	1747.24	1382.71	1087.78	881.04	720.31
其他非流动资产	4182.04	2962.68	2354.03	1502.57	974.66
非流动资产合计	53829.71	45257.03	37556.05	30623.86	24945.55

续表

年份	2023	2022	2021	2020	2019
资产总计	125259.11	111052.12	91629.69	75364.24	61264.85
短期借款	6851.15	7201.94	6353.66	5762.32	5708.93
向中央银行借款	9.95	7.78	16.16	4.70	5.73
拆入资金	0.00	9.00	3.00	3.00	10.00
交易性金融负债	34.78	60.41	19.55	19.36	14.61
衍生金融负债	58.38	19.59	6.76	30.48	7.92
应付票据	7371.75	7642.16	5917.87	4233.48	3603.50
应付账款	16333.45	13925.71	12499.00	9899.67	8446.38
预收款项	20.98	19.52	23.00	22.89	1324.47
合同负债	3308.61	3161.17	2544.14	1914.68	219.47
卖出回购金融资产款	0.00	3.00	7.47	5.50	20.74
吸收存款及同业存放	6.15	20.12	26.43	43.60	26.19
代理买卖证券款	0.00	0.00	0.00	0.00	0.00
代理承销证券款	0.00	0.00	0.00	0.00	0.00
应付职工薪酬	1809.17	1555.84	1371.94	1137.44	919.32
应交税费	882.13	809.70	718.52	587.96	491.67
其他应付款	3288.66	2944.45	2489.07	2300.63	2028.82
应付股利	25.24	72.97	12.71	15.36	18.74
应付手续费及佣金	0.00	0.00	0.00	0.00	0.00
应付分保账款	0.00	0.00	0.00	0.00	0.00
一年内到期的非流动负债	3579.01	2722.22	2604.03	1915.40	1357.76
其他流动负债	2480.38	2124.10	1941.22	1797.09	1459.98
流动负债合计	46034.56	42226.97	36541.87	29682.52	25645.73
保险合同准备金	0.00	0.00	0.00	0.00	0.00
长期借款	11995.94	9716.72	6648.81	5996.13	4453.69
应付债券	1832.94	1421.57	1109.82	1229.80	958.14
租赁负债	782.38	632.25	483.84	0.00	0.00
长期应付款	981.28	919.89	775.58	684.51	708.74
预计负债	905.63	542.32	456.50	336.28	283.54
递延收益-非流动负债	1258.39	1119.12	947.98	749.76	549.65
递延所得税负债	585.64	517.94	456.50	376.34	277.84
其他非流动负债	692.97	467.52	372.66	386.73	389.30
非流动负债合计	19035.49	15337.47	11251.76	9759.68	7620.99
负债合计	65069.91	57564.75	47793.84	39442.27	33266.63
实收资本（或股本）	8239.79	7490.79	6994.96	6303.96	5793.90

续表

年份	2023	2022	2021	2020	2019
其他权益工具	225.48	262.53	288.81	339.66	275.77
其中：优先股	0.00	0.00	0.00	0.00	0.00
其中：永续债	23.43	47.43	55.13	88.83	125.15
资本公积	24403.52	22428.65	18147.72	14644.54	10463.30
其中：库存股	722.39	732.87	688.35	344.41	284.73
其他综合收益	141.81	208.00	36.99	35.77	126.17
专项储备	52.96	40.14	27.90	19.48	13.82
盈余公积	1989.01	1747.05	1510.17	1312.19	1120.25
一般风险准备	14.26	15.58	15.33	12.72	9.46
未分配利润	19948.57	17008.37	13379.02	10295.68	8124.80
归属于母公司所有者权益合计	54293.01	48468.22	39712.44	32619.32	25642.78
少数股东权益	5895.91	5019.04	4123.62	3302.59	2355.38
所有者权益合计	60189.10	53487.52	43836.05	35921.94	27998.16
负债与所有者权益总计	125259.11	111052.12	91629.69	75364.24	61264.85

附表38　证券市场机械仪器制造业（C38—C40）利润表　　单位：亿元

年份	2023	2022	2021	2020	2019
营业总收入	81606.00	76311.74	63483.40	49591.14	43146.20
营业收入	81575.23	76278.13	63439.66	49548.38	43105.69
利息净收入	30.75	33.57	43.68	42.71	40.43
利息收入	30.75	33.57	43.68	42.71	40.43
利息支出	0.00	0.00	0.00	0.00	0.00
已赚保费	0.00	0.00	0.00	0.00	0.00
保险业务收入	0.00	0.00	0.00	0.00	0.00
减：分出保费	0.00	0.00	0.00	0.00	0.00
减：提取未到期责任准备金	0.00	0.00	0.00	0.00	0.00
手续费及佣金净收入	0.03	0.03	0.07	0.04	0.09
手续费及佣金收入	0.03	0.03	0.07	0.04	0.09
手续费及佣金支出	0.00	0.00	0.00	0.00	0.00
其他业务收入	0.00	0.00	0.00	0.00	0.00
营业总成本	75994.62	70349.89	58667.40	46399.07	40518.91
营业成本	64719.32	60433.99	49855.99	38880.01	33599.30
退保金	0.00	0.00	0.00	0.00	0.00

续表

年份	2023	2022	2021	2020	2019
赔付支出净额	0.00	0.00	0.00	0.00	0.00
赔付支出	0.00	0.00	0.00	0.00	0.00
减：摊回赔付支出	0.00	0.00	0.00	0.00	0.00
提取保险责任准备金净额	0.00	0.00	0.00	0.00	0.00
提取保险责任准备金	0.00	0.00	0.00	0.00	0.00
减：摊回保险责任准备金	0.00	0.00	0.00	0.00	0.00
保单红利支出	0.00	0.00	0.00	0.00	0.00
分保费用	0.00	0.00	0.00	0.00	0.00
税金及附加	440.36	375.49	301.11	257.39	239.82
业务及管理费	0.00	0.00	0.00	0.00	0.00
减：摊回分保费用	0.00	0.00	0.00	0.00	0.00
销售费用	3612.46	3081.77	2730.90	2487.68	2659.67
管理费用	2913.29	2595.57	2239.22	1855.51	1654.60
财务费用	100.35	93.05	458.43	528.96	391.21
资产减值损失	-1304.87	-877.74	-715.23	-560.55	-764.17
其他业务成本	1.87	1.83	6.85	5.09	3.40
公允价值变动收益	25.00	-22.08	101.34	115.96	84.32
投资收益	443.11	593.04	657.95	467.75	358.37
汇兑收益	0.01	0.18	-0.01	-0.02	-0.12
其他业务利润	0.00	0.00	0.00	0.00	0.00
营业利润	5486.04	6119.34	5089.17	3561.81	2420.07
加：营业外收入	91.34	82.97	84.32	107.12	101.98
减：营业外支出	120.38	112.95	136.73	112.98	110.50
利润总额	5457.01	6089.39	5037.03	3556.31	2411.40
减：所得税费用	745.30	706.58	651.43	513.93	460.17
未确认的投资损失	0.00	0.00	0.00	0.00	0.00
影响净利润的其他项目	0.00	0.00	0.00	0.00	0.00
净利润	4711.84	5382.80	4385.36	3042.45	1950.98
归属于母公司所有者的净利润	4527.05	5133.39	4112.72	2940.38	1881.91
少数股东损益	184.68	249.91	272.68	127.05	68.02
基本每股收益	0.31	0.38	0.42	0.37	0.29
稀释每股收益	0.30	0.38	0.41	0.37	0.28
其他综合收益（损失）	-0.09	244.26	-0.26	-136.65	147.03
综合收益总额	4711.74	5627.81	4387.98	2935.38	2112.63

续表

年份	2023	2022	2021	2020	2019
归属于母公司所有者的综合收益	4544.59	5319.56	4128.28	2847.46	2035.04
归属少数股东的综合收益	196.19	317.29	258.58	80.75	72.10
研发费用	4206.38	3767.92	3074.84	2384.15	1971.06
其他收益	952.92	746.48	614.64	578.34	512.03
净敞口套期收益	−0.49	−0.32	0.67	0.21	−0.13
信用减值损失	−264.63	−303.42	−409.24	−269.65	−454.89
资产处置收益	23.04	21.00	23.21	37.47	57.12
归属于母公司其他权益工具持有者的净利润	0.00	0.00	0.00	0.16	3.49

附表39　证券市场机械仪器制造业（C38–C40）现金流量表　　单位：亿元

年份	2023	2022	2021	2020	2019
销售商品、提供劳务收到的现金	78949.96	73118.98	61142.94	48806.81	42592.50
客户存款和同业存放款项净增加额	−14.39	26.59	−18.64	17.52	94.36
向中央银行借款净增加额	2.17	−6.59	11.46	−1.03	3.42
向其他金融机构拆入资金净增加额	0.00	1.98	8.50	−6.43	3.93
收到原保险合同保费取得的现金	0.00	0.00	0.00	0.00	0.00
收到再保险业务现金净额	0.00	0.00	0.00	0.00	0.00
保户储金及投资款净增加额	0.00	0.00	0.00	0.00	0.00
处置交易性金融资产净增加额	0.00	0.00	0.00	0.00	0.00
收取利息、手续费及佣金的现金	25.12	25.81	35.01	34.41	33.19
拆入资金净增加额	0.00	0.00	0.00	0.00	0.00
回购业务资金净增加额	0.00	−7.46	2.47	5.50	20.74
收到的税费返还	2098.11	2455.90	1674.35	1170.27	998.32
收到的其他与经营活动有关的现金	2912.23	2537.12	2095.76	1711.63	1492.61
经营活动现金流入小计	83973.35	78153.17	64964.64	51738.76	45246.17
购买商品、接受劳务支付的现金	56763.80	55688.34	46843.60	36149.98	30981.34
客户贷款及垫款净增加额	40.24	−41.99	18.29	−25.63	172.27

续表

年份	2023	2022	2021	2020	2019
存放中央银行和同业款项净增加额	5.08	−3.69	−4.56	−0.64	−4.66
支付原保险合同赔付款项的现金	0.00	0.00	0.00	0.00	0.00
支付利息、手续费及佣金的现金	1.74	1.55	6.47	4.45	2.94
支付保单红利的现金	0.00	0.00	0.00	0.00	0.00
支付给职工以及为职工支付的现金	8652.97	7775.13	6622.63	5231.77	4636.61
支付的各项税费	3136.17	2869.38	2061.64	1735.32	1706.68
支付其他与经营活动有关的现金	5086.50	4490.19	3947.07	3503.94	3467.25
经营活动现金流出小计	73686.56	70780.55	59495.28	46599.00	40962.67
经营活动产生的现金流量净额	10286.67	7372.63	5469.54	5139.81	4283.22
收回投资收到的现金	13001.49	12803.10	10167.61	9209.91	7370.83
取得投资收益收到的现金	444.98	295.77	315.01	222.01	178.24
处置固定资产、无形资产和其他长期资产收回的现金净额	157.12	145.54	174.34	150.70	114.29
处置子公司及其他营业单位收到的现金净额	170.38	202.47	289.69	261.79	156.78
收到的其他与投资活动有关的现金	3479.07	2825.73	3345.19	2418.53	2268.68
投资活动产生的现金流入小计	17253.34	16273.10	14291.86	12263.31	10089.23
购建固定资产、无形资产和其他长期资产支付的现金	7834.39	7329.92	6016.05	4436.38	3379.58
投资支付的现金	15158.89	14776.03	11303.70	10050.98	7890.03
质押贷款净增加额	0.00	0.00	0.00	0.00	0.00
取得子公司及其他营业单位支付的现金净额	241.90	152.05	283.58	376.24	309.48
支付其他与投资活动有关的现金	3473.64	3236.50	2835.42	2617.65	2374.16
投资活动产生的现金流出小计	26708.73	25494.64	20438.91	17481.20	13953.52
投资活动产生的现金流量净额	−9455.31	−9221.39	−6147.01	−5217.74	−3864.29

续表

年份	2023	2022	2021	2020	2019
吸收投资收到的现金	3202.33	4911.86	3961.91	4425.76	1400.28
吸收权益性投资收到的现金	2940.76	4701.31	3850.38	3792.11	1228.95
其中：子公司吸收少数股东投资收到的现金	582.04	749.53	760.19	548.82	416.45
发行债券收到的现金	261.57	210.55	111.54	633.65	171.33
取得借款收到的现金	21107.22	20640.99	15303.56	13886.73	11441.10
收到其他与筹资活动有关的现金	2088.74	1722.50	1552.32	1440.17	1340.13
筹资活动现金流入小计	26398.18	27275.35	20817.65	19752.82	14181.44
偿还债务支付的现金	19016.90	16968.24	13530.13	12461.91	10577.71
分配股利、利润或偿付利息支付的现金	2850.08	2271.59	1833.33	1588.08	1436.33
其中：子公司支付给少数股东的股利、利润	179.10	121.30	79.96	65.00	63.85
支付其他与筹资活动有关的现金	2731.58	2740.31	2794.83	2145.89	1599.99
筹资活动现金流出小计	24598.57	21980.27	18158.22	16196.06	13614.05
筹资活动产生的现金流量净额	1799.42	5295.23	2659.55	3556.84	567.43
现金总流入	137080.45	130923.41	106221.31	88972.60	73381.09
现金总流出	124993.93	118255.25	98092.28	80276.33	68530.09
现金流量净额	2631.02	3446.53	1982.24	3478.72	986.67

附表40　证券市场其他制造业（C41-C42）资产负债表　　单位：亿元

年份	2023	2022	2021	2020	2019
货币资金	207.78	191.24	136.56	125.85	111.46
结算备付金	0.00	0.00	0.00	0.00	0.00
拆出资金净额	0.00	0.00	0.00	0.00	0.00
交易性金融资产	35.39	37.74	19.51	20.07	23.53
衍生金融资产	0.00	0.03	0.04	0.00	0.00
应收票据净额	23.29	14.36	16.50	10.75	2.33
应收账款净额	234.28	199.57	176.87	169.67	179.56
应收款项融资	6.72	8.44	5.50	6.52	6.19
预付款项净额	35.91	37.35	28.95	21.26	21.51
应收保费净额	0.00	0.00	0.00	0.00	0.00

续表

年份	2023	2022	2021	2020	2019
应收分保账款净额	0.00	0.00	0.00	0.00	0.00
应收分保合同准备金净额	0.00	0.00	0.00	0.00	0.00
其他应收款净额	31.02	29.93	21.14	22.65	24.81
应收股利净额	0.00	0.00	0.13	2.31	0.47
买入返售金融资产净额	0.00	0.00	0.00	0.00	0.00
存货净额	222.98	196.15	186.26	157.10	280.83
合同资产	9.09	7.33	8.13	7.07	1.18
一年内到期的非流动资产	1.89	7.52	0.97	1.12	0.42
其他流动资产	28.04	19.30	14.26	11.33	77.68
流动资产合计	836.33	748.98	614.78	553.36	729.50
发放贷款及垫款净额	0.00	0.00	1.04	1.27	3.87
债权投资	0.00	0.00	0.00	0.00	0.00
其他债权投资	0.00	0.00	0.00	0.00	0.00
长期应收款净额	0.17	0.19	0.29	0.69	62.24
长期股权投资净额	33.99	22.46	20.32	22.05	29.32
其他权益工具投资	5.64	7.43	2.88	6.35	16.30
其他非流动金融资产	16.75	6.09	4.94	4.04	3.47
投资性房地产净额	14.57	12.35	8.71	7.84	10.11
固定资产净额	428.97	306.97	278.41	240.82	217.30
在建工程净额	93.76	96.23	63.58	44.78	40.28
生产性生物资产净额	0.00	0.00	0.00	0.00	0.00
油气资产净额	0.00	0.00	0.00	0.00	0.00
使用权资产	3.23	2.82	3.50	0.00	0.00
无形资产净额	82.80	74.53	67.97	53.82	50.48
开发支出	1.19	1.37	1.79	1.99	1.81
商誉净额	28.28	30.19	36.26	42.69	38.20
长期待摊费用	3.22	2.82	2.62	1.97	2.00
递延所得税资产	9.48	7.84	7.19	5.40	12.60
其他非流动资产	39.07	21.55	23.12	19.75	23.20
非流动资产合计	761.14	592.91	522.58	453.48	511.13
资产总计	1597.48	1341.89	1137.32	1006.82	1240.61
短期借款	195.40	137.97	186.59	206.83	301.02
向中央银行借款	0.00	0.00	0.00	0.00	0.00
拆入资金	0.00	0.00	0.00	0.00	0.00
交易性金融负债	0.43	0.74	0.06	0.44	3.13

续表

年份	2023	2022	2021	2020	2019
衍生金融负债	0.00	0.00	0.00	0.00	0.00
应付票据	58.20	51.41	49.87	50.33	49.70
应付账款	95.64	67.01	65.49	55.27	50.40
预收款项	0.16	0.18	0.37	0.48	12.56
合同负债	22.51	13.32	13.28	9.29	1.69
卖出回购金融资产款	0.00	0.00	0.00	0.00	0.00
吸收存款及同业存放	0.00	0.00	0.00	0.00	0.00
代理买卖证券款	0.00	0.00	0.00	0.00	0.00
代理承销证券款	0.00	0.00	0.00	0.00	0.00
应付职工薪酬	9.47	8.97	10.25	7.97	7.55
应交税费	7.46	10.28	9.73	10.45	11.88
其他应付款	53.43	43.72	44.33	50.51	87.24
应付股利	3.13	0.45	0.16	0.17	2.49
应付手续费及佣金	0.00	0.00	0.00	0.00	0.00
应付分保账款	0.00	0.00	0.00	0.00	0.00
一年内到期的非流动负债	84.25	47.99	27.03	33.83	107.23
其他流动负债	8.00	11.12	12.27	13.34	61.80
流动负债合计	**534.85**	**392.69**	**419.28**	**438.82**	**694.20**
保险合同准备金	0.00	0.00	0.00	0.00	0.00
长期借款	194.97	151.62	67.45	31.74	57.31
应付债券	19.61	18.23	13.59	15.95	28.56
租赁负债	2.22	1.80	1.42	0.00	0.00
长期应付款	3.33	10.35	15.04	13.80	17.80
预计负债	4.26	3.03	1.32	12.29	18.09
递延收益-非流动负债	12.92	12.20	9.29	7.90	8.39
递延所得税负债	4.57	4.02	4.05	3.53	2.84
其他非流动负债	0.21	0.13	0.10	0.04	16.95
非流动负债合计	**242.06**	**201.45**	**112.30**	**85.25**	**149.93**
负债合计	**776.95**	**594.13**	**531.55**	**524.07**	**844.15**
实收资本（或股本）	159.66	149.98	159.61	176.39	185.23
其他权益工具	3.47	2.65	0.59	0.00	0.00
其中：优先股	0.00	0.00	0.00	0.00	0.00
其中：永续债	0.00	0.00	0.00	0.00	0.00
资本公积	306.63	267.00	248.04	242.39	240.10
其中：库存股	3.82	3.91	1.91	0.19	0.65

续表

年份	2023	2022	2021	2020	2019
其他综合收益	-2.76	-0.29	-3.37	-1.69	-0.37
专项储备	1.90	0.88	0.54	0.66	0.62
盈余公积	26.00	21.75	20.04	17.53	15.58
一般风险准备	0.00	0.00	0.06	0.06	0.06
未分配利润	279.09	260.36	137.89	15.88	-68.71
归属于母公司所有者权益合计	770.17	698.44	561.53	451.00	371.87
少数股东权益	50.39	49.34	44.24	31.80	24.64
所有者权益合计	820.56	747.74	605.77	482.80	396.49
负债与所有者权益总计	1597.48	1341.89	1137.32	1006.82	1240.61

附表41　证券市场其他制造业（C41-C42）利润表　　单位：亿元

年份	2023	2022	2021	2020	2019
营业总收入	1039.41	963.83	831.36	558.52	555.13
营业收入	1039.41	963.83	831.36	558.52	555.12
利息净收入	0.00	0.00	0.00	0.00	0.01
利息收入	0.00	0.00	0.00	0.00	0.01
利息支出	0.00	0.00	0.00	0.00	0.00
已赚保费	0.00	0.00	0.00	0.00	0.00
保险业务收入	0.00	0.00	0.00	0.00	0.00
减：分出保费	0.00	0.00	0.00	0.00	0.00
减：提取未到期责任准备金	0.00	0.00	0.00	0.00	0.00
手续费及佣金净收入	0.00	0.00	0.00	0.00	0.00
手续费及佣金收入	0.00	0.00	0.00	0.00	0.00
手续费及佣金支出	0.00	0.00	0.00	0.00	0.00
其他业务收入	0.00	0.00	0.00	0.00	0.00
营业总成本	1014.38	918.58	782.39	554.67	555.36
营业成本	914.95	827.64	689.04	475.27	446.72
退保金	0.00	0.00	0.00	0.00	0.00
赔付支出净额	0.00	0.00	0.00	0.00	0.00
赔付支出	0.00	0.00	0.00	0.00	0.00
减：摊回赔付支出	0.00	0.00	0.00	0.00	0.00
提取保险责任准备金净额	0.00	0.00	0.00	0.00	0.00
提取保险责任准备金	0.00	0.00	0.00	0.00	0.00
减：摊回保险责任准备金	0.00	0.00	0.00	0.00	0.00

续表

年份	2023	2022	2021	2020	2019
保单红利支出	0.00	0.00	0.00	0.00	0.00
分保费用	0.00	0.00	0.00	0.00	0.00
税金及附加	5.85	5.53	4.89	3.65	3.75
业务及管理费	0.00	0.00	0.00	0.00	0.00
减：摊回分保费用	0.00	0.00	0.00	0.00	0.00
销售费用	14.85	15.50	14.51	11.39	17.25
管理费用	40.17	33.64	32.08	28.28	30.32
财务费用	12.01	8.86	18.52	21.22	45.49
资产减值损失	−27.22	−15.84	−8.04	−5.99	−52.14
其他业务成本	0.00	0.00	0.00	0.00	0.00
公允价值变动收益	13.27	−0.01	−0.40	3.11	0.28
投资收益	1.70	6.29	14.74	39.35	1.68
汇兑收益	0.00	0.00	0.00	0.00	0.00
其他业务利润	0.00	0.00	0.00	0.00	0.00
营业利润	22.35	43.48	40.10	33.84	−81.79
加：营业外收入	0.73	1.71	2.71	3.72	2.17
减：营业外支出	1.65	1.09	1.97	2.91	8.73
利润总额	21.44	44.11	40.85	34.64	−88.37
减：所得税费用	4.40	7.75	8.01	7.06	6.19
未确认的投资损失	0.00	0.00	0.00	0.00	0.00
影响净利润的其他项目	0.00	0.00	0.00	0.00	0.00
净利润	17.08	36.35	32.88	27.61	−94.56
归属于母公司所有者的净利润	17.86	39.45	32.34	29.29	−94.10
少数股东损益	−0.77	−3.08	0.53	−1.67	−0.47
基本每股收益	0.31	0.46	0.38	0.32	0.21
稀释每股收益	0.29	0.41	0.36	0.30	0.21
其他综合收益（损失）	−2.57	3.83	−1.81	−1.51	0.97
综合收益总额	14.48	40.21	31.08	26.09	−93.56
归属于母公司所有者的综合收益	15.12	42.52	30.58	27.81	−93.08
归属少数股东的综合收益	−0.67	−2.32	0.49	−1.68	−0.48
研发费用	26.48	27.37	23.34	14.84	11.86
其他收益	12.90	11.79	10.09	8.12	5.99
净敞口套期收益	0.00	0.00	0.00	0.00	0.00

续表

年份	2023	2022	2021	2020	2019
信用减值损失	-3.49	-4.46	-25.77	-14.69	-36.77
资产处置收益	0.12	0.43	0.56	0.07	-0.63
归属于母公司其他权益工具持有者的净利润	0.00	0.00	0.00	0.00	0.00

附表42　证券市场其他制造业（C41—C42）现金流量表　　单位：亿元

年份	2023	2022	2021	2020	2019
销售商品、提供劳务收到的现金	1136.89	1024.51	857.84	566.15	540.34
客户存款和同业存放款项净增加额	0.00	0.00	0.00	0.00	0.00
向中央银行借款净增加额	0.00	0.00	0.00	0.00	0.00
向其他金融机构拆入资金净增加额	0.00	0.00	0.00	0.00	0.00
收到原保险合同保费取得的现金	0.00	0.00	0.00	0.00	0.00
收到再保险业务现金净额	0.00	0.00	0.00	0.00	0.00
保户储金及投资款净增加额	0.00	0.00	0.00	0.00	0.00
处置交易性金融资产净增加额	0.00	0.00	0.00	0.00	0.00
收取利息、手续费及佣金的现金	0.00	0.00	0.04	0.09	0.27
拆入资金净增加额	0.00	0.00	0.00	0.00	0.00
回购业务资金净增加额	0.00	0.00	0.00	0.00	0.00
收到的税费返还	26.15	26.79	11.58	8.30	10.85
收到的其他与经营活动有关的现金	21.34	17.25	19.10	26.32	33.71
经营活动现金流入小计	**1184.33**	**1068.50**	**888.56**	**600.85**	**585.17**
购买商品、接受劳务支付的现金	992.95	888.20	742.41	469.77	437.69
客户贷款及垫款净增加额	0.00	0.00	-0.23	-0.35	-2.14
存放中央银行和同业款项净增加额	0.00	0.00	0.00	0.00	0.00
支付原保险合同赔付款项的现金	0.00	0.00	0.00	0.00	0.00
支付利息、手续费及佣金的现金	0.00	0.00	0.00	0.00	0.00

续表

年份	2023	2022	2021	2020	2019
支付保单红利的现金	0.00	0.00	0.00	0.00	0.00
支付给职工以及为职工支付的现金	69.93	64.39	52.89	40.21	40.46
支付的各项税费	39.69	40.63	36.47	25.94	26.65
支付其他与经营活动有关的现金	32.55	31.67	30.37	27.02	44.61
经营活动现金流出小计	1135.09	1024.89	861.93	562.62	547.28
经营活动产生的现金流量净额	49.28	43.65	26.63	38.23	37.88
收回投资收到的现金	237.36	186.85	113.15	116.49	113.15
取得投资收益收到的现金	3.17	2.08	1.90	2.20	1.37
处置固定资产、无形资产和其他长期资产收回的现金净额	2.20	1.75	0.60	3.59	0.64
处置子公司及其他营业单位收到的现金净额	2.20	9.52	1.88	0.89	1.86
收到的其他与投资活动有关的现金	36.11	63.67	54.70	18.92	7.66
投资活动产生的现金流入小计	281.05	263.93	172.29	142.13	124.62
购建固定资产、无形资产和其他长期资产支付的现金	120.51	106.88	72.91	43.27	43.03
投资支付的现金	245.39	214.94	114.02	100.96	96.60
质押贷款净增加额	0.00	0.00	0.00	0.00	0.00
取得子公司及其他营业单位支付的现金净额	0.54	2.48	8.70	8.47	8.63
支付其他与投资活动有关的现金	38.91	59.50	55.38	26.47	8.03
投资活动产生的现金流出小计	405.32	383.79	251.00	179.14	156.28
投资活动产生的现金流量净额	−124.26	−119.87	−78.71	−37.02	−31.63
吸收投资收到的现金	41.13	87.24	44.19	50.25	17.84
吸收权益性投资收到的现金	41.13	82.18	44.19	50.25	17.84
其中：子公司吸收少数股东投资收到的现金	6.01	6.06	12.61	8.30	2.71
发行债券收到的现金	0.00	5.06	0.00	0.00	0.00

续表

年份	2023	2022	2021	2020	2019
取得借款收到的现金	377.80	316.82	294.95	438.71	420.29
收到其他与筹资活动有关的现金	22.48	29.78	28.13	35.17	47.20
筹资活动现金流入小计	441.44	433.90	367.27	524.13	485.34
偿还债务支付的现金	287.04	247.71	259.31	455.53	430.51
分配股利、利润或偿付利息支付的现金	31.03	25.18	21.65	23.57	31.00
其中：子公司支付给少数股东的股利、利润	1.19	1.64	0.78	1.34	1.57
支付其他与筹资活动有关的现金	32.60	32.35	22.31	37.59	29.44
筹资活动现金流出小计	350.63	305.28	303.28	516.71	490.97
筹资活动产生的现金流量净额	90.78	128.64	63.99	7.44	−5.62
现金总流入	2031.10	1886.21	1506.76	1304.15	1226.79
现金总流出	1891.03	1713.93	1416.22	1258.47	1194.53
现金流量净额	15.78	52.37	11.86	8.62	0.63

附表43　证券市场电力、热力、燃气及水生产和供应业（D）资产负债表　　单位：亿元

年份	2023	2022	2021	2020	2019
货币资金	3973.88	4206.04	3553.37	3111.47	2704.15
结算备付金	0.00	0.00	0.00	0.00	0.00
拆出资金净额	32.94	28.51	22.21	0.00	0.00
交易性金融资产	437.38	475.84	394.85	371.05	289.87
衍生金融资产	17.22	32.81	34.68	5.21	1.25
应收票据净额	78.86	117.35	141.54	245.32	199.74
应收账款净额	4731.61	4013.97	3510.26	2484.81	2082.64
应收款项融资	406.31	354.17	357.25	113.55	65.43
预付款项净额	787.08	821.18	701.27	529.04	379.41
应收保费净额	0.00	0.00	0.00	0.00	0.00
应收分保账款净额	0.00	0.00	0.00	0.00	0.00
应收分保合同准备金净额	0.00	0.00	0.00	0.00	0.00
其他应收款净额	358.88	389.22	415.21	338.54	364.40
应收股利净额	38.45	50.50	59.02	24.78	24.28
买入返售金融资产净额	0.00	0.04	0.37	0.36	0.00
存货净额	1338.35	1315.00	1358.96	1464.61	1581.00

续表

年份	2023	2022	2021	2020	2019
合同资产	202.14	194.52	167.28	147.12	34.45
一年内到期的非流动资产	59.93	50.19	72.05	275.23	252.61
其他流动资产	612.64	507.03	1481.23	550.82	528.41
流动资产合计	13139.61	12603.26	12280.19	9689.02	8577.03
发放贷款及垫款净额	12.15	3.38	10.61	144.86	162.98
债权投资	31.56	50.59	30.81	51.97	34.86
其他债权投资	0.52	0.50	0.00	0.00	0.00
长期应收款净额	346.40	289.93	252.49	346.18	257.02
长期股权投资净额	5251.52	4850.10	4495.69	3761.13	3347.28
其他权益工具投资	521.75	523.45	552.03	521.80	516.42
其他非流动金融资产	328.28	319.25	336.55	315.32	247.72
投资性房地产净额	129.16	139.14	133.65	140.27	139.55
固定资产净额	40654.66	36014.09	33626.00	29429.81	27825.67
在建工程净额	7674.27	5945.46	5547.36	5481.06	4887.98
生产性生物资产净额	0.02	0.33	0.33	0.29	0.68
油气资产净额	65.65	53.14	99.05	102.54	106.36
使用权资产	855.53	792.14	712.52	0.00	0.00
无形资产净额	3922.32	3556.37	3277.15	2756.96	2213.30
开发支出	97.76	76.62	54.39	43.40	33.17
商誉净额	560.87	537.44	508.82	455.37	404.59
长期待摊费用	147.54	135.61	107.23	113.50	92.14
递延所得税资产	416.75	407.87	357.47	263.51	225.00
其他非流动资产	1828.96	1471.27	1365.90	1240.31	926.57
非流动资产合计	62845.85	55166.65	51468.14	45168.40	41421.33
资产总计	75985.36	67769.97	63748.28	54857.43	49998.31
短期借款	5219.48	4991.98	4946.79	4169.68	4161.75
向中央银行借款	0.00	0.00	0.00	0.00	0.00
拆入资金	37.04	29.95	12.00	12.00	0.00
交易性金融负债	9.89	1.57	1.32	6.52	7.79
衍生金融负债	5.66	14.70	21.73	8.20	5.23
应付票据	515.26	628.34	580.50	349.65	314.92
应付账款	3709.13	3628.66	3292.02	2463.63	2245.64
预收款项	15.71	15.69	18.99	13.17	600.70
合同负债	770.72	752.06	749.15	759.64	85.31
卖出回购金融资产款	0.00	3.65	5.70	0.19	0.00

续表

年份	2023	2022	2021	2020	2019
吸收存款及同业存放	1.77	2.40	4.77	401.94	353.13
代理买卖证券款	0.00	0.00	0.00	0.00	0.00
代理承销证券款	0.00	0.00	0.00	0.00	0.00
应付职工薪酬	204.44	173.17	167.48	149.52	115.72
应交税费	353.14	347.52	385.04	351.14	298.95
其他应付款	2181.12	1872.77	1872.68	1668.29	1575.52
应付股利	83.00	87.67	81.87	37.87	54.29
应付手续费及佣金	0.00	0.00	0.00	0.00	0.00
应付分保账款	0.00	0.00	0.00	0.00	0.00
一年内到期的非流动负债	4878.25	3585.76	3418.35	3223.58	2861.77
其他流动负债	867.90	1051.99	1885.93	809.13	901.79
流动负债合计	18769.65	17100.39	17362.47	14386.37	13528.39
保险合同准备金	0.00	0.00	0.00	0.00	0.00
长期借款	24222.15	19772.47	17393.48	14662.55	14016.00
应付债券	2136.83	2792.02	2598.14	1996.59	1936.75
租赁负债	624.39	575.95	582.29	0.00	0.00
长期应付款	1521.96	1443.04	1593.46	1644.96	1258.59
预计负债	206.73	198.73	230.71	177.56	158.49
递延收益-非流动负债	341.52	343.53	366.17	361.00	382.04
递延所得税负债	310.14	281.54	263.73	223.70	172.49
其他非流动负债	254.80	320.28	297.84	316.97	282.41
非流动负债合计	29618.53	25727.58	23325.79	19383.37	18206.66
负债合计	48388.17	42827.83	40688.26	33769.79	31735.08
实收资本（或股本）	4793.38	4708.80	4536.85	4059.02	3811.88
其他权益工具	2390.88	1994.98	1850.95	1707.24	1032.34
其中：优先股	0.00	0.00	0.00	0.00	0.00
其中：永续债	2360.99	1968.76	1813.84	1670.35	943.66
资本公积	5854.90	5647.70	5261.74	4518.22	4144.48
其中：库存股	29.71	25.40	22.67	43.10	10.82
其他综合收益	169.68	155.93	152.19	159.55	197.96
专项储备	65.89	40.21	27.41	26.62	23.69
盈余公积	1820.65	1701.25	1620.18	1506.17	1415.39
一般风险准备	22.71	21.42	20.08	18.34	16.47
未分配利润	6596.98	5566.44	4935.83	4686.49	3836.67

续表

年份	2023	2022	2021	2020	2019
归属于母公司所有者权益合计	21685.48	19811.28	18382.48	16638.48	14468.07
少数股东权益	5911.82	5130.72	4677.48	4449.16	3795.26
所有者权益合计	27597.29	24942.00	23059.96	21087.69	18263.33
负债与所有者权益总计	75985.36	67769.97	63748.28	54857.43	49998.31

附表44　证券市场电力、热力、燃气及水生产和供应业（D）利润表　　单位：亿元

年份	2023	2022	2021	2020	2019
营业总收入	23313.25	22304.67	19296.00	15262.71	14253.38
营业收入	23292.52	22283.00	19261.64	15219.40	14209.08
利息净收入	3.32	5.04	15.66	21.52	20.81
利息收入	3.32	5.04	15.66	21.52	20.81
利息支出	0.00	0.00	0.00	0.00	0.00
已赚保费	0.00	0.00	0.00	0.00	0.00
保险业务收入	0.00	0.00	0.00	0.00	0.00
减：分出保费	0.00	0.00	0.00	0.00	0.00
减：提取未到期责任准备金	0.00	0.00	0.00	0.00	0.00
手续费及佣金净收入	17.42	16.63	18.71	21.77	23.51
手续费及佣金收入	17.42	16.63	18.71	21.77	23.51
手续费及佣金支出	0.00	0.00	0.00	0.00	0.00
其他业务收入	0.00	0.00	0.00	0.00	0.00
营业总成本	20915.95	20891.24	18619.91	13385.51	12842.84
营业成本	18586.79	18651.68	16518.08	11523.63	11016.69
退保金	0.00	0.00	0.00	0.00	0.00
赔付支出净额	0.00	0.00	0.00	0.00	0.00
赔付支出	0.00	0.00	0.00	0.00	0.00
减：摊回赔付支出	0.00	0.00	0.00	0.00	0.00
提取保险责任准备金净额	0.00	0.00	0.00	0.00	0.00
提取保险责任准备金	0.00	0.00	0.00	0.00	0.00
减：摊回保险责任准备金	0.00	0.00	0.00	0.00	0.00
保单红利支出	0.00	0.00	0.00	0.00	0.00
分保费用	0.00	0.00	0.00	0.00	0.00
税金及附加	218.89	200.72	201.48	182.97	194.40
业务及管理费	0.00	0.00	0.00	0.00	0.00

续表

年份	2023	2022	2021	2020	2019
减：摊回分保费用	0.00	0.00	0.00	0.00	0.00
销售费用	106.04	96.91	110.52	97.85	89.45
管理费用	707.39	642.82	614.55	525.72	461.60
财务费用	1127.49	1152.01	1052.90	970.53	1023.99
资产减值损失	−197.04	−162.43	−148.40	−178.18	−196.93
其他业务成本	2.37	1.95	3.58	5.84	4.60
公允价值变动收益	−24.69	−0.48	27.35	14.74	11.42
投资收益	603.87	474.99	422.65	418.60	336.45
汇兑收益	0.00	0.00	−0.01	−0.04	0.01
其他业务利润	0.00	0.00	0.00	0.00	0.00
营业利润	2921.87	1856.33	1055.11	2164.89	1595.63
加：营业外收入	63.88	50.15	63.84	63.40	40.42
减：营业外支出	72.02	70.88	111.00	50.55	50.39
利润总额	2913.69	1835.65	1007.94	2177.66	1585.65
减：所得税费用	516.15	403.74	280.57	414.96	340.06
未确认的投资损失	0.00	0.00	0.00	0.00	0.00
影响净利润的其他项目	0.00	0.00	0.00	0.00	0.00
净利润	2397.46	1431.89	727.40	1762.63	1245.60
归属于母公司所有者的净利润	1855.89	1121.76	597.35	1343.89	970.70
少数股东损益	541.53	310.10	130.07	418.79	274.90
基本每股收益	0.33	0.25	0.23	0.26	0.24
稀释每股收益	0.32	0.24	0.19	0.24	0.21
其他综合收益（损失）	18.93	19.86	0.29	−43.49	56.77
综合收益总额	2416.43	1451.80	727.72	1719.19	1302.26
归属于母公司所有者的综合收益	1869.31	1126.33	591.86	1305.17	1027.10
归属少数股东的综合收益	539.92	317.28	129.02	410.05	275.22
研发费用	167.03	145.17	118.59	78.95	52.30
其他收益	177.09	154.80	149.35	105.97	110.95
净敞口套期收益	0.03	−0.03	0.00	0.00	0.00
信用减值损失	−59.36	−38.36	−98.34	−87.43	−93.02
资产处置收益	24.81	14.50	26.43	14.00	16.18
归属于母公司其他权益工具持有者的净利润	0.00	0.00	0.00	0.00	0.00

附表45　证券市场电力、热力、燃气及水生产和供应业（D）现金流量表　　　　单位：亿元

年份	2023	2022	2021	2020	2019
销售商品、提供劳务收到的现金	25758.62	24639.47	20797.09	16242.05	15219.18
客户存款和同业存放款项净增加额	−0.01	0.47	−48.28	48.72	16.08
向中央银行借款净增加额	0.00	0.00	0.00	0.00	0.00
向其他金融机构拆入资金净增加额	6.00	0.00	0.00	12.00	0.00
收到原保险合同保费取得的现金	0.00	0.00	0.00	0.00	0.00
收到再保险业务现金净额	0.00	0.00	0.00	0.00	0.00
保户储金及投资款净增加额	0.00	0.00	0.00	0.00	0.00
处置交易性金融资产净增加额	0.00	0.00	0.31	0.01	0.06
收取利息、手续费及佣金的现金	25.26	28.98	38.16	48.87	43.87
拆入资金净增加额	0.00	0.00	10.00	0.00	6.00
回购业务资金净增加额	0.00	0.00	3.12	0.00	0.08
收到的税费返还	165.71	538.39	90.75	63.50	53.21
收到的其他与经营活动有关的现金	848.62	716.39	754.84	545.45	512.96
经营活动现金流入小计	26804.14	25923.65	21646.12	16960.64	15852.13
购买商品、接受劳务支付的现金	16925.57	16979.40	15016.05	9447.43	9136.64
客户贷款及垫款净增加额	0.67	−6.62	1.18	22.89	43.45
存放中央银行和同业款项净增加额	−0.73	−0.14	−2.02	4.00	−5.99
支付原保险合同赔付款项的现金	0.00	0.00	0.00	0.00	0.00
支付利息、手续费及佣金的现金	1.00	1.15	3.04	4.22	3.55
支付保单红利的现金	0.00	0.00	0.00	0.00	0.00
支付给职工以及为职工支付的现金	1752.28	1607.15	1472.98	1205.14	1089.91
支付的各项税费	1649.56	1556.09	1247.88	1253.79	1167.40
支付其他与经营活动有关的现金	1063.07	914.26	876.13	685.48	603.57
经营活动现金流出小计	21395.03	21053.18	18615.16	12622.95	12038.49

续表

年份	2023	2022	2021	2020	2019
经营活动产生的现金流量净额	5409.15	4870.52	3030.93	4337.62	3813.65
收回投资收到的现金	1853.46	2379.88	2551.56	2088.59	1703.15
取得投资收益收到的现金	356.17	280.85	273.19	233.58	223.39
处置固定资产、无形资产和其他长期资产收回的现金净额	54.66	71.54	83.83	61.69	50.29
处置子公司及其他营业单位收到的现金净额	84.11	194.70	149.14	34.33	79.56
收到的其他与投资活动有关的现金	232.63	204.21	255.16	226.64	270.67
投资活动产生的现金流入小计	2581.09	3131.20	3312.96	2644.87	2327.18
购建固定资产、无形资产和其他长期资产支付的现金	5986.38	4487.22	3838.80	3343.50	2611.99
投资支付的现金	2069.19	2641.51	2890.77	2451.04	1971.77
质押贷款净增加额	0.00	0.45	0.80	0.00	0.00
取得子公司及其他营业单位支付的现金净额	219.66	126.66	241.83	408.88	144.67
支付其他与投资活动有关的现金	238.12	226.80	261.50	181.07	237.26
投资活动产生的现金流出小计	8513.31	7482.54	7233.73	6384.48	4965.70
投资活动产生的现金流量净额	−5932.28	−4351.31	−3920.76	−3739.55	−2638.48
吸收投资收到的现金	3080.39	2125.00	1897.10	1793.88	1625.70
吸收权益性投资收到的现金	1953.69	1476.06	1080.40	1242.99	970.34
其中：子公司吸收少数股东投资收到的现金	640.96	380.55	305.82	229.12	206.29
发行债券收到的现金	1126.70	648.94	816.70	550.87	655.36
取得借款收到的现金	20721.98	20270.31	18134.92	13602.72	11717.76
收到其他与筹资活动有关的现金	556.77	643.04	668.82	802.69	531.76
筹资活动现金流入小计	24359.16	23038.34	20700.98	16199.24	13875.26
偿还债务支付的现金	19363.12	19160.91	16103.77	13674.28	12458.41
分配股利、利润或偿付利息支付的现金	2405.14	2151.43	2202.33	1950.23	1837.62

续表

年份	2023	2022	2021	2020	2019
其中：子公司支付给少数股东的股利、利润	408.21	299.73	310.37	309.47	245.96
支付其他与筹资活动有关的现金	2317.35	1849.82	1173.39	936.95	800.12
筹资活动现金流出小计	24085.71	23162.14	19479.45	16561.48	15096.14
筹资活动产生的现金流量净额	273.39	-123.80	1221.58	-362.28	-1220.90
现金总流入	59676.59	56444.51	49580.75	39544.30	34693.16
现金总流出	53994.01	51697.87	45328.30	35568.97	32100.24
现金流量净额	-249.71	395.40	331.72	235.81	-45.71

附表46　　证券市场建筑业（E）资产负债表　　单位：亿元

年份	2023	2022	2021	2020	2019
货币资金	16376.60	15877.86	13961.04	14436.38	12842.72
结算备付金	0.00	0.00	0.00	0.00	0.00
拆出资金净额	0.21	10.00	0.00	0.00	0.00
交易性金融资产	348.67	436.46	384.52	350.92	357.59
衍生金融资产	1.72	1.99	2.77	2.13	0.10
应收票据净额	437.83	599.91	948.76	1217.14	818.18
应收账款净额	17771.25	15696.79	14299.08	11857.39	10918.50
应收款项融资	534.00	505.97	416.97	505.84	347.16
预付款项净额	3032.67	3132.26	3252.78	2710.84	2667.96
应收保费净额	0.00	0.00	0.00	0.00	0.00
应收分保账款净额	0.00	0.00	0.00	0.00	0.00
应收分保合同准备金净额	0.00	0.00	0.00	0.00	0.00
其他应收款净额	4971.64	4855.05	5127.77	4770.07	4438.95
应收股利净额	25.38	8.21	7.81	7.06	14.04
买入返售金融资产净额	29.00	40.96	0.00	0.00	0.00
存货净额	23542.17	24168.22	24928.04	23383.71	24237.64
合同资产	23541.12	19986.63	16202.58	12473.74	6277.74
一年内到期的非流动资产	2289.46	1954.67	1681.61	2335.83	1929.89
其他流动资产	3799.95	3381.36	3109.44	2652.83	2399.14
流动资产合计	96676.14	90648.07	84315.29	76696.87	67235.56
发放贷款及垫款净额	198.91	153.60	203.08	138.41	131.78
债权投资	588.93	551.02	589.34	390.32	389.99

续表

年份	2023	2022	2021	2020	2019
其他债权投资	89.16	199.68	91.56	79.49	64.29
长期应收款净额	8055.09	6988.18	5835.01	7940.37	7505.79
长期股权投资净额	7412.16	6475.95	5675.01	4450.43	3448.56
其他权益工具投资	996.55	992.55	982.51	857.65	804.50
其他非流动金融资产	1010.57	835.85	628.91	490.82	369.71
投资性房地产净额	2558.83	2465.76	2119.81	1690.71	1418.45
固定资产净额	6670.64	5890.71	5481.81	5026.53	4696.63
在建工程净额	2311.78	1669.23	974.60	1130.10	1211.01
生产性生物资产净额	0.62	0.84	0.38	0.40	0.11
油气资产净额	0.00	0.00	0.00	0.00	0.00
使用权资产	484.91	411.20	416.56	0.00	0.00
无形资产净额	10390.73	9928.20	8998.59	7465.32	6209.25
开发支出	14.36	8.17	6.82	3.85	4.10
商誉净额	217.20	216.84	214.26	230.78	204.73
长期待摊费用	134.67	128.47	115.18	119.22	99.41
递延所得税资产	1277.40	1140.41	1051.71	862.38	745.28
其他非流动资产	13943.76	11751.63	9697.14	5884.71	3928.24
非流动资产合计	56356.18	49808.35	43082.28	36761.49	31231.69
资产总计	153032.40	140456.43	127397.75	113458.32	98467.29
短期借款	6091.67	5013.10	4078.87	4166.56	4334.83
向中央银行借款	4.80	0.73	0.00	0.00	0.00
拆入资金	0.00	0.00	0.20	0.30	0.00
交易性金融负债	0.97	3.97	1.08	0.85	0.91
衍生金融负债	9.31	3.82	0.90	0.75	0.37
应付票据	3531.62	4524.20	4273.18	3643.30	3094.00
应付账款	44004.94	37672.77	31998.38	27694.94	23386.57
预收款项	36.26	38.81	31.50	22.27	7051.39
合同负债	14393.71	15861.26	16706.78	15121.00	6846.77
卖出回购金融资产款	0.00	0.00	0.00	0.00	0.00
吸收存款及同业存放	251.75	240.39	283.63	297.45	265.24
代理买卖证券款	0.00	0.00	0.00	0.00	0.00
代理承销证券款	0.00	0.00	0.00	0.00	0.00
应付职工薪酬	659.23	609.58	534.74	570.72	539.73
应交税费	1997.48	1949.35	1858.59	1688.89	1478.55

续表

年份	2023	2022	2021	2020	2019
其他应付款	8490.72	7520.30	7148.57	6271.99	5650.41
应付股利	60.14	32.53	38.48	34.99	25.21
应付手续费及佣金	0.00	0.00	0.00	0.00	0.00
应付分保账款	0.00	0.00	0.00	0.00	0.00
一年内到期的非流动负债	5347.95	4774.04	4233.65	3812.20	3673.31
其他流动负债	4419.26	3773.44	3361.43	2858.78	1861.14
流动负债合计	89239.73	81985.67	74511.50	66150.12	58183.14
保险合同准备金	0.00	0.00	0.00	0.00	0.00
长期借款	22726.49	19990.31	17414.97	15695.45	12953.71
应付债券	2685.08	2868.71	2856.59	2809.48	2971.96
租赁负债	348.62	291.35	286.33	0.00	0.00
长期应付款	1712.18	1482.37	1112.05	990.38	842.66
预计负债	190.79	190.75	176.60	148.64	105.61
递延收益-非流动负债	143.18	143.30	151.21	170.98	141.04
递延所得税负债	318.61	296.56	260.52	263.68	203.53
其他非流动负债	541.28	481.96	486.22	452.38	463.00
非流动负债合计	28666.16	25745.29	22744.47	20531.02	17681.50
负债合计	117905.83	107730.95	97255.98	86681.11	75864.58
实收资本（或股本）	3104.77	2995.44	2919.86	2472.31	2420.70
其他权益工具	2880.57	2692.63	2515.33	2681.76	2198.24
其中：优先股	0.00	0.00	0.00	0.00	314.01
其中：永续债	2264.90	2076.83	1865.06	1956.69	1445.38
资本公积	4156.58	3952.80	3653.10	3278.55	3153.42
其中：库存股	51.76	44.68	58.20	64.11	44.50
其他综合收益	48.83	77.84	45.42	66.06	83.91
专项储备	198.66	163.15	129.31	107.94	78.27
盈余公积	1033.51	933.08	822.76	691.48	569.17
一般风险准备	82.12	75.38	62.09	53.76	50.92
未分配利润	13050.56	11673.40	10444.83	9436.22	8267.30
归属于母公司所有者权益合计	24503.89	22519.11	20534.47	18723.92	16777.41
少数股东权益	10622.62	10206.60	9607.99	8053.20	5825.25
所有者权益合计	35126.40	32725.59	30142.57	26777.12	22602.67
负债与所有者权益总计	153032.40	140456.58	127398.80	113458.32	98467.29

附表47　　证券市场建筑业（E）利润表　　单位：亿元

年份	2023	2022	2021	2020	2019
营业总收入	94614.63	88859.86	82357.60	69173.05	60823.96
营业收入	94569.43	88810.39	82311.34	69123.20	60782.47
利息净收入	27.55	26.82	24.28	29.74	26.52
利息收入	27.55	26.82	24.28	29.74	26.52
利息支出	0.00	0.00	0.00	0.00	0.00
已赚保费	0.00	0.00	0.00	0.00	0.00
保险业务收入	0.00	0.00	0.00	0.00	0.00
减：分出保费	0.00	0.00	0.00	0.00	0.00
减：提取未到期责任准备金	0.00	0.00	0.00	0.00	0.00
手续费及佣金净收入	17.66	22.65	21.96	20.12	14.96
手续费及佣金收入	17.66	22.65	21.96	20.12	14.96
手续费及佣金支出	0.00	0.00	0.00	0.00	0.00
其他业务收入	0.00	0.00	0.00	0.00	0.00
营业总成本	90641.28	85186.62	78657.69	66014.04	58008.83
营业成本	84431.01	79399.83	73220.90	61359.54	53791.54
退保金	0.00	0.00	0.00	0.00	0.00
赔付支出净额	0.00	0.00	0.00	0.00	0.00
赔付支出	0.00	0.00	0.00	0.00	0.00
减：摊回赔付支出	0.00	0.00	0.00	0.00	0.00
提取保险责任准备金净额	0.00	0.00	0.00	0.00	0.00
提取保险责任准备金	0.00	0.00	0.00	0.00	0.00
减：摊回保险责任准备金	0.00	0.00	0.00	0.00	0.00
保单红利支出	0.00	0.00	0.00	0.00	0.00
分保费用	0.00	0.00	0.00	0.00	0.00
税金及附加	463.20	466.22	479.85	513.06	568.37
业务及管理费	0.00	0.00	0.00	0.00	0.00
减：摊回分保费用	0.00	0.00	0.00	0.00	0.00
销售费用	445.09	412.91	422.28	361.27	358.05
管理费用	2139.30	2019.56	1969.97	1672.93	1618.76
财务费用	737.28	655.35	659.37	612.70	557.14
资产减值损失	−410.82	−277.86	−313.26	−174.67	−127.43
其他业务成本	10.36	6.00	6.33	10.96	7.72
公允价值变动收益	−22.28	−26.63	11.78	40.54	50.51
投资收益	151.21	122.23	129.78	181.80	269.92

续表

年份	2023	2022	2021	2020	2019
汇兑收益	0.01	0.07	−0.02	−0.06	0.02
其他业务利润	0.00	0.00	0.00	0.00	0.00
营业利润	3146.12	3012.22	2904.60	2949.26	2732.84
加：营业外收入	67.16	82.37	74.91	66.00	67.35
减：营业外支出	118.35	69.75	97.40	68.87	91.75
利润总额	3094.95	3024.76	2882.16	2946.38	2708.48
减：所得税费用	680.71	663.64	682.80	689.52	617.82
未确认的投资损失	0.00	0.00	0.00	0.00	0.00
影响净利润的其他项目	0.00	0.00	0.00	0.00	0.00
净利润	2414.21	2361.09	2199.39	2256.90	2090.70
归属于母公司所有者的净利润	1931.01	1852.25	1619.47	1754.17	1675.47
少数股东损益	483.20	508.89	580.16	502.33	415.09
基本每股收益	0.15	0.10	0.22	0.28	0.29
稀释每股收益	0.15	0.10	0.19	0.26	0.29
其他综合收益（损失）	−22.40	16.79	−32.13	−22.71	75.59
综合收益总额	2391.77	2375.61	2166.97	2233.04	2165.83
归属于母公司所有者的综合收益	1909.25	1871.63	1593.84	1740.08	1749.37
归属少数股东的综合收益	482.53	503.94	573.40	493.11	416.48
研发费用	2415.05	2226.76	1899.08	1483.56	1107.28
其他收益	140.14	92.21	81.23	72.17	56.53
净敞口套期收益	0.00	0.00	0.00	0.00	0.00
信用减值损失	−724.16	−619.94	−755.41	−372.00	−356.90
资产处置收益	38.55	48.86	50.48	42.35	25.00
归属于母公司其他权益工具持有者的净利润	0.00	0.00	0.00	0.00	0.00

附表48　　证券市场建筑业（E）现金流量表　　单位：亿元

年份	2023	2022	2021	2020	2019
销售商品、提供劳务收到的现金	90301.99	86774.60	82658.04	70117.34	61384.68
客户存款和同业存放款项净增加额	34.94	−31.73	−12.13	11.89	24.02
向中央银行借款净增加额	4.07	0.73	0.00	0.00	0.00

续表

年份	2023	2022	2021	2020	2019
向其他金融机构拆入资金净增加额	0.00	0.00	0.00	0.00	0.00
收到原保险合同保费取得的现金	0.00	0.00	0.00	0.00	0.00
收到再保险业务现金净额	0.00	0.00	0.00	0.00	0.00
保户储金及投资款净增加额	0.00	0.00	0.00	0.00	0.00
处置交易性金融资产净增加额	0.00	0.00	0.00	0.00	0.00
收取利息、手续费及佣金的现金	45.22	49.29	47.42	50.01	41.91
拆入资金净增加额	9.79	6.14	0.00	0.00	0.00
回购业务资金净增加额	−10.00	−19.00	0.00	0.00	0.00
收到的税费返还	320.96	699.43	121.79	95.25	77.42
收到的其他与经营活动有关的现金	3298.30	3352.19	3920.96	3955.59	3440.71
经营活动现金流入小计	**94005.25**	**90831.64**	**86759.06**	**74230.07**	**64968.77**
购买商品、接受劳务支付的现金	79042.56	75585.13	72095.56	59928.85	52829.31
客户贷款及垫款净增加额	2.92	−55.38	63.15	5.44	25.48
存放中央银行和同业款项净增加额	9.03	3.05	2.84	−7.42	27.82
支付原保险合同赔付款项的现金	0.00	0.00	0.00	0.00	0.00
支付利息、手续费及佣金的现金	9.10	5.33	6.82	10.71	7.94
支付保单红利的现金	0.00	0.00	0.00	0.00	0.00
支付给职工以及为职工支付的现金	6068.43	5705.76	5387.41	4668.53	4351.73
支付的各项税费	2730.01	2826.18	2864.83	2485.97	2370.12
支付其他与经营活动有关的现金	4551.77	4442.22	5008.86	4498.63	4281.12
经营活动现金流出小计	**92413.91**	**88512.29**	**85429.49**	**71590.73**	**63893.53**
经营活动产生的现金流量净额	**1591.33**	**2319.35**	**1329.53**	**2639.31**	**1075.21**
收回投资收到的现金	1183.52	1018.32	1108.00	3017.83	1426.58
取得投资收益收到的现金	157.07	143.32	179.80	182.76	158.47
处置固定资产、无形资产和其他长期资产收回的现金净额	158.22	201.03	213.10	278.90	207.72

续表

年份	2023	2022	2021	2020	2019
处置子公司及其他营业单位收到的现金净额	115.59	260.09	181.16	108.49	102.15
收到的其他与投资活动有关的现金	614.31	1039.37	1063.42	1287.80	842.00
投资活动产生的现金流入小计	2228.74	2662.19	2745.47	4875.72	2737.01
购建固定资产、无形资产和其他长期资产支付的现金	3301.04	2864.23	2694.33	3496.63	2669.82
投资支付的现金	2288.58	2641.59	2422.23	4215.01	2318.81
质押贷款净增加额	0.00	0.00	0.00	0.00	0.00
取得子公司及其他营业单位支付的现金净额	52.47	75.24	68.83	101.21	94.21
支付其他与投资活动有关的现金	631.37	636.08	1082.95	1190.65	929.82
投资活动产生的现金流出小计	6273.39	6217.10	6268.33	9003.54	6012.71
投资活动产生的现金流量净额	−4044.71	−3554.87	−3522.78	−4127.79	−3275.61
吸收投资收到的现金	4240.08	3556.56	3651.94	3917.83	3070.21
吸收权益性投资收到的现金	1714.47	1888.78	2115.29	2643.57	2115.77
其中：子公司吸收少数股东投资收到的现金	1081.25	1080.29	1597.74	1850.78	1308.34
发行债券收到的现金	2525.61	1667.77	1536.65	1274.27	954.43
取得借款收到的现金	24015.94	20202.64	17712.12	17056.09	14321.34
收到其他与筹资活动有关的现金	1615.48	1595.21	1192.00	1693.99	973.60
筹资活动现金流入小计	29871.48	25354.38	22556.02	22667.93	18365.20
偿还债务支付的现金	22348.29	18052.56	17097.44	16267.89	13183.62
分配股利、利润或偿付利息支付的现金	2389.47	2242.36	2226.18	2052.92	1805.85
其中：子公司支付给少数股东的股利、利润	344.32	337.00	335.77	255.74	185.76
支付其他与筹资活动有关的现金	2537.70	2252.80	1824.88	1721.42	997.08
筹资活动现金流出小计	27275.43	22547.69	21148.50	20042.18	15986.53
筹资活动产生的现金流量净额	2596.06	2806.67	1407.48	2625.79	2378.73

续表

年份	2023	2022	2021	2020	2019
现金总流入	130150.10	122403.07	115583.32	105901.53	89346.70
现金总流出	125962.77	117277.07	112846.31	100636.37	85892.79
现金流量净额	142.69	1571.12	−785.72	1137.33	178.29

附表49 证券市场批发和零售业（F）资产负债表 单位：亿元

年份	2023	2022	2021	2020	2019
货币资金	4606.09	4422.37	4397.88	4247.58	3844.31
结算备付金	0.00	0.00	0.00	0.00	0.00
拆出资金净额	4.88	4.88	9.85	0.20	0.00
交易性金融资产	708.70	700.35	741.67	586.06	590.09
衍生金融资产	14.90	13.43	11.27	25.86	6.19
应收票据净额	215.22	188.08	174.13	197.96	207.74
应收账款净额	4502.59	4200.04	3798.22	3942.78	3784.93
应收款项融资	285.90	298.64	303.77	297.74	209.33
预付款项净额	1459.28	1578.86	1473.06	1454.01	1397.41
应收保费净额	0.00	0.00	0.00	0.00	0.00
应收分保账款净额	0.00	0.00	0.00	0.00	0.00
应收分保合同准备金净额	0.00	0.00	0.00	0.00	0.00
其他应收款净额	522.25	501.11	567.11	762.48	577.64
应收股利净额	6.82	6.98	7.44	5.89	3.88
买入返售金融资产净额	0.00	0.00	0.00	0.00	0.00
存货净额	4966.16	4975.17	4569.08	4445.99	4384.70
合同资产	91.98	72.05	59.80	62.01	0.04
一年内到期的非流动资产	154.49	157.21	142.80	138.30	150.93
其他流动资产	564.43	480.59	449.01	532.35	613.22
流动资产合计	18096.78	17593.07	16697.87	16693.34	15766.75
发放贷款及垫款净额	42.15	36.74	46.99	46.98	72.52
债权投资	57.39	24.02	24.24	10.74	14.81
其他债权投资	2.96	1.26	0.52	0.00	0.05
长期应收款净额	207.65	226.66	257.52	242.81	253.16
长期股权投资净额	1681.67	1448.45	1398.36	1504.22	1439.87
其他权益工具投资	253.40	264.97	288.38	305.07	288.21
其他非流动金融资产	285.82	268.26	189.12	210.64	266.07
投资性房地产净额	1370.34	1282.45	1166.53	1058.70	948.82
固定资产净额	3001.19	2980.32	2896.03	2883.96	2784.09

续表

年份	2023	2022	2021	2020	2019
在建工程净额	386.04	403.78	457.51	451.25	373.24
生产性生物资产净额	5.34	7.77	7.57	6.87	7.13
油气资产净额	0.00	0.00	0.00	0.00	0.00
使用权资产	1329.87	1463.47	1679.33	0.01	0.01
无形资产净额	969.28	1031.79	1087.96	1164.75	1094.51
开发支出	28.62	22.51	14.07	11.68	10.79
商誉净额	917.32	899.41	898.85	922.87	1011.07
长期待摊费用	262.02	273.76	286.82	302.89	305.06
递延所得税资产	458.52	387.90	329.01	252.98	214.26
其他非流动资产	334.60	294.11	261.81	287.22	307.10
非流动资产合计	11594.28	11317.88	11290.65	9663.75	9390.93
资产总计	29690.97	28910.95	27988.56	26357.19	25157.61
短期借款	3988.96	3780.52	3506.48	3425.12	3136.73
向中央银行借款	0.00	0.00	0.00	0.00	0.06
拆入资金	0.00	0.00	0.00	0.00	0.00
交易性金融负债	132.70	98.47	101.81	81.39	51.18
衍生金融负债	13.96	13.29	9.41	32.89	16.40
应付票据	2024.15	2092.75	1928.57	1828.37	1856.98
应付账款	3714.86	3489.81	3290.80	3864.03	3737.25
预收款项	33.88	32.27	33.55	30.85	1243.56
合同负债	1475.55	1611.26	1528.39	1323.90	84.88
卖出回购金融资产款	0.00	0.00	0.00	0.00	0.00
吸收存款及同业存放	40.82	16.69	13.27	16.59	13.70
代理买卖证券款	0.00	0.00	0.00	0.00	0.00
代理承销证券款	0.00	0.00	0.00	0.00	0.00
应付职工薪酬	244.39	260.04	222.14	228.34	203.09
应交税费	362.54	379.48	410.04	391.05	333.70
其他应付款	1722.17	1753.39	1654.66	1633.22	1518.40
应付股利	26.38	23.82	27.11	17.94	21.27
应付手续费及佣金	0.00	0.00	0.00	0.00	0.00
应付分保账款	0.00	0.00	0.00	0.00	0.00
一年内到期的非流动负债	1023.83	1023.77	971.29	1039.78	922.05
其他流动负债	523.45	524.14	591.21	504.10	330.43
流动负债合计	15301.38	15076.46	14262.01	14400.16	13448.91
保险合同准备金	0.00	0.42	0.39	0.50	0.54

续表

年份	2023	2022	2021	2020	2019
长期借款	1358.68	1288.06	1174.28	1024.49	1021.65
应付债券	413.64	392.88	415.84	476.69	540.38
租赁负债	1253.07	1416.18	1616.49	0.00	0.00
长期应付款	200.24	148.57	127.99	130.46	140.03
预计负债	65.74	63.38	45.62	55.01	55.11
递延收益-非流动负债	68.49	70.89	88.72	88.65	107.18
递延所得税负债	290.14	241.39	238.62	299.67	289.03
其他非流动负债	101.50	107.30	170.22	218.85	218.58
非流动负债合计	3751.66	3728.59	3877.74	2293.78	2372.06
负债合计	19052.88	18805.02	18139.81	16694.00	15820.96
实收资本（或股本）	2067.44	2073.03	2033.99	1820.83	1763.60
其他权益工具	80.24	72.97	112.69	117.67	97.26
其中：优先股	0.00	19.82	19.82	19.82	0.00
其中：永续债	64.49	40.66	65.66	73.98	90.81
资本公积	3767.95	3681.79	3461.59	3262.67	3233.08
其中：库存股	273.84	258.11	268.37	109.28	76.96
其他综合收益	137.07	136.92	133.66	144.43	173.19
专项储备	2.70	2.55	2.90	2.61	2.55
盈余公积	542.01	516.85	489.79	445.93	413.17
一般风险准备	5.34	4.87	3.57	2.25	1.17
未分配利润	3224.24	2825.03	2872.78	3015.86	2855.87
归属于母公司所有者权益合计	9553.31	9055.87	8842.74	8702.83	8462.82
少数股东权益	1084.69	1049.87	1006.15	960.35	873.87
所有者权益合计	10637.95	10105.68	9848.81	9663.17	9336.72
负债与所有者权益总计	29690.97	28910.80	27988.56	26357.19	25157.61

附表50　　证券市场批发和零售业（F）利润表　　单位：亿元

年份	2023	2022	2021	2020	2019
营业总收入	39424.02	37850.91	39798.39	35785.49	35775.34
营业收入	39419.18	37845.17	39786.39	35775.45	35764.58
利息净收入	4.83	5.72	8.20	7.60	8.58
利息收入	4.83	5.72	8.20	7.60	8.58
利息支出	0.00	0.00	0.00	0.00	0.00
已赚保费	0.01	0.01	0.02	0.02	0.02

续表

年份	2023	2022	2021	2020	2019
保险业务收入	0.00	0.00	0.00	0.00	0.00
减：分出保费	0.00	0.00	0.00	0.00	0.00
减：提取未到期责任准备金	0.00	0.00	0.00	0.00	0.00
手续费及佣金净收入	0.00	0.00	3.77	2.40	2.15
手续费及佣金收入	0.00	0.00	3.77	2.40	2.15
手续费及佣金支出	0.00	0.00	0.00	0.00	0.00
其他业务收入	0.00	0.00	0.00	0.00	0.00
营业总成本	38740.23	37343.44	39179.70	35076.68	35097.77
营业成本	35390.40	34028.08	35718.13	31745.57	31582.32
退保金	0.00	0.00	0.00	0.00	0.00
赔付支出净额	0.00	0.00	0.00	0.00	0.00
赔付支出	0.00	0.00	0.00	0.00	0.00
减：摊回赔付支出	0.00	0.00	0.00	0.00	0.00
提取保险责任准备金净额	0.04	0.06	0.04	0.06	0.14
提取保险责任准备金	0.00	0.00	0.00	0.00	0.00
减：摊回保险责任准备金	0.00	0.00	0.00	0.00	0.00
保单红利支出	0.00	0.00	0.00	0.00	0.00
分保费用	0.00	0.00	0.00	0.00	0.00
税金及附加	145.99	133.10	150.97	141.20	142.14
业务及管理费	0.00	0.00	0.00	0.00	0.00
减：摊回分保费用	0.00	0.00	0.00	0.00	0.00
销售费用	1950.68	1933.44	1991.06	1954.48	2045.27
管理费用	796.78	789.06	855.89	852.13	889.82
财务费用	332.80	343.59	349.32	289.07	335.96
资产减值损失	−159.02	−208.70	−295.57	−292.25	−191.80
其他业务成本	0.45	0.29	0.28	0.14	0.21
公允价值变动收益	−9.16	−16.35	17.51	19.36	27.91
投资收益	138.12	200.51	117.19	167.93	405.47
汇兑收益	0.01	0.03	−0.01	−0.02	0.01
其他业务利润	0.00	0.01	0.00	0.00	0.00
营业利润	706.78	534.15	456.81	547.78	865.60
加：营业外收入	33.49	32.96	37.89	46.32	40.91
减：营业外支出	47.73	47.90	57.12	54.81	38.92
利润总额	692.57	519.32	437.57	539.10	867.58

续表

年份	2023	2022	2021	2020	2019
减：所得税费用	218.05	201.74	166.92	213.29	290.81
未确认的投资损失	0.00	0.00	0.00	0.00	0.00
影响净利润的其他项目	0.00	0.00	0.00	0.00	0.00
净利润	474.56	317.57	270.55	325.90	576.79
归属于母公司所有者的净利润	382.37	215.86	164.43	269.35	497.88
少数股东损益	92.25	101.69	106.02	56.56	78.90
基本每股收益	0.17	0.20	0.24	0.18	0.24
稀释每股收益	0.17	0.20	0.24	0.18	0.22
其他综合收益（损失）	15.49	5.81	−10.74	−28.21	42.95
综合收益总额	490.08	323.65	260.11	284.73	619.90
归属于母公司所有者的综合收益	396.42	221.28	154.58	228.10	538.94
归属少数股东的综合收益	93.76	102.40	105.49	56.46	80.96
研发费用	123.06	115.82	114.12	94.03	101.82
其他收益	79.33	67.49	62.10	76.37	49.87
净敞口套期收益	0.12	−0.04	0.00	0.00	0.00
信用减值损失	−71.11	−92.01	−96.47	−158.71	−125.62
资产处置收益	44.61	75.64	33.36	26.21	22.02
归属于母公司其他权益工具持有者的净利润	0.00	0.00	0.00	0.00	0.00

附表51　证券市场批发和零售业（F）现金流量表　　单位：亿元

年份	2023	2022	2021	2020	2019
销售商品、提供劳务收到的现金	44829.05	42558.22	44988.70	40174.10	38996.57
客户存款和同业存放款项净增加额	86.14	77.34	53.66	52.56	34.71
向中央银行借款净增加额	0.00	0.00	0.00	0.00	0.28
向其他金融机构拆入资金净增加额	0.00	0.00	0.00	0.00	0.00
收到原保险合同保费取得的现金	0.01	0.01	0.02	0.02	0.02
收到再保险业务现金净额	0.00	0.00	0.00	0.00	0.00
保户储金及投资款净增加额	0.00	0.00	0.00	0.00	0.00

续表

年份	2023	2022	2021	2020	2019
处置交易性金融资产净增加额	0.00	0.00	0.00	0.00	0.00
收取利息、手续费及佣金的现金	5.60	6.60	15.35	11.96	11.70
拆入资金净增加额	0.00	0.00	0.00	0.00	0.00
回购业务资金净增加额	0.00	0.00	0.00	0.00	11.50
收到的税费返还	149.53	204.57	154.80	140.24	132.90
收到的其他与经营活动有关的现金	1367.38	1116.65	1411.08	1264.62	1077.21
经营活动现金流入小计	46437.86	43963.55	46623.67	41643.46	40264.85
购买商品、接受劳务支付的现金	40326.56	38707.94	41048.03	35890.19	34856.17
客户贷款及垫款净增加额	57.44	74.35	55.42	50.00	38.12
存放中央银行和同业款项净增加额	8.84	−0.40	0.15	2.69	−0.01
支付原保险合同赔付款项的现金	0.00	0.00	0.00	0.00	0.00
支付利息、手续费及佣金的现金	0.45	0.28	0.25	0.17	0.33
支付保单红利的现金	0.00	0.00	0.00	0.00	0.00
支付给职工以及为职工支付的现金	1548.41	1479.70	1514.28	1375.76	1392.80
支付的各项税费	900.98	856.63	858.81	814.92	867.19
支付其他与经营活动有关的现金	2334.60	2056.02	2343.46	2403.94	2356.37
经营活动现金流出小计	45177.38	43174.42	45820.27	40537.77	39511.05
经营活动产生的现金流量净额	1260.47	789.06	803.35	1105.75	753.85
收回投资收到的现金	2280.13	2753.85	3047.43	3586.59	3225.39
取得投资收益收到的现金	83.91	94.08	93.47	101.82	95.93
处置固定资产、无形资产和其他长期资产收回的现金净额	63.76	74.67	70.07	74.53	71.87
处置子公司及其他营业单位收到的现金净额	59.33	124.87	118.01	87.07	13.87
收到的其他与投资活动有关的现金	424.41	537.01	545.35	700.38	628.12

续表

年份	2023	2022	2021	2020	2019
投资活动产生的现金流入小计	2911.59	3584.62	3874.30	4550.40	4035.30
购建固定资产、无形资产和其他长期资产支付的现金	500.78	508.25	634.68	567.46	620.99
投资支付的现金	2397.87	2809.07	3205.98	3581.62	3478.75
质押贷款净增加额	0.00	0.00	0.00	0.25	0.00
取得子公司及其他营业单位支付的现金净额	88.35	94.74	121.65	145.75	136.82
支付其他与投资活动有关的现金	492.71	471.88	580.97	664.65	693.76
投资活动产生的现金流出小计	3479.85	3884.02	4543.28	4959.73	4930.35
投资活动产生的现金流量净额	-568.17	-299.41	-668.86	-409.26	-895.09
吸收投资收到的现金	559.10	538.03	774.54	378.89	405.70
吸收权益性投资收到的现金	264.79	306.38	497.61	173.97	251.82
其中：子公司吸收少数股东投资收到的现金	71.71	54.72	138.37	58.97	148.94
发行债券收到的现金	294.31	231.65	276.93	204.93	153.89
取得借款收到的现金	10337.57	9812.34	9611.87	8634.65	7187.48
收到其他与筹资活动有关的现金	960.03	996.20	1011.89	988.79	894.05
筹资活动现金流入小计	11856.78	11346.63	11398.29	10002.25	8487.33
偿还债务支付的现金	10367.38	9874.34	9457.79	8673.15	7066.88
分配股利、利润或偿付利息支付的现金	605.27	605.54	562.63	541.86	583.91
其中：子公司支付给少数股东的股利、利润	73.97	73.39	66.91	64.34	59.56
支付其他与筹资活动有关的现金	1527.00	1441.81	1464.84	1139.55	1018.96
筹资活动现金流出小计	12499.69	11921.72	11485.33	10354.55	8669.82
筹资活动产生的现金流量净额	-642.87	-575.11	-86.97	-352.30	-182.54
现金总流入	61774.32	59194.08	62565.18	56605.49	53682.48
现金总流出	61156.85	58980.01	61848.83	55851.93	53111.22
现金流量净额	49.30	-85.36	47.44	344.21	-323.79

附表52　　证券市场交通运输、仓储和邮政业（G）资产负债表　　单位：亿元

年份	2023	2022	2021	2020	2019
货币资金	6704.91	7200.63	6232.50	4173.87	3301.83
结算备付金	0.00	0.00	0.00	0.00	0.00
拆出资金净额	0.00	0.00	0.00	0.00	2.01
交易性金融资产	439.26	423.87	545.63	375.32	380.10
衍生金融资产	0.06	0.64	0.08	4.44	2.66
应收票据净额	64.78	63.88	60.43	48.14	43.17
应收账款净额	1445.21	1380.53	1433.72	1124.48	1111.51
应收款项融资	74.33	63.38	68.28	105.54	79.65
预付款项净额	266.47	252.70	267.75	214.65	223.50
应收保费净额	0.00	0.00	0.00	0.00	0.00
应收分保账款净额	0.00	0.16	0.09	0.07	0.07
应收分保合同准备金净额	0.00	0.00	0.00	0.00	0.00
其他应收款净额	591.47	527.82	623.55	995.97	758.83
应收股利净额	32.01	31.29	6.31	8.04	21.91
买入返售金融资产净额	6.47	4.79	0.00	3.40	4.92
存货净额	735.85	773.05	789.61	745.81	745.06
合同资产	141.58	123.12	92.24	61.83	13.77
一年内到期的非流动资产	110.03	144.26	104.14	235.77	220.59
其他流动资产	686.36	592.52	687.10	623.70	583.28
流动资产合计	11266.59	11551.32	10905.17	8713.04	7471.01
发放贷款及垫款净额	106.53	77.43	89.91	78.95	71.67
债权投资	97.90	87.04	83.59	68.93	55.98
其他债权投资	23.91	13.65	16.07	16.79	22.55
长期应收款净额	470.27	522.16	557.37	504.01	437.61
长期股权投资净额	5437.53	5071.87	4224.86	3968.65	4059.94
其他权益工具投资	455.72	438.99	435.07	417.35	478.94
其他非流动金融资产	348.23	324.77	270.02	300.96	396.50
投资性房地产净额	450.11	352.86	338.02	345.93	367.34
固定资产净额	16420.89	15554.96	14888.21	14562.60	13406.45
在建工程净额	2261.80	2149.01	2057.57	2088.06	2014.11
生产性生物资产净额	0.19	0.21	0.22	0.24	0.26
油气资产净额	0.00	0.00	0.00	0.00	0.00
使用权资产	5624.37	5959.75	5915.84	0.00	0.00
无形资产净额	6196.39	5571.62	5223.10	4445.95	3930.08
开发支出	6.27	6.28	7.84	8.82	8.53

续表

年份	2023	2022	2021	2020	2019
商誉净额	494.22	449.03	410.48	369.10	352.62
长期待摊费用	235.40	223.48	223.61	196.81	185.91
递延所得税资产	706.27	647.75	513.27	359.07	218.61
其他非流动资产	533.84	468.93	350.27	4712.22	4789.41
非流动资产合计	39869.86	37919.76	35605.16	32444.41	30796.51
资产总计	51136.49	49471.09	46510.33	41157.51	38267.50
短期借款	2678.83	2597.16	2313.75	2433.96	1800.54
向中央银行借款	5.20	4.25	2.19	5.20	4.00
拆入资金	0.00	0.00	0.00	0.00	0.00
交易性金融负债	2.53	3.20	5.05	6.44	6.51
衍生金融负债	9.47	18.18	20.86	40.76	0.36
应付票据	187.32	144.92	166.04	140.72	122.97
应付账款	3078.40	2961.82	2544.49	2007.34	1756.05
预收款项	29.96	34.48	33.89	28.82	307.37
合同负债	445.27	438.37	458.73	418.32	200.98
卖出回购金融资产款	0.99	0.00	3.60	0.00	0.00
吸收存款及同业存放	219.32	205.18	198.32	174.98	157.45
代理买卖证券款	0.00	0.00	0.00	0.00	0.00
代理承销证券款	0.00	0.00	0.00	0.00	0.00
应付职工薪酬	446.69	536.68	453.65	359.52	305.00
应交税费	260.18	302.35	372.74	238.55	263.05
其他应付款	1237.12	1216.29	1337.90	1259.19	1112.30
应付股利	22.96	25.31	21.29	29.69	49.60
应付手续费及佣金	0.00	0.00	0.00	0.00	0.00
应付分保账款	0.00	0.49	0.53	0.26	0.23
一年内到期的非流动负债	2776.69	2890.00	2206.14	3060.33	2539.69
其他流动负债	480.98	623.61	897.41	894.34	1020.37
流动负债合计	11859.00	11977.01	11015.28	11068.82	9596.88
保险合同准备金	0.00	0.00	0.00	0.00	0.00
长期借款	8079.16	7071.66	6411.74	5245.87	4335.14
应付债券	1696.28	2124.01	2059.50	1958.51	1751.53
租赁负债	3654.35	4073.27	4162.23	0.00	0.00
长期应付款	594.89	539.25	335.65	405.78	1318.32
预计负债	309.47	298.30	256.81	217.18	195.64
递延收益-非流动负债	206.92	195.52	179.04	154.64	131.36

续表

年份	2023	2022	2021	2020	2019
递延所得税负债	530.45	470.47	343.99	247.43	270.35
其他非流动负债	287.58	288.73	300.42	3419.08	2744.71
非流动负债合计	15359.22	15061.11	14049.51	11648.47	10747.18
负债合计	27218.25	27038.13	25064.87	22717.24	20344.04
实收资本（或股本）	4571.07	4488.24	4247.24	3751.94	3612.76
其他权益工具	549.46	311.05	296.96	254.27	185.61
其中：优先股	0.00	0.00	0.00	0.00	0.00
其中：永续债	504.55	262.63	247.88	207.88	159.27
资本公积	7972.82	7713.38	7046.26	6203.53	5531.27
其中：库存股	76.12	71.26	53.48	28.13	24.85
其他综合收益	11.45	−6.93	−168.60	−183.99	−5.40
专项储备	28.04	31.67	24.96	17.78	18.18
盈余公积	1530.11	1446.58	1297.03	1184.52	1118.67
一般风险准备	13.36	12.60	14.76	12.55	11.65
未分配利润	6215.36	5533.50	5864.36	4752.61	5425.64
归属于母公司所有者权益合计	20815.63	19458.92	18569.56	15965.14	15873.63
少数股东权益	3102.64	2974.05	2875.87	2475.15	2049.89
所有者权益合计	23918.26	22432.92	21445.47	18440.27	17923.52
负债与所有者权益总计	51136.49	49471.09	46510.33	41157.51	38267.52

附表53　证券市场交通运输、仓储和邮政业（G）利润表　　　　单位：亿元

年份	2023	2022	2021	2020	2019
营业总收入	20715.51	19671.37	19092.22	13947.98	15813.94
营业收入	20707.71	19663.82	19086.47	13942.97	15809.34
利息净收入	7.16	6.78	5.05	4.45	4.12
利息收入	7.16	6.78	5.05	4.45	4.12
利息支出	0.00	0.00	0.00	0.00	0.00
已赚保费	0.00	0.00	0.00	0.00	0.00
保险业务收入	0.00	0.00	0.00	0.00	0.00
减：分出保费	0.00	0.00	0.00	0.00	0.00
减：提取未到期责任准备金	0.00	0.00	0.00	0.00	0.00
手续费及佣金净收入	0.63	0.76	0.71	0.56	0.49
手续费及佣金收入	0.63	0.76	0.71	0.56	0.49

续表

年份	2023	2022	2021	2020	2019
手续费及佣金支出	0.00	0.00	0.00	0.00	0.00
其他业务收入	0.00	0.00	0.00	0.00	0.00
营业总成本	19419.87	18688.02	17569.52	13859.49	14745.42
营业成本	17582.77	16793.63	15904.26	12388.19	13087.48
退保金	0.00	0.00	0.00	0.00	0.00
赔付支出净额	0.00	0.00	0.00	0.00	0.00
赔付支出	0.00	0.00	0.00	0.00	0.00
减：摊回赔付支出	0.00	0.00	0.00	0.00	0.00
提取保险责任准备金净额	0.00	0.00	0.00	0.00	0.00
提取保险责任准备金	0.00	0.00	0.00	0.00	0.00
减：摊回保险责任准备金	0.00	0.00	0.00	0.00	0.00
保单红利支出	0.00	0.00	0.00	0.00	0.00
分保费用	0.00	0.00	0.00	0.00	0.00
税金及附加	97.25	94.58	87.91	64.07	67.60
业务及管理费	0.00	0.00	0.00	0.00	0.00
减：摊回分保费用	0.00	0.00	0.00	0.00	0.00
销售费用	300.50	214.71	237.48	230.02	319.50
管理费用	822.03	841.38	832.43	706.90	678.56
财务费用	521.61	655.83	433.74	417.84	547.09
资产减值损失	−52.65	−59.45	−124.77	−130.54	−46.58
其他业务成本	2.39	2.25	1.88	1.47	1.25
公允价值变动收益	25.23	−30.70	−8.30	−85.82	31.34
投资收益	497.66	494.07	655.68	232.54	501.28
汇兑收益	0.00	0.00	0.00	0.00	0.00
其他业务利润	0.00	0.00	0.00	0.00	0.00
营业利润	2127.06	1655.98	2333.74	76.44	1868.04
加：营业外收入	52.42	51.51	48.45	51.94	58.54
减：营业外支出	27.51	36.87	42.31	30.30	42.81
利润总额	2152.07	1670.62	2339.79	97.96	1883.72
减：所得税费用	442.55	609.90	480.08	129.26	401.11
未确认的投资损失	0.00	0.00	0.00	0.00	0.00
影响净利润的其他项目	0.00	0.00	0.00	0.00	0.00
净利润	1709.55	1060.79	1859.76	−31.26	1482.61
归属于母公司所有者的净利润	1520.27	814.59	1609.17	−75.30	1313.22

续表

年份	2023	2022	2021	2020	2019
少数股东损益	189.23	246.14	250.55	43.99	169.40
基本每股收益	0.32	0.28	0.30	0.23	0.29
稀释每股收益	0.32	0.26	0.29	0.21	0.27
其他综合收益（损失）	19.67	158.20	−15.04	−208.54	17.27
综合收益总额	1729.19	1218.90	1844.76	−239.81	1500.09
归属于母公司所有者的综合收益	1530.62	940.64	1606.63	−259.18	1335.20
归属少数股东的综合收益	198.57	278.28	238.13	13.03	163.46
研发费用	93.27	85.68	71.89	51.01	43.86
其他收益	322.06	269.00	280.34	263.47	261.33
净敞口套期收益	0.00	0.00	0.00	0.00	0.00
信用减值损失	−16.56	−36.65	−36.80	−338.53	−38.81
资产处置收益	55.77	36.28	44.97	46.88	90.74
归属于母公司其他权益工具持有者的净利润	0.00	0.00	0.00	0.00	0.00

附表54　证券市场交通运输、仓储和邮政业（G）现金流量表　　单位：亿元

年份	2023	2022	2021	2020	2019
销售商品、提供劳务收到的现金	21460.56	20576.60	19870.28	14059.79	16299.96
客户存款和同业存放款项净增加额	14.67	8.54	26.03	22.53	12.53
向中央银行借款净增加额	0.95	2.06	−3.01	1.20	4.00
向其他金融机构拆入资金净增加额	0.00	0.00	12.00	0.00	0.33
收到原保险合同保费取得的现金	0.00	0.00	0.00	0.00	0.00
收到再保险业务现金净额	0.00	0.00	0.00	0.00	0.00
保户储金及投资款净增加额	0.00	0.00	0.00	0.00	0.00
处置交易性金融资产净增加额	0.00	0.00	0.00	0.00	0.00
收取利息、手续费及佣金的现金	10.20	10.93	7.91	8.04	8.27
拆入资金净增加额	0.00	0.00	0.00	0.00	0.00
回购业务资金净增加额	−0.70	−8.39	7.00	1.52	−4.92
收到的税费返还	133.48	425.55	72.47	42.20	26.45

续表

年份	2023	2022	2021	2020	2019
收到的其他与经营活动有关的现金	1947.85	1665.71	1875.67	1650.86	1472.57
经营活动现金流入小计	23569.74	22693.44	21876.26	15790.20	17825.94
购买商品、接受劳务支付的现金	13658.98	13221.38	12408.74	9174.78	9964.00
客户贷款及垫款净增加额	26.52	62.29	13.22	1.10	20.35
存放中央银行和同业款项净增加额	7.93	4.31	-2.23	2.85	-0.12
支付原保险合同赔付款项的现金	0.00	0.00	0.00	0.00	0.00
支付利息、手续费及佣金的现金	2.27	2.30	1.46	1.43	1.90
支付保单红利的现金	0.00	0.00	0.00	0.38	-0.63
支付给职工以及为职工支付的现金	2983.12	2643.50	2562.38	2214.58	2314.56
支付的各项税费	971.11	1088.04	868.31	613.75	846.62
支付其他与经营活动有关的现金	1907.64	1599.39	1707.98	1548.37	1501.73
经营活动现金流出小计	19568.58	18633.27	17572.27	13564.81	14650.41
经营活动产生的现金流量净额	4001.20	4060.17	4304.05	2225.41	3175.49
收回投资收到的现金	1069.28	1603.92	1591.38	1796.17	1611.30
取得投资收益收到的现金	296.93	314.05	267.86	259.29	235.64
处置固定资产、无形资产和其他长期资产收回的现金净额	133.50	144.39	128.36	87.23	178.67
处置子公司及其他营业单位收到的现金净额	91.49	86.09	72.97	95.80	169.66
收到的其他与投资活动有关的现金	1585.05	2479.13	2146.28	2076.29	1307.84
投资活动产生的现金流入小计	3176.38	4627.65	4206.88	4314.83	3503.24
购建固定资产、无形资产和其他长期资产支付的现金	2197.10	1929.41	2240.93	1847.67	1770.88
投资支付的现金	1357.25	2094.36	1582.95	1786.26	2102.69
质押贷款净增加额	0.05	0.11	0.16	0.03	0.02
取得子公司及其他营业单位支付的现金净额	95.87	171.93	222.75	132.30	77.16

续表

年份	2023	2022	2021	2020	2019
支付其他与投资活动有关的现金	1465.20	2371.89	2001.60	2247.90	1370.97
投资活动产生的现金流出小计	5115.49	6567.64	6048.40	6014.19	5321.80
投资活动产生的现金流量净额	−1939.17	−1940.06	−1841.53	−1699.38	−1818.59
吸收投资收到的现金	1004.57	2076.96	2194.78	2634.13	1521.40
吸收权益性投资收到的现金	624.45	1056.61	801.37	1045.91	469.96
其中：子公司吸收少数股东投资收到的现金	143.36	85.17	132.61	172.40	81.96
发行债券收到的现金	380.11	1020.34	1393.41	1588.22	1051.43
取得借款收到的现金	6492.78	7809.02	6561.93	7142.38	4891.24
收到其他与筹资活动有关的现金	237.55	228.50	651.88	613.29	529.55
筹资活动现金流入小计	7734.94	10114.48	9408.55	10389.83	6942.22
偿还债务支付的现金	7290.04	8289.96	7396.39	7615.28	6676.15
分配股利、利润或偿付利息支付的现金	1530.46	1743.13	1046.53	1040.99	1191.58
其中：子公司支付给少数股东的股利、利润	185.80	233.85	161.68	98.30	84.66
支付其他与筹资活动有关的现金	1586.30	1393.12	1445.96	1294.31	745.55
筹资活动现金流出小计	10406.79	11426.25	9888.95	9950.61	8613.32
筹资活动产生的现金流量净额	−2671.90	−1311.75	−480.31	439.26	−1671.13
现金总流入	36420.16	39375.60	37333.34	32194.19	30089.89
现金总流出	35090.82	36627.17	33509.58	29529.62	28585.50
现金流量净额	−609.91	808.40	1982.19	965.21	−314.22

附表55　证券市场住宿餐饮服务业（HL）资产负债表　　单位：亿元

年份	2023	2022	2021	2020	2019
货币资金	2990.97	2839.43	2549.35	2217.73	1603.00
结算备付金	0.00	0.00	0.00	0.00	0.00
拆出资金净额	0.00	0.00	0.00	0.00	0.00
交易性金融资产	224.87	238.66	257.77	226.82	238.21
衍生金融资产	11.63	8.95	7.61	13.76	10.64

续表

年份	2023	2022	2021	2020	2019
应收票据净额	38.68	34.15	32.49	37.36	22.42
应收账款净额	1476.38	1435.10	1301.58	1167.84	1011.55
应收款项融资	70.45	73.12	64.77	56.76	44.06
预付款项净额	1174.29	1047.30	912.92	762.82	586.48
应收保费净额	0.00	0.00	0.00	0.00	0.00
应收分保账款净额	0.00	0.00	0.00	0.00	0.00
应收分保合同准备金净额	0.00	0.00	0.00	0.00	0.00
其他应收款净额	1004.46	959.11	837.91	580.74	529.94
应收股利净额	3.37	4.07	2.14	2.33	0.65
买入返售金融资产净额	0.00	0.00	0.00	0.00	0.00
存货净额	4925.64	4819.54	4535.68	3414.90	2788.73
合同资产	64.41	57.22	61.22	56.27	10.50
一年内到期的非流动资产	95.44	117.86	94.82	54.13	70.30
其他流动资产	514.23	426.94	398.11	384.33	443.07
流动资产合计	12591.47	12057.38	11054.28	8973.45	7358.84
发放贷款及垫款净额	11.37	9.24	30.18	34.92	34.86
债权投资	6.62	15.94	23.43	29.96	13.69
其他债权投资	0.41	0.00	0.00	0.00	0.00
长期应收款净额	195.29	166.74	193.76	128.99	145.49
长期股权投资净额	903.05	751.22	659.36	574.85	512.17
其他权益工具投资	119.57	110.21	142.41	146.39	154.48
其他非流动金融资产	209.74	226.61	222.40	204.52	137.42
投资性房地产净额	2976.85	1924.94	1898.23	1808.98	1646.94
固定资产净额	2970.75	2810.23	2619.05	2609.06	2658.47
在建工程净额	196.60	232.96	179.65	167.37	153.27
生产性生物资产净额	0.02	0.03	0.00	0.00	0.00
油气资产净额	0.00	0.00	0.00	0.00	0.00
使用权资产	734.31	672.74	701.42	41.91	34.37
无形资产净额	432.52	386.84	361.47	385.47	393.53
开发支出	1.81	1.03	1.24	1.13	0.49
商誉净额	371.12	367.41	375.94	438.78	520.93
长期待摊费用	138.24	131.13	127.94	131.08	129.09
递延所得税资产	331.88	293.43	259.38	219.19	167.65
其他非流动资产	423.77	446.19	421.13	354.80	448.73
非流动资产合计	10023.91	8547.16	8217.00	7277.40	7151.64

续表

年份	2023	2022	2021	2020	2019
资产总计	22615.32	20604.56	19271.29	16250.83	14510.48
短期借款	1268.07	1106.57	939.03	1003.21	1059.19
向中央银行借款	0.00	0.00	0.00	0.00	0.00
拆入资金	0.00	0.00	0.00	0.00	0.70
交易性金融负债	3.94	5.11	7.13	12.78	30.99
衍生金融负债	16.81	22.75	11.07	20.10	8.87
应付票据	1212.00	942.41	779.74	643.23	476.40
应付账款	1461.19	1263.83	1188.29	989.64	865.01
预收款项	94.99	84.95	92.80	80.96	1336.36
合同负债	2899.36	2793.63	2520.41	1639.75	25.42
卖出回购金融资产款	0.00	0.00	0.00	0.00	0.00
吸收存款及同业存放	0.00	0.00	0.00	0.00	0.00
代理买卖证券款	0.00	0.00	0.00	0.00	0.00
代理承销证券款	0.00	0.00	0.00	0.00	0.00
应付职工薪酬	165.00	156.43	146.25	124.44	121.34
应交税费	203.83	219.10	246.39	213.78	164.45
其他应付款	1167.48	996.57	1009.93	846.80	723.01
应付股利	12.31	28.77	6.25	7.81	7.05
应付手续费及佣金	0.00	0.00	0.00	0.00	0.00
应付分保账款	0.00	0.00	0.00	0.00	0.00
一年内到期的非流动负债	1132.41	925.71	1002.66	754.03	617.64
其他流动负债	410.61	462.98	445.30	364.65	170.89
流动负债合计	10035.62	8979.98	8389.75	6693.75	5601.88
保险合同准备金	0.00	0.00	0.64	0.37	0.00
长期借款	1907.09	1813.90	1733.98	1739.84	1643.70
应付债券	1396.75	1505.93	1426.23	1542.08	1465.44
租赁负债	673.42	643.11	676.90	40.83	0.00
长期应付款	82.52	69.47	77.24	168.76	152.01
预计负债	12.22	12.69	29.19	11.37	22.84
递延收益-非流动负债	66.05	63.64	62.09	59.08	63.88
递延所得税负债	432.06	304.41	294.30	285.13	262.42
其他非流动负债	303.22	289.96	312.58	272.20	288.07
非流动负债合计	4873.34	4703.03	4612.60	4119.33	3898.45
负债合计	14908.96	13683.05	13002.33	10813.09	9500.33
实收资本（或股本）	1075.16	1064.85	1057.56	1023.06	940.14

续表

年份	2023	2022	2021	2020	2019
其他权益工具	317.12	251.76	252.17	169.70	154.35
其中：优先股	0.00	0.00	0.00	0.00	0.00
其中：永续债	317.16	251.80	249.93	166.23	149.20
资本公积	1745.04	1755.77	1618.13	1429.51	1354.33
其中：库存股	48.65	46.33	35.64	41.36	35.53
其他综合收益	65.84	54.51	13.96	29.11	77.54
专项储备	1.17	0.48	0.38	0.34	0.33
盈余公积	194.44	187.25	177.08	168.53	156.60
一般风险准备	0.43	0.92	2.33	2.12	1.92
未分配利润	2127.66	1885.10	1706.14	1581.18	1487.31
归属于母公司所有者权益合计	5478.29	5154.40	4792.12	4362.18	4136.98
少数股东权益	2228.11	1767.13	1476.76	1075.51	873.10
所有者权益合计	7706.40	6921.51	6268.93	5437.73	5010.13
负债与所有者权益总计	22615.32	20604.56	19271.29	16250.83	14510.48

附表56　证券市场住宿餐饮服务业（HL）利润表　　单位：亿元

年份	2023	2022	2021	2020	2019
营业总收入	25933.27	27257.20	24632.22	18031.39	15124.83
营业收入	25931.46	27254.61	24628.40	18026.33	15120.70
利息净收入	1.32	2.10	3.66	4.97	4.03
利息收入	1.32	2.10	3.66	4.97	4.03
利息支出	0.00	0.00	0.00	0.00	0.00
已赚保费	0.06	0.08	0.09	0.07	0.06
保险业务收入	0.00	0.00	0.00	0.00	0.06
减：分出保费	0.00	0.00	0.00	0.00	0.00
减：提取未到期责任准备金	0.00	0.00	0.00	0.00	0.00
手续费及佣金净收入	0.43	0.40	0.06	0.01	0.03
手续费及佣金收入	0.43	0.40	0.06	0.01	0.03
手续费及佣金支出	0.00	0.00	0.00	0.00	0.00
其他业务收入	0.00	0.00	0.00	0.00	0.00
营业总成本	25405.49	26728.34	24013.03	17600.88	14656.70
营业成本	24293.79	25752.55	23021.95	16674.98	13445.90
退保金	0.00	0.00	0.00	0.00	0.00

续表

年份	2023	2022	2021	2020	2019
赔付支出净额	0.00	0.00	0.00	0.00	0.00
赔付支出	0.00	0.00	0.00	0.00	0.00
减：摊回赔付支出	0.00	0.00	0.00	0.00	0.00
提取保险责任准备金净额	0.00	0.00	0.00	0.06	−0.04
提取保险责任准备金	0.00	0.00	0.00	0.00	−0.04
减：摊回保险责任准备金	0.00	0.00	0.00	0.00	0.00
保单红利支出	0.00	0.00	0.00	0.00	0.00
分保费用	0.00	0.00	0.00	0.00	0.00
税金及附加	80.07	73.92	64.70	72.65	70.84
业务及管理费	0.00	0.00	0.00	0.00	0.00
减：摊回分保费用	0.00	0.00	0.00	0.00	0.00
销售费用	465.73	380.18	377.34	364.92	614.77
管理费用	288.84	264.63	270.67	247.88	273.87
财务费用	240.54	222.09	244.39	211.80	219.92
资产减值损失	−117.33	−185.99	−125.40	−177.40	−75.80
其他业务成本	0.08	0.37	0.90	0.64	4.00
公允价值变动收益	−5.15	−36.07	3.65	70.44	33.78
投资收益	89.10	109.84	102.91	169.31	90.32
汇兑收益	0.00	0.00	0.00	0.00	0.00
其他业务利润	0.00	0.00	0.00	0.00	0.00
营业利润	494.42	434.16	616.65	381.22	432.02
加：营业外收入	123.10	21.94	22.10	15.74	16.94
减：营业外支出	19.58	19.23	34.48	18.65	20.78
利润总额	597.92	436.89	604.38	378.29	428.17
减：所得税费用	131.34	142.25	170.20	137.39	141.87
未确认的投资损失	0.00	0.00	0.00	0.00	0.00
影响净利润的其他项目	0.00	0.00	0.00	0.00	0.00
净利润	466.60	294.63	434.21	240.87	286.31
归属于母公司所有者的净利润	394.85	206.09	337.65	191.33	212.19
少数股东损益	71.78	88.55	96.52	49.60	74.07
基本每股收益	0.14	0.10	0.12	0.15	0.17
稀释每股收益	0.09	0.03	0.10	0.08	0.12
其他综合收益（损失）	11.84	58.08	−12.82	−50.64	34.78
综合收益总额	478.42	352.79	421.44	190.25	321.55

续表

年份	2023	2022	2021	2020	2019
归属于母公司所有者的综合收益	405.02	249.33	327.67	149.25	248.31
归属少数股东的综合收益	73.43	103.41	94.22	41.20	76.15
研发费用	36.39	34.57	33.06	27.74	27.50
其他收益	54.30	59.93	69.22	54.07	48.54
净敞口套期收益	0.00	0.00	0.00	0.00	0.00
信用减值损失	−71.40	−65.68	−62.19	−165.46	−145.48
资产处置收益	17.08	23.29	9.33	−0.25	12.55
归属于母公司其他权益工具持有者的净利润	0.00	0.00	0.00	0.00	0.00

附表57　证券市场住宿餐饮服务业（HL）现金流量表　　单位：亿元

年份	2023	2022	2021	2020	2019
销售商品、提供劳务收到的现金	29991.90	31433.32	29611.53	20710.62	16617.62
客户存款和同业存放款项净增加额	0.00	0.00	0.00	0.00	0.00
向中央银行借款净增加额	0.00	0.00	0.00	0.00	0.00
向其他金融机构拆入资金净增加额	0.00	0.00	0.00	0.00	0.00
收到原保险合同保费取得的现金	0.06	0.07	0.10	0.09	0.05
收到再保险业务现金净额	0.00	0.00	0.00	0.00	0.00
保户储金及投资款净增加额	0.00	0.00	0.00	0.00	0.00
处置交易性金融资产净增加额	0.00	0.00	0.00	0.00	0.00
收取利息、手续费及佣金的现金	2.29	3.40	6.65	14.19	26.00
拆入资金净增加额	0.00	0.00	0.00	0.00	0.08
回购业务资金净增加额	0.00	0.00	0.00	0.00	0.00
收到的税费返还	63.25	87.61	33.74	32.51	31.01
收到的其他与经营活动有关的现金	2243.65	2213.86	2767.22	1985.65	1246.30
经营活动现金流入小计	32301.25	33738.27	32419.31	22743.00	17921.07
购买商品、接受劳务支付的现金	27353.44	29398.90	27541.69	19216.59	14667.46
客户贷款及垫款净增加额	2.83	−5.95	−20.91	20.68	15.50

续表

年份	2023	2022	2021	2020	2019
存放中央银行和同业款项净增加额	0.00	0.00	0.00	0.00	0.00
支付原保险合同赔付款项的现金	0.00	0.00	0.00	0.00	0.00
支付利息、手续费及佣金的现金	0.09	0.38	0.91	1.85	2.44
支付保单红利的现金	0.00	0.00	0.00	0.00	0.00
支付给职工以及为职工支付的现金	672.67	614.03	580.73	493.45	513.75
支付的各项税费	495.69	490.40	441.51	329.01	332.01
支付其他与经营活动有关的现金	2550.51	2533.73	3025.01	2089.83	1728.77
经营活动现金流出小计	31075.22	33031.59	31569.03	22151.35	17260.71
经营活动产生的现金流量净额	1226.00	706.65	850.30	591.58	660.41
收回投资收到的现金	1070.92	1084.71	1172.56	1479.22	1059.13
取得投资收益收到的现金	58.15	35.34	29.46	35.52	32.10
处置固定资产、无形资产和其他长期资产收回的现金净额	100.71	124.95	70.67	70.75	180.36
处置子公司及其他营业单位收到的现金净额	25.98	23.74	63.53	37.41	35.95
收到的其他与投资活动有关的现金	718.35	607.03	472.04	502.84	486.19
投资活动产生的现金流入小计	1974.16	1875.83	1808.15	2125.78	1793.72
购建固定资产、无形资产和其他长期资产支付的现金	457.24	421.53	501.63	375.18	455.50
投资支付的现金	1102.04	1150.64	1203.21	1612.12	1204.40
质押贷款净增加额	0.00	0.00	0.65	0.00	0.00
取得子公司及其他营业单位支付的现金净额	80.64	12.97	20.21	52.31	26.96
支付其他与投资活动有关的现金	600.06	652.77	595.63	430.08	582.03
投资活动产生的现金流出小计	2239.96	2237.88	2321.30	2469.67	2268.85
投资活动产生的现金流量净额	−265.76	−362.13	−513.09	−343.93	−475.13

续表

年份	2023	2022	2021	2020	2019
吸收投资收到的现金	458.35	719.43	792.53	749.66	521.47
吸收权益性投资收到的现金	345.48	688.26	679.55	467.82	506.70
其中：子公司吸收少数股东投资收到的现金	155.68	290.64	281.96	251.49	121.53
发行债券收到的现金	112.87	31.18	112.97	281.84	14.78
取得借款收到的现金	6397.81	6634.81	6152.94	5687.07	4159.01
收到其他与筹资活动有关的现金	1176.31	952.28	1111.70	698.03	483.66
筹资活动现金流入小计	8032.51	8306.52	8057.27	7134.74	5164.18
偿还债务支付的现金	6597.79	6568.22	6247.28	5550.82	4244.81
分配股利、利润或偿付利息支付的现金	534.65	466.48	450.17	395.45	400.01
其中：子公司支付给少数股东的股利、利润	59.17	36.11	50.55	35.31	37.94
支付其他与筹资活动有关的现金	1721.88	1499.77	1387.29	894.64	664.93
筹资活动现金流出小计	8854.33	8534.43	8084.74	6840.92	5309.80
筹资活动产生的现金流量净额	−821.88	−227.88	−27.46	293.86	−145.65
现金总流入	42573.71	44282.64	42797.88	32347.49	25354.19
现金总流出	42169.49	43803.91	41975.01	31462.03	24839.36
现金流量净额	138.40	116.68	309.70	541.57	39.62

附表58　证券市场信息传输、软件和信息技术服务业（Ⅰ）资产负债表　　单位：亿元

年份	2023	2022	2021	2020	2019
货币资金	8403.35	8390.29	8701.28	4262.50	3547.42
结算备付金	0.00	0.00	0.00	0.00	0.00
拆出资金净额	0.00	0.00	0.00	0.00	0.00
交易性金融资产	2772.77	2198.33	2486.32	943.05	779.50
衍生金融资产	0.61	0.32	0.08	0.39	0.06
应收票据净额	148.28	141.84	157.26	130.53	94.02
应收账款净额	4575.41	4048.26	3480.24	2504.29	2575.03
应收款项融资	102.77	100.55	96.16	66.00	45.59
预付款项净额	590.98	587.66	592.87	369.90	356.81
应收保费净额	0.05	0.10	0.28	0.00	0.00

续表

年份	2023	2022	2021	2020	2019
应收分保账款净额	0.00	0.00	0.00	0.00	0.00
应收分保合同准备金净额	0.02	0.00	0.00	0.00	0.00
其他应收款净额	804.01	646.33	786.67	362.19	324.49
应收股利净额	4.29	3.17	4.20	11.20	4.06
买入返售金融资产净额	2.06	0.00	0.00	0.00	0.00
存货净额	1815.82	1759.38	1590.38	1234.05	1130.22
合同资产	785.45	689.09	529.61	407.01	13.08
一年内到期的非流动资产	190.52	165.97	130.80	92.11	59.51
其他流动资产	1208.87	1000.89	1074.20	717.41	492.53
流动资产合计	21401.31	19729.35	19626.02	11089.35	9418.00
发放贷款及垫款净额	13.92	15.41	17.02	21.84	35.14
债权投资	110.27	138.04	54.44	32.36	18.18
其他债权投资	88.44	48.11	12.10	10.13	3.45
长期应收款净额	195.14	198.16	218.62	182.27	136.97
长期股权投资净额	3697.51	3595.26	3531.00	1286.01	1180.22
其他权益工具投资	382.47	372.30	402.05	386.52	312.96
其他非流动金融资产	2398.57	2388.54	1256.07	336.61	287.64
投资性房地产净额	194.99	201.09	191.89	181.18	164.72
固定资产净额	16610.03	16429.19	16227.45	5008.94	4915.11
在建工程净额	2432.41	2233.37	1988.84	921.85	966.61
生产性生物资产净额	0.00	0.00	0.00	0.00	0.00
油气资产净额	0.00	0.00	0.00	0.00	0.00
使用权资产	2119.37	2434.01	1399.27	0.00	0.00
无形资产净额	2089.51	1920.01	1781.05	817.81	778.05
开发支出	211.57	189.38	146.41	106.68	83.09
商誉净额	1283.57	1340.45	1474.41	1303.34	1472.89
长期待摊费用	231.72	244.80	249.44	175.39	163.13
递延所得税资产	769.95	693.82	679.66	154.90	132.93
其他非流动资产	1588.57	1240.85	768.03	612.77	620.55
非流动资产合计	34417.84	33683.30	30397.77	11538.72	11271.76
资产总计	55819.04	53412.64	50023.84	22628.13	20689.70
短期借款	1080.89	969.57	877.18	905.59	999.94
向中央银行借款	0.00	0.00	0.00	0.00	0.00
拆入资金	0.00	0.00	0.00	0.00	0.00
交易性金融负债	2.13	1.59	1.53	0.31	0.60

续表

年份	2023	2022	2021	2020	2019
衍生金融负债	0.17	0.10	0.06	0.26	0.00
应付票据	895.81	651.31	588.39	357.67	280.95
应付账款	8095.09	7393.79	6837.04	2888.65	2586.83
预收款项	809.72	862.65	867.74	19.25	810.05
合同负债	2969.72	3041.92	3116.10	1465.52	411.07
卖出回购金融资产款	0.00	0.00	0.00	0.00	0.00
吸收存款及同业存放	0.00	0.00	0.00	0.00	0.00
代理买卖证券款	0.00	0.00	0.00	0.00	0.00
代理承销证券款	0.00	0.00	0.00	0.00	0.00
应付职工薪酬	713.23	719.75	665.34	459.44	346.11
应交税费	474.49	404.47	420.95	220.74	187.93
其他应付款	1378.40	1406.65	1902.67	764.94	779.89
应付股利	15.17	15.41	12.36	13.62	16.69
应付手续费及佣金	0.00	0.00	0.00	0.00	0.00
应付分保账款	0.00	0.00	0.00	0.00	0.00
一年内到期的非流动负债	907.03	896.91	942.11	440.43	450.68
其他流动负债	353.03	353.67	387.04	252.93	312.15
流动负债合计	17679.87	16702.70	16607.53	7776.03	7167.99
保险合同准备金	0.00	0.00	1.37	0.34	0.14
长期借款	677.53	580.93	419.21	425.97	360.76
应付债券	169.70	183.76	210.90	260.86	263.23
租赁负债	1546.51	1841.70	850.48	0.00	0.00
长期应付款	118.92	105.02	74.85	79.09	103.07
预计负债	49.07	54.40	49.57	113.29	152.79
递延收益-非流动负债	365.02	349.25	338.58	162.23	156.20
递延所得税负债	441.12	396.38	372.64	70.73	62.85
其他非流动负债	181.40	180.77	166.38	234.16	277.98
非流动负债合计	3549.40	3692.21	2482.77	1346.48	1376.87
负债合计	21229.28	20394.96	19090.26	9122.58	8544.96
实收资本（或股本）	8594.41	8475.51	7822.98	2769.23	2634.91
其他权益工具	19.76	28.00	27.93	32.65	21.89
其中：优先股	0.00	0.00	0.00	0.00	0.00
其中：永续债	0.00	0.00	0.00	0.00	0.00
资本公积	5518.11	4976.78	4134.31	5814.09	5050.02
其中：库存股	268.75	278.82	247.93	167.54	174.28

续表

年份	2023	2022	2021	2020	2019
其他综合收益	−26.01	−54.68	−99.22	−38.56	−8.01
专项储备	6.29	5.38	4.63	1.31	1.28
盈余公积	1444.26	1368.04	1286.83	403.99	354.00
一般风险准备	37.68	35.62	34.75	4.02	3.31
未分配利润	16703.24	15995.35	15586.64	2460.88	2095.00
归属于母公司所有者权益合计	32028.89	30551.03	28550.57	11279.78	9978.25
少数股东权益	2560.98	2466.66	2383.05	2223.55	2166.56
所有者权益合计	34589.85	33017.81	30933.51	13503.43	12144.82
负债与所有者权益总计	55819.04	53412.64	50023.84	22626.03	20689.70

附表59　证券市场信息传输、软件和信息技术服务业（Ⅰ）利润表　　单位：亿元

年份	2023	2022	2021	2020	2019
营业总收入	28460.05	26982.55	24933.39	10595.77	10024.92
营业收入	28452.35	26973.63	24924.65	10586.63	10017.10
利息净收入	2.67	3.15	3.55	5.97	6.53
利息收入	2.67	3.15	3.55	5.97	6.53
利息支出	0.00	0.00	0.00	0.00	0.00
已赚保费	0.69	0.55	0.74	0.14	0.13
保险业务收入	0.00	0.00	0.00	0.00	0.13
减：分出保费	0.00	0.00	0.00	0.00	0.00
减：提取未到期责任准备金	0.00	0.00	0.00	0.00	0.00
手续费及佣金净收入	4.35	5.21	4.44	2.99	1.14
手续费及佣金收入	4.35	5.21	4.44	2.99	1.14
手续费及佣金支出	0.00	0.00	0.00	0.00	0.00
其他业务收入	0.00	0.00	0.00	0.00	0.00
营业总成本	25941.58	24511.32	22523.59	9828.28	9291.37
营业成本	19975.06	19010.62	17315.75	7124.22	6742.61
退保金	0.00	0.00	0.00	0.00	0.00
赔付支出净额	0.00	0.00	0.00	0.00	0.00
赔付支出	0.00	0.00	0.00	0.00	0.00
减：摊回赔付支出	0.00	0.00	0.00	0.00	0.00
提取保险责任准备金净额	0.26	−0.10	0.41	0.57	0.04
提取保险责任准备金	0.00	−0.04	0.00	0.00	0.04

续表

年份	2023	2022	2021	2020	2019
减：摊回保险责任准备金	0.00	0.00	0.00	0.00	0.00
保单红利支出	0.00	0.00	0.00	0.00	0.00
分保费用	0.00	0.00	0.00	0.00	0.00
税金及附加	118.35	108.02	103.25	55.39	52.28
业务及管理费	0.00	0.00	0.00	0.00	0.00
减：摊回分保费用	0.00	0.00	0.00	0.00	0.00
销售费用	2480.49	2338.60	2232.57	1048.37	1047.57
管理费用	1879.12	1800.94	1762.53	820.68	772.95
财务费用	-41.99	-89.09	-26.05	68.96	87.64
资产减值损失	-193.86	-290.16	-256.86	-389.14	-525.15
其他业务成本	0.48	0.53	1.14	1.66	1.07
公允价值变动收益	152.18	17.47	72.26	38.63	53.60
投资收益	246.03	276.03	480.16	207.14	186.54
汇兑收益	0.00	-0.33	-0.03	0.26	0.04
其他业务利润	0.00	0.00	0.00	0.09	0.00
营业利润	2681.54	2495.59	2747.09	597.71	392.91
加：营业外收入	95.45	91.80	80.41	37.73	64.16
减：营业外支出	103.61	161.52	178.26	55.31	176.63
利润总额	2673.55	2425.78	2649.17	580.12	280.41
减：所得税费用	557.52	548.73	554.52	124.43	112.45
未确认的投资损失	0.00	0.00	0.00	0.00	0.00
影响净利润的其他项目	0.00	0.00	0.00	0.00	0.00
净利润	2116.22	1877.07	2094.61	455.65	168.07
归属于母公司所有者的净利润	1979.24	1762.96	1978.33	353.03	62.77
少数股东损益	136.98	114.12	116.48	102.48	105.38
基本每股收益	0.10	0.13	0.23	0.24	0.23
稀释每股收益	0.10	0.11	0.23	0.24	0.23
其他综合收益（损失）	40.14	49.02	-79.41	-34.18	-23.46
综合收益总额	2156.27	1926.09	2014.43	420.73	144.61
归属于母公司所有者的综合收益	2015.42	1804.88	1901.87	325.44	40.02
归属少数股东的综合收益	139.56	120.85	112.20	94.93	103.92
研发费用	1529.90	1342.10	1133.79	708.37	586.96
其他收益	297.07	310.46	280.93	158.02	120.61

续表

年份	2023	2022	2021	2020	2019
净敞口套期收益	0.00	0.00	0.00	0.00	0.00
信用减值损失	−353.19	−289.34	−233.78	−167.62	−157.46
资产处置收益	14.70	−0.02	−5.61	−17.36	−18.77
归属于母公司其他权益工具持有者的净利润	0.00	0.00	0.00	0.00	0.00

附表60 证券市场信息传输、软件和信息技术服务业（Ⅰ）现金流量表 单位：亿元

年份	2023	2022	2021	2020	2019
销售商品、提供劳务收到的现金	29694.64	28163.33	26757.24	11138.35	10319.05
客户存款和同业存放款项净增加额	0.00	0.00	0.00	0.00	0.00
向中央银行借款净增加额	0.00	0.00	0.00	0.00	0.00
向其他金融机构拆入资金净增加额	0.00	0.00	0.00	0.00	0.00
收到原保险合同保费取得的现金	0.74	0.44	0.27	0.10	0.14
收到再保险业务现金净额	0.00	0.00	0.00	0.00	0.00
保户储金及投资款净增加额	0.00	0.00	0.00	0.00	0.00
处置交易性金融资产净增加额	0.00	0.00	0.00	0.00	0.00
收取利息、手续费及佣金的现金	8.16	9.87	10.12	11.63	11.05
拆入资金净增加额	0.00	0.00	0.00	0.00	0.00
回购业务资金净增加额	0.00	0.00	0.00	0.00	0.00
收到的税费返还	152.02	190.52	83.75	71.43	61.22
收到的其他与经营活动有关的现金	1755.67	1246.19	801.02	564.42	473.96
经营活动现金流入小计	31611.40	29610.45	27652.63	11786.11	10865.45
购买商品、接受劳务支付的现金	15469.68	14767.83	13545.35	5988.16	5689.43
客户贷款及垫款净增加额	0.99	−1.70	6.93	−8.52	17.48
存放中央银行和同业款项净增加额	0.00	0.00	0.00	0.00	0.00
支付原保险合同赔付款项的现金	0.35	0.50	0.32	0.34	0.21

续表

年份	2023	2022	2021	2020	2019
支付利息、手续费及佣金的现金	0.37	0.53	1.78	1.94	1.09
支付保单红利的现金	0.00	0.00	0.00	0.00	0.00
支付给职工以及为职工支付的现金	5751.18	5385.25	4715.59	2144.89	1928.24
支付的各项税费	1128.13	1146.64	1061.76	437.03	409.06
支付其他与经营活动有关的现金	2977.72	2485.73	1929.73	1133.44	1015.95
经营活动现金流出小计	25328.44	23784.72	21261.69	9697.15	9061.53
经营活动产生的现金流量净额	6282.87	5825.84	6390.93	2088.84	1803.88
收回投资收到的现金	4318.96	4857.04	4563.84	3100.12	1894.11
取得投资收益收到的现金	236.13	280.47	280.87	92.22	56.69
处置固定资产、无形资产和其他长期资产收回的现金净额	53.13	49.72	75.27	38.59	31.30
处置子公司及其他营业单位收到的现金净额	31.39	18.51	78.88	71.79	42.94
收到的其他与投资活动有关的现金	2767.33	3301.41	3506.53	1345.75	1067.45
投资活动产生的现金流入小计	7407.28	8507.24	8505.64	4648.63	3092.75
购建固定资产、无形资产和其他长期资产支付的现金	4243.03	4248.56	4327.63	1194.34	1184.15
投资支付的现金	5094.92	5595.30	5744.90	3614.30	2187.09
质押贷款净增加额	0.00	0.46	0.08	0.00	0.00
取得子公司及其他营业单位支付的现金净额	45.24	24.78	61.19	142.60	78.95
支付其他与投资活动有关的现金	2876.77	3271.92	3204.96	1533.50	1131.42
投资活动产生的现金流出小计	12260.07	13141.03	13338.80	6484.65	4581.83
投资活动产生的现金流量净额	-4852.88	-4633.61	-4833.28	-1836.04	-1488.93
吸收投资收到的现金	723.51	964.22	1764.09	820.87	452.49
吸收权益性投资收到的现金	716.58	951.65	1757.80	800.02	436.51

续表

年份	2023	2022	2021	2020	2019
其中：子公司吸收少数股东投资收到的现金	50.25	78.75	46.02	39.46	25.24
发行债券收到的现金	6.93	12.57	6.29	20.85	15.98
取得借款收到的现金	2004.72	1859.24	1948.07	1707.42	1964.76
收到其他与筹资活动有关的现金	323.87	287.92	245.67	185.58	234.24
筹资活动现金流入小计	3052.26	3111.33	3957.84	2713.90	2651.51
偿还债务支付的现金	1862.23	1782.11	2292.67	1820.40	2140.17
分配股利、利润或偿付利息支付的现金	1602.55	1613.54	1093.07	362.77	350.36
其中：子公司支付给少数股东的股利、利润	32.63	34.48	32.17	29.04	34.32
支付其他与筹资活动有关的现金	1024.46	1130.01	1049.07	310.43	345.52
筹资活动现金流出小计	4489.37	4525.73	4435.00	2493.72	2836.07
筹资活动产生的现金流量净额	−1437.01	−1414.34	−477.02	220.17	−184.39
现金总流入	46923.62	45862.79	44949.39	20984.61	18098.82
现金总流出	42077.74	41451.40	39035.25	18675.63	16479.40
现金流量净额	−6.94	−222.37	1080.86	472.94	130.41

附表61　证券市场金融业（J）资产负债表　　　　单位：亿元

年份	2023	2022	2021	2020	2019
货币资金	36574.21	38645.32	34739.02	29948.60	23226.06
结算备付金	5513.85	5464.77	5090.41	4252.31	2742.98
拆出资金净额	70082.15	62021.82	51565.59	48564.35	52602.30
交易性金融资产	315119.71	253232.85	154088.44	154491.45	121863.83
衍生金融资产	8547.57	8319.09	6424.22	10361.22	5225.31
应收票据净额	4.00	4.38	3.23	5.95	6.43
应收账款净额	2614.47	2527.44	2199.68	1934.89	3009.46
应收款项融资	11.30	23.34	20.31	13.07	12.86
预付款项净额	24.91	37.50	41.42	26.28	19.45
应收保费净额	232.43	1832.52	1719.47	1769.39	1609.91
应收分保账款净额	27.49	470.64	460.92	394.39	355.07
应收分保合同准备金净额	92.46	1175.50	1118.82	956.68	837.94
其他应收款净额	621.05	1538.42	582.87	615.16	578.71

续表

年份	2023	2022	2021	2020	2019
应收股利净额	2.32	3.56	1.28	1.36	0.68
买入返售金融资产净额	68731.51	53267.41	46556.47	44791.41	37086.22
存货净额	215.33	728.10	753.51	839.09	804.87
合同资产	105.62	7.13	7.58	2.15	0.76
一年内到期的非流动资产	3954.39	3307.37	3709.63	2881.02	2527.34
其他流动资产	2585.05	2132.37	2161.32	2224.68	1517.37
流动资产合计	20407.49	20031.49	18852.43	17076.26	14134.43
发放贷款及垫款净额	1609484.84	1386888.23	1305555.68	1156285.62	1032959.59
债权投资	176824.95	248014.58	232475.23	211398.97	190749.38
其他债权投资	121545.65	69169.05	54354.45	55648.76	44227.67
长期应收款净额	7802.43	7613.65	7281.13	6788.93	6403.06
长期股权投资净额	11475.39	11667.23	11324.88	9975.18	8299.01
其他权益工具投资	7691.12	21290.03	18212.75	20927.65	21712.99
其他非流动金融资产	527.62	589.37	595.41	776.19	618.97
投资性房地产净额	2615.05	2538.99	2082.62	1672.87	1652.85
固定资产净额	18486.84	17271.29	17023.74	16251.17	15669.67
在建工程净额	1324.56	1361.55	661.92	832.87	848.20
生产性生物资产净额	0.00	0.00	0.00	0.00	0.00
油气资产净额	0.00	0.00	0.00	0.00	0.00
使用权资产	1750.44	1812.81	1880.26	0.00	0.00
无形资产净额	2458.91	2387.81	2179.96	2034.19	1941.65
开发支出	1.72	1.22	1.53	1.52	1.18
商誉净额	1363.13	1377.80	1104.15	1134.34	1104.96
长期待摊费用	12.80	11.23	10.61	9.72	10.70
递延所得税资产	14136.60	13773.56	11248.56	10353.56	8513.02
其他非流动资产	922.01	857.59	804.86	555.53	506.99
非流动资产合计	12167.13	12260.01	11534.04	11078.93	10143.83
资产总计	3194188.86	2885948.25	2600566.73	2378436.65	2129733.77
短期借款	3355.18	4048.16	3766.81	3877.82	3565.16
向中央银行借款	81658.10	55509.77	53797.87	61117.21	48815.03
拆入资金	53850.79	45751.72	39131.96	37818.89	39776.38
交易性金融负债	11671.94	14012.20	10223.11	9360.60	11594.75
衍生金融负债	8026.75	7757.02	6474.23	11786.83	5534.64
应付票据	81.63	102.21	57.73	26.08	19.59
应付账款	8564.10	8050.35	6913.44	4274.70	1657.81

续表

年份	2023	2022	2021	2020	2019
预收款项	58.51	62.61	71.52	94.13	116.86
合同负债	11578.09	144.74	183.06	185.91	80.40
卖出回购金融资产款	83471.85	63356.96	47272.59	40574.48	41185.36
吸收存款及同业存放	2196573.30	1992262.41	1782387.72	1637271.94	1456981.59
代理买卖证券款	24012.32	25434.63	23605.29	19827.56	13696.25
代理承销证券款	30.58	165.70	138.21	30.17	178.20
应付职工薪酬	7426.20	7205.31	6644.75	5809.79	5009.47
应交税费	4268.84	5517.87	5796.96	5822.61	5669.88
其他应付款	1198.36	1121.49	882.95	997.77	1110.47
应付股利	7.68	27.89	7.64	9.74	2.16
应付手续费及佣金	128.06	309.48	305.32	325.72	345.48
应付分保账款	19.38	551.79	559.08	462.77	399.87
一年内到期的非流动负债	1478.95	1594.76	1471.55	1297.10	971.33
其他流动负债	1383.20	1499.22	1512.94	1353.34	1114.90
流动负债合计	**19014.22**	**19375.50**	**20493.93**	**18389.16**	**15889.17**
保险合同准备金	42884.90	100121.94	91147.56	80284.09	69477.86
长期借款	3414.03	3420.63	3521.72	4047.17	4222.35
应付债券	207524.85	200316.53	193236.49	153897.66	145609.04
租赁负债	1713.44	1787.67	1811.59	0.00	0.00
长期应付款	113.45	129.38	148.05	215.40	254.92
预计负债	2215.79	2481.97	2037.55	2133.06	1716.44
递延收益-非流动负债	19.16	20.04	18.36	14.39	19.56
递延所得税负债	546.82	521.66	739.19	812.45	655.26
其他非流动负债	3139.67	2873.79	127.44	205.07	458.57
非流动负债合计	**6496.14**	**6019.77**	**3245.71**	**3203.91**	**3038.21**
负债合计	**2912255.99**	**2625011.10**	**2358540.40**	**2161879.78**	**1936953.62**
实收资本（或股本）	23763.88	23493.80	23267.63	22807.44	22219.94
其他权益工具	31234.57	28949.36	26790.44	21176.03	15380.12
其中：优先股	7556.18	7735.99	7239.88	7468.91	7658.92
其中：永续债	21081.93	17688.69	14251.27	9690.26	3854.26
资本公积	31883.37	30987.09	29989.69	28830.11	26335.56
其中：库存股	100.93	144.15	137.89	100.22	71.22
其他综合收益	1424.92	629.48	1876.77	1617.26	2312.17
专项储备	0.17	0.37	0.29	0.33	0.33
盈余公积	27249.19	24992.24	22747.90	20320.33	18297.54

续表

年份	2023	2022	2021	2020	2019
一般风险准备	40195.92	36206.83	32336.50	28097.57	25120.40
未分配利润	116233.66	105993.77	96313.07	85696.70	75890.73
归属于母公司所有者权益合计	271917.48	251139.31	233221.82	208470.38	185507.83
少数股东权益	10015.47	9797.98	8804.49	8086.48	7272.23
所有者权益合计	281932.86	260937.25	242026.31	216556.84	192780.16
负债与所有者权益总计	3194188.86	2885948.25	2600566.73	2378436.65	2129733.77

附表62　　证券市场金融业（J）利润表　　单位：亿元

年份	2023	2022	2021	2020	2019
营业总收入	82705.25	89687.51	88912.55	83697.54	77665.71
营业收入	899.21	1110.68	974.43	730.25	693.30
利息净收入	45995.61	46263.49	44897.39	43435.25	38460.64
利息收入	98825.67	90659.15	84430.90	79647.57	73643.31
利息支出	52830.43	44420.24	39557.76	36264.95	35225.12
已赚保费	12443.84	25133.65	24540.22	24387.46	23370.06
保险业务收入	12337.03	26284.69	25494.96	25517.51	24774.74
减：分出保费	80.51	1127.62	1138.03	1053.90	878.87
减：提取未到期责任准备金	12.45	200.86	-2.52	232.91	579.62
手续费及佣金净收入	10418.11	10910.77	12094.84	11166.78	11431.88
手续费及佣金收入	9847.14	10509.58	10838.36	10331.49	11917.85
手续费及佣金支出	1555.62	2019.86	1551.26	1507.47	1490.36
其他业务收入	12948.48	6268.98	6405.68	3977.80	3709.99
营业总成本	49625.78	55857.06	55636.65	51103.07	47727.28
营业成本	664.79	822.58	678.09	515.97	476.70
退保金	705.40	1933.11	1905.35	1448.18	1596.27
赔付支出净额	1733.45	9090.96	8766.62	8346.31	8028.69
赔付支出	1778.46	9717.17	9361.26	8830.69	8489.75
减：摊回赔付支出	70.62	678.98	647.23	531.53	486.33
提取保险责任准备金净额	4218.04	11055.71	10762.03	10338.69	8821.80
提取保险责任准备金	4235.19	11026.74	10790.82	10349.40	8714.84
减：摊回保险责任准备金	146.81	45.59	113.43	76.11	-102.94
保单红利支出	588.88	584.58	633.47	626.26	546.41
分保费用	184.41	18.94	15.35	23.19	13.66

续表

年份	2023	2022	2021	2020	2019
税金及附加	719.31	761.61	727.32	662.14	605.97
业务及管理费	22009.86	23866.07	23287.77	20897.59	19862.25
减：摊回分保费用	38.50	272.13	271.51	318.78	263.15
销售费用	51.10	52.68	58.21	54.71	50.45
管理费用	236.56	276.22	305.21	337.61	297.22
财务费用	30.69	71.28	93.59	88.19	69.89
资产减值损失	−2159.70	−2349.97	−2666.61	−2351.98	−2042.44
其他业务成本	12471.96	6540.09	7652.54	6875.93	5667.72
公允价值变动收益	189.11	−1392.55	680.85	23.50	1331.79
投资收益	8397.00	9726.26	10954.07	10269.03	8032.08
汇兑收益	145.35	479.78	331.76	118.20	307.29
其他业务利润	0.00	0.00	0.00	0.00	−1.10
营业利润	28505.61	28285.78	28912.53	25744.85	25497.01
加：营业外收入	139.35	127.47	135.26	131.31	137.06
减：营业外支出	132.40	217.99	159.74	188.43	130.38
利润总额	28512.57	28195.32	28888.09	25687.78	25503.75
减：所得税费用	3565.02	3650.66	4593.79	4224.00	4113.43
未确认的投资损失	0.00	0.00	0.00	0.00	0.00
影响净利润的其他项目	0.00	0.00	0.00	0.00	0.00
净利润	24947.56	24544.67	24294.25	21463.77	21390.38
归属于母公司所有者的净利润	24208.43	23869.98	23564.02	21079.41	20709.68
少数股东损益	739.06	674.64	730.28	384.27	680.69
基本每股收益	0.46	0.46	0.64	0.56	0.47
稀释每股收益	0.46	0.45	0.60	0.48	0.43
其他综合收益（损失）	1055.44	−1230.71	235.49	−863.09	1682.49
综合收益总额	26002.99	23314.00	24529.70	20590.82	23072.82
归属于母公司所有者的综合收益	24760.83	22097.97	23411.40	20017.26	21900.50
归属少数股东的综合收益	737.25	726.82	705.59	284.04	793.03
研发费用	44.12	47.21	34.96	20.45	18.11
其他收益	236.63	207.42	178.19	159.22	127.03
净敞口套期收益	−0.61	0.14	0.62	0.00	0.00
信用减值损失	−11414.18	−12218.44	−13864.73	−15082.45	−12223.08
资产处置收益	32.58	2.57	22.40	14.86	26.96
归属于母公司其他权益工具持有者的净利润	0.00	0.00	0.00	0.00	0.00

附表63　　证券市场金融业（J）现金流量表　　单位：亿元

年份	2023	2022	2021	2020	2019
销售商品、提供劳务收到的现金	2013.31	2152.01	2168.16	1395.69	1305.56
客户存款和同业存放款项净增加额	206387.58	205950.74	130737.77	156618.74	114732.79
向中央银行借款净增加额	25920.21	6756.94	2602.32	11976.48	2128.24
向其他金融机构拆入资金净增加额	1432.00	380.77	1641.30	863.00	680.20
收到原保险合同保费取得的现金	18496.11	26548.21	25864.02	25834.19	25036.02
收到再保险业务现金净额	1849.57	39.17	8.07	0.86	0.58
保户储金及投资款净增加额	920.93	992.65	567.15	722.17	754.77
处置交易性金融资产净增加额	2068.01	222.99	1535.12	89.19	134.97
收取利息、手续费及佣金的现金	92562.53	89695.75	88196.00	82013.76	77369.61
拆入资金净增加额	7721.09	7660.44	6248.68	3567.07	3214.47
回购业务资金净增加额	17743.50	13975.31	8086.45	4385.82	9165.64
收到的税费返还	13.45	12.80	6.29	5.06	6.89
收到的其他与经营活动有关的现金	32363.07	32537.29	28054.00	29623.86	21661.29
经营活动现金流入小计	413743.89	389876.35	311764.14	325750.19	269480.28
购买商品、接受劳务支付的现金	1855.13	2249.67	2361.27	1633.80	1561.90
客户贷款及垫款净增加额	169909.35	154771.04	146531.50	141256.83	119290.04
存放中央银行和同业款项净增加额	11364.88	11631.71	826.83	10374.43	2848.52
支付原保险合同赔付款项的现金	8880.39	10226.38	9983.32	9171.79	9047.95
支付利息、手续费及佣金的现金	42713.67	39604.62	35361.33	34755.81	35445.82
支付保单红利的现金	200.16	538.61	549.00	516.94	396.20
支付给职工以及为职工支付的现金	13967.91	13347.85	12722.31	11348.86	10856.60
支付的各项税费	10918.29	11399.02	10986.67	10416.02	9184.65
支付其他与经营活动有关的现金	53646.96	37610.48	46694.52	41978.38	36906.65
经营活动现金流出小计	326667.50	305518.32	289704.48	279364.02	251134.13

续表

年份	2023	2022	2021	2020	2019
经营活动产生的现金流量净额	87076.44	84358.03	22059.59	46386.14	18346.12
收回投资收到的现金	446518.56	400167.89	400895.11	446827.72	382719.95
取得投资收益收到的现金	27991.86	26243.94	25149.31	23691.93	19995.91
处置固定资产、无形资产和其他长期资产收回的现金净额	562.60	640.92	562.96	489.81	480.66
处置子公司及其他营业单位收到的现金净额	212.98	136.04	179.52	260.84	213.06
收到的其他与投资活动有关的现金	994.68	1090.04	616.03	640.14	2074.12
投资活动产生的现金流入小计	476280.78	428278.91	427402.99	471910.50	405483.79
购建固定资产、无形资产和其他长期资产支付的现金	3857.97	3156.50	2943.90	3014.65	2898.42
投资支付的现金	540185.86	485806.69	459533.92	511679.68	428552.71
质押贷款净增加额	165.89	350.25	607.85	571.22	737.16
取得子公司及其他营业单位支付的现金净额	416.24	854.72	595.36	402.84	138.98
支付其他与投资活动有关的现金	784.42	1762.37	1224.89	1165.55	950.21
投资活动产生的现金流出小计	545410.41	491930.52	464905.92	516834.06	433277.44
投资活动产生的现金流量净额	−69129.67	−63651.62	−37502.92	−44923.55	−27793.80
吸收投资收到的现金	217539.95	181694.39	182262.58	172963.36	148434.09
吸收权益性投资收到的现金	2336.23	2792.64	3692.16	4901.81	3808.23
其中：子公司吸收少数股东投资收到的现金	299.28	166.45	941.74	1082.50	550.56
发行债券收到的现金	215203.72	178901.78	178570.41	168061.54	144625.88
取得借款收到的现金	7105.53	6367.80	7471.71	7747.51	6893.57
收到其他与筹资活动有关的现金	14857.90	6903.48	22002.59	15950.56	13731.01
筹资活动现金流入小计	239503.41	194965.65	211736.92	196661.44	169058.72
偿还债务支付的现金	213446.39	181467.57	172847.02	153657.31	133399.04
分配股利、利润或偿付利息支付的现金	14331.49	13332.43	12402.76	11697.01	10772.18

续表

年份	2023	2022	2021	2020	2019
其中：子公司支付给少数股东的股利、利润	158.36	189.91	206.98	829.05	727.37
支付其他与筹资活动有关的现金	7753.30	8510.20	7312.56	17522.83	8646.28
筹资活动现金流出小计	235531.17	203310.25	192562.33	182877.15	152817.48
筹资活动产生的现金流量净额	3972.13	-8344.56	19174.59	13784.29	16241.17
现金总流入	1198657.72	1076772.50	988406.95	1039245.71	871816.46
现金总流出	1107609.09	1000759.06	947172.80	979075.27	837229.15
现金流量净额	21918.87	12361.81	3731.19	15246.88	6793.49

附表64　证券市场房地产业（K）资产负债表　　单位：亿元

年份	2023	2022	2021	2020	2019
货币资金	8531.19	10074.62	11707.66	13055.37	11526.79
结算备付金	7.02	9.81	7.84	9.00	8.82
拆出资金净额	0.00	0.00	0.00	0.00	8.26
交易性金融资产	190.82	469.56	458.21	575.46	571.70
衍生金融资产	3.90	4.19	1.14	3.10	8.04
应收票据净额	5.92	9.62	44.95	43.93	28.77
应收账款净额	1251.26	1345.43	1298.63	1342.92	1131.21
应收款项融资	5.69	5.39	6.53	9.45	7.13
预付款项净额	1302.33	1458.66	2005.43	2177.05	2682.82
应收保费净额	0.00	0.49	0.33	0.23	0.05
应收分保账款净额	0.00	0.09	0.07	0.03	34.53
应收分保合同准备金净额	0.00	14.98	5.07	5.25	28.27
其他应收款净额	9954.65	11340.45	11606.68	10510.58	9615.11
应收股利净额	19.53	18.90	26.03	10.57	12.30
买入返售金融资产净额	2.99	3.41	8.74	8.98	24.51
存货净额	48077.32	59426.97	63801.40	62414.44	55859.31
合同资产	1654.73	1704.37	1734.57	1659.02	34.45
一年内到期的非流动资产	373.74	446.93	165.00	168.35	111.40
其他流动资产	3577.66	3660.66	4310.83	3334.71	2673.82
流动资产合计	74939.13	89975.75	97163.23	95318.02	84355.02
发放贷款及垫款净额	17.38	43.06	32.20	50.51	22.17
债权投资	184.30	214.99	203.24	131.00	198.19

续表

年份	2023	2022	2021	2020	2019
其他债权投资	0.00	1.16	70.58	0.63	5.77
长期应收款净额	135.81	83.88	112.66	84.83	225.63
长期股权投资净额	7027.73	7763.79	7639.88	6595.21	5258.78
其他权益工具投资	172.71	221.33	248.30	264.44	370.25
其他非流动金融资产	555.61	870.09	800.55	648.45	558.33
投资性房地产净额	9036.34	9089.06	8570.23	7899.95	6970.21
固定资产净额	1634.22	1761.04	1751.51	1549.62	1507.91
在建工程净额	313.41	348.24	407.56	436.02	426.82
生产性生物资产净额	2.32	3.38	0.13	0.17	0.32
油气资产净额	0.00	0.00	0.00	0.00	0.00
使用权资产	554.48	598.52	661.22	0.00	0.00
无形资产净额	536.09	603.25	602.53	530.78	480.50
开发支出	2.18	2.35	2.56	11.36	10.21
商誉净额	196.35	232.52	218.91	203.71	202.02
长期待摊费用	176.94	195.82	210.06	208.75	191.64
递延所得税资产	1712.92	1775.55	1712.26	1450.74	1261.53
其他非流动资产	558.13	754.26	861.90	1107.20	814.63
非流动资产合计	22816.95	24609.57	24158.82	21177.64	18508.79
资产总计	97756.14	114585.31	121322.16	116495.65	102863.86
短期借款	1028.82	1279.63	1726.96	2404.31	2360.27
向中央银行借款	0.00	0.00	0.00	0.00	0.00
拆入资金	0.10	0.00	0.00	0.00	1.51
交易性金融负债	32.91	30.32	23.51	48.85	15.38
衍生金融负债	1.59	1.98	9.63	6.72	0.00
应付票据	109.32	218.98	651.43	867.41	634.30
应付账款	9611.13	10995.84	11115.42	10195.63	8343.66
预收款项	109.09	97.52	115.84	103.29	17760.08
合同负债	18750.58	25969.50	30044.22	28052.95	8537.08
卖出回购金融资产款	0.00	0.00	0.00	0.08	0.00
吸收存款及同业存放	0.00	0.00	0.00	0.00	0.00
代理买卖证券款	20.25	24.40	24.26	33.54	22.82
代理承销证券款	0.00	0.00	0.00	0.00	2.38
应付职工薪酬	274.86	310.37	313.48	327.81	312.41
应交税费	1862.45	2195.92	2327.25	2239.34	1935.55
其他应付款	9821.84	11899.37	12392.23	12046.90	10556.91

续表

年份	2023	2022	2021	2020	2019
应付股利	62.09	57.29	35.49	52.22	53.41
应付手续费及佣金	0.00	0.73	0.70	2.30	0.41
应付分保账款	0.00	0.11	0.07	0.07	57.69
一年内到期的非流动负债	6190.39	8857.77	8375.43	7445.49	7520.35
其他流动负债	2478.50	3286.71	4004.07	3414.02	1449.63
流动负债合计	50291.90	65191.17	71782.85	67195.42	59807.35
保险合同准备金	0.00	0.00	423.96	0.15	166.11
长期借款	14931.88	15728.28	15777.24	16471.04	13846.95
应付债券	5201.37	5327.92	5054.07	4922.29	5300.04
租赁负债	495.60	531.21	597.88	0.00	0.00
长期应付款	512.17	497.86	474.70	386.74	240.12
预计负债	249.41	104.72	62.40	87.92	83.37
递延收益-非流动负债	105.91	114.09	122.56	127.67	124.55
递延所得税负债	516.46	572.15	556.14	560.26	459.83
其他非流动负债	616.67	1255.12	407.63	1182.81	569.91
非流动负债合计	22629.36	24176.10	23096.34	23740.13	20624.79
负债合计	72921.27	89367.31	94879.16	90935.53	80432.30
实收资本（或股本）	2198.44	2419.99	2458.07	2378.10	2351.94
其他权益工具	480.10	528.38	769.88	944.49	751.93
其中：优先股	0.00	0.00	0.00	0.00	0.00
其中：永续债	239.25	348.16	769.39	952.50	751.13
资本公积	2871.52	2736.76	2723.77	2666.18	2580.97
其中：库存股	68.78	88.31	128.28	127.31	97.10
其他综合收益	13.04	100.56	248.53	127.04	186.00
专项储备	7.80	8.03	6.03	2.83	0.27
盈余公积	2072.28	2010.30	1925.82	1740.74	1414.90
一般风险准备	6.51	4.99	4.25	3.56	3.13
未分配利润	7547.17	7484.72	8636.13	9252.54	8433.66
归属于母公司所有者权益合计	15128.08	15205.45	16644.17	16988.23	15625.74
少数股东权益	9706.82	10012.57	9798.70	8571.84	6805.84
所有者权益合计	24834.83	25218.00	26442.94	25560.03	22431.57
负债与所有者权益总计	97756.14	114585.31	121322.16	116495.65	102863.86

附表65　　　　证券市场房地产业（K）利润表　　　　单位：亿元

年份	2023	2022	2021	2020	2019
营业总收入	21994.04	22476.88	23953.49	22459.19	19968.91
营业收入	21988.57	22423.67	23806.64	22290.05	19878.05
利息净收入	1.85	4.36	12.07	15.27	13.78
利息收入	1.85	4.36	12.07	15.27	13.78
利息支出	0.00	0.00	0.00	0.00	0.00
已赚保费	0.00	69.65	137.91	121.82	52.83
保险业务收入	0.00	0.00	0.00	0.00	0.00
减：分出保费	0.00	0.00	0.00	0.00	0.00
减：提取未到期责任准备金	0.00	0.00	0.00	0.00	0.00
手续费及佣金净收入	3.63	7.50	12.46	11.01	7.68
手续费及佣金收入	3.63	7.50	12.46	11.01	7.68
手续费及佣金支出	0.00	0.00	0.00	0.00	0.00
其他业务收入	0.00	−28.29	−15.60	21.05	16.58
营业总成本	20756.64	21454.03	22067.53	19290.30	16579.43
营业成本	18108.63	18188.38	18429.18	15727.36	12934.60
退保金	0.00	33.40	6.19	−20.78	−30.77
赔付支出净额	0.00	1.54	0.57	3.12	7.95
赔付支出	0.00	0.00	0.00	0.00	0.00
减：摊回赔付支出	0.00	0.00	0.00	0.00	0.00
提取保险责任准备金净额	0.15	45.14	139.11	141.83	76.01
提取保险责任准备金	0.00	0.00	0.00	0.00	0.01
减：摊回保险责任准备金	0.00	0.00	0.00	0.00	0.00
保单红利支出	0.00	9.86	6.70	3.66	1.70
分保费用	0.00	0.00	0.00	0.00	0.00
税金及附加	788.68	924.86	1150.16	1449.28	1640.10
业务及管理费	0.00	10.78	17.24	13.56	14.00
减：摊回分保费用	0.00	0.00	0.00	0.00	0.00
销售费用	618.17	678.34	750.87	654.58	634.04
管理费用	573.79	690.11	787.03	729.95	756.46
财务费用	647.55	831.55	736.86	547.61	519.05
资产减值损失	−707.06	−1104.65	−799.93	−320.92	−199.41
其他业务成本	0.00	5.60	7.59	8.57	5.89
公允价值变动收益	−16.03	−40.01	24.46	38.46	81.29
投资收益	371.26	585.98	531.68	643.62	559.96

续表

年份	2023	2022	2021	2020	2019
汇兑收益	0.00	0.00	0.00	0.00	0.00
其他业务利润	0.00	0.00	0.00	0.00	0.00
营业利润	729.76	287.17	1566.42	3460.52	3807.53
加：营业外收入	44.32	84.82	75.16	85.41	44.31
减：营业外支出	104.99	160.04	116.47	95.72	98.83
利润总额	669.14	211.99	1525.05	3450.19	3752.95
减：所得税费用	570.31	662.17	719.87	1028.74	1060.36
未确认的投资损失	0.00	0.00	0.00	0.00	0.00
影响净利润的其他项目	0.00	0.00	0.00	0.00	0.00
净利润	98.79	−450.18	805.13	2421.45	2692.65
归属于母公司所有者的净利润	−73.25	−680.88	367.14	1849.82	2149.00
少数股东损益	171.97	230.73	438.14	571.71	542.39
基本每股收益	0.06	0.07	0.17	0.28	0.32
稀释每股收益	0.06	0.07	0.17	0.28	0.32
其他综合收益（损失）	−29.19	−164.80	29.87	−70.78	14.11
综合收益总额	69.55	−614.99	835.03	2350.64	2705.49
归属于母公司所有者的综合收益	−98.77	−830.59	394.99	1793.07	2157.58
归属少数股东的综合收益	168.32	215.63	440.10	557.63	547.87
研发费用	19.60	34.45	36.03	31.46	20.45
其他收益	42.91	43.97	49.83	48.45	35.10
净敞口套期收益	0.00	0.00	0.00	0.00	0.00
信用减值损失	−235.05	−249.35	−151.66	−126.39	−62.63
资产处置收益	36.21	28.12	26.14	8.33	3.75
归属于母公司其他权益工具持有者的净利润	0.00	0.00	0.00	0.00	0.00

附表66　证券市场房地产业（K）现金流量表　　单位：亿元

年份	2023	2022	2021	2020	2019
销售商品、提供劳务收到的现金	17495.28	18885.88	27195.92	26143.89	24434.41
客户存款和同业存放款项净增加额	0.00	0.00	0.22	−0.42	0.36
向中央银行借款净增加额	0.00	0.00	0.00	0.00	0.00
向其他金融机构拆入资金净增加额	0.00	0.00	0.00	0.00	0.00

续表

年份	2023	2022	2021	2020	2019
收到原保险合同保费取得的现金	0.00	79.44	137.89	121.65	80.75
收到再保险业务现金净额	0.00	2.49	0.23	0.00	0.00
保户储金及投资款净增加额	0.00	1.79	33.48	49.06	50.16
处置交易性金融资产净增加额	0.47	0.00	0.39	0.91	5.39
收取利息、手续费及佣金的现金	14.45	26.42	42.63	38.65	33.97
拆入资金净增加额	0.10	0.00	0.00	0.00	1.00
回购业务资金净增加额	0.00	0.19	3.64	0.00	0.00
收到的税费返还	192.22	404.51	92.62	65.05	26.65
收到的其他与经营活动有关的现金	3070.13	5328.85	9184.83	7353.32	5830.27
经营活动现金流入小计	20772.59	24729.57	36691.89	33772.15	30462.91
购买商品、接受劳务支付的现金	11540.08	13696.73	18699.95	18671.62	17564.04
客户贷款及垫款净增加额	3.82	24.55	3.76	45.49	1.40
存放中央银行和同业款项净增加额	0.00	0.00	0.00	0.00	0.00
支付原保险合同赔付款项的现金	0.00	2.06	1.33	3.89	8.21
支付利息、手续费及佣金的现金	4.24	6.41	12.73	10.42	10.90
支付保单红利的现金	0.00	0.50	0.37	0.53	1.01
支付给职工以及为职工支付的现金	1097.59	1259.02	1415.51	1307.19	1274.95
支付的各项税费	2422.07	2823.98	3432.62	3344.63	3491.39
支付其他与经营活动有关的现金	3606.12	5089.93	10212.66	7797.55	5877.82
经营活动现金流出小计	18676.70	22903.19	33778.90	31183.15	28242.26
经营活动产生的现金流量净额	2095.87	1826.34	2912.94	2588.99	2220.55
收回投资收到的现金	1044.22	1353.55	2202.81	1844.16	2708.62
取得投资收益收到的现金	173.01	256.00	222.99	250.68	193.88
处置固定资产、无形资产和其他长期资产收回的现金净额	194.38	111.68	73.60	30.60	30.23

续表

年份	2023	2022	2021	2020	2019
处置子公司及其他营业单位收到的现金净额	174.32	212.73	345.42	274.71	337.80
收到的其他与投资活动有关的现金	711.89	1071.11	1811.72	2489.42	2137.71
投资活动产生的现金流入小计	2297.77	3005.10	4656.52	4889.62	5408.25
购建固定资产、无形资产和其他长期资产支付的现金	960.12	823.72	999.76	1188.30	1049.65
投资支付的现金	1188.19	1844.59	3402.41	3230.08	3677.67
质押贷款净增加额	0.00	1.16	4.00	0.72	1.40
取得子公司及其他营业单位支付的现金净额	89.85	196.15	308.33	263.55	277.39
支付其他与投资活动有关的现金	719.62	1131.74	1978.66	2136.44	2190.44
投资活动产生的现金流出小计	2957.79	3997.35	6693.25	6819.07	7196.55
投资活动产生的现金流量净额	−660.01	−992.26	−2036.74	−1929.50	−1788.31
吸收投资收到的现金	1733.76	1697.37	2849.72	2987.59	2471.30
吸收权益性投资收到的现金	1096.67	893.44	2032.57	2285.05	1724.08
其中：子公司吸收少数股东投资收到的现金	745.73	786.69	1717.90	1723.02	1170.73
发行债券收到的现金	637.09	803.92	817.12	702.55	747.23
取得借款收到的现金	9983.27	11553.05	14229.19	18222.52	15148.15
收到其他与筹资活动有关的现金	984.70	1723.29	2659.32	2413.59	1868.20
筹资活动现金流入小计	12701.76	14973.67	19738.23	23623.66	19487.69
偿还债务支付的现金	11639.44	12290.25	15468.04	16530.08	14052.91
分配股利、利润或偿付利息支付的现金	1725.18	2102.73	2760.40	2990.14	2806.22
其中：子公司支付给少数股东的股利、利润	239.64	243.86	340.01	206.10	220.82
支付其他与筹资活动有关的现金	2144.58	2862.49	3705.04	3175.29	2376.36
筹资活动现金流出小计	15509.19	17255.52	21933.35	22695.63	19235.48
筹资活动产生的现金流量净额	−2807.45	−2281.73	−2195.15	928.08	252.22

续表

年份	2023	2022	2021	2020	2019
现金总流入	36432.06	43700.62	63123.45	64214.94	57147.19
现金总流出	37143.61	44156.05	62405.63	60697.82	54674.26
现金流量净额	-1371.54	-1447.69	-1318.94	1587.74	684.55

附表67　证券市场科学研究和技术服务业（M）资产负债表　　　单位：亿元

年份	2023	2022	2021	2020	2019
货币资金	1117.95	983.33	928.80	636.31	358.96
结算备付金	0.00	0.00	0.00	0.00	0.00
拆出资金净额	0.00	0.00	0.00	0.00	0.00
交易性金融资产	249.76	251.98	229.95	138.33	68.98
衍生金融资产	4.14	1.36	2.29	5.63	0.37
应收票据净额	27.64	23.04	17.62	15.94	11.97
应收账款净额	732.27	658.93	520.45	381.37	423.34
应收款项融资	7.02	6.68	8.62	7.27	8.85
预付款项净额	35.35	35.38	33.75	28.71	24.74
应收保费净额	0.00	0.00	0.00	0.00	0.00
应收分保账款净额	0.00	0.00	0.00	0.00	0.00
应收分保合同准备金净额	0.00	0.00	0.00	0.00	0.00
其他应收款净额	30.82	33.76	35.43	39.45	31.56
应收股利净额	0.08	0.93	0.07	0.03	0.04
买入返售金融资产净额	0.00	0.00	0.00	0.00	0.00
存货净额	253.07	256.30	209.62	136.84	133.84
合同资产	346.97	310.19	264.98	191.39	5.51
一年内到期的非流动资产	32.92	17.22	2.15	3.49	1.41
其他流动资产	86.38	72.44	48.17	33.26	33.01
流动资产合计	2924.40	2650.51	2301.77	1618.00	1102.58
发放贷款及垫款净额	0.00	0.00	0.00	0.00	0.00
债权投资	9.76	1.67	0.11	0.10	0.70
其他债权投资	1.26	1.22	0.50	2.50	2.00
长期应收款净额	4.75	8.65	8.99	19.26	12.14
长期股权投资净额	113.86	87.24	60.36	47.19	39.24
其他权益工具投资	20.38	20.41	18.03	15.56	14.94
其他非流动金融资产	234.37	228.91	197.81	140.79	82.94
投资性房地产净额	33.46	28.91	22.89	20.62	19.12
固定资产净额	846.51	679.28	518.35	405.08	290.68

续表

年份	2023	2022	2021	2020	2019
在建工程净额	227.87	204.34	148.05	107.26	70.38
生产性生物资产净额	17.35	19.07	9.51	4.38	3.62
油气资产净额	0.00	0.00	0.00	0.00	0.00
使用权资产	98.77	92.94	79.61	0.00	0.00
无形资产净额	125.91	112.74	94.45	69.26	51.98
开发支出	6.64	3.83	2.41	1.19	0.75
商誉净额	140.07	140.54	123.92	98.70	83.27
长期待摊费用	61.24	56.87	41.15	30.71	26.90
递延所得税资产	68.94	54.37	42.31	29.53	21.49
其他非流动资产	90.27	116.28	105.92	58.92	27.57
非流动资产合计	2101.50	1857.54	1474.34	1051.13	747.78
资产总计	5025.88	4508.01	3776.10	2669.13	1850.28
短期借款	196.07	175.65	133.55	121.48	119.55
向中央银行借款	0.00	0.00	0.00	0.00	0.00
拆入资金	0.00	0.00	0.00	0.00	0.00
交易性金融负债	0.41	0.41	0.16	0.17	0.22
衍生金融负债	5.02	1.15	0.04	0.01	0.86
应付票据	34.10	29.67	23.94	18.83	19.44
应付账款	502.05	438.11	364.80	273.79	194.87
预收款项	0.46	0.46	0.40	0.28	109.72
合同负债	220.44	219.19	218.33	163.30	13.09
卖出回购金融资产款	0.00	0.00	0.00	0.00	0.00
吸收存款及同业存放	0.00	0.00	0.00	0.00	0.00
代理买卖证券款	0.00	0.00	0.00	0.00	0.00
代理承销证券款	0.00	0.00	0.00	0.00	0.00
应付职工薪酬	138.92	134.48	118.62	96.72	71.02
应交税费	64.23	56.25	52.73	36.08	26.81
其他应付款	124.85	125.19	112.30	88.82	67.23
应付股利	2.61	2.24	2.35	1.52	1.75
应付手续费及佣金	0.00	0.00	0.00	0.00	0.00
应付分保账款	0.00	0.00	0.00	0.00	0.00
一年内到期的非流动负债	84.19	62.13	49.11	31.52	21.11
其他流动负债	20.08	21.92	14.72	11.34	3.20
流动负债合计	1390.79	1264.43	1088.80	842.49	647.15
保险合同准备金	0.00	0.00	0.00	0.00	0.00

续表

年份	2023	2022	2021	2020	2019
长期借款	162.26	113.13	105.90	89.07	64.30
应付债券	75.26	71.43	62.44	38.77	29.53
租赁负债	77.76	76.02	63.32	0.00	0.00
长期应付款	11.16	18.09	24.69	25.37	14.21
预计负债	2.82	4.44	2.50	4.53	3.75
递延收益-非流动负债	37.00	30.87	26.98	22.70	17.88
递延所得税负债	23.93	19.90	13.75	10.54	8.13
其他非流动负债	4.48	5.68	10.41	38.08	22.22
非流动负债合计	394.73	339.64	309.93	229.10	160.14
负债合计	1785.56	1604.08	1398.73	1071.59	807.27
实收资本（或股本）	436.25	403.49	354.82	275.64	206.29
其他权益工具	8.36	8.09	5.68	3.07	1.34
其中：优先股	0.00	0.00	0.00	0.00	0.00
其中：永续债	0.00	0.00	0.00	0.00	0.00
资本公积	1594.73	1497.46	1250.61	803.86	489.77
其中：库存股	60.06	57.58	41.62	23.64	16.31
其他综合收益	6.14	4.55	-6.80	1.40	3.30
专项储备	1.68	1.33	1.10	0.64	0.57
盈余公积	100.66	86.15	67.06	49.49	36.28
一般风险准备	0.00	0.00	0.00	0.00	0.00
未分配利润	1036.84	861.57	663.49	428.28	281.37
归属于母公司所有者权益合计	3124.63	2805.09	2294.31	1538.77	1002.68
少数股东权益	115.70	98.89	83.06	58.83	40.35
所有者权益合计	3240.31	2903.95	2377.35	1597.54	1043.06
负债与所有者权益总计	5025.88	4508.01	3776.10	2669.13	1850.28

附表68　证券市场科学研究和技术服务业（M）利润表　　单位：亿元

年份	2023	2022	2021	2020	2019
营业总收入	2031.42	1951.69	1635.13	1207.89	888.13
营业收入	2031.42	1951.69	1635.13	1207.89	888.13
利息净收入	0.00	0.00	0.00	0.00	0.00
利息收入	0.00	0.00	0.00	0.00	0.00
利息支出	0.00	0.00	0.00	0.00	0.00
已赚保费	0.00	0.00	0.00	0.00	0.00

续表

年份	2023	2022	2021	2020	2019
保险业务收入	0.00	0.00	0.00	0.00	0.00
减：分出保费	0.00	0.00	0.00	0.00	0.00
减：提取未到期责任准备金	0.00	0.00	0.00	0.00	0.00
手续费及佣金净收入	0.00	0.00	0.00	0.00	0.00
手续费及佣金收入	0.00	0.00	0.00	0.00	0.00
手续费及佣金支出	0.00	0.00	0.00	0.00	0.00
其他业务收入	0.00	0.00	0.00	0.00	0.00
营业总成本	1719.66	1630.91	1373.39	1027.45	758.12
营业成本	1300.26	1244.20	1057.48	787.06	580.96
退保金	0.00	0.00	0.00	0.00	0.00
赔付支出净额	0.00	0.00	0.00	0.00	0.00
赔付支出	0.00	0.00	0.00	0.00	0.00
减：摊回赔付支出					
提取保险责任准备金净额	0.00	0.00	0.00	0.00	0.00
提取保险责任准备金	0.00	0.00	0.00	0.00	0.00
减：摊回保险责任准备金	0.00	0.00	0.00	0.00	0.00
保单红利支出	0.00	0.00	0.00	0.00	0.00
分保费用	0.00	0.00	0.00	0.00	0.00
税金及附加	12.49	10.21	8.52	6.42	5.12
业务及管理费	0.00	0.00	0.00	0.00	0.00
减：摊回分保费用	0.00	0.00	0.00	0.00	0.00
销售费用	96.80	91.84	74.24	52.10	38.12
管理费用	195.41	179.94	144.15	107.55	84.76
财务费用	-3.58	-3.60	7.81	17.99	6.82
资产减值损失	-32.74	-34.40	-20.47	-16.34	-4.06
其他业务成本	0.00	0.00	0.00	0.00	0.00
公允价值变动收益	0.86	19.33	23.07	14.87	0.26
投资收益	22.72	29.58	46.04	17.64	8.37
汇兑收益	0.00	0.00	0.00	0.00	0.00
其他业务利润	0.00	0.00	0.00	0.00	0.00
营业利润	285.25	321.37	291.99	189.08	114.15
加：营业外收入	3.36	3.43	6.94	3.54	2.94
减：营业外支出	3.46	6.86	2.98	3.59	4.45
利润总额	285.13	317.90	295.93	189.07	112.66

续表

年份	2023	2022	2021	2020	2019
减：所得税费用	42.81	47.02	38.52	25.13	18.78
未确认的投资损失	0.00	0.00	0.00	0.00	0.00
影响净利润的其他项目	0.00	0.00	0.00	0.00	0.00
净利润	242.40	270.92	257.38	163.92	93.84
归属于母公司所有者的净利润	235.71	262.27	246.55	157.43	90.21
少数股东损益	6.76	8.66	10.78	6.43	3.91
基本每股收益	0.34	0.47	0.67	0.55	0.67
稀释每股收益	0.32	0.46	0.66	0.55	0.67
其他综合收益（损失）	1.47	12.32	-8.40	-2.47	2.50
综合收益总额	243.92	283.26	248.96	161.45	96.60
归属于母公司所有者的综合收益	237.27	273.63	238.31	155.56	92.51
归属少数股东的综合收益	6.70	9.60	10.55	5.90	4.11
研发费用	118.28	108.45	81.22	56.36	42.33
其他收益	22.71	23.27	17.46	13.63	9.27
净敞口套期收益	0.00	0.00	0.00	0.00	0.00
信用减值损失	-44.99	-37.32	-39.66	-21.17	-29.99
资产处置收益	4.80	0.27	3.74	0.04	0.29
归属于母公司其他权益工具持有者的净利润	0.00	0.00	0.00	0.00	0.00

附表69　证券市场科学研究和技术服务业（M）现金流量表　　单位：亿元

年份	2023	2022	2021	2020	2019
销售商品、提供劳务收到的现金	1981.10	1847.80	1572.48	1185.49	826.40
客户存款和同业存放款项净增加额	0.00	0.00	0.00	0.00	0.00
向中央银行借款净增加额	0.00	0.00	0.00	0.00	0.00
向其他金融机构拆入资金净增加额	0.00	0.00	0.00	0.00	0.00
收到原保险合同保费取得的现金	0.00	0.00	0.00	0.00	0.00
收到再保险业务现金净额	0.00	0.00	0.00	0.00	0.00
保户储金及投资款净增加额	0.00	0.00	0.00	0.00	0.00

续表

年份	2023	2022	2021	2020	2019
处置交易性金融资产净增加额	0.00	0.00	0.00	0.00	0.00
收取利息、手续费及佣金的现金	0.00	0.00	0.00	0.00	0.00
拆入资金净增加额	0.00	0.00	0.00	0.00	0.00
回购业务资金净增加额	0.00	0.00	0.00	0.00	0.00
收到的税费返还	30.89	44.47	15.77	11.90	7.37
收到的其他与经营活动有关的现金	111.81	99.80	77.81	55.50	39.99
经营活动现金流入小计	2123.86	1992.14	1666.09	1252.89	873.72
购买商品、接受劳务支付的现金	806.76	812.73	704.98	514.97	353.62
客户贷款及垫款净增加额	0.00	0.00	0.00	0.00	0.00
存放中央银行和同业款项净增加额	0.00	0.00	0.00	0.00	0.00
支付原保险合同赔付款项的现金	0.00	0.00	0.00	0.00	0.00
支付利息、手续费及佣金的现金	0.00	0.00	0.00	0.00	0.00
支付保单红利的现金	0.00	0.00	0.00	0.00	0.00
支付给职工以及为职工支付的现金	659.61	594.09	482.00	327.59	263.60
支付的各项税费	108.94	108.85	84.53	60.83	45.28
支付其他与经营活动有关的现金	197.09	181.98	150.87	115.71	93.07
经营活动现金流出小计	1772.50	1697.67	1422.35	1019.15	755.65
经营活动产生的现金流量净额	351.35	294.44	243.72	233.78	118.10
收回投资收到的现金	976.64	900.21	547.35	297.37	160.61
取得投资收益收到的现金	15.50	10.14	9.98	4.91	4.17
处置固定资产、无形资产和其他长期资产收回的现金净额	6.25	3.99	2.12	1.72	1.03
处置子公司及其他营业单位收到的现金净额	3.60	21.53	1.02	3.18	8.41
收到的其他与投资活动有关的现金	171.34	124.69	129.23	98.69	114.49

续表

年份	2023	2022	2021	2020	2019
投资活动产生的现金流入小计	1173.38	1060.62	689.69	405.96	288.74
购建固定资产、无形资产和其他长期资产支付的现金	279.56	321.28	219.16	134.75	95.01
投资支付的现金	1050.98	999.58	672.98	402.53	217.97
质押贷款净增加额	0.00	0.00	0.00	0.00	0.00
取得子公司及其他营业单位支付的现金净额	13.04	45.18	37.75	29.86	18.46
支付其他与投资活动有关的现金	176.81	131.11	137.04	118.95	118.14
投资活动产生的现金流出小计	1520.35	1497.13	1066.91	686.07	449.60
投资活动产生的现金流量净额	−347.01	−436.57	−377.18	−280.15	−160.88
吸收投资收到的现金	94.47	249.11	403.18	322.20	129.70
吸收权益性投资收到的现金	94.47	249.11	403.18	322.20	108.90
其中：子公司吸收少数股东投资收到的现金	14.67	9.17	3.32	6.08	4.02
发行债券收到的现金	0.00	0.00	0.00	0.00	20.79
取得借款收到的现金	365.97	295.87	233.33	221.98	176.68
收到其他与筹资活动有关的现金	34.88	23.60	15.22	14.85	11.93
筹资活动现金流入小计	495.31	568.65	651.72	559.02	318.35
偿还债务支付的现金	267.81	237.99	174.78	196.02	134.89
分配股利、利润或偿付利息支付的现金	107.90	85.83	58.23	43.82	36.21
其中：子公司支付给少数股东的股利、利润	2.62	1.92	1.28	0.78	0.88
支付其他与筹资活动有关的现金	88.08	98.12	70.29	42.18	56.16
筹资活动现金流出小计	463.78	422.03	303.26	282.06	227.26
筹资活动产生的现金流量净额	31.44	146.65	348.45	277.00	91.08
现金总流入	4139.56	4057.92	3384.71	2498.05	1641.67
现金总流出	3756.68	3616.82	2792.48	1987.26	1432.49
现金流量净额	35.89	4.53	214.98	230.65	48.33

附表70　证券市场水利、环境和公共设施管理业（N）资产负债表　　单位：亿元

年份	2023	2022	2021	2020	2019
货币资金	668.42	717.73	648.13	665.32	545.59
结算备付金	0.00	0.00	0.00	0.00	0.00
拆出资金净额	0.00	0.00	0.00	0.00	0.00
交易性金融资产	67.32	67.40	43.64	40.21	10.71
衍生金融资产	0.01	0.09	0.32	0.33	0.00
应收票据净额	17.07	21.52	14.76	15.64	13.18
应收账款净额	1042.36	972.44	866.69	728.69	727.93
应收款项融资	15.20	15.46	15.29	18.29	9.95
预付款项净额	57.78	64.48	63.30	64.72	65.05
应收保费净额	0.00	0.00	0.00	0.00	0.00
应收分保账款净额	0.00	0.00	0.00	0.00	0.00
应收分保合同准备金净额	0.00	0.00	0.00	0.00	0.00
其他应收款净额	81.70	115.67	129.28	134.14	97.12
应收股利净额	1.44	1.31	0.81	0.70	0.57
买入返售金融资产净额	0.00	0.00	0.00	0.00	0.00
存货净额	311.75	289.34	255.92	240.77	689.17
合同资产	601.59	631.43	646.01	592.60	3.96
一年内到期的非流动资产	43.64	38.18	34.09	32.92	35.73
其他流动资产	164.95	152.47	192.20	159.69	128.51
流动资产合计	3071.77	3086.26	2909.66	2693.23	2326.84
发放贷款及垫款净额	0.00	0.00	0.00	0.00	0.00
债权投资	10.31	2.40	0.28	0.78	0.72
其他债权投资	0.00	0.00	0.00	0.00	0.00
长期应收款净额	389.78	390.18	373.98	522.05	627.43
长期股权投资净额	247.63	248.02	245.29	229.45	209.08
其他权益工具投资	62.90	73.28	72.45	79.21	70.78
其他非流动金融资产	89.73	96.19	100.93	92.02	89.45
投资性房地产净额	35.20	31.29	29.51	17.94	14.40
固定资产净额	825.43	752.39	695.87	667.49	573.88
在建工程净额	149.38	150.62	139.82	610.82	447.82
生产性生物资产净额	0.43	0.44	0.51	0.62	0.62
油气资产净额	0.05	0.09	0.16	0.24	0.38
使用权资产	25.41	27.01	25.80	0.00	0.00
无形资产净额	2005.19	1946.17	1772.68	1279.93	1027.43
开发支出	2.31	3.24	2.21	1.57	1.19

续表

年份	2023	2022	2021	2020	2019
商誉净额	87.27	94.33	115.16	175.05	165.72
长期待摊费用	26.43	24.73	24.92	23.54	20.24
递延所得税资产	84.53	74.98	62.42	50.18	37.24
其他非流动资产	842.66	819.77	769.90	437.63	147.98
非流动资产合计	4884.55	4735.10	4431.93	4188.52	3434.31
资产总计	7956.33	7821.39	7341.56	6881.76	5761.19
短期借款	623.27	671.63	640.17	613.83	518.60
向中央银行借款	0.00	0.00	0.00	0.00	0.00
拆入资金	0.00	0.00	0.00	0.00	0.00
交易性金融负债	0.97	3.56	0.39	0.08	3.44
衍生金融负债	0.00	0.00	0.02	1.17	0.00
应付票据	95.95	82.82	103.63	125.90	119.25
应付账款	1096.99	1097.04	1094.02	1037.95	911.36
预收款项	1.09	1.01	1.00	1.28	113.35
合同负债	105.10	117.91	108.08	115.22	0.10
卖出回购金融资产款	0.00	0.00	0.00	0.00	0.00
吸收存款及同业存放	0.00	0.00	0.00	0.00	0.00
代理买卖证券款	0.00	0.00	0.00	0.00	0.00
代理承销证券款	0.00	0.00	0.00	0.00	0.00
应付职工薪酬	59.33	55.62	48.23	52.92	43.94
应交税费	57.88	61.33	62.38	77.13	65.47
其他应付款	311.88	272.88	203.64	170.12	169.98
应付股利	7.78	6.69	4.90	5.39	3.20
应付手续费及佣金	0.00	0.00	0.00	0.00	0.00
应付分保账款	0.00	0.00	0.00	0.00	0.00
一年内到期的非流动负债	350.83	320.55	223.89	210.18	241.01
其他流动负债	138.12	130.08	130.07	158.04	114.85
流动负债合计	2841.43	2814.47	2615.34	2563.97	2301.28
保险合同准备金	0.00	0.00	0.00	0.00	0.00
长期借款	1492.49	1477.89	1420.63	1281.68	888.22
应付债券	145.23	137.30	127.30	137.33	138.05
租赁负债	18.34	19.96	17.78	0.00	0.00
长期应付款	86.77	78.60	87.41	92.52	87.18
预计负债	88.37	82.44	50.47	52.18	40.14
递延收益-非流动负债	73.49	75.31	70.78	75.26	69.28

续表

年份	2023	2022	2021	2020	2019
递延所得税负债	33.79	32.67	26.70	23.41	20.03
其他非流动负债	63.97	67.46	58.69	51.20	67.65
非流动负债合计	2002.51	1971.71	1859.93	1713.58	1310.55
负债合计	4843.95	4786.20	4475.26	4277.55	3611.80
实收资本（或股本）	608.42	600.38	554.09	508.39	418.87
其他权益工具	45.82	39.41	39.90	41.31	41.92
其中：优先股	17.11	17.11	17.11	17.11	17.11
其中：永续债	14.96	14.96	14.96	14.96	14.96
资本公积	1201.95	1175.24	1038.44	886.96	666.41
其中：库存股	23.94	21.69	15.61	5.68	4.41
其他综合收益	2.11	3.24	8.01	21.79	10.95
专项储备	3.88	2.80	1.80	1.76	1.59
盈余公积	132.38	125.18	113.80	101.38	89.43
一般风险准备	0.00	0.00	0.00	0.00	0.00
未分配利润	879.44	868.51	889.53	834.26	737.56
归属于母公司所有者权益合计	2850.02	2793.09	2629.99	2390.11	1962.26
少数股东权益	262.37	242.05	236.26	214.04	186.45
所有者权益合计	3112.38	3035.17	2866.30	2604.21	2148.73
负债与所有者权益总计	7956.33	7821.39	7341.56	6881.76	5761.19

附表71　证券市场水利、环境和公共设施管理业（N）利润表　　　单位：亿元

年份	2023	2022	2021	2020	2019
营业总收入	2015.22	1954.53	2179.24	1860.03	1617.80
营业收入	2015.22	1954.53	2179.24	1860.03	1617.80
利息净收入	0.00	0.00	0.00	0.00	0.00
利息收入	0.00	0.00	0.00	0.00	0.00
利息支出	0.00	0.00	0.00	0.00	0.00
已赚保费	0.00	0.00	0.00	0.00	0.00
保险业务收入	0.00	0.00	0.00	0.00	0.00
减：分出保费	0.00	0.00	0.00	0.00	0.00
减：提取未到期责任准备金	0.00	0.00	0.00	0.00	0.00
手续费及佣金净收入	0.00	0.00	0.00	0.00	0.00
手续费及佣金收入	0.00	0.00	0.00	0.00	0.00

续表

年份	2023	2022	2021	2020	2019
手续费及佣金支出	0.00	0.00	0.00	0.00	0.00
其他业务收入	0.00	0.00	0.00	0.00	0.00
营业总成本	1895.14	1851.28	2029.88	1697.36	1466.82
营业成本	1530.97	1504.28	1679.44	1390.95	1191.00
退保金	0.00	0.00	0.00	0.00	0.00
赔付支出净额	0.00	0.00	0.00	0.00	0.00
赔付支出	0.00	0.00	0.00	0.00	0.00
减：摊回赔付支出	0.00	0.00	0.00	0.00	0.00
提取保险责任准备金净额	0.00	0.00	0.00	0.00	0.00
提取保险责任准备金	0.00	0.00	0.00	0.00	0.00
减：摊回保险责任准备金	0.00	0.00	0.00	0.00	0.00
保单红利支出	0.00	0.00	0.00	0.00	0.00
分保费用	0.00	0.00	0.00	0.00	0.00
税金及附加	17.19	15.39	16.97	14.61	12.34
业务及管理费	0.00	0.00	0.00	0.00	0.00
减：摊回分保费用	0.00	0.00	0.00	0.00	0.00
销售费用	32.70	30.34	32.24	31.46	34.17
管理费用	156.67	147.48	152.40	130.41	121.61
财务费用	106.82	105.40	99.37	90.52	77.49
资产减值损失	−45.91	−56.82	−52.70	−37.76	−17.24
其他业务成本	0.00	0.00	0.00	0.00	0.00
公允价值变动收益	1.85	1.40	2.12	0.34	−1.06
投资收益	48.87	47.82	23.71	20.16	22.94
汇兑收益	0.00	0.00	0.00	0.00	0.00
其他业务利润	0.00	0.00	0.00	0.00	0.15
营业利润	96.21	59.48	105.19	132.07	144.23
加：营业外收入	4.31	4.64	6.62	7.99	6.14
减：营业外支出	11.68	15.66	8.38	4.77	4.21
利润总额	88.92	48.36	103.47	135.25	146.13
减：所得税费用	36.61	28.19	32.03	33.99	32.63
未确认的投资损失	0.00	0.00	0.00	0.00	0.00
影响净利润的其他项目	0.00	0.00	0.00	0.00	0.00
净利润	52.25	20.20	71.40	101.18	113.49
归属于母公司所有者的净利润	47.08	16.83	63.19	92.04	108.15

续表

年份	2023	2022	2021	2020	2019
少数股东损益	5.26	3.36	8.24	9.12	5.12
基本每股收益	0.22	0.20	0.38	0.44	0.36
稀释每股收益	0.22	0.20	0.38	0.40	0.36
其他综合收益（损失）	-4.36	-5.03	-13.98	12.63	2.26
综合收益总额	47.87	15.15	57.43	106.17	114.99
归属于母公司所有者的综合收益	42.94	12.90	49.35	97.19	109.81
归属少数股东的综合收益	5.06	2.27	8.10	8.99	5.18
研发费用	50.86	48.29	49.57	39.47	30.30
其他收益	29.60	28.69	30.08	26.64	17.23
净敞口套期收益	0.00	0.00	0.00	0.00	0.00
信用减值损失	-60.92	-68.17	-49.16	-42.59	-31.15
资产处置收益	2.68	3.32	1.77	2.53	2.46
归属于母公司其他权益工具持有者的净利润	0.00	0.00	0.00	0.00	0.00

附表72　证券市场水利、环境和公共设施管理业（N）现金流量表　　　　单位：亿元

年份	2023	2022	2021	2020	2019
销售商品、提供劳务收到的现金	1957.22	1807.40	1928.51	1699.70	1484.58
客户存款和同业存放款项净增加额	0.00	0.00	0.00	0.00	0.00
向中央银行借款净增加额	0.00	0.00	0.00	0.00	0.00
向其他金融机构拆入资金净增加额	0.00	0.00	0.00	0.00	0.00
收到原保险合同保费取得的现金	0.00	0.00	0.00	0.00	0.00
收到再保险业务现金净额	0.00	0.00	0.00	0.00	0.00
保户储金及投资款净增加额	0.00	0.00	0.00	0.00	0.00
处置交易性金融资产净增加额	0.00	0.00	0.00	0.00	0.00
收取利息、手续费及佣金的现金	0.00	0.00	0.00	0.00	0.00
拆入资金净增加额	0.00	0.00	0.00	0.00	0.00
回购业务资金净增加额	0.00	0.00	0.00	0.00	0.00
收到的税费返还	19.15	50.49	14.52	10.52	9.42

续表

年份	2023	2022	2021	2020	2019
收到的其他与经营活动有关的现金	145.04	149.31	139.69	110.84	133.04
经营活动现金流入小计	**2121.39**	**2007.07**	**2082.78**	**1821.12**	**1627.03**
购买商品、接受劳务支付的现金	1208.20	1185.32	1252.37	1024.26	845.89
客户贷款及垫款净增加额	0.00	0.00	0.00	0.00	0.00
存放中央银行和同业款项净增加额	0.00	0.00	0.00	0.00	0.00
支付原保险合同赔付款项的现金	0.00	0.00	0.00	0.00	0.00
支付利息、手续费及佣金的现金	0.00	0.00	0.00	0.00	0.00
支付保单红利的现金	0.00	0.00	0.00	0.00	0.00
支付给职工以及为职工支付的现金	336.48	314.34	361.46	314.30	288.13
支付的各项税费	125.06	120.52	134.28	116.46	105.28
支付其他与经营活动有关的现金	182.45	195.04	197.28	170.85	169.84
经营活动现金流出小计	**1852.14**	**1815.37**	**1945.42**	**1625.84**	**1409.16**
经营活动产生的现金流量净额	**269.22**	**191.80**	**137.45**	**195.24**	**217.83**
收回投资收到的现金	354.46	323.17	219.79	140.62	121.43
取得投资收益收到的现金	8.44	11.01	10.53	11.64	9.32
处置固定资产、无形资产和其他长期资产收回的现金净额	6.13	12.68	11.40	7.06	14.64
处置子公司及其他营业单位收到的现金净额	15.82	21.41	101.33	9.38	16.84
收到的其他与投资活动有关的现金	116.78	101.20	148.10	100.74	75.99
投资活动产生的现金流入小计	**501.68**	**469.51**	**491.17**	**269.55**	**238.27**
购建固定资产、无形资产和其他长期资产支付的现金	299.64	332.69	388.24	504.78	457.36
投资支付的现金	376.40	354.67	249.82	192.02	134.77
质押贷款净增加额	0.00	0.00	0.00	0.00	0.00
取得子公司及其他营业单位支付的现金净额	13.12	26.00	29.85	21.93	25.70

续表

年份	2023	2022	2021	2020	2019
支付其他与投资活动有关的现金	124.12	89.61	132.81	102.02	88.14
投资活动产生的现金流出小计	813.32	803.03	800.72	820.86	705.91
投资活动产生的现金流量净额	−311.68	−333.51	−309.59	−551.24	−467.65
吸收投资收到的现金	90.29	179.40	221.34	264.39	124.72
吸收权益性投资收到的现金	86.14	137.93	154.34	185.52	79.22
其中：子公司吸收少数股东投资收到的现金	15.39	6.86	14.29	18.63	28.97
发行债券收到的现金	4.15	41.48	67.00	78.87	45.49
取得借款收到的现金	1247.33	1226.19	1301.18	1372.59	1175.18
收到其他与筹资活动有关的现金	333.74	244.74	239.20	207.41	206.00
筹资活动现金流入小计	1671.42	1650.43	1761.67	1844.45	1505.87
偿还债务支付的现金	1248.84	1090.51	1160.96	1050.02	894.32
分配股利、利润或偿付利息支付的现金	170.72	167.26	174.35	147.46	116.87
其中：子公司支付给少数股东的股利、利润	11.04	5.71	6.50	4.80	3.04
支付其他与筹资活动有关的现金	243.41	231.47	275.21	244.72	202.85
筹资活动现金流出小计	1662.95	1489.25	1610.50	1442.10	1214.04
筹资活动产生的现金流量净额	8.45	161.13	151.15	402.30	291.81
现金总流入	4606.17	4460.53	4645.17	4486.31	3838.82
现金总流出	4328.49	4107.56	4356.69	3888.80	3329.12
现金流量净额	−33.99	19.40	−20.99	46.28	42.04

附表73　证券市场教育卫生文化业（PQR）资产负债表　　　　单位：亿元

年份	2023	2022	2021	2020	2019
货币资金	1603.11	1574.62	1423.88	1350.78	1235.81
结算备付金	0.00	0.00	0.00	0.00	0.00
拆出资金净额	0.00	0.00	0.00	0.00	0.00
交易性金融资产	305.09	311.76	370.28	239.66	212.63
衍生金融资产	0.00	0.00	0.00	0.00	0.00

续表

年份	2023	2022	2021	2020	2019
应收票据净额	10.21	16.08	17.22	20.15	20.74
应收账款净额	494.24	521.24	463.41	428.86	453.57
应收款项融资	3.32	4.54	3.86	5.26	6.20
预付款项净额	101.01	120.74	123.42	144.26	170.10
应收保费净额	0.00	0.00	0.00	0.00	0.00
应收分保账款净额	0.00	0.00	0.00	0.00	0.00
应收分保合同准备金净额	0.00	0.00	0.00	0.00	0.00
其他应收款净额	74.00	83.34	98.39	108.82	112.42
应收股利净额	2.47	2.19	1.92	1.55	1.25
买入返售金融资产净额	0.00	0.00	0.00	0.00	0.00
存货净额	458.92	490.35	482.82	473.56	519.26
合同资产	4.37	6.57	8.24	8.71	0.00
一年内到期的非流动资产	28.18	71.40	17.01	36.72	14.59
其他流动资产	183.26	210.39	159.40	148.39	133.96
流动资产合计	3265.82	3411.10	3167.97	2965.19	2879.29
发放贷款及垫款净额	5.47	4.38	5.85	5.79	5.68
债权投资	53.05	39.68	16.21	21.93	21.57
其他债权投资	3.45	1.56	1.62	1.29	0.20
长期应收款净额	10.45	13.20	15.22	19.13	24.66
长期股权投资净额	233.35	263.10	275.52	299.93	295.11
其他权益工具投资	83.16	92.38	95.09	101.47	108.45
其他非流动金融资产	147.88	138.48	117.12	122.47	108.68
投资性房地产净额	127.08	127.73	115.50	106.37	106.67
固定资产净额	710.46	679.97	655.22	579.46	560.13
在建工程净额	128.23	129.63	136.10	135.92	131.45
生产性生物资产净额	0.10	0.02	0.00	0.00	0.00
油气资产净额	0.00	0.00	0.00	0.00	0.00
使用权资产	335.33	360.19	353.33	0.00	0.00
无形资产净额	250.72	258.91	258.33	240.93	254.33
开发支出	1.37	1.23	2.37	2.35	3.10
商誉净额	321.41	311.87	337.33	358.28	452.77
长期待摊费用	131.62	135.78	127.78	123.95	130.25
递延所得税资产	112.74	63.98	58.14	42.95	34.87
其他非流动资产	288.35	166.74	174.63	145.20	83.97
非流动资产合计	2944.08	2788.87	2745.34	2307.45	2321.76

续表

年份	2023	2022	2021	2020	2019
资产总计	6209.86	6199.96	5913.27	5272.65	5201.10
短期借款	191.32	206.28	224.21	302.12	311.13
向中央银行借款	0.00	0.00	0.00	0.00	0.00
拆入资金	0.00	0.00	0.00	0.00	0.00
交易性金融负债	0.00	0.00	0.07	0.20	0.00
衍生金融负债	0.00	0.00	0.06	1.03	0.00
应付票据	28.48	34.21	31.78	35.60	33.76
应付账款	738.45	728.87	683.83	592.78	549.86
预收款项	11.95	13.59	13.51	14.59	328.09
合同负债	350.32	393.41	352.07	340.34	4.29
卖出回购金融资产款	0.00	0.00	0.00	0.00	0.00
吸收存款及同业存放	0.00	0.00	0.00	0.00	0.00
代理买卖证券款	0.00	0.00	0.00	0.00	0.00
代理承销证券款	0.00	0.00	0.00	0.00	0.00
应付职工薪酬	143.59	139.19	118.81	99.40	83.90
应交税费	40.50	42.91	45.11	43.66	46.61
其他应付款	243.61	296.97	284.47	257.44	215.15
应付股利	5.42	3.10	3.10	3.63	2.73
应付手续费及佣金	0.00	0.00	0.00	0.00	0.00
应付分保账款	0.00	0.00	0.00	0.00	0.00
一年内到期的非流动负债	126.21	155.41	158.81	139.43	125.95
其他流动负债	24.88	53.97	48.14	59.72	32.18
流动负债合计	1899.30	2064.66	1961.03	1886.20	1730.88
保险合同准备金	0.00	0.00	0.00	0.00	0.00
长期借款	164.28	178.74	170.93	202.33	205.47
应付债券	20.26	27.75	17.47	40.46	66.82
租赁负债	327.37	348.11	335.76	0.00	0.00
长期应付款	32.24	31.78	28.56	23.75	22.21
预计负债	22.25	28.30	12.54	13.36	10.52
递延收益-非流动负债	54.59	59.87	59.39	58.92	63.50
递延所得税负债	36.96	22.04	19.67	18.13	19.28
其他非流动负债	26.70	25.68	31.86	27.93	30.80
非流动负债合计	684.71	722.41	676.17	384.89	418.63
负债合计	2583.99	2787.05	2637.21	2271.12	2149.48
实收资本（或股本）	933.17	897.33	854.80	801.28	762.95

续表

年份	2023	2022	2021	2020	2019
其他权益工具	0.50	0.46	0.14	0.24	0.00
其中：优先股	0.00	0.00	0.00	0.00	0.00
其中：永续债	0.00	0.00	0.00	0.00	0.00
资本公积	1457.94	1452.65	1377.27	1234.65	1170.01
其中：库存股	39.07	35.68	38.30	17.64	18.36
其他综合收益	−7.70	−1.76	0.69	2.54	9.58
专项储备	0.95	0.96	0.95	0.96	0.94
盈余公积	227.31	205.75	189.89	167.04	153.36
一般风险准备	1.62	1.57	1.62	1.51	1.31
未分配利润	915.26	764.13	760.94	677.42	833.51
归属于母公司所有者权益合计	3489.89	3285.37	3147.92	2867.87	2913.25
少数股东权益	136.02	127.55	128.16	133.63	138.40
所有者权益合计	3625.91	3412.95	3276.05	3001.53	3051.61
负债与所有者权益总计	6209.86	6199.96	5913.26	5272.63	5201.10

附表74　　证券市场教育卫生文化业（PQR）利润表　　单位：亿元

年份	2023	2022	2021	2020	2019
营业总收入	2887.45	2723.43	2677.75	2211.03	2479.08
营业收入	2887.07	2723.04	2677.19	2210.52	2478.61
利息净收入	0.39	0.39	0.56	0.52	0.46
利息收入	0.39	0.39	0.56	0.52	0.46
利息支出	0.00	0.00	0.00	0.00	0.00
已赚保费	0.00	0.00	0.00	0.00	0.00
保险业务收入	0.00	0.00	0.00	0.00	0.00
减：分出保费	0.00	0.00	0.00	0.00	0.00
减：提取未到期责任准备金	0.00	0.00	0.00	0.00	0.00
手续费及佣金净收入	0.00	0.00	0.00	0.00	0.00
手续费及佣金收入	0.00	0.00	0.00	0.00	0.00
手续费及佣金支出	0.00	0.00	0.00	0.00	0.00
其他业务收入	0.00	0.00	0.00	0.00	0.00
营业总成本	2575.11	2501.13	2474.05	2069.14	2254.54
营业成本	1902.50	1835.16	1798.28	1506.38	1664.05
退保金	0.00	0.00	0.00	0.00	0.00

续表

年份	2023	2022	2021	2020	2019
赔付支出净额	0.00	0.00	0.00	0.00	0.00
赔付支出	0.00	0.00	0.00	0.00	0.00
减：摊回赔付支出	0.00	0.00	0.00	0.00	0.00
提取保险责任准备金净额	0.00	0.00	0.00	0.00	0.00
提取保险责任准备金	0.00	0.00	0.00	0.00	0.00
减：摊回保险责任准备金	0.00	0.00	0.00	0.00	0.00
保单红利支出	0.00	0.00	0.00	0.00	0.00
分保费用	0.00	0.00	0.00	0.00	0.00
税金及附加	19.75	16.01	17.20	12.32	21.51
业务及管理费	0.00	0.00	0.00	0.00	0.00
减：摊回分保费用	0.00	0.00	0.00	0.00	0.00
销售费用	289.64	280.37	284.68	230.39	247.32
管理费用	316.03	307.79	299.83	253.97	258.95
财务费用	12.94	21.68	34.82	30.20	30.20
资产减值损失	−81.70	−105.86	−87.28	−193.25	−241.38
其他业务成本	0.00	0.00	0.00	0.00	0.00
公允价值变动收益	−2.58	−9.91	7.25	−3.12	13.51
投资收益	−3.26	27.54	56.37	47.08	50.33
汇兑收益	0.00	0.00	0.00	0.00	0.00
其他业务利润	0.00	0.00	−0.01	−0.15	0.00
营业利润	288.53	117.70	179.63	−14.81	28.59
加：营业外收入	6.20	9.39	8.23	12.14	12.18
减：营业外支出	21.58	36.24	16.30	19.71	18.56
利润总额	273.11	90.87	171.58	−22.45	22.15
减：所得税费用	3.22	33.25	28.95	23.22	45.63
未确认的投资损失	0.00	0.00	0.00	0.00	0.00
影响净利润的其他项目	0.00	0.00	0.00	0.00	0.00
净利润	269.88	57.60	142.63	−45.63	−23.52
归属于母公司所有者的净利润	261.06	53.88	133.19	−48.77	−34.90
少数股东损益	8.79	3.77	9.42	3.15	11.42
基本每股收益	0.15	0.10	0.07	0.06	0.20
稀释每股收益	0.14	0.03	0.04	0.02	0.15
其他综合收益（损失）	−6.67	−2.76	−3.44	−7.54	−5.37
综合收益总额	263.22	51.04	141.59	−52.80	−28.86

续表

年份	2023	2022	2021	2020	2019
归属于母公司所有者的综合收益	254.38	47.78	132.45	−55.87	−40.30
归属少数股东的综合收益	8.83	3.29	9.20	3.03	11.40
研发费用	34.22	40.23	39.17	35.80	32.51
其他收益	102.24	28.37	28.55	33.30	27.33
净敞口套期收益	0.00	0.00	0.00	0.00	0.00
信用减值损失	−48.28	−51.76	−36.37	−46.44	−47.81
资产处置收益	9.71	7.00	7.36	5.86	2.05
归属于母公司其他权益工具持有者的净利润	0.00	0.00	0.00	0.00	0.00

附表75　证券市场教育卫生文化业（PQR）现金流量表　　单位：亿元

年份	2023	2022	2021	2020	2019
销售商品、提供劳务收到的现金	2971.41	2776.12	2726.54	2289.93	2638.85
客户存款和同业存放款项净增加额	0.00	0.00	0.00	0.00	0.01
向中央银行借款净增加额	0.00	0.00	0.00	0.00	0.00
向其他金融机构拆入资金净增加额	0.00	0.00	0.00	0.00	0.00
收到原保险合同保费取得的现金	0.00	0.00	0.00	0.00	0.00
收到再保险业务现金净额	0.00	0.00	0.00	0.00	0.00
保户储金及投资款净增加额	0.00	0.00	0.00	0.00	0.00
处置交易性金融资产净增加额	0.00	0.00	0.00	0.00	0.00
收取利息、手续费及佣金的现金	0.43	0.42	0.59	0.55	0.49
拆入资金净增加额	0.00	0.00	0.00	0.00	0.00
回购业务资金净增加额	0.00	0.00	0.00	0.00	0.00
收到的税费返还	9.85	27.76	10.37	9.22	8.36
收到的其他与经营活动有关的现金	146.98	167.35	187.73	173.66	198.83
经营活动现金流入小计	3128.84	2971.67	2925.29	2473.37	2846.51
购买商品、接受劳务支付的现金	1617.06	1510.84	1505.57	1245.03	1500.06
客户贷款及垫款净增加额	1.12	0.00	0.08	0.23	0.53

续表

年份	2023	2022	2021	2020	2019
存放中央银行和同业款项净增加额	0.00	0.00	0.00	0.00	0.00
支付原保险合同赔付款项的现金	0.00	0.00	0.00	0.00	0.00
支付利息、手续费及佣金的现金	0.00	0.00	0.00	0.00	0.00
支付保单红利的现金	0.00	0.00	0.00	0.00	0.00
支付给职工以及为职工支付的现金	591.75	576.37	565.52	453.24	471.70
支付的各项税费	96.07	96.35	89.83	69.87	120.92
支付其他与经营活动有关的现金	305.18	322.47	363.14	322.25	349.59
经营活动现金流出小计	2611.18	2506.15	2524.09	2090.62	2442.70
经营活动产生的现金流量净额	517.59	465.48	401.09	382.72	403.86
收回投资收到的现金	792.97	1064.11	1039.83	1176.75	1073.26
取得投资收益收到的现金	18.90	24.65	32.66	23.59	25.22
处置固定资产、无形资产和其他长期资产收回的现金净额	7.53	15.96	13.98	18.82	10.07
处置子公司及其他营业单位收到的现金净额	3.44	13.41	28.86	22.05	13.23
收到的其他与投资活动有关的现金	338.05	276.45	176.90	166.72	194.17
投资活动产生的现金流入小计	1160.89	1394.61	1292.22	1407.92	1315.99
购建固定资产、无形资产和其他长期资产支付的现金	153.48	166.46	199.99	169.68	224.19
投资支付的现金	898.90	1049.52	1127.68	1250.28	1109.28
质押贷款净增加额	0.00	0.00	0.00	0.00	0.00
取得子公司及其他营业单位支付的现金净额	30.44	24.64	26.67	15.09	34.95
支付其他与投资活动有关的现金	373.47	326.31	217.54	225.15	224.52
投资活动产生的现金流出小计	1456.35	1566.95	1571.89	1660.22	1592.92
投资活动产生的现金流量净额	−295.43	−172.32	−279.62	−252.29	−276.93

续表

年份	2023	2022	2021	2020	2019
吸收投资收到的现金	27.72	125.20	117.37	99.89	67.93
吸收权益性投资收到的现金	27.72	125.20	117.37	99.89	52.91
其中：子公司吸收少数股东投资收到的现金	3.57	4.18	6.08	8.75	15.68
发行债券收到的现金	0.00	0.00	0.00	0.00	15.03
取得借款收到的现金	333.63	371.35	420.44	525.16	543.26
收到其他与筹资活动有关的现金	60.41	67.75	105.69	103.48	98.94
筹资活动现金流入小计	421.74	564.34	643.53	728.59	710.18
偿还债务支付的现金	354.20	424.57	550.26	535.84	569.15
分配股利、利润或偿付利息支付的现金	146.60	151.79	127.35	138.52	145.70
其中：子公司支付给少数股东的股利、利润	10.47	13.32	10.23	8.36	7.47
支付其他与筹资活动有关的现金	148.37	141.96	142.31	109.93	120.98
筹资活动现金流出小计	649.04	718.30	819.90	784.24	835.89
筹资活动产生的现金流量净额	−227.31	−154.00	−176.42	−55.63	−125.64
现金总流入	5006.90	5102.90	5140.64	4862.15	5149.66
现金总流出	4716.57	4791.41	4915.94	4535.11	4871.48
现金流量净额	−5.14	139.13	−54.91	74.76	1.29

附表76　　证券市场综合（S）资产负债表　　单位：亿元

年份	2023	2022	2021	2020	2019
货币资金	85.68	85.43	76.53	87.50	86.01
结算备付金	0.00	0.00	0.00	0.00	0.00
拆出资金净额	0.00	0.00	0.00	0.00	0.00
交易性金融资产	5.07	7.85	18.84	15.53	9.17
衍生金融资产	0.00	0.00	0.00	0.00	0.00
应收票据净额	0.84	0.88	0.62	0.35	2.78
应收账款净额	26.88	24.94	23.80	28.68	37.02
应收款项融资	8.28	12.02	16.77	26.09	26.43
预付款项净额	3.12	4.23	3.34	6.20	21.51
应收保费净额	0.00	0.00	0.00	0.00	0.00

续表

年份	2023	2022	2021	2020	2019
应收分保账款净额	0.00	0.00	0.00	0.00	0.00
应收分保合同准备金净额	0.00	0.00	0.00	0.00	0.00
其他应收款净额	9.29	16.80	28.39	10.45	23.82
应收股利净额	0.03	0.03	2.35	0.00	0.00
买入返售金融资产净额	0.00	0.00	0.00	0.00	0.00
存货净额	60.46	65.39	62.22	69.43	67.97
合同资产	0.00	0.00	0.22	0.11	0.00
一年内到期的非流动资产	0.00	0.00	0.00	0.00	0.58
其他流动资产	5.11	3.68	9.57	7.83	7.35
流动资产合计	204.72	221.24	240.32	252.20	282.66
发放贷款及垫款净额	0.00	0.00	0.00	0.00	8.50
债权投资	0.00	0.00	0.00	0.00	0.00
其他债权投资	0.00	0.00	0.00	0.00	0.00
长期应收款净额	0.10	0.00	0.00	0.00	0.00
长期股权投资净额	38.45	37.37	45.18	49.90	64.17
其他权益工具投资	11.03	13.09	13.72	17.51	21.67
其他非流动金融资产	37.13	36.83	11.85	7.34	13.13
投资性房地产净额	3.88	3.53	1.98	2.07	3.83
固定资产净额	94.96	89.60	76.31	93.52	92.57
在建工程净额	27.59	12.22	18.54	23.24	16.45
生产性生物资产净额	0.00	0.00	0.00	0.00	0.00
油气资产净额	0.00	0.00	0.00	0.00	73.35
使用权资产	3.07	1.23	1.60	0.00	0.00
无形资产净额	32.88	34.39	33.12	53.25	45.49
开发支出	0.00	0.05	0.24	11.98	3.15
商誉净额	0.05	0.05	0.05	0.80	0.82
长期待摊费用	0.55	0.42	0.54	0.47	0.56
递延所得税资产	2.93	1.86	1.22	1.50	5.60
其他非流动资产	8.38	8.53	4.77	9.29	22.35
非流动资产合计	261.00	239.17	209.12	270.82	371.69
资产总计	465.71	460.40	449.42	523.03	654.33
短期借款	82.41	91.22	105.05	94.02	99.14
向中央银行借款	0.00	0.00	0.00	0.00	0.00
拆入资金	0.00	0.00	0.00	0.00	0.00
交易性金融负债	0.07	0.22	0.01	2.23	6.19

续表

年份	2023	2022	2021	2020	2019
衍生金融负债	0.00	0.00	0.00	0.00	0.00
应付票据	17.79	20.02	20.73	26.17	20.44
应付账款	30.01	33.69	29.31	28.32	32.28
预收款项	0.10	0.23	0.03	0.05	21.25
合同负债	8.31	5.75	7.79	12.07	0.00
卖出回购金融资产款	0.00	0.00	0.00	0.00	0.00
吸收存款及同业存放	0.00	0.00	0.00	0.00	0.00
代理买卖证券款	0.00	0.00	0.00	0.00	0.00
代理承销证券款	0.00	0.00	0.00	0.00	0.00
应付职工薪酬	3.23	3.80	3.75	3.96	4.83
应交税费	2.51	3.70	6.36	3.50	10.10
其他应付款	8.25	10.62	5.11	17.53	24.22
应付股利	0.17	0.34	0.14	0.14	0.14
应付手续费及佣金	0.00	0.00	0.00	0.00	0.00
应付分保账款	0.00	0.00	0.00	0.00	0.00
一年内到期的非流动负债	28.85	17.56	18.13	17.99	17.33
其他流动负债	2.26	3.30	4.59	28.94	2.60
流动负债合计	183.78	190.10	200.86	234.75	238.38
保险合同准备金	0.00	0.00	0.00	0.00	0.00
长期借款	45.11	33.35	21.58	29.38	24.19
应付债券	0.00	0.00	0.00	10.93	33.99
租赁负债	2.46	0.91	1.16	0.00	0.00
长期应付款	0.94	1.30	1.48	2.52	4.46
预计负债	1.66	1.53	1.53	1.75	1.76
递延收益-非流动负债	2.30	2.17	2.30	3.66	3.19
递延所得税负债	4.83	4.69	4.54	5.22	5.77
其他非流动负债	7.05	3.20	2.06	3.70	4.66
非流动负债合计	64.35	47.13	34.65	57.15	78.00
负债合计	248.13	237.23	235.49	291.91	316.37
实收资本（或股本）	58.64	58.64	58.64	58.64	94.40
其他权益工具	0.00	0.00	0.00	0.00	0.00
其中：优先股	0.00	0.00	0.00	0.00	0.00
其中：永续债	0.00	0.00	0.00	0.00	0.00
资本公积	33.28	36.77	30.98	22.98	88.50
其中：库存股	3.43	9.68	10.10	10.10	8.00

续表

年份	2023	2022	2021	2020	2019
其他综合收益	6.13	7.69	9.57	12.40	15.22
专项储备	0.14	0.19	0.09	0.22	0.12
盈余公积	16.66	16.64	16.23	13.17	15.03
一般风险准备	0.00	0.00	0.00	0.00	0.00
未分配利润	96.24	101.84	96.41	96.79	92.94
归属于母公司所有者权益合计	207.68	212.08	201.81	194.09	298.19
少数股东权益	9.90	11.08	12.13	37.04	39.75
所有者权益合计	217.58	223.17	213.94	231.12	337.95
负债与所有者权益总计	465.71	460.40	449.42	523.03	654.33

附表77　　证券市场综合（S）利润表　　单位：亿元

年份	2023	2022	2021	2020	2019
营业总收入	180.97	195.13	212.02	172.45	253.47
营业收入	180.97	195.13	212.02	172.45	253.47
利息净收入	0.00	0.00	0.00	0.00	0.00
利息收入	0.00	0.00	0.00	0.00	0.00
利息支出	0.00	0.00	0.00	0.00	0.00
已赚保费	0.00	0.00	0.00	0.00	0.00
保险业务收入	0.00	0.00	0.00	0.00	0.00
减：分出保费	0.00	0.00	0.00	0.00	0.00
减：提取未到期责任准备金	0.00	0.00	0.00	0.00	0.00
手续费及佣金净收入	0.00	0.00	0.00	0.00	0.00
手续费及佣金收入	0.00	0.00	0.00	0.00	0.00
手续费及佣金支出	0.00	0.00	0.00	0.00	0.00
其他业务收入	0.00	0.00	0.00	0.00	0.00
营业总成本	188.31	185.44	209.48	176.78	234.31
营业成本	158.21	158.85	170.02	132.20	170.18
退保金	0.00	0.00	0.00	0.00	0.00
赔付支出净额	0.00	0.00	0.00	0.00	0.00
赔付支出	0.00	0.00	0.00	0.00	0.00
减：摊回赔付支出	0.00	0.00	0.00	0.00	0.00
提取保险责任准备金净额	0.00	0.00	0.00	0.00	0.00
提取保险责任准备金	0.00	0.00	0.00	0.00	0.00

续表

年份	2023	2022	2021	2020	2019
减：摊回保险责任准备金	0.00	0.00	0.00	0.00	0.00
保单红利支出	0.00	0.00	0.00	0.00	0.00
分保费用	0.00	0.00	0.00	0.00	0.00
税金及附加	2.15	2.17	1.86	1.71	3.22
业务及管理费	0.00	0.00	0.00	0.00	0.00
减：摊回分保费用	0.00	0.00	0.00	0.00	0.00
销售费用	3.92	3.63	8.37	16.22	28.93
管理费用	12.04	9.71	13.76	12.31	13.87
财务费用	6.11	4.53	8.63	8.93	12.02
资产减值损失	−1.58	−2.19	−4.97	−2.62	−5.04
其他业务成本	0.00	0.00	0.00	0.00	0.00
公允价值变动收益	1.54	0.43	2.90	7.14	1.01
投资收益	2.60	8.79	3.20	−8.15	4.62
汇兑收益	0.00	0.00	0.00	0.00	0.00
其他业务利润	0.00	0.00	0.00	0.00	0.00
营业利润	−2.81	18.10	4.69	−4.21	16.97
加：营业外收入	0.80	0.46	0.89	2.88	0.43
减：营业外支出	0.82	0.70	1.04	0.70	0.69
利润总额	−2.83	17.85	4.54	−2.02	16.69
减：所得税费用	0.52	2.51	5.00	3.22	3.86
未确认的投资损失	0.00	0.00	0.00	0.00	0.00
影响净利润的其他项目	0.00	0.00	0.00	0.00	0.00
净利润	−3.34	15.35	−0.45	−5.24	12.82
归属于母公司所有者的净利润	−2.78	15.18	3.06	−8.20	6.38
少数股东损益	−0.56	0.14	−3.50	2.96	6.44
基本每股收益	0.04	0.26	0.24	0.12	0.12
稀释每股收益	0.04	0.26	0.24	0.12	0.12
其他综合收益（损失）	−1.56	−1.87	−2.54	−2.40	2.75
综合收益总额	−4.89	13.47	−3.00	−7.64	15.57
归属于母公司所有者的综合收益	−4.33	13.31	0.52	−10.59	9.12
归属少数股东的综合收益	−0.56	0.14	−3.50	2.96	6.44
研发费用	5.85	6.52	6.84	5.39	6.07
其他收益	1.06	1.04	1.72	3.89	2.99

续表

年份	2023	2022	2021	2020	2019
净敞口套期收益	0.00	0.00	0.00	0.00	0.00
信用减值损失	0.35	0.09	-0.69	-0.45	-4.84
资产处置收益	0.57	0.24	-0.02	0.31	-0.95
归属于母公司其他权益工具持有者的净利润	0.00	0.00	0.00	0.00	0.00

附表78　证券市场综合（S）现金流量表　　　单位：亿元

年份	2023	2022	2021	2020	2019
销售商品、提供劳务收到的现金	186.61	191.39	215.11	196.69	241.40
客户存款和同业存放款项净增加额	0.00	0.00	0.00	0.00	0.00
向中央银行借款净增加额	0.00	0.00	0.00	0.00	0.00
向其他金融机构拆入资金净增加额	0.00	0.00	0.00	0.00	0.00
收到原保险合同保费取得的现金	0.00	0.00	0.00	0.00	0.00
收到再保险业务现金净额	0.00	0.00	0.00	0.00	0.00
保户储金及投资款净增加额	0.00	0.00	0.00	0.00	0.00
处置交易性金融资产净增加额	0.00	0.00	0.00	0.00	0.00
收取利息、手续费及佣金的现金	0.00	0.00	0.00	0.00	1.24
拆入资金净增加额	0.00	0.00	0.00	0.00	0.00
回购业务资金净增加额	0.00	0.00	0.00	0.00	0.00
收到的税费返还	2.39	4.89	3.00	1.59	1.65
收到的其他与经营活动有关的现金	43.50	59.57	33.11	19.28	33.55
经营活动现金流入小计	232.51	255.86	251.24	217.56	277.83
购买商品、接受劳务支付的现金	146.26	146.87	155.58	138.10	161.52
客户贷款及垫款净增加额	0.00	0.00	0.00	0.00	-4.81
存放中央银行和同业款项净增加额	0.00	0.00	0.00	0.00	0.00
支付原保险合同赔付款项的现金	0.00	0.00	0.00	0.00	0.00

续表

年份	2023	2022	2021	2020	2019
支付利息、手续费及佣金的现金	0.00	0.00	0.00	0.00	0.00
支付保单红利的现金	0.00	0.00	0.00	0.00	0.00
支付给职工以及为职工支付的现金	20.60	19.98	23.96	24.12	28.20
支付的各项税费	8.00	9.28	10.29	10.67	18.87
支付其他与经营活动有关的现金	50.93	58.74	39.06	29.56	52.15
经营活动现金流出小计	225.80	234.90	228.89	202.42	255.91
经营活动产生的现金流量净额	6.72	20.98	22.34	15.15	21.93
收回投资收到的现金	13.05	19.71	14.74	22.98	26.62
取得投资收益收到的现金	5.48	4.98	1.53	1.55	9.78
处置固定资产、无形资产和其他长期资产收回的现金净额	1.07	0.65	2.46	1.26	0.25
处置子公司及其他营业单位收到的现金净额	0.00	20.68	8.77	2.31	2.41
收到的其他与投资活动有关的现金	1.67	1.04	0.47	0.66	1.45
投资活动产生的现金流入小计	21.27	47.06	27.97	28.77	40.50
购建固定资产、无形资产和其他长期资产支付的现金	26.30	21.80	20.83	29.32	29.90
投资支付的现金	4.41	21.55	17.13	20.36	23.06
质押贷款净增加额	0.00	0.00	0.00	0.00	0.00
取得子公司及其他营业单位支付的现金净额	0.29	0.00	0.01	1.75	0.26
支付其他与投资活动有关的现金	3.79	4.19	0.33	0.32	0.75
投资活动产生的现金流出小计	34.78	47.55	38.30	51.76	53.97
投资活动产生的现金流量净额	−13.52	−0.48	−10.33	−22.98	−13.48
吸收投资收到的现金	1.60	0.30	0.54	0.53	1.01
吸收权益性投资收到的现金	1.60	0.30	0.54	0.53	1.01
其中：子公司吸收少数股东投资收到的现金	1.60	0.30	0.11	0.53	1.01

续表

年份	2023	2022	2021	2020	2019
发行债券收到的现金	0.00	0.00	0.00	0.00	0.00
取得借款收到的现金	106.89	108.45	96.94	126.49	155.82
收到其他与筹资活动有关的现金	47.00	76.58	52.40	38.73	40.03
筹资活动现金流入小计	155.49	185.33	149.88	165.77	196.87
偿还债务支付的现金	90.59	105.57	111.18	100.20	128.65
分配股利、利润或偿付利息支付的现金	7.85	16.13	9.08	10.99	16.09
其中：子公司支付给少数股东的股利、利润	0.58	0.13	0.09	1.19	3.91
支付其他与筹资活动有关的现金	49.64	67.46	53.39	53.30	42.65
筹资活动现金流出小计	148.09	189.16	173.66	164.50	187.38
筹资活动产生的现金流量净额	7.42	−3.82	−23.76	1.30	9.48
现金总流入	422.80	488.73	439.43	435.11	528.69
现金总流出	408.67	471.59	440.83	418.66	497.26
现金流量净额	0.62	16.67	−11.74	−6.55	17.94

参考文献

陈汉文，黄轩昊.2019.中国上市公司内部控制指数：逻辑、构建与验证［J］.审计研究，1：55–63.

刘峰，周福源.2007.国际四大意味着高审计质量吗——基于会计稳健性角度的检验［J］.会计研究，3：79–87+94.

路军伟，石昕，张珂.2017.大所是审计质量高还是政策敏感性强？——基于信息披露编报规则变迁的自然实验［J］.审计与经济研究，32：16–29.

李青原，唐浩程.2020.Big4具有审计费用差异吗？——基于中国市场的初步证据［J］.当代会计评论，13（03）：37–70.

孙岩，张继勋.2008.性质重要性提示、管理层关注、审计委员会有效性与审计调整决策［J］.审计研究，6：42–48.

谭楚月，段宏.2014.审计质量只能替代吗？——来自实证研究的结论分析［J］.会计研究，7：89–95+97.

王俊，邱颖，吴溪.2021.注册会计师职业责任保险合约的差异化定价与审计质量效应［J］.会计研究，7：166–179.

吴溪，徐艳丽，苏锡嘉.2020.不签署审计报告的审计团队成员影响审计质量吗？［J］.审计研究，4：58–67+79.

张宏亮，文挺.2016.审计质量替代指标有效性检验与筛选［J］.审计研究，4：67–75.

张金若，刘雅丹.2019.中国审计报告改革对审计质量的影响研究［J］.当代会计评论，12（03）：89–110.

SHBAUGH-SKAIFE H, COLLINS D W, KINNEY Jr W R, et al. 2008. The effect of SOX internal control deficiencies and their remediation on accrual quality［J］. The Accounting Review, 83（1）：217–250.

BECKER C L, DEFOND M L, JIAMBALVO J. 1998. The effect of audit quality on earnings management［J］. Contemporary Accounting Research, 15（1）：1–24.

BEATTY R P. 1989. Auditor reputation and the pricing of initial public offerings［J］. The Accounting Review, 693–709.

BALSAM S, KRISHNAN J, Yang J S.2003. Auditor industry specialization and earnings quality［J］. Auditing: A Journal of Practice & Theory, 22（2）：71–97.

BENEISH M D. 1999. The detection of earnings manipulation [J]. Financial Analysts Journal, 55 (5): 24-36.

CARSON E, FARGHER N L, GEIGER M A. 2013. Audit reporting for going-concern uncertainty: a research synthesis [J]. Auditing: A Journal of Practice & Theory, 32: 353-384.

CHOI J H, KIM C, KIM J B. 2010. Audit office size, audit quality, and audit pricing [J]. Auditing: A Journal of Practice & Theory, 29 (1): 73-97.

CHOI J H, KIM J B, ZANG Y. 2010. Do abnormally high audit fees impair audit quality? [J]. Auditing: A Journal of Practice & Theory, 29 (2): 115-140.

CHY M, HOPE O K. 2021. Real effects of auditor conservatism [J]. Review of accounting Studies, 26: 730-771.

CHEN C J P, SU X, ZHAO R. 2000. An emerging market's reaction to initial modified audit opinions: evidence from the Shanghai Stock Exchange [J]. Contemporary Accounting Research, 17 (3): 429-455.

CHANG X, DASGUPTA S, HILARY G. 2009. The effect of auditor quality on financing decisions [J]. The Accounting Review, 84 (4): 1085-1117.

CHEN H, CHEN J Z, LOBO G J. 2011. Effects of audit quality on earnings management and cost of equity capital: evidence from China [J]. Contemporary Accounting Research, 28 (3): 892-925.

CHEN H, DONG W, HAN H. 2017. A comprehensive and quantitative internal control index: construction, validation, and impact [J]. Review of Quantitative Finance and Accounting, 49: 337-377.

CRASWELL A T, FRANCIS J R, TAYLORY S L. 1995. Auditor brand name reputations and industry specializations [J]. Journal of Accounting and Economics, 20 (3): 297-322.

CLARKSON P M, SIMUNIC D A. 1994. The association between audit quality, retained ownership, and firm-specific risk in US vs. Canadian IPO markets [J]. Journal of Accounting and Economics, 17 (1-2): 207-228.

DEFOND M, ZHANG J. 2014. A review of archival auditing research [J]. Journal of Accounting & Economics, 58 (2-3): 275-326.

DEANGELO L E. 1981. Audit size and audit quality [J]. Journal of Accounting and Economics, 3 (3): 183-199.

DAO M, RAGHUNANDAN K, RAMA D V. 2012. Shareholder voting on auditor selection, audit fees, and audit quality [J]. The Accounting Review, 87 (1): 149-171.

DUNN K A, MAYHEW B W. 2004. Audit firm industry specialization and client disclosure quality [J]. Review of Accounting Studies, 9: 35-58.

FIRTH M. 1985. An analysis of audit fees and their determinants in New Zealand [J].

Auditing: A Journal of Practice & Theory, 4 (2): 23–37.

FUNG S Y K, GUL F A, KRISHNAN J. 2012. City-level auditor industry specialization, economies of scale, and audit pricing [J]. The Accounting Review, 87 (4): 1281–1307.

FRANCIS J R, MD YU. 2009. Big 4 office size and audit quality [J]. The Accounting Review, 84 (5): 1521–1552.

FRANCIS J R, WANG D. 2008. The joint effect of investor protection and Big 4 audits on earnings quality around the world [J]. Contemporary Accounting Research, 25 (1): 157–191.

FRANCIS J R. 1984. The effect of audit firm size on audit prices: a study of the Australian market [J]. Journal of Accounting & Economics, 6 (2): 133–151.

FRANCIS J R, MICHAS P N, YU M D. 2013. Office size of big 4 auditors and client restatements [J]. Contemporary accounting research, 30 (4): 1626–1661.

GUL F A, FUNG S Y K, JAGGI B. 2009. Earnings quality: some evidence on the role of auditor tenure and auditors' industry expertise [J]. Journal of Accounting and Economics, 47 (3): 265–287.

GLEASON C A, JENKINS N T, JOHNSON W B. 2008. The contagion effects of accounting restatement [J]. The Accounting Review, 83 (1): 83–110.

JENSEN M C, MECKLING W H. 1976. Theory of the firm: managerial behavior, agency costs and ownership structure [J]. Journal of Financial Economics, 3 (4): 305–360.

KANODIA C, MUKHERJI A. 1994. Audit pricing, lowballing and auditor turnover: a dynamic analysis [J]. Accounting Review, 593–615.

KNECHEL W R, KRISHNAN G V, PEVZNER M. 2013. Audit quality: insights from the academic literature [J]. Auditing: A Journal of Practice & Theory, 32: 385–421.

KRISHNAN J, WEN Y, ZHAO W. 2011. Legal expertise on corporate audit committees and financial reporting quality [J]. The Accounting Review, 86 (6): 2099–2130.

KINNEY Jr W R, PALMROSE Z V, SCHOLZ S. 2004. Auditor independence, non-audit services, and restatements: was the US government right? [J]. Journal of Accounting Research, 42 (3): 561–588.

LAMOREAUX P T. 2016. Does PCAOB inspection access improve audit quality? An examination of foreign firms listed in the United States [J]. Journal of Accounting and Economics, 61 (2–3): 313–337.

LENNOX C, LI B. 2012. The consequences of protecting audit partners' personal assets from the threat of liability [J]. Journal of Accounting and Economics, 54 (2–3): 154–173.

LENNOX C. 1999. Are large auditors more accurate than small auditors? [J]. Accounting and Business Research, 29 (3): 217–227.

LENNOX C S, WU X, ZHANG T. 2014. Does mandatory rotation of audit partners improve audit quality? [J]. The Accounting Review, 89(5): 1775–1803.

LENNOX C, WU X, ZHANG T. 2016. The effect of audit adjustments on earnings quality: evidence from China [J]. Journal of Accounting and Economics, 61(2–3): 545–562.

LENNOX C, WANG Z T, Wu X. 2018. Earnings management, audit adjustments, and the financing of corporate acquisitions: evidence from China [J]. Journal of Accounting and Economics, 65(1): 21–40.

LENNOX C, WANG C, WU X. 2020. Opening up the "black box" of audit firms: the effects of audit partner ownership on audit adjustments [J]. Journal of Accounting Research, 58(5): 1299–1341.

MAO M Q, YU Y. 2015. Analysts' cash flow forecasts, audit effort, and audit opinions on internal control [J]. Journal of Business Finance & Accounting, 42(5–6): 635–664.

NEAL T L, RILEY Jr R R. 2004. Auditor industry specialist research design [J]. Auditing: A Journal of Practice & Theory, 23(2): 169–177.

NELSON M W, ELLIOTT J A, TARPIEY R L. 2002. Evidence from auditors about managers' and auditors' earnings management decisions [J]. Accounting Review, 77: 175–202.

O'SULLIVAN N. 2000. The impact of Board Composition and ownership on audit quality: evidence from large UK companies [J]. The British Accounting Review, 32(4): 397–414.

PALMROSE Z. 1986. Audit fees and auditor size: further evidence [J]. Journal of Accounting Research, 24(1): 97–110.

RHODES-KROPF M, ROBINSON D T, VISWANATHAN S. 2005. Valuation waves and merger activity: the empirical evidence [J]. Journal of Financial Economics, 77(3): 561–603.

SUTTON S G, LAMPE J C. 1991. A framework for evaluating process quality for audit engagements [J]. Accounting and Business Research, 21(83): 275–288.

SIMUNIC D A. 1980. The pricing of audit services: theory and evidence [J]. Journal of Accounting Research, 161–190.

SCHMIDT J J. 2012. Perceived auditor independence and audit litigation: the role of nonaudit services fees [J]. The Accounting Review, 87(3): 1033–1065.

TEOH S H, WONG T J. 1993. Perceived auditor quality and the earnings response coefficient [J]. Accounting Review, 346–366.

WATTS, R. L., ZIMMERMAN, J. L. 1983. Agency problems, auditing, and the theory of the firm: some evidence [J]. The Journal of Law and Economics, 26(3): 613–633.

WHITED T M, WU G. 2006. Financial constraints risk [J]. The Review of Financial Studies, 19(2): 531–559.

大数据和科技监管环境下公司信息风险检测系统

广东省智慧金财税工程技术研究中心、粤港智慧金财税联合创新中心和广州大学智慧金财税研究所共同推出了第三方视角下信息合规化系统—公司信息风险检测系统：信息风险事先预防、事中监测和事后检测一体化系统。

1.内容全面：基于企业会计准则的会计信息质量要求，借助于发明专利技术分析我国所有上市公司季度和年度财务报告，涵盖财务报告中3632个维度的会计/审计信息重构、质量测定、预测模拟和重大风险甄别等十五个系统，从信息风险等级、信息风险来源（会计科目、会计估计、报表结构、勾稽关系、会计政策行业差异和变更）和信息质量等级等维度对IPO和上市公司财务信息进行事先、事中和事后检测分析，为公司（含IPO）信息风险防范提供依据。

2.公开数据源：基于公开信息深度加工（大数据、人工智能处理）的定制化检测、监测和预警报告。数据源涵盖了从证券分析师预测、公司财务报告（特别是公司季度和年度财务报告信息）、公司业绩预告、审计报告、监管问询和公司股价等所有公开信息。在涉及内部信息和保密信息情形下，仅提供公开信息数据库和算法系统，全程由公司自行完成。

3.内部定制：基于资本市场公开信息，为公司构建专用数据库；借助于机器学习和AI处理技术，基于三项国家授权发明专利的算法，提供事先信息风险预防、事中信息风险监测和事后信息风险检测，以精准检测报告和辅助查询功能服务于公司财务部、董秘办和审计部。

公司信息风险检测系统涵盖二个子系统和四大模块：

1.决策支持子系统，包括三大类决策支持模块：

（1）风险控制决策。①会计信息风险控制：会计信息重大风险及其来源分析，支持公司所有重大会计决策；②审计风险控制：关键审计事项的确定，支持公司审计沟通决策；③内部控制风险：内部控制流程与事项的风险点，支持公司内部控制决策和独立董事工作提议决策；④业绩预告信息风险控制：年度业绩预告适当性，支持公司信息披露决策；⑤税负风险控制：支持公司增值税和企业所得税决策。

（2）价值管理决策。基于整合972个模型的分析师智能模拟系统，准确率达98.78%，支持IPO前各阶段估值、上市公司价值管理决策等价值判断决策。

（3）公司战略态势和市场动态。基于独有的16000个行业/产品分类，定期揭示公司主要产品的市场动态、投资、法律风险和重要合同的变化，支持公司投资和产品决策优化。

2.效率提升子系统。涵盖7个查询系统：（1）监管问询和IPO问询的高效查询；（2）同行业和对标公司会计政策选择查询；（3）同行业和对标公司财务报表查询；（4）同行业和对标公司关键审计事项查询；（5）参考内部控制手册查询；（6）公司信息月报（含同行业和对标公司重大事项）；（7）公司股东变动查询。